U0941668

- 本书为国家社科基金重大招标项目“清水江文书的整理与研究”的阶段性成果之一（项目编号 11&ZD096）

- 本书获
  2018 年国家出版基金资助
  2015 年贵州省民族古籍研究基地经费资助
  2018 年贵州省出版传媒事业发展专项资金资助

贵州少数民族地区民间珍稀文献汇编

清水江流域珍稀文献汇编·小江文书

小江文书·柳寨卷（下）

龙泽江　陈洪波◎编

贵州大学出版社
Guizhou University Press

目录

卷五　龙生海户藏

1. **龙开厚卖田契**（道光二十年四月二十五日）

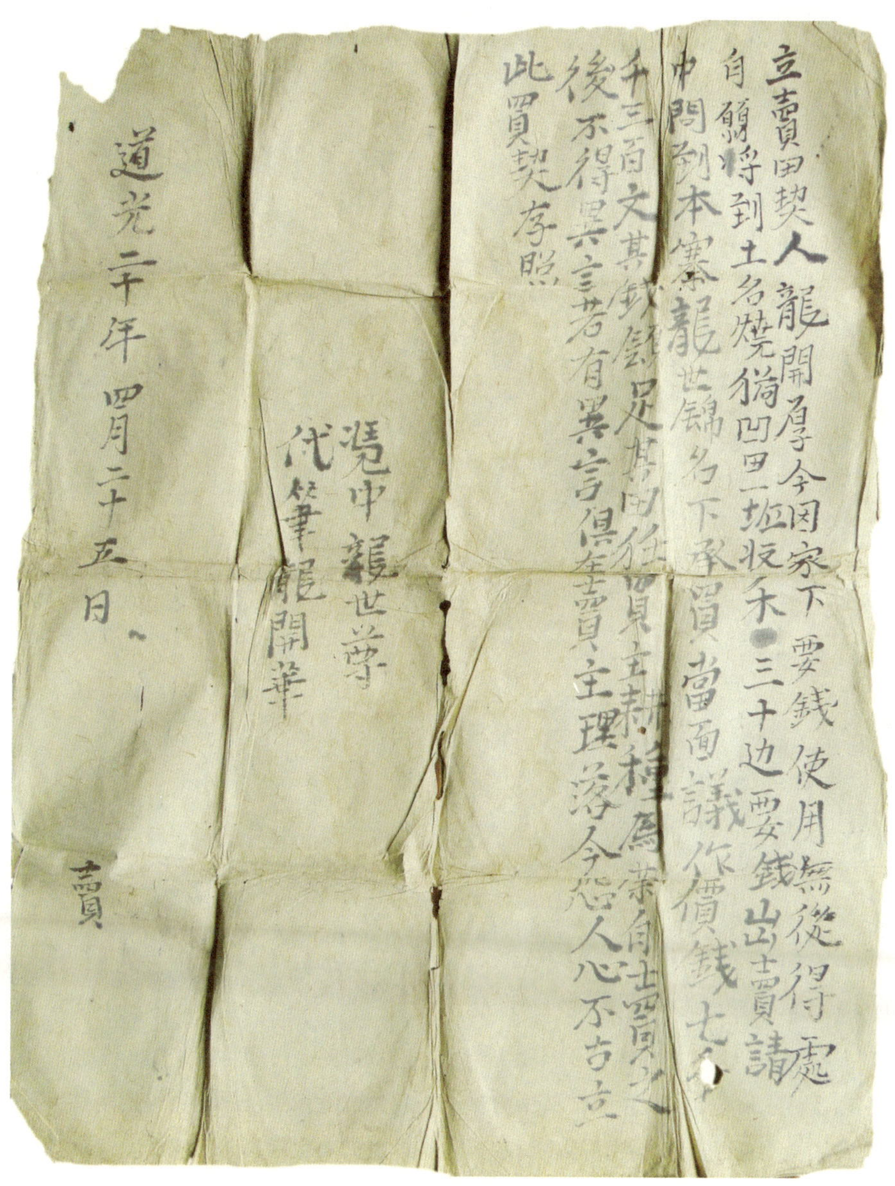

立卖田契人龙开厚，今因家下要钱使用，无从得处，自愿将到土名烧狗凹田一丘，收禾三十边（編），要钱出卖。请中问到本寨龙世锦名下承买，当面议作价钱七千三百文。其钱领足，其田任买主耕种为业。自卖之后，不得异言。若有异言，俱在卖主理落。今恐人心不古，立此买契存照。

凭中：龙世尊

代笔：龙开华

道光二十年四月二十五日卖

2. 龙天海、龙邦锦父子卖田契（咸丰三年四月十七日）

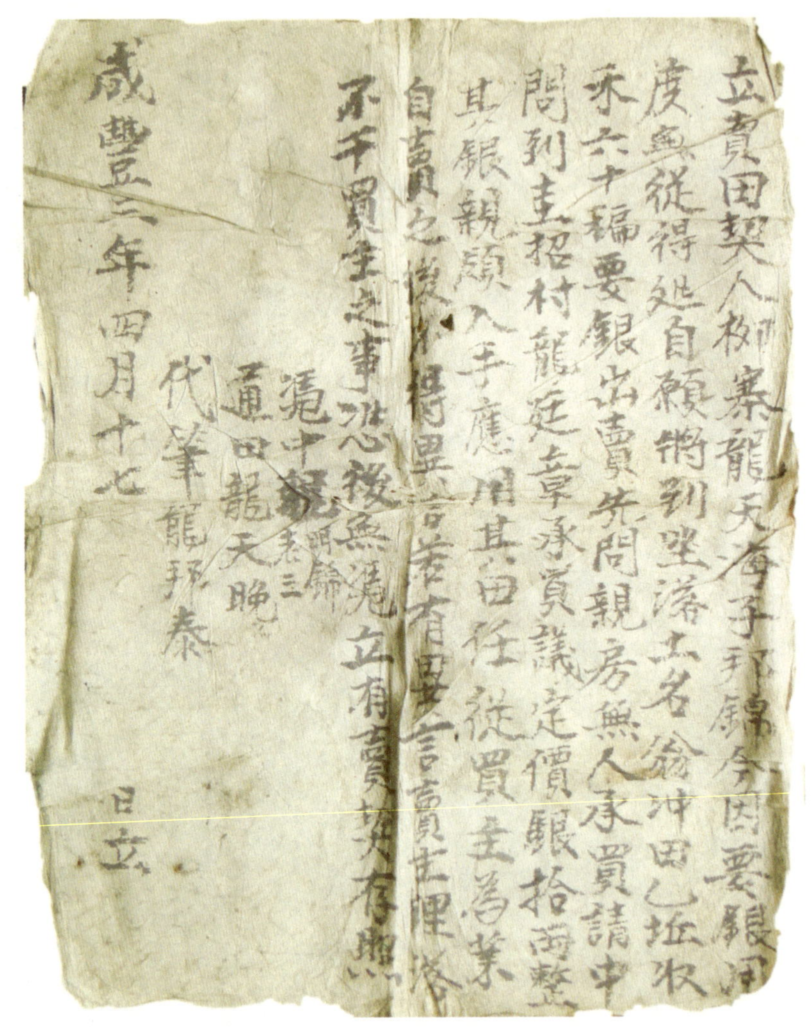

立賣田契人柳寨龍天海子邦錦今因要銀用
度無從得處自願將到坐落土名翁冲田乙坵收
禾六十稨要銀出賣先問親房無人承買請中
問到圭招村龍廷章承買議定價銀拾兩整
其銀親領入手應用其田任從買主為業
自賣之後不得異言若有異言賣主理落
不干買主之事恐後無憑立有賣契存照
憑中 龍明錦 老三
通田 龍天晚
代筆 龍邦泰
咸豐三年四月十七日立

立卖田契人柳寨龙天海、子邦锦，今因要银用度，无从得处，自愿将到坐落土名翁冲田乙丘，收禾六十稨，要银出卖。先问亲房无人承买，请中问到圭招村龙廷章承买，议定价银拾两整。其银亲领入手应用，其田任从买主为业。自卖之后，不得异言。若有异言，卖主理落，不干买主之事。恐后无凭，立有卖契存照。

凭中：龙明锦、龙老三

通田：龙天晚

代笔：龙邦泰

咸丰三年四月十七日立

3. 龙昌蛟卖田契（咸丰四年二月十一日）

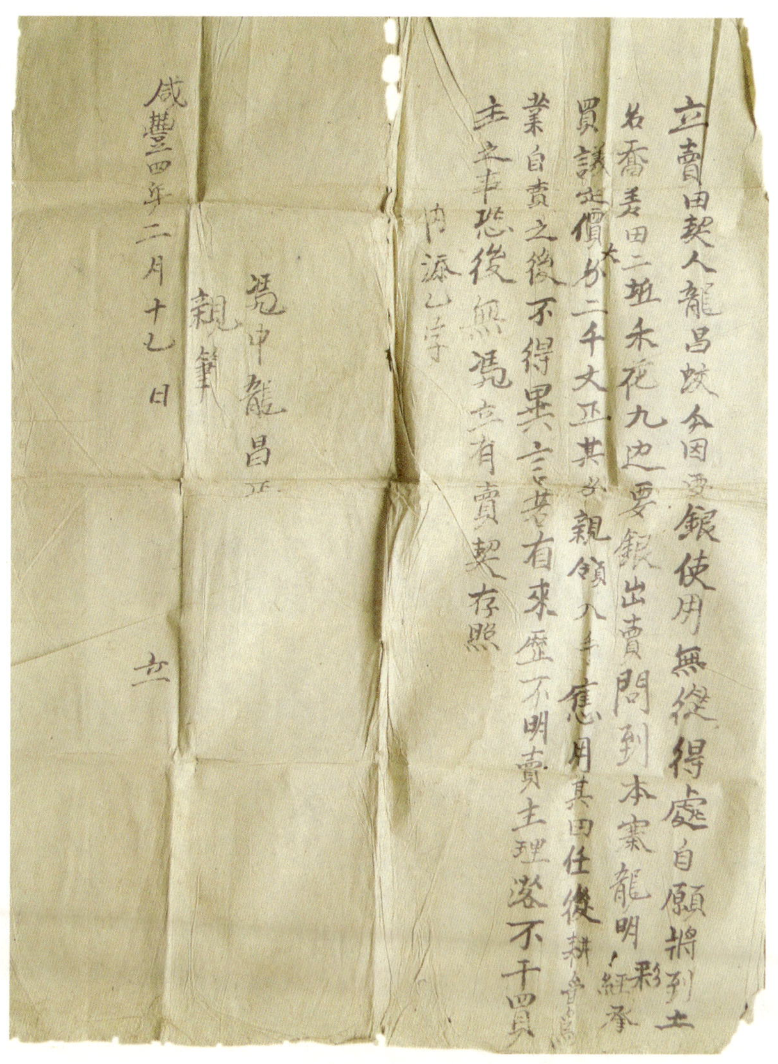

立卖田契人龙昌蛟，今因要银使用，无从得处，自愿将到土名乔麦田二丘，禾花九边（稨），要银出卖。问到本寨龙明彩、明经承买，议定价大钱二千文正。其钱亲领入手应用，其田任从耕管为业。自卖之后，不得异言。若有来历不明，卖主理落，不干买主之事。恐后无凭，立有卖契存照。

内添乙字

凭中：龙昌正

亲笔

咸丰四年二月十乙日立

4. 龙仁跩开山栽杉木合同字（同治元年二月初二日）

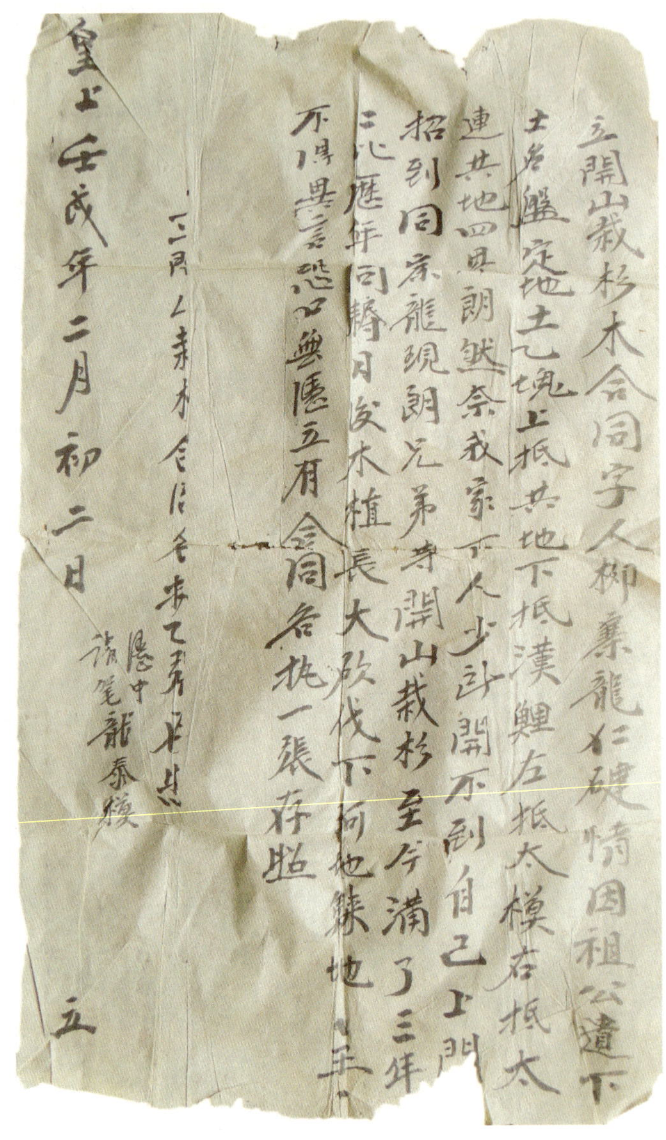

立开山栽杉木合同字人柳寨龙仁跩，情因祖公遗下土名盘定地土乙块，上抵共地，下抵汉鲤，左抵太模，右抵太连共地，四界朗然。奈我家下人少，所开不到。自己上门招到同宗龙现朗兄弟等开山栽杉[木]，至今满了三年，二比历年同耨。日后木植长大砍伐下河，地归地主。不得异言。恐口无凭，立有合同各执一张存照。

立开山栽木合同各执乙张存照

凭中、请笔：龙泰模

皇上壬戌年二月初二日立

5. 杨再文卖田契（同治元年十一月二十二日）

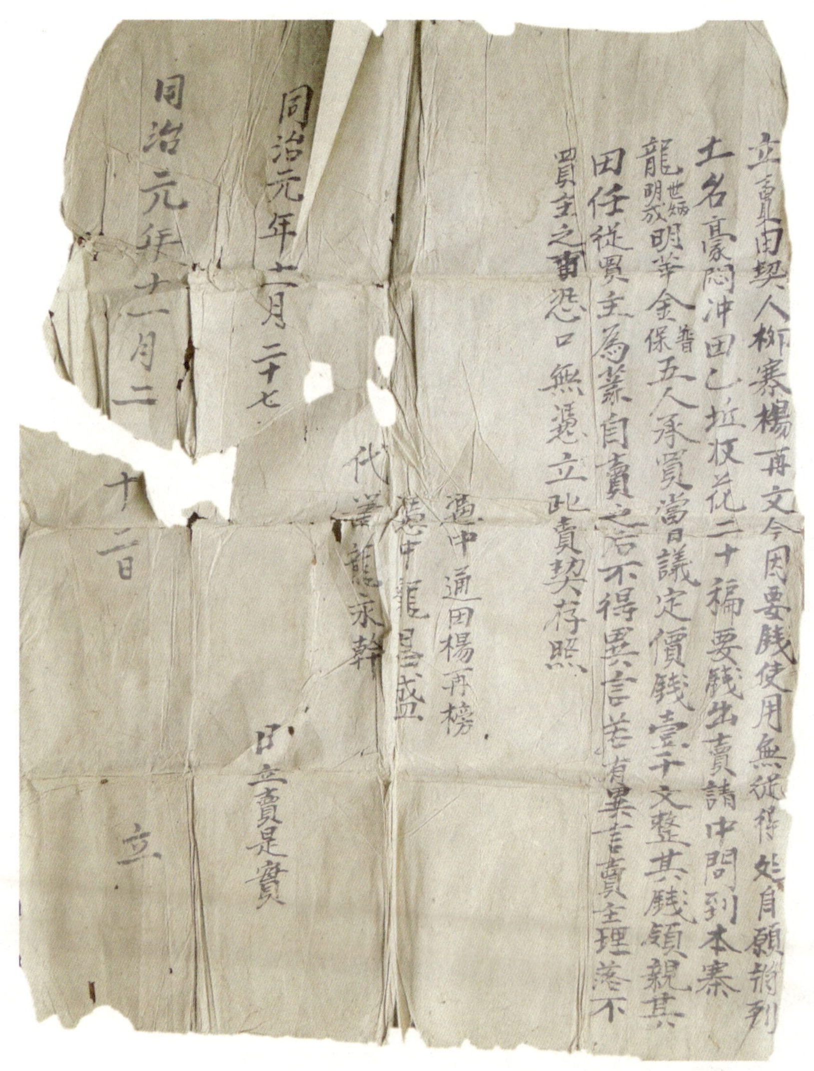

立卖田契人柳寨杨再文，今因要钱使用，无从得处，自愿将到土名豪闷冲田乙丘，收花二十稨，要钱出卖。请中问到本寨龙世炳、明成、明华、金普、金保五人承买，当日议定价钱一千文整。其钱领亲（清），其田任从买主为业。自卖之后，不得异言。若有异言，卖主理落，不［干］买主之事。恐口无凭，立此卖契存照。

凭中、通田：杨再榜

凭中：龙昌盛

代笔：龙永干

同治元年十一月二十七日立卖是实

同治元年十一月二十二日立

6. 龙金有、龙金和卖田契（同治元年十一月初八日）

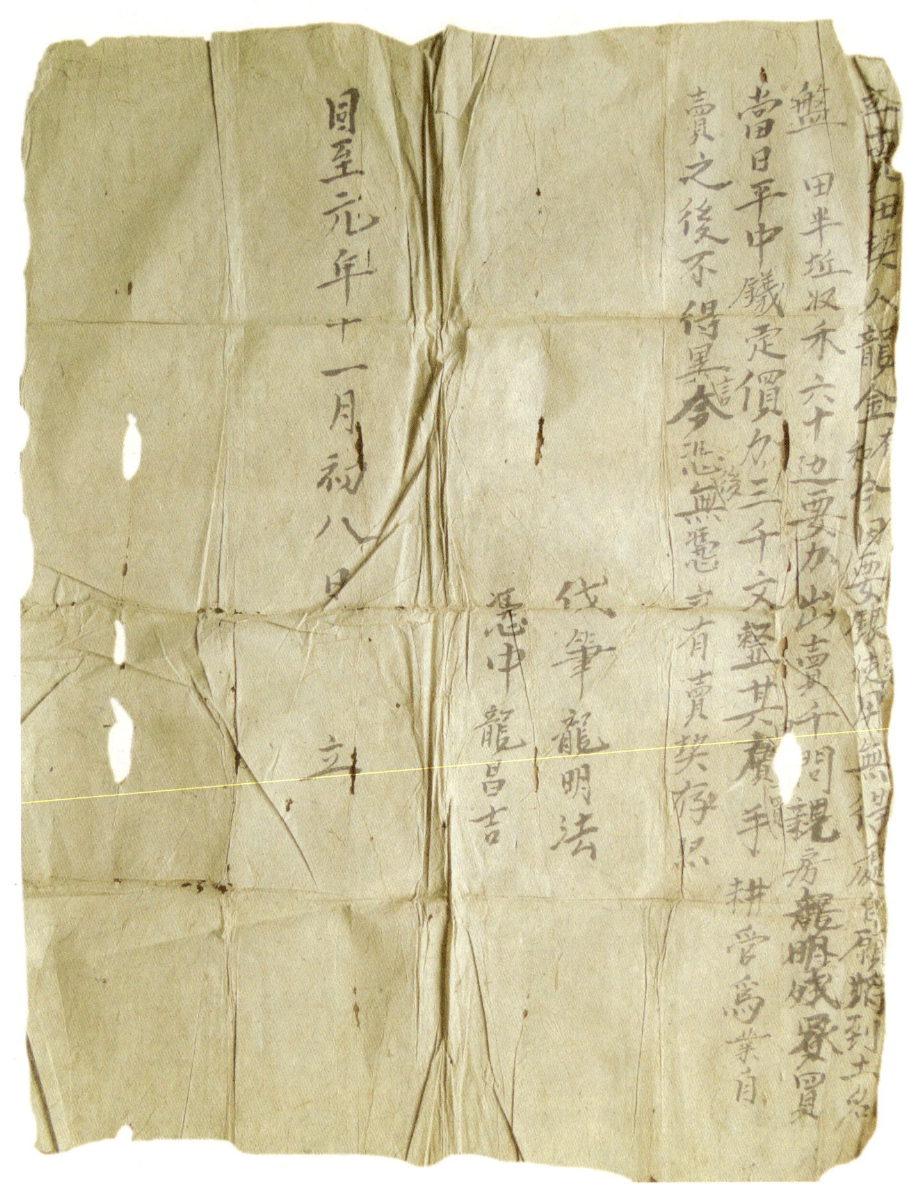

立卖田契人龙金有、金和，今因要银使用，无［从］得处，自愿将到土名盘田半丘，收禾六十边（稨），要钱出卖。千（先）问亲房龙明成承买，当日平（凭）中议定价钱三千文整。其田［付与］买手耕管为业。自卖之后，不得异言。今恐后无凭，立有卖契存照。

代笔：龙明法

凭中：龙昌吉

同至（治）元年十一月初八日立

7. 龙仁官卖田契（同治元年十一月二十日）

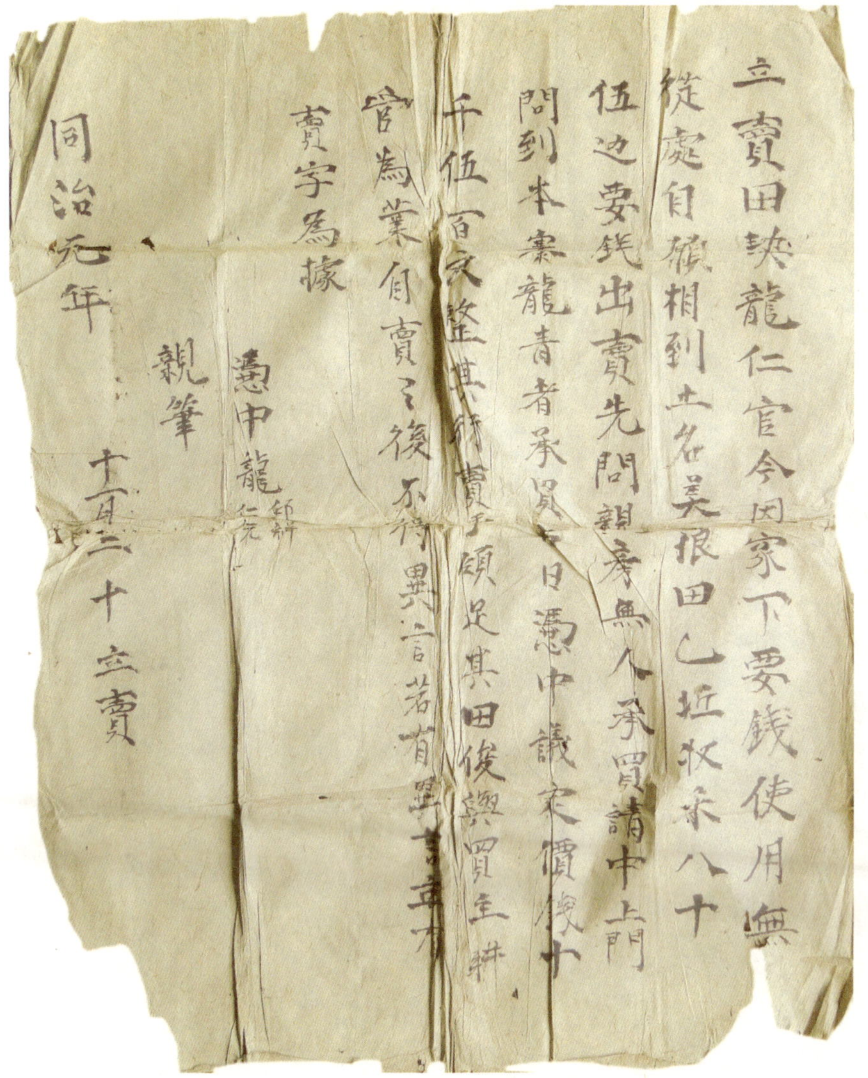
立賣田契龍仁官今因家下要錢使用無
從處自願相到土名吴根田乙坵收禾八十
伍边要錢出賣先問親房無人承買請中上門
問到本寨龍青者承買當日憑中議定價錢十
千伍百文整其行賣手領足其田後與買主耕
管為業自賣之後不得異言若有異言立有
賣字為據
憑中龍邦祥 仁元
親筆
同治元年 十一月二十立賣

立卖田契龙仁官，今因家下要钱使用，无从［得］处，自愿相（将）到土名吴垠田乙丘，收禾八十伍边（稨），要钱出卖。先问亲房无人承买，请中上门问到本寨龙青者承买，当日凭中议定价钱十千伍百文整。其行（钱）卖手领足，其田后（付）与买主耕管为业。自卖之后，不得异言。若有异言，立有卖字为据。

凭中：龙邦祥、龙仁元

亲笔

同治元年十一月二十［日］立卖

注：根据文书信息及田野访谈，龙仁官于同治初年卖掉柳寨的田产后，移居10多千米外的剑河县（清代为清江厅）盘乐。当时正值咸同贵州各民族起义期间，柳寨在侗族农民起义军九龙山（今石洞镇）根据地势力范围内。龙仁官移居盘乐，有可能是逃避义军或官兵的骚扰。盘乐虽然以龙姓为大姓，但龙仁官家似乎并未得到盘乐村民的认同，时至今日仍然有盘乐村民认为他家原本不姓龙。同样，仁官及其子学寿死后均归葬柳寨，他们内心深处仍然以柳寨为故乡，而把盘乐视为客居之地。

8. 龙金宗、龙金有、龙金和卖田契（同治元年十二月二十二日）

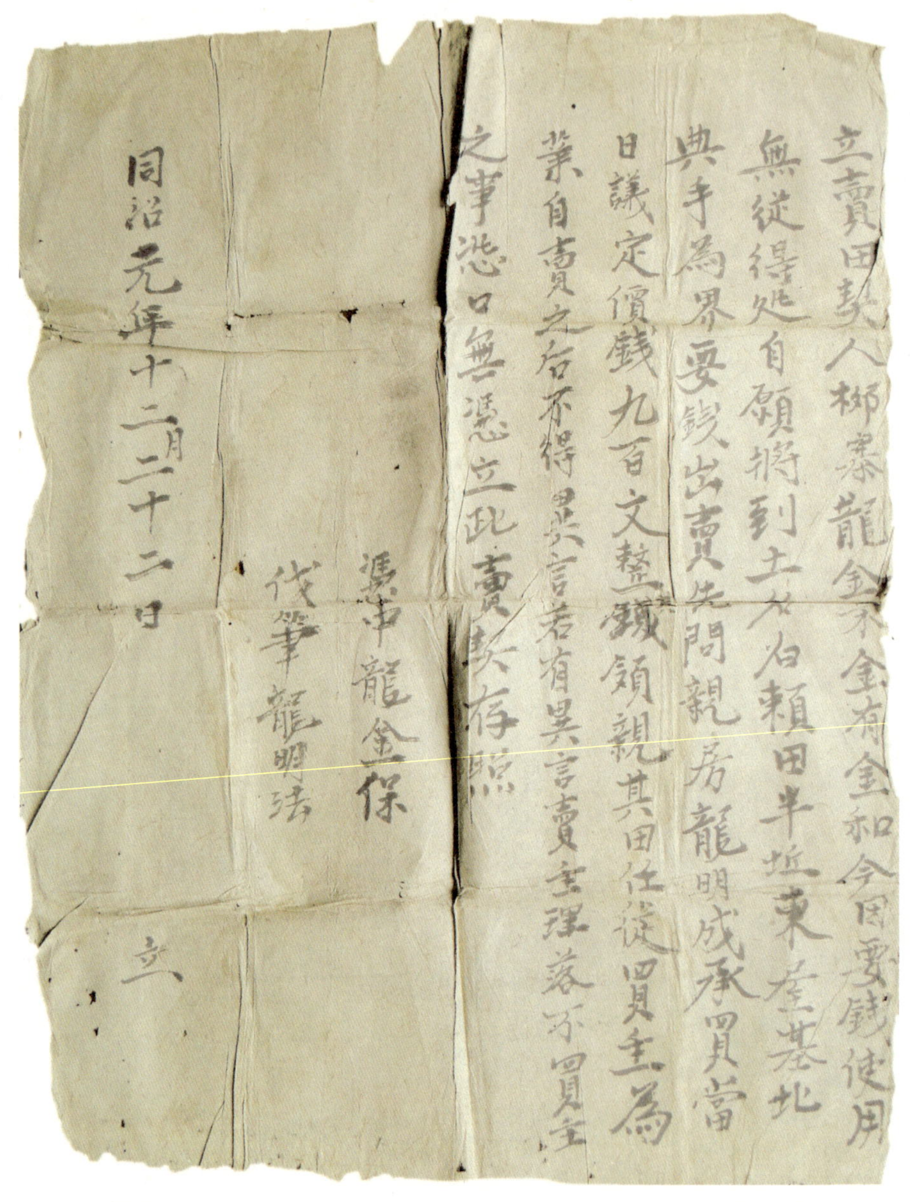

立賣田契人柳寨龍金宗金有金和今因要錢使用
無從得處自願將到土名歸賴田半坵東屋基北
典手為界要錢出賣先問親房龍明成承買當
日議定價錢九百文整其錢領親其田任從買主為
業自賣之后不得異言若有異言賣主理落不買主
之事恐口無憑立此賣契存照
凭中龍金保
代筆龍明法
同治元年十二月二十二日 立

立卖田契人柳寨龙金宗、金有、金和，今因要钱使用，无从得处，自愿将到土名归赖田半丘，东屋基地典手为界，要钱出卖。先问亲房龙明成承买，当日议定价钱九百文整。其钱领亲（清），其田任从买主为业。自卖之后，不得异言。若有异言，卖主理落，不［干］买主之事。恐口无凭，立此卖契存照。

凭中：龙金保

代笔：龙明法

同治元年十二月二十二日立

9. 龙明经卖田契（同治二年五月二十日）

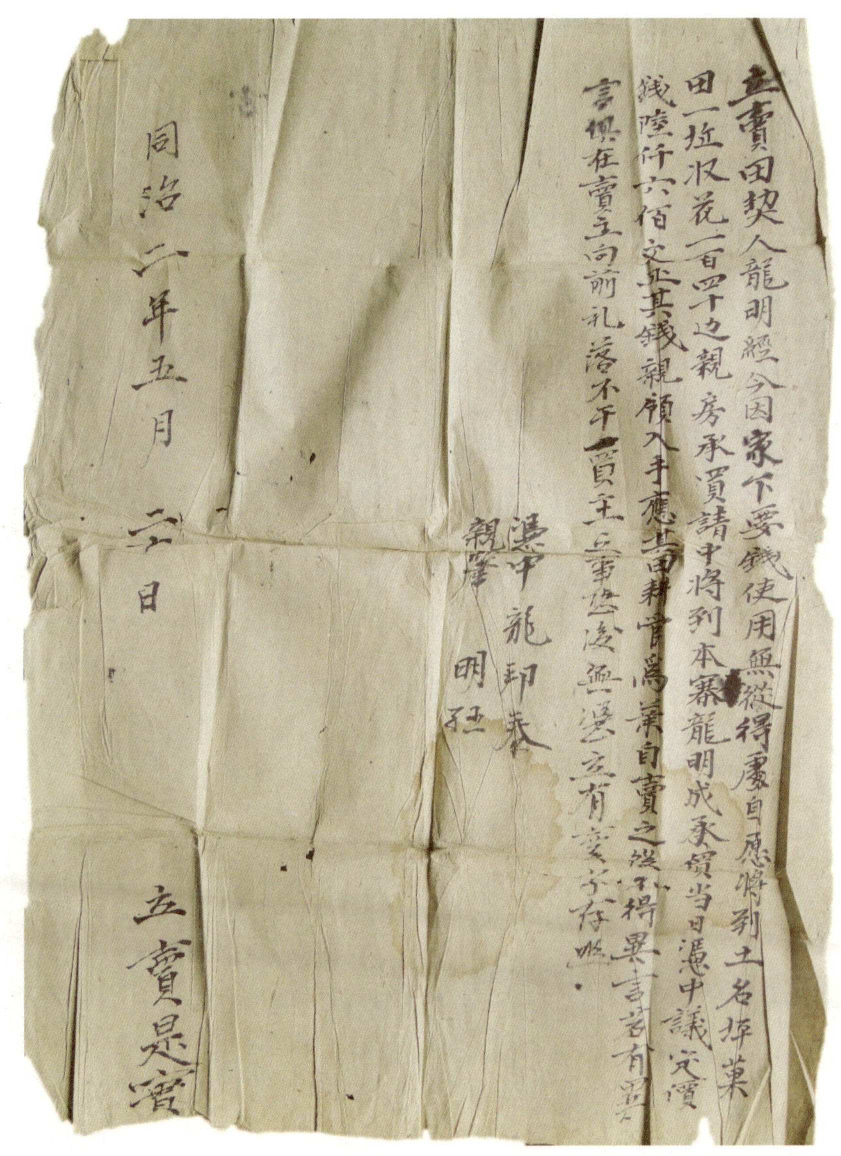

立卖田契人龙明经，今因家下要钱使用，无从得处，自愿将到土名坪果田一丘，收花一百四十边（稨），亲房承买，请中将到本寨龙明成承买，当日凭中议定价钱六仟六佰文正。其钱亲领入手应［用］，其田耕管为业。自卖之后，不得异言。若有异言，俱在卖主向前礼（理）落，不干买主之事。恐后无凭，立有卖字存照。

凭中：龙邦泰

亲笔：龙明经

同治二年五月二十日立卖是实

10. 龙明成断卖契税证（同治二年五月二十九日）

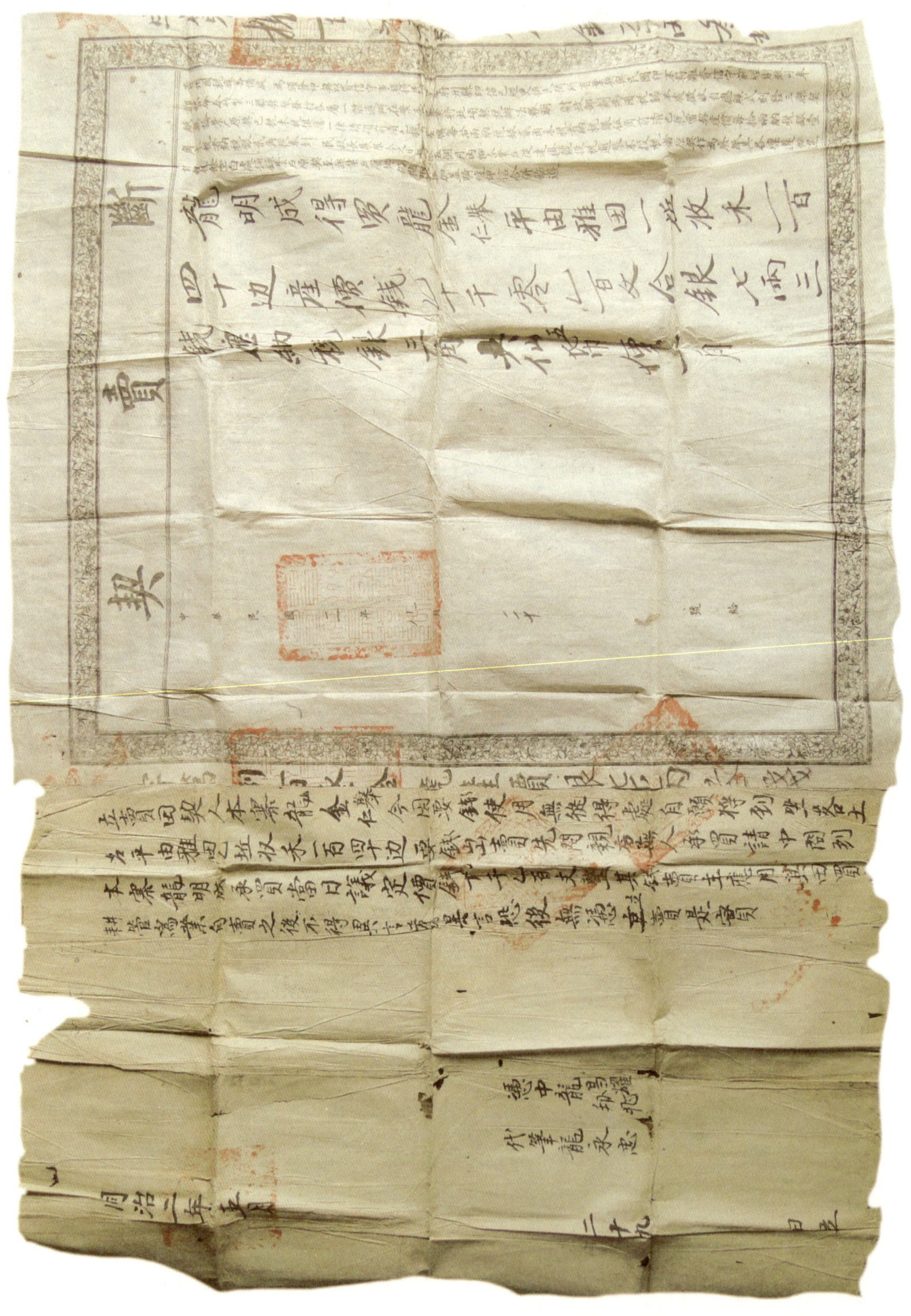

断卖契

贵州国税厅筹备处，为颁发印契以资信守事，照得民国成立，各府州县印信已经更换，民间所有业契与民国印不符，难资信守，前经财政司奉都督命令，特制三联契纸发行，各属一体遵办在案。本处成立，业将此项契税办法报明财政部划为国税，归本处征收，自应照式刻发三联契纸，无论业户原契已税未税，俱应一律请领。前清已税买契，产价每十两纳税银二角，未税者纳银五角。前清已税当契，产价每十两纳税银一角，未税者纳税银二角。从奉到民政长展限令之日起，仍限五个月内仰各业户从速挂号投税，逾限不投税者，原契作为废纸。其各凛遵勿违，切切。后余空白处摘录业户原契，至该业户，原契仍粘附于后加盖骑缝印信合并饬遵。

龙明成得买龙金举、金仁平由雅田一丘，收禾一百四十边（稨），产价钱乙十千零乙百文，合银七两三钱，应纳税银三角八仙五，纸价一角。

中华民国二年八月二十号给

立卖田契人本寨龙金举、金仁，今因要钱使用，无从得处，自愿将到坐落土名平由雅田乙丘，收禾一百四十边（稨），要钱出卖。先问亲房无人承买，请中问到本寨龙明成承买，当日议定价钱十千乙百文整。其钱卖主应用，其田买主耕管为业。自卖之后，不得异言。若有异言，恐后无凭，立卖是实。

凭中：龙昌耀、邦兆

代笔：龙永忠

同治二年五月二十九日立

11. 龙邦生、龙邦相、龙邦元兄弟卖田契（同治二年七月初一日）

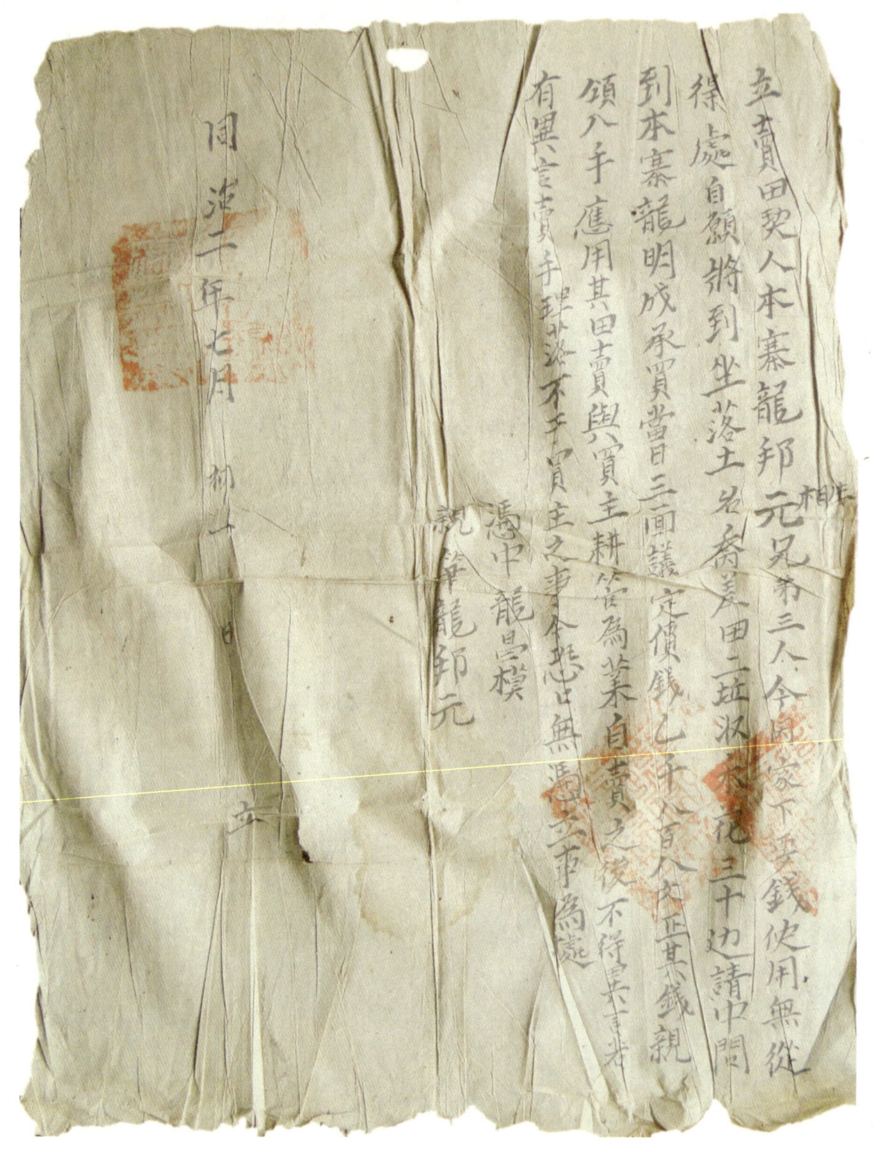

立卖田契人本寨龙邦生、邦相、邦元兄弟三人，今因家下要钱使用，无从得处，自愿将到坐落土名乔差田二丘，收禾花三十边（稨），请中问到本寨龙明成承买，当日三面议定价钱乙千八百八文正。其钱亲领入手应用，其田卖与买主耕管为业。自卖之后，不得异言。若有异言，卖手理落，不干买主之事。今恐口无凭，立事为据。

凭中：龙昌模

亲笔：龙邦元

同治二年七月初一日立

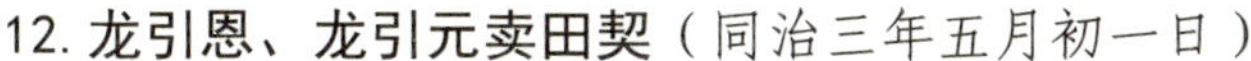

12. 龙引恩、龙引元卖田契（同治三年五月初一日）

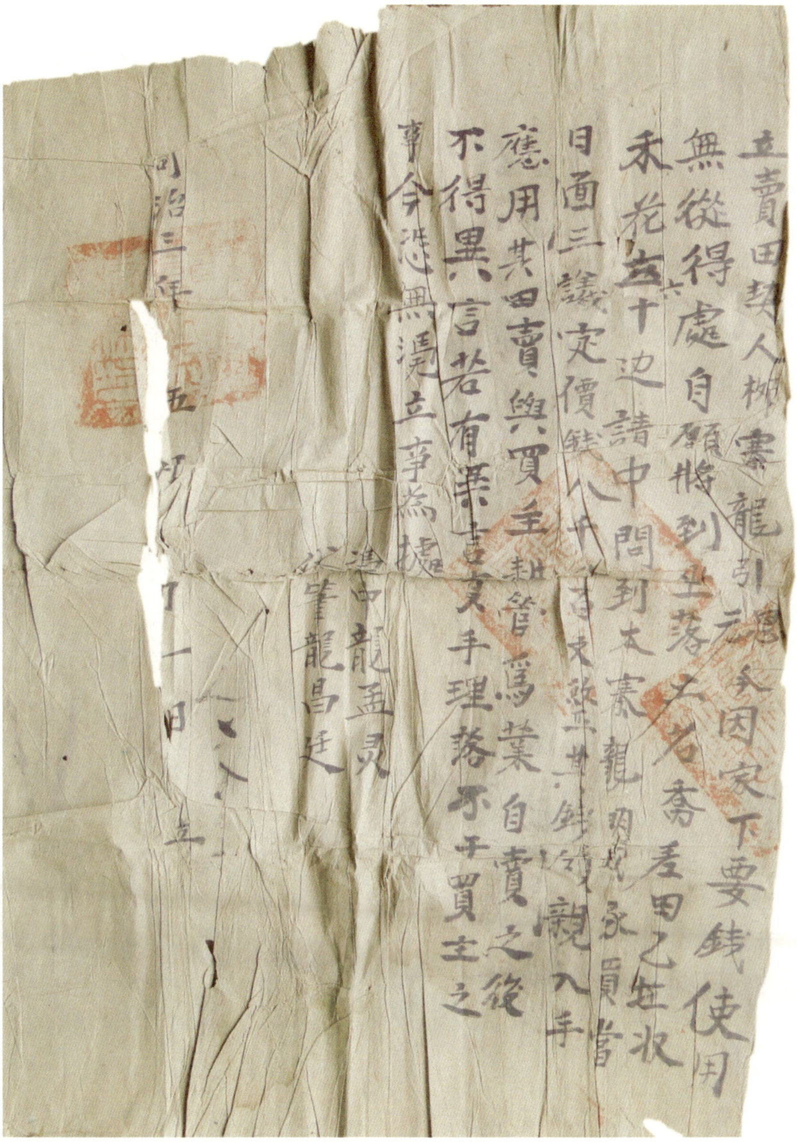
立賣田契人柳寨龍引恩、引元今因家下要錢使用
無從得處自願將到坐落土名喬差田乙丘收
禾花六十边請中問到本寨龍明成承買
日面三議定價錢八千八百文整其錢親領入手
應用其田賣與買主耕管爲業自賣之後
不得異言若有異言賣手理落不干買主之
事今恐無憑立事爲據
憑中龍孟灵
代筆龍昌廷
同治三年五月一日立

立卖田契人柳寨龙引恩、引元，今因家下要钱使用，无从得处，自愿将到坐落土名乔差田乙丘，收禾花六十边（稨），请中问到本寨龙明成承买，当日三面议定价钱八千八百文整。其钱亲领入手应用，其田卖与买主耕管为业。自卖之后，不得异言。若有异言，卖手理落，不干买主之事。今恐无凭，立事为据。

凭中：龙孟灵

代笔：龙昌廷

同治三年五月［初］一日立

13. 龙□王卖田契（同治四年正月）

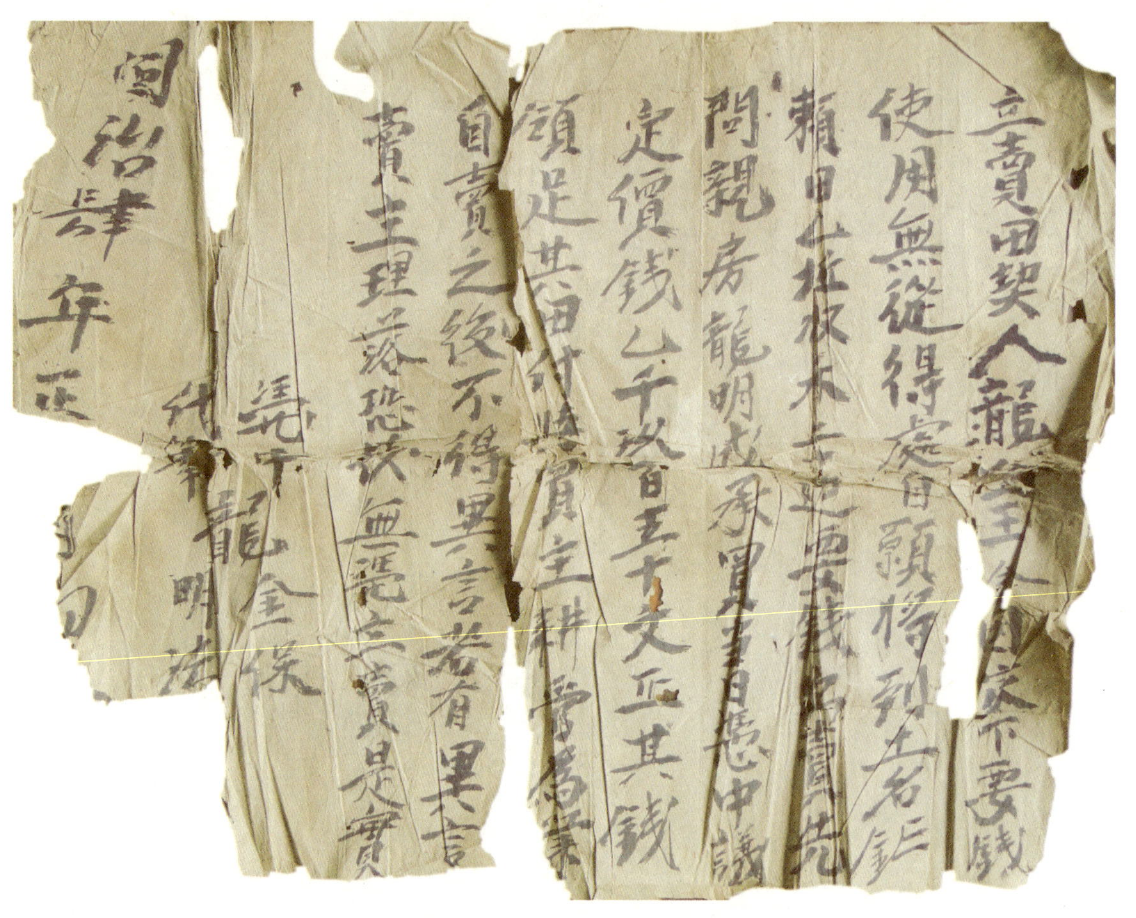

立卖田契人龙□王，今因家下要钱使用，无从得处，自愿将到土名□赖田乙丘，收禾二十边（稨），要钱出卖。先问亲房龙明成承买，当日凭中议定价钱乙千玖百五十文正。其钱领足，其田付与买主耕管为业。自卖之后，不得异言。若有异言，卖主理落，恐后无凭，立卖是实。

凭中：龙金保

代笔：龙明法

同治肆年正月□□□

14. 龙显珠卖田契（同治五年三月十二日）

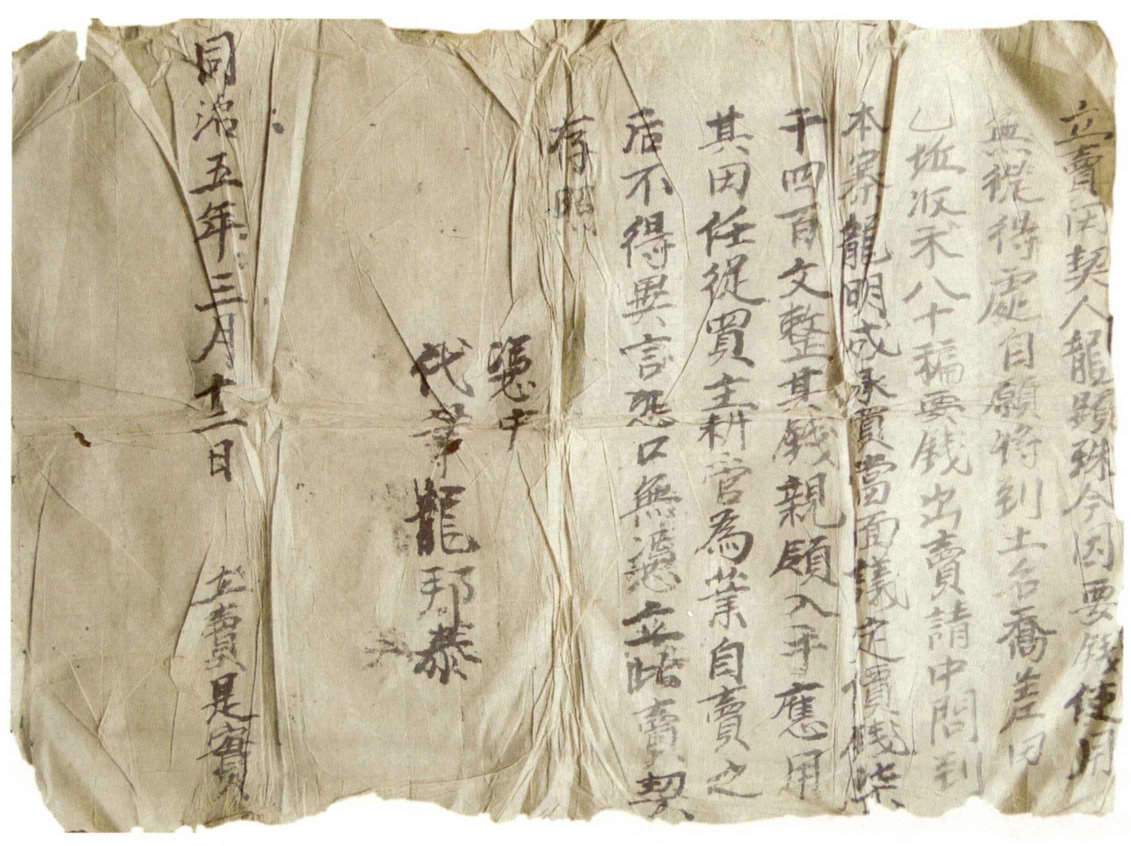

立卖田契人龙显珠，今因要钱使用，无从得处，自愿将到土名乔差田乙丘，收禾八十稨，要钱出卖。请中问到本寨龙明成承买，当面议定价钱柒千四百文整。其钱亲领入手应用，其田任从买主耕管为业。自卖之后，不得异言。恐口无凭，立此卖契存照。

凭中、代笔：龙邦泰

同治五年三月十二日立卖是实

15. 龙金宗卖田契（同治五年三月二十日）

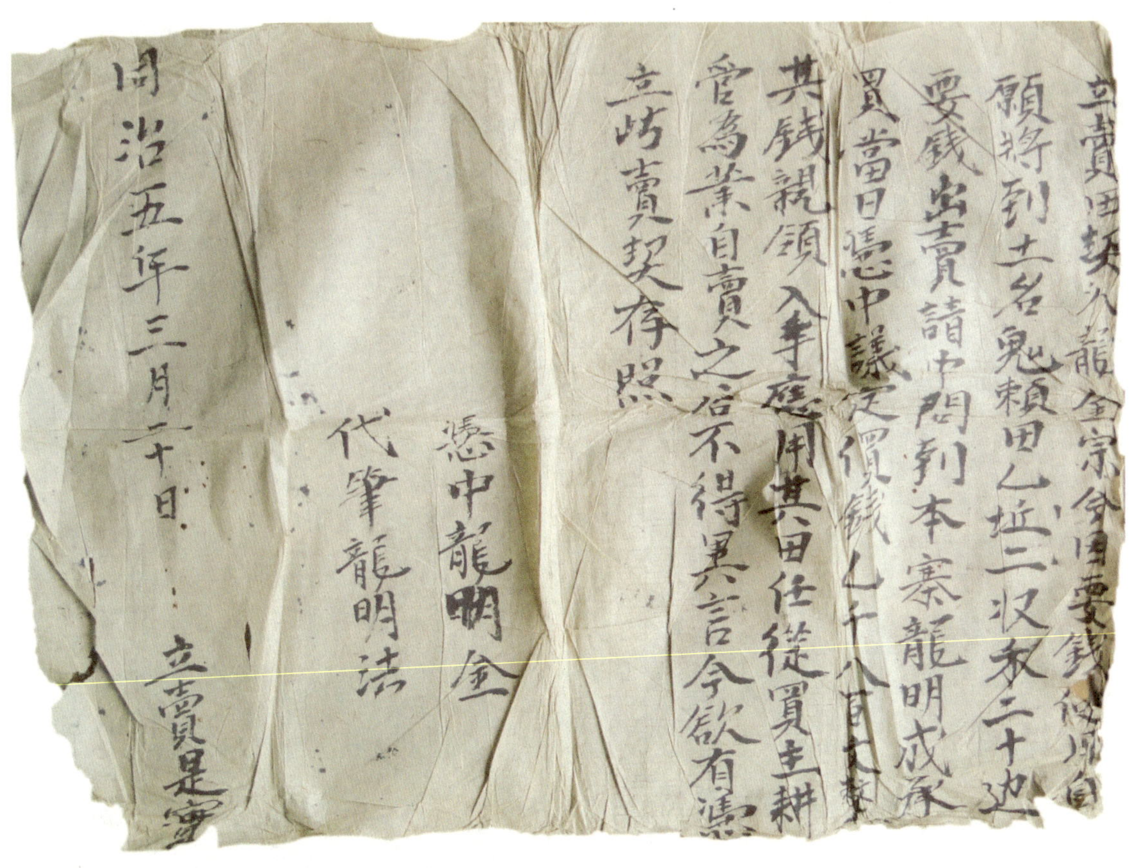

立卖田契人龙金宗，今因要钱使用，自愿将到土名鬼赖田乙［共］二丘，收禾二十边（稨），要钱出卖。请中问到本寨龙明成承买，当日凭中议定价钱乙千八百文整。其钱亲领入手应用，其田任从买主耕管为业。自卖之后，不得异言。今欲有凭，立此卖契存照。

凭中：龙明金

代笔：龙明法

同治五年三月二十日立卖是实

16. 龙显珠卖田契（同治五年三月二十日）

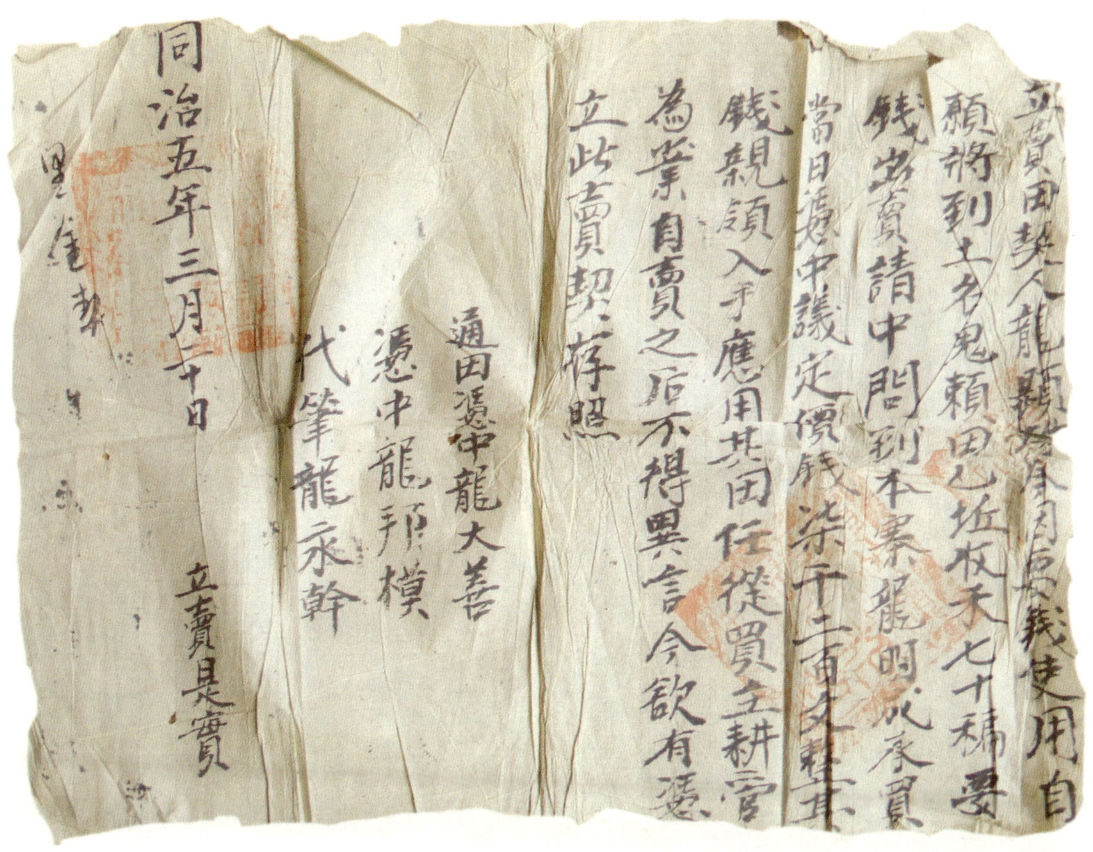

立卖田契人龙显珠，今因要钱使用，自愿将到土名鬼赖田乙丘，收禾七十稨，要钱出卖。请中问到本寨龙明成承买，当日凭中议定价钱柒千二百文整。其钱亲领入手应用，其田任从买主耕管为业。自卖之后，不得异言。今欲有凭，立此卖契存照。

通田、凭中：龙大善

凭中：龙邦模

代笔：龙永干

同治五年三月二十日立卖是实

17. 龙明隆卖老祖田契（同治六年二月初九日）

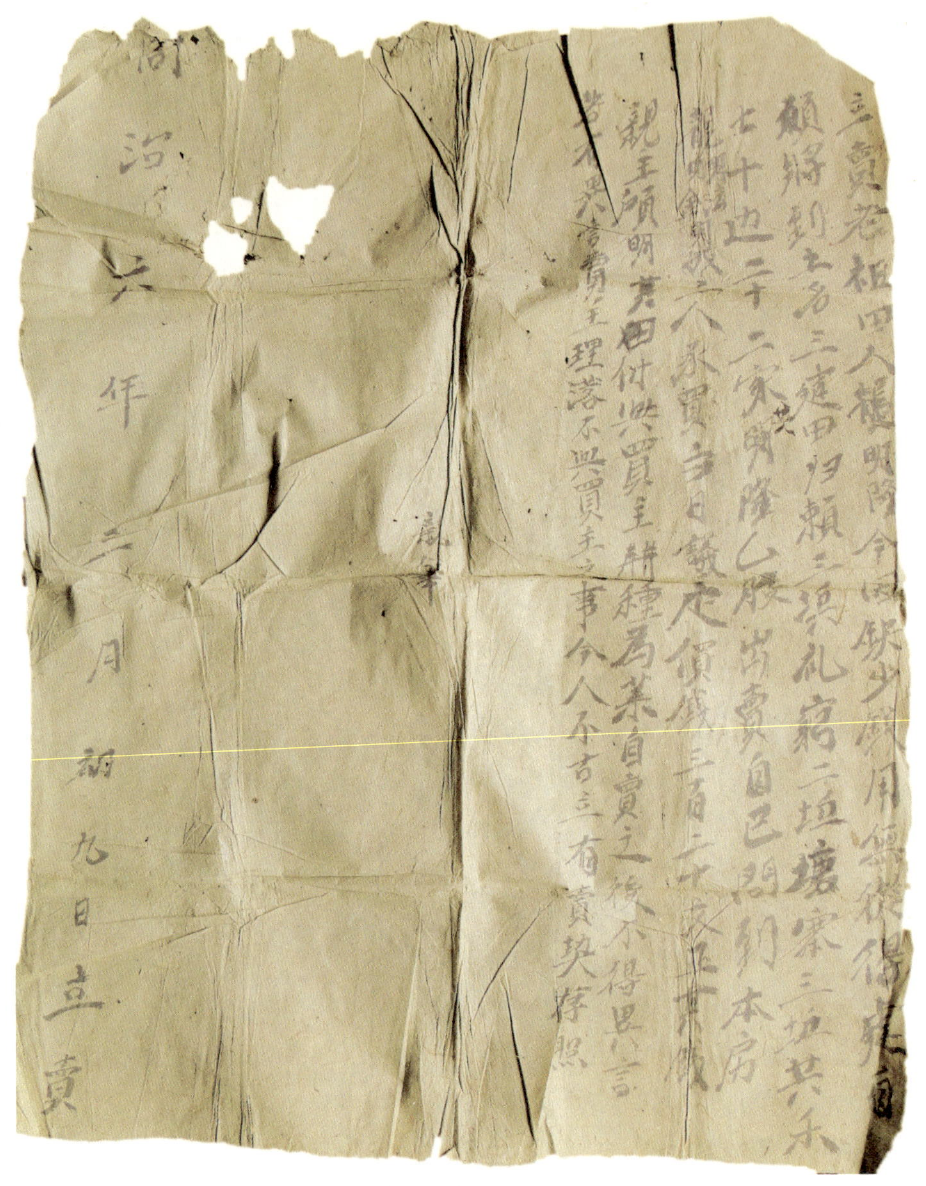

立卖老祖田人龙明隆，今因缺少钱用，无从得处，自愿将到土名三建田、归赖三丘、礼穷二丘、塘寨三丘，共禾七十边（稨），二十二家共，明隆乙股出卖。自己问到本房龙明法、明金、明成三人承买，当日议定价钱三百二十文正。其钱亲手领明，其田付与买主耕种为业。自卖之后，不得异言。若有异言，卖主理落，不与（干）买主之事。今［恐］人［心］不古，立有卖契存照。

亲笔

同治六年二月初九日立卖

18. 龙伯母、龙显昆、龙引姣母子卖田契（同治六年三月初一日）

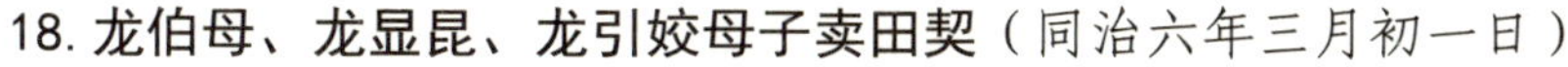

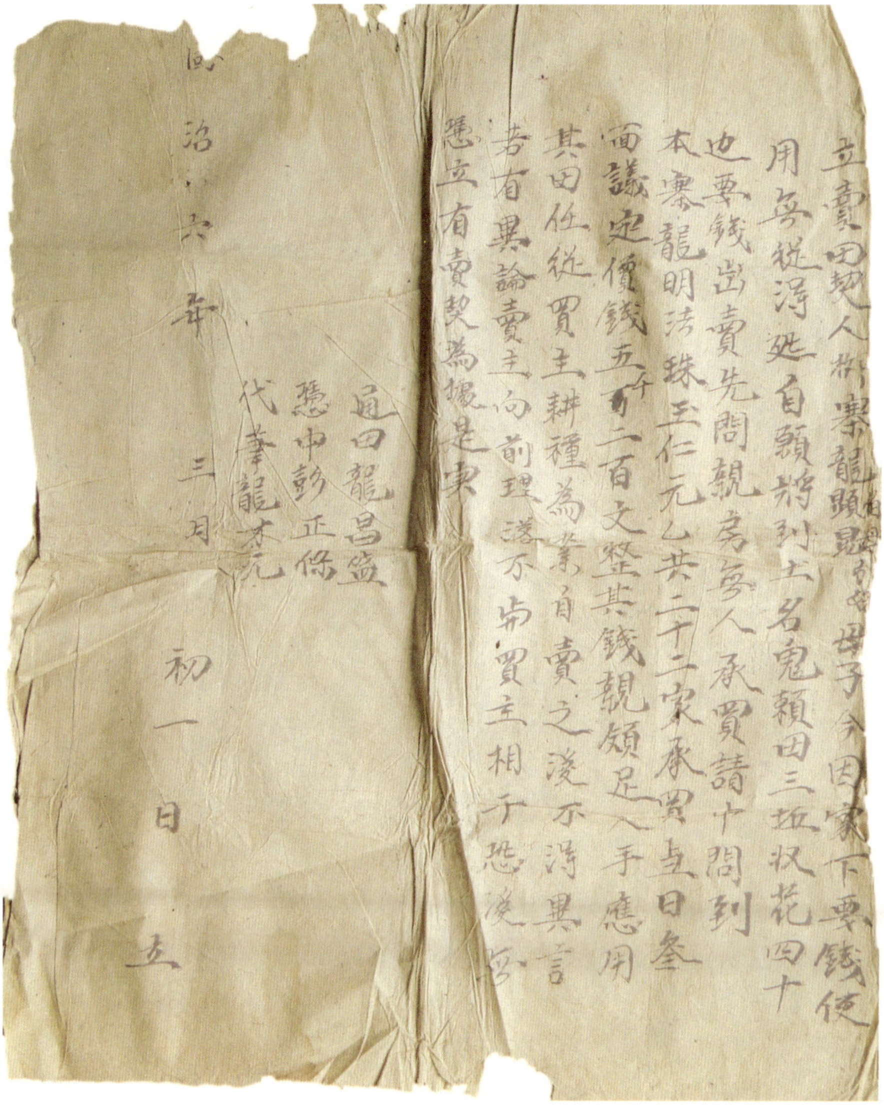

立卖田契人柳寨龙伯母、显昆、引姣母子，今因家下要钱使用，无从得处，自愿将到土名鬼赖田三丘，收花四十边（稨），要钱出卖。先问亲房无人承买，请中问到本寨龙明法、珠玉、仁元乙共二十二家承买，当日三面议定价钱五千二百文整。其钱亲领足入手应用，其田任从买主耕种为业。自卖之后，不得异言。若有异论，卖主向前理落，不与买主相干。恐后无凭，立有卖契为据是实。

通田：龙昌盛

凭中：彭正保

代笔：龙才元

同治六年三月初一日立

19. 龙金宗卖老祖田契（同治六年三月十三日）

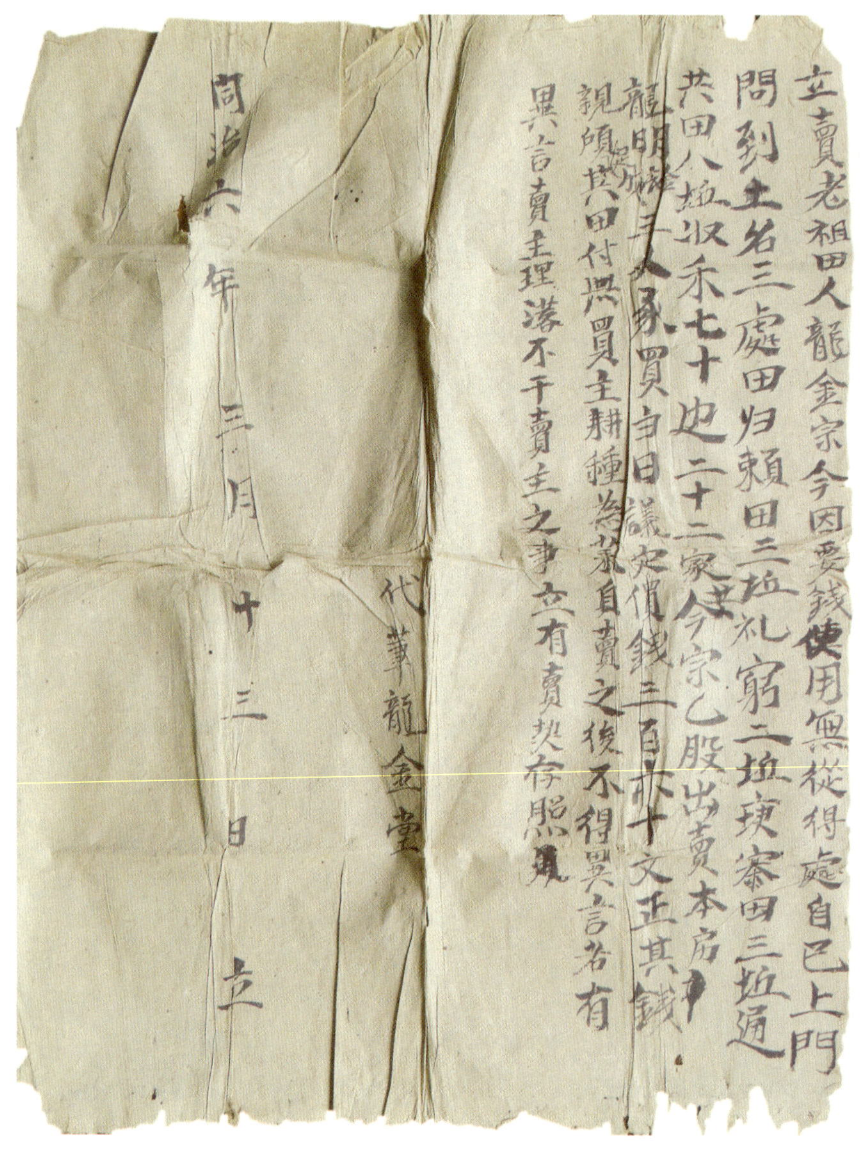

立卖老祖田人龙金宗，今因要钱使用，无从得处，自己上门问到土名三处田、归赖田三丘，礼穷二丘，埂寨田三丘，通共田八丘，收禾七十边（稨），二十二家共。今宗乙股出卖本房龙明金、明法、明成三人承买，当日议定价钱三百六十文正。其钱亲［手］领足，其田付与买主耕种为业。自卖之后，不得异言。若有异言，卖主理落，不干卖（买）主之事。立有卖契存照。

代笔：龙金堂

同治六年三月十三日立

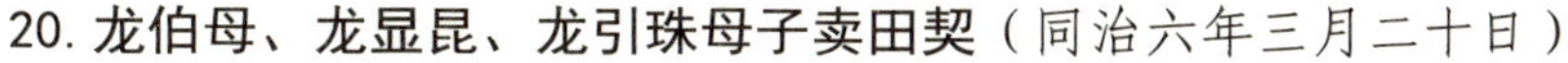

20. 龙伯母、龙显昆、龙引珠母子卖田契（同治六年三月二十日）

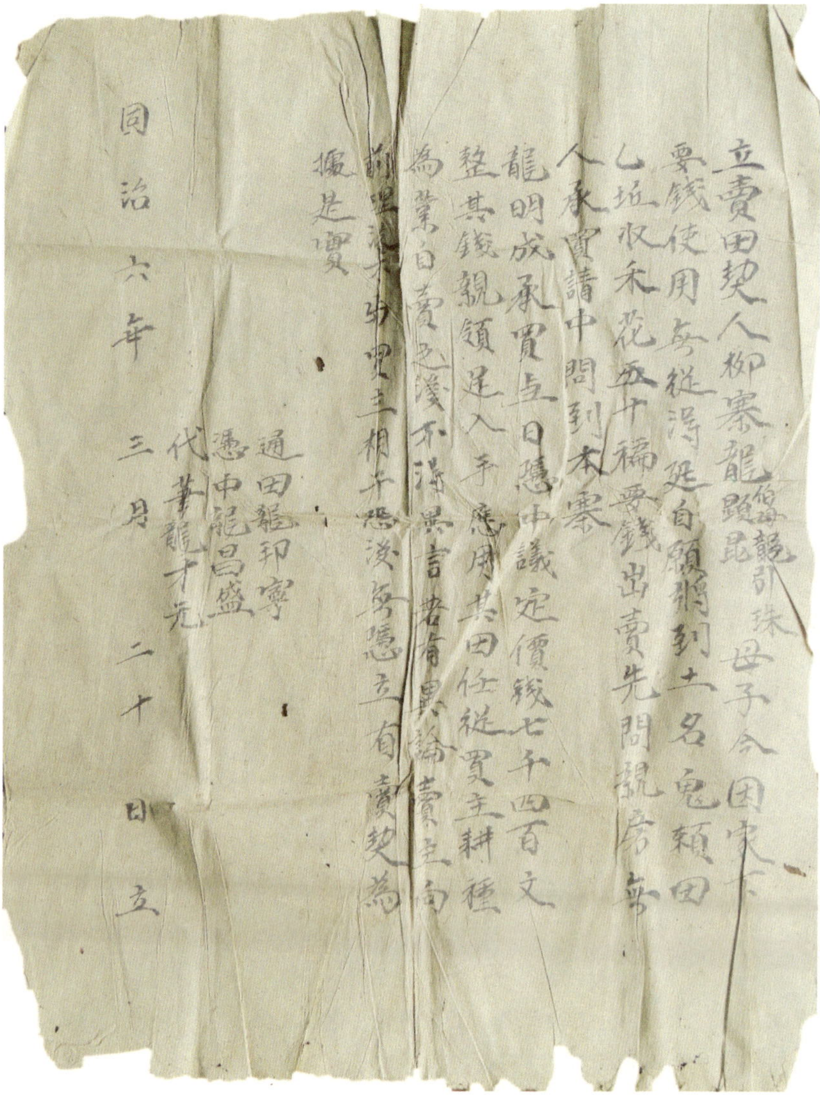

立卖田契人柳寨龙伯母、显昆，龙引珠母子，今因家下要钱使用，无从得处，自愿将到土名鬼赖田乙丘，收禾花五十稨，要钱出卖。先问亲房无人承买，请中问到本寨龙明成承买，当日凭中议定价钱七千四百文整。其钱亲领足入手应用，其田任从买主耕种为业。自卖之后，不得异言。若有异论，卖主向前理落，不与买主相干。恐后无凭，立有卖契为据是实。

通田：龙邦宁

凭中：龙昌盛

代笔：龙才元

同治六年三月二十日立

21. 龙昌盛父子卖田契（同治六年六月初九日）

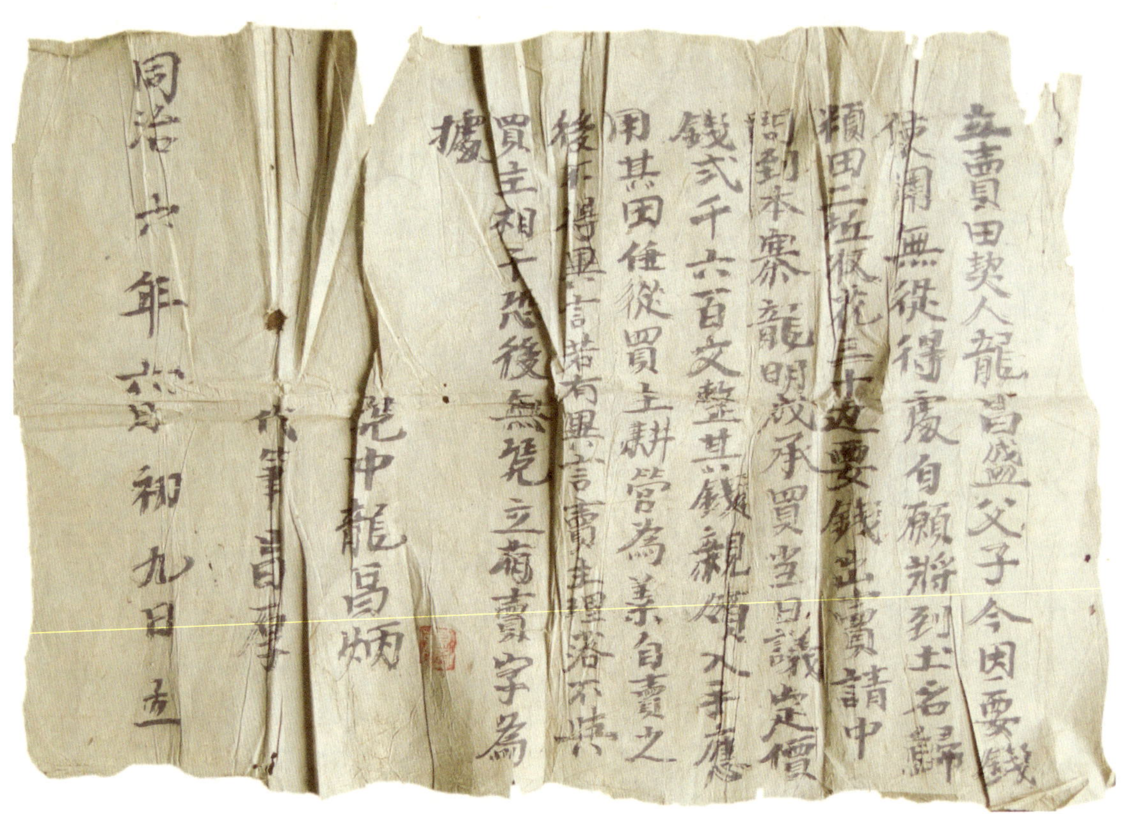

立卖田契人龙昌盛父子，今因要钱使用，无从得处，自愿将到土名归赖田二丘，收花三十边（稨），要钱出卖。请中问到本寨龙明成承买，当日议定价钱贰千六百文整。其钱亲领入手应用，其田任从买主耕管为业。自卖之后，不得异言。若有异言，卖主理落，不与买主相干。恐后无凭，立有卖字为据。

凭中：龙昌炳

代笔：昌厚

同治六年六月初九日立

22. 龙明法、龙明金、龙瑞本等卖墓老田契（同治八年五月十八日）

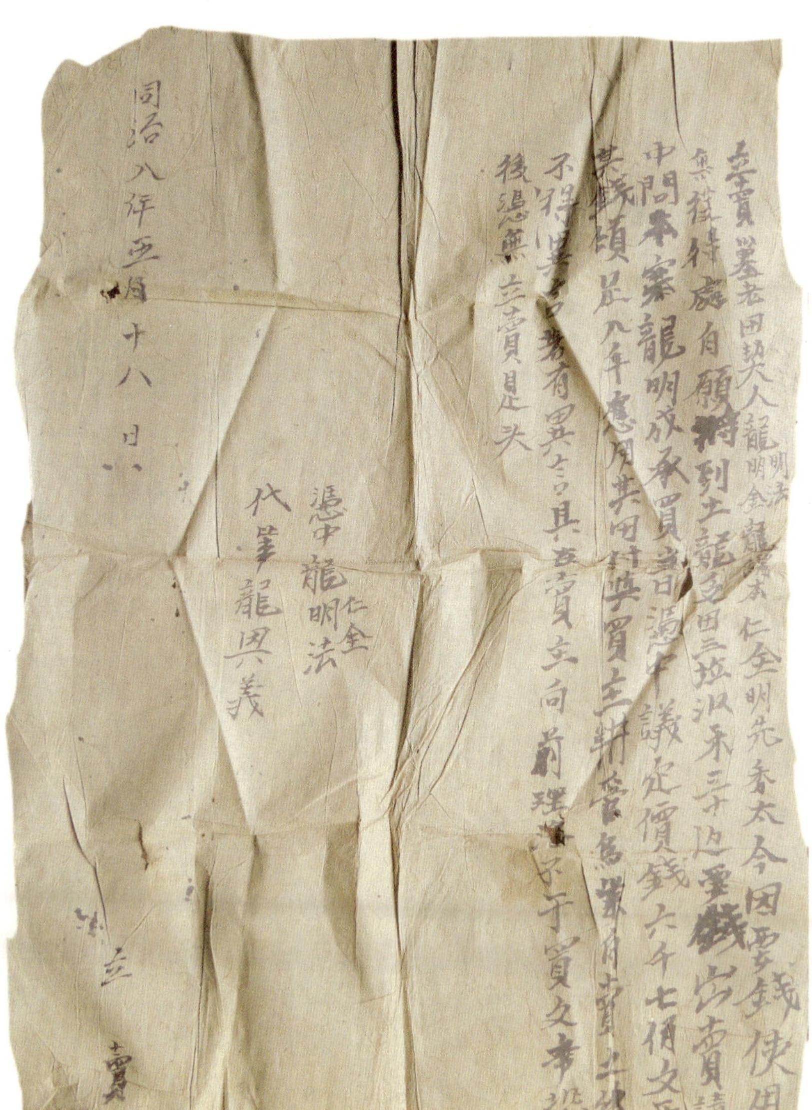

立卖墓老田契人龙明法、明金，龙瑞本、仁全、明先、秀太，今因要钱使用，无从得处，自愿将到土［名］龙□田三丘，收禾三十边（稨），要钱出卖，请中问本寨龙明成承买，当日凭中议定价钱六千七佰文正。其钱领足入手应用，其田付与买主耕管为业。自卖之后，不得异言。若有异言，具（俱）在卖主向前理落，不干买［主］之事。恐后无凭，立卖是头（实）。

凭中：龙仁全、明法

代笔：龙兴义

同治八年五月十八日立卖

23. 龙珍耀、龙珍修兄弟卖田契（同治九年四月二十日）

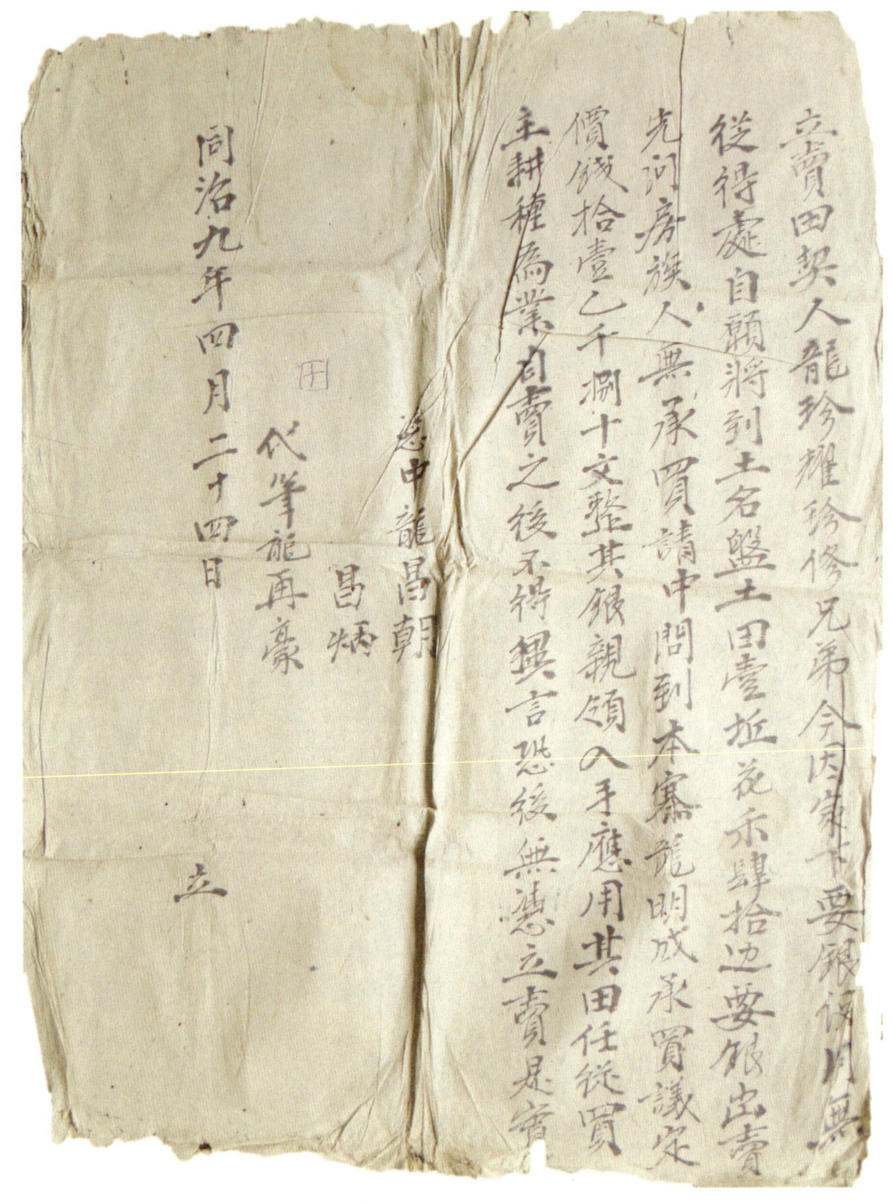

立卖田契人龙珍耀、珍修兄弟，今因家下要银使用，无从得处，自愿将到土名盘土田壹丘，花禾肆拾边（稨），要银出卖。先问房族人无［人］承买，请中问到本寨龙明成承买，议定价钱拾壹乙千捌十文整。其银亲领入手应用，其田任从买主耕种为业。自卖之后，不得异言。恐后无凭，立卖是实。

凭中：龙昌朝、昌炳

代笔：龙再豪

同治九年四月二十四日立

24. 谭文焕卖田契（同治十年二月十八日）

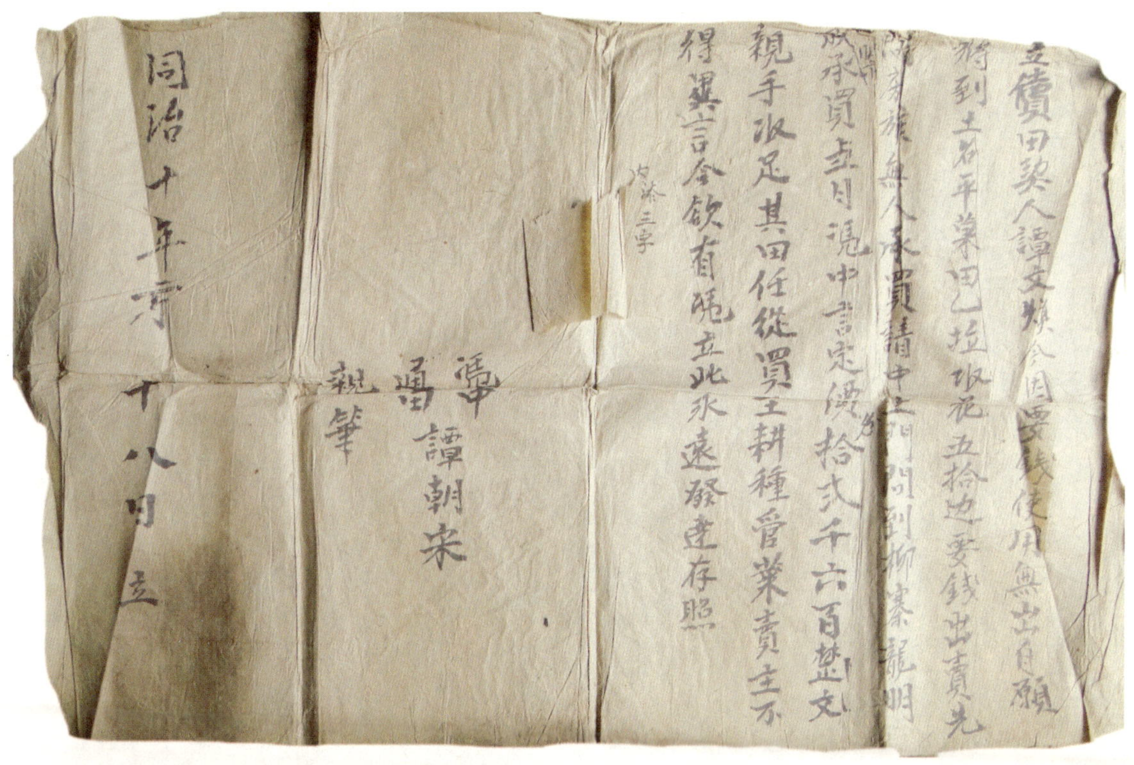

立卖田契人谭文焕，今因要钱使用，无［所］出［处］，自愿将到土名平果田乙丘，收花五拾边（稨），要钱出卖。先问房族无人承买，请中上门问到柳寨龙明成名下承买，当日凭中言定价钱拾贰千六百文整。亲手收足，其田任从买主耕种管业。卖主不得异言。今欲有凭，立此永远发达存照。

内添三字

凭中、通田：谭朝宋

亲笔

同治十年二月十八日立

25. 龙三保、龙清理父子卖田契（同治十年五月二十八日）

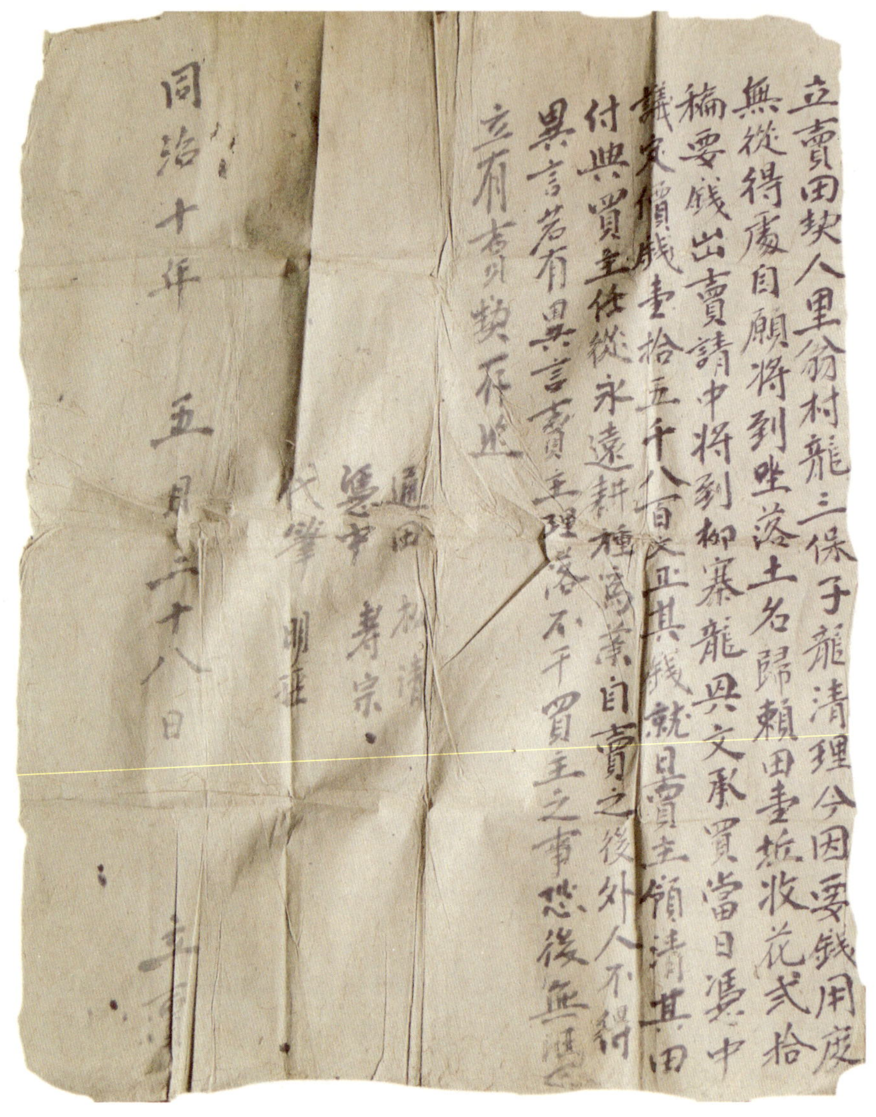

立卖田契人里翁村龙三保，子龙清理，今因要钱用度，无从得处，自愿将到坐落土名归赖田壹丘，收花贰拾稨，要钱出卖。请中将到柳寨龙兴文承买，当日凭中议定价钱壹拾五千八百文正。其钱就［当］日卖主领清，其田付与买主，任从永远耕种为业。自卖之后，外人不得异言。若有异言，卖主理落，不干买主之事。恐后无凭，立有卖契存照。

通田：松清

凭中：寿宗

代笔：明经

同治十年五月二十八日立卖

26. 彭玉兴卖田契（光绪二十一年闰五月二十九日）

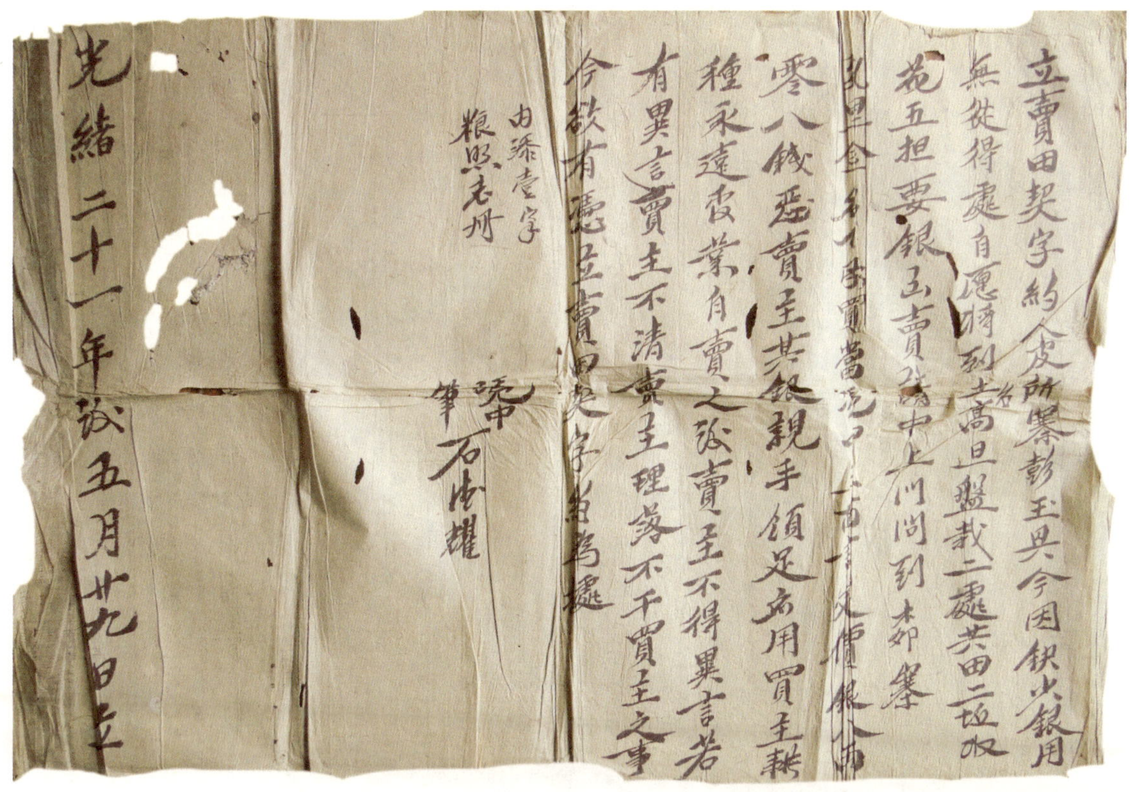

立卖田契字约人皮所寨彭玉兴，今因缺少银用，无从得处，自愿将到土名高旦盘栽二处共田二丘，收花五担，要银出卖，请中上门问到柳寨龙里金名下承买，当［日］凭中三面言定价银八两零八钱整。卖主其银亲手领足应用，买主耕种永远为业。自卖之后，卖主不得异言。若有异言，买主不清，卖主理落，不干买主之事。今欲有凭，立卖田契字约为据。

内添壹字

粮照老册

凭中、［代］笔：石德耀

光绪二十一年后五月二十九日立

27. 石兆林、石沛林、石贵林兄弟卖田契（光绪二十三年三月十三日）

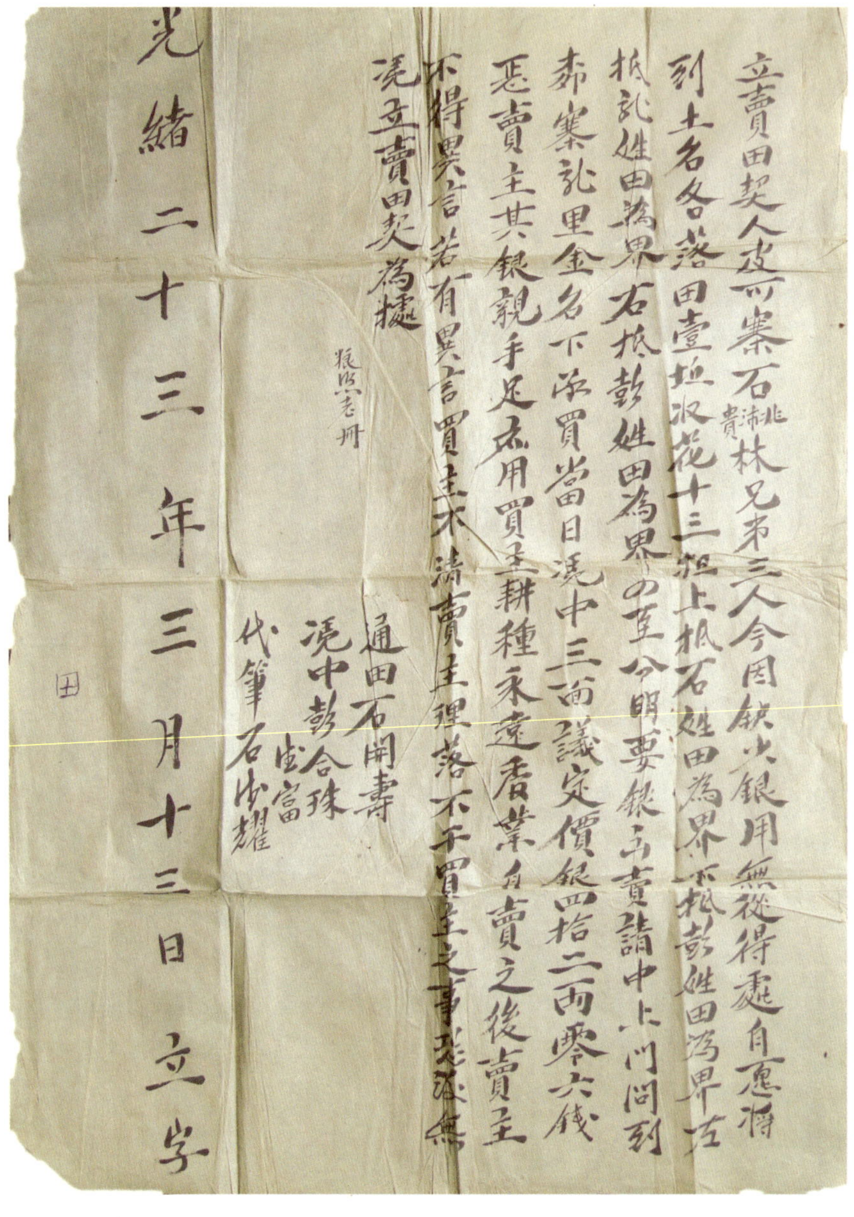

立卖田契人皮所寨石兆林、沛林、贵林兄弟三人，今因缺少银用，无从得处，自愿将到土名各落田壹丘，收花十三担，上抵石姓田为界，下抵彭姓田为界，左抵龙姓田为界，右抵彭姓田为界，四至分明，要银出卖。请中上门问到柳寨龙里金名下承买，当日凭中三面议定价银四拾二两零六钱整。卖主其银亲手［领］足应用，［其田付与］买主耕种永远为业。自卖之后，卖主不得异言。若有异言，买主不清，卖主理落，不干买主之事。恐后无凭，立卖田契为据。

粮照老册

通田：石开寿

凭中：彭合珠、德富

代笔：石德耀

光绪二十三年三月十三日立字

28. 龙洪魁卖地土杉木字（光绪二十三年五月二十六日）

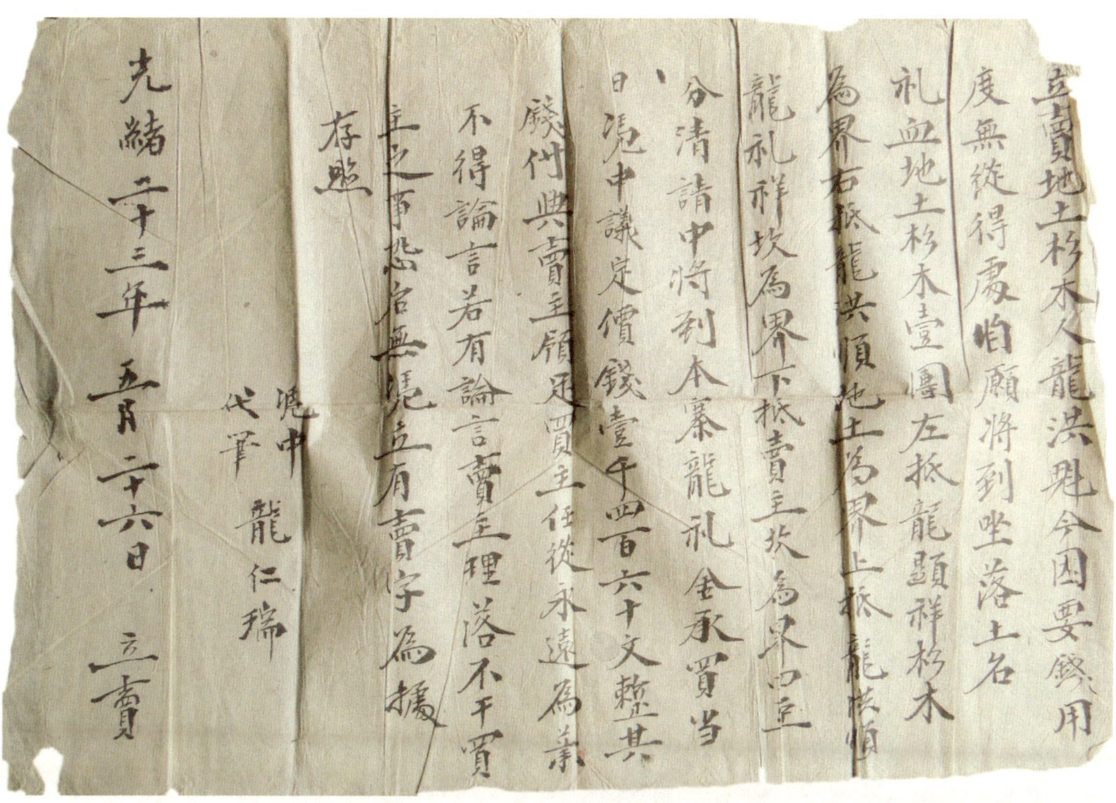

立卖地土杉木人龙洪魁，今因要钱用度，无从得处，自愿将到坐落土名礼血地土杉木壹团，左抵龙显祥杉木为界，右抵龙洪顺地土为界，上抵龙洪顺、龙礼祥坎为界，下抵卖主坎为界，四至分清，请中将到本寨龙礼金承买，当日凭中议定价钱壹千四百六十文整。其钱付与卖主领足，［其田］买主任从（任从买主）永远为业。不得论言，若有论言，卖主理落，不干买主之事。恐后无凭，立有卖字为据存照。

凭中、代笔：龙仁瑞

光绪二十三年五月二十六日立卖

29. 吴世宽卖田契（光绪二十四年六月十七日）

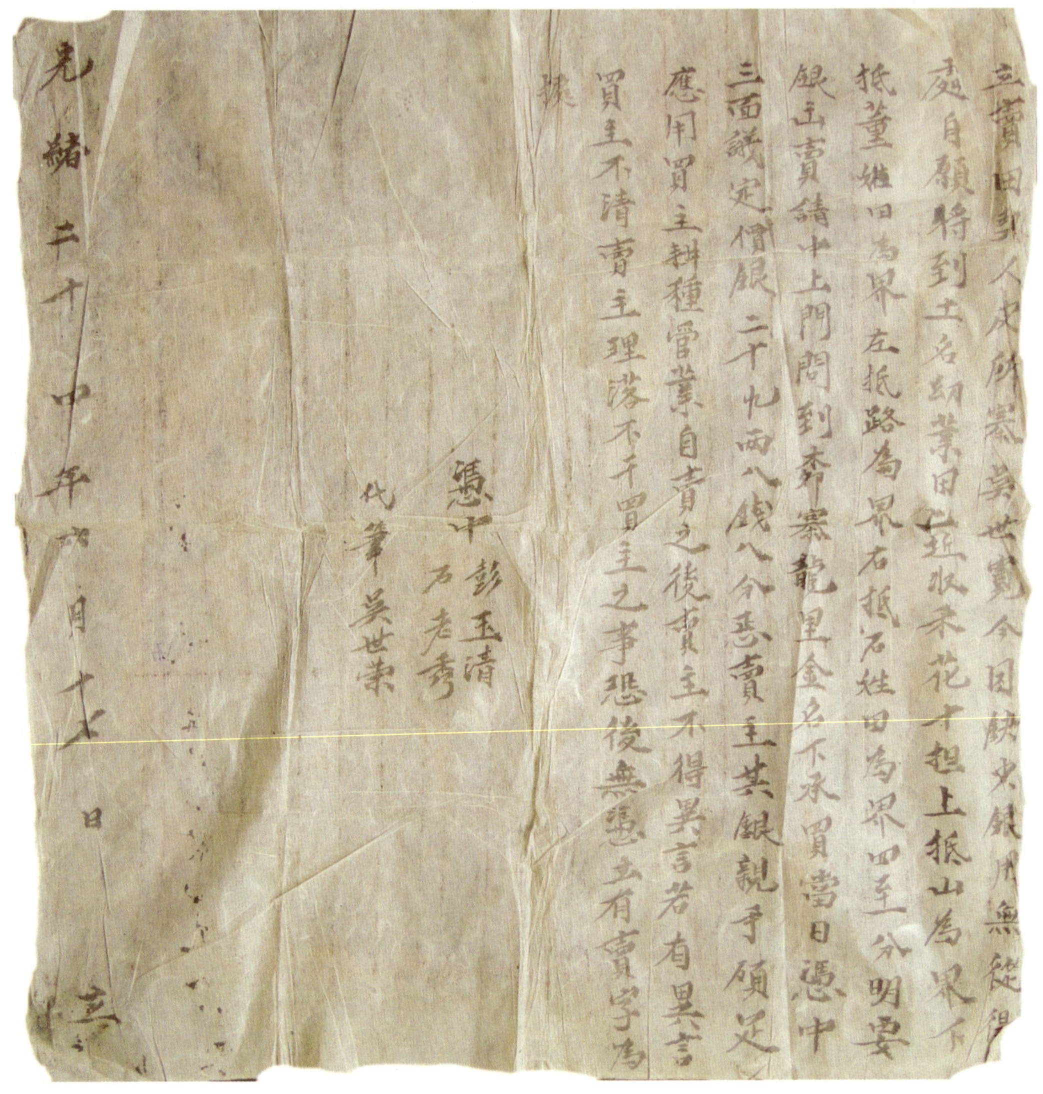

立卖田契人皮所寨吴世宽，今因缺少银用，无从得处，自愿将到土名幼业田乙丘，收禾花十担，上抵山为界，下抵董姓田为界，左抵路为界，右抵石姓田为界，四至分明，要银出卖。请中上门问到柳寨龙里金名下承买，当日凭中三面议定价银二十九两八钱八分整。卖主其银亲手领足应用，［其田付与］买主耕种管业。自卖之后，卖主不得异言。若有异言，买主不清，卖主理落，不干买主之事。恐后无凭，立有卖字为据。

凭中：彭玉清、石老秀

代笔：吴世荣

光绪二十四年六月十七日立

30. 龙明康、龙明山卖地土字（光绪二十四年六月二十八日）

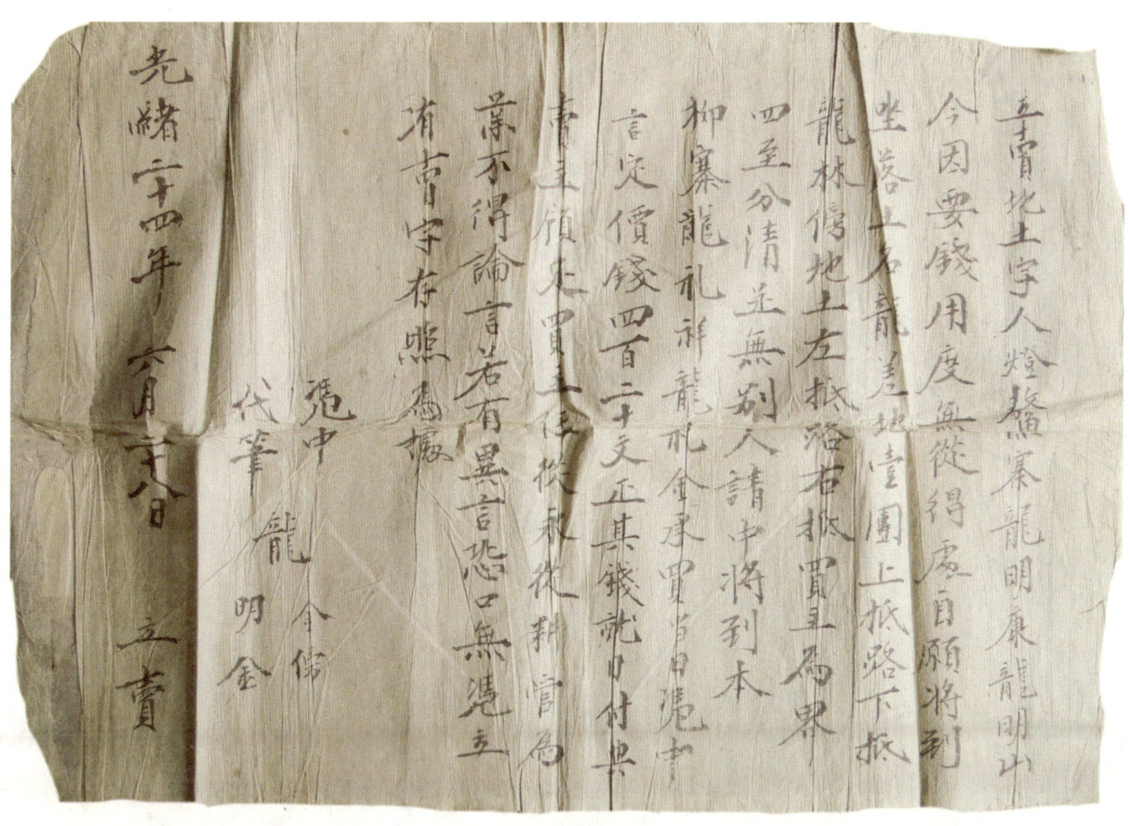

立卖地土字人灯鳌寨龙明康、龙明山，今因要钱用度，无从得处，自愿将到坐落土名龙差地壹团，上抵路，下抵龙林傍地土，左抵路，右抵买主为界，四至分清，并无别人。请中将到本柳寨龙礼祥、龙礼金承买，当日凭中言定价钱四百二十文正。其钱就（当）日付与卖主领足，买主任从永从（远）耕管为业。不得论言。若有异言，恐口无凭，立有卖字存照为据。

凭中：龙金傍

代笔：龙明金

光绪二十四年六月二十八日立卖

31. 龙广富、龙广乾、龙广三兄弟卖杉木字（光绪二十四年七月初二日）

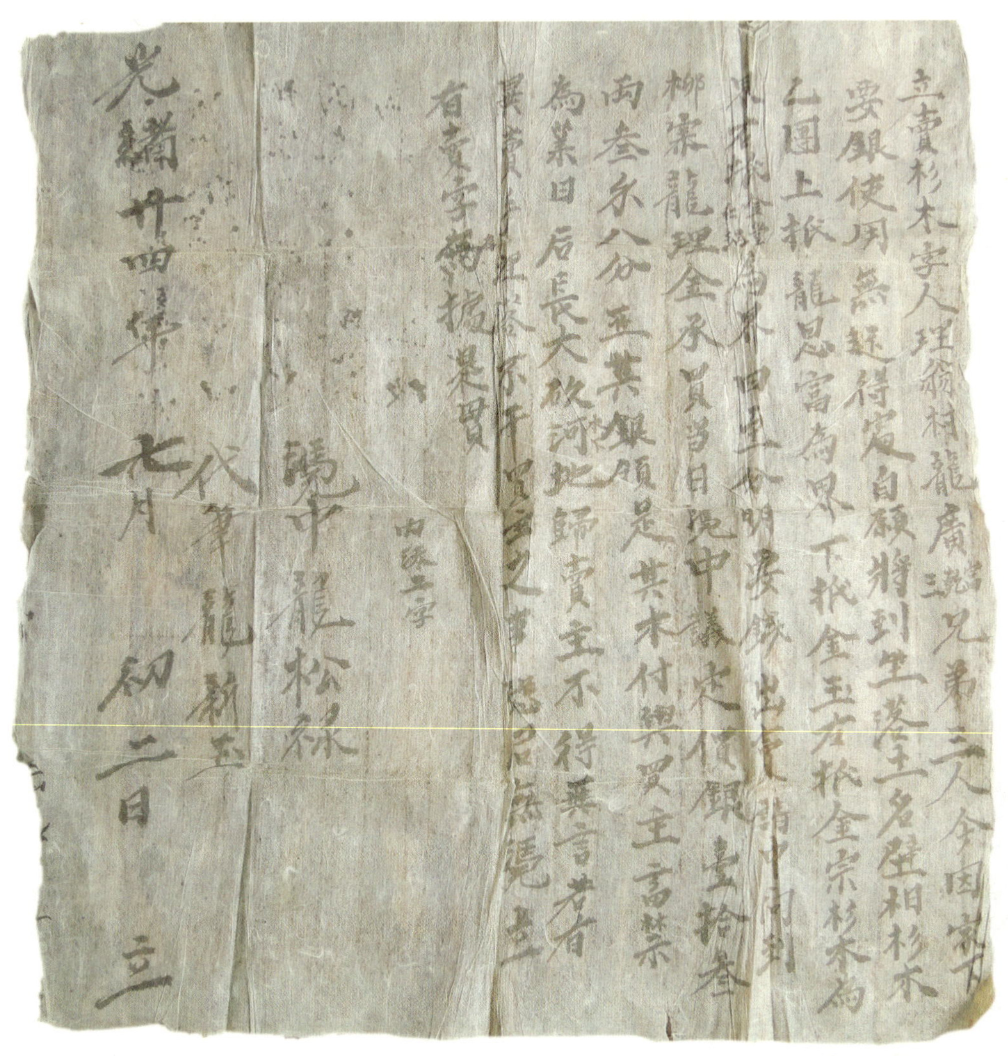

立卖杉木字人理翁村龙广富、广乾、广三兄弟三人，今因家下要银使用，无还（从）得处，自愿将到坐落土名壁相杉木乙团，上抵龙恩富为界，下抵金玉，左抵金宗杉木为界，右抵金堂、仁瑞为界，四至分明，要钱出卖。请中问到柳寨龙理金承买，当日凭中议定价银壹拾叁两叁钱八分正。其银领足，其木付与买主畜禁为业。日后长大，砍木下河，地归卖主，不得异言。若有异［言］，卖主理落，不干买主之事。恐后无凭，立有卖字为据是实。

内添二字

凭中：龙松禄

代笔：龙新玉

光绪廿四年七月初二日立

32. 彭德广卖田契（光绪二十五年九月二十九日）

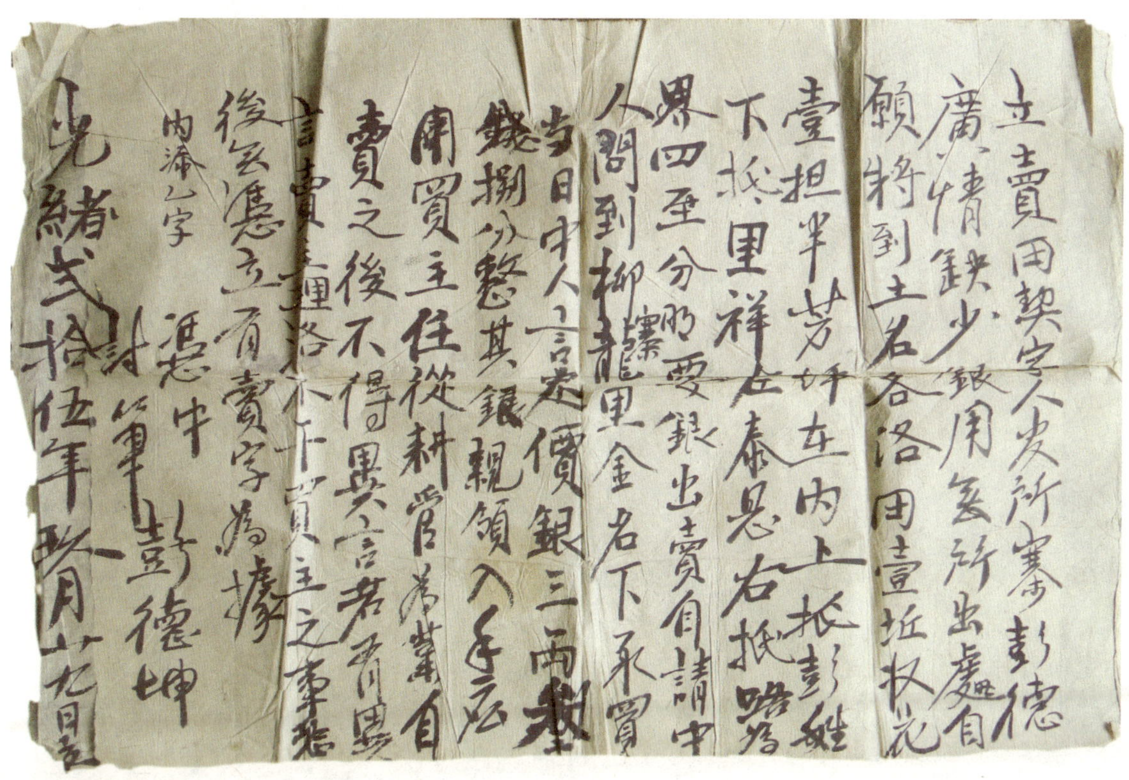

立卖田契字人皮所寨彭德广，情［因］缺少银用，无所出处，自愿将到土名各洛田壹丘，收花壹担半，芳坪在内，上抵彭姓，下抵里祥，左［抵］泰恩，右抵路为界，四至分明，要银出卖。自请中人问到柳寨龙里金名下承买，当日中人言定价银三两叁钱捌分整。其银亲领入手应用，买主任从耕管为业。自卖之后，不得异言。若有异言，卖主理洛（落），不干买主之事。恐后无凭，立有卖字为据。

内添乙字

凭中、讨笔：彭德坤

光绪贰拾伍年玖月廿九日立

33. 彭德富、彭德广兄弟卖田字（光绪二十七年十月二十二日）

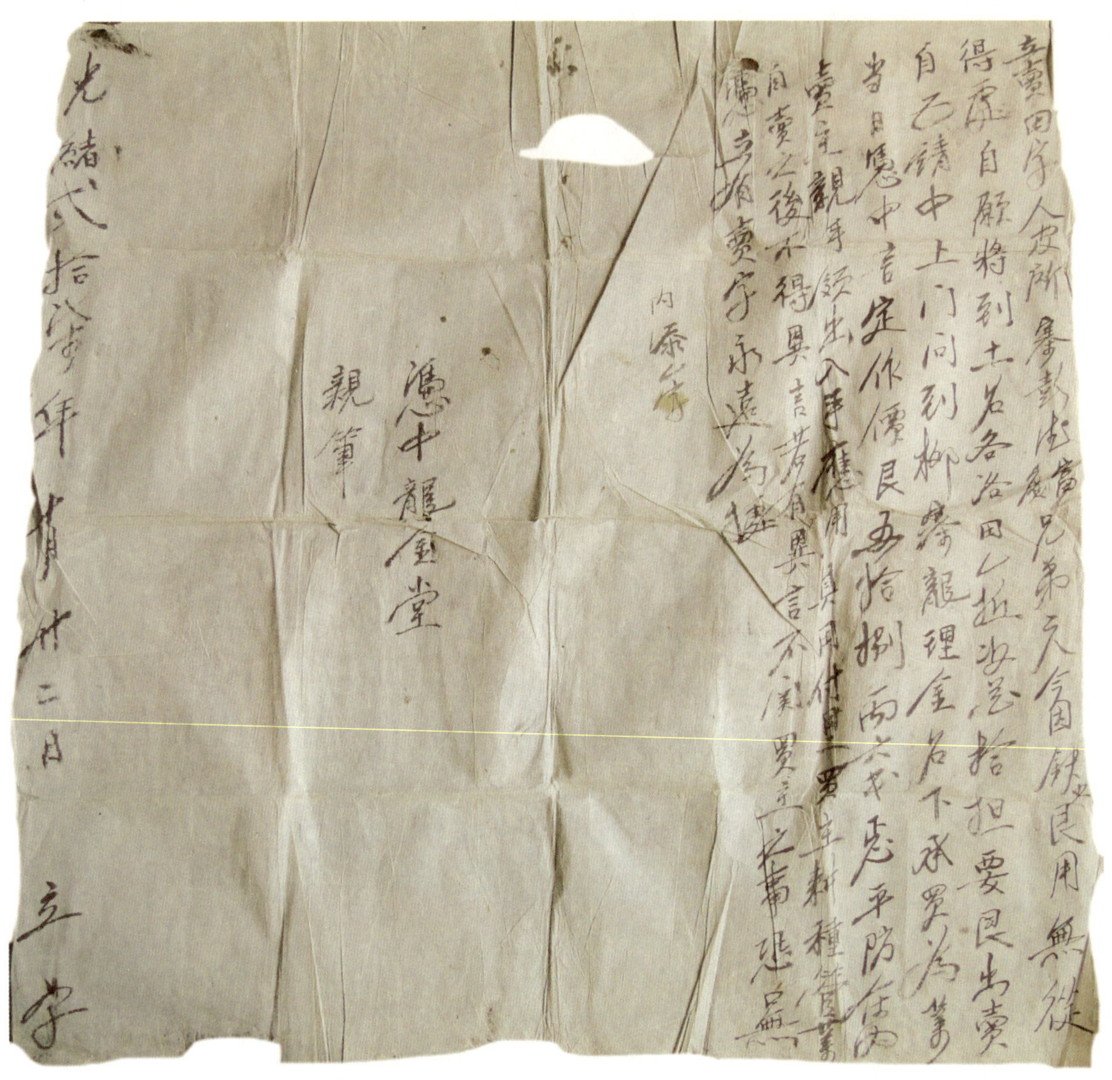

立卖田字人皮所寨彭德富、德广兄弟二人，今因缺少艮（银）用，无从得处，自愿将到土名各洛田乙丘，收花拾担，要艮（银）出卖。自己请中上门问到柳寨龙理金名下承买为业，当日凭中言定作价艮（银）五拾捌两六钱整，平防（荒坪）在内。[其钱] 卖主亲手领出入手应用，其田付与买主耕种管业。自卖之后，不得异言。若有异言，不关买主之事。恐口无凭，立有卖字永远为据。

内添乙字

凭中：龙金堂

亲笔

光绪贰拾柒年十月廿二日立字

34. 彭德贵卖田契（光绪二十八年正月二十三日）

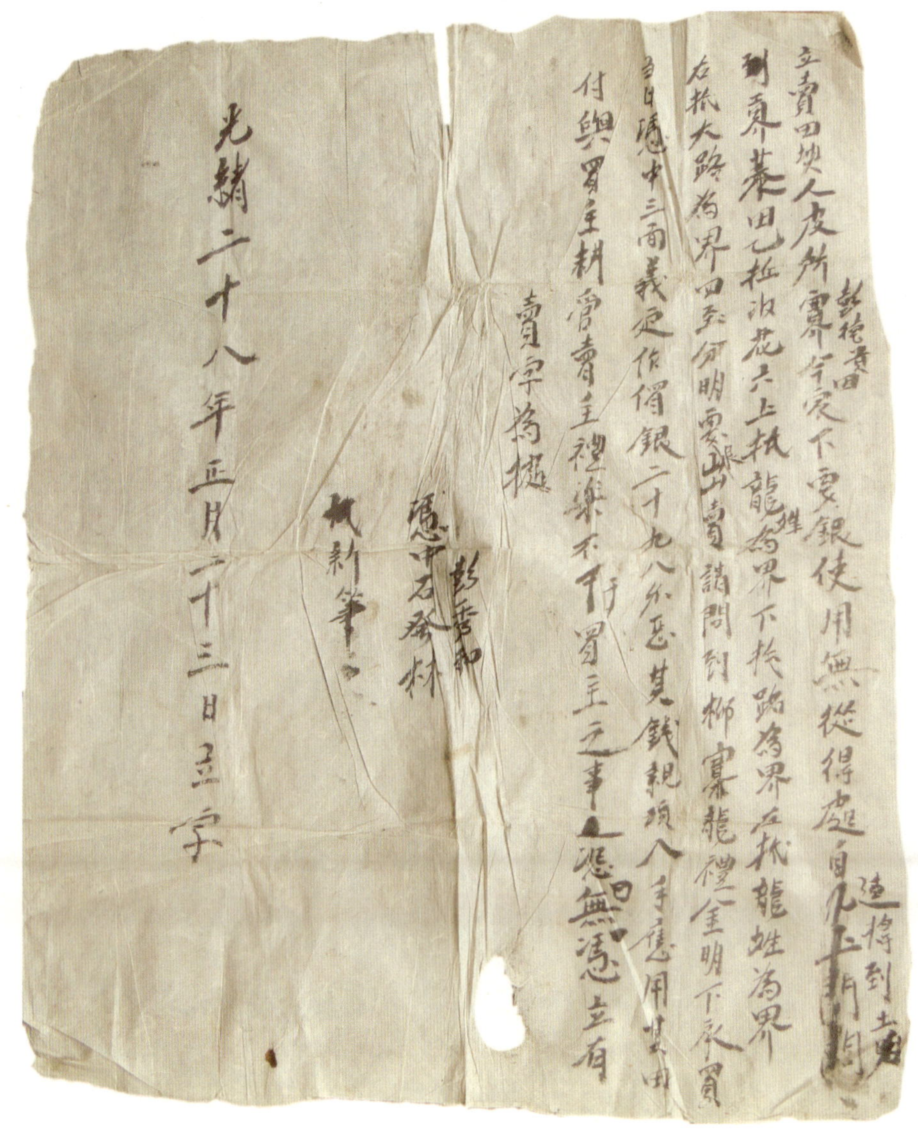

立卖田契人皮所寨彭德贵，今因家下要银使用，无从得处，自远（愿）将到土明（名）乔麦田乙丘，收花六［口］，上抵龙姓为界，下抵路为界，左抵龙姓为界，右抵大路为界，四至分明，要银出卖。请［中］问到柳寨龙礼金明（名）下承买，当日凭中三面义（议）定作价银二十九［两］八钱整。其钱亲领入手应用，其田付与买主耕管。卖主礼（理）落，不干买主之事。恐口无凭，立有卖字为据。

凭中：彭秀和、石发林

新（亲）笔

光绪二十八年正月二十三日立字

35. 龙宏盛卖杉木地土契（光绪二十八年四月二十日）

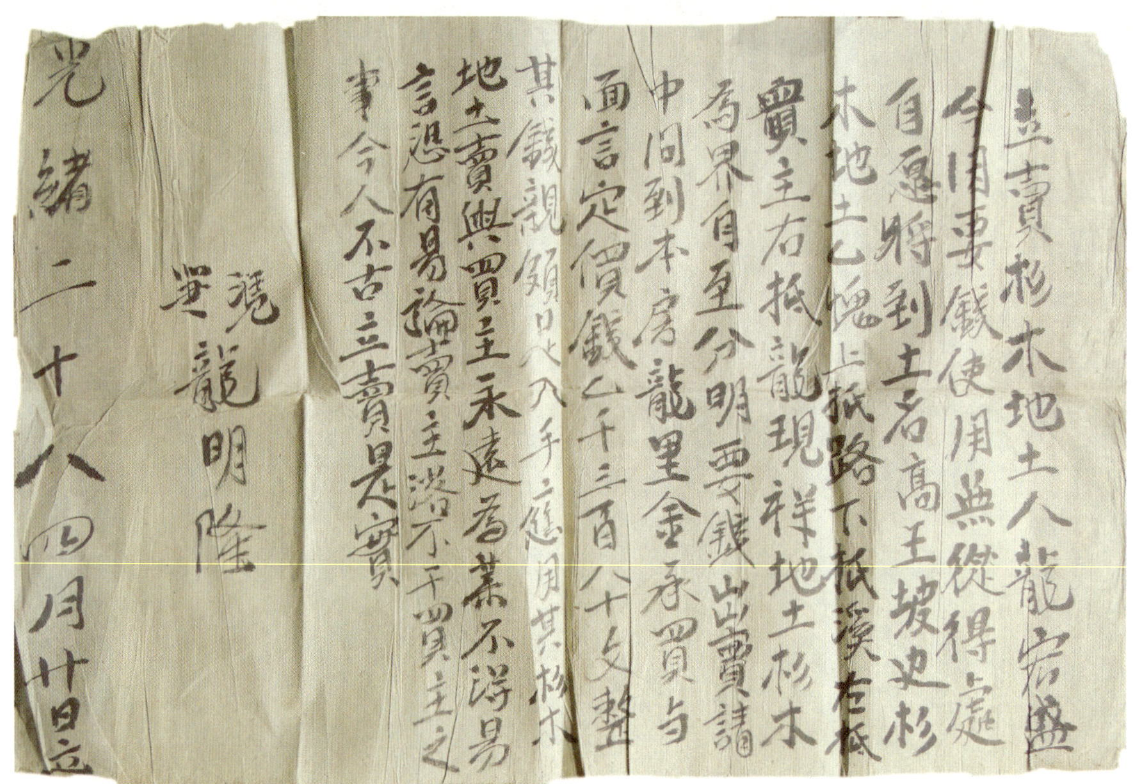

立卖杉木地土人龙宏盛，今因要钱使用，无从得处，自愿将到土名高王坡边杉木地土乙块，上抵路，下抵溪，左抵买主，右抵龙现祥地土杉木为界，自（四）至分明，要钱出卖。请中问到本房龙里金承买，当面言定价钱乙千三百八十文整。其钱亲领足入手应用，其杉木地土卖与买主永远为业。不得易（异）言。恐有易（异）论，卖主［理］落，不干买主之事。今人不古，立卖是实。

凭［中］、［代］笔：龙明隆

光绪二十八［年］四月二十日立

36. 彭福全、彭福元兄弟卖杉木地土字（光绪二十八年十一月二十六日）

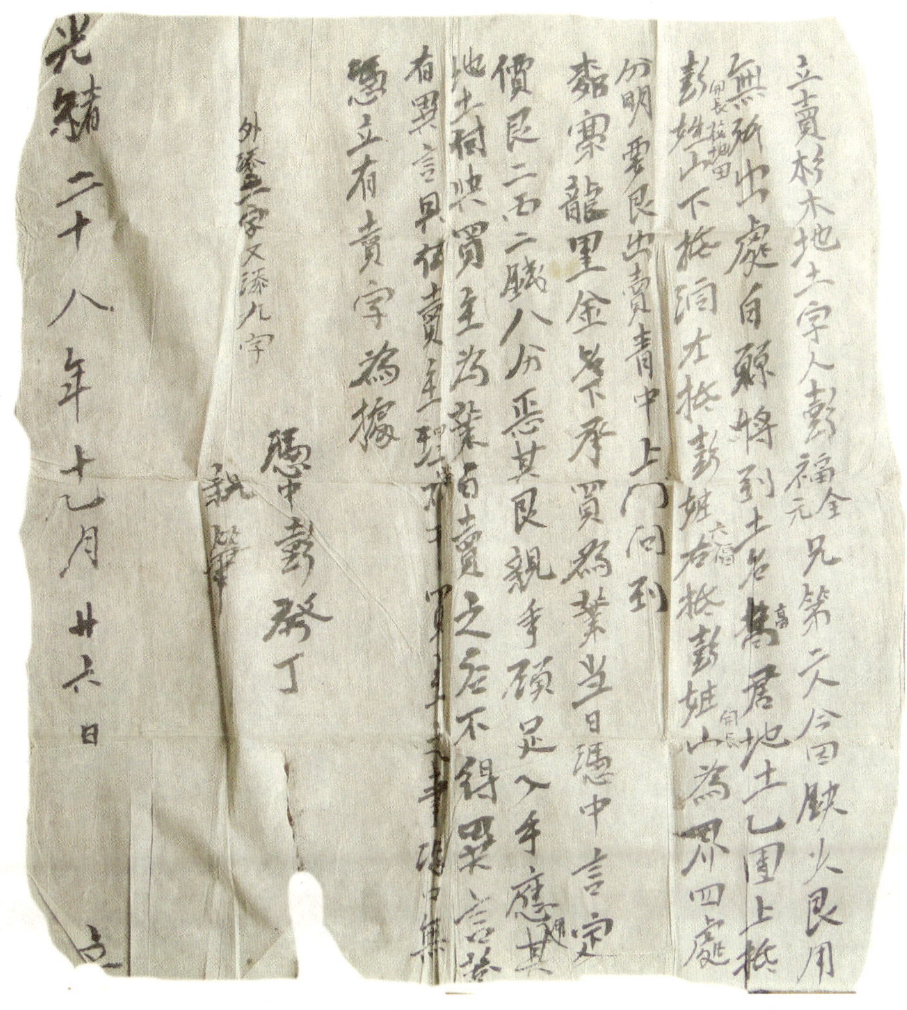

立卖杉木地土字人彭福全、福元兄第（弟）二人，今因缺少艮（银）用，无所出处，自愿将到土名高居地土乙团，上抵彭姓开长花地田山，下抵洞，左抵彭姓六福，右抵彭姓开长山为界，四处分明，要艮（银）出卖。青（请）中上门问到柳寨龙里金名下承买为业，当日凭中言定价艮（银）二两二钱八分整。其艮（银）亲手领足入手应用，其地土付与买主为业。自卖之后，不得异言。若有异言，具（俱）在卖主理落，不干买主之事。恐口无凭，立有卖字为据。

外添三字，又添九字。

凭中：彭发丁

亲笔

光绪二十八年十乙月二十六日立

37. 杨秀祥卖地土杉木字（光绪二十九年七月初八日）

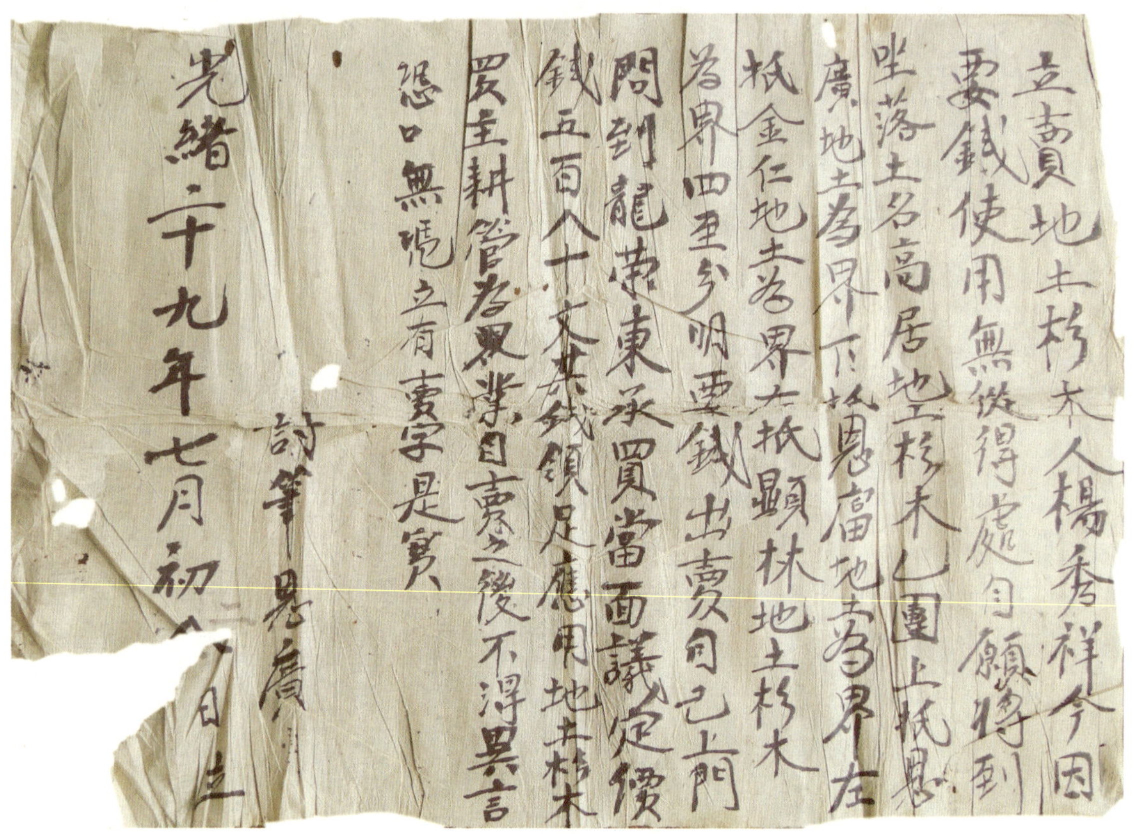

立卖地土杉木人杨秀祥，今因要钱使用，无从得处，自愿将到坐落土名高居地土杉木乙团，上抵恩广地土为界，下抵恩富地土为界，左抵金仁地土为界，右抵显林地土杉木为界，四至分明，要钱出卖。自己上门问到龙荣东承买，当面议定价钱五百八十文。其钱领足应用，地土杉木买主耕管为业。自卖之后，不得异言。恐口无凭，立有卖字是实。

讨笔：恩广

光绪二十九年七月初八日立

38. 彭岩乔典田契字（光绪三十二年二月二十一日）

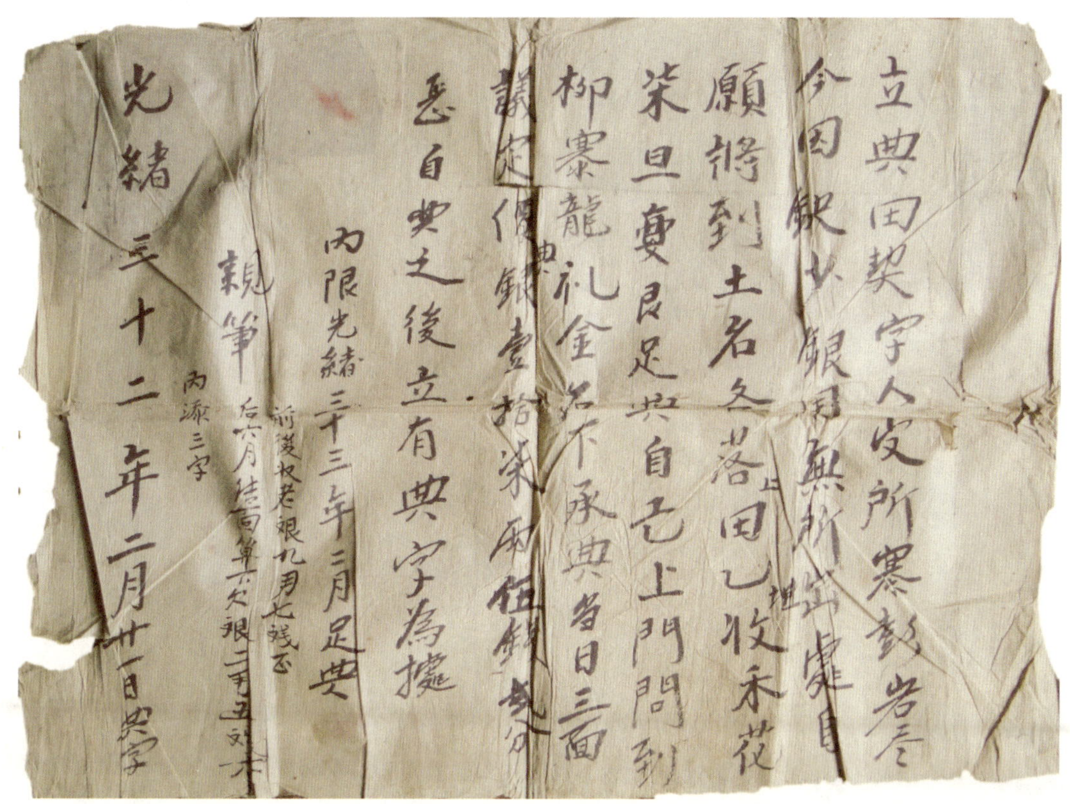

立典田契字人皮所寨彭岩乔，今因缺少银用，无所出处，自愿将到土名□落上田乙丘，收禾花七旦（担），要银足［出］典。自己上门问到柳寨龙礼金名下承典，当日三面议定价典银壹拾柒两伍钱贰分整。自典之后，立有典字为据。

内限光绪三十三年二月足典

前后收老银九两七钱正

后六月结，面算，下欠银二两五钱六［分］

内添三字

亲笔

光绪三十二年二月二十一日典字

39. 龙显亮卖田契字（光绪三十三年十一月二十八日）

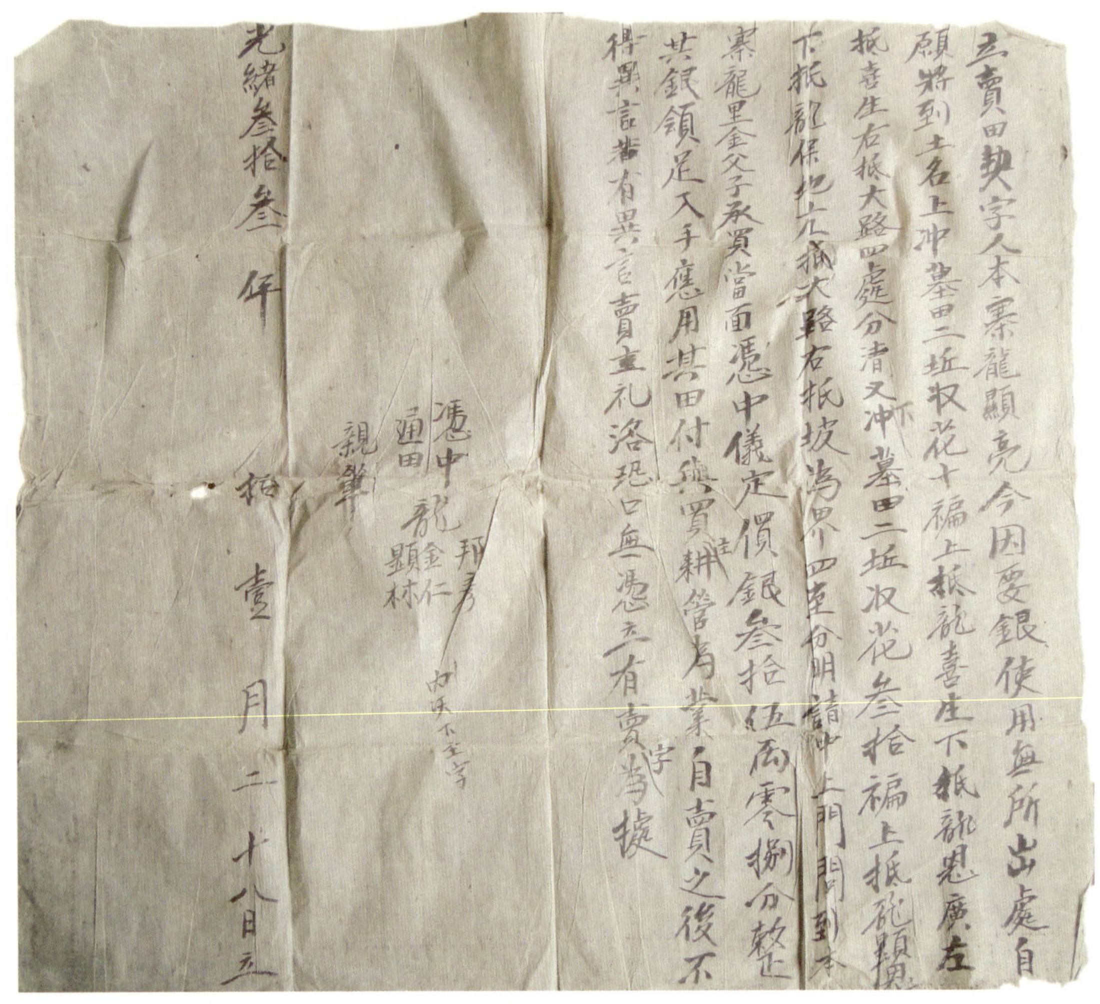

立卖田契字人本寨龙显亮，今因要银使用，无所出处，自愿将到土名上冲墓田二丘，收花十稨，上抵龙喜生，下抵龙恩广，左抵喜生，右抵大路，四处分清；又下冲墓田二丘，收花叁拾稨，上抵龙显魁，下抵龙保地，左抵大路，右抵坡为界，四至分明，请中上门问到本寨龙里金父子承买，当面凭中仪（议）定价银叁拾伍两零捌分整。其银领足入手应用，其田付与买主耕管为业。自卖之后，不得异言。若有异言，卖主礼洛（理落）。恐口无凭，立有卖字为据。

内添“下”“主”字

凭中：龙邦秀

通田：龙金仁、龙显林

亲笔

光绪叁拾叁年拾壹月二十八日立

40. 彭福荣卖地土杉木字（光绪三十四年二月二十三日）

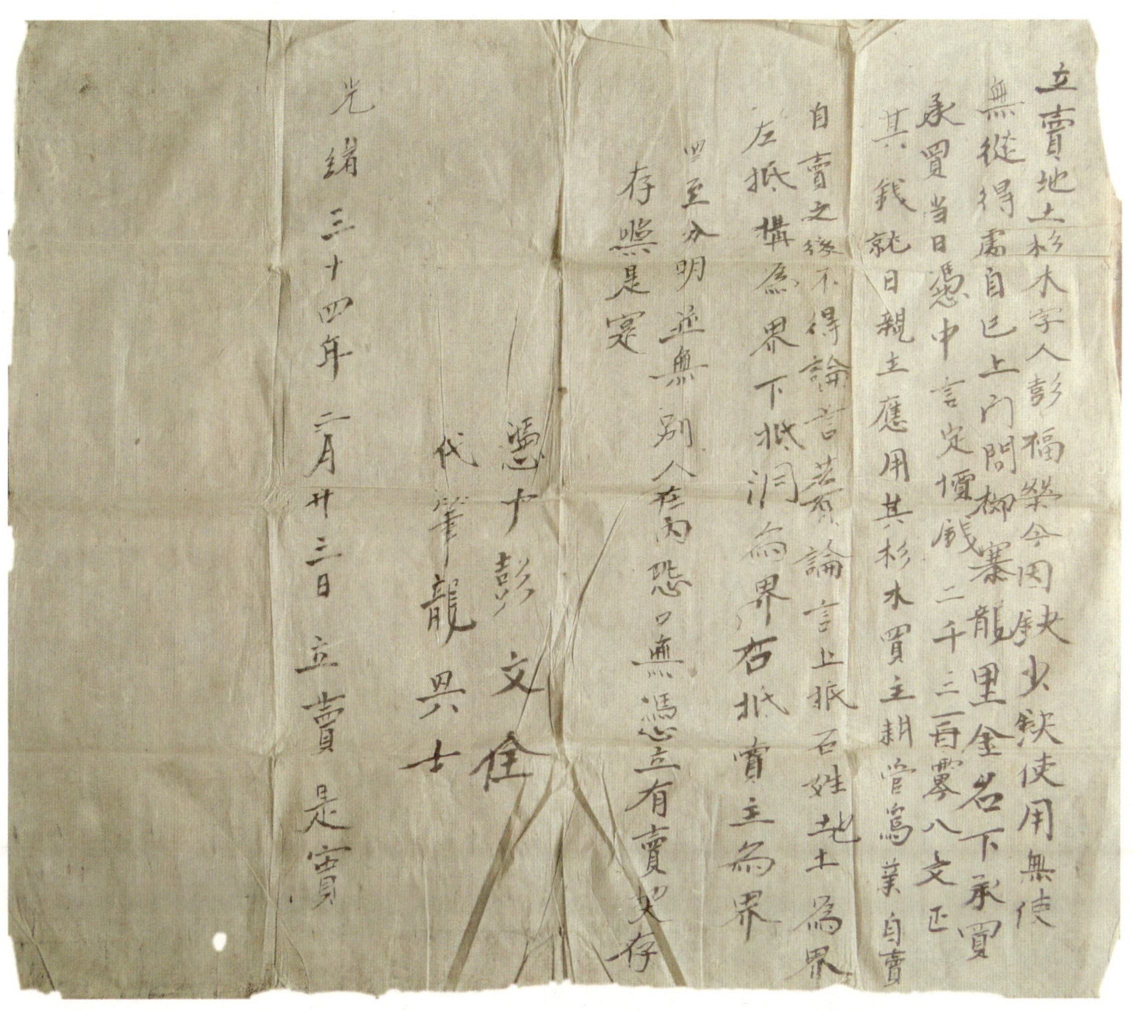

立卖地土杉木字人彭福荣，今因缺少钱使用，无从得处，自己上门问柳寨龙里金名下承买，承买当日凭中言定价钱二千三百零八文正。其钱就（当）日亲主（手）应用，其杉木买主耕管为业。自卖之后，不得论言。若有论言，[卖主理落]。上抵石姓地土为界，左抵沟为界，下抵洞为界，右抵卖主为界，四至分明，并无别人在内。恐口无凭，立有卖契存照是实。

凭中：彭文佺

代笔：龙兴士

光绪三十四年二月廿三日立卖是实

41. 龙宏盛卖地土杉木契（宣统元年五月初五日）

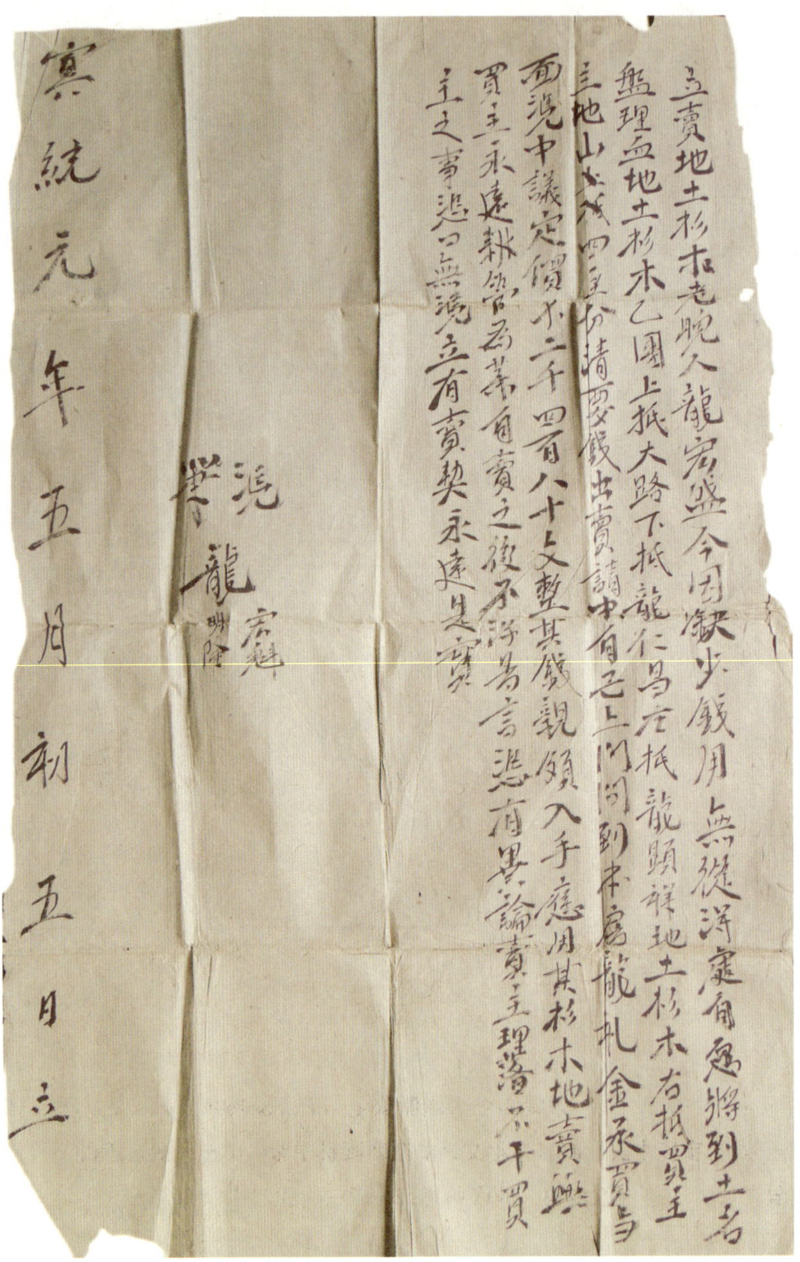

立賣地土杉木老晚人龍宏盛今因缺少錢用無從得處自願將到土名盤理血地土杉木乙團上抵大路下抵龍仁昌左抵龍顯祥地土杉木右抵買主主地山四至分清要錢出賣請中自己上門問到本房龍礼金承買当面憑中議定價錢二千四百八十文整其錢親領入手應用其杉木地賣與買主永遠耕管為業自賣之後不得異言恐有異論賣主理落不干買主之事恐口無憑立有賣契永遠是實

憑 筆 龍 宏魁 明隆

宣統元年五月初五日立

立卖地土杉木老晚人龙宏盛，今因缺少钱用，无从得处，自愿将到土名盘理血地土杉木乙团，上抵大路，下抵龙仁昌，左抵龙显祥地土杉木，右抵买主主地山，四至分清，要钱出卖。请中自己上门问到本房龙礼金承买，当面凭中议定价钱二千四百八十文整。其钱亲领入手应用，其杉木地卖与买主永远耕管为业。自卖之后，不得异言。恐有异论，卖主理落，不干买主之事。恐口无凭，立有卖契永远是实。

凭［中］：龙宏魁

［代］笔：龙明隆

宣统元年五月初五日立

42. 龙显瑞、龙显贵兄弟卖田字（宣统元年十月二十六日）

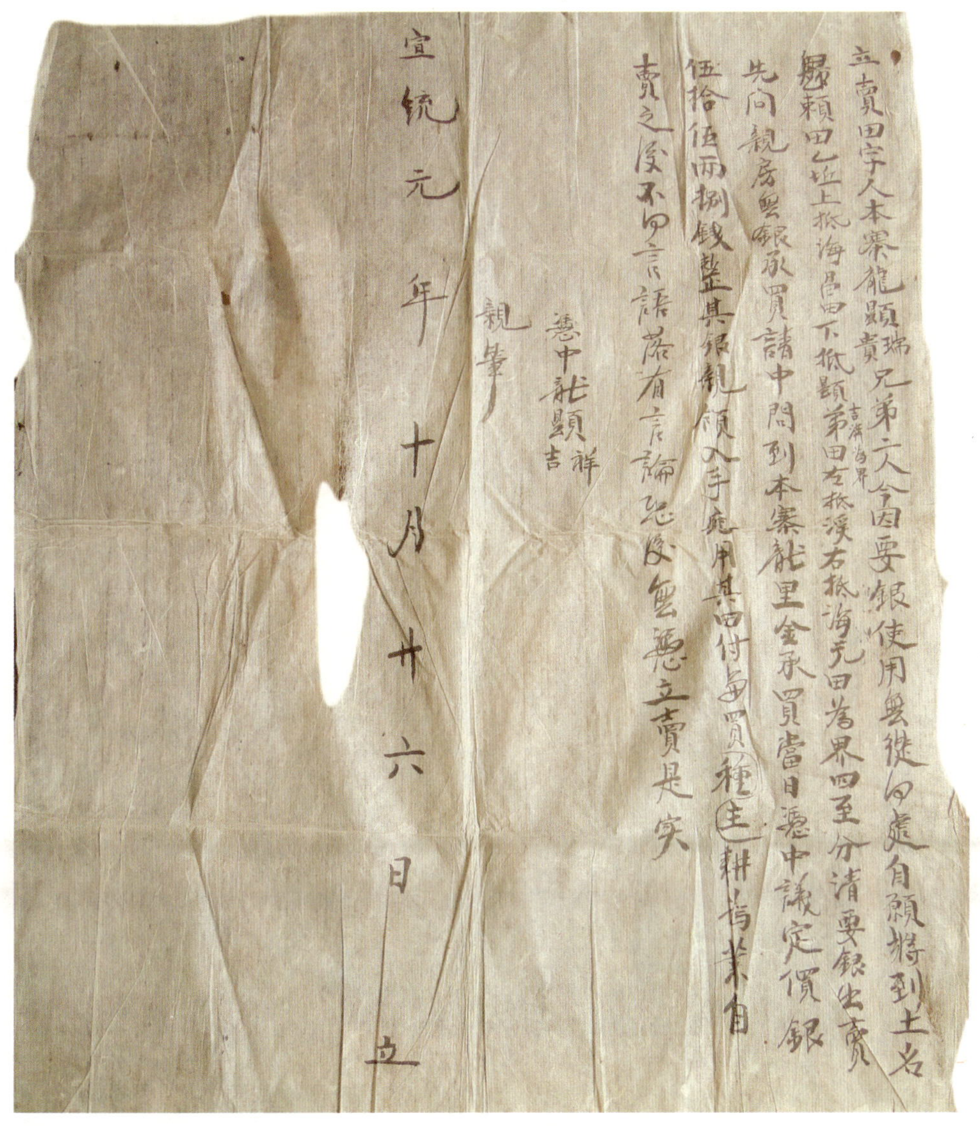

立卖田字人本寨龙显瑞、显贵兄弟二人，今因要银使用，无从得处，自愿将到土名归赖田乙丘，上抵海昌田，下抵显弟吉沟田为界，左抵溪，右抵海元田为界，四至分清，要银出卖。先问亲房无银承买，请中问到本寨龙里金承买，当日凭中议定价银伍拾伍两捌钱整。其银亲领入手应用，其田付与买主种耕为业。自卖之后，不得言语。落（若）有言论，恐后无凭，立卖是实。

凭中：龙显祥、显吉

亲笔

宣统元年十月廿六日立

43. 龙里金断卖契（民国元年五月十七日）

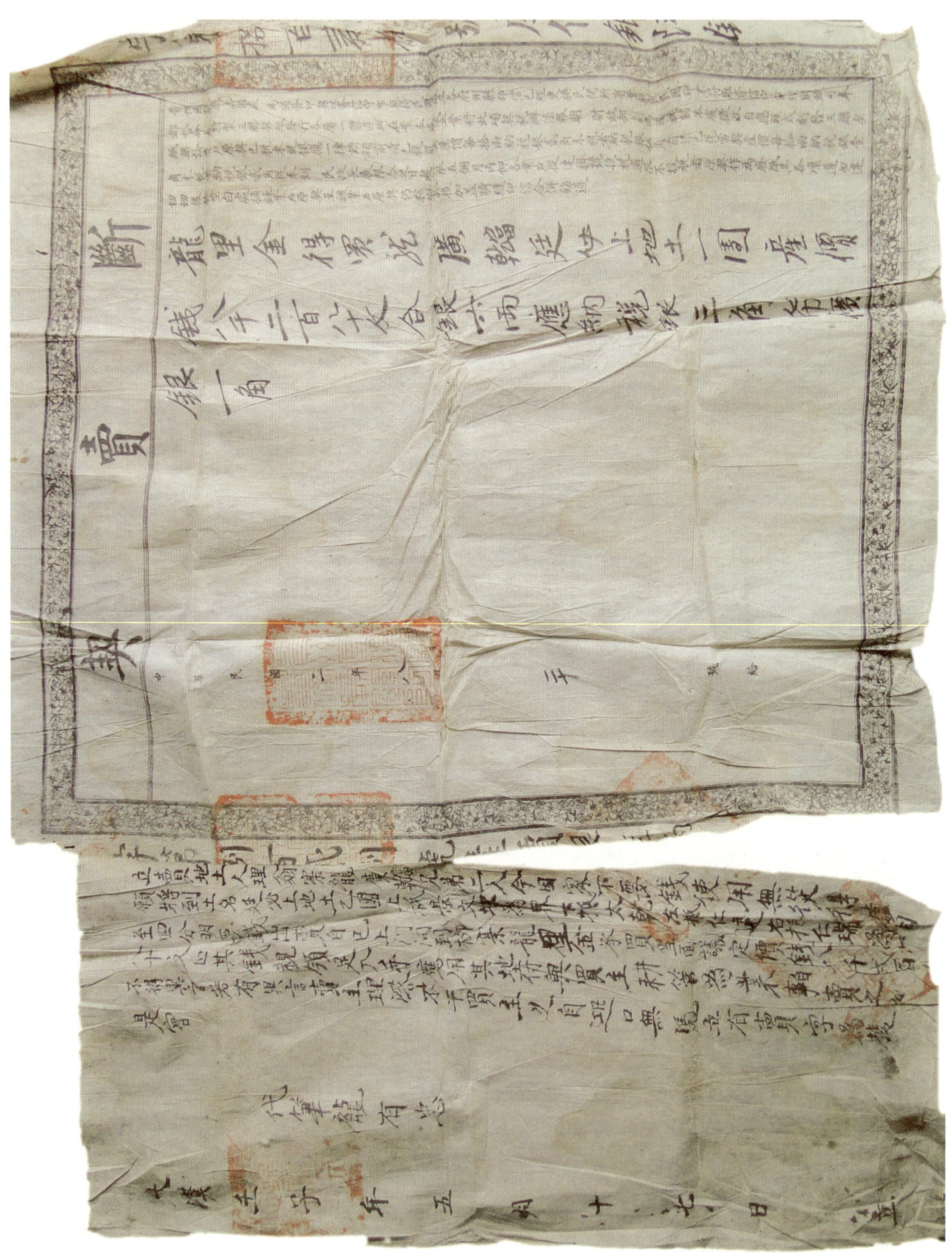

断卖契

贵州国税厅筹备处，为颁发印契以资信守事。照得民国成立，各府州县印信已经更换，民间所有业契与民国印不符，难资信守。前经财政司奉都督命令，特制三联契纸发行，各属一体遵办在案。本处成立，业将此项契税办法报明，财政部划为国税，归本处征收，自应照式刻发三联契纸，无论业户原契已税未税，俱应一律请领。前清已税买契，产价每拾两纳税银贰角。未税者，纳银伍角。前清已税当契，产价每拾两纳税银壹角，未税者，纳税银贰角。从奉到民政长展限令之日起，仍限五个月内仰各业户从速挂号投税。逾限不投税者，原契作为废纸。其各凛遵勿违，切切。后余空白处，摘录业户原契。至该业户，原契仍粘附于后，加盖骑缝印信，合并饬遵。

龙里金得买龙广富、广乾、廷必上地土一团，产价钱八千二百八十文，合银六两，应纳税银三角，纸价银一角。

中华民国二年八月二十号给

立卖地土人理翁寨龙广富、龙广乾兄弟二人，今因家下要钱使用，无从得处，自愿将到土名廷必上地土乙团，上抵景文坎为界，下抵太乾，左抵仁连，右抵仁瑞为界，四至分明，要钱出卖。自己上门问到柳寨龙里金承买，当面议定价钱八千贰百八十文正。其钱亲领足入手应用，其地土付与买主耕管为业。自卖之后，不得异言。若有异言，卖主理落，不干买主之自（事）。恐口无凭，立有卖字为据是实。

代笔：龙有忠

大汉壬子年五月十七日立

44. 彭玉章卖地土字（民国元年五月二十九日）

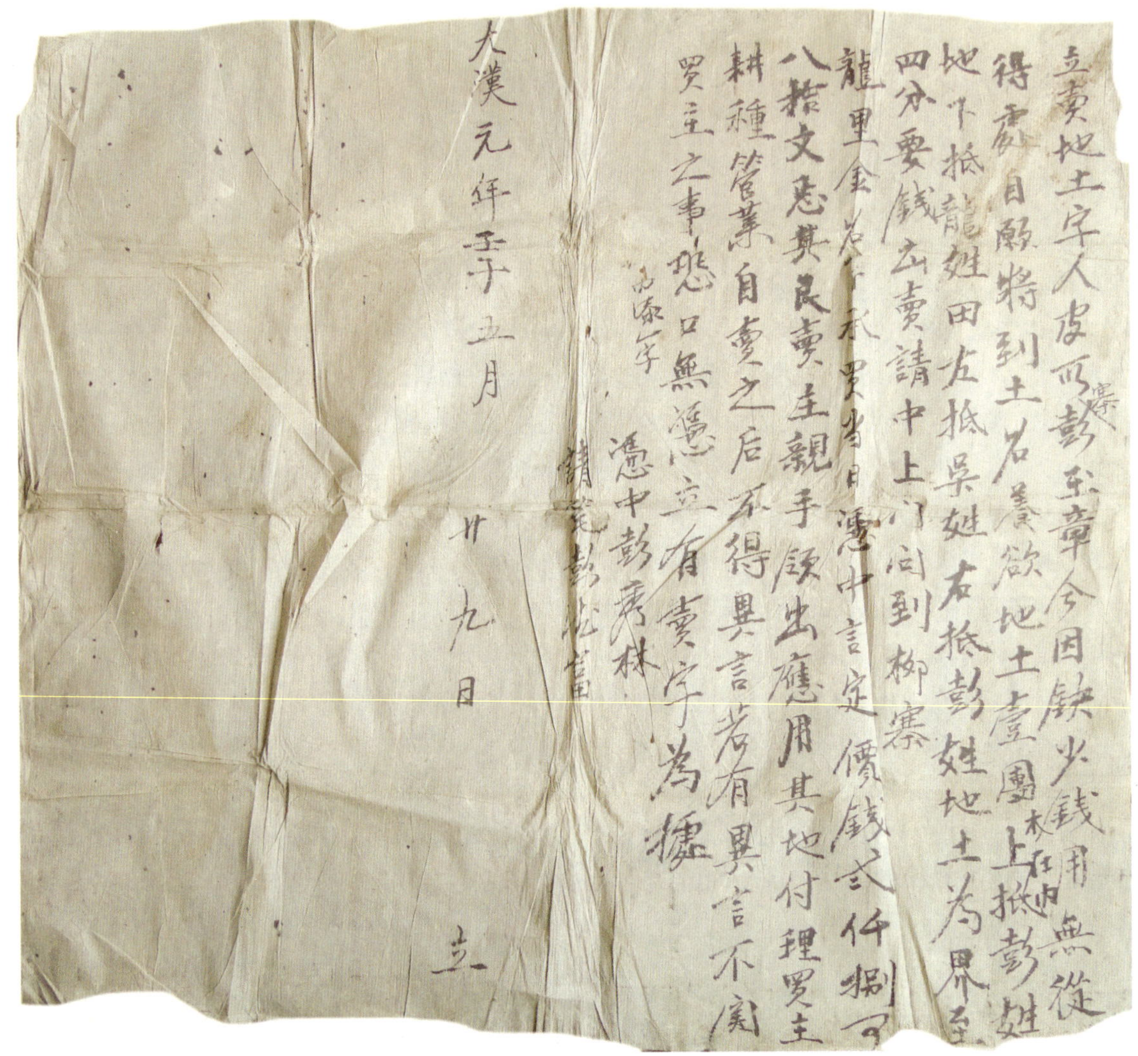

立卖地土字人皮所寨彭玉章，今因缺少钱用，无从得处，自愿将到土名养欲地土壹团，木在内，上抵彭姓地，下抵龙姓田，左抵吴姓，右抵彭姓地土为界，至四（四至）分［明］，要钱出卖。请中上门问到柳寨龙里金名下承买，当日凭中言定价钱贰仟捌百八拾文整。其艮（银）卖主亲手领出应用，其地付理（与）买主耕种管业。自卖之后，不得异言。若有异言，不关买主之事。恐口无凭，立有卖字为据。

内添一字

凭中：彭秀林

请笔：彭德富

大汉元年壬子五月二十九日立

45. 龙金求卖地土杉木契（民国二年二月二十三日）

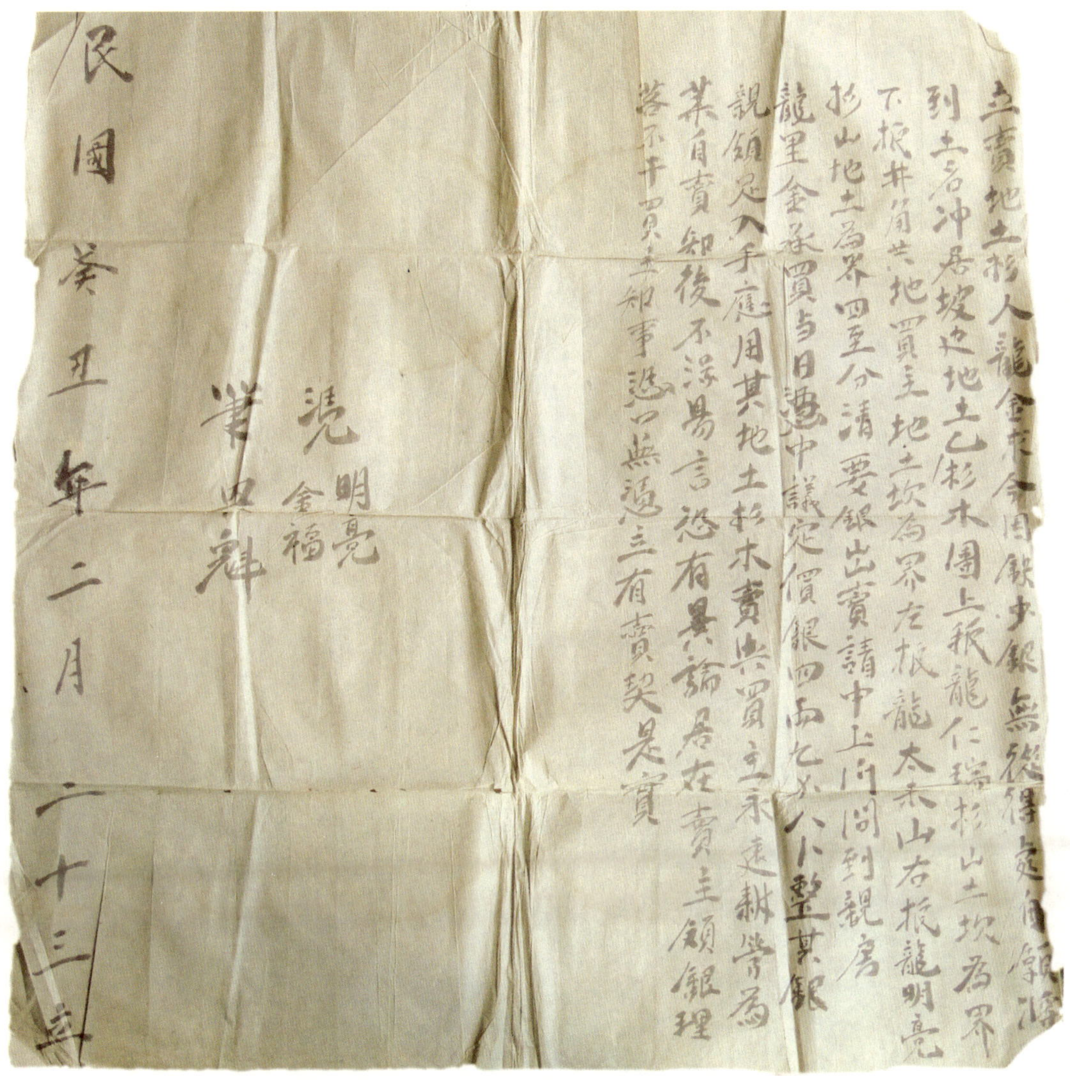

立卖地土杉人龙金求，今因缺少银，无从得处，自愿将到土名冲居坡边地土杉木乙团，上抵龙仁瑞杉山土坎为界，下抵井角共地买主地土坎为界，左抵龙太未山，右抵龙明亮杉山地土为界，四至分清，要银出卖。请中上门问到亲房龙里金承买，当日凭中议定价银四两九钱八分整。其银亲领足入手应用，其地土杉木卖与买主永远耕管为业。自卖知（之）后，不得易（异）言。恐有异论，居（俱）在卖主领银理落，不干买主知（之）事。恐口无凭，立有卖契是实。

凭：明亮、金福

笔：兴魁

民国癸丑年二月二十三日立

46. 龙海清卖田契字（民国二年四月二十七日）

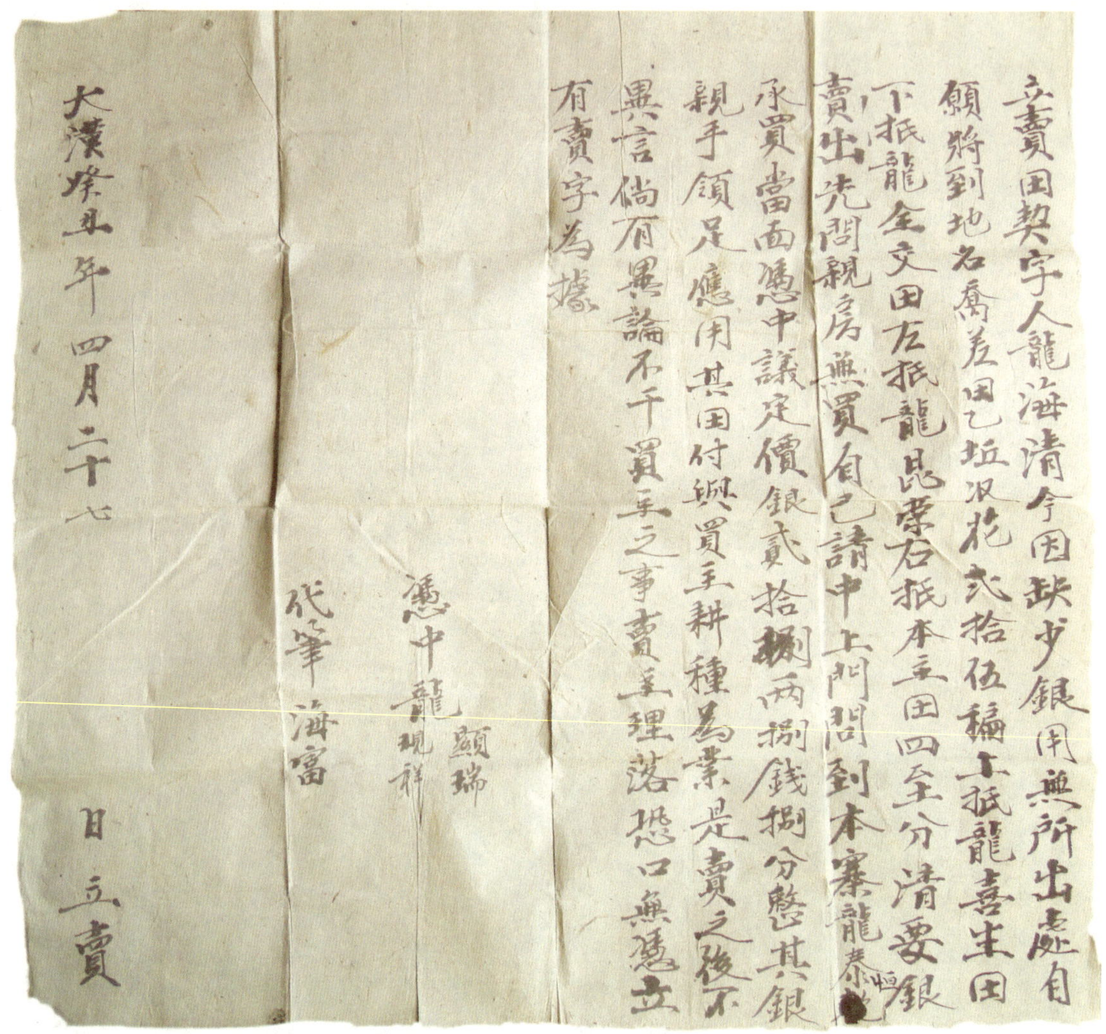

立卖田契字人龙海清，今因缺少银用，无所出处，自愿将到地名乔差田乙丘，收花贰拾伍稨，上抵龙喜生田，下抵龙全文田，左抵龙昆荣，右抵本主田，四至分清，要银出卖。先问亲房无［人承］买，自己请中上门问到本寨龙泰恒承买，当面凭中议定价银贰拾捌两捌钱捌分整。其银亲手领足应用，其田付与买主耕种为业。是（自）卖之后，不［得］异言。倘有异论，不干买主之事，卖主理落。恐口无凭，立有卖字为据。

凭中：龙显瑞、现祥

代笔：海富

大汉癸丑年四月二十七日立卖

47. 龙明成断卖契（民国二年八月十九日）

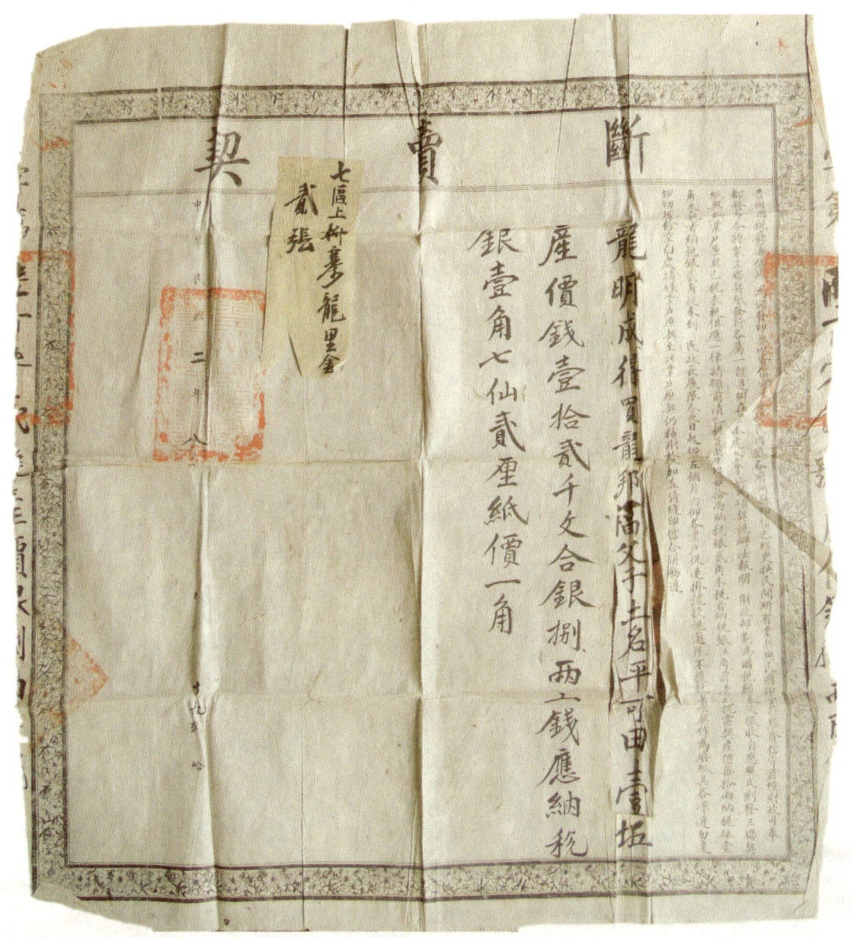

断卖契

贵州国税厅筹备处，为颁发印契以资信守事。照得民国成立，各府州县印信已经更换，民间所有业契与民国印不符，难资信守。前经财政司奉都督命令，特制三联契纸发行，各属一体遵办在案。本处成立，业将此项契税办法报明，财政部划为国税，归本处征收，自应照式刻发三联契纸，无论业户原契已税未税，俱应一律请领。前清已税买契，产价每拾两纳税银贰角。未税者，纳银伍角。前清已税当契，产价每拾两纳税银壹角，未税者，纳税银贰角。从奉到民政长展限令之日起，仍限五个月内仰各业户从速挂号投税。逾限不投税者，原契作为废纸。其各凛遵勿违，切切。后余空白处，摘录业户原契。至该业户，原契仍粘附于后，加盖骑缝印信，合并饬遵。

龙明成得买龙邦福父子土名平可田壹丘，产价钱壹拾贰千文，合银捌两二钱，应纳税银壹角七仙贰厘，纸价一角。

七区上柳寨龙里金贰张

中华民国二年八月十九号给

48. 龙明成断卖契（民国二年八月十九日）

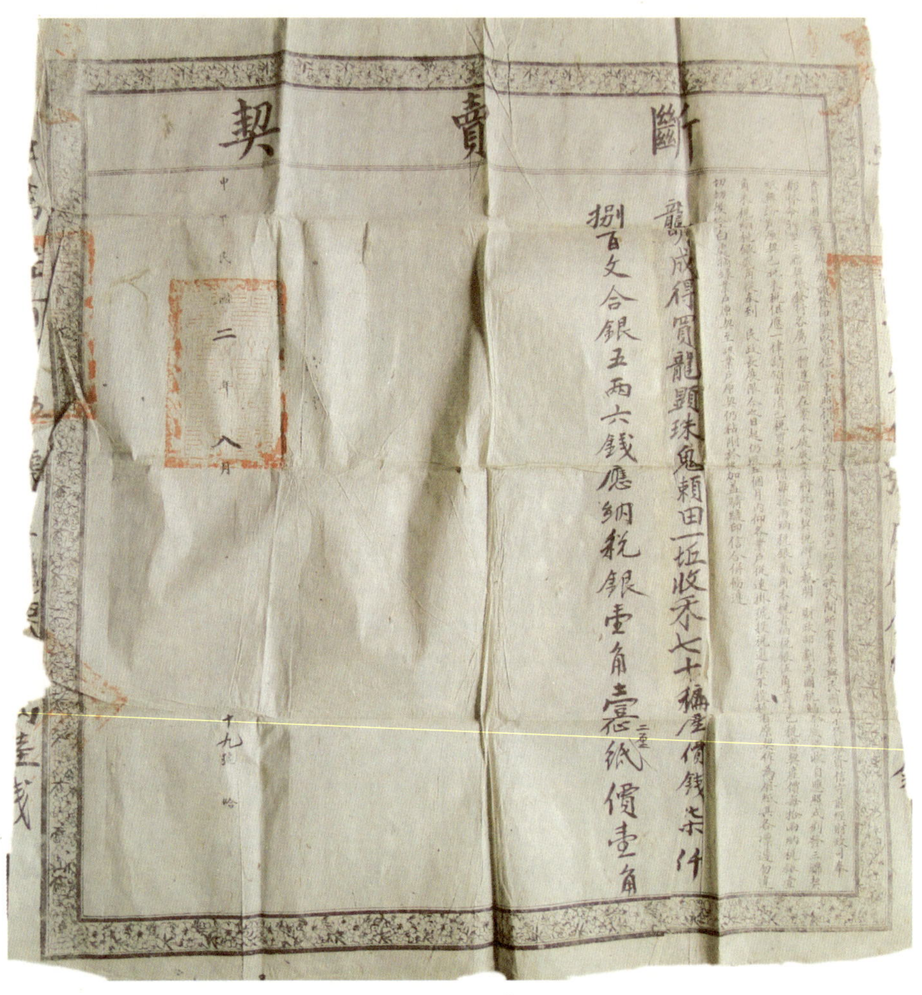

断卖契

贵州国税厅筹备处，为颁发印契以资信守事。照得民国成立，各府州县印信已经更换，民间所有业契与民国印不符，难资信守。前经财政司奉都督命令，特制三联契纸发行，各属一体遵办在案。本处成立，业将此项契税办法报明，财政部划为国税，归本处征收，自应照式刻发三联契纸，无论业户原契已税未税，俱应一律请领。前清已税买契，产价每拾两纳税银贰角。未税者，纳银伍角。前清已税当契，产价每拾两纳税银壹角，未税者，纳税银贰角。从奉到民政长展限令之日起，仍限五个月内仰各业户从速挂号投税。逾限不投税者，原契作为废纸。其各凛遵勿违，切切。后余空白处，摘录业户原契。至该业户，原契仍粘附于后，加盖骑缝印信，合并饬遵。

龙明成得买龙显珠鬼赖田一丘，收禾七十稨，产价钱柒仟捌百文，合银五两六钱，应纳税银壹角壹仙二厘，纸价一角。

中华民国二年八月十九号给

49. 龙明成断卖契（民国二年八月二十日）

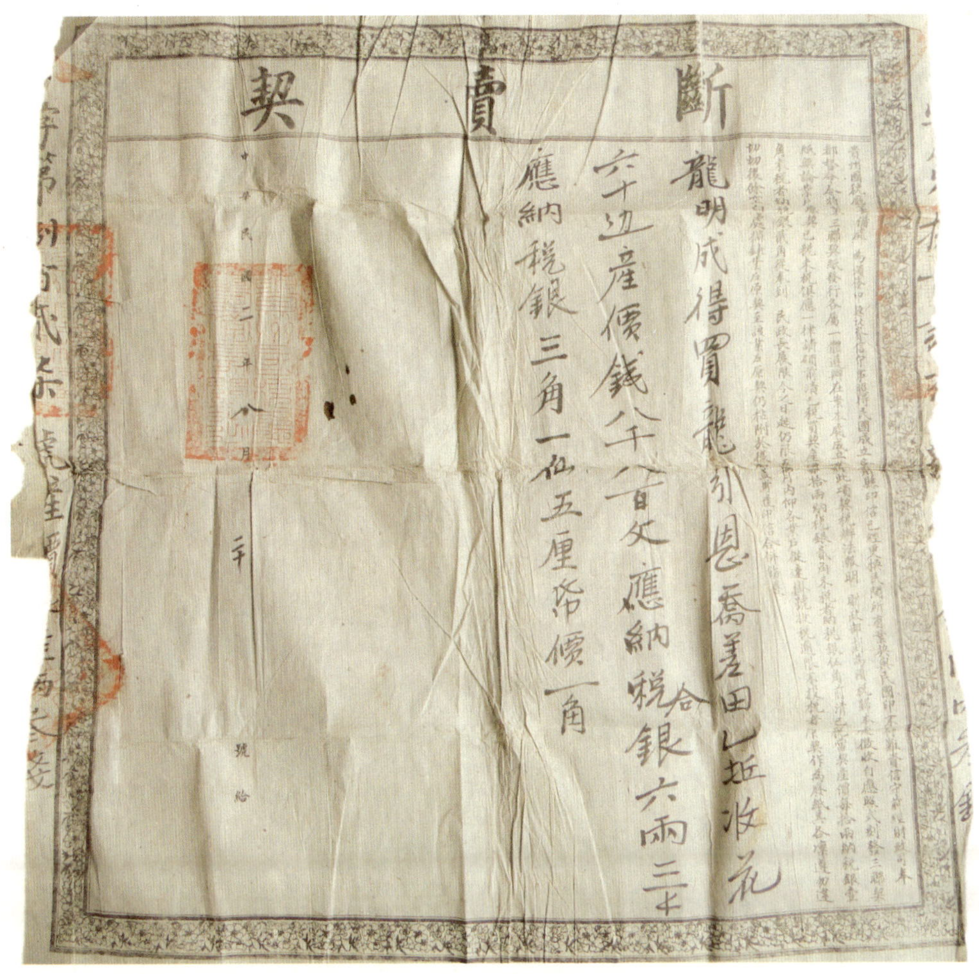

断卖契

贵州国税厅筹备处，为颁发印契以资信守事。照得民国成立，各府州县印信已经更换，民间所有业契与民国印不符，难资信守。前经财政司奉都督命令，特制三联契纸发行，各属一体遵办在案。本处成立，业将此项契税办法报明，财政部划为国税，归本处征收，自应照式刻发三联契纸，无论业户原契已税未税，俱应一律请领。前清已税买契，产价每拾两纳税银贰角。未税者，纳银伍角。前清已税当契，产价每拾两纳税银壹角，未税者，纳税银贰角。从奉到民政长展限令之日起，仍限五个月内仰各业户从速挂号投税。逾限不投税者，原契作为废纸。其各凛遵勿违，切切。后余空白处，摘录业户原契。至该业户，原契仍粘附于后，加盖骑缝印信，合并饬遵。

龙明成得买龙引恩乔差田乙丘，收花六十边（稨），产价钱八千八百文，应纳税合银六两三钱，应纳税银三角一仙五厘，纸价一角。

中华民国二年八月二十号给

50. 龙明成断卖契（民国二年八月二十日）

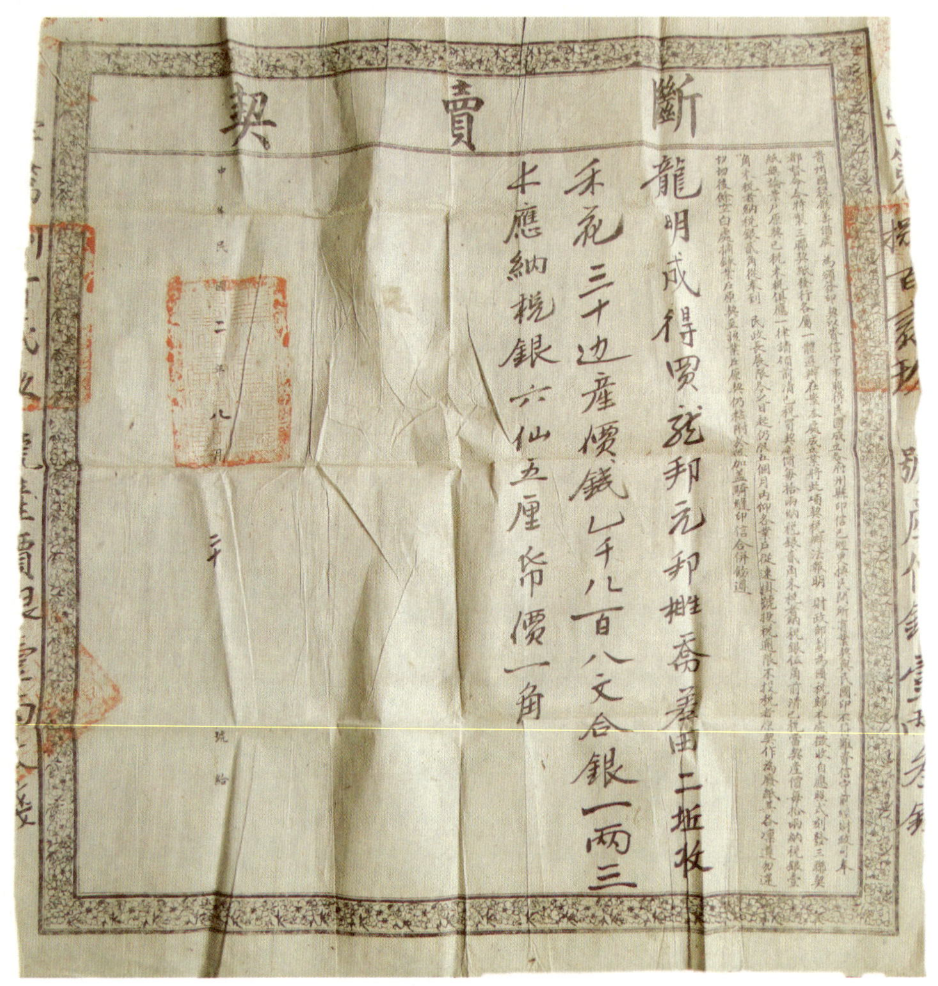

断卖契

贵州国税厅筹备处，为颁发印契以资信守事。照得民国成立，各府州县印信已经更换，民间所有业契与民国印不符，难资信守。前经财政司奉都督命令，特制三联契纸发行，各属一体遵办在案。本处成立，业将此项契税办法报明，财政部划为国税，归本处征收，自应照式刻发三联契纸，无论业户原契已税未税，俱应一律请领。前清已税买契，产价每拾两纳税银贰角。未税者，纳银伍角。前清已税当契，产价每拾两纳税银壹角，未税者，纳税银贰角。从奉到民政长展限令之日起，仍限五个月内仰各业户从速挂号投税。逾限不投税者，原契作为废纸。其各凛遵勿违，切切。后余空白处，摘录业户原契。至该业户，原契仍粘附于后，加盖骑缝印信，合并饬遵。

龙明成得买龙邦元、邦生、邦相乔差田二丘，收禾花三十边（稨），产价钱乙千八百八文，合银一两三钱，应纳税银六仙五厘，纸价一角。

中华民国二年八月二十号给

51. 龙荣升卖地土杉木字（民国三年闰五月二十七日）

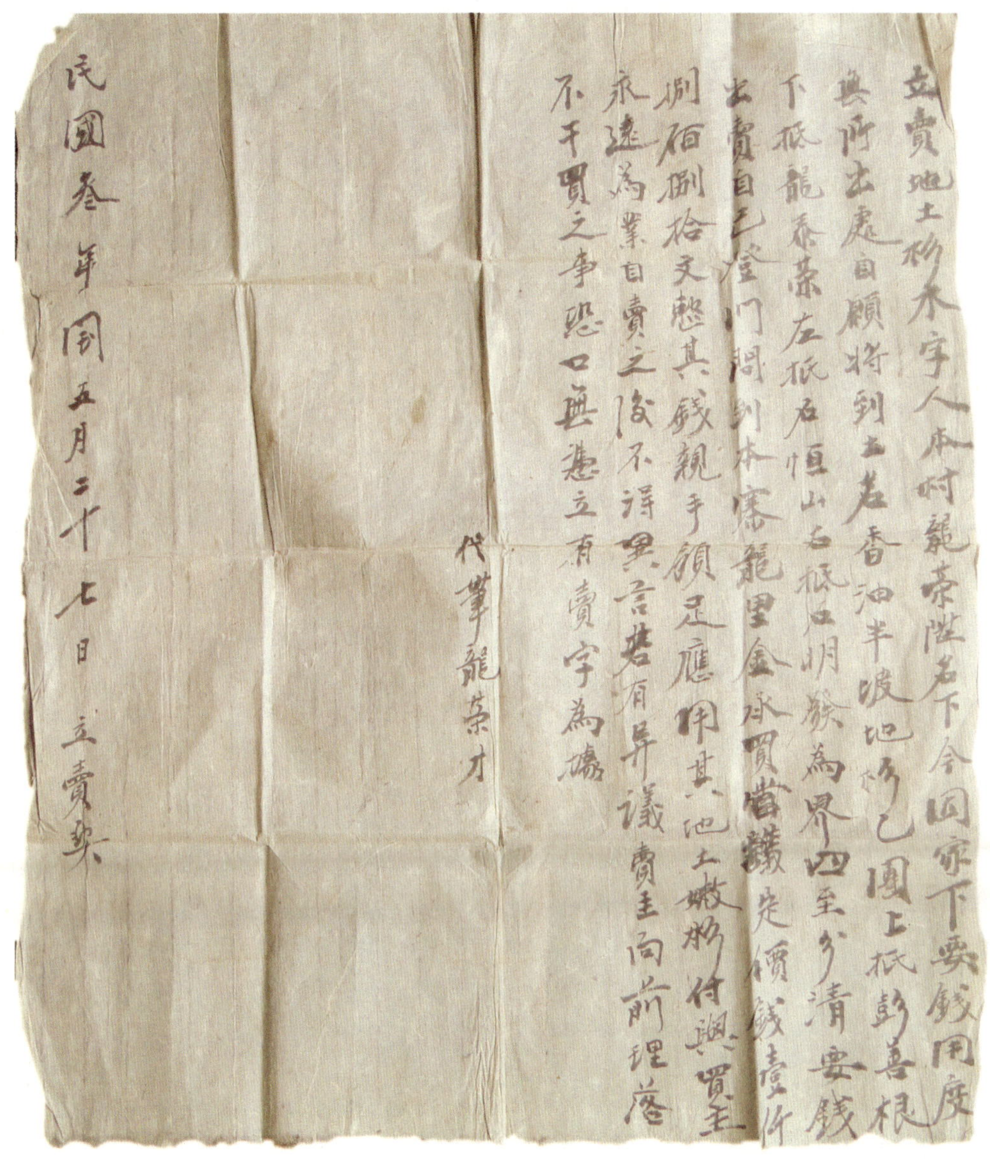

立卖地土杉木字人本村龙荣升名下，今因家下要钱用度，无所出处，自愿将到土名香油半坡地杉乙团，上抵彭善根，下抵龙泰荣，左抵石恒山，右抵石明发为界，四至分清，要钱出卖。自己登门问到本寨龙里金承买，当［面］议定价钱壹仟捌佰捌拾文整。其钱亲手领足应用，其地土嫩杉付与买主永远为业。自卖之后，不得异言，若有异议，卖主向前理落，不干买［主］之事。恐口无凭，立有卖字为据。

代笔：龙荣才

民国三年闰五月二十七日立卖契

52. 石永光、彭有秀二人卖栽主杉木字（民国三年闰五月初十日）

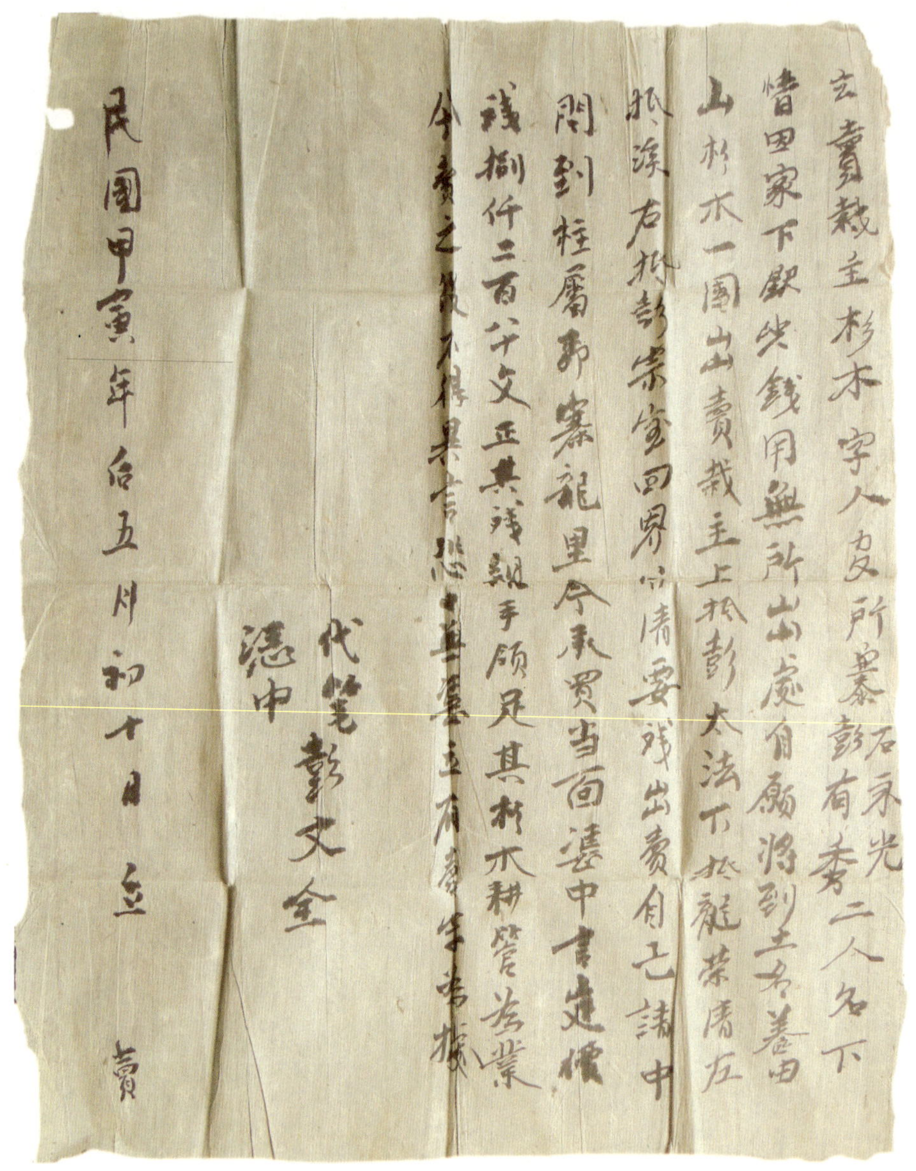

立卖栽主杉木字人皮所寨石永光、彭有秀二人名下，情因家下缺少钱用，无所出处，自愿将到土名养田山杉木一团，出卖栽主。上抵彭太法，下抵龙荣清，左抵溪，右抵彭宗宝，四界分清，要钱出卖。自己请中问到柱属柳寨龙里今承买，当面凭中言定价钱捌仟二百八十文正。其钱亲手领足，其杉木［付与买主］耕管为业。今卖之后，不得异言。恐口无凭，立有卖字为据。

代笔、凭中：彭文全

民国甲寅年后五月初十日立卖

53. 龙礼金粮册（民国三年闰五月）

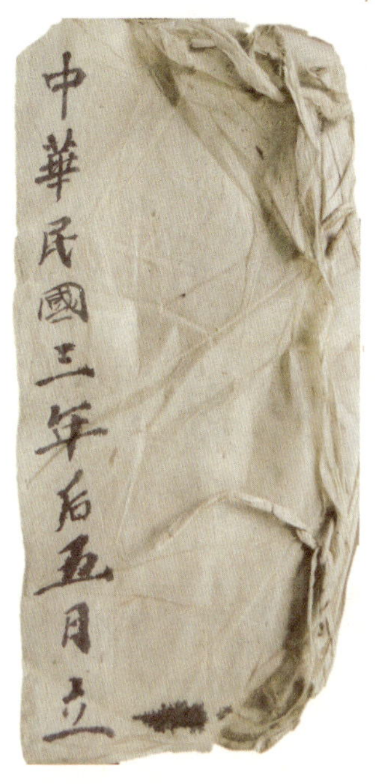

中華民國三年后五月立

中华民国三年后五月立

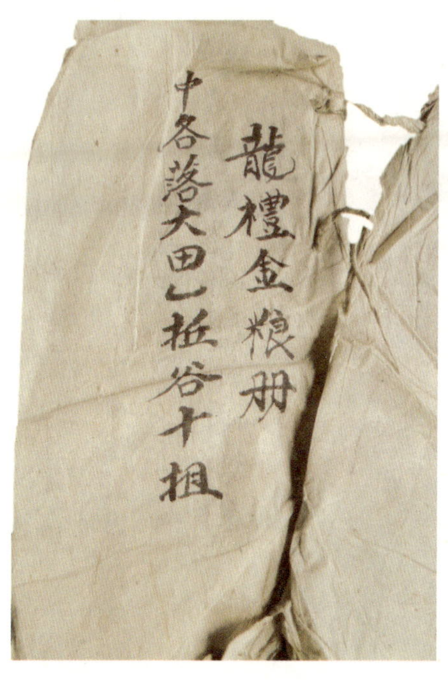

龍禮金粮册

中各落大田乙坵谷十担

龙礼金粮册

中各落大田乙丘，谷十担

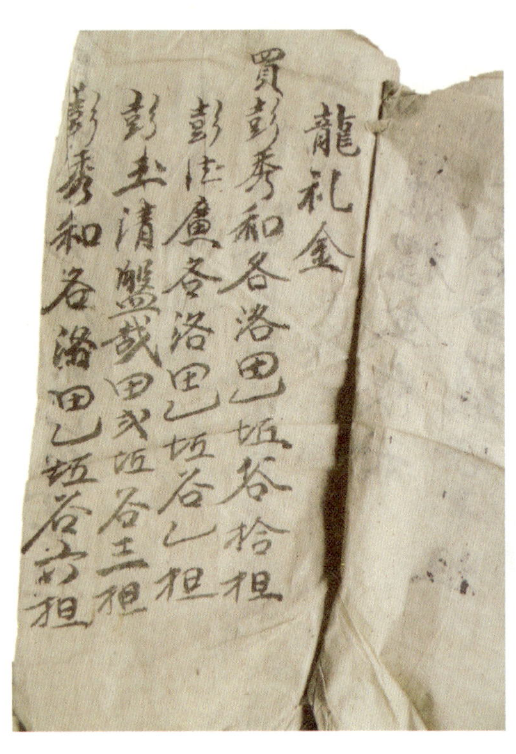

龙礼金

买彭秀和各洛田乙丘，谷拾担

彭德广各洛田乙丘，谷一担

彭玉清盘戠田二丘，谷三担

彭秀和各洛田乙丘，谷六担

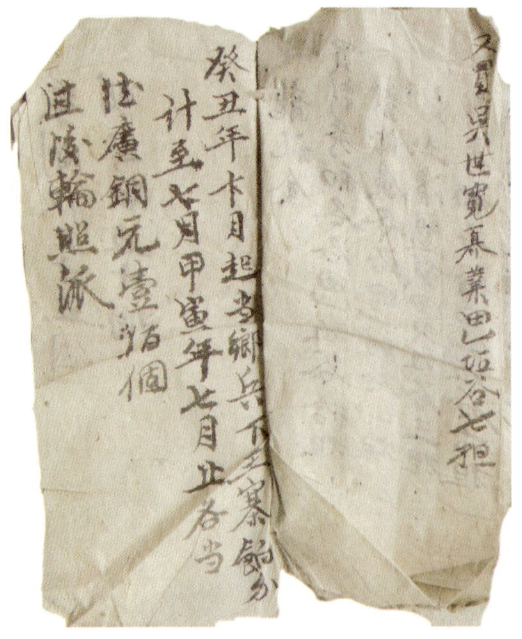

又买吴世宽□业田乙丘，谷七担

癸丑年十一月起当乡兵下王寨饷钱，计至七月甲寅年七月止各当，德广铜元壹佰个，□后轮照派

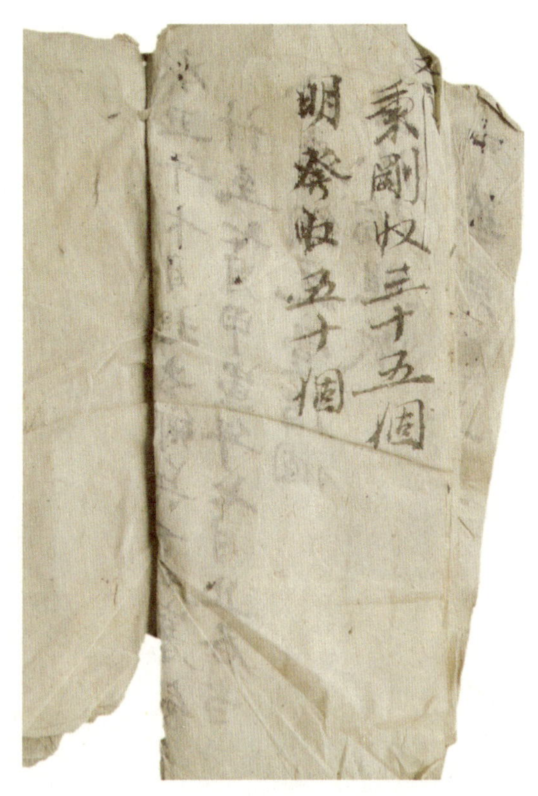
秉剛收三十五個
明發收五十個

秉刚收三十五个，明发收五十个。

54. 龙金堂、孙吉坤二人卖屋地基字（民国三年六月十四日）

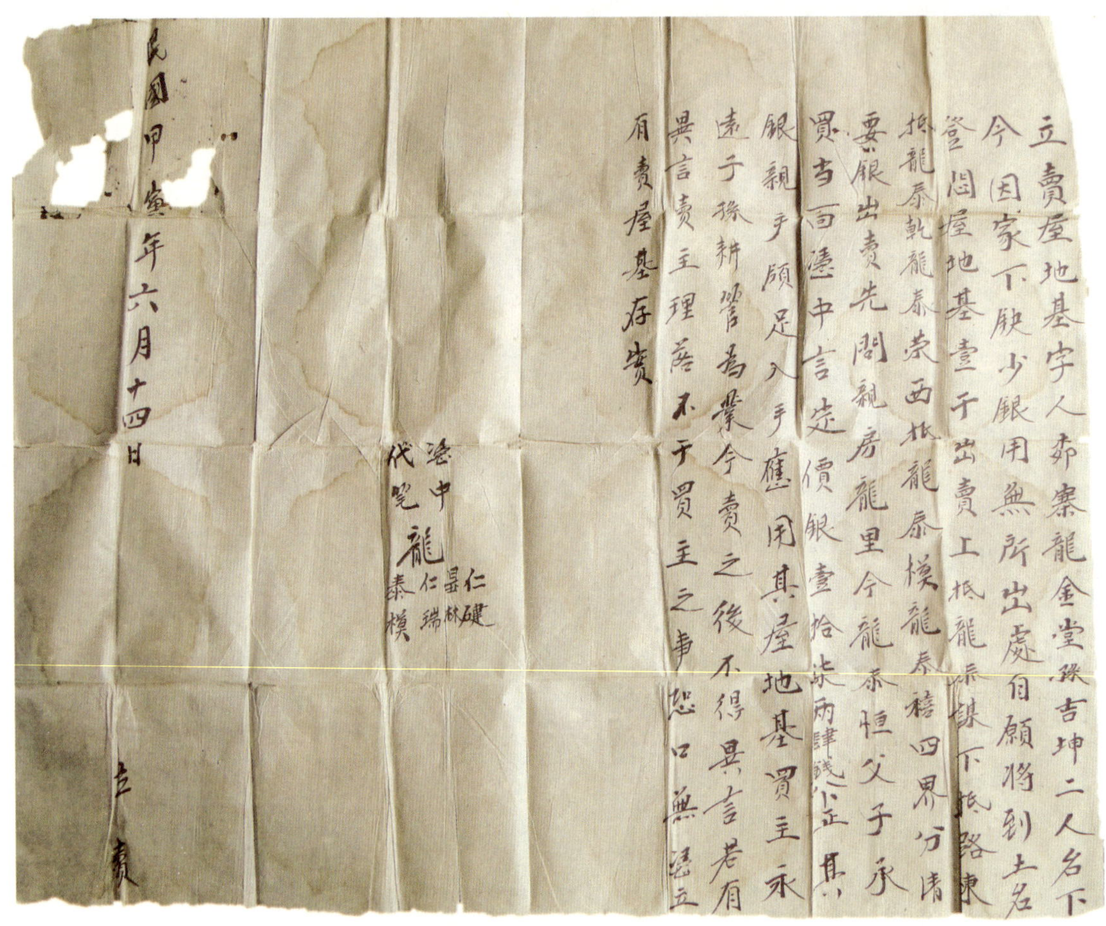

立卖屋地基字人柳寨龙金堂、孙吉坤二人名下，今因家下缺少银用，无所出处，自愿将到土名登闷屋地基壹干（间）出卖，上抵龙泰谋，下抵路，东抵龙泰乾、龙泰荣，西抵龙泰模、龙泰禧，四界分清，要银出卖。先问亲房龙里今、龙泰恒父子承买，当面凭中言定价银壹拾柒两肆钱八分正。其银亲手领足入手应用，其屋地基［付与］买主永远子孙耕管为业。今卖之后，不得异言。若有异言，卖主理落，不干买主之事。恐口无凭，立有卖屋基存实。

凭中：龙仁建、显林、仁瑞

代笔：龙泰模

民国甲寅年六月十四日立卖

55. 彭发丁卖杉木地土字（民国五年六月二十二日）

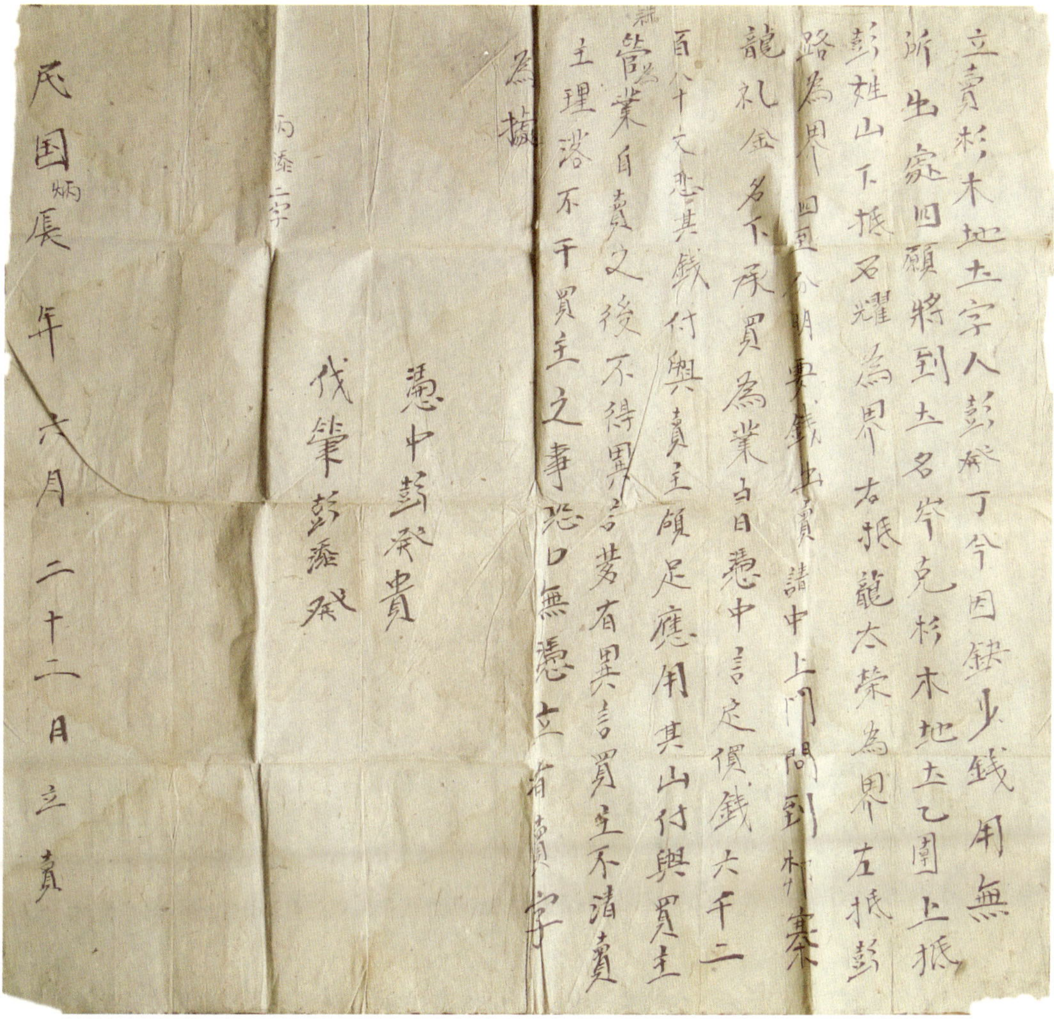

立卖杉木地土字人彭发丁，今因缺少钱用，无所出处，四（自）愿将到土名岑克杉木地土乙团，上抵彭姓山，下抵石耀为界，右抵龙太荣为界，左抵彭路为界，四至分明，要钱出卖。请中上门问到柳寨龙礼金名下承买为业，当日凭中言定价钱六千二百八十文整。其钱付与卖主领足应用，其山付与买主耕管为业。自卖之后，不得异言。若有异言，买主不清，卖主理落，不干买主之事。恐口无凭，立有卖字为据。

内添二字

凭中：彭发贵

代笔：彭添发

民国丙辰年六月二十二日立卖

56.彭天寿卖地土杉木契（民国五年十一月初三日）

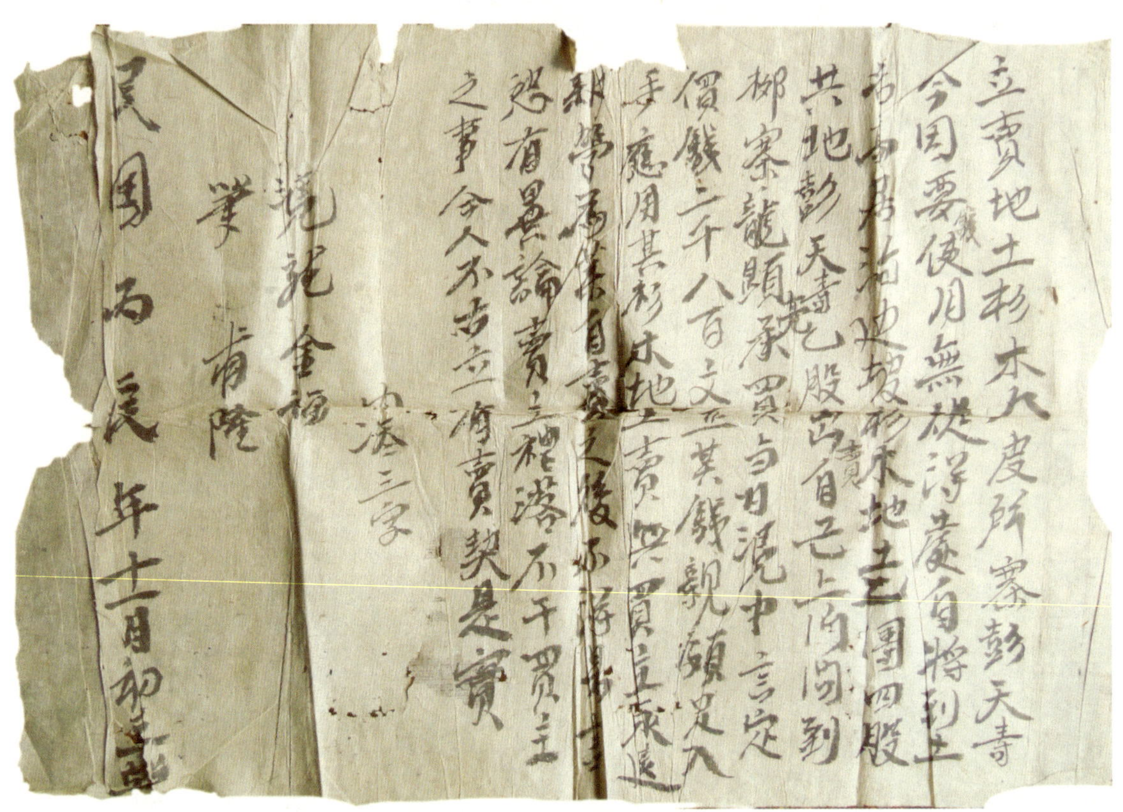

立卖地土杉木人皮所寨彭天寿，今因要钱使用，无从得处，自［愿］将到土名高居沟边坡杉木地土乙团，四股共地，彭天寿乙股出卖，自己上门问到柳寨龙显亮承买，当日凭中言定价钱二千八百文正。其钱亲领足入手应用，其杉木地土卖与买主永远耕管为业。自卖之后，不得易言。恐有异论，卖主礼（理）落，不干买主之事。今人不古，立有卖契是实。

内添三字

凭：龙金福

笔：［龙］甫隆

民国丙辰年十一月初三立

57. 彭德广卖地土字（民国六年二月十四日）

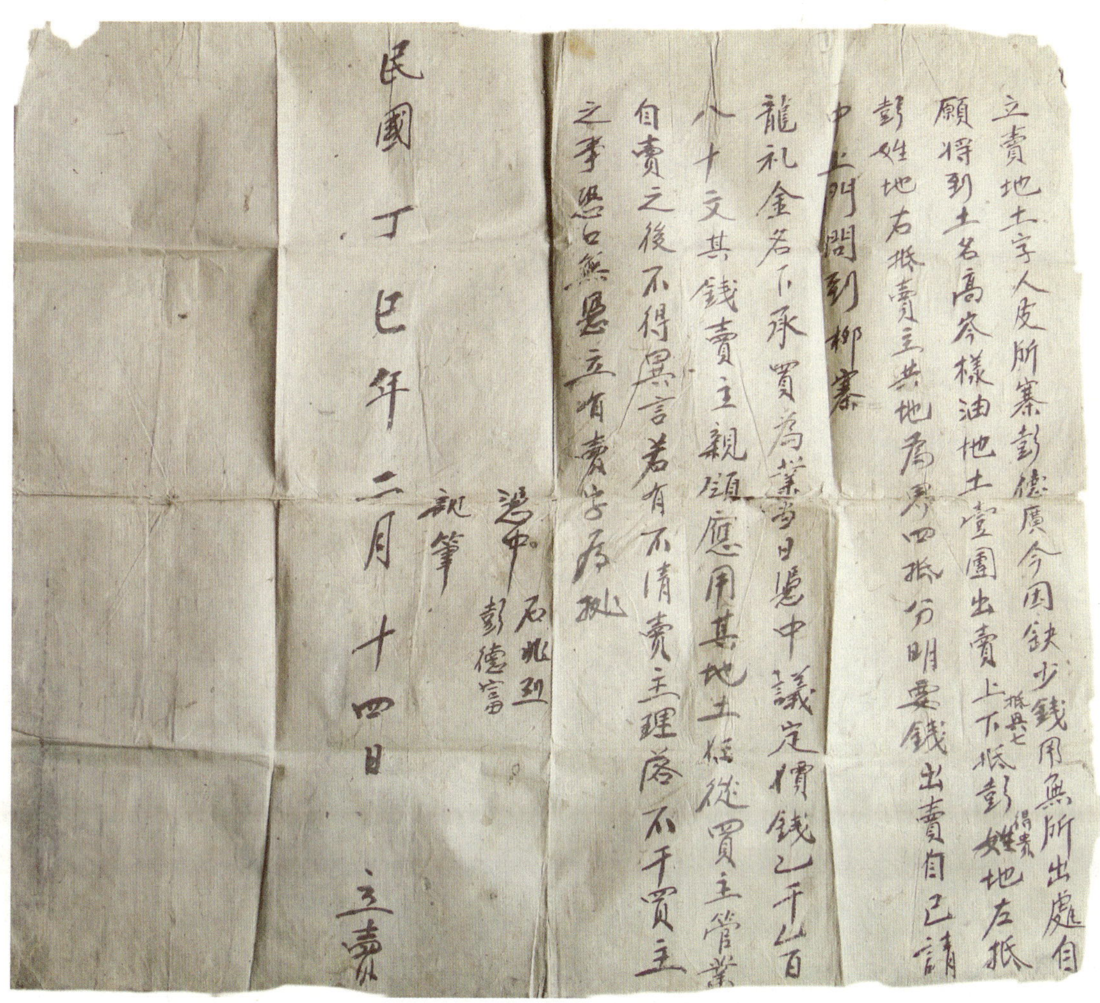

立卖地土字人皮所寨彭德广，今因缺少钱用，无所出处，自愿将到土名高岑样油地土壹团出卖。上抵兴七，下抵彭姓得贵地，左抵彭姓地，右抵卖主共地为界，四抵分明，要钱出卖。自己请中上门问到柳寨龙礼金名下承买为业，当日凭中议定价钱乙千乙百八十文。其钱卖主亲领应用，其地土任从买主管业。自卖之后，不得异言。若有不清，卖主理落，不干买主之事。恐口无凭，立有卖字为据。

凭中：石兆烈、彭德富

亲笔

民国丁巳年二月十四日立卖

58. 龙海元卖田字（民国六年十二月十一日）

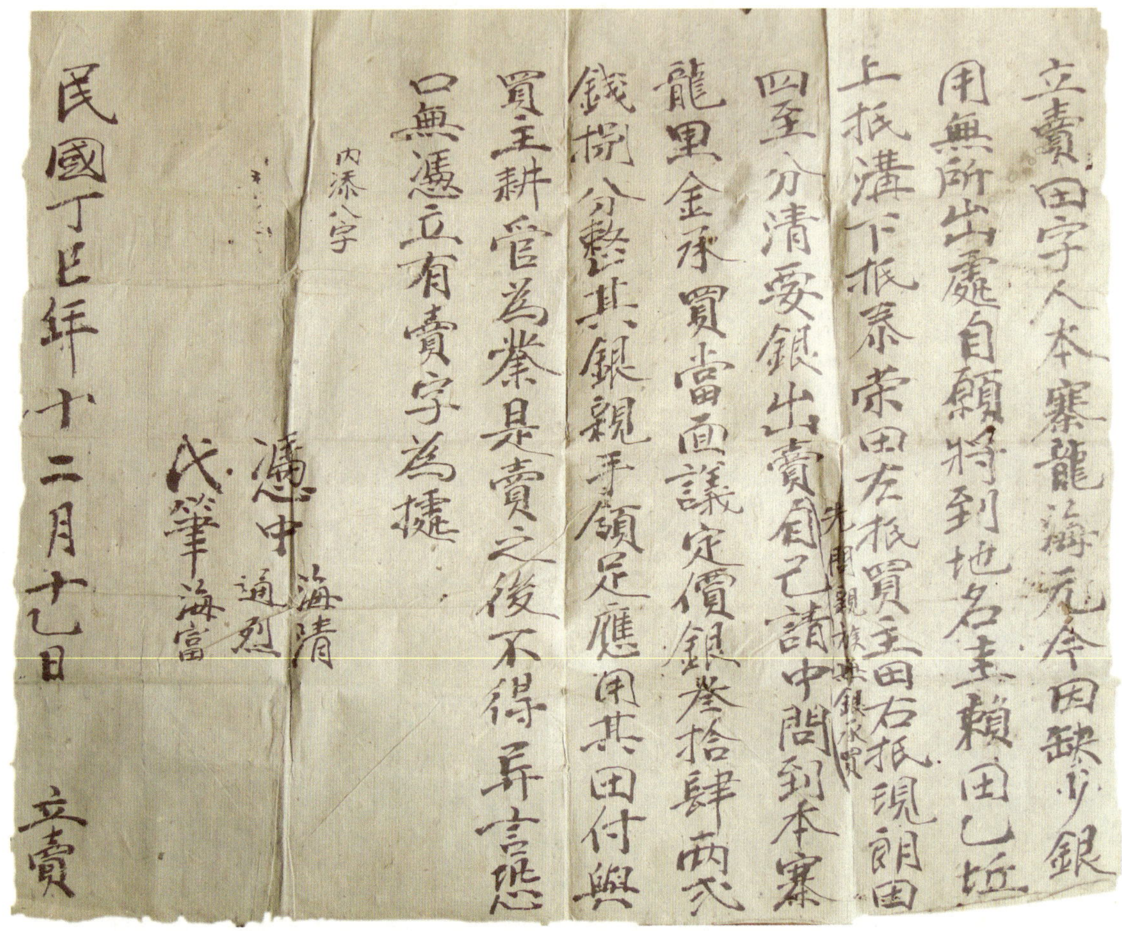

立卖田字人本寨龙海元，今因缺少银用，无所出处，自愿将到地名圭赖田乙丘，上抵沟，下抵泰荣田，左抵买主田，右抵现朗田，四至分清，要银出卖。先问亲族无银承买，自己请中问到本寨龙里金承买，当面议定价银叁拾肆两贰钱捌分整。其银亲手领足应用，其田付与买主耕管为业。是（自）卖之后，不得异言。恐口无凭，立有卖字为据。

内添八字

凭中：海清、通烈

代笔：海富

民国丁巳年十二月十乙日立卖

59. 龙道祥卖田契字（民国七年十二月初五日）

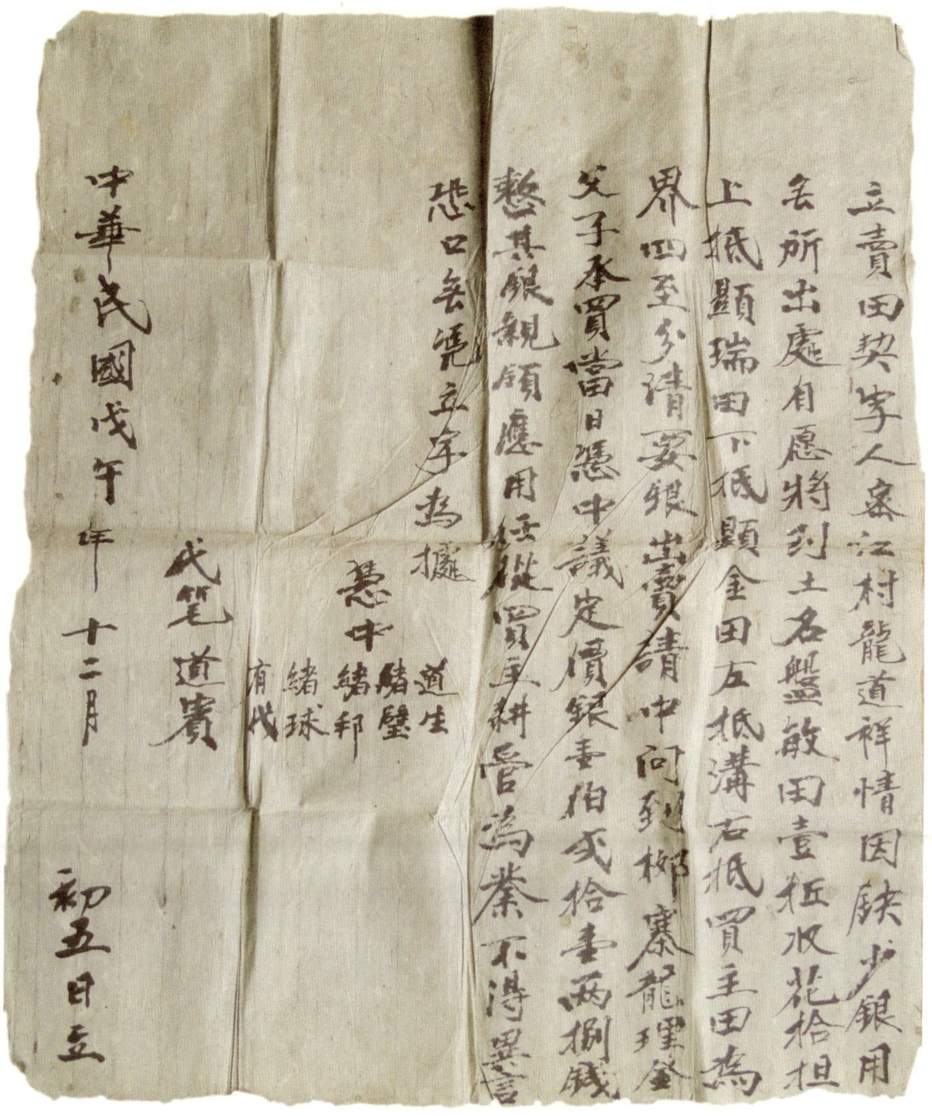

立卖田契字人密江村龙道祥，情因缺少银用，无所出处，自愿将到土名盘敏田壹丘，收花拾担，上抵显瑞田，下抵显金田，左抵沟，右抵买主田为界，四至分清，要银出卖。请中问到柳寨龙理金父子承买，当日凭中议定价银壹佰贰拾壹两捌钱整。其银亲领应用，［其田］任从买主耕管为业。不得异言。恐口无凭，立字为据。

凭中：道生、绪璧、绪邦、绪球、有代

代笔：道贵

中华民国戊午年十二月初五日立

60. 龙金才父子卖田契字（民国十年六月初八日）

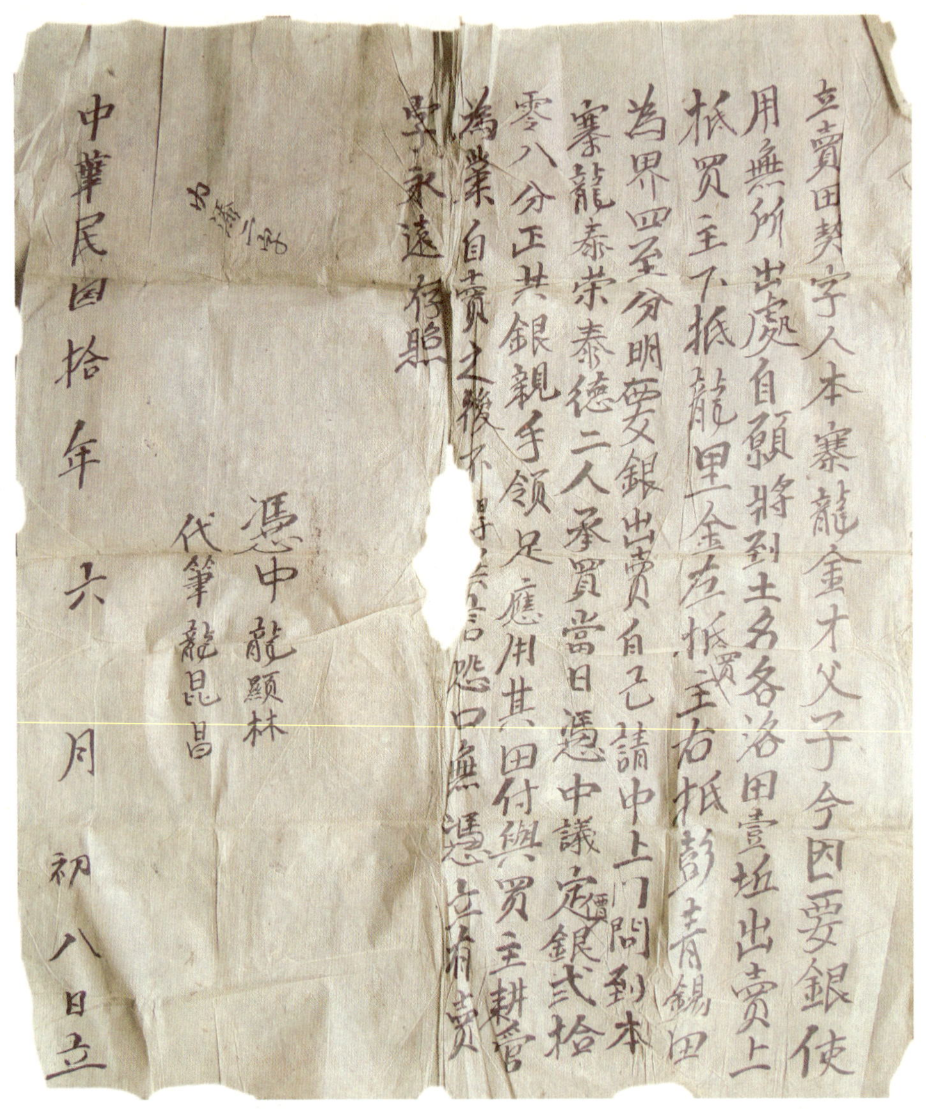

立卖田契字人本寨龙金才父子，今因要银使用，无所出处，自愿将到土名各洛田壹丘出卖，上抵买主，下抵龙里金，左抵买主，右抵彭青锡田为界，四至分明，要银出卖。自己请中上门问到本寨龙泰荣、泰德二人承买，当日凭中议定价银贰拾［两］零八分正。其银亲手领足应用，其田付与买主耕管为业。自卖之后，不得异言。恐口无凭，立有卖字永远存照。

内添二字

凭中：龙显林

代笔：龙昆昌

中华民国十年六月初八日立

61. 龙化勋卖田契字（民国十年七月初九日）

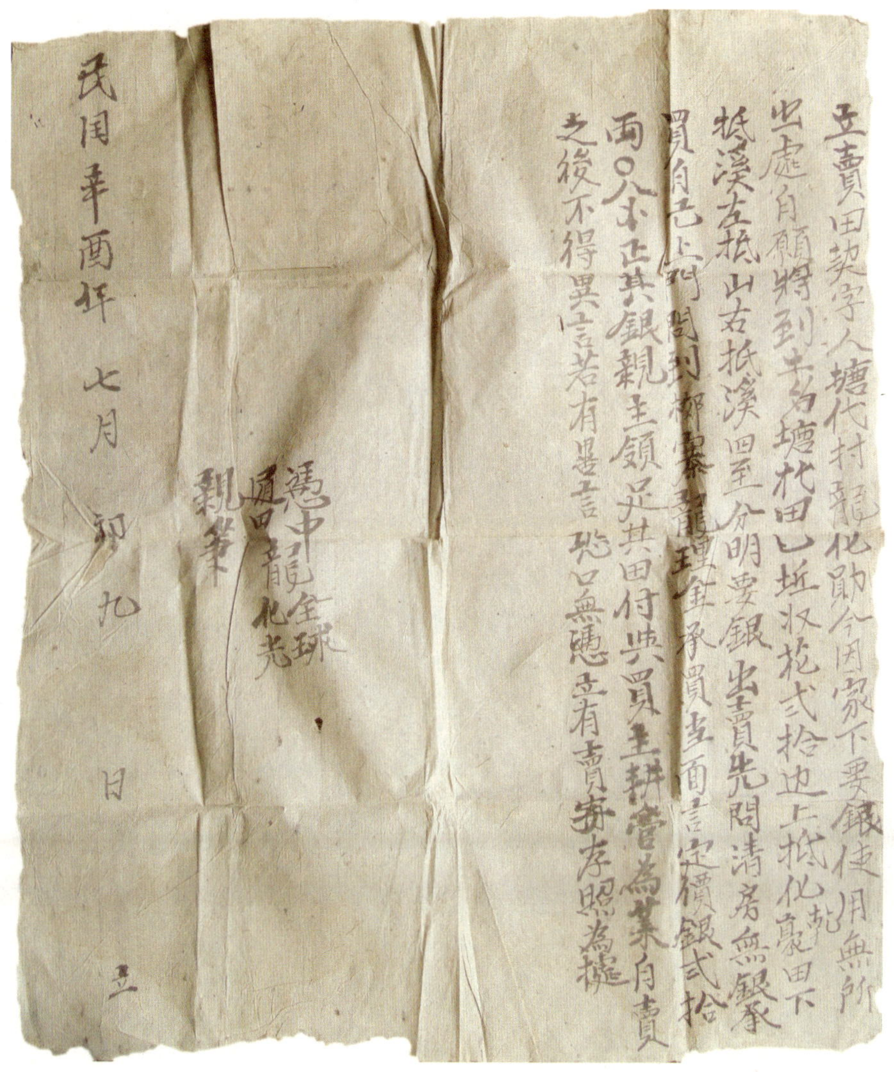

立卖田契字人塘代村龙化勋，今因家下要银使用，无所出处，自愿将到土名塘代田乙丘，收花贰拾边（稨），上抵化乾、化豪田，下抵溪，左抵山，右抵溪，四至分明，要银出卖。先问清（亲）房无银承买，自己上门问到柳寨龙理金承买，当面言定价银贰拾两〇八分正。其银亲主（手）领足，其田付与买主耕管为业。自卖之后，不得异言。若有异言，[卖主理落]。恐口无凭，立有卖字存照为据。

凭中：龙全球

通田：龙化光

亲笔

民国辛酉年七月初九日立

62. 龙荣东卖栗树字（民国十一年正月十三日）

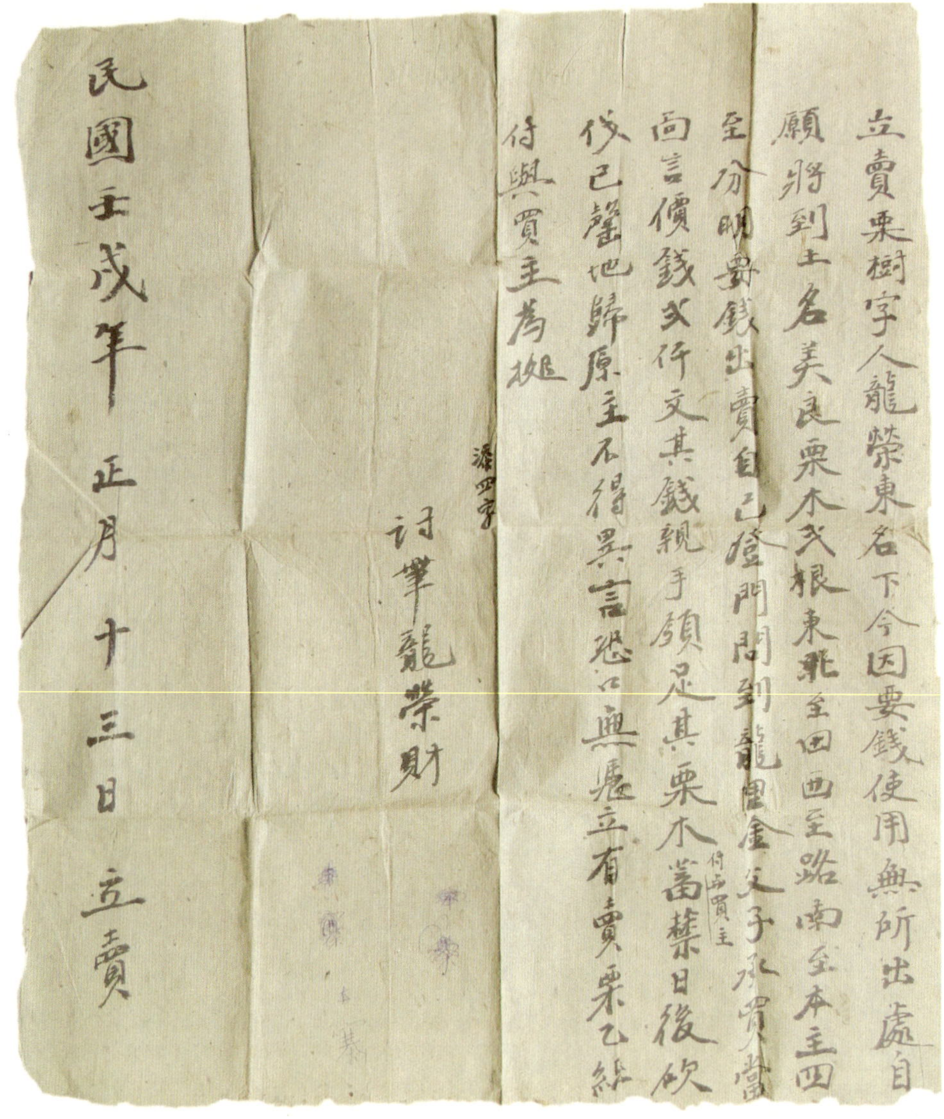

立卖栗树字人龙荣东名下，今因要钱使用，无所出处，自愿将到土名美良栗木贰根，东北至田，西至路，南至本主，四至分明，要钱出卖。自己登门问到龙里金父子承买，当面言价钱贰仟文。其钱亲手领足，其栗木付与买主蓄禁。日后砍伐已罄，地归原主。不得异言。恐口无凭，立有卖栗乙纸付与买主为据。

添四字

讨笔：龙荣财

民国壬戌年正月十三日立卖

63. 龙显恩卖园地土字（民国十一年四月十九日）

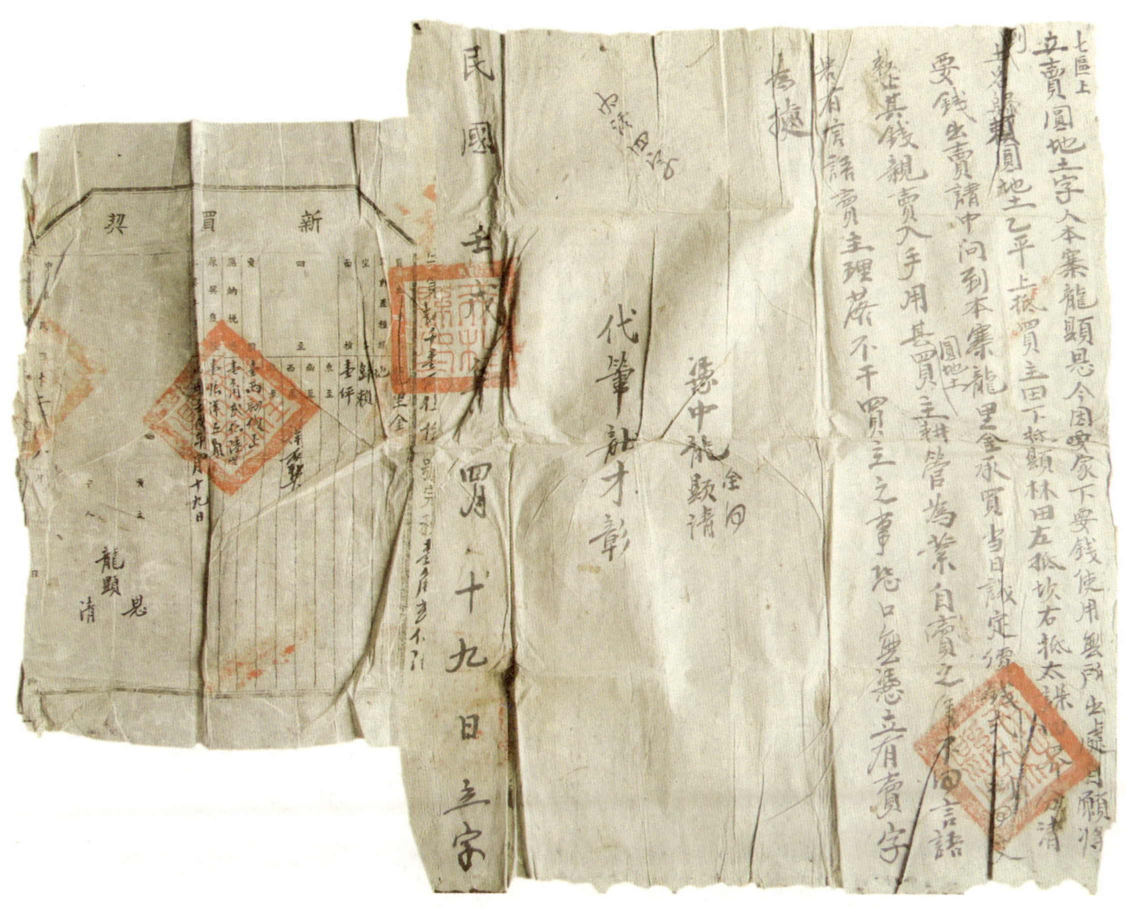

七区上

立卖圆（园）地土字人本寨龙显恩，今因家下要钱使用，无所出处，自愿将到土名归赖圆地土乙平（坪），上抵买主田，下抵显林田，左抵坎，右抵太谋，四界分清，要钱出卖。请中问到本寨龙里金承买，当日议定价钱贰仟捌百文整。其钱亲卖（领）入手［应］用，其圆（园）地土买主耕管为业。自卖之后，不得言语。若有言语，卖主理落，不干买主之事。恐口无凭，立有卖字为据。

内添四字

凭中：龙全得、龙显清

代笔：龙才彰

民国壬戌年四月十九日立字

64. 彭发丁卖杉木地土字（民国十一年五月十五日）

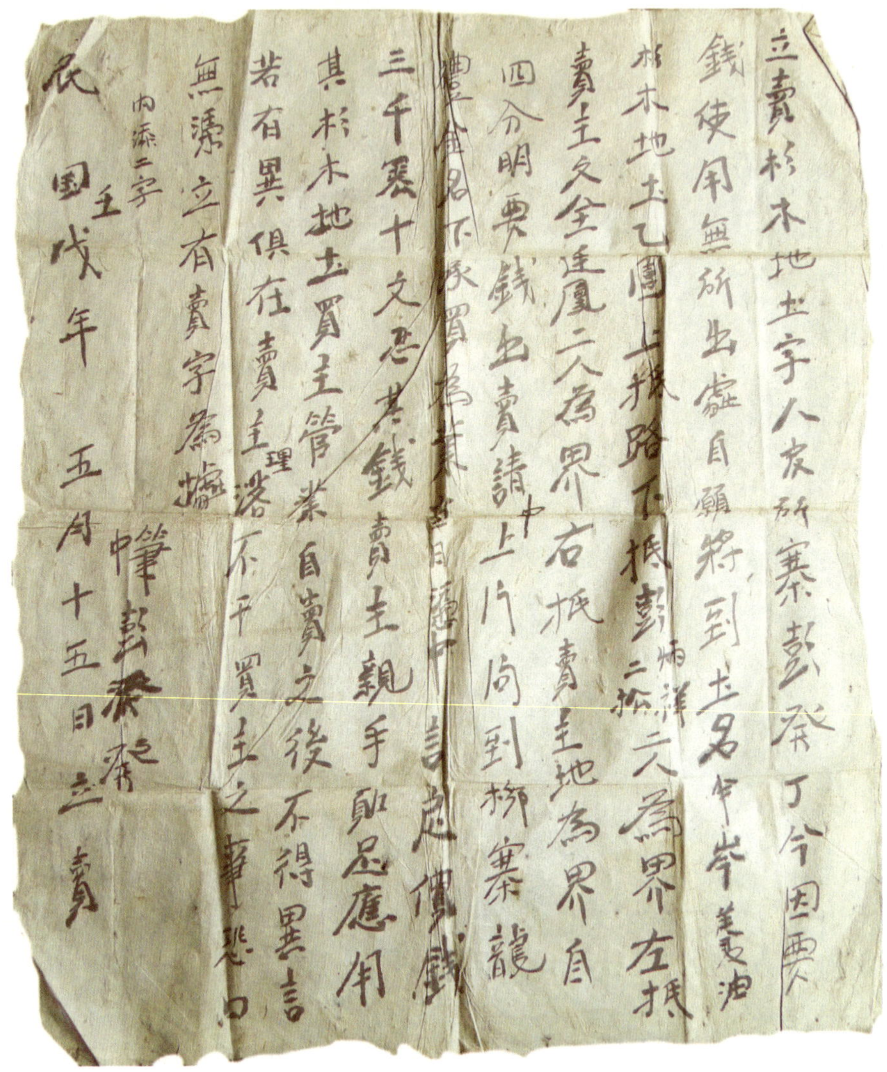

立卖杉木地土字人皮所寨彭发丁，今因要钱使用，无所出处，自愿将到土名半岑养油杉木地土乙团，上抵路，下抵彭炳祥、彭二松二人为界，左抵卖主文全、廷凤二人为界，右抵卖主地为界，自四（四至）分明，要钱出卖。请中上门问到柳寨龙礼金名下承买为业。当日凭中言定价钱三千零十文整。其钱卖主亲手领足应用，其杉木地土买主管业。自卖之后，不得异言。若有异［言］，俱在卖主理落，不干买主之事。恐口无凭，立有卖字为据。

内添二字

笔、中：彭添发

民国壬戊（戌）年五月十五日立卖

65. **龙显弟、龙昆华父子卖田地字**（民国十一年八月初二日）

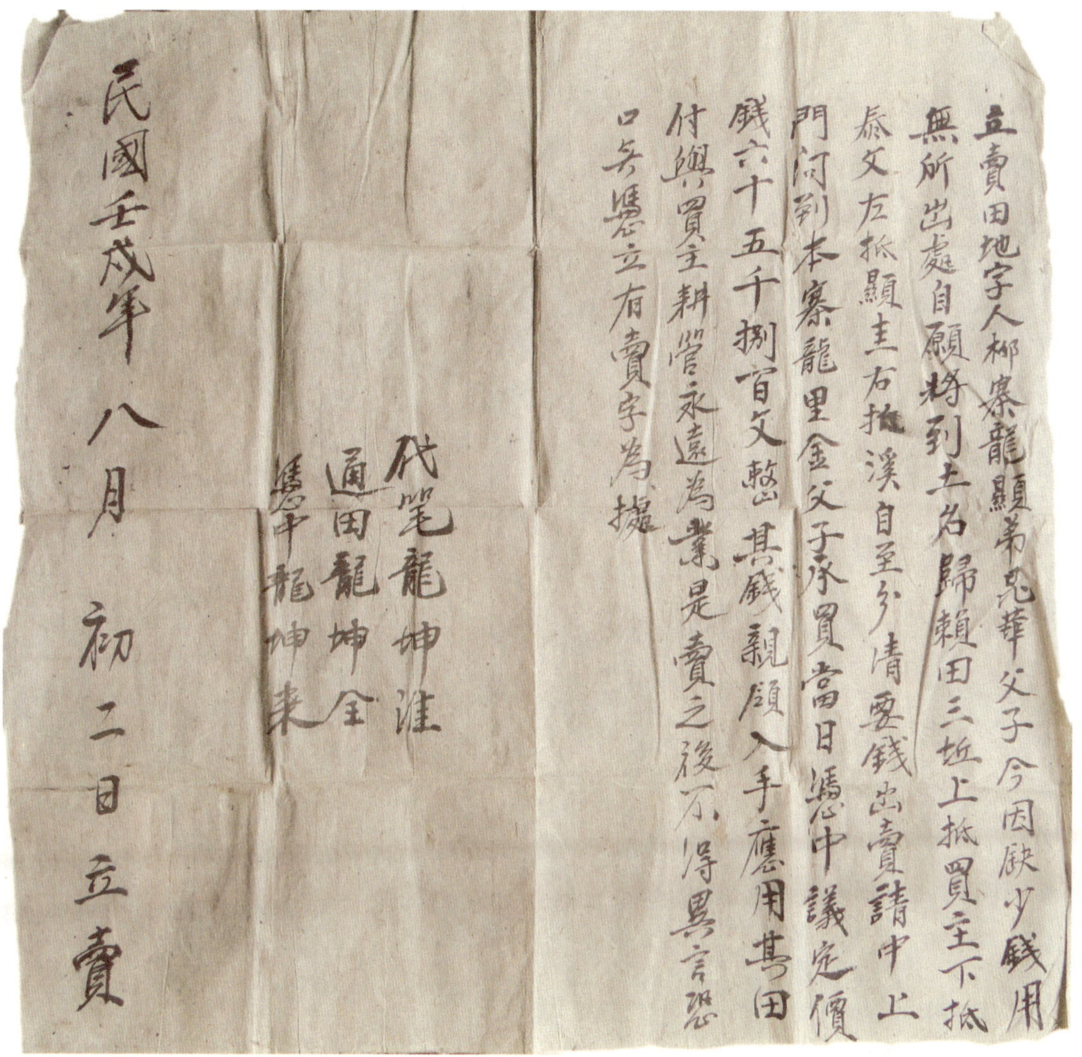
立賣田地字人柳寨龍顯弟昆華父子今因缺少錢用
無所出處自願將到土名歸賴田三丘上抵買主下抵
泰文左抵顯圭右抵溪自至分清要錢出賣請中上
門問到本寨龍里金父子承買當日憑中議定價
錢六十五千捌百文整其錢親領入手應用其田
付與買主耕管永遠為業是賣之後不得異言恐
口無憑立有賣字為據
代笔龍坤淮
通田龍坤全
憑中龍坤来
民國壬戌年八月初二日立賣

立卖田地字人柳寨龙显弟、昆华父子，今因缺少钱用，无所出处，自愿将到土名归赖田三丘，上抵买主，下抵泰文，左抵显圭，右抵溪，自（四）至分清，要钱出卖。请中上门问到本寨龙里金父子承买，当日凭中议定价钱六十五千捌百文整。其钱亲领入手应用，其田付与买主耕管永远为业。是（自）卖之后，不得异言。恐口无凭，立有卖字为据。

代笔：龙坤淮

通田：龙坤全

凭中：龙坤来

民国壬戌年八月初二日立卖

66. 彭发丁卖杉木地土字（民国十一年六月初十日）

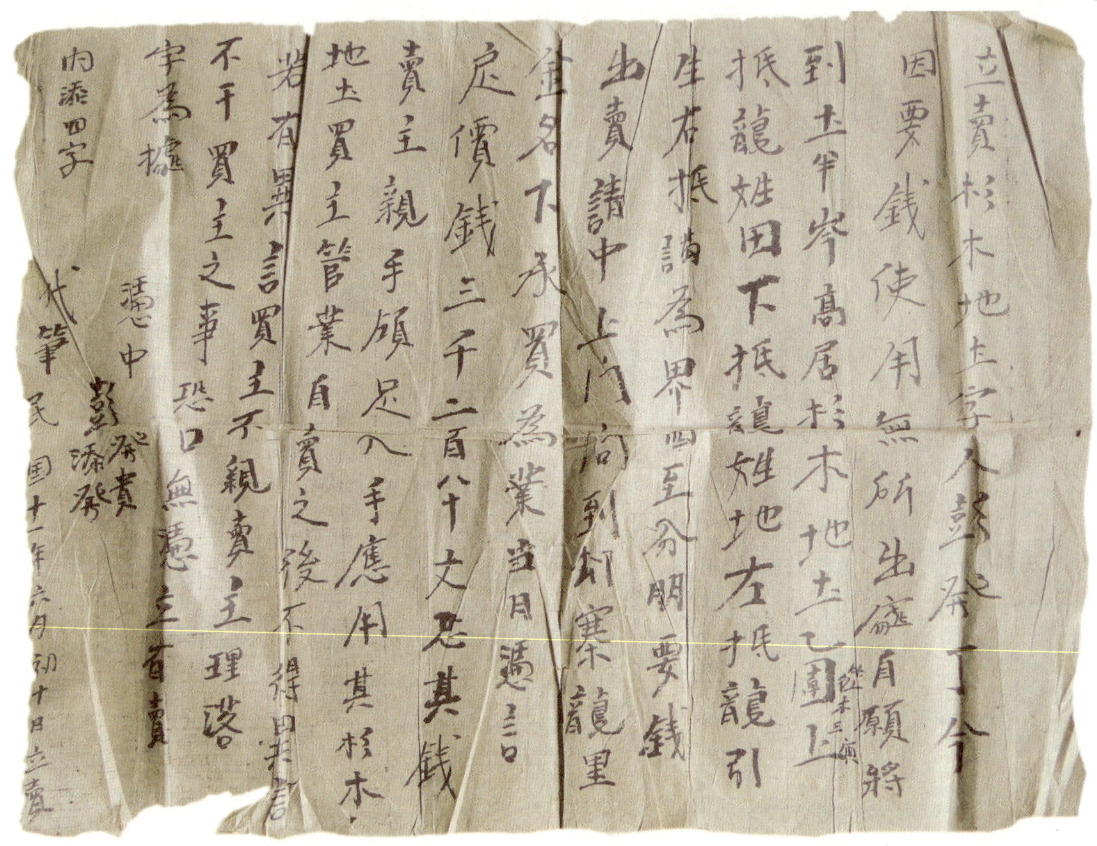

立卖杉木地土字人彭发丁，今因要钱使用，无所出处，自愿将到土半岑高居杉木地土乙团，枞木三庚（根），上抵龙姓田，下抵龙姓地，左抵龙引生，右抵沟为界，四至分明，要钱出卖。请中上门问到柳寨龙里金名下承买为业，当日凭［中］言定价钱三千二百八十文整。其钱卖主亲手领足入手应用，其杉木地土买主管业。自卖之后，不得异言。若有异言，买主不亲（清），卖主理落，不干买主之事。恐口无凭，立有卖字为据。

内添四字

凭中：彭发贵、添发

代笔

民国十一年六月初十日立卖

67. 龙现朗兄弟五人卖杉木字（民国十二年正月初四日）

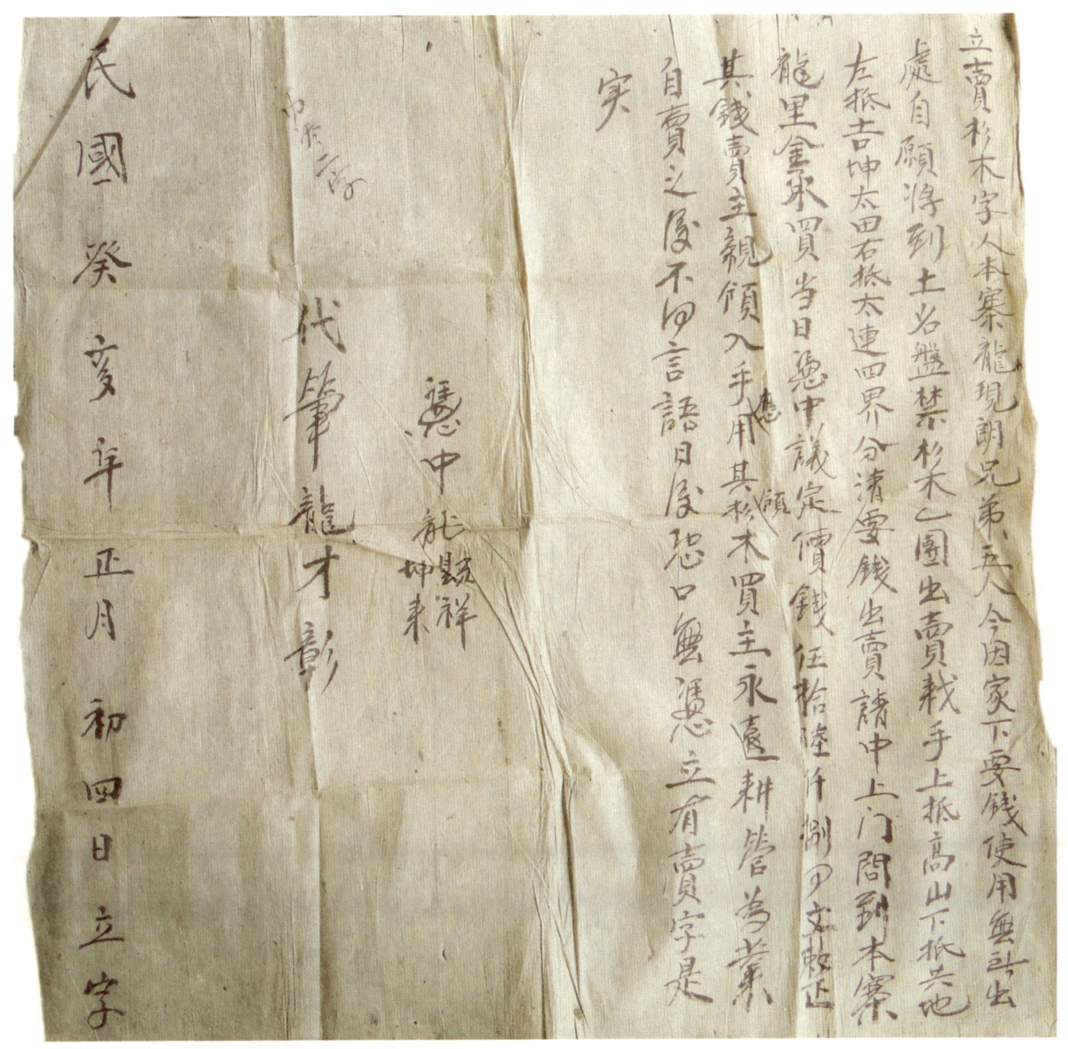

立卖杉木字人本寨龙现朗兄弟五人，今因家下要钱使用，无所出处，自愿将到土名盘禁杉木乙团出卖栽手，上抵高山，下抵共地，左抵吉坤太田，右抵太连，四界分清，要钱出卖。请中上门问到本寨龙里金承买，当日凭中议定价钱伍拾陆仟捌百文整。其钱卖主亲领入手应用，其领杉木买主永远耕管为业。自卖之后，不得言语。日后恐口无凭，立有卖字是实。

内添二字

凭中：龙显祥、龙坤来

代笔：龙才彰

民国癸亥年正月初四日立字

68. 龙荣东卖地土字（民国十三年七月二十九日）

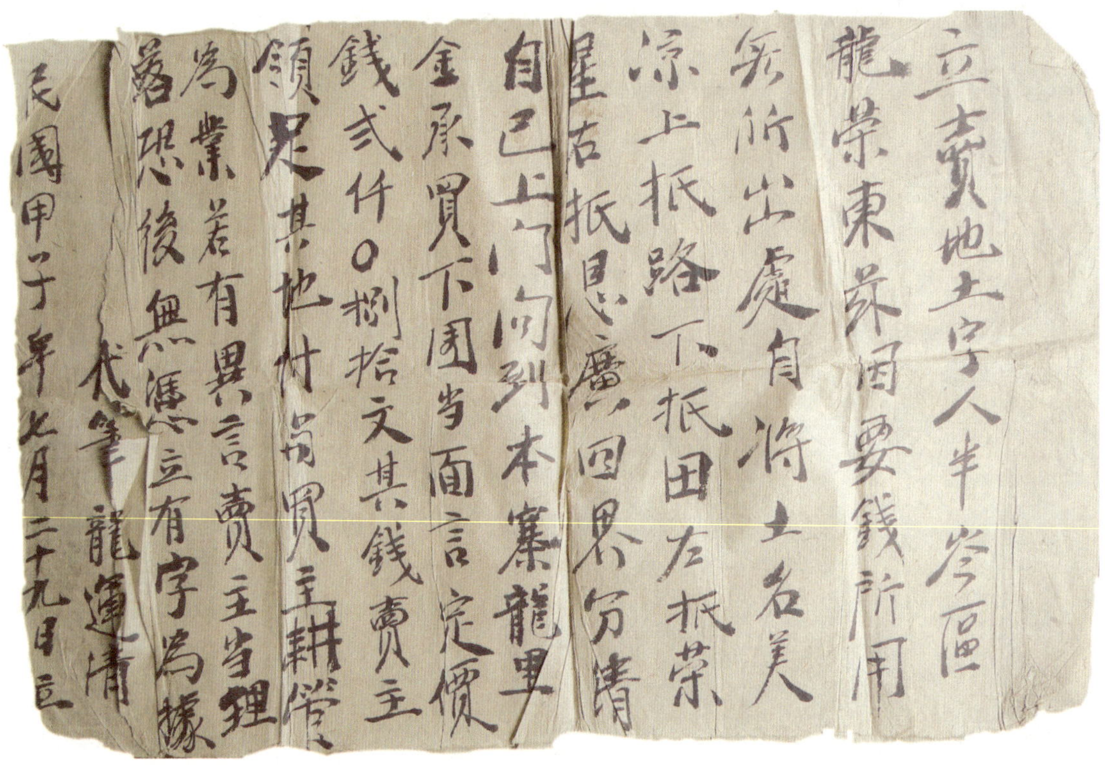

立卖地土字人半岑区龙荣东，兹因要钱所（使）用，无所出处，自将土名美凉，上抵路，下抵田，左抵荣星，右抵恩广，四界分清，自己上门问到本寨龙里金承买下团，当面言定价钱贰仟〇捌拾文。其钱卖主领足，其地付与买主耕管为业。若有异言，卖主当理落。恐后无凭，立有（卖）字为据。

代笔：龙运清

民国甲子年七月二十九日立

69. 石庚法、石玉保二人卖地土字（民国十四年二月二十一日）

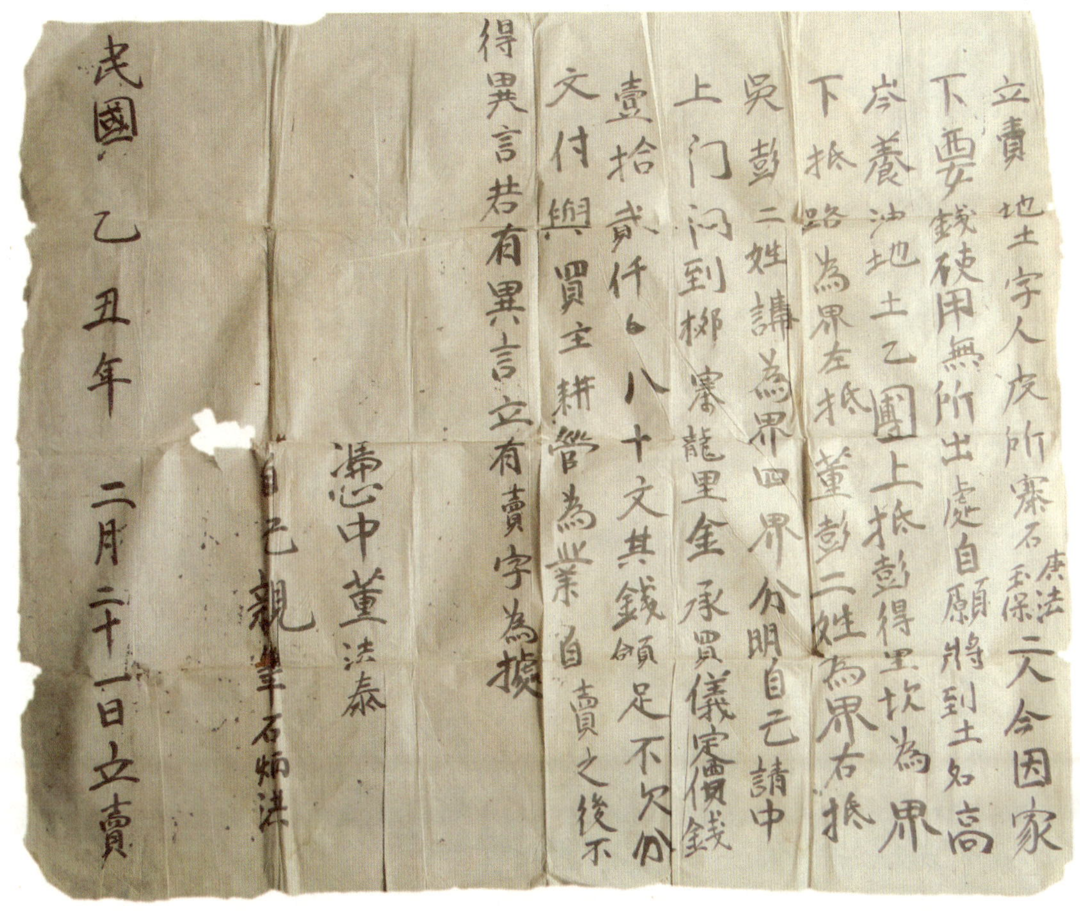

立卖地土字人皮所寨石庚法、玉保二人，今因家下要钱使用，无所出处，自愿将到土名高岑养油地土乙团，上抵彭得里坎为界，下抵路为界，左抵董彭二姓为界，右抵吴彭二姓讲为界，四界分明，自己请中上门问到柳寨龙里金承买，仪（议）定价钱壹拾贰千〇八十文。其钱领足，不欠分文，［其地］付与买主耕管为业。自卖之后，不得异言。若有异言，立有卖字为据。

凭中：董法泰

自己亲笔：石炳洪

民国乙丑年二月二十一日立卖

70.彭荣来兄弟五人卖田契字（民国十四年三月初二日）

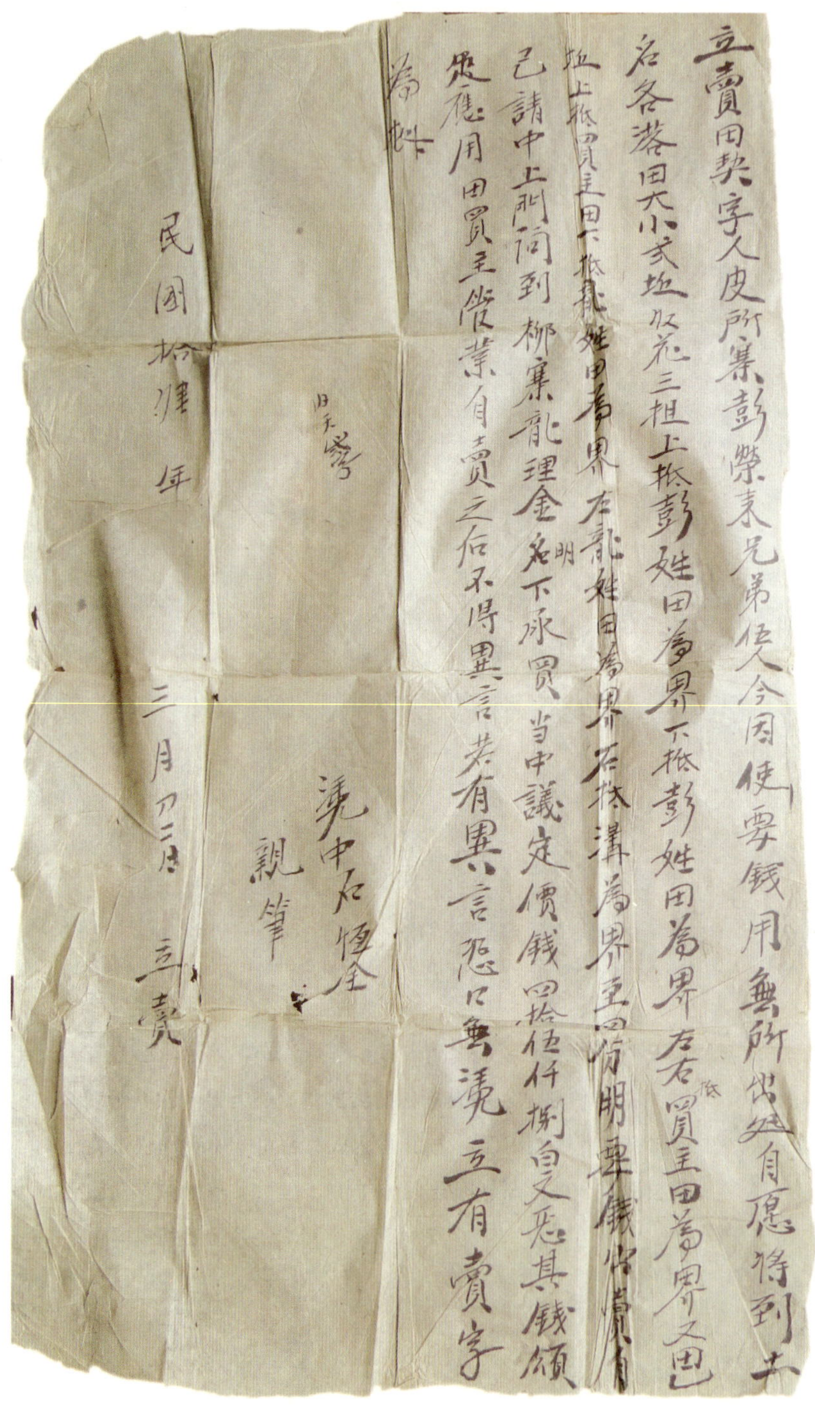

立卖田契字人皮所寨彭荣来兄弟伍人，今因要钱使用，无所出处，自愿将到土名各落田大小贰丘，收花三担，上抵彭姓田为界，下抵彭姓田为界，左右抵买主田为界。又田乙丘，上抵买主田，下抵龙姓田为界，左龙姓田为界，右抵沟为界，至四（四至）分明，要钱出卖。自己请中上门问到柳寨龙理金名下承买，当中议定价钱四拾伍仟捌白（百）文整。其钱领足应用，田买主管业。自卖之后，不得异言。若有异言，[卖主理落]。恐口无凭，立有卖字为据。

内天（添）贰字

凭中：石恒全

亲笔

民国十四年三月初二日立卖

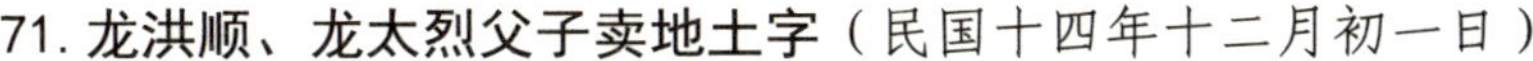

71. 龙洪顺、龙太烈父子卖地土字（民国十四年十二月初一日）

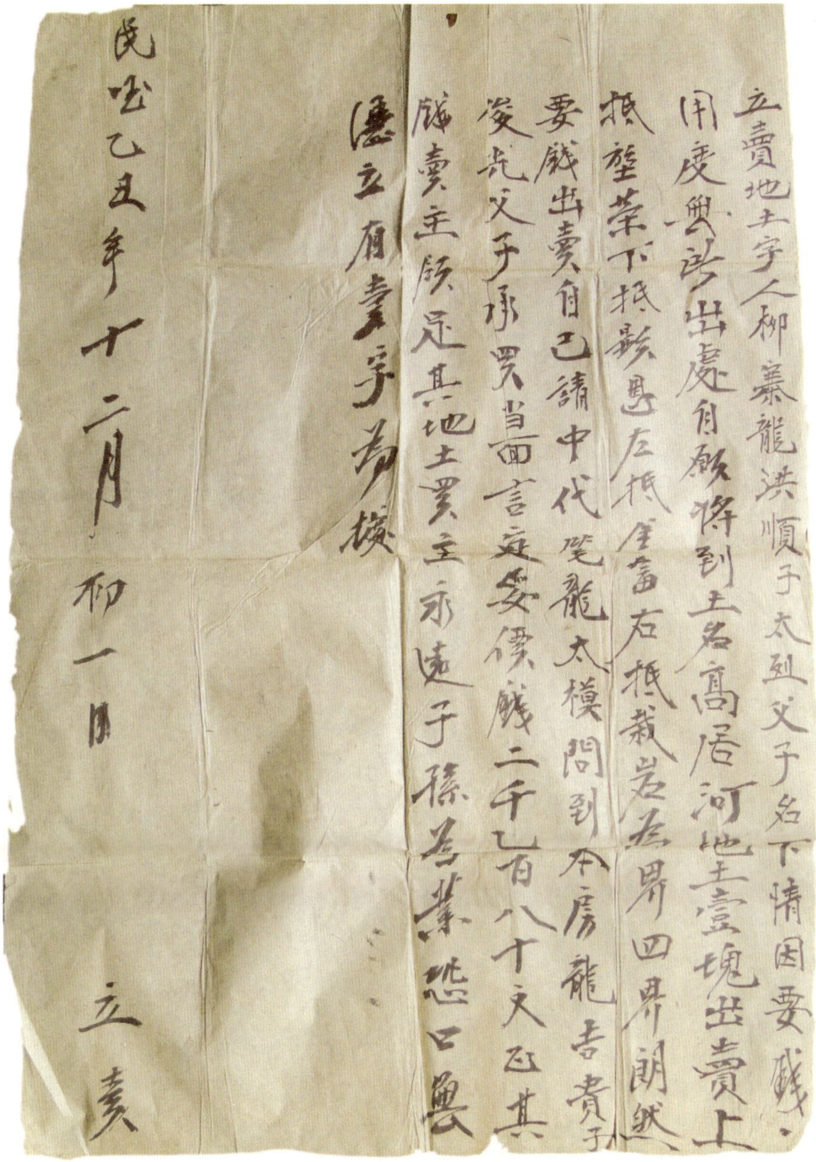

立卖地土字人柳寨龙洪顺、子太烈父子名下，情因要钱用度，无所出处，自愿将到土名高居河地土壹块出卖，上抵堃荣，下抵显恩，左抵全富，右抵栽岩为界，四界朗然，要钱出卖。自己请中代笔龙太模问到本房龙吉贵、子凌光父子承买，当面言定妥价钱二千乙百八十文正。其钱卖主领足，其地土［付与］买主永远子孙为业。恐口无凭，立有卖字为据。

民国乙丑年十二月初一日立卖

72. 石长毛卖杉木地土字（民国十五年二月十一日）

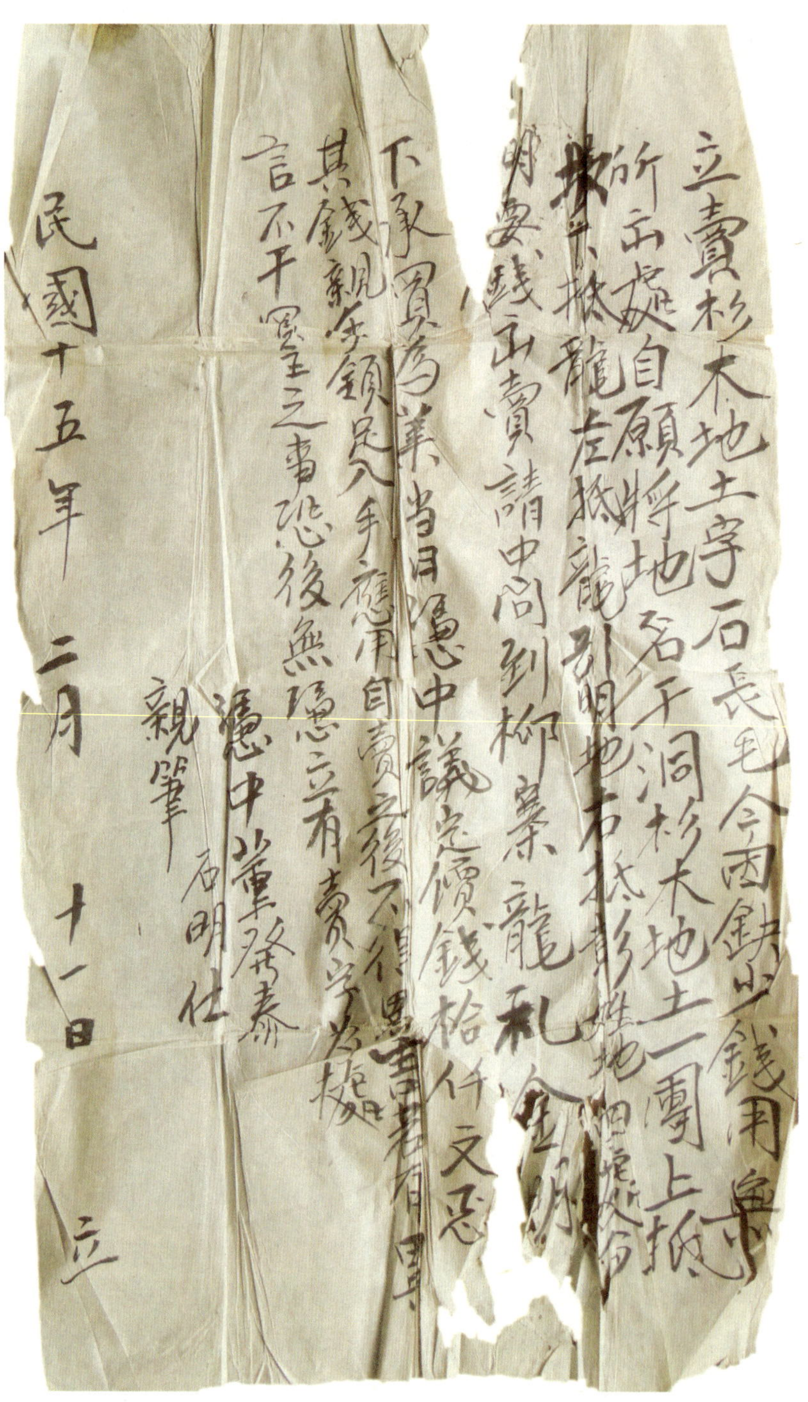

立卖杉木地土字石长毛，今因缺少钱用，无所出处，自愿将地名干洞杉木地土一团，上抵坎，下抵龙，左抵龙引明地，右抵彭姓地，四处分明，要钱出卖。请中问到柳寨龙礼金明（名）下承买为业，当日凭中议定价钱拾仟文整。其钱亲手领足入手应用。自卖之后，不得异言。若有异言，不干买主之事。恐后无凭，立有卖字为据。

凭中：董发泰、石明仕

亲笔

民国十五年二月十一日立

73. 石明仕卖杉木地土字（民国十五年二月十一日）

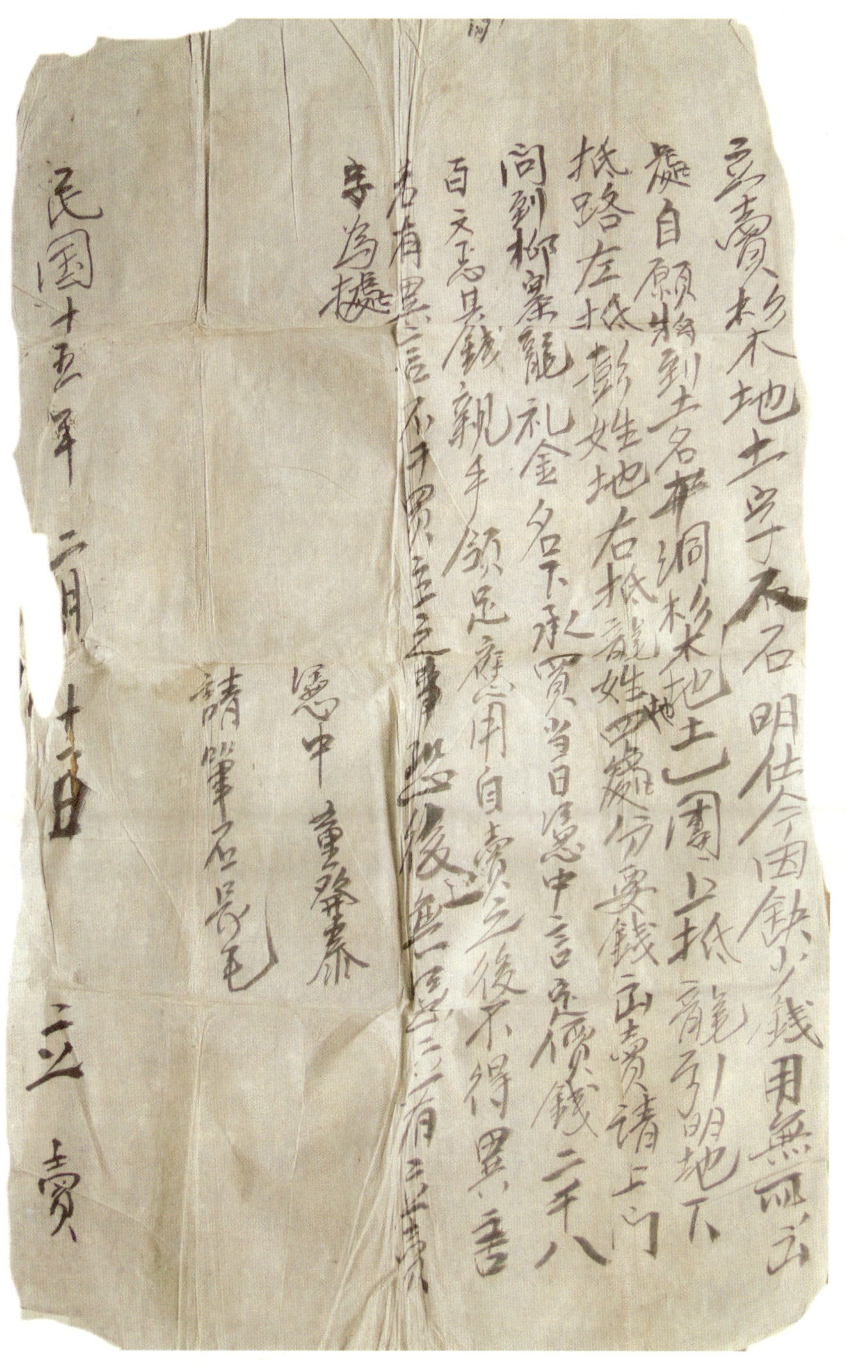

立卖杉木地土字人石明仕，今因缺少钱用，无所出处，自愿将到土名口洞杉木地土乙团，上抵龙引明地，下抵路，左抵彭姓地，右抵龙姓地，四处分［明］，要钱出卖。请［中］上门问到柳寨龙礼金名下承买，当日凭中言定价钱二千八百文整。其钱亲手领足应用。自卖之后，不得异言。若有异言，不干买主之事。恐后无凭，立有立卖字为据。

凭中：董发泰

请笔：石长毛

民国十五年二月十一日立卖

74. 彭发丁卖杉木地土字（民国十五年四月二十二日）

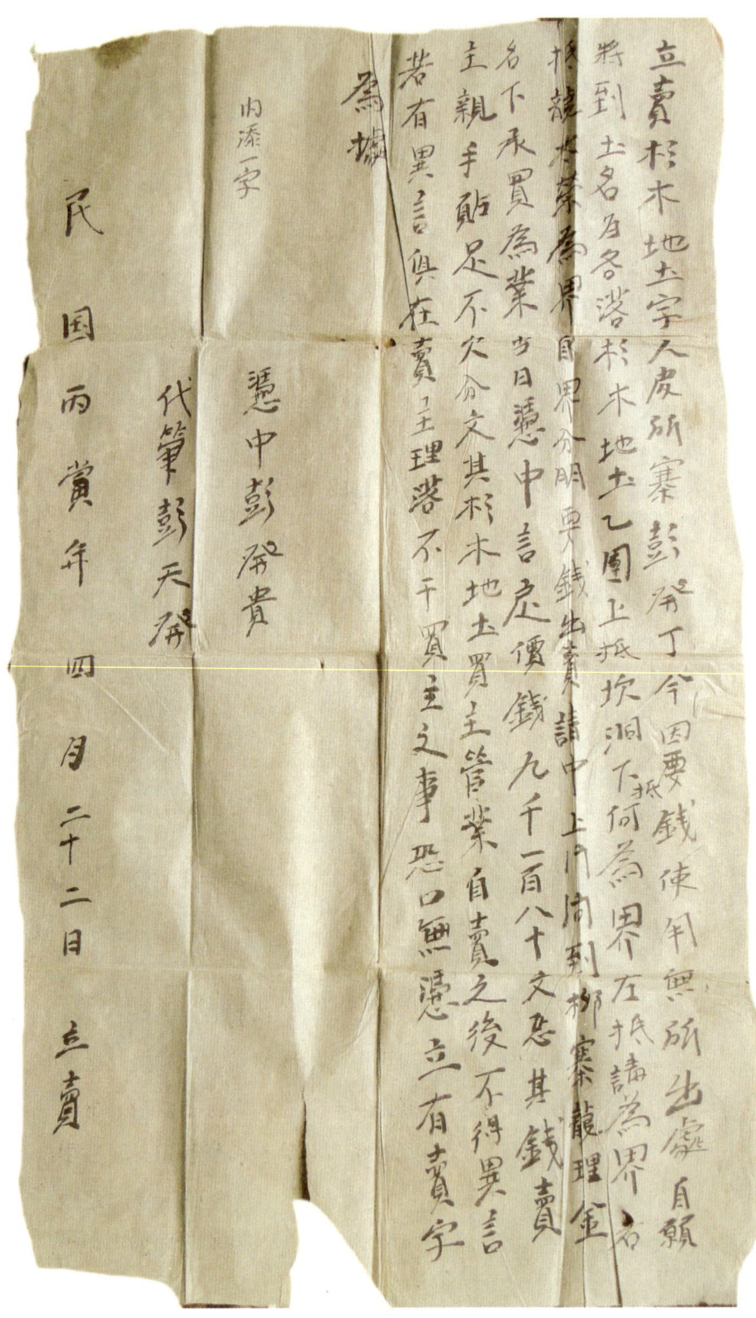

立卖杉木地土字人皮所寨彭发丁，今因要钱使用，无所出处，自愿将到土名归各落杉木地土乙团，上抵坎洞，下抵何（河）为界，左抵沟为界，右抵龙太荣为界，自（四）界分明，要钱出卖。请中上门问到柳寨龙理金名下承买为业，当日凭中言定价钱九千一百八十文整。其钱卖主亲手领足，不欠分文，其杉木地土买主管业。自卖之后，不得异言。若有异言，俱在卖主理落，不干买主之事。恐口无凭，立有卖字为据。

内添一字

凭中：彭发贵

代笔：彭天发

民国丙寅年四月二十二日立卖

75. 龙昆法卖地土麻与杉木字（民国十五年六月十四日）

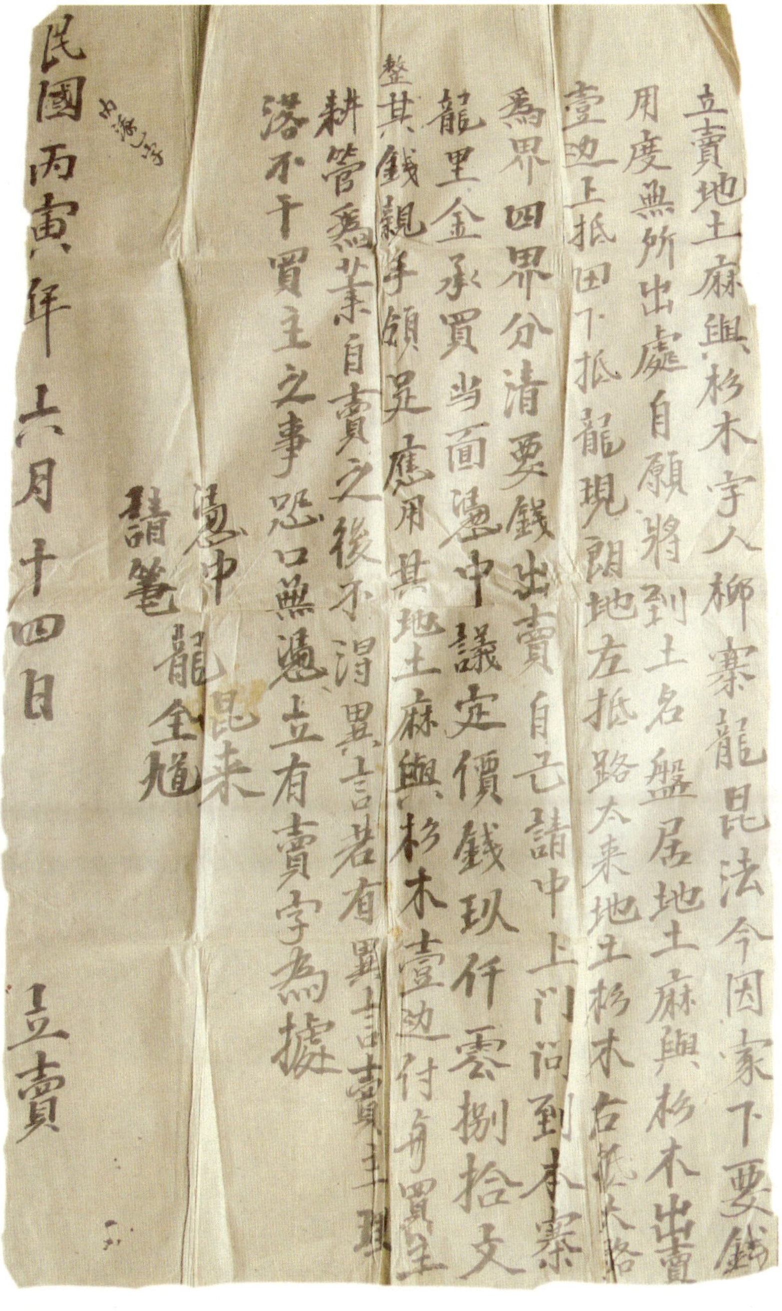

立卖地土麻与杉木字人柳寨龙昆法，今因家下要钱用度，无所出处，自愿将到土名盘居地土麻与杉木出卖壹边（编），上抵田，下抵龙现朗地，左抵路太来地土杉木，右抵大路为界，四界分清，要钱出卖。自己请中上门问到本寨龙里金承买，当面凭中议定价钱玖仟零捌拾文整。其钱亲手领足应用，其地土麻与杉木壹边（编）付与买主耕管为业。自卖之后，不得异言。若有异言，卖主理落，不干买主之事。恐口无凭，立有卖字为据。

内添乙字

凭中：龙昆来

请笔：龙全馗

民国丙寅年六月十四日立卖

76. 龙吉贵卖地土字（民国十五年十二月二十日）

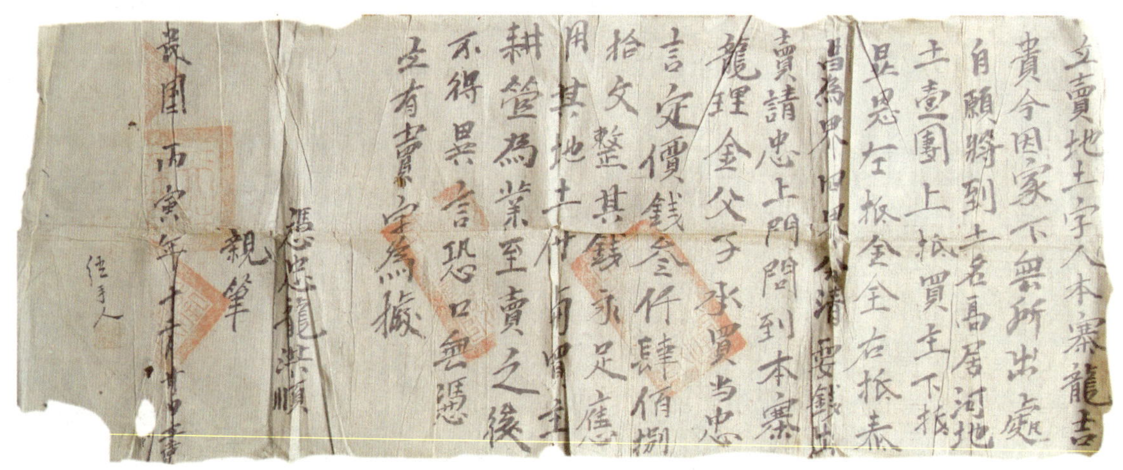

立卖地土字人本寨龙吉贵，今因家下［要钱使用］，无所出处，自愿将到土名高居河地土壹团，上抵买主，下抵显恩，左抵金全，右抵泰昌为界，四界分清，要钱出卖。请忠（中）上门问到本寨龙理金父子承买，当忠（中）言定价钱叁仟肆佰捌拾文整。其钱永（领）足应用，其地土付与买主耕管为业。至（自）卖之后，不得异言。恐口无凭，立有卖字为据。

凭忠（中）：龙洪顺

亲笔

民国丙寅年十二月二十日立卖

经手人

77. 龙泰荣卖田契字（民国十六年六月初七日）

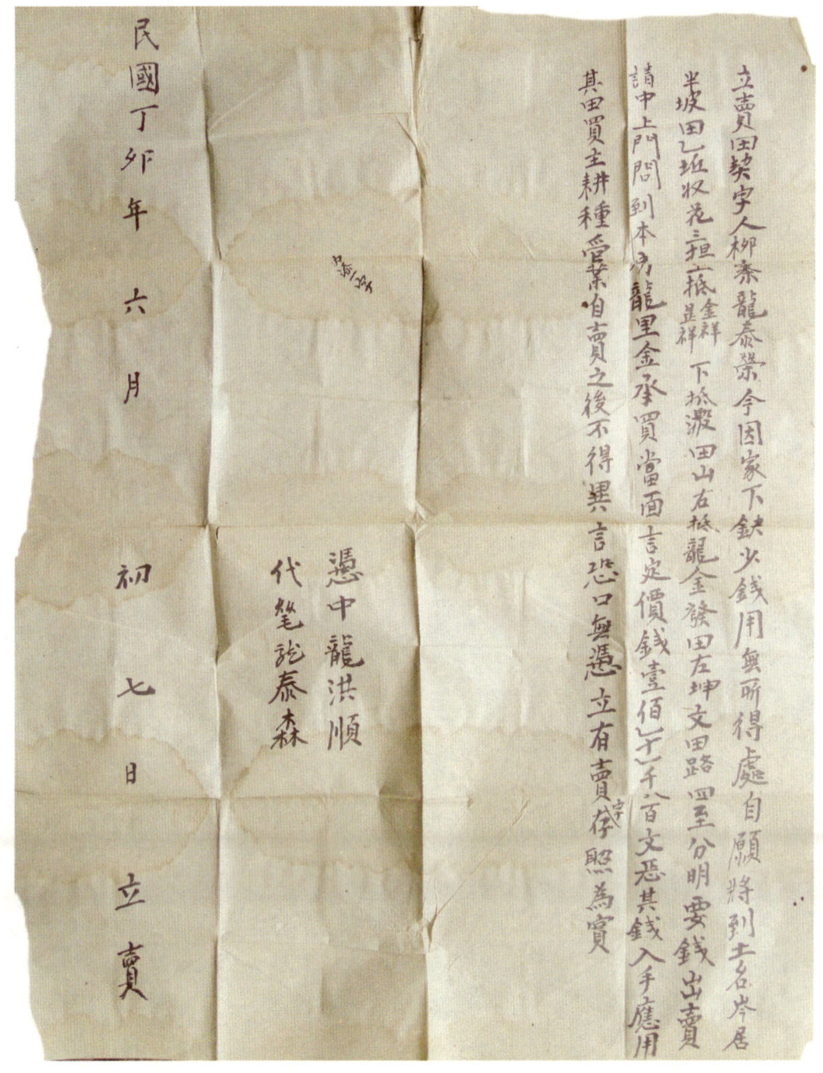

立卖田契字人柳寨龙泰荣，今因家下缺少钱用，无所得处，自愿将到土名岑居半坡田乙丘，收花三担，上抵金祥、显祥，下抵☐田山，右抵龙金发田，左［抵］坤文田路，四至分明，要钱出卖。请中上门问到本房龙里金承买，当面言定价钱壹佰乙十乙千八百文整。其钱入手应用，其田买主耕种管业。自卖之后，不得异言。恐口无凭，立有卖字存照为实。

内添一字

凭中：龙洪顺

代笔：龙泰森

民国丁卯年六月初七日立卖

78. 龙太荣父子卖田契字（民国十九年二月二十二日）

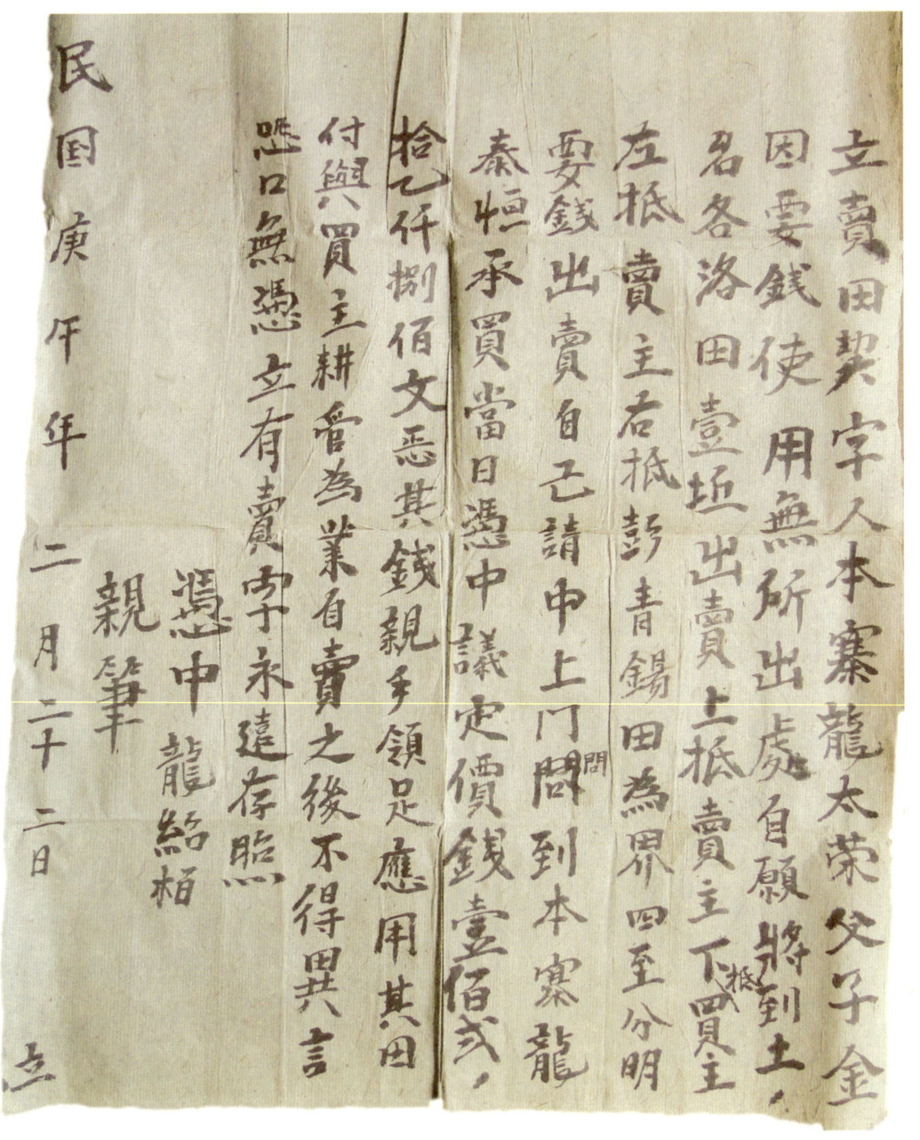
立賣田契字人本寨龍太荣父子金
因要錢使用無所出處自願將到土
名各洛田壹坵出賣上抵賣主下抵買主
左抵賣主右抵彭青錫田為界四至分明
要錢出賣自己請中上门問到本寨龍
泰恒承買當日憑中議定價錢壹佰式
拾乙仟捌佰文整其錢親手領足應用其田
付與買主耕管為業自賣之後不得異言
恐口無憑立有賣字永遠存照
憑中 龍紹栢
親筆
民国庚午年二月二十二日立

立卖田契字人本寨龙太荣父子，金（今）因要钱使用，无所出处，自愿将到土名各洛田壹丘出卖。上抵卖主，下抵买主，左抵卖主右抵彭青锡田为界，四至分明，要钱出卖。自己请中上门问到本寨龙泰恒承买，当日凭中议定价钱壹佰贰拾乙仟捌佰文整。其钱亲手领足应用，其田付与买主耕管为业。自卖之后，不得异言。恐口无凭，立有卖字永远存照。

凭中：龙绍柏

亲笔

民国庚午年二月二十二日立

79. 龙泰恒纳粮过割底单（民国十九年六月二十五日）

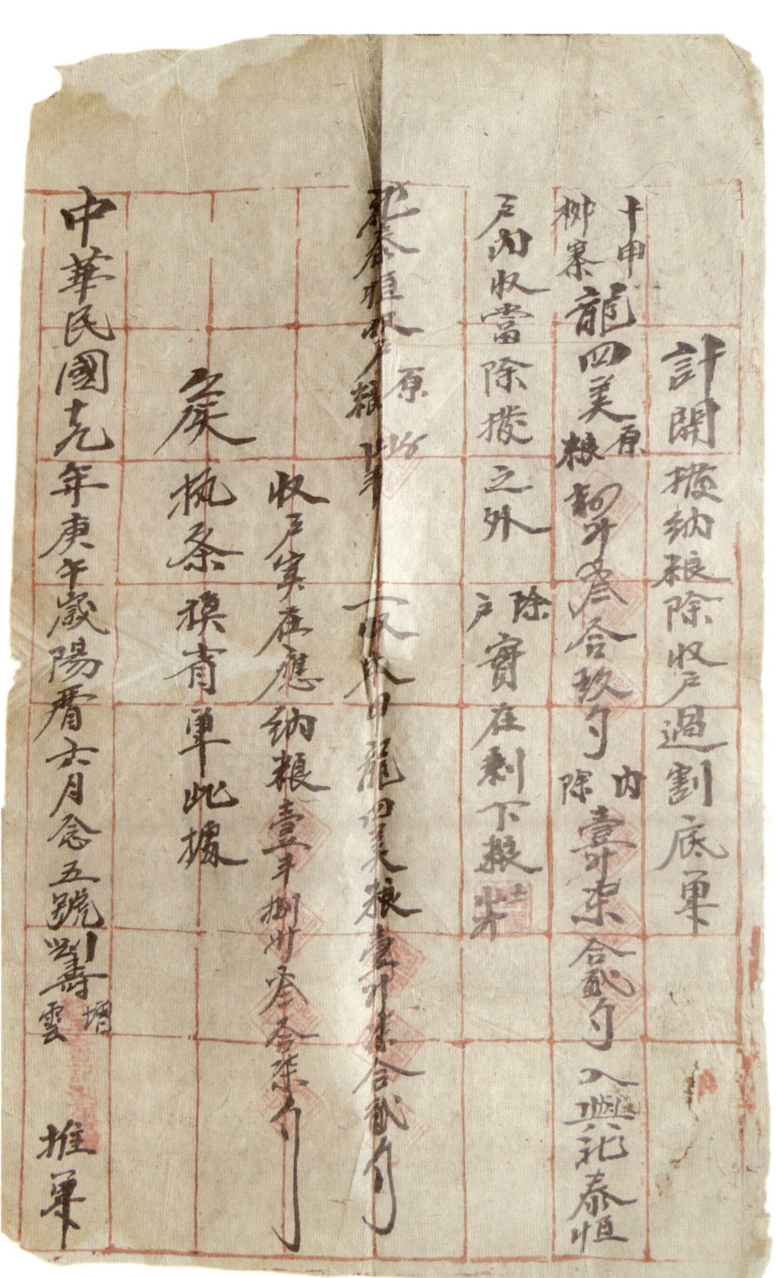

计开拨纳粮除收户过割底单

十甲柳寨龙四美，原粮肆升叁合玖勺，内除壹升柒合贰勺，入与龙泰恒户内收当，除拨之外，除户实在剩下粮贰升陆合柒勺。

龙泰恒收户原粮一斗六升六合五勺。一收本甲龙四美粮壹升柒合贰勺。

收户实在应纳粮壹斗捌升叁合柒勺。

俟执条换省单此据

中华民国十九年庚午岁阳历六月念五号刘寿增、寿云推单

80. 石明四卖地土字（民国十九年八月初五日）

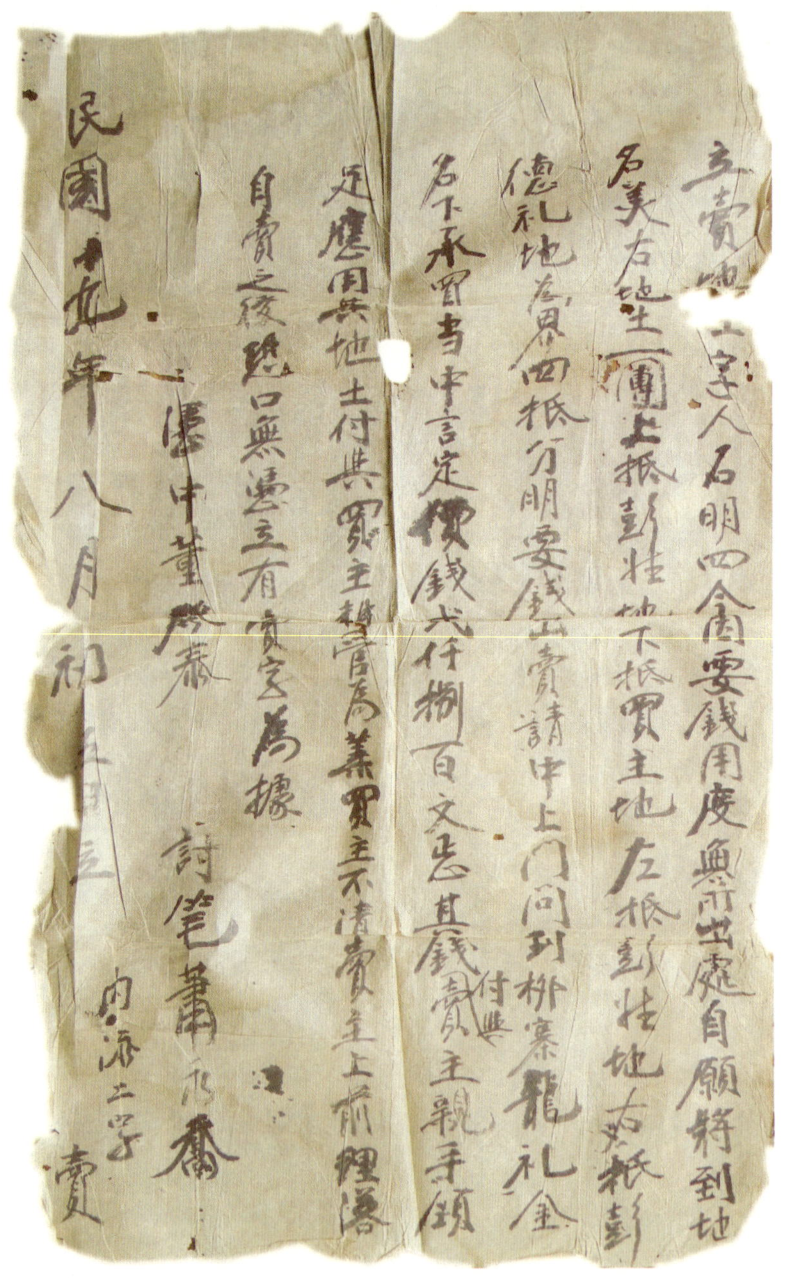

立卖地土字人石明四，今因要钱用度，无所出处，自愿将到地名美右地土一团，上抵彭姓地，下抵买主地，左抵彭姓地，右抵彭德礼地为界，四抵分明，要钱出卖。请中上门问到柳寨龙礼金名下承买，当中言定价钱贰仟捌百文整。其钱付与卖主亲手领足应用，其地土付与买主耕管为业。买主不清，卖主上前理落。自卖之后，恐口无凭，立有卖字为据。

凭中：董发泰

讨笔：萧永乔

内添二字

民国十九年八月初五日立卖

81. 龙昆成、龙昆俊弟兄卖杉木地土字（民国二十年六月二十九日）

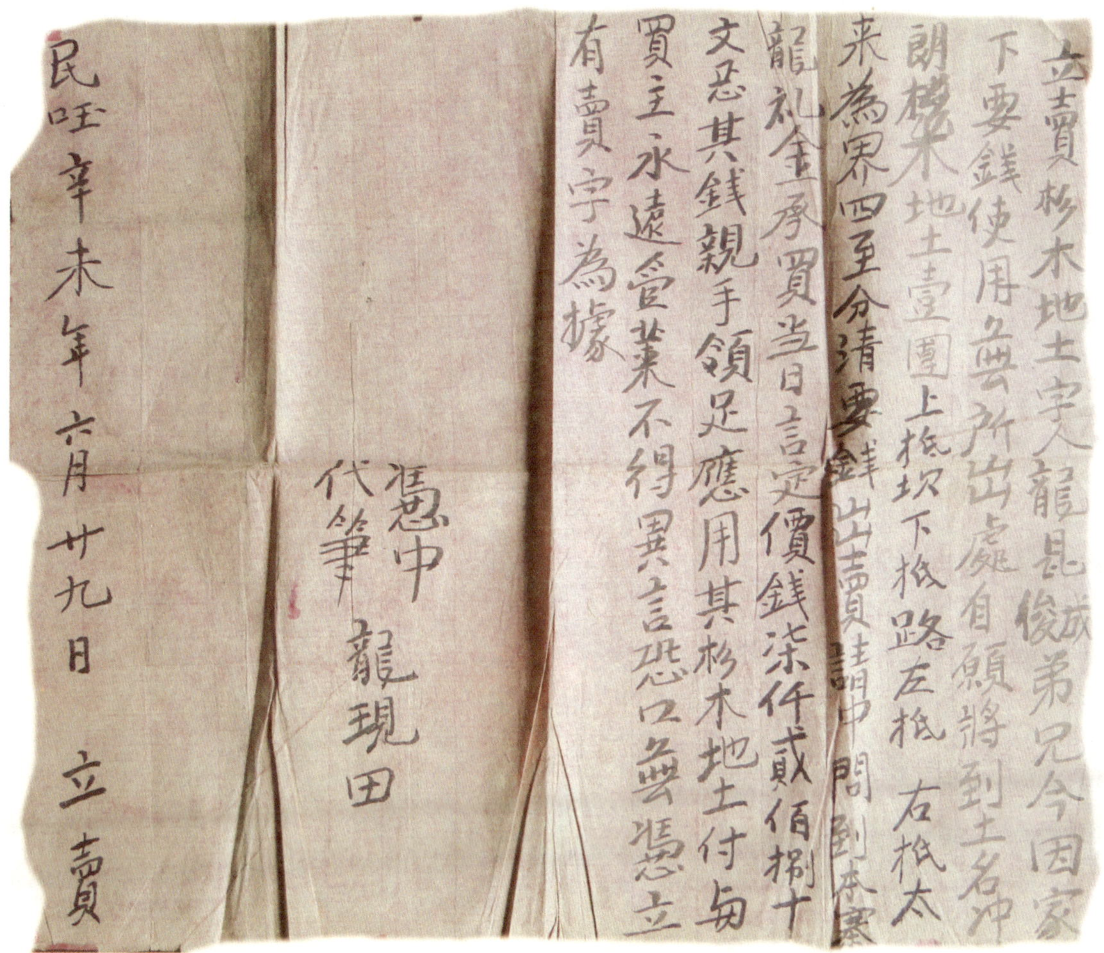

立卖杉木地土字人龙昆成、昆俊弟兄，今因家下要钱使用，无所出处，自愿将到土名冲朗杉木地土壹团，上抵坎，下抵路，左抵，右抵太来为界，四至分清，要钱出卖。请中问到本寨龙礼金承买，当日言定价钱柒仟贰佰捌十文整。其钱亲手领足应用，其杉木地土付与买主永远管业。不得异言。恐口无凭，立有卖字为据。

凭中、代笔：龙现田

民国辛未年六月二十九日立卖

82. 龙金球卖地土字（民国二十年七月初八日）

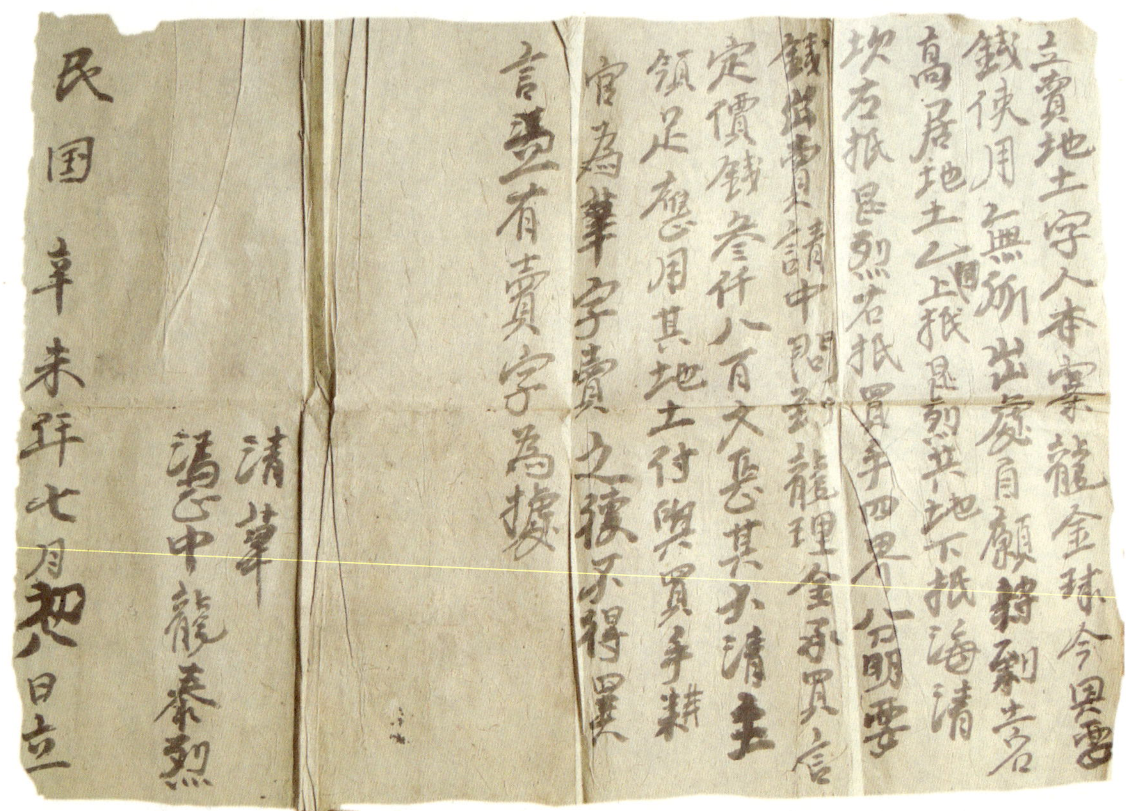

立卖地土字人本寨龙金球，今因要钱使用，无所出处，自愿将到土名高居地土乙团，上抵昆烈共地，下抵海清坎，左抵昆烈，右抵买手，四界分明，要钱出卖。请中问到龙理金承买，言定价钱叁仟八百文整。其钱清（亲）主（手）领足应用，其地土付与买手耕官（管）为业。字（自）卖之后，不得异言。凭（立）有卖字为据。

清（亲）笔

凭中：龙泰烈

民国辛未年七月初八日立

83. 龙仁建卖地土字（民国二十四年七月二十二日）

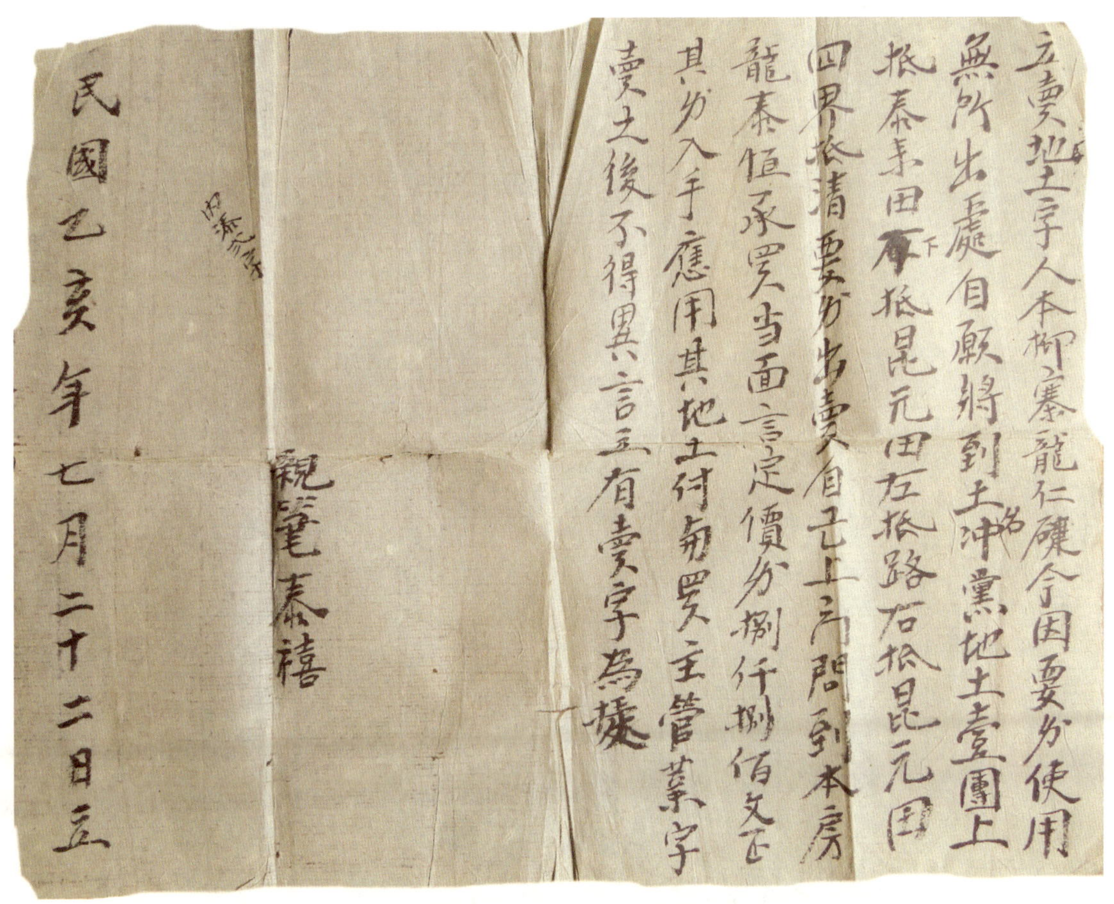

立卖地土字人本柳寨龙仁建，今因要钱使用，无所出处，自愿将到土名冲党地土壹团，上抵泰来田，下抵昆元田，左抵路，右抵昆元田，四界抵清，要钱出卖。自己上门问到本房龙泰恒承买，当面言定价钱捌仟捌佰文正。其钱入手应用，其地土付与买主管业。字（自）卖之后，不得异言。立有卖字为据。

内添贰字

亲笔：泰禧

民国乙亥年七月二十二日立

84. 龙泰恒罚金通知书（民国二十六年九月九日）

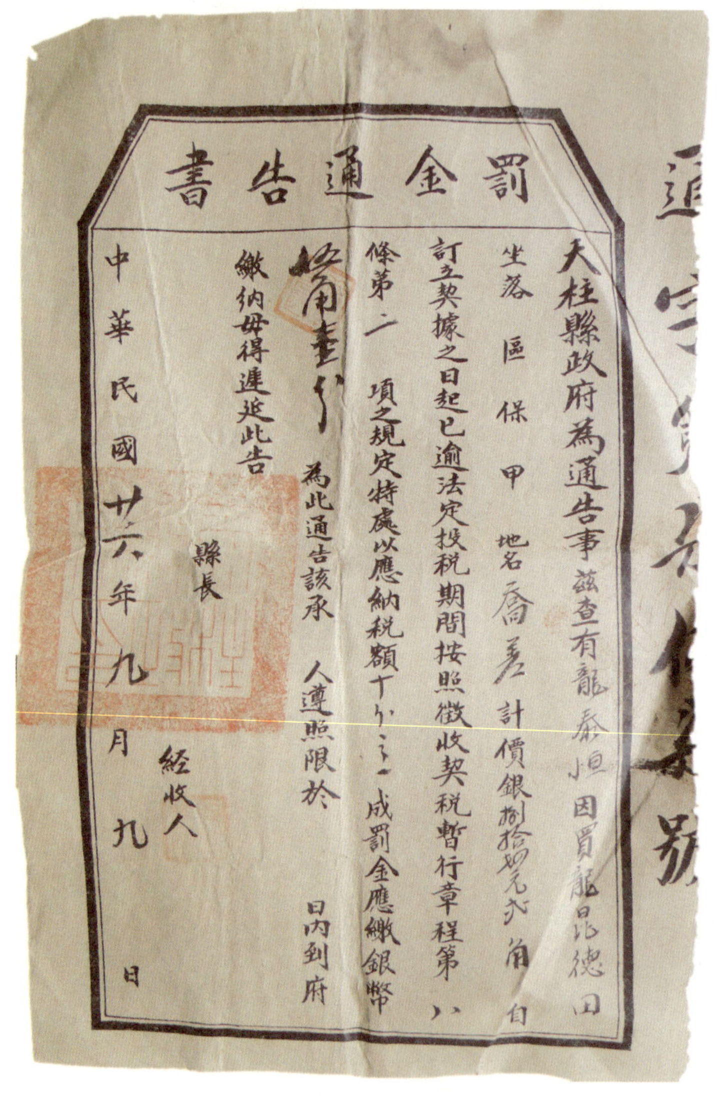

罰金通告書

天柱縣政府為通告事茲查有龍泰恒因買龍昆德田
坐落　區　保　甲　地名喬差　計價銀捌拾肆元弍角　自
訂立契據之日起已逾法定投稅期間按照徵收契稅暫行章程第八
條第二　項之規定特處以應納稅額十分之一成罰金應繳銀幣
伍角壹分　為此通告該承　人遵照限於　日內到府
繳納毋得遲延此告
縣長
經收人
中華民國廿六年九月九日

罚金通知书

天柱县政府为通告事，兹查有龙泰恒因买龙昆德田坐落　区　保　甲，地名乔差，计价银捌拾肆元贰角。自订立契据之日起，已逾法定投税期间，按照征收契税暂行章程第八条第二项之规定，特处以应纳税额十分之一成罚金，应缴银币伍角壹分。为此通告该承人遵照限于　日内到府缴纳，毋得迟延。此告。

县长

经收人

中华民国二十六年九月九日

85. 龙泰恒罚款收据（民国二十六年九月九日）

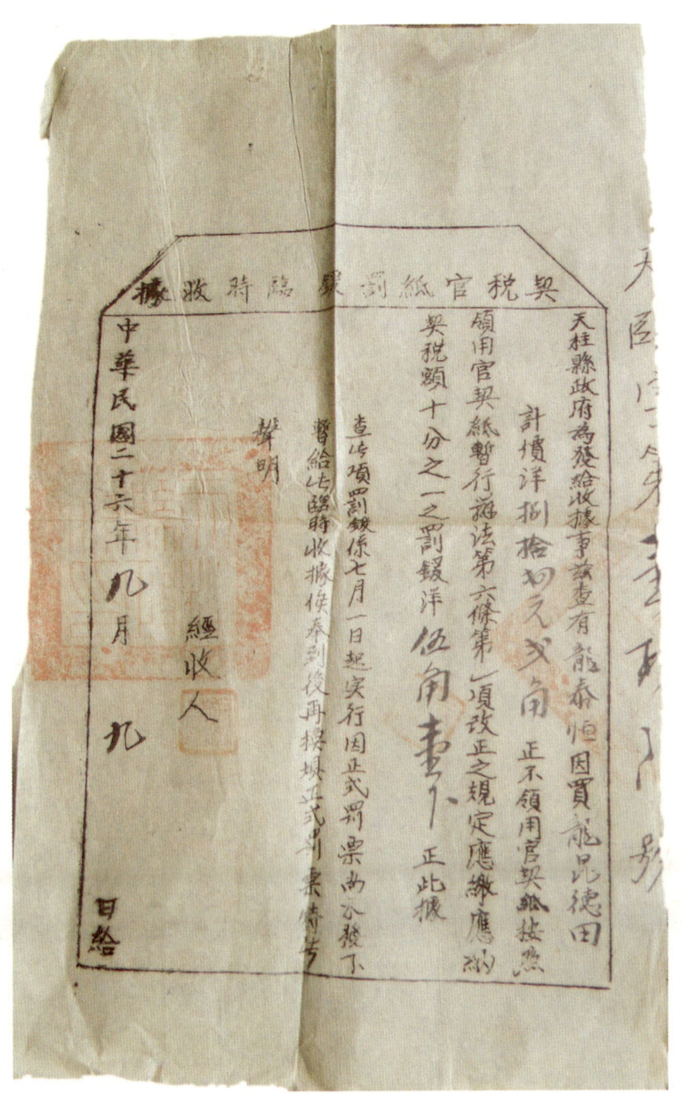

契税官纸罚锾临时收据

天柱县政府为发给收据事，兹查有龙泰恒，因买龙昆德田，计价洋捌拾肆元贰正，不领用官契纸。按照领用官契纸暂行办法第六条第一项改正之规定，应缴应纳契税额十分之一之罚锾洋伍角壹分正，此据。

查此项罚锾系七月一日起实行，因正式罚票尚未发下，暂给此临时收据，俟奉到后再换填正式罚票。特此声明。

经收人

中华民国二十六年九月九日给

86. 龙昆德、龙昆瑞、龙昆化等兄弟五人卖田契字（民国二十六年□□月十一日）

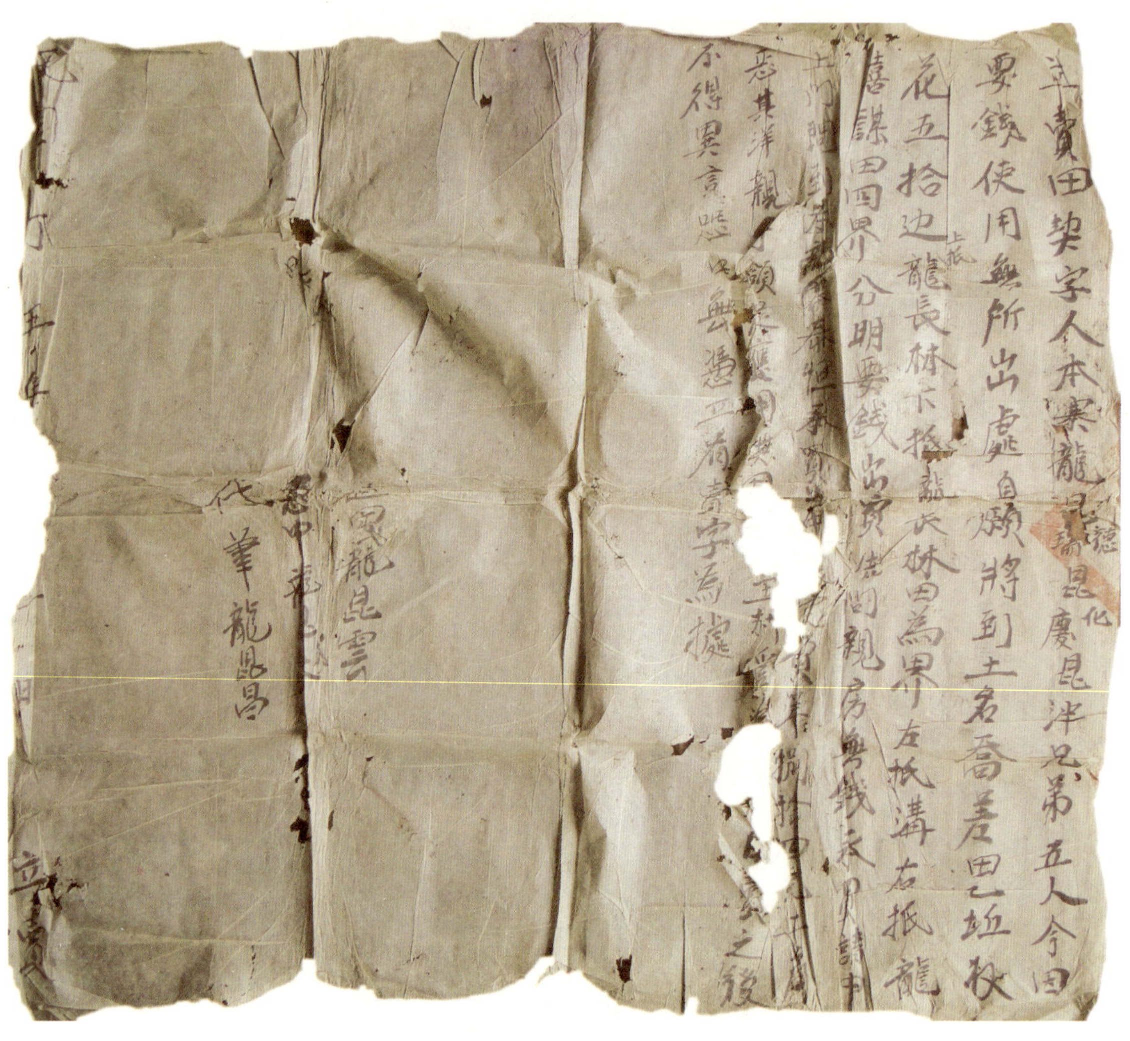

立卖田契字人本寨龙昆德、昆瑞、昆化、昆庆、昆泮兄弟五人，今因要钱使用，无所出处，自愿将到土名乔差田乙丘，收花五拾边（稨）。上抵龙长林，下抵龙长林田为界，左抵沟，右抵龙喜谋田，四界分明，要钱出卖。先问亲房无钱承买，请中上门问到本寨龙泰恒承买，当中议定价洋捌拾四元二角整。其洋亲手领足应用，其田付与买主耕管为业。自卖之后，不得异言。恐口无凭，立有卖字为据。

通田：龙昆云

凭中：龙□□

代笔：龙昌昆

民国丁丑年□□月十一日立卖

87. 龙求藩悔过书（民国二十七年正月初八日）

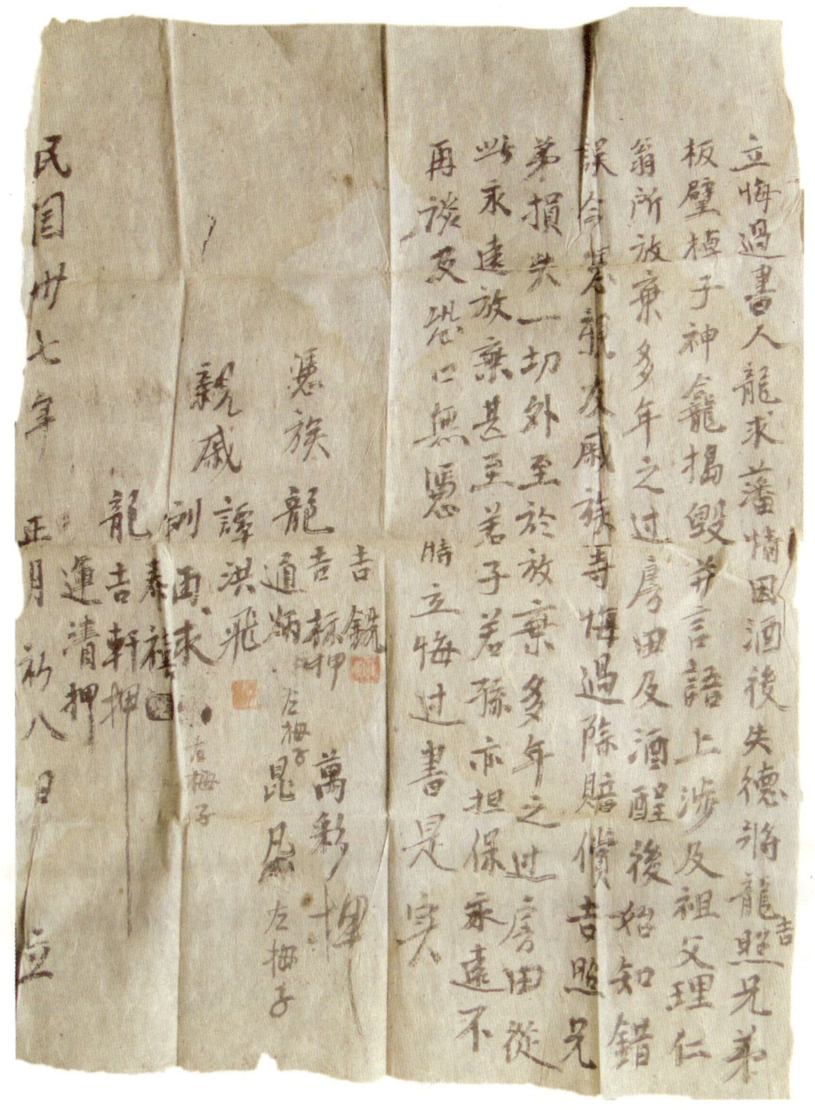

立悔过书人龙求藩，情因酒后失德，将龙吉照兄弟板壁棹子神龛捣毁，并言语上涉及祖父理仁翁所放弃多年之过房田，及酒醒后始知错误。今凭亲友戚族等悔过，除赔偿吉照兄弟损失一切外，至于放弃多年之过房田，从此永远放弃，甚至若子若孙，亦担保永远不再谈及。恐口无凭，特立悔过书是实。

凭族：龙吉铣、龙吉标　押　左拇子，龙通炳、龙万彩　押、龙昆凡　押　左拇子

亲戚：谭洪飞、刘再求　右拇子，龙泰禧、龙吉轩　押，龙运清　押

民国二十七年正月初八日立

88. 龙泰禧、龙泰罗兄弟二人换屋地基字（民国二十七年十二月二十二日）

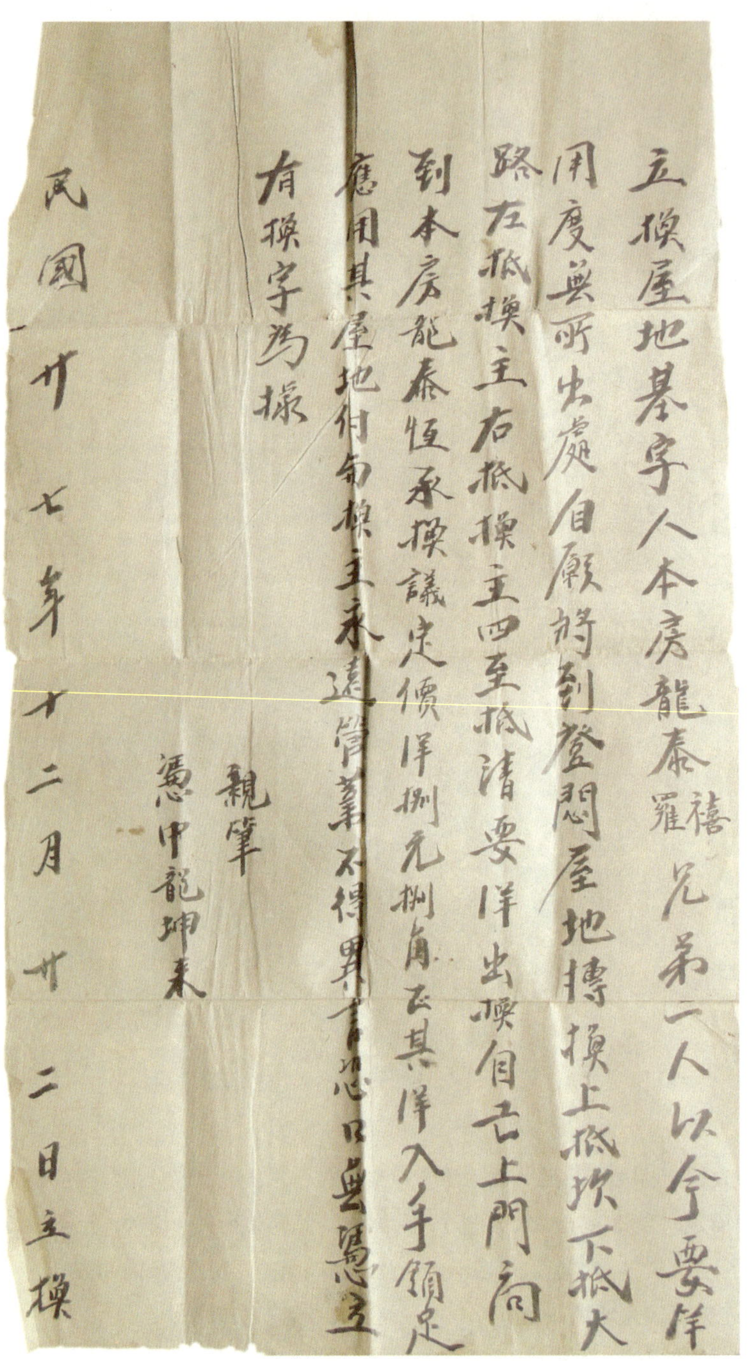

立換屋地基字人本房龍泰禧羅兄弟二人以今要洋用度無所出處自願將到登悶屋地撥換上抵坎下抵大路左抵換主右抵換主四至抵清要洋出換自己上門向到本房龍泰恒承換議定價洋捌元捌角正其洋入手領足應用其屋地付與換主永遠管業不得異言恐口無憑立有換字為據

親筆

憑中龍坤來

民國廿七年十二月廿二日立換

立换屋地基字人本房龙泰禧、泰罗兄弟二人，以今要洋用度，无所出处，自愿将到登闷屋地拨换，上抵坎，下抵大路，左抵换主，右抵换主，四至抵清，要洋出换。自己上门问到本房龙泰恒承换，议定价洋捌元捌角正。其洋入手领足应用，其屋地付与换主永远管业。不得异言。恐口无凭，立有换字为据。

亲笔

凭中：龙坤来

民国二十七年十二月二十二日立换

89. 龙恩林、龙运模、龙运登父子卖杉木栽主字（民国三十七年十二月二十四）

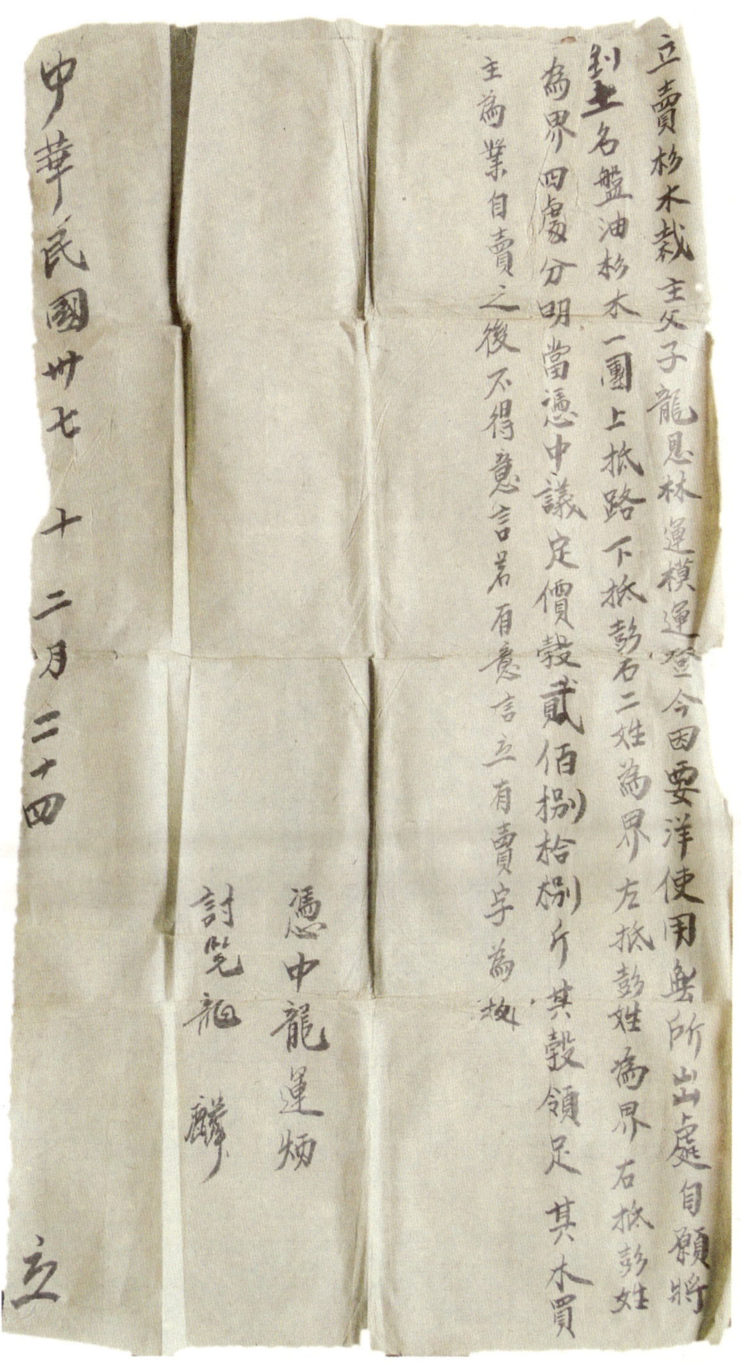
立賣杉木栽主父子龍恩林運模運登今因要洋使用無所出處自願將
到土名盤油杉木一團上抵路下抵彭石二姓為界左抵彭姓為界右抵彭姓
為界四處分明當憑中議定價穀貳佰捌拾捌斤其穀領足 其木買
主為業自賣之後不得意言若有意言立有賣字為據
憑中 龍運炳
討筆 龍麟
中華民國卅七 十 二月 二十四 立

立卖杉木栽主父子龙恩林、运模、运登，今因要洋使用，无所出处，自愿将到土名盘油杉木一团，上抵路，下抵彭石二姓为界，左抵彭姓为界，右抵彭姓为界，四处分明，当凭中议定价谷贰佰捌拾捌斤。其谷领足，其木［付与］买主为业。自卖之后，不得意（异）言。若有意（异）言，立有卖字为据。

凭中：龙运炳

讨笔：龙麟

民国三十七年十二月二十四立

90. 龙邦福、龙大本父子卖田契（时间不详）

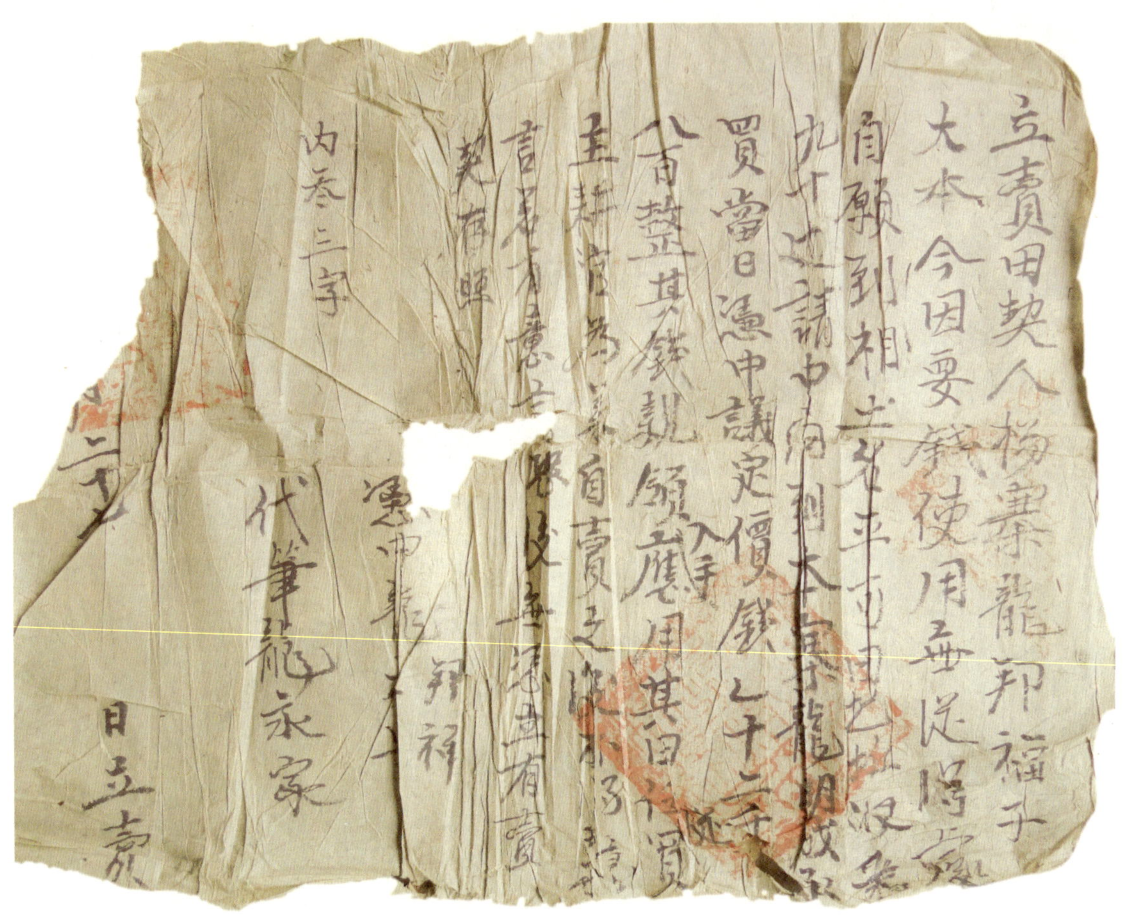

立卖田契人杨寨龙邦福、子大本，今因要钱使用，无从得处，自愿到相土名平可田乙丘，收禾九十边（稨），请中问到本寨龙明成承买，当日凭中议定价钱乙十二千八百［文］整。其钱亲领入手应用，其田任从买主耕管为业。自卖之后，不得意（异）言。若有意（异）言。恐后无凭，立有卖契存照。

内添三字

凭中：龙邦祥、□□

代笔：龙永家

□□□□月二十七日立卖

91. 龙吉标、龙吉佑兄弟二人换屋基合约（一九五一年九月二十六日）

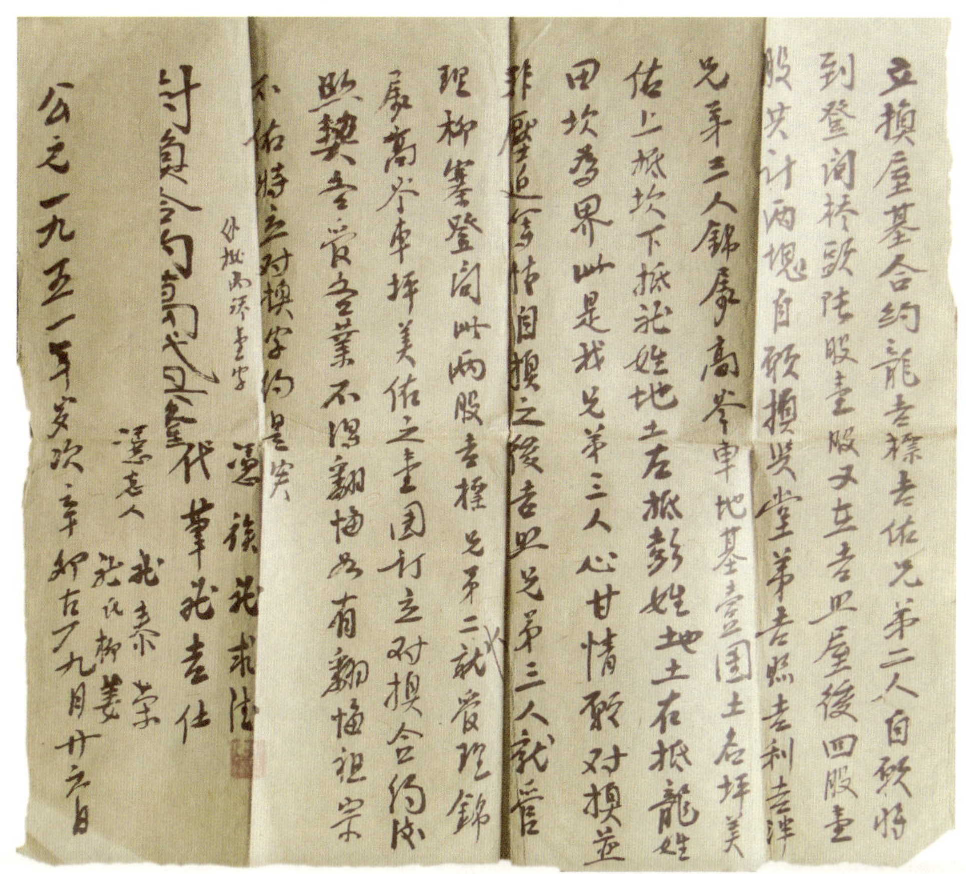

立换屋基合约龙吉标、吉佑兄弟二人，自愿将到登间桥头六股壹股，又在吉照屋后四股壹股，共计两块，自愿换与堂弟吉照、吉利、吉泮兄弟三人锦属[①]高岑车地基壹团，土名坪美，佑（右）上抵坎，下抵龙姓地土，左抵彭姓地土，右抵龙姓田坎为界。此是我兄弟三人心甘情愿对换，并非压迫等情。自换之后，吉照兄弟三人就管理柳寨登间此两股，吉标兄弟二人就管理锦屏高岑车坪美佑之壹团。订立对换合约后，照契各管各业，不得翻（反）悔。若有翻（反）悔，祖宗不佑。特立对换字约是实。

外批内添壹字

凭族：龙求德

代笔：龙吉仕

对换合约万代兴隆

凭口人：龙泰荣、龙氏柳姜

公元一九五一年岁次辛卯古历九月二十六日

---

① “锦属”是“锦屏所属”的简称。

92. 龙泰罗卖屋地基字（一九五五年五月初六日）

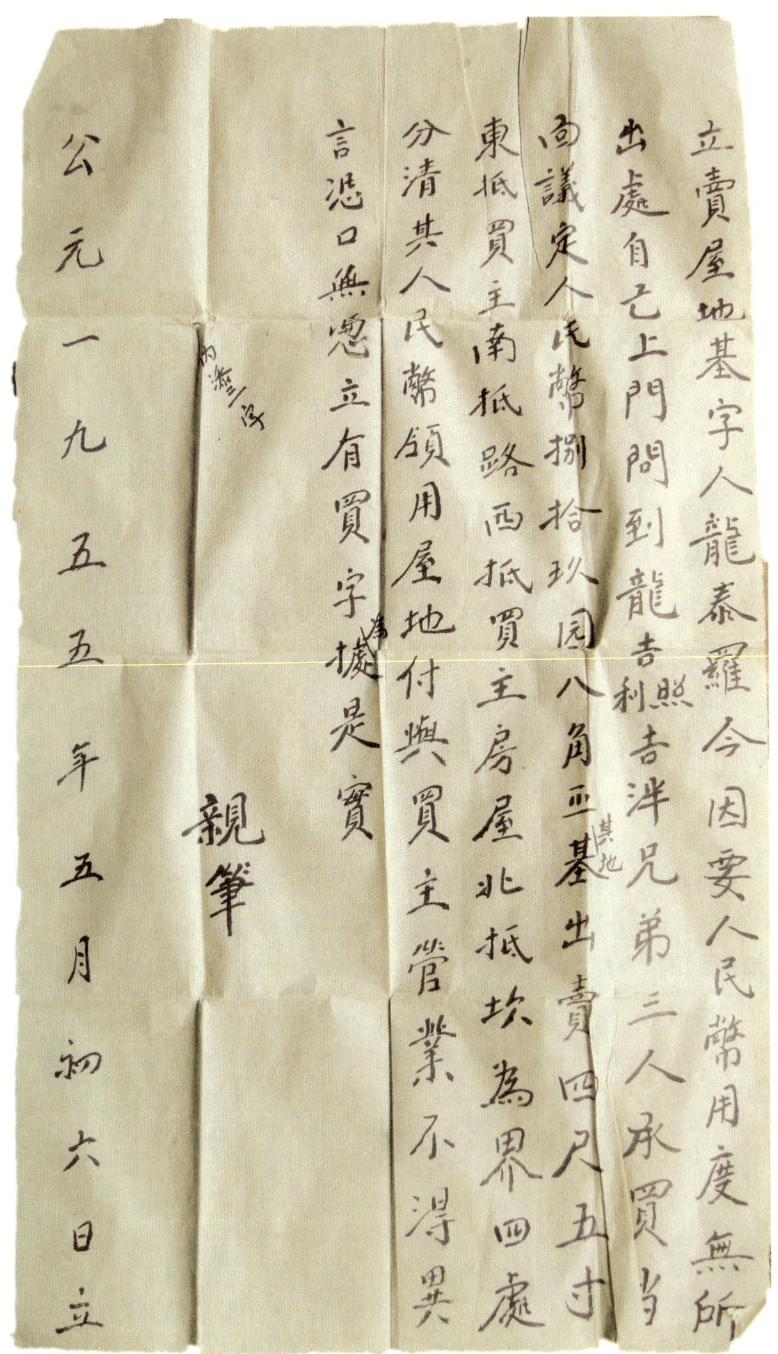

立賣屋地基字人龍泰羅今因要人民幣用度無所
出處自己上門問到龍吉照利吉泮兄弟三人承買當
面議定人民幣捌拾玖园八角正其地基出賣四尺五寸
東抵買主南抵路西抵買主房屋北抵坎為界四處
分清其人民幣領用屋地付與買主管業不得異
言恐口無憑立有買字據是實
內添三字
親筆
公元一九五五年五月初六日立

立卖屋地基字人龙泰罗，今因要人民币用度，无所出处，自己上门问到龙吉照、吉利、吉泮兄弟三人承买，当面议定人民币捌拾玖园（元）八角正。其地基出卖四尺五寸，东抵买主，南抵路，西抵买主房屋，北抵坎为界，四处分清。其人民币领用，屋地付与买主管业。不得异言。恐口无凭，立有卖字为据是实。

内添三字

亲笔

公元一九五五年五月初六日立

93. 龙吉标、龙吉佑、龙求来等卖屋地基（一九五六年十一月二十三日）

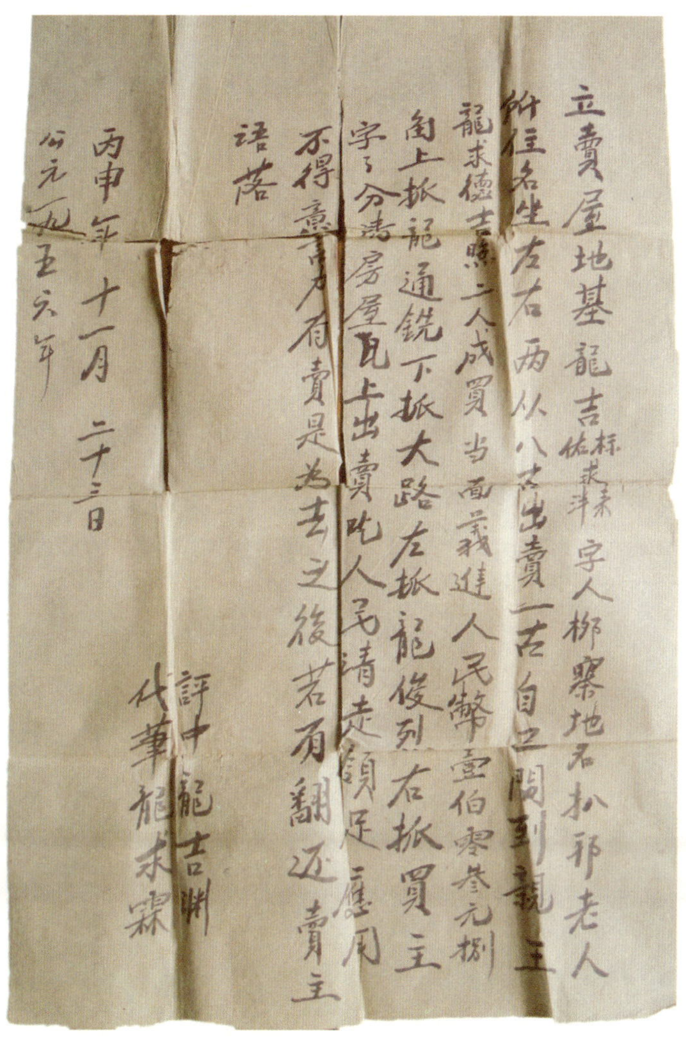

立賣屋地基龍吉標佑求來泮字人柳寨地名扒邦老人
所住名坐左右两从八丈出賣一古自己問到親王
龍求德吉照二人成買当面議進人民幣壹佰零叁元捌
角上抵龍通铣下抵大路左抵龍俊烈右抵買主
字字分清房屋瓦上出賣此人民請走領足應用
不得意言力有賣是為去之後若有翻还賣主
語落
評中龍吉渊
代筆龍求霖
丙申年十一月二十三日
公元一九五六年

立卖屋地基龙吉标、吉佑、求来、求泮字人，柳寨地名扒邦老人所住名坐左右两从八丈出卖一古（股），自己问到亲王（房）龙求德、吉照二人成（承）买，当面议进（定）人民币壹佰零叁元捌角。上抵龙通铣，下抵大路，左抵龙俊烈，右抵买主，字字（四至）分清，房屋瓦（马）上出卖。人民［币］请走（亲手）领足应用。不得意（异）言，力（立）有卖是（字）为去（据），之后若有翻还（悔），卖主语（理）落。

评（凭）中：龙吉渊

代笔：龙求霖

丙申年十一月二十三日

公元一九五六年

卷六　龙通焯户藏

（一）契约类

1. 龙光益卖山契（嘉庆二十四年二月初二日）

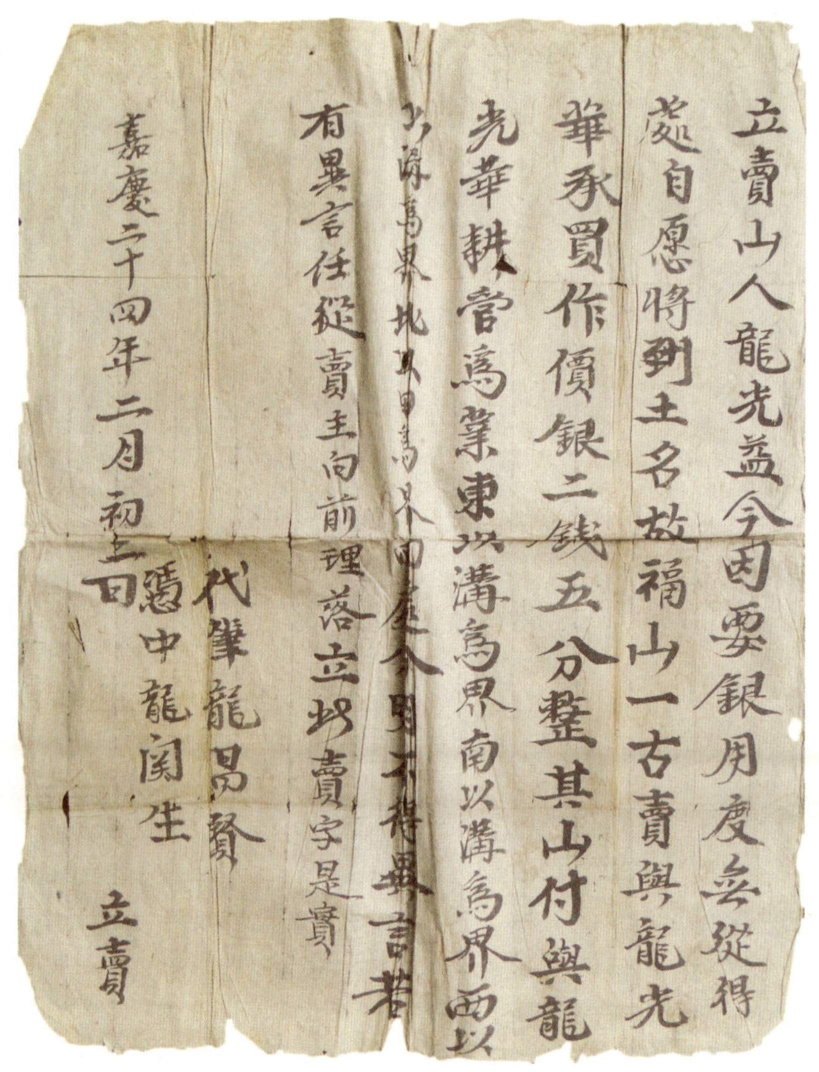

立賣山人龍光益今因要銀用度無從得
處自愿將到土名故福山一古賣與龍光
華承買作價銀二錢五分整其山付與龍
光華耕管爲業東以溝爲界南以溝爲界西以
小溝爲界北以田爲界四處分明不得異言若
有異言任從賣主向前理落立此賣字是實
代筆龍昌賢
憑中龍関生
嘉慶二十四年二月初二日　立賣

立卖山人龙光益，今因要银用度，无从得处，自愿将到土名故福山一古（股）卖与龙光华承买，作价银二钱五分整，其山付与龙光华耕管为业。东以沟为界，南以沟为界，西以小沟为界，北以田为界，四处分明，不得异言。若有异言，任从卖主向前理落，立此卖字是实。

代笔：龙昌贤

凭中：龙关生

嘉庆二十四年二月初二日立卖

2. 龙老女、龙永梅母女卖山林契（道光十七年二月二十四日）

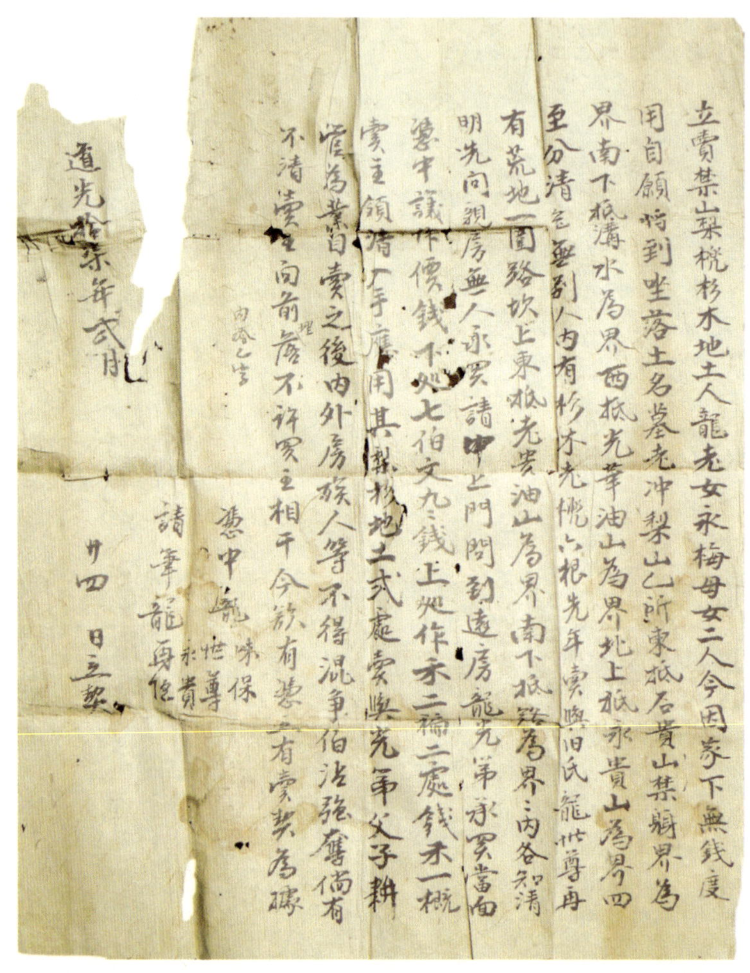

立卖禁山梨蔸杉木地土人龙老、女永梅，母女二人，今因家下无钱度用（用度），自愿将到坐落土名墓老冲梨山乙所，东抵石贵禁山□界为界，南下抵沟水为界，西抵光华油山为界，北上抵永贵山为界，四至分清，并无别人，内有杉木老蔸六根，先年卖与旧氏龙世尊；再有荒地一团路坎，上东抵老贵油山为界，南下抵路为界，界内各知（自）清明，先问亲房无人承买，请中上门问到远房龙光弟承买，当面凭中议作价钱下处七伯（佰）文，九九钱，上处作（收）禾二稨。二处钱禾一概卖主领清入手应用，其梨杉地土贰处卖与光第（弟）父子耕管为业。自卖之后，内外房族人等不得混争，伯（白）沾（占）强夺。倘有不清，卖主向前理落，不许（与）买主相干。今欲有凭，立有卖契为据。

内添乙字

凭中：龙味保、世尊、永贵

请笔：龙再恒

道光十七年二月二十四日立契

3. 彭老林卖地契（咸丰二年五月二十八日）

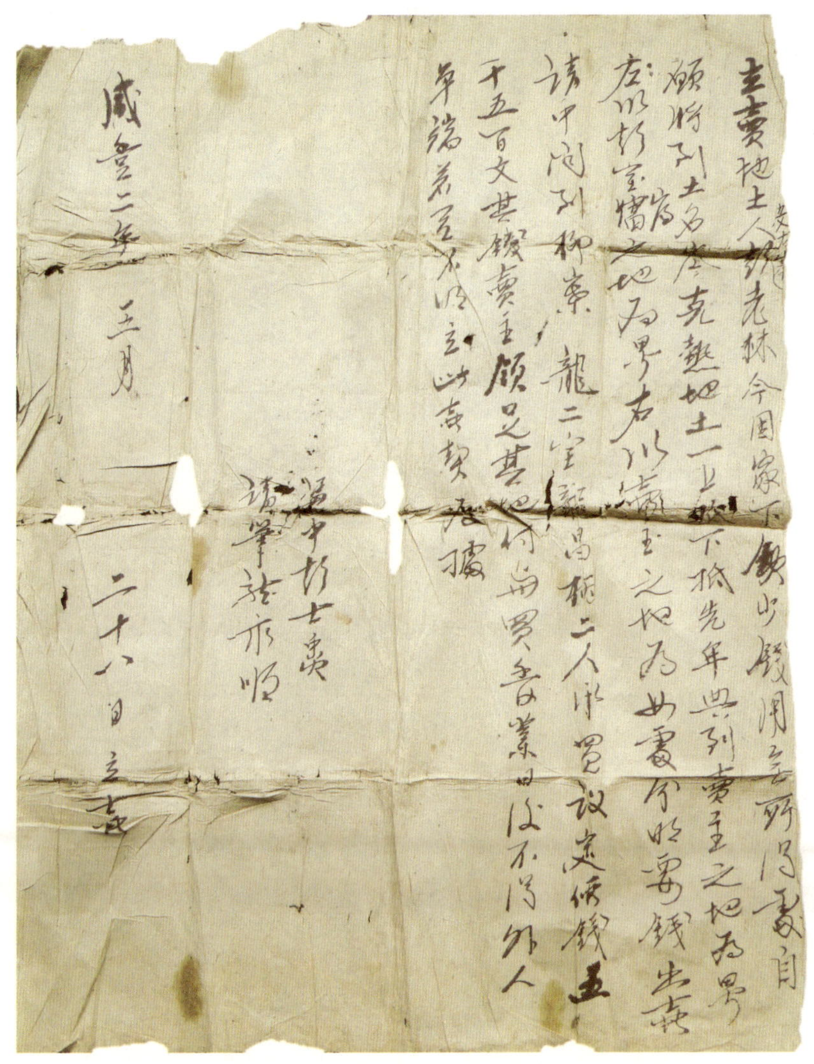

立卖地土人皮右寨彭老林，今因家下缺少钱用，无所得处，自愿将到土名岑克热地土一［团］，上抵下抵，先年典列卖主之地为界，左以彭宝岩之地为界，右以卖主之地为［界］，四处分明，要钱出卖。请中问到柳寨龙二宝、龙昌柄二人承买，议定价钱五千五百文。其钱卖主领足，其地付与买主管业。日后不得外人争端。若后不明，立此卖契为据。

凭中：彭士贵

请笔：龙永顺

咸丰二年五月二十八日立卖

4. **龙开秀卖杉木契**（咸丰七年十二月初六日）

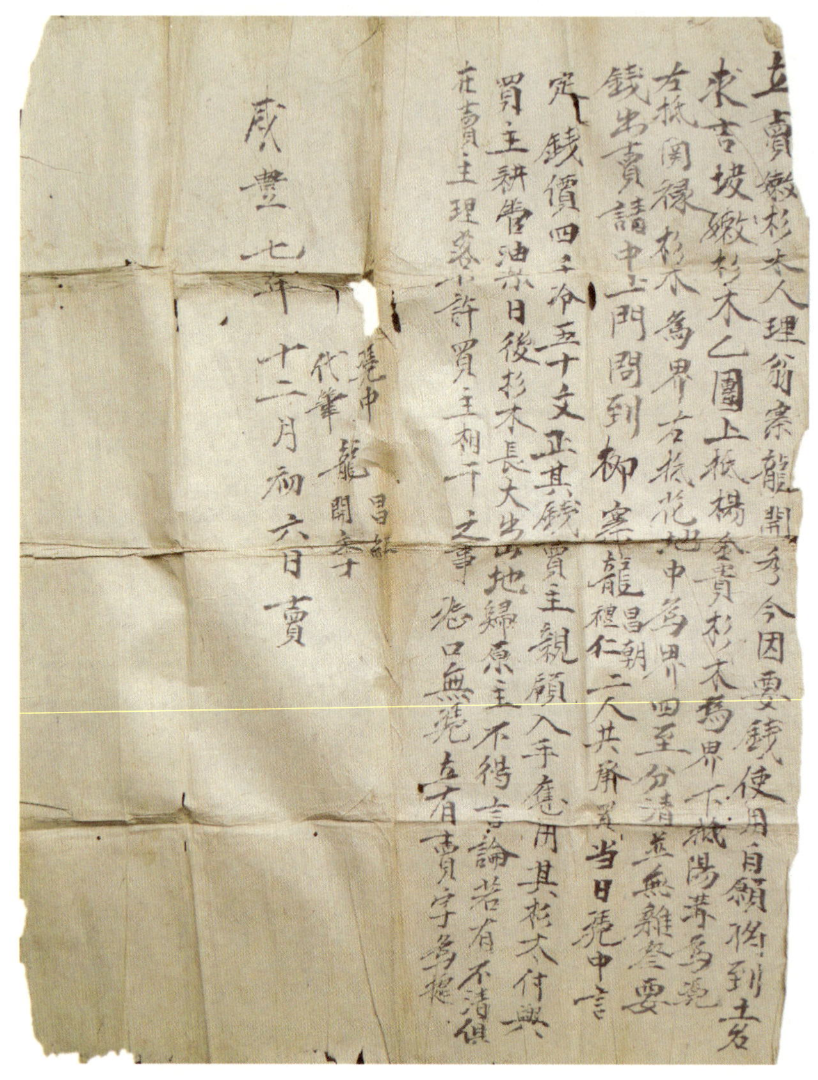

立卖嫩杉木人理翁寨龙开秀，今因要钱使用，自愿将到土名求吉坡嫩杉木乙团，上抵杨金贵杉木为界，下抵阳沟为凭（界），左抵关禄杉木为界，右抵花地中为界，四至分清，并无杂参，要钱出卖。请中上门问到柳寨龙昌朝、礼仁二人共承买，当日凭中言定钱价四千冷（零）五十文正。其钱卖主亲领入手应用，其杉木付与买主耕管油（为）业。日后杉木长大出山，地归原主。不得言论。若有不清，俱在卖主理落，不许买主相干之事。恐口无凭，立有卖字为据。

凭中：龙昌红

代笔：龙开学

咸丰七年十二月初六日卖

5. 龙昌运等招佃栽杉合同（咸丰八年十二月初八日）

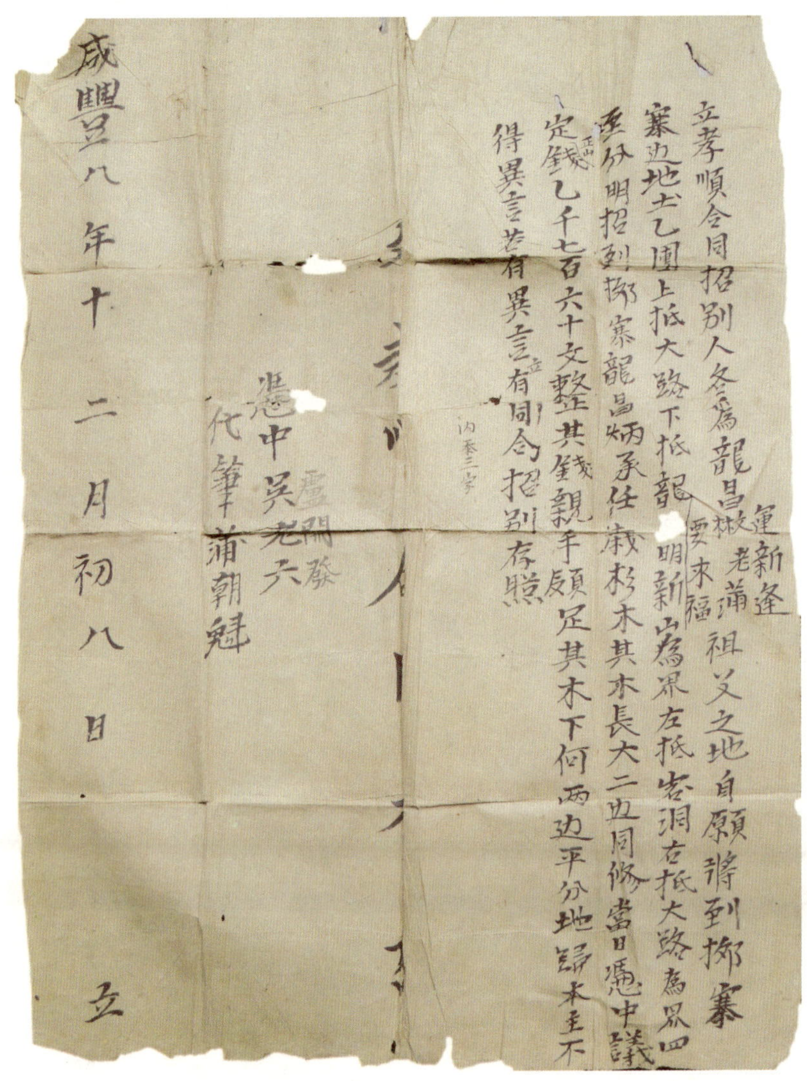

立孝顺合同招别人各为龙昌运、昌文、昌林、昌要、新逢、老蒲、来福祖父之地，自愿将到柳寨寨边地土乙团，上抵大路，下抵龙明新山为界，左抵岩洞，右抵大路为界，四至分明，招到柳寨龙昌炳承任（买）栽杉木。其木长大二边同修，当日凭中议定正山钱乙千七百六十文整。其钱亲手领足，其木下何（河）两边平分，地归本主，不得异言。若有异言，立有同合招别存照。

内添三字

凭中：卢开发、吴老六

代笔：蒲朝魁

咸丰八年十二月初八日立

6. 龙光彩卖田契（咸丰九年三月二十九日）

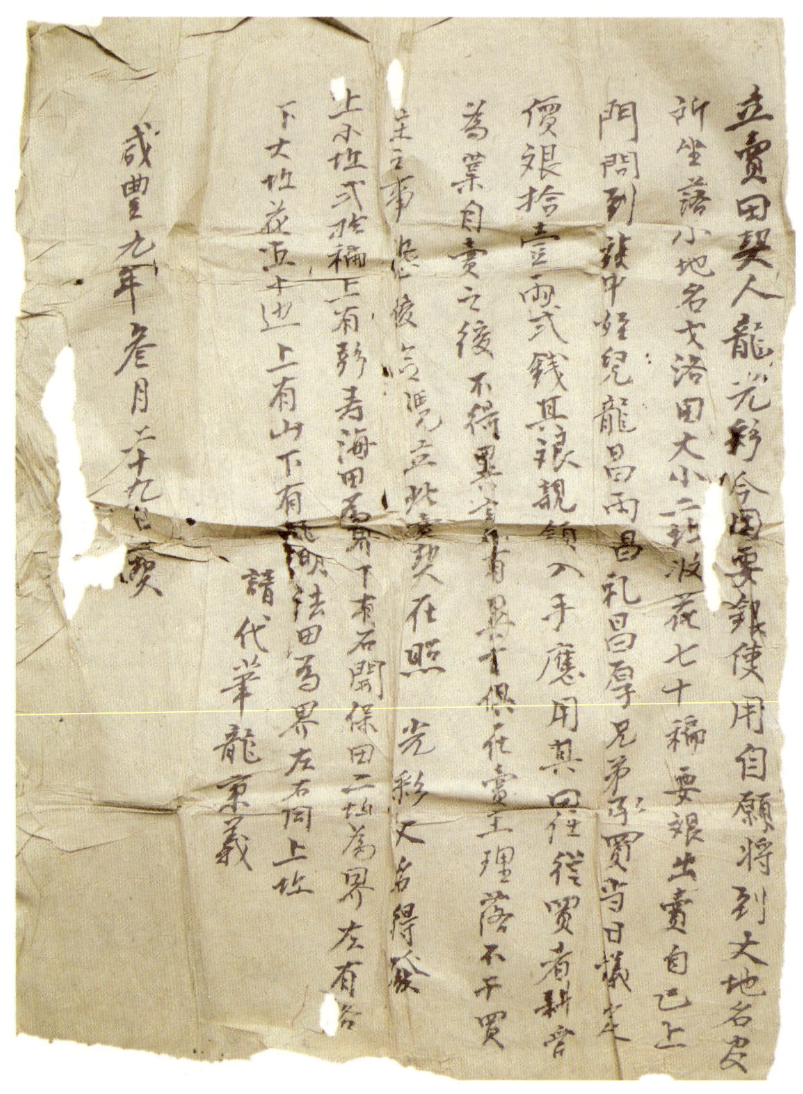

立卖田契人龙光彩，今因要银使用，自愿将到大地名皮所，坐落小地名戈洛田大小二丘，收花七十稨，要银出卖。自己上门问到族中侄儿龙昌丙、昌礼、昌厚兄弟承买，当日议定价银拾壹两贰钱。其银亲领入手应用，其田任从买者耕管为业。自卖之后，不得异言。若有异言，俱在卖主理落，不干买主之事。恐后无凭，立此卖契存照。

光彩又名得发，上小丘贰拾稨，上有彭寿海田为界，下有石开保田二丘为界，左有路，下大丘［收］花五十边（稨），上有山，下有龙明法田为界，左右同上丘。

请代笔：龙秉义

咸丰九年叁月二十九日立契

7. 龙氏四引、明隆母子卖田契（同治二年十二月初八日）

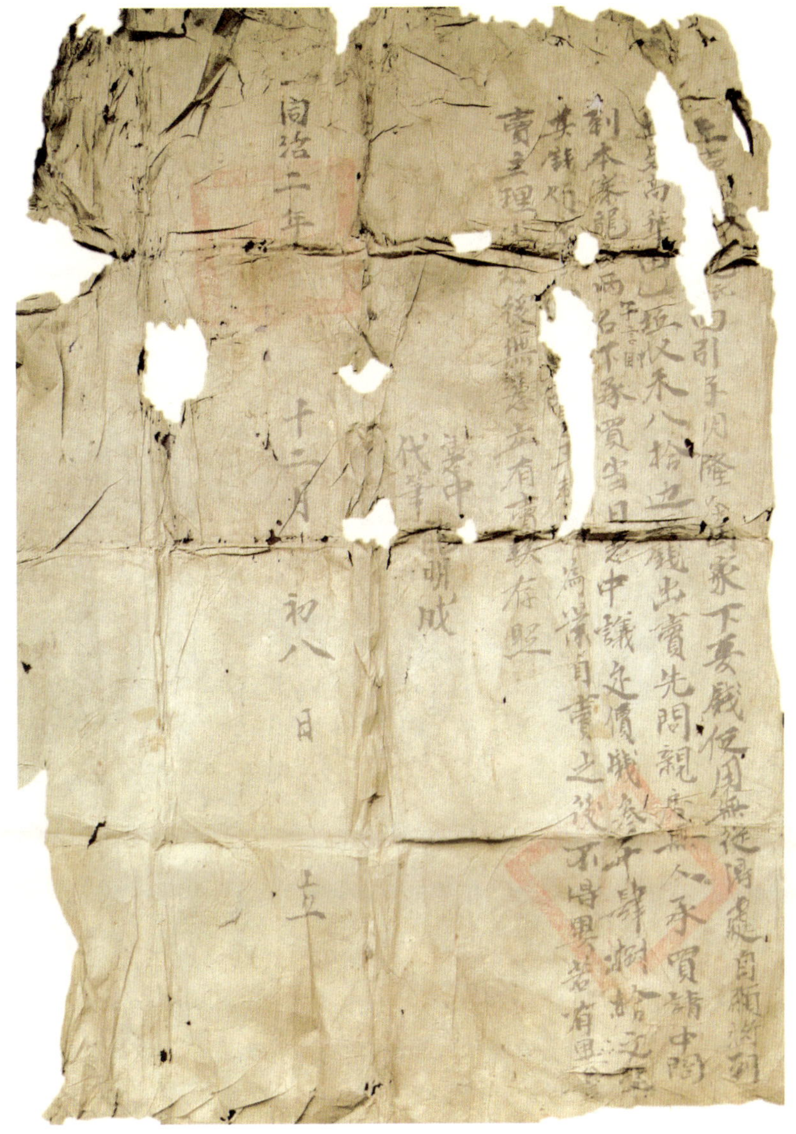

立卖田契龙氏四引子明隆，今因家下要钱使用，无从得处，自愿将到土名高华田乙丘，收禾八拾边（稨），要钱出卖。先问亲房无人承买，请中问到本寨龙昌丙、子言刚名下承买，当日凭中议定价钱叁千肆［百］捌拾文整。其钱领足，［其田付与］卖主耕［管］为业。自卖之后，不得异［言］。若有异言，卖主理落。恐后无凭，立有卖契存照。

凭中、代笔：龙明成

同治二年十二月初八日

8. 龙明隆卖地契（同治六年四月十五日）

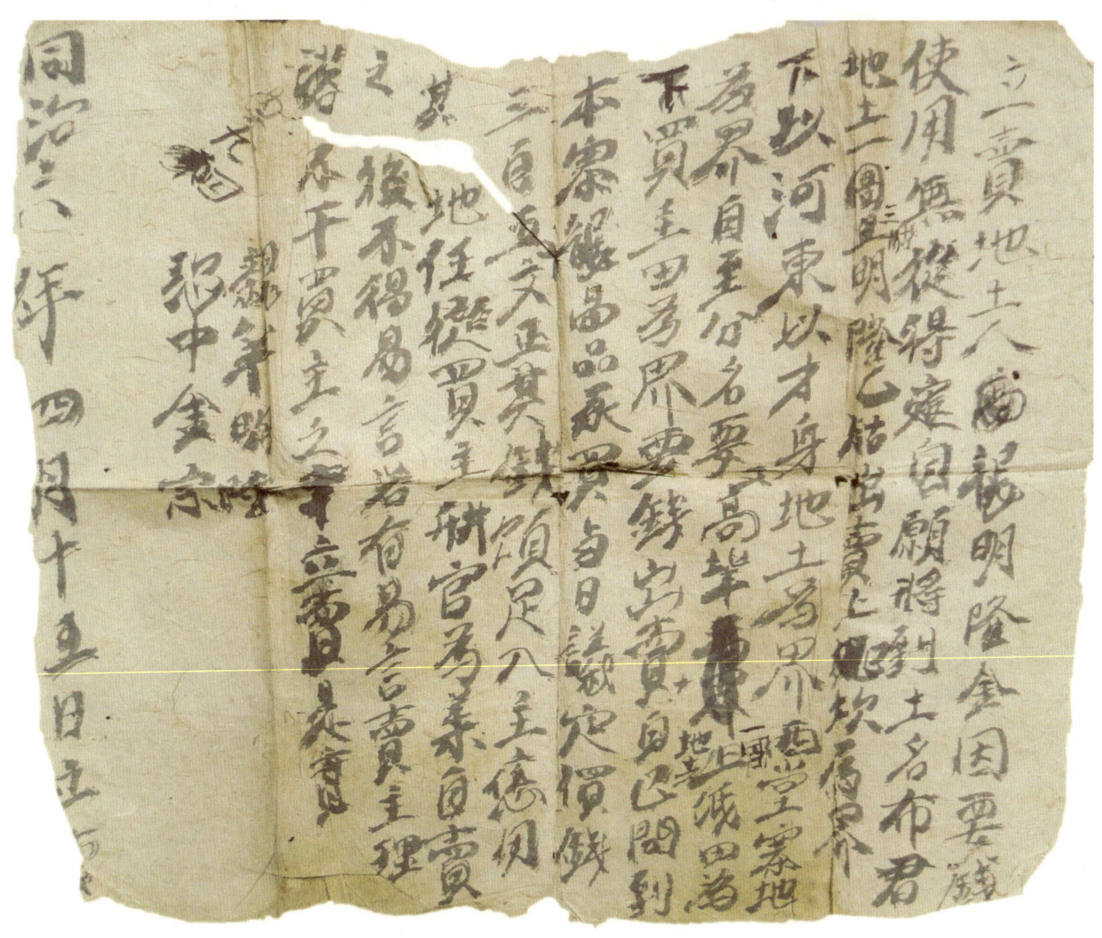

立卖地土人龙明隆，金（今）因要钱使用，无从得处，自愿将到土名布君地土一团三股，明隆乙股出卖，上已（以）坎为界，下以河东以才身地土为界，西［以］堂寨地为界，自（四）至分名（明），要［钱出卖］；又高毕一副地土，上抵田为［界］，下［抵］买主田为界，要钱出卖。自己问到本寨龙昌品承买，当日议定价钱三百五十文正。其钱领足入主（手）应用，其地任从买主耕官（管）为业。自卖之后，不得易言。若有易言，卖主理落，不干买主之事。立卖是实。

亲笔：明隆

凭中：金宗

同治六年四月十五日立卖

9. 龙岩荣卖田契（同治六年五月初五日）

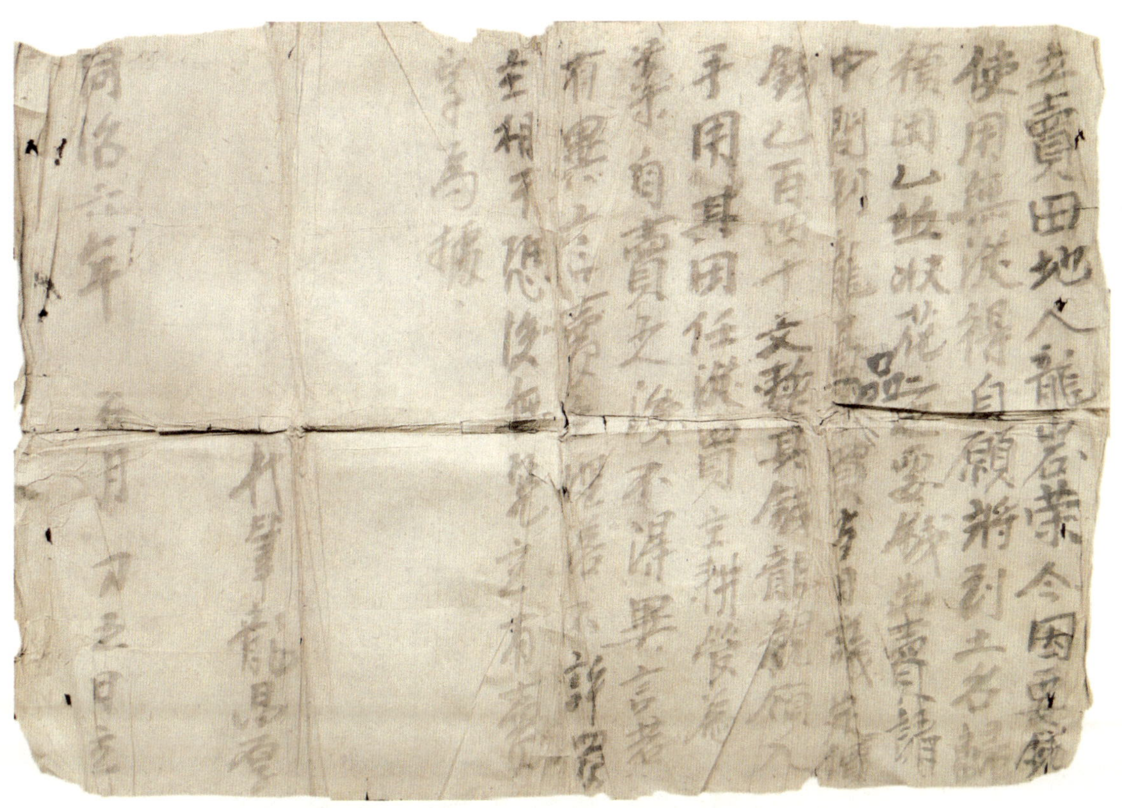

立卖田地人龙岩荣，今因要钱使用，无从得［处］，自愿将到土名归赖田乙丘，收花二边（稨），要钱出卖，请中问到龙昌品承买，当日议定价钱乙百四十文整。其钱龙［岩荣］亲领入手［应］用，其田任从买主耕管为业。自卖之后，不得异言。若有异言，卖主理落，不许（与）买主相干。恐后无凭，立有卖字为据。

代笔：龙昌厚

同治六年五月初五日立

10. 刘□□卖田契（同治十三年十一月初十日）

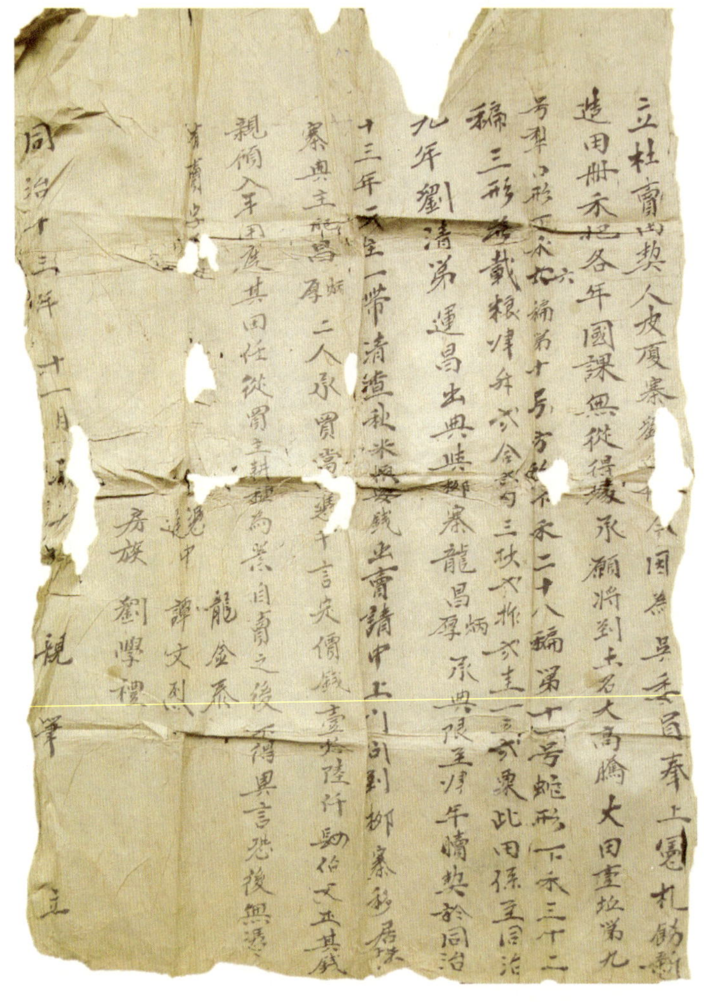

立杜卖田契人皮夏寨刘□□，今因为吴委员奉上宪札饬，新造田册禾把，各年国课无从得处，承愿将到土名大高腾大田壹丘第九号犁口形下禾六稨，第十号方形，下禾二十八稨，第十一号蛇形，下禾三十二稨，三形共载粮肆升贰合贰勺三抄贰拃贰圭一立（粒）贰粟。此田系主同治九年刘清弟运昌出典与柳寨龙昌炳、昌厚承典，限至肆年赎契，于同治十三年天主（柱）一带清查秋米粮，要钱出卖，请中上门问到柳寨移居□寨典主龙昌炳、昌厚二人承买，当日凭中言定价钱壹拾陆仟肆拾文正。其钱亲领入手用度，其田任从买主耕种为业。自卖之后，不得异言，恐后无凭，立有卖字为据。

凭中：龙金泰

通中：谭文烈

房族：刘学礼

同治十三年十一月初十日亲笔立

11. 龙再福土地执照（光绪二年三月廿一日）

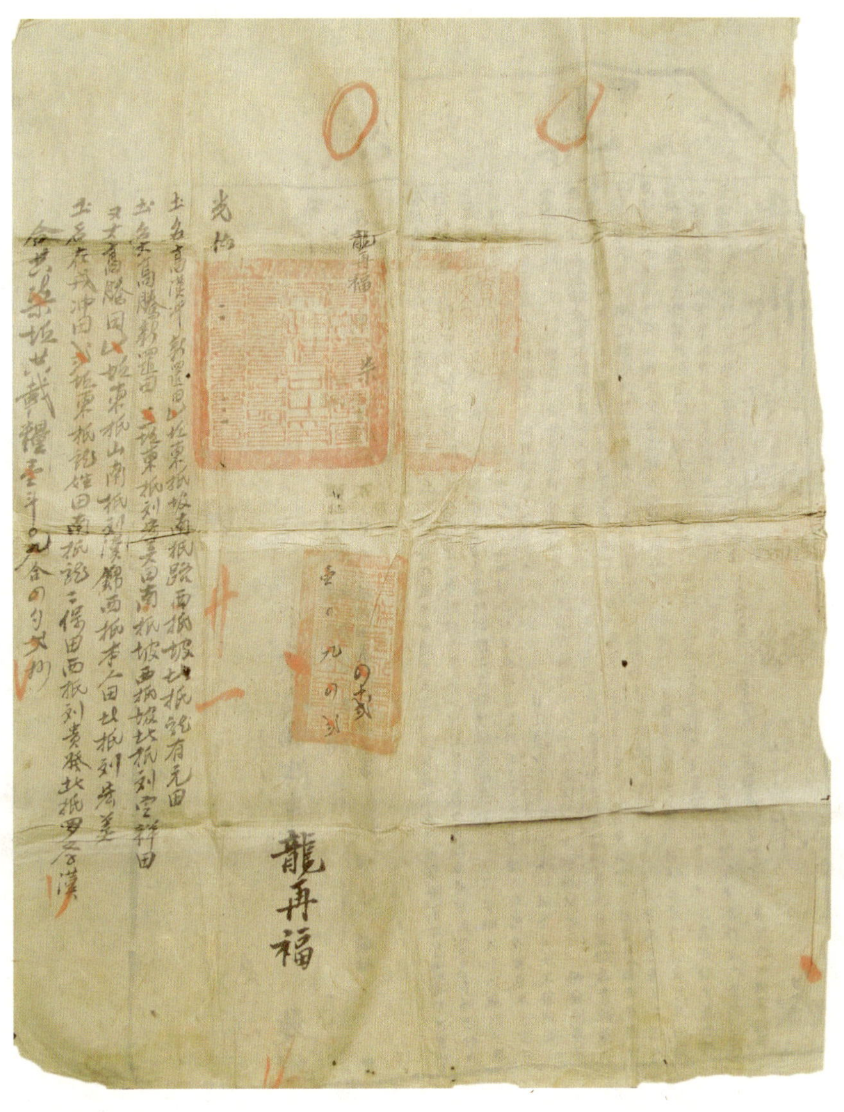

龙再福田柒丘约收获谷四十二挑

额征粮壹斗零升九合四勺二抄

右照给耕户龙再福收执

光绪二年三月廿一日

土名高汉冲新置田乙丘，东抵坡，南抵路，西抵坡，北抵龙有元田。

土名大高腾新置田三丘，东抵刘宏美田，南抵坡，西抵坡，北抵刘家祥田。

又大高腾田一丘，东抵山，南抵刘汉锦，西抵本人田，北抵刘宏美。

土名在戎冲田贰丘，东抵龙姓田，南抵龙二保田，西抵刘贵发，北抵罗学汉。

合共柒丘，共载粮壹斗〇九合四勺贰抄

注：执照印刷文字见本户第 12 份文书

12. 龙昌品土地执照（光绪二年四月十七日）

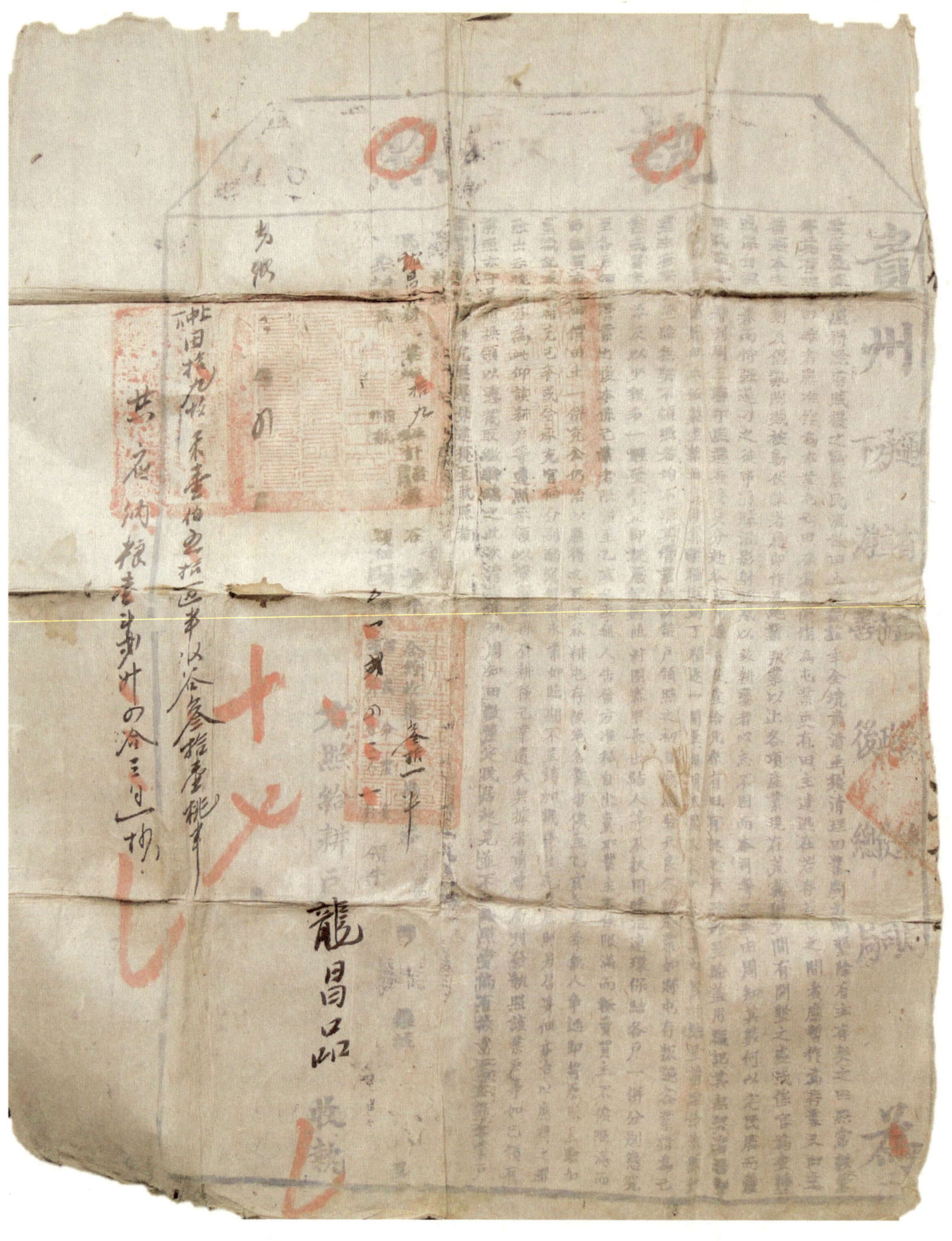

贵州通省善后总局

贵州承宣布政使司

贵州下游善后总局为

发给执照事：照得黔省贼扰之区，居民流散，田土荒芜。兹幸全境肃清，亟需清理田业，广为开垦。除有主有契之田照常耕管外，其有契遗田确者，应准作为本业。屯亡田在者，应仍作为屯业；更有田主远逃，在若存若亡之间者，应暂作为存业。又田主播越，本支尽划，及倡乱附贼被剿伏诛者，应即作为绝业、叛业。以上各项产业，现在荒芜犹多，间有开垦之处，或系官为安插，或系自谋生聚。而恃强逞刁之徒，串通朦（蒙）混，影射摇惑，以致耕凿者心志不固，而本司等又无由周知，其数何以定民居而厘田赋？兹本司等刊刷三联印照，选委妥员，分赴各府州县逐段查给，凡系有田有契之户，务即呈验，盖用戳记。其无契者，务即分别屯存叛绝，将田土丘数，坐落地名，计算谷种，应纳丁粮，逐一开单报明本团本寨甲长，取具切实甘结，呈请验给执照。如业主有契不呈验，无契不领照者，均不准其管业。惟该业户领照之初，自应激发天良，各认本业。如将屯存叛绝各业指为己业，或冒充嫡派，及以少报多，一经发觉，定即从严究办，并将团寨甲长出结人等及扶同朦（蒙）混，连环保结各户一并分别惩究。至各户领照管业之后，本系已业者，限耕至乙亥冬季，无人告发，方准私自出卖。如业主不俟限满而辄卖，买主不俟限满而则买，查出田价田土一并充公，仍治以应得之罪。其承耕屯存叛绝各业者，俟至乙亥年冬季无人争认，即将原照呈验，加盖戳记，或令补充屯卒，或令承充官佃，分别酌定，俾资永业。如临期不呈请加戳，查出追还原照，另召妥佃，亦治以应得之罪。除出示晓谕外，为此仰该耕户等遵照承领，以资管业。再查耕种已业，遗失契据者，前曾由局刊发执照。该业户等如已领有前照，亦即呈请换领，以凭截取缴验。总之，此次清查，系为周知田数，厘定民居起见，并不取给照费。倘有故意需索，许各业户据实具禀，听候提究，凛遵毋违，须至执照者。

计开

民龙昌品耕业田拾九丘计谷种　石　斗　升　合约收获叁拾一挑半

土块计杂粮

额征丁银拾两钱分厘毫领牛

征粮石一斗二升四合三勺一抄

右照给耕户龙昌品收执

光绪二年四月十七日

上中下田拾九丘，禾壹佰五拾一边（稨）半，收谷叁拾壹挑半

共应纳粮壹斗二升四合三勺一抄

注：乙亥年，即光绪元年，1875 年。

13. 龙老四卖山林契（光绪二年九月初七日）

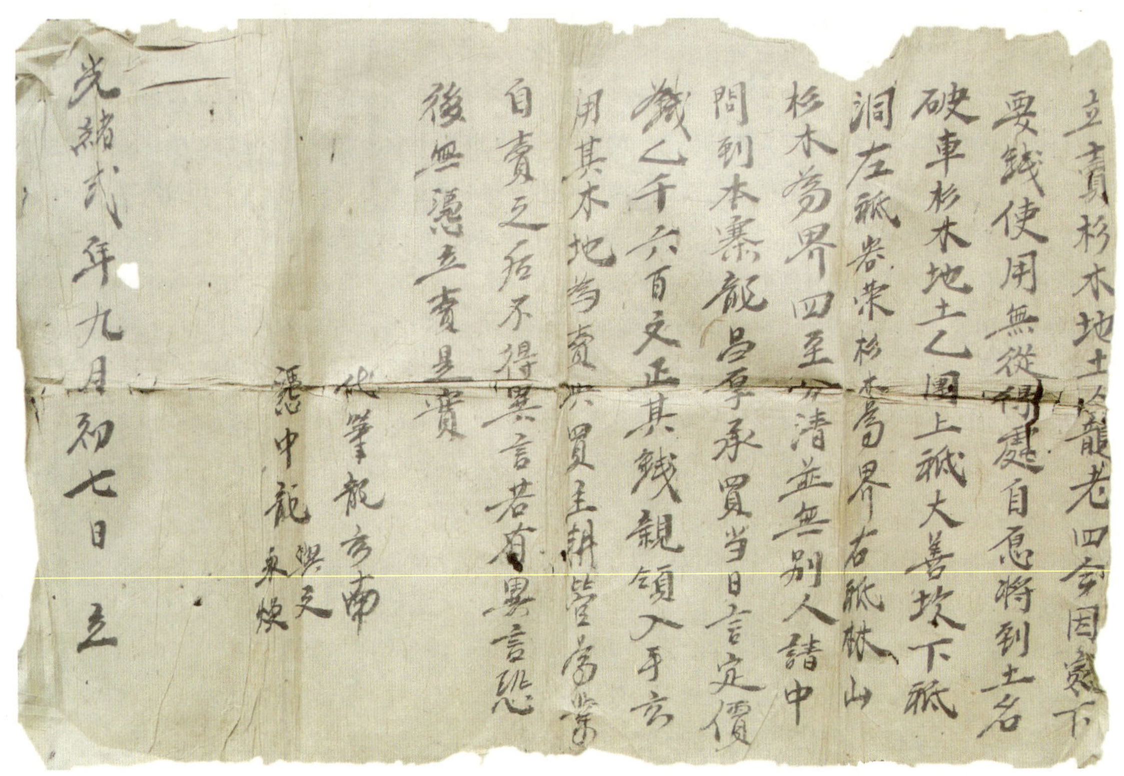

立卖杉木地土人龙老四，今因家下要钱使用，无从得处，自愿将到土名破车杉木地土乙团，上抵大善坎，下抵洞，左抵岩荣杉木为界，右抵林山杉木为界，四至分清，并无别人，请中问到本寨龙昌厚承买，当日言定价钱乙千六百文正。其钱亲领入手应用，其木地卖与买主耕管为业。自卖之后，不得异言。若有异言，恐后无凭，立卖是实。

代笔：龙高南

凭中：龙兴文、永焕

光绪贰年九月初七日立

14. 龙青耀卖田契（光绪八年三月十二日）

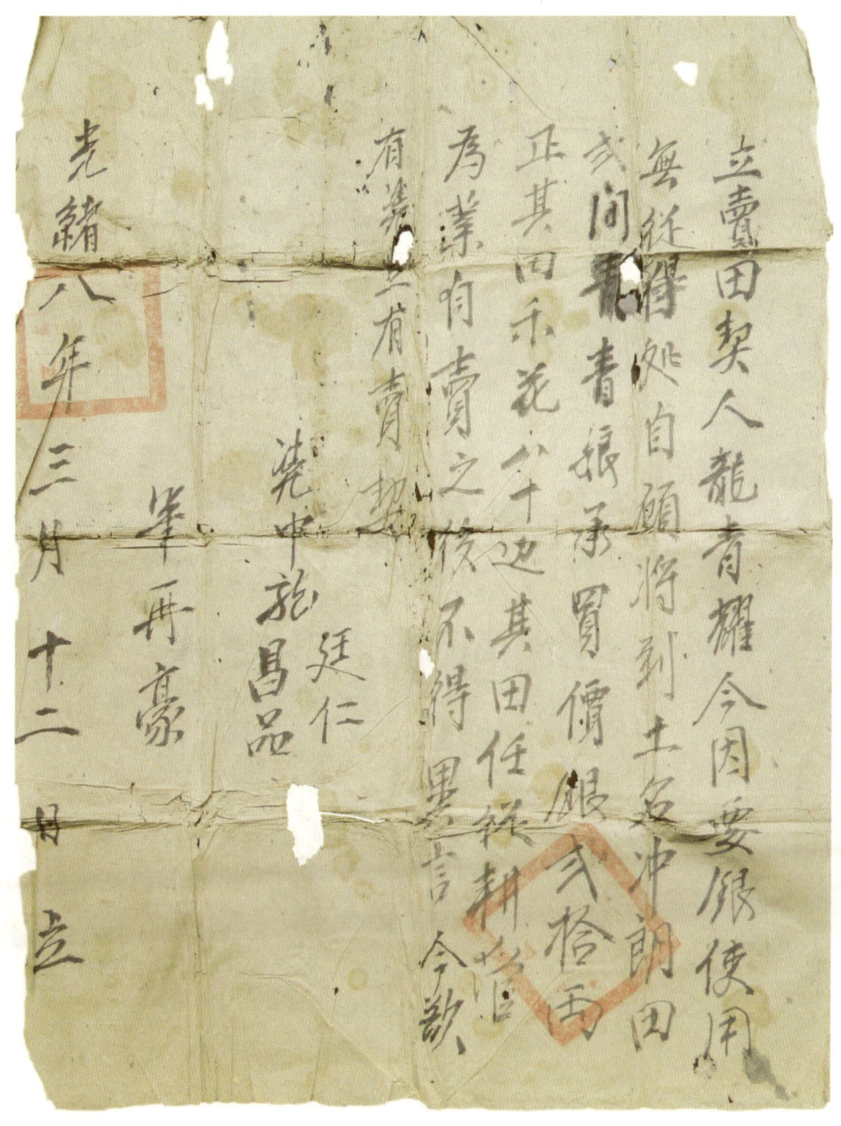

立卖田契人龙青耀，今因要银使用，无从得处，自愿将到土名冲朗田贰间，［龙］青娘承买，价银贰拾两正。其田禾花八十边（稨），其田任从［买主］耕管为业。自卖之后，不得异言。今欲有凭，立有卖契。

凭中：龙廷仁、昌品

笔：再豪

光绪八年三月十二日立

15. 龙开举、龙广发卖木契（光绪十年十月十四日）

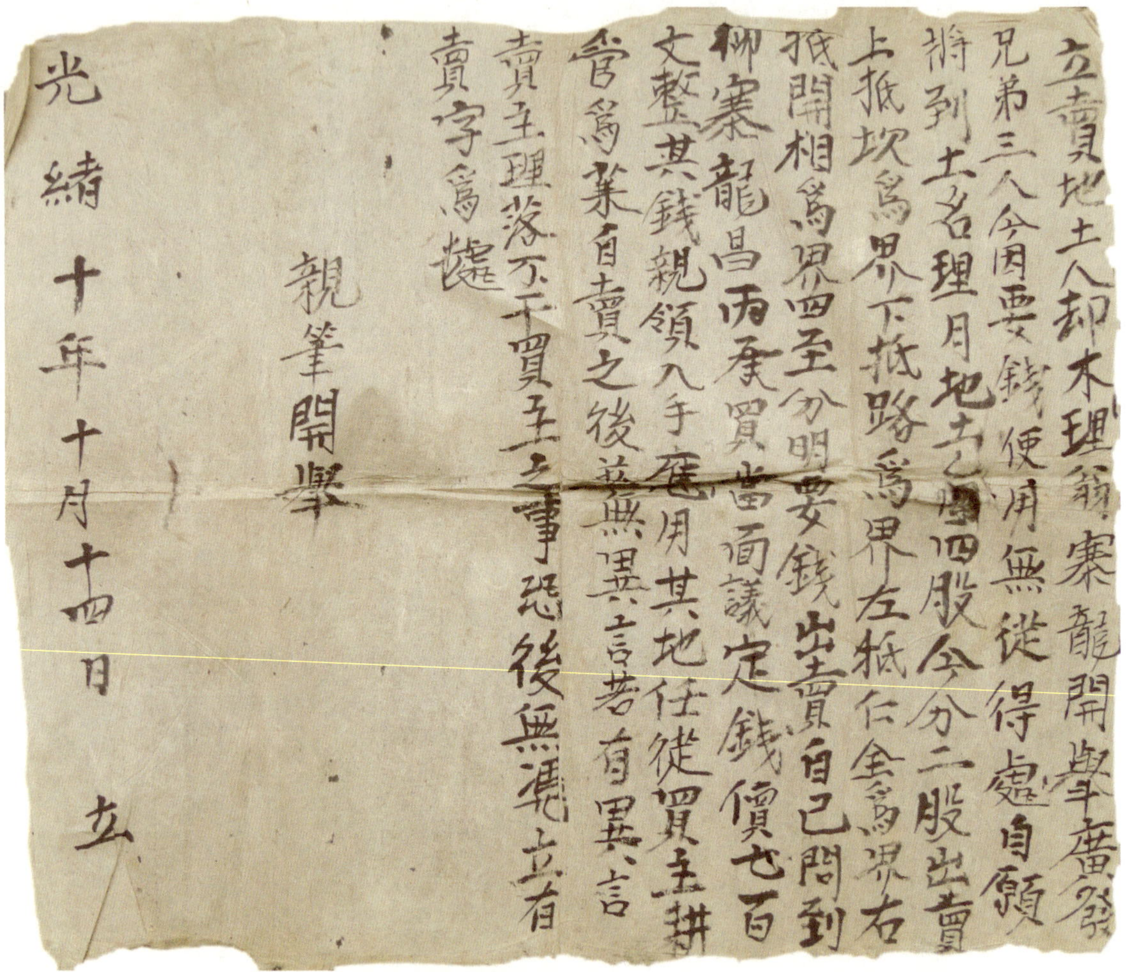

立卖地土人却木理翁寨龙开举、广发兄弟三人，今因要钱使用，无从得处，自愿将到土名理月地土乙团四股，今分二股出卖，上抵坎为界，下抵路为界，左抵仁全为界，右抵开相为界，四至分明，要钱出卖。自己问到柳寨龙昌丙承买，当面议定钱价七百文整。其钱亲领入手应用，其地任从买主耕管为业。自卖之后，并无（不得）异言。若有异言，卖主理落，不干买主之事。恐后无凭，立有卖字为据。

亲笔：开举

光绪十年十月十四日立

16. 龙宏信卖地契（光绪十三年六月十八日）

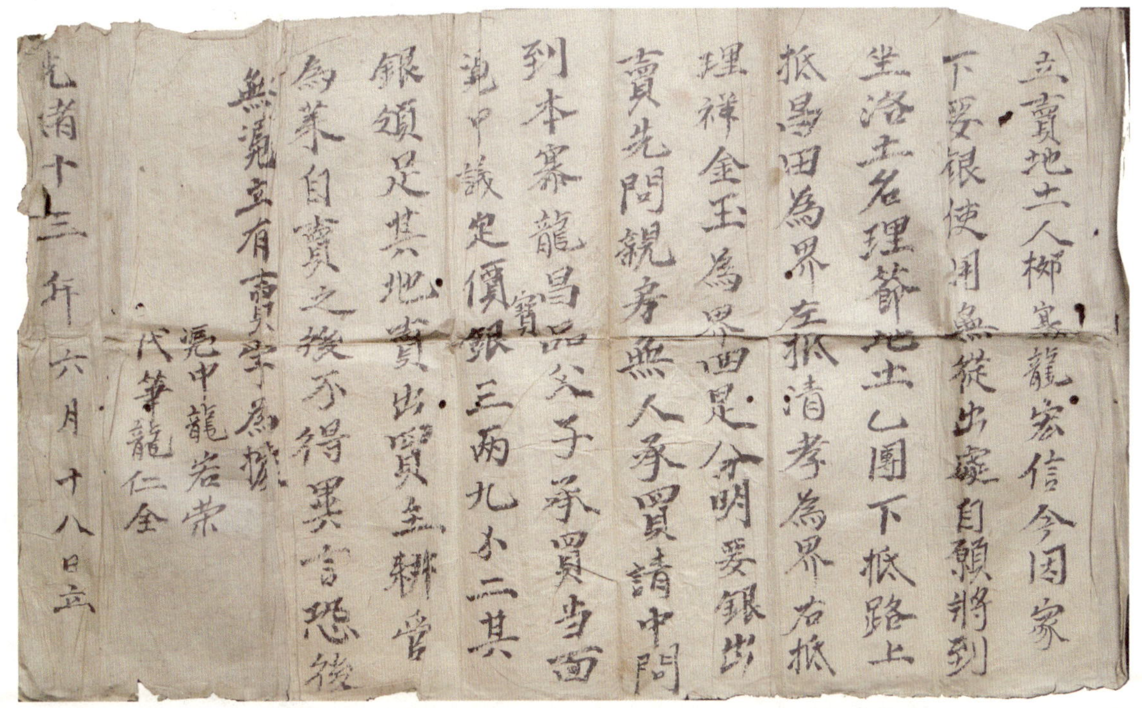

立卖地土人柳寨龙宏信，今因家下要银使用，无从出处，自愿将到坐洛（落）土名理节地土乙团，下抵路，上抵昌田为界，左抵清孝为界，右抵理祥、金玉为界，四是（至）分明，要银出卖。先问亲房无人承买，请中问到本寨龙昌品父子承买，当面凭中议定价宝银三两九钱二。其银领足，其地卖出，买主耕管为业。自卖之后，不得异言。恐后无凭，立有卖字为据。

凭中：龙岩荣

代笔：龙仁全

光绪十三年六月十八日立

17. 龙老四父子卖地土杉木字（光绪十八年）

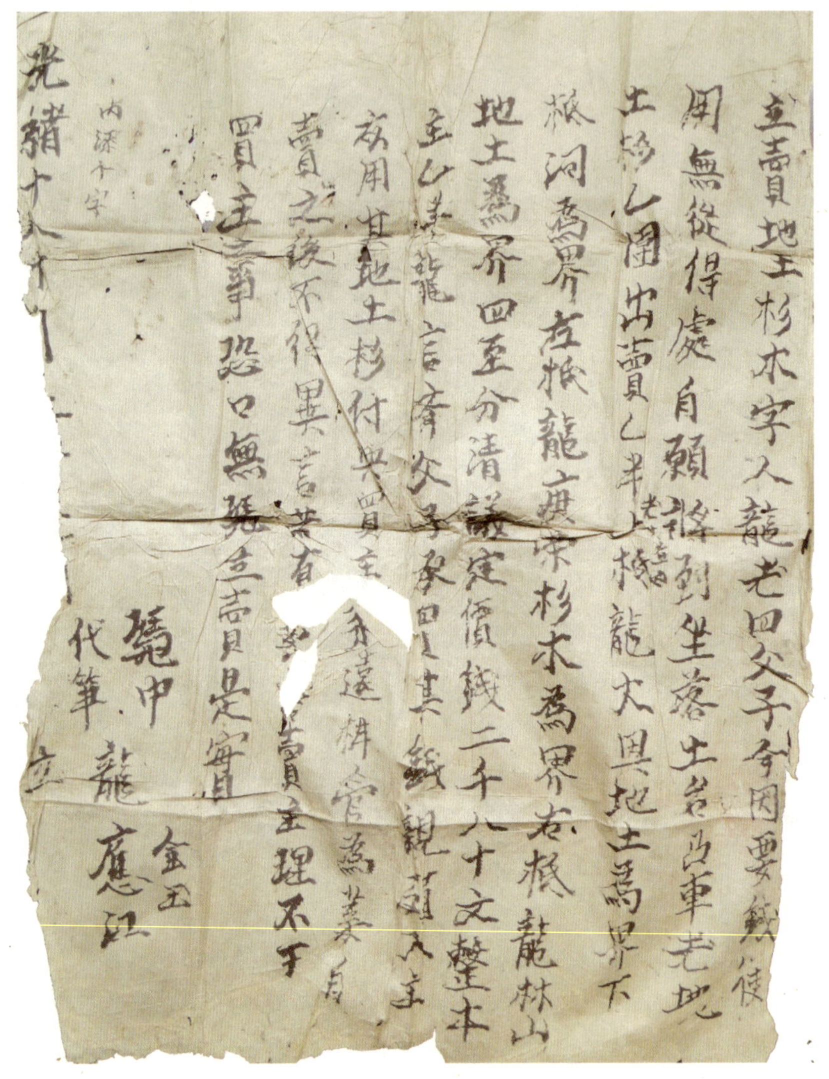

立卖地土杉木字人龙老四父子，今因要钱使用，无从得处，自愿将到坐落土名凸车老地土杉乙团出卖乙半，上抵龙大兴地土为界，下抵河为界，左抵龙庚荣杉木为界，右抵龙林山地土为界，四至分清，议定价钱二千八十文整，本主乙半龙言齐父子承买。其钱亲领入主（手）应用，其地土杉付与买主永远耕管为业。自卖之后，不得异言。若有异言，卖主理［落］，不干买主之事。恐口无凭，立卖事实。

内添□字

凭中：龙金玉

代笔：龙应江

光绪十八年……立

18. 龙宏昌卖地土杉木字（光绪二十七年六月）

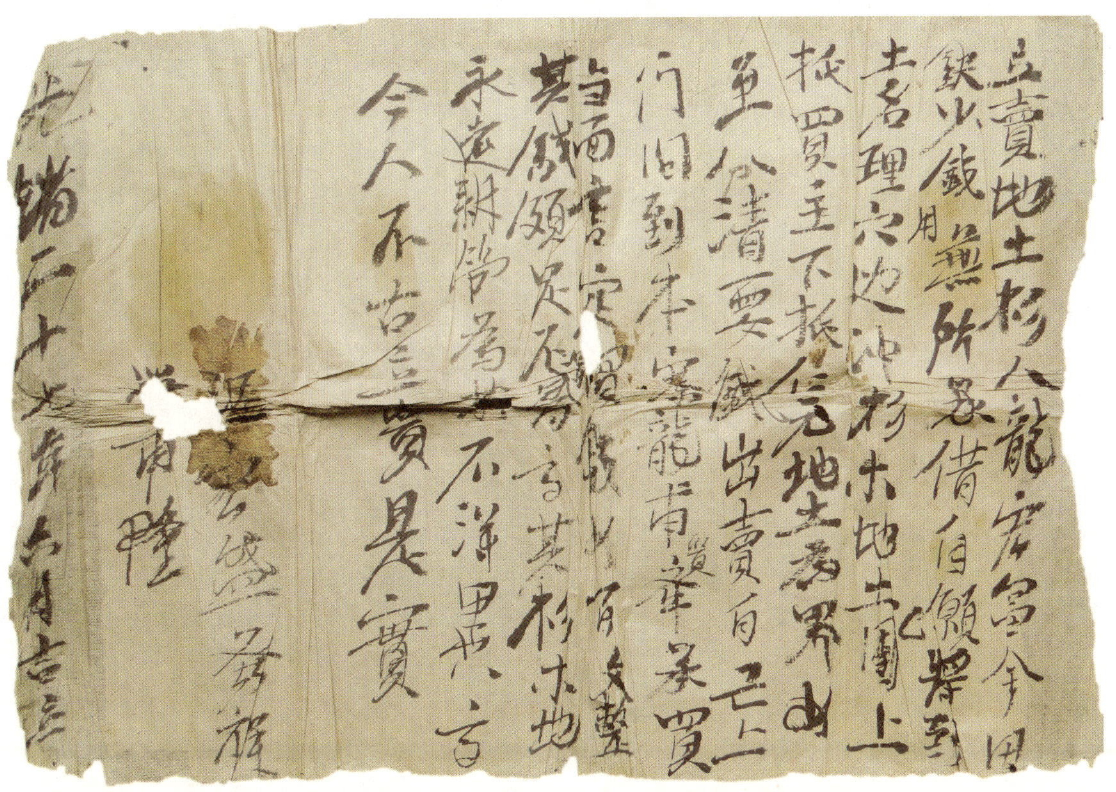

立卖地土杉人龙宏富，今因缺少钱用，无所承借，自愿将到土名理穴边冲杉木地土乙团，上抵买主，下抵仁元地土为界，四至分清，要钱出卖。自己上门问到本寨龙甫贤、龙甫学承买，当面言定价钱四百文整。其钱领足，不得异言。其杉木地永远耕管为业，不得异言。今人不古，立卖是实。

凭：宏盛、发祥

笔：甫隆

光绪二十七年六月吉立

19. 龙仁元父子卖杉木地土契（光绪二十九年十月十二日）

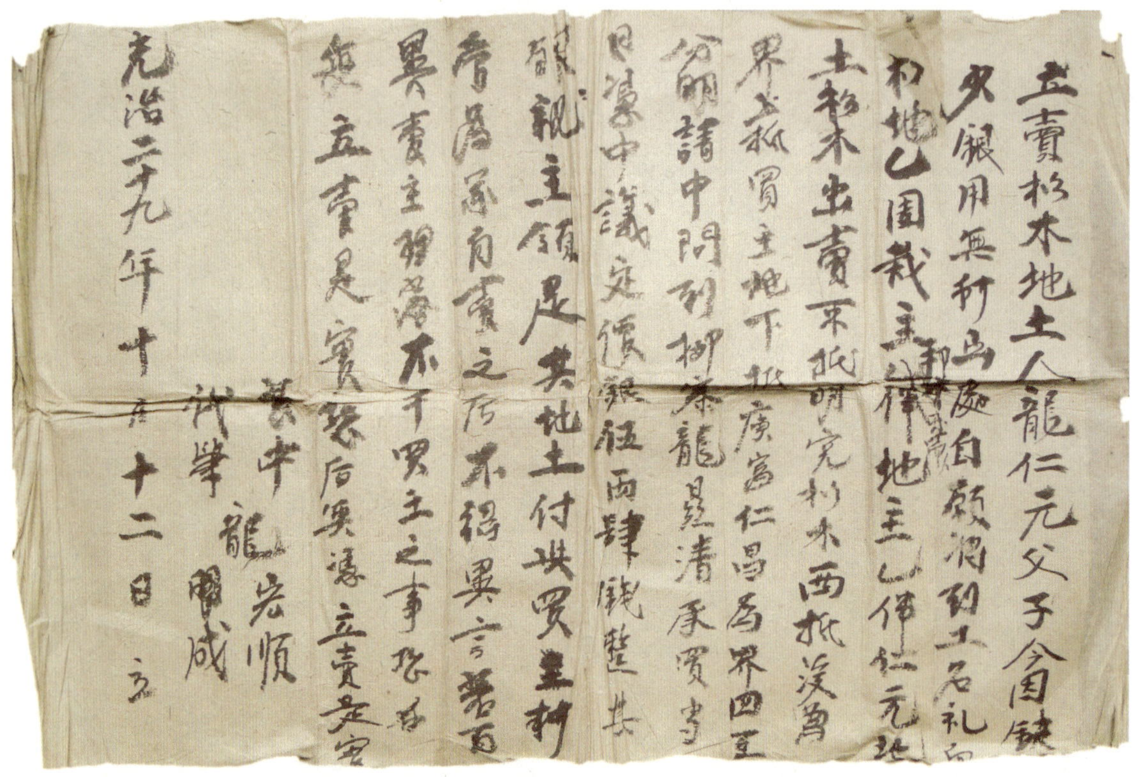

立卖杉木地土人龙仁元父子，今因缺少银用，无所出处，自愿将到土名礼面杉地乙团，裁主邦□乙伴（半），地主乙伴（半），仁元地土杉木出卖。东抵明完杉木，西抵溪为界，上抵买主地，下抵广富、仁昌为界，四至分明。请中问到柳寨龙显清承买，当日凭中议定价银伍两肆钱整。其钱亲主（手）领足，其地土付与买主耕管为业。自卖之后，不得异言。若有异［言］，卖主理落，不干买主之事。恐后无凭，立卖是实。

凭中：龙宏顺

代笔：龙明成

光绪二十九年十月十二日立

20. 龙宏顺卖地土契（光绪三十年二月十九日）

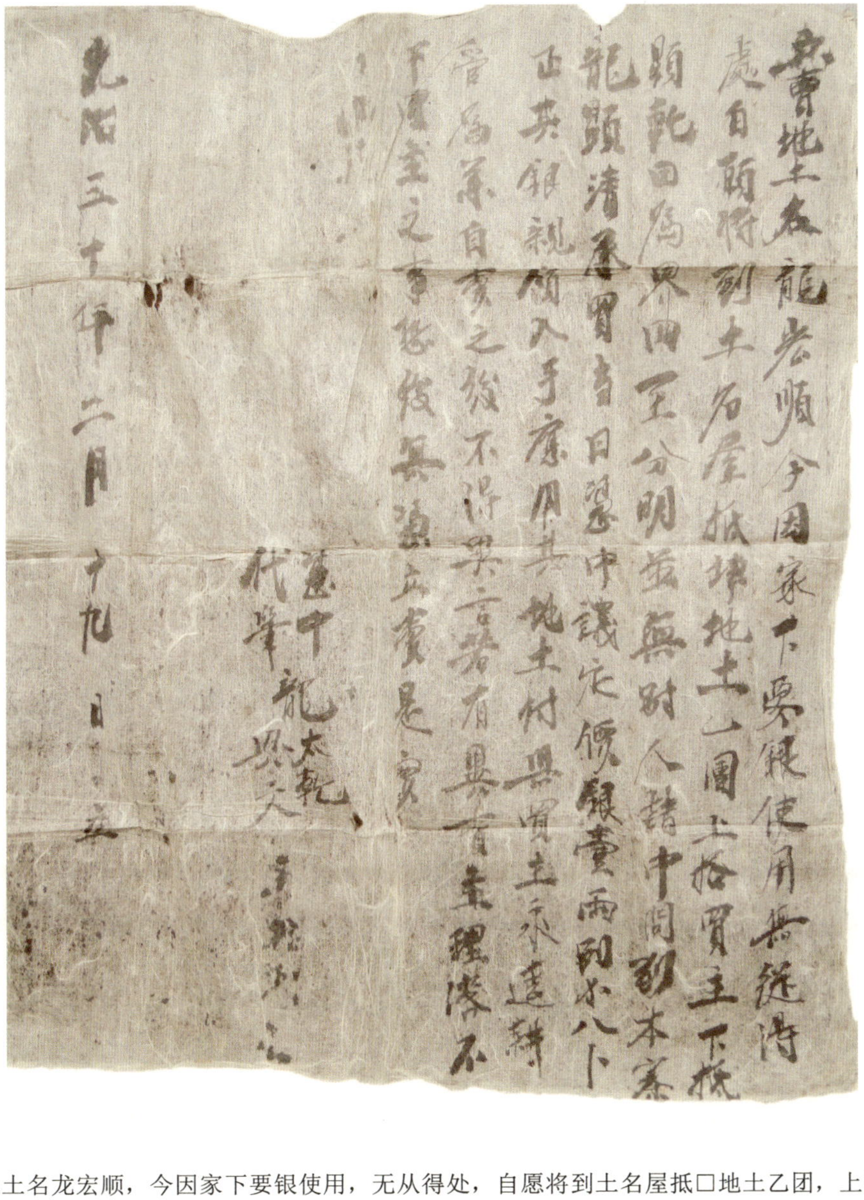

立卖地土名龙宏顺，今因家下要银使用，无从得处，自愿将到土名屋抵□地土乙团，上抵买主，下抵显乾田为界，四至分明，并无别人，请中问到本寨龙显清承买，当日凭中议定价银壹两四钱八分正。其银亲领入手应用，其地土付与买主永远耕管为业。自买之后，不得异言。若有异［言］，卖主理落，不干买主之事。恐后无凭，立卖是实。

凭中：龙太乾

代笔：龙兴文

光绪三十年二月十九日立

21. 龙显恩卖田契（光绪三十年三月十一日）

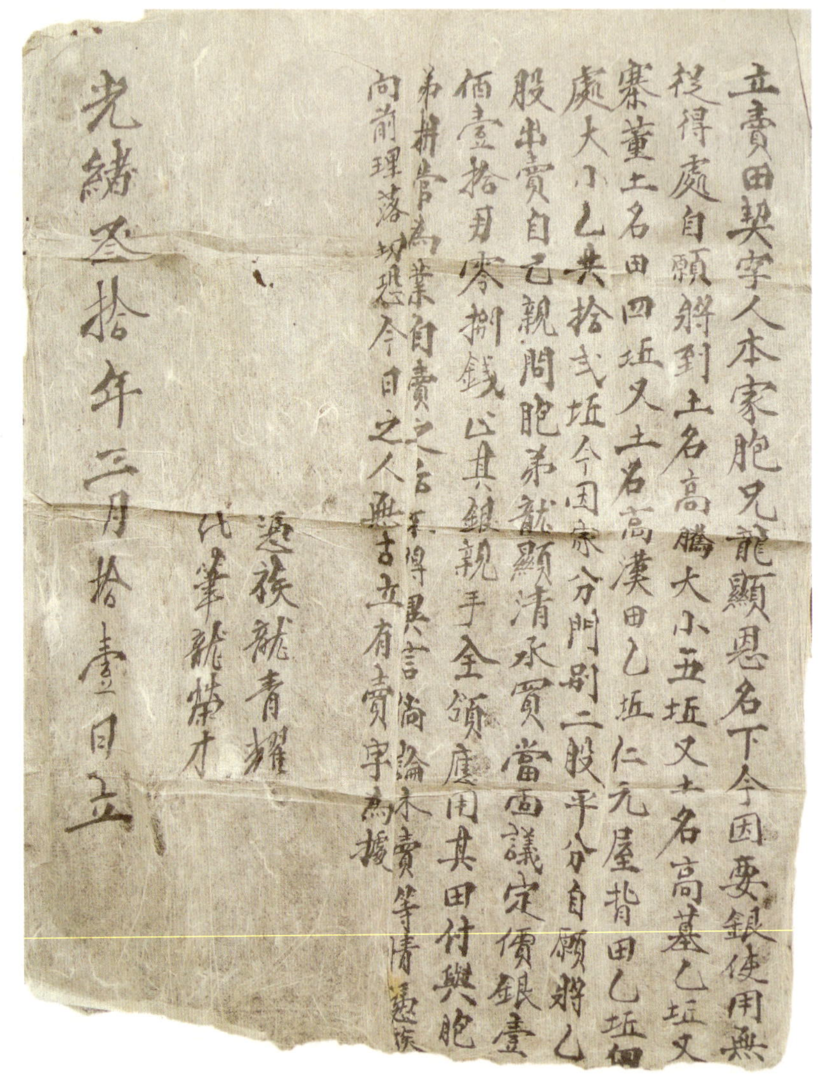

立卖田契字人本家胞兄龙显恩名下，今因要银使用，无从得处，自愿将到土名高腾大小五丘，又土名高墓乙丘，又寨董土名田四丘，又土名高汉田乙丘，仁元屋背田乙丘，四处大小乙共拾贰丘，今因家分门别，二股平分，自愿将乙股出卖。自己亲问胞弟龙显清承买，当面议定价银壹佰壹拾两零捌钱正。其银亲手全领应用，其田付与胞弟耕管为业。自卖之后，不得异言。倘论未卖等情，凭族向前理落。恐今日之人无古，立有卖契为据。

凭族：龙青耀

代笔：龙荣才

光绪三十年三月十一日立

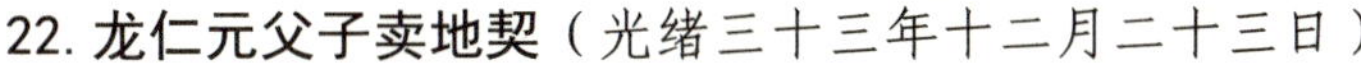

22. 龙仁元父子卖地契（光绪三十三年十二月二十三日）

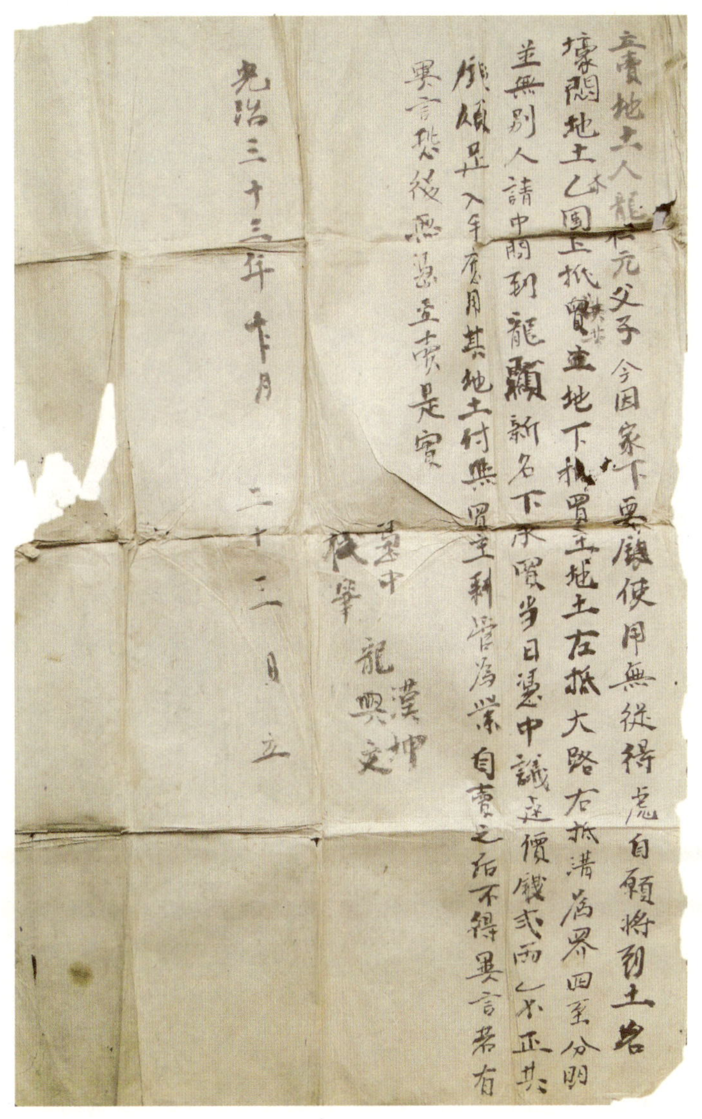

立卖地土人龙仁元父子，今因家下要钱使用，无从得处，自愿将到土名壕闷地土木乙团，上抵买主□□地，下抵买主地土，左抵大路，右抵沟为界，四至分明，并无别人，请中问到龙显新名下承买，当日凭中议定价钱贰两乙钱正。其钱领足入手应用，其地土付与买主耕管为业。自卖之后，不得异言。若有异言，恐后无凭，立卖是实。

凭中：龙汉坤

代笔：龙兴文

光绪三十三年十二月二十三日立

23. 龙仁元父子卖地契（光绪三十四年七月初三日）

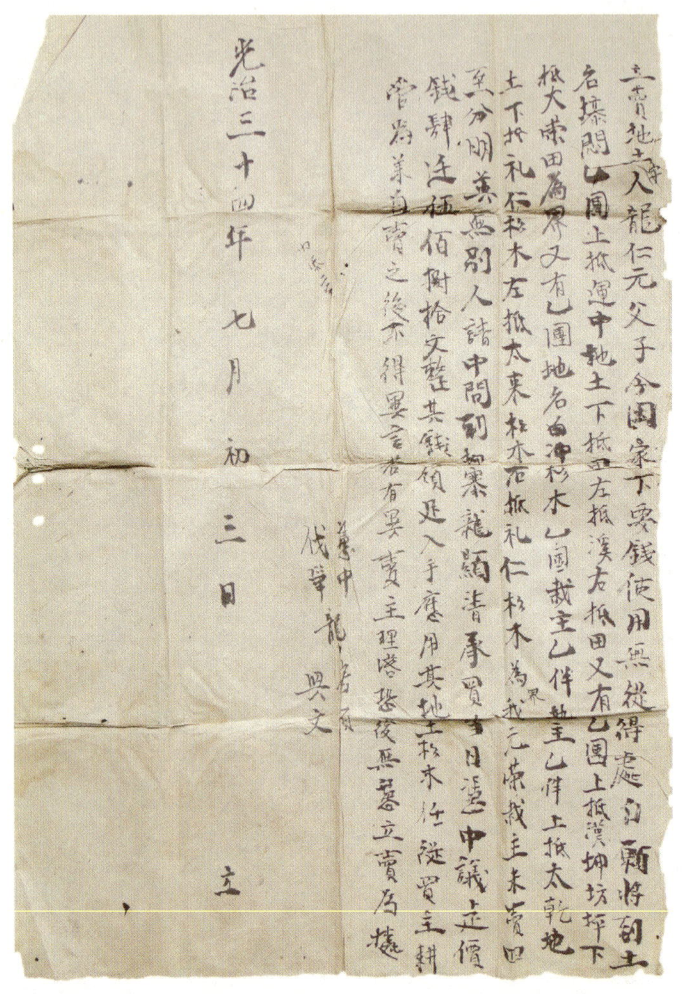

立卖地土字人龙仁元父子，今因家下要钱使用，无从得处，自愿将到土名壕闷乙团，上抵运中地土，下抵田，左抵溪，右抵田；又有乙团上抵汉坤坊坪，下抵大荣田为界；又有乙团，地名白冲杉木乙团，栽主乙伴（半），地主乙伴（半），上抵太乾地土，下抵礼仁杉木，左抵太来杉木，右抵礼仁杉木为界。我元荣栽主未卖，四至分明，并无别人。请中问到柳寨龙显清承买，当日凭中议定价钱肆迁（仟）伍佰捌拾文整。其钱领足入手应用，其地土杉木任从买主耕管为业。自卖之后，不得异言。若有异［言］，卖主理落。恐后无凭，立卖为据。

内添二字

凭中：龙□□

代笔：龙兴文

光绪三十四年七月初三日立

24. 龙现朗等卖地基字（宣统元年五月初五日）

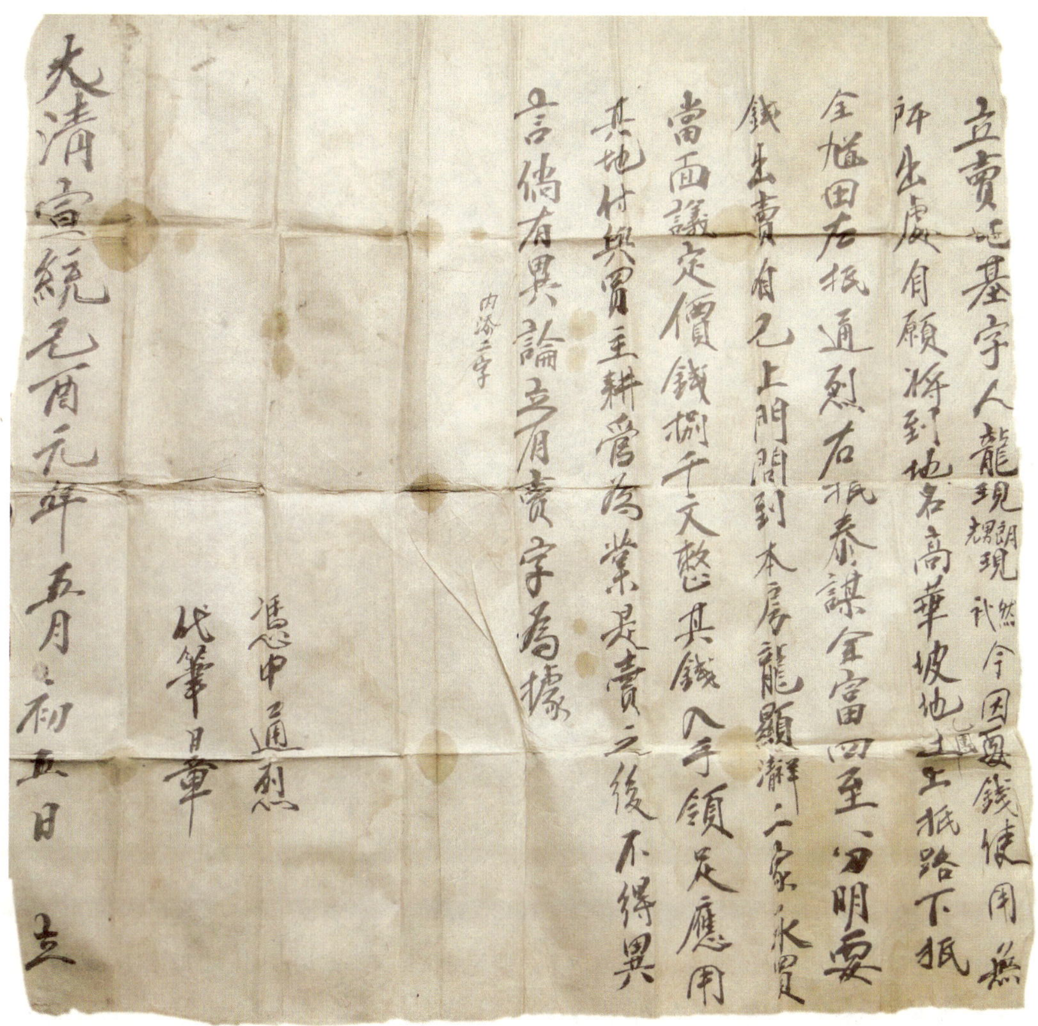

立卖地基字人龙现朗、现男、现光、现然、现武，今因要钱使用，无所出处，自愿将到地名高华坡地土乙团，上抵路，下抵全馗田，左抵通烈，右抵泰谋、全富，四至分明，要钱出卖。自己上门问到本房龙显祥、显清二家承买，当面议定价钱捌千文整。其钱入手领足应用，其地付与买主耕管为业。是［自］卖之后，不得异言。倘有异论，立有卖字为据。

内添二字

凭中：通烈

代笔：日章

大清宣统己酉元年五月初五日立

25. 龙仁元父子卖地契（宣统二年十二月初七日）

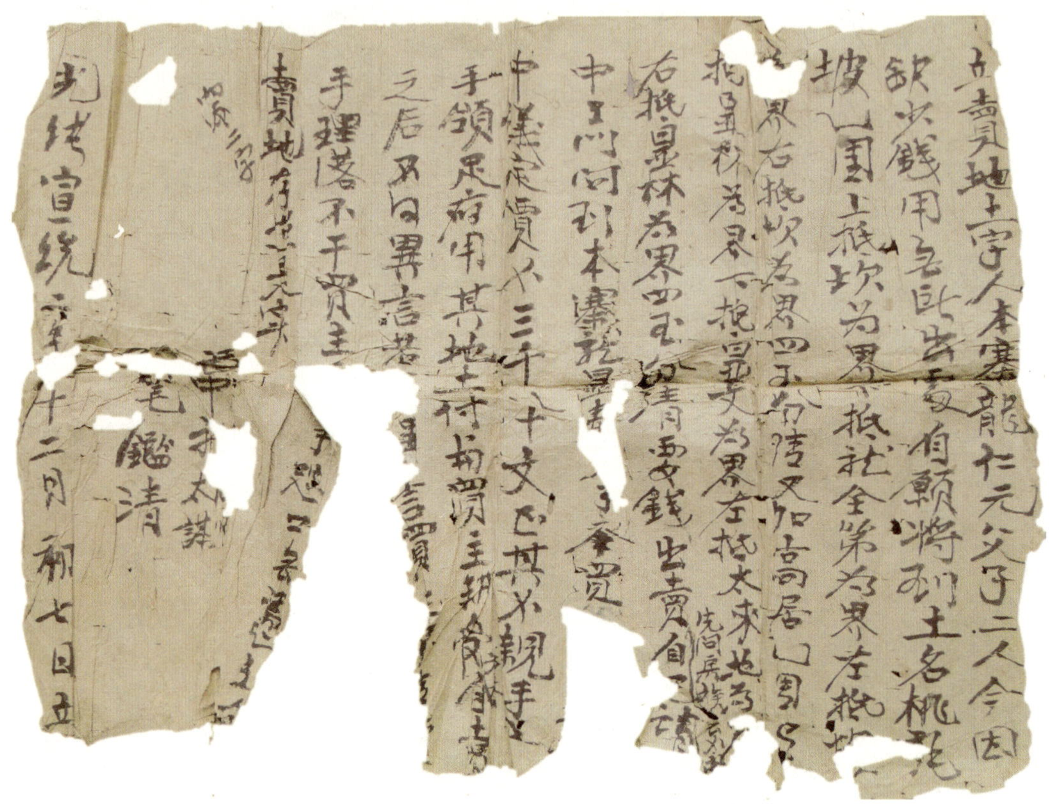

立卖地土字人本寨龙仁元父子二人，今因缺少钱用，无所出处，自愿将到土名桃□坡乙团，上抵坎为界，下抵龙全第为界，左抵□□界，右抵坎为界，四至分清；又加高居乙团，上抵显怀为界，下抵显文为界，左抵太来地为□，右抵显林为界，四至分清，要钱出卖。先问房族无出，自己请中上门问到本寨龙显□□承买，□□□中议定价钱三千八十文正。其钱亲手领足应用，其地土付与买主耕管。自卖之后，不得异言。若……卖手（主）理落，不干买主□□。恐口无凭，立有卖地存照是实。

内添二字

凭中：龙□□、太谋

［代］笔：鑑清

宣统二年十二月初七日立

26. 龙全亮卖田契（宣统三年四月二十一日）

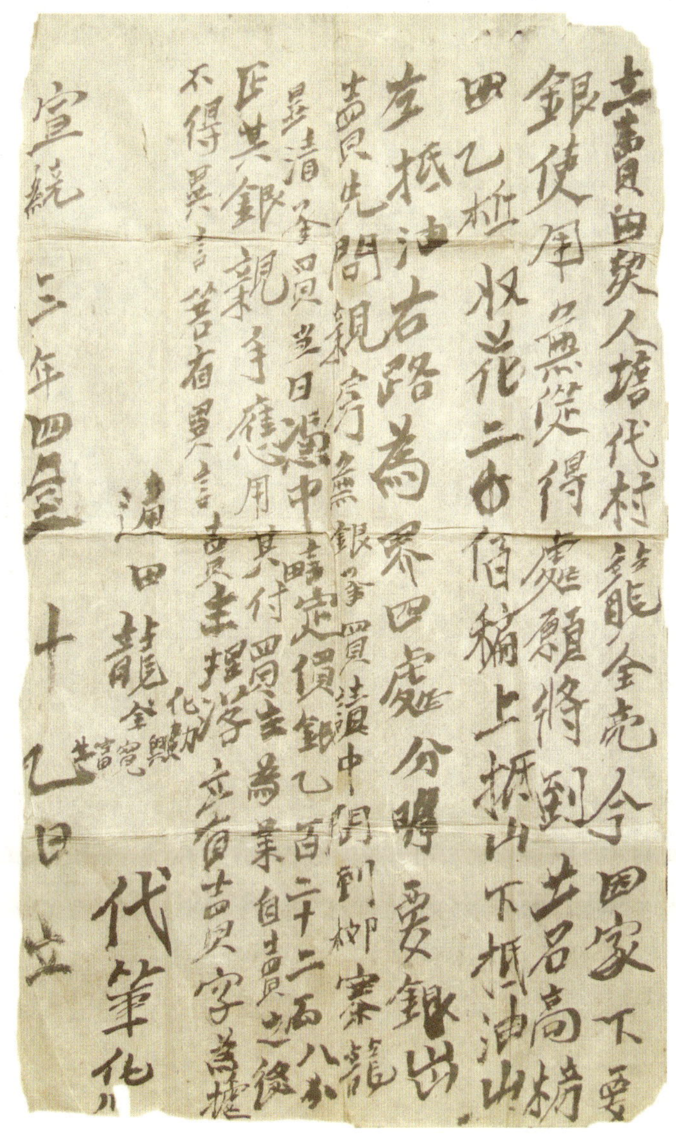

立卖田契人培代村龙全亮，今因家下要银使用，无从得处，［自］愿将到土名高榜田乙丘，收花二佰稨，上抵山，下抵油山，左抵油［山］，右［抵］路为界，四处分明，要银出卖。先问亲房无银承买，请中问到柳寨龙显清承买，当日凭中言定价银乙百二十二两八分正。其银亲手［领足］应用，其田付买主为业。自卖之后，不得异言。若有异言，卖主理落，立有卖字为据。

通田：龙化勋、全兴、全宽、全富、全生

代笔：化川

宣统三年四月二十乙日立

27. 龙明隆父子换地契（宣统三年闰六月十二日）

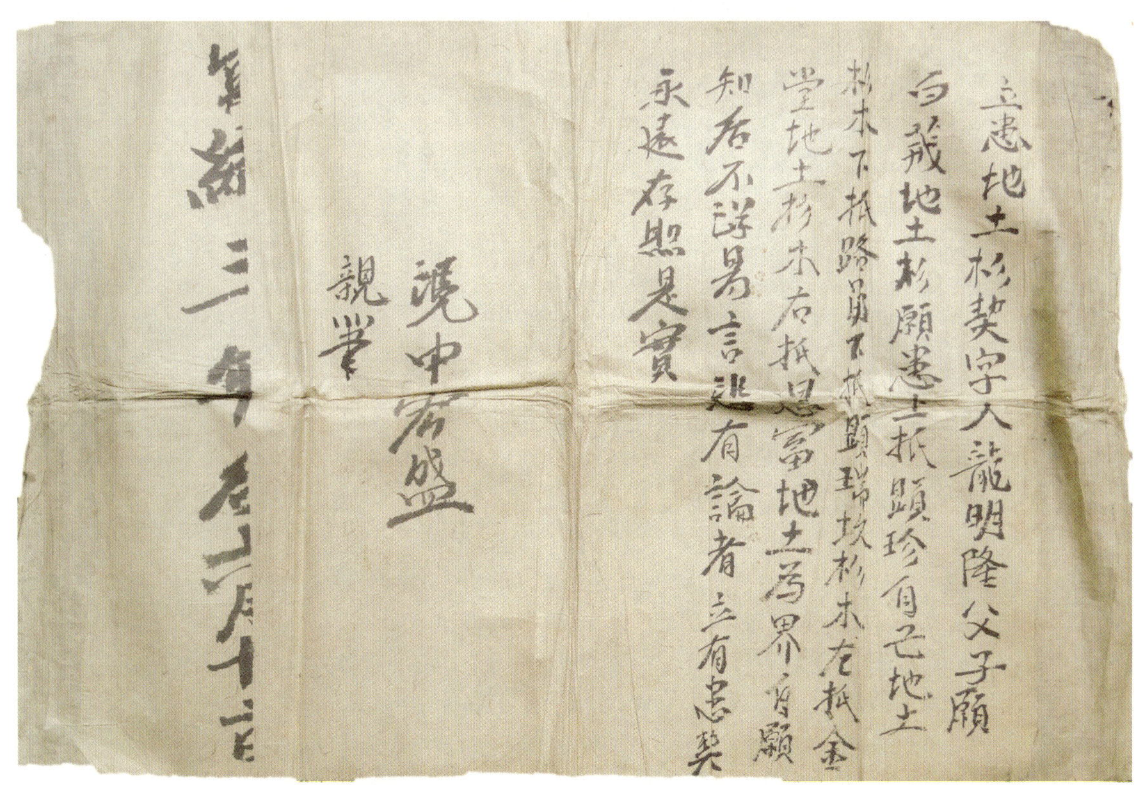

立患（换）地土杉契字人龙明隆父子，愿白茂地土杉，愿患（换），上抵显珍自己地土杉木，下抵路角，下抵显瑞坎杉木，左抵金堂地土杉木，右抵恩富地土为界，自愿（换）知（之）后，不得易（异）言。恐有论者，立有患（换）契永远存照是实。

凭中：宏盛

亲笔

【宣统三年后六月十二日】

28. 龙全来卖田契（宣统三年十月二十九日）

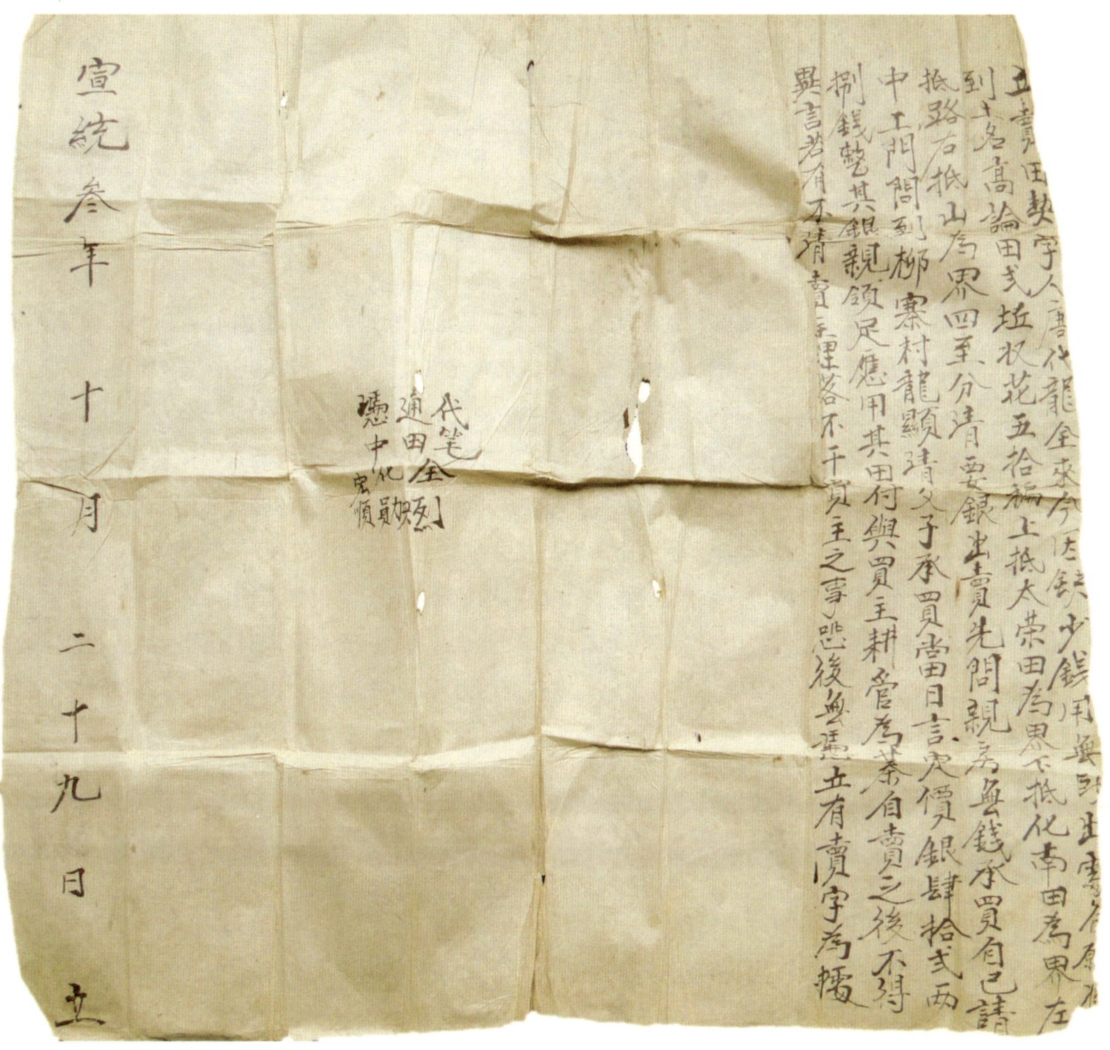

立卖田契字人唐代龙全来，今因缺少钱用，无所出处，自愿将到土名高论田贰丘，收花五拾稨，上抵太荣田为界，下抵化南田为界，左抵路，右抵山为界，四至分清，要银出卖。先问亲房无钱承买，自己请中上门问到柳寨村龙显清父子承买，当日言定价银肆拾贰两捌钱整。其银亲［手］领足应用，其田付与买主耕管为业。自卖之后，不得异言。若有不清，卖主理落，不干买主之事。恐后无凭，立有卖字为据。

代笔、通田：全烈

凭中：化勋、宏顺

宣统叁年十月二十九日立

29. 龙荣魁等分公产合同（民国七年五月初四日）

立分公产业字人龙荣魁、龙显恩、龙显清、龙显圭、龙显达五人名下，情因伯祖公龙昌朝无人承祧，遗下产业，应归民等管分，请凭族戚等拈阄为定，永难翻（反）悔。所派各业，各载合约，永远遵照。一派落龙显恩业田土名高圭黄田形三角乙丘；又冲论田乙丘、圭赖田乙丘；又土名地土白岩地土乙团，左以同胞弟；又土各墓老地土二团、老洞地乙团，左以汉烈地；又土名里翁坟边地乙团、里血地乙团，路上石根地贰团，高华乙团，豪（壕）长上乙坉老基出售与财无录，捧朗园地乙团，系右边。又派落显清田土名下冲朗二丘；又土名石勇地乙团，下以昆荣；又土名故久地乙团；又土名故久荣共乙团，岑赖地乙团，又高逢美对地壹团，圭赖地乙团，下以田，盘敏地乙团，老洞地乙团，下以路，上以共地；又捧朗园乙团，左边豪长中乙坉，土名高顶㟗地乙段；又土名二共地，土名老洞杉乙团，半墓老第（地）坎上乙团。各宜照关管业，不得混争。恐口无凭，立有合约为据。外加土名二共地竹平乙岡（团），又美凉园左头乙截，又八照地乙团。

族证：龙显祥

戚证：龙金寿、龙全馗

代笔：龙荣才

【立分公产合同永远为……】

民国七年戊午年五月初四日　立

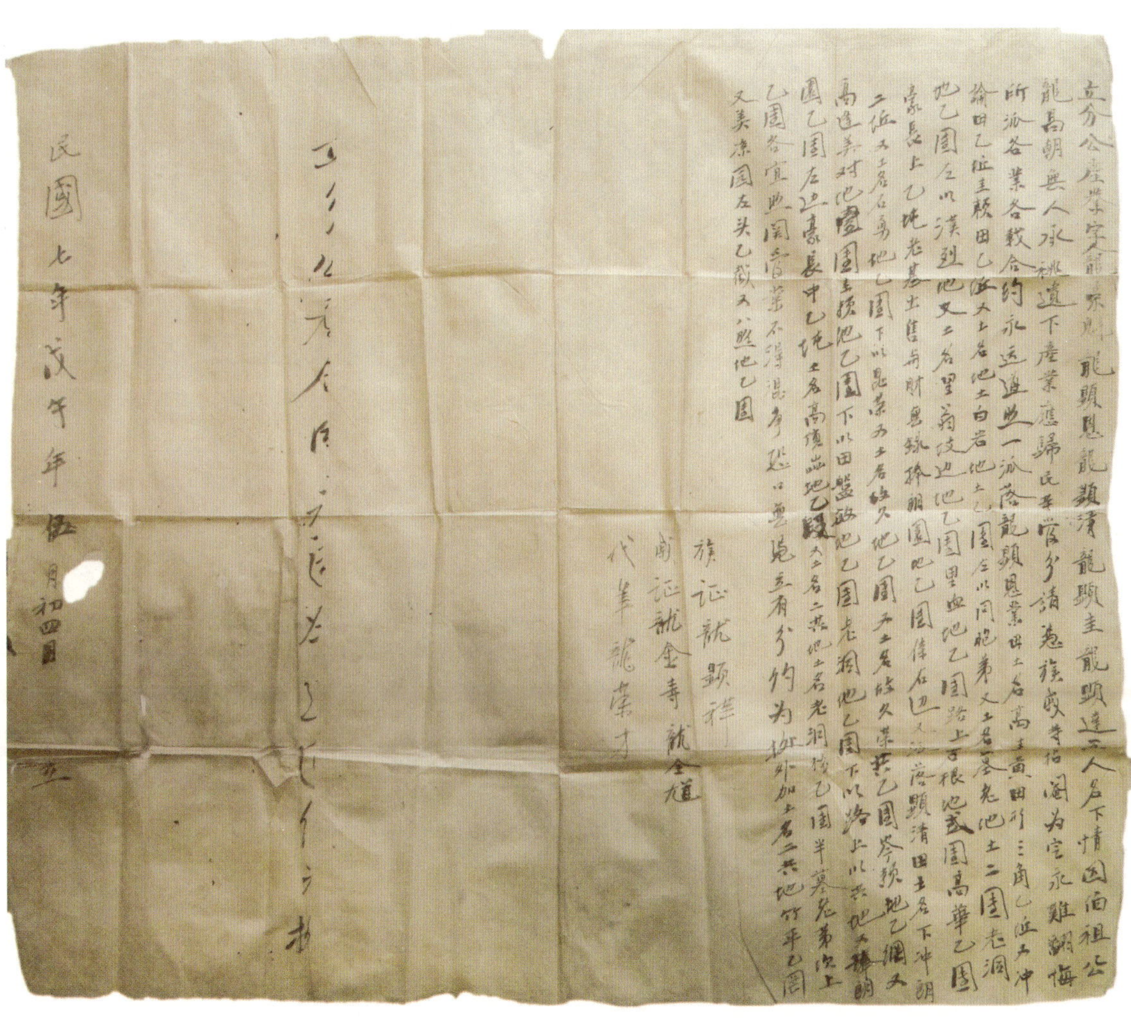
立分公產字人龍永財 龍顕恩 龍顕清 龍顕主 龍顕達六人名下情因伯祖公
龍高朗無人承繼遺下產業應歸氏等管分請憑族戚寺佰閣為定永難翻悔
所派各業各執合約永远遵照一派落龍顕恩業田土名高主畬田行三角乙坵土冲
論田乙坵主稜田乙坵又土名地土白岩地土乙園左以同胞弟又土名基老地土二園老洞
地乙園左以漢到地又二名里翁坟边地乙園里边地乙園路上手根地贰園高華乙園
豪長上乙坨老基出售与財恩錄孫朋園地乙園伴右边又一派落顕清田土名下冲頭
二坵又土名石高地乙園下以息荣又土名砍欠地乙園又土名砍久荣共乙園岑頭地乙園又
高進美对地壹園主楼地乙園下以田盤政地乙園老洞地乙園下以路上以共地又楼明
園乙園左边豪長中乙坨土名高塘岩地乙段又土名二共地土名老洞坡乙園半莫老弟次上
乙園各宜照閲管業不得混争恐口無憑立有分约为据外加土名二共地竹平乙園
又美凉園左头乙截又以照地乙園

[illegible]

族证 龍顕祥
亲证 龍金寿 龍金道
代筆 龍荣才

民國七年戊午年伍月初四日 立

30. 龙荣东等卖栽手杉木字（民国八年十月初五日）

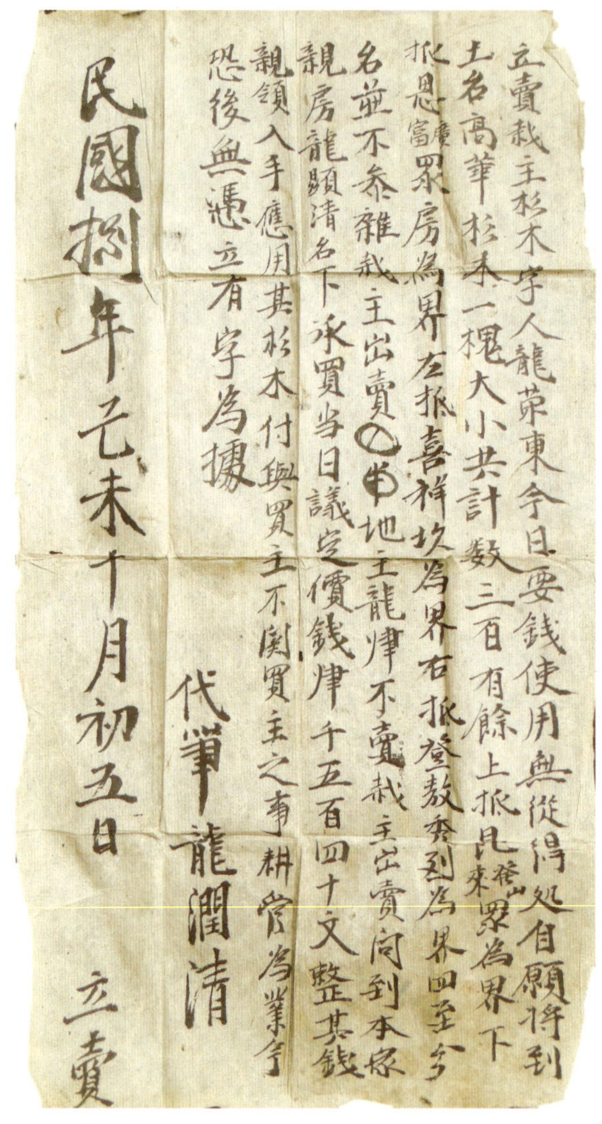

立卖栽主杉木字人龙荣东，今日要钱使用，无从得处，自愿将到土名高华杉木一槐（块），大小共计数三百有余，上抵昆发、昆来山众为界，下抵恩广、恩富众房为界，左抵喜祥坎为界，右抵登敖秀烈为界，四至分名［明］，并不参杂，地主龙肆不卖，栽主出卖。问到本家亲房龙显清名下承买，当日议定价钱肆千五百四十文整。其钱亲领入手应用，其杉木付与买主耕管为业。［若有异言］，不关买主之事。今恐后无凭，立有［卖］字为据。

代笔：龙润清

民国八年己未十月初五日立卖

31. 龙显恩卖田契（民国九年十一月初九日）

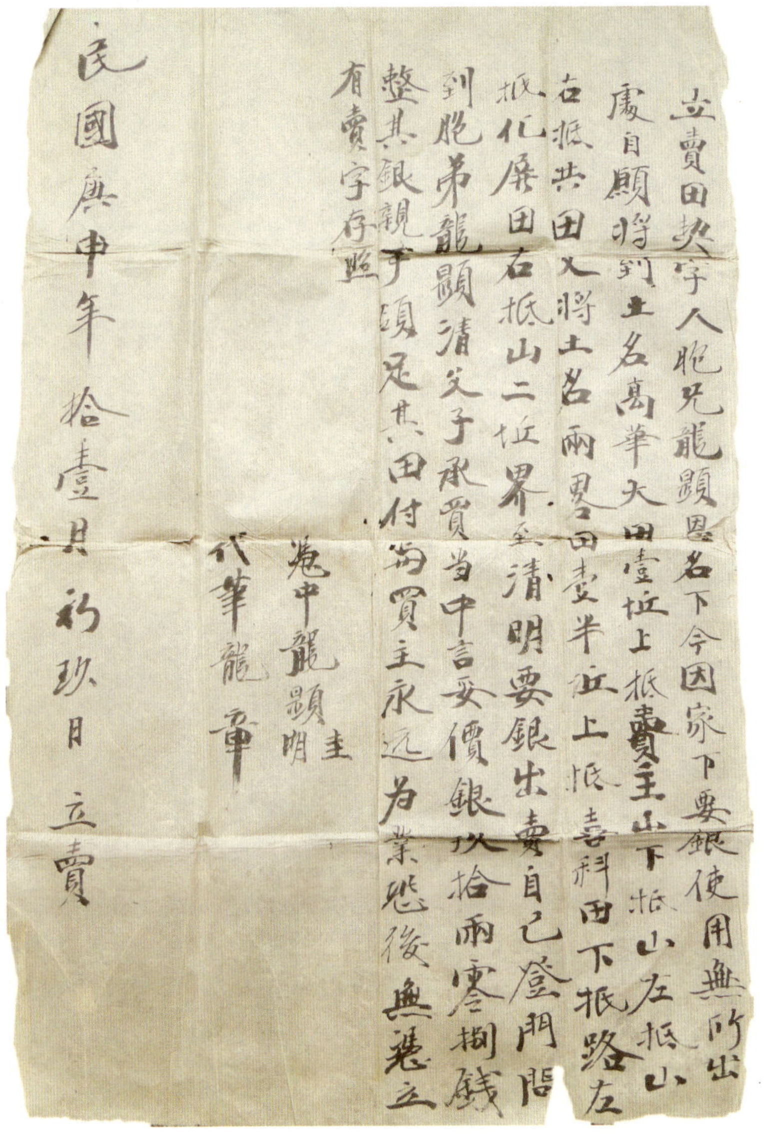

立卖田契字人胞兄龙显恩名下，今因家下要银使用，无所出处，自愿将到土名高华大田壹丘，上抵卖主山，下抵山，左抵山，右抵共田；又将土名两略田壹半丘，上抵喜科田，下抵路，左抵化屏田，右抵山，二丘界至清明，要银出卖。自己登门问到胞弟龙显清父子承买，当中言妥价银玖拾两零捌钱整。其银亲手领足，其田付与买主永远为业。恐后无凭，立有卖字存照。

凭中：龙显圭、显明

代笔：龙章

民国庚申年拾壹月初玖日立卖

32. 龙显恩卖地基字（民国九年十一月初九日）

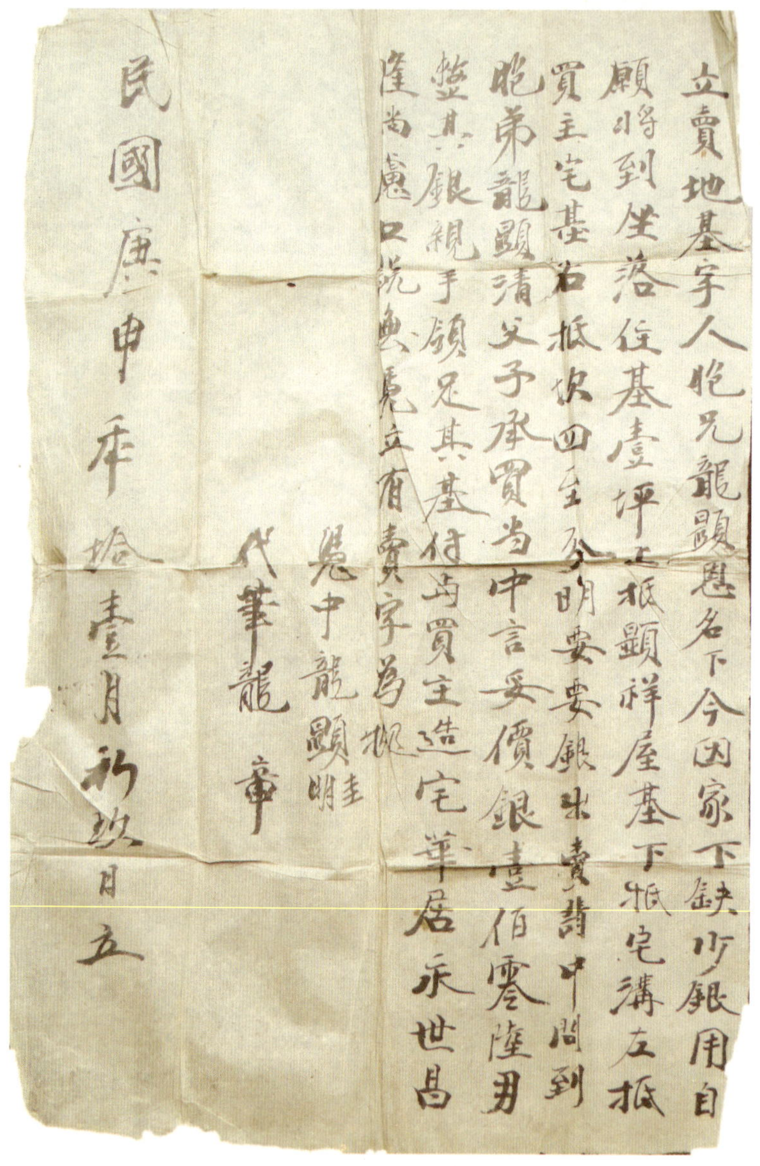

立卖地基字人胞兄龙显恩名下，今因家下缺少银用，自愿将到坐落住（地）基壹坪，上抵显祥屋基，下抵宅沟，左抵买主宅基，右抵坎，四至分明，要银出卖。请中问到胞弟龙显清父子承买，当中言妥价银壹佰零陆两整。其银亲手领足，其基付与买主造宅华居，永世昌隆。尚虑口说无凭，立有卖字为据。

凭中：龙显圭、显明

代笔：龙章

民国庚申年拾壹月初玖日立

33. 龙老肆、龙荣星卖杉木契（民国十年正月二十四日）

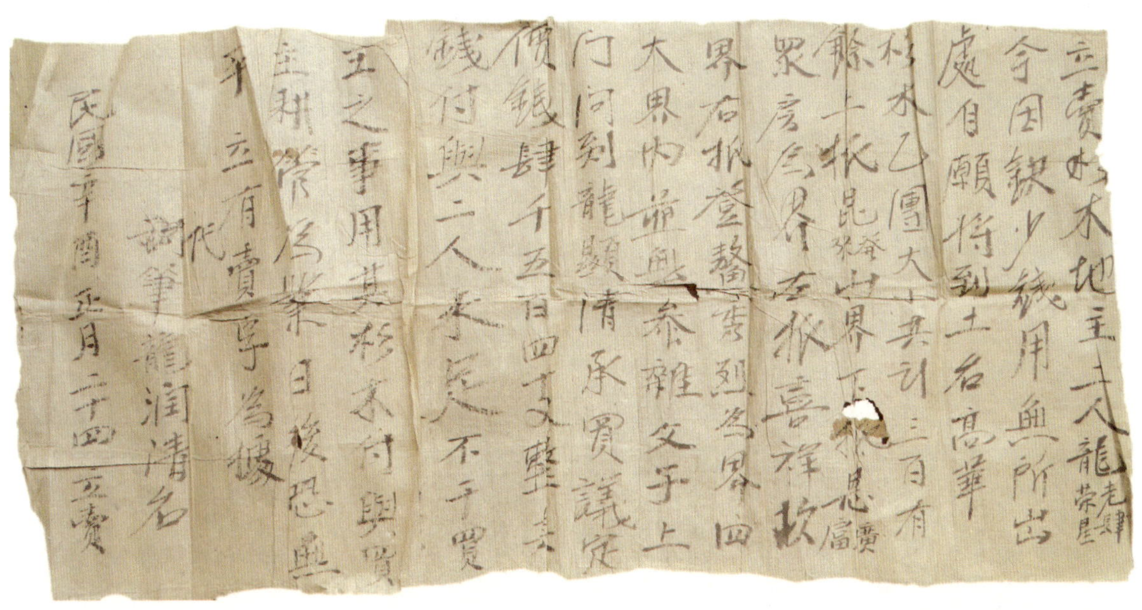

立卖杉木地主二人龙老肆、荣星，今因缺少钱用，无所出处，自愿将到土名高华杉木乙团，大小共计三百有余，上抵昆发、昆来山界，下抵恩广、恩富众房为界，左抵喜祥坎界，右抵登鳌秀烈为界，四大界内并无参杂。父子上门问到龙显清承买，议定价钱肆千五百四十文整。其钱付与二人永（领）足，不干买主之事，其杉木付与买主耕管为业。日后恐无平（凭），立有卖字为据。

代笔：龙润清名

民国辛酉正月二十四立卖

34. 龙显恩卖地土杉木契（民国十年十一月十三日）

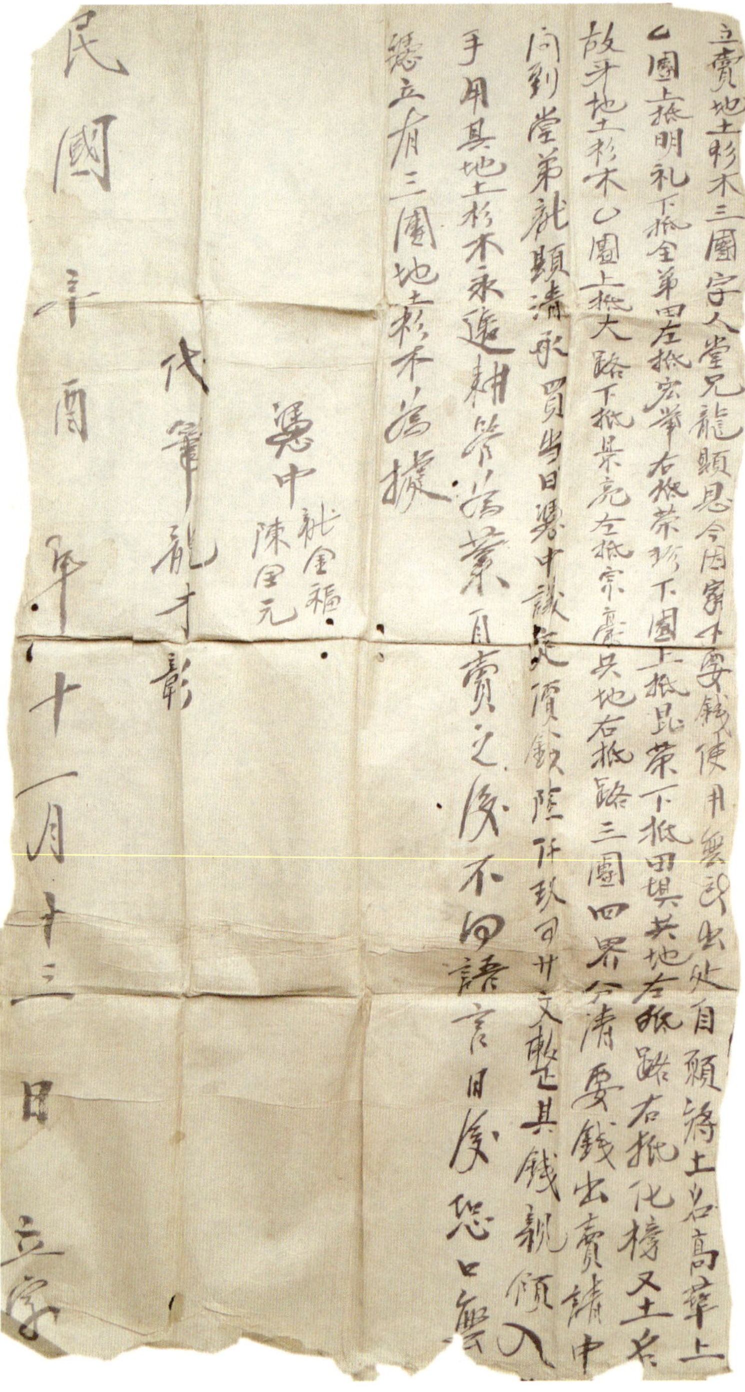

立卖地土杉木三团字人堂兄龙显恩，今因家下要钱使用，无所出处，自愿将土名高华上乙团，上抵明礼，下抵全弟田，左抵宏举，右抵荣珍；下团上抵昆荣，下抵田坝共地，左抵路，右抵化榜；又土名故牙地土杉木乙团，上抵大路，下抵景亮，左抵宗豪共地，右抵路，三团四界分清，要钱出卖。请中问到堂弟龙显清承买，当日凭中议定价钱陆仟玖佰廿文整。其钱亲领入手［应］用，其地土杉木永远耕管为业。自卖之后，不得语言。日后恐口无凭，立有三团地土杉木为据。

凭中：龙金福、陈全元

代笔：龙才彰

民国辛酉年十一月十三日立字

35. 龙显恩卖地土杉木字（民国十年十二月）

立卖地土杉木字人龙显恩名下，今因家下要钱使用，无所出处，自愿将到土名岑孟节地土乙团，上抵昆玉杉木，下抵河，左抵沟，右抵汉烈为界。内有小团杉木先年卖与荣昌蓄禁，俟后砍伐下河，地归买主。又土名壕冲车地土乙块，上抵恩广，下抵共地，左抵路，右抵里金。二团界至清楚，当中言定价钱壹拾叁仟零八十文。其钱亲手领足，其地付买主为业。恐口无凭，立有卖字为据。

内添二字

代笔：龙荣财

民国辛酉年十二月立卖

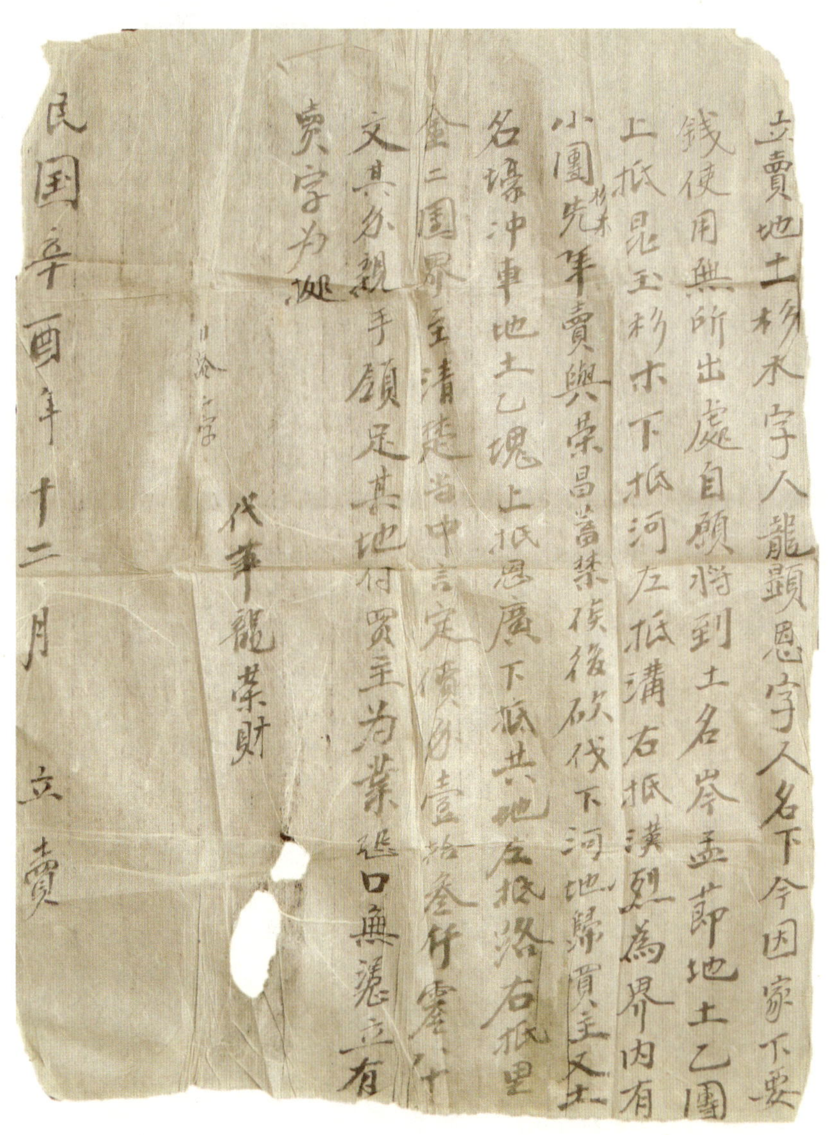

36. 龙显珍禀稿（民国十一年二月）

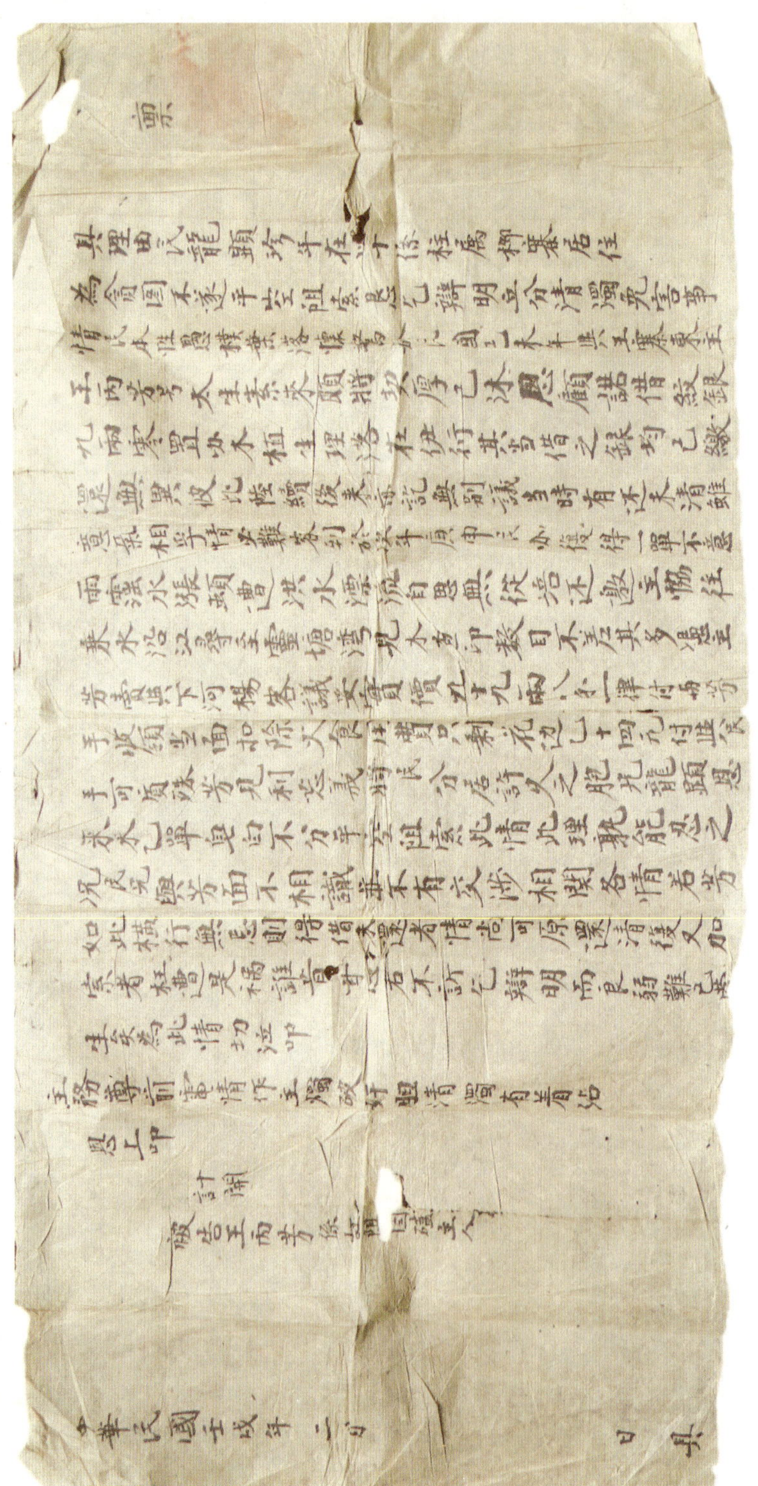

禀

具理由：民龙显珍年在四十，系［天］柱属柳寨居住。

为贪图不遂，平空阻索，恳乞辩明，立分清浊，免害事情。民本性愚朴，叶落怀惊，于民国己未年与王寨东主王丙芳号太生素来颇将契厚，己沐恩顾诺，借纹银九两零，置办木植生理（意），落在伊行。其当借之银均已缴还，无异彼此，陆续后来亦讫无别议。当时有还未清，虽意气相孚，情必难容。到于次年庚申，民办复得一单，不意雨霪水涨，顿遭洪水漂流。自思无从培（赔）还，邀主协往乘水，沿江寻至灵塘湾，见木查印，数目不差。其多凭主芳卖与下河杨客，议妥实价九十九两八钱，一律付与芳手收领，当面扣除火食用费，只剩花边乙十四元，付与民手，可质。殊芳见利忘义，将民分居许久之胞兄龙显恩来木乙单，皂白不分，平空阻索，此情此理，孰能忍之。况民兄与芳面不相识，并不有交涉相关各情。若芳如此横行无忌，则得借未还者情尚可原，还清复又加索者枉遭是祸，谁肯甘心。右（若）不诉乞辩明，而良弱难已（以）营生矣。为此情切泣叩

主务尊前电（酌）情作主，烛破奸胆，清浊有着沾

恩上叩

计开

被告王丙芳系故阻图（索）磕主人

中华民国壬戌年二月□日具

37. 龙显恩卖地土杉木字（民国十一年三月初七日）

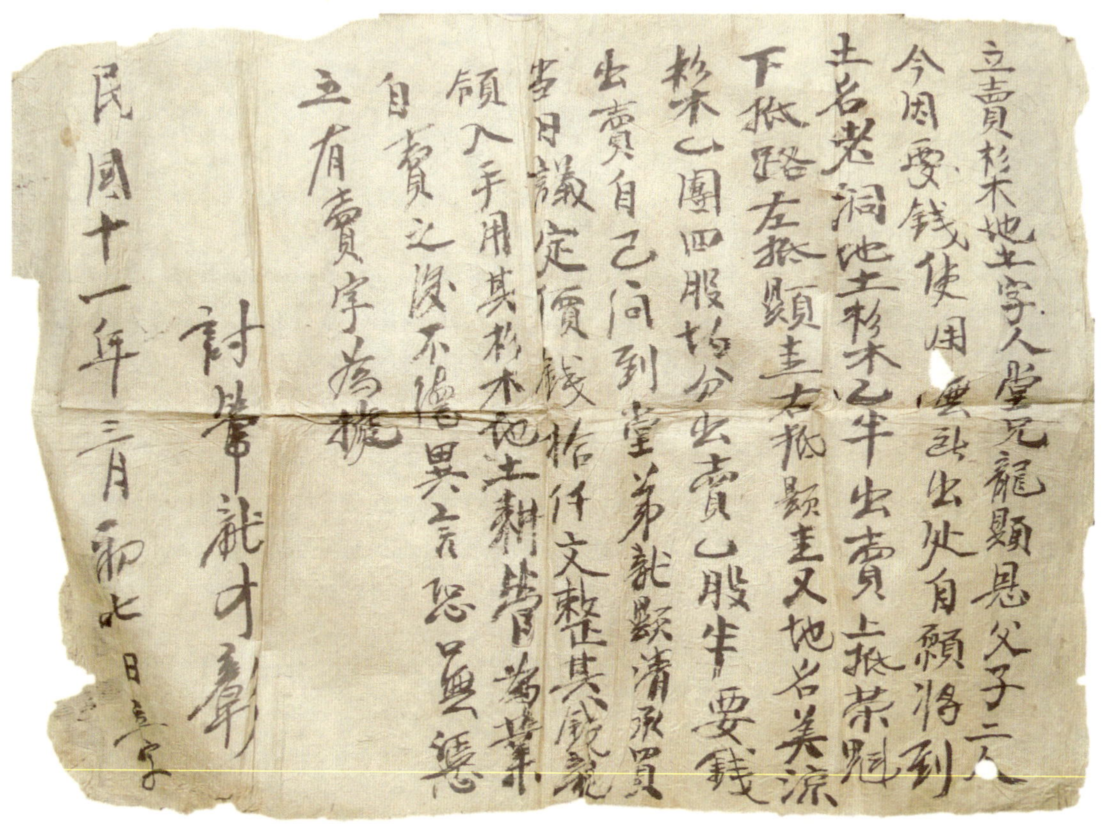

立卖杉木地土字人堂兄龙显恩父子二人，今因要钱使用，无所出处，自愿将到土名老洞地土杉木乙半出卖，上抵荣魁，下抵路，左抵显圭，右抵显圭；又地名美凉杉木乙团，四股均分，出卖乙股半，要钱出卖。自己问到堂弟龙显清承买，当日议定价钱拾仟文整。其钱亲领入手［应］用，其杉木地土［买主］耕管为业。自卖之后，不德（得）异言。恐口无凭，立有卖字为据。

讨笔：龙才彰

民国十一年三月初七日立字

38. 龙显恩卖屋宇仓架栏枋字（民国十一年四月二十六日）

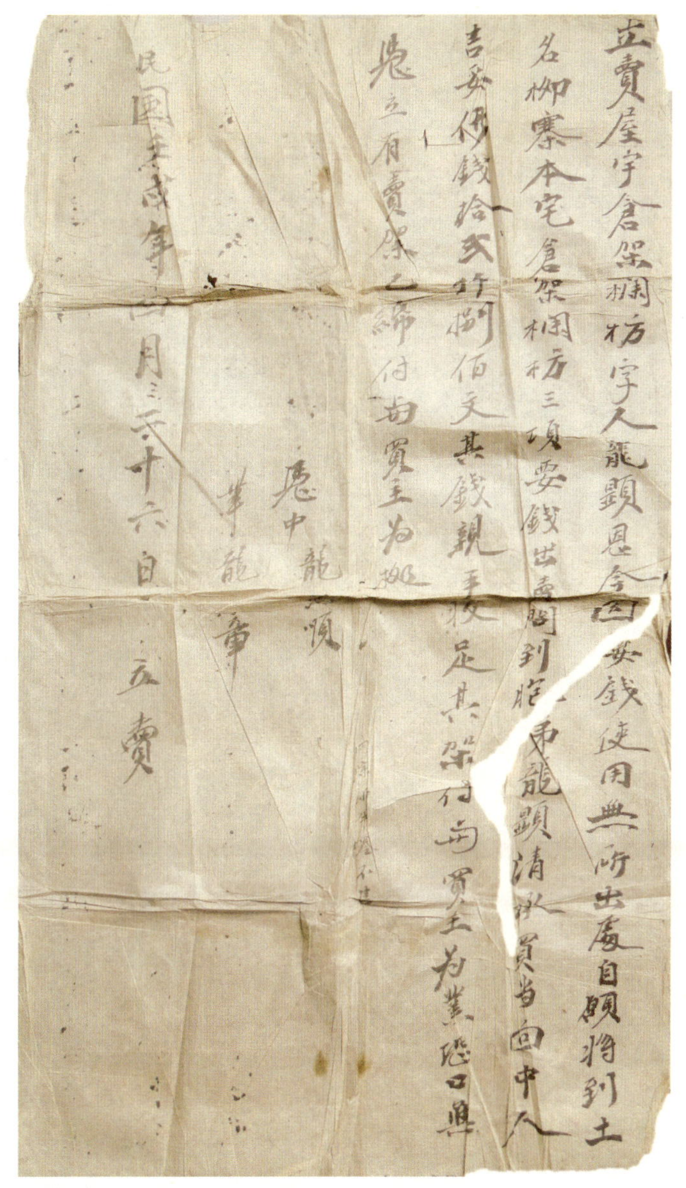

立卖屋宇仓架栏枋字人龙显恩，今因要钱使用，无所出处，自愿将到土名柳寨本宅仓架栏枋三项，要钱出卖。问到胞弟龙显清承买，当面［凭］中人言妥价钱拾贰仟捌佰文。其钱亲手收足，其架付与买主为业。恐口无凭，立有卖架乙纸，付与买主为据。

凭中：龙宏顺

［代］笔：龙章

民国壬戌年四月二十六日立卖

39. 龙显恩卖地土杉木字（民国十三年二月二十九日）

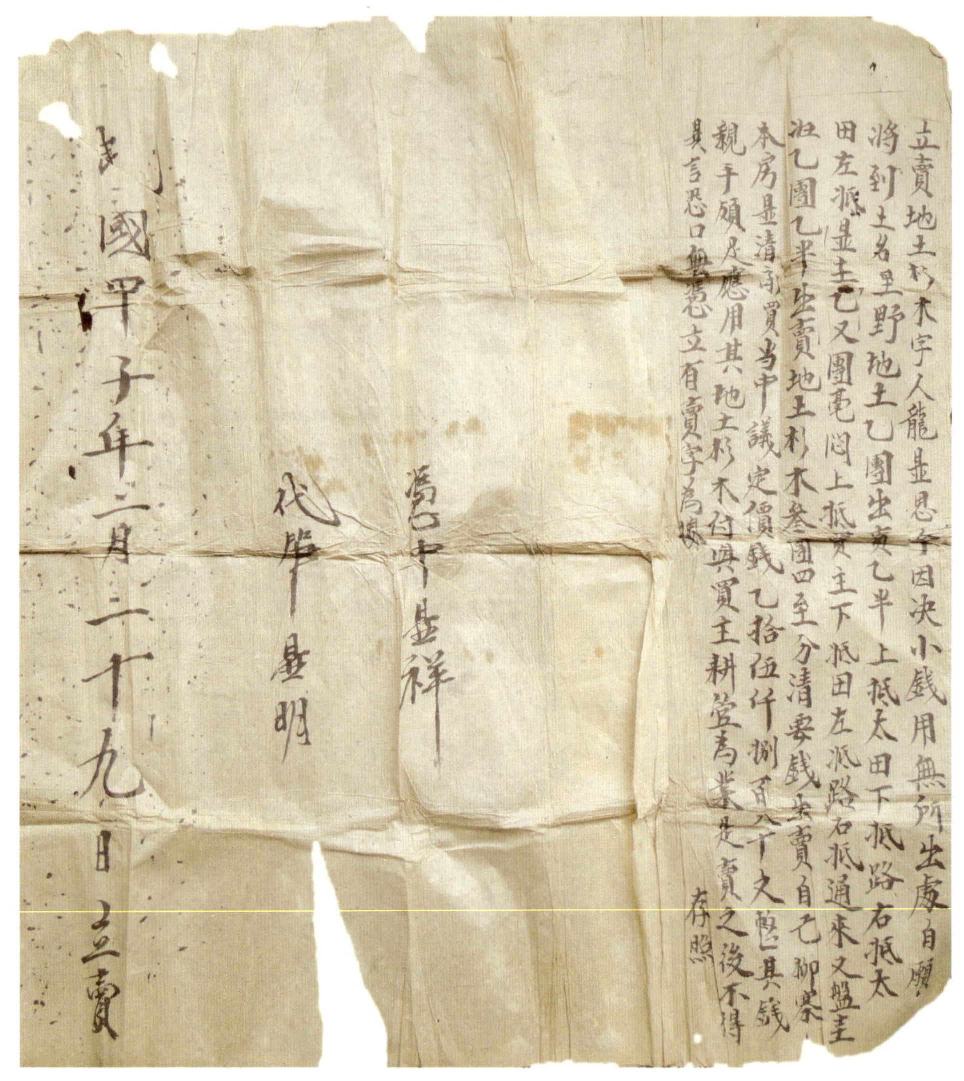

立卖地土杉木字人龙显恩，今因决小（缺少）钱用，无所出处，自愿将到土名里野地土乙团出卖乙半，上抵太田，下抵路，右抵太田，左抵显圭；又乙团豪闷，上抵买主，下抵田，左抵路，右抵通来；又盘圭归乙团，乙半出卖，地土杉木三团，四至分清，要钱出卖。自己［问到］柳寨本房显清承买，当中议定价钱乙拾伍仟捌百八十文整。其钱亲手领足应用，其地土杉木付与买主耕管为业。是（自）卖之后，不得异言。恐口无凭，立有卖字为据。

凭中：显祥

代笔：显明

民国甲子年二月二十九日立卖

40. 龙全兴等卖地土杉木字（民国十四年三月初九日）

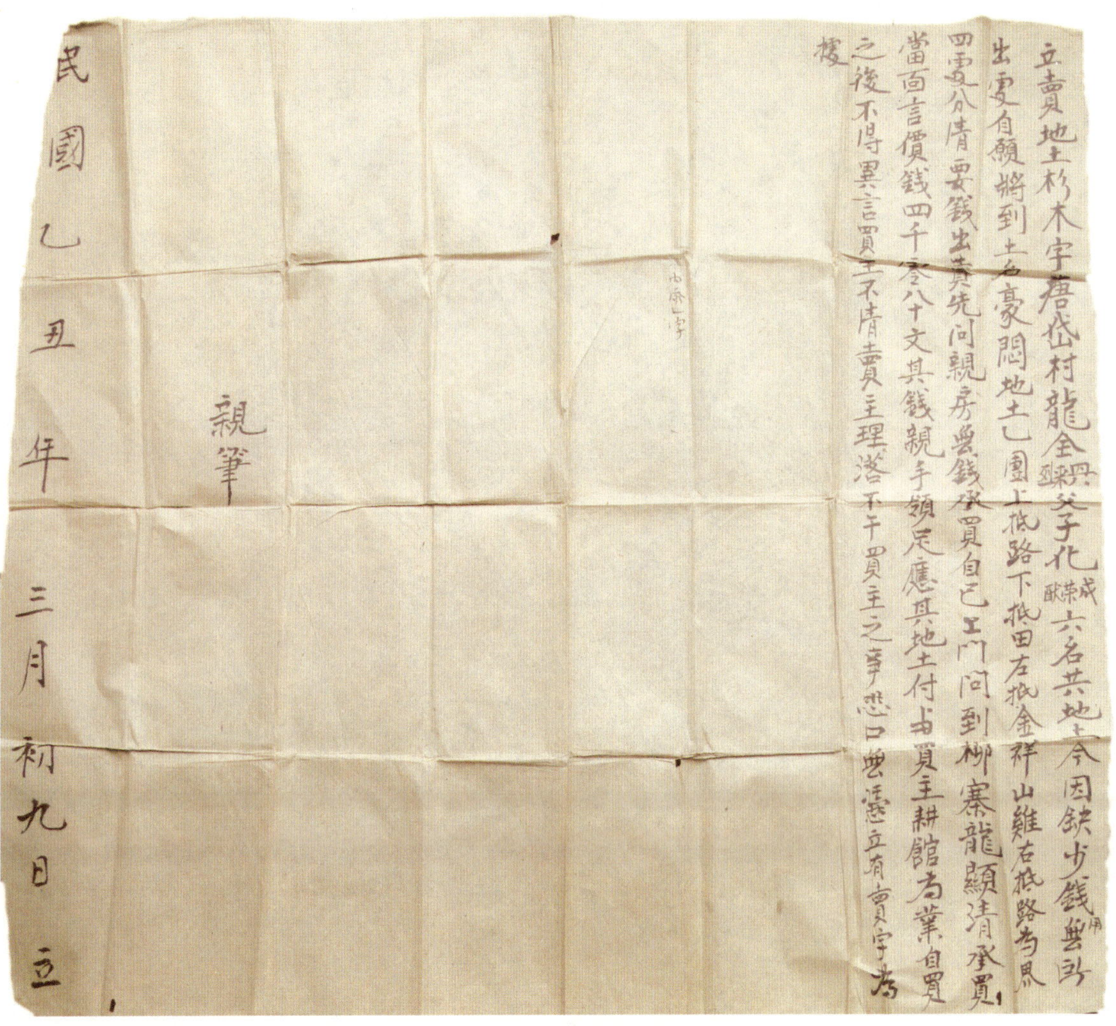

立卖地土杉木字唐岱村龙全兴、全来、全烈父子，化成、化荣、化猷六名共地土，今因缺少钱用，无所出处，自愿将到土名豪闷地土乙团，上抵路，下抵田，左抵金祥山鸡，右抵路为界，四处分清，要钱出卖。先问亲房无钱承买，自己上门问到柳寨龙显清承买，当面言［定］价钱四千零八十文。其钱亲手领足应［用］，其地土付与买主耕管为业。自买（卖）之后，不得异言。买主不清，卖主理落，不干买主之事。恐口无凭，立有卖字为据。

内添乙字

亲笔

民国乙丑年三月初九日立

41. 龙坤荣弟兄卖田契（民国十五年二月初三日）

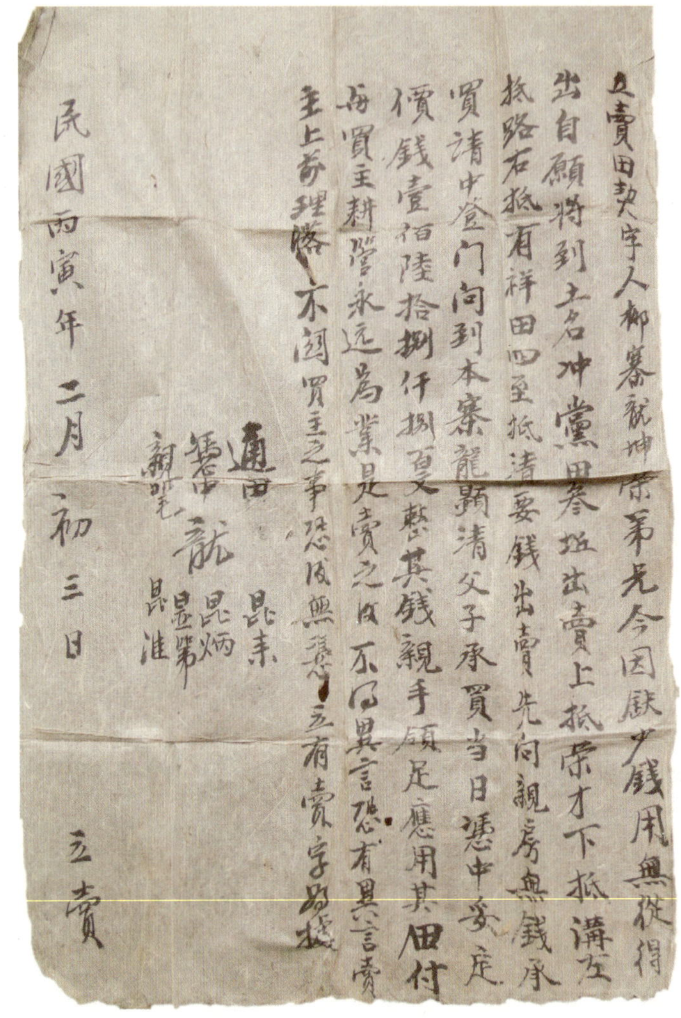

立卖田契字人柳寨龙坤荣弟兄，今因缺少钱用，无从得出，自愿将到土名冲党田叁丘出卖，上抵荣才，下抵沟，左抵路，右抵有祥田，四至抵清，要钱出卖。先问亲房无钱承买，请中登门问到本寨龙显清父子承买，当日凭中［言］妥定价钱壹佰陆拾捌仟捌百文整。其钱亲手领足应用，其田付与买主耕管永远为业。是［自］卖之后，不得异言。恐有异言，卖主上前理落，不关买主之事。恐后无凭，立有卖字为据。

通田：龙昆来

凭中：龙昆炳、显第

亲笔：龙昆淮

民国丙寅年二月初三日立卖

42. 龙显瑞卖田契（民国十五年二月十九日）

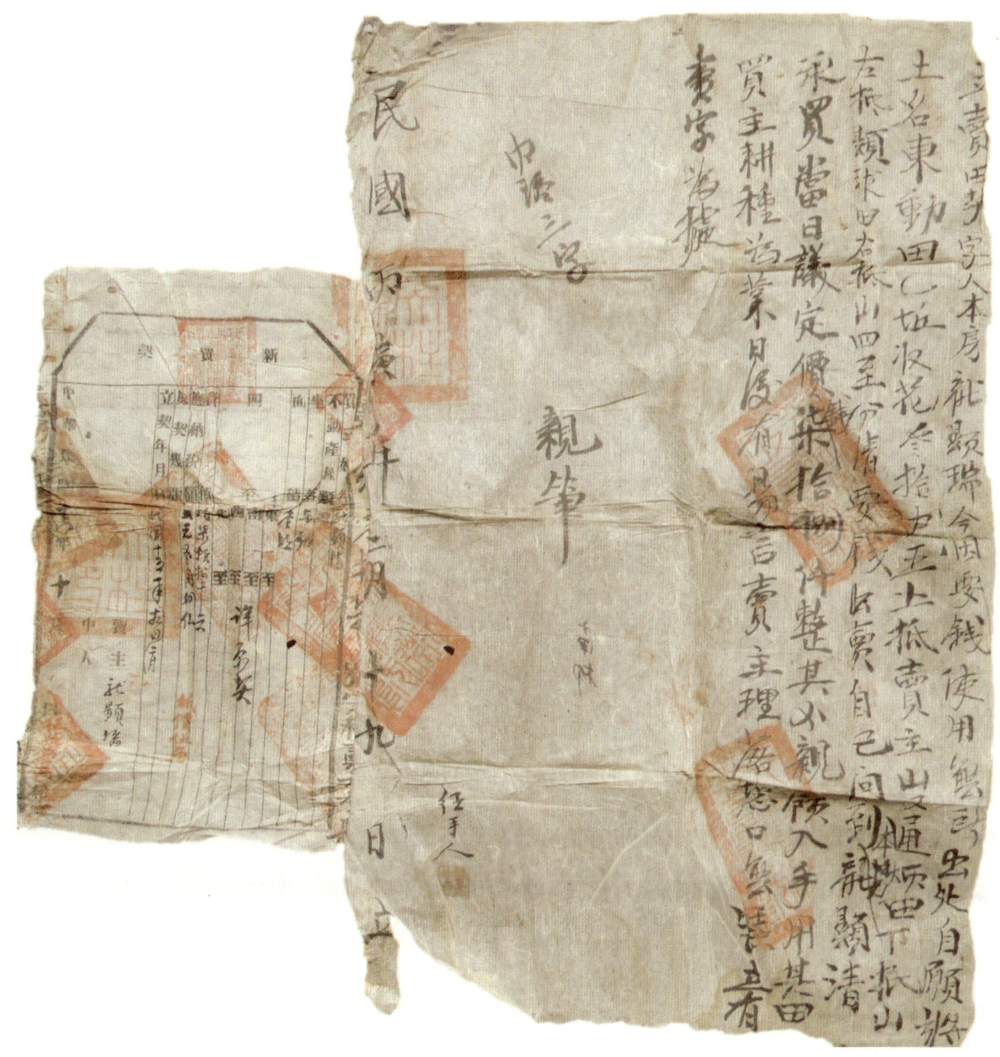

立卖田契字人本房龙显瑞，今因要钱使用，无所出处，自愿将土名东动田乙丘，收花叁拾五边（稨），上抵卖主山，又通炳田，下抵山，左抵显球田，右抵山，四至分清，要钱出卖。自己问到本□龙显清承买，当日议定价钱柒拾捌仟整。其钱亲领入手［应］用，其田买主耕种为业。日后［若］有易言，卖主理落。恐口无凭，立有卖字为据。

内添三字

亲笔

经手人

民国丙寅年二月十九日立

43. 龙昆全、龙昆荣兄弟卖田契（民国十五年三月初九日）

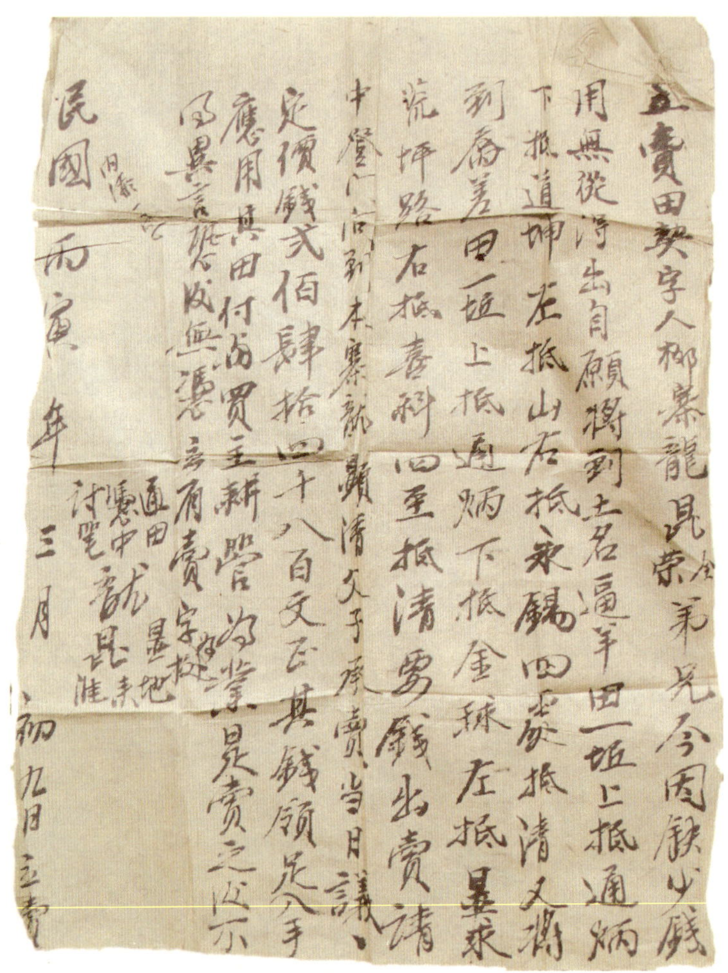

立卖田契字人柳寨龙昆全、昆荣弟兄，今因缺少钱用，无从得出（处），自愿将到土名逼羊田一丘，上抵通炳，下抵道坤，左抵山，右抵永锡，四处抵清。又将到乔差田一丘，上抵通炳，下抵金球，左抵显求荒坪路，右抵喜科，四至抵清，要钱出卖。请中登门问到本寨龙显清父子承买，当日议定价钱贰佰肆拾四千八百文正。其钱领足入手应用，其田付与买主耕管为业。是（自）卖之后，不得异言。恐后无凭，立有卖字为据。

内添一字

通田：龙显地

凭中：龙昆来

讨笔：龙昆淮

民国丙寅年三月初九日立卖

44. 龙汉烈卖地土杉木契（民国十五年三月十七日）

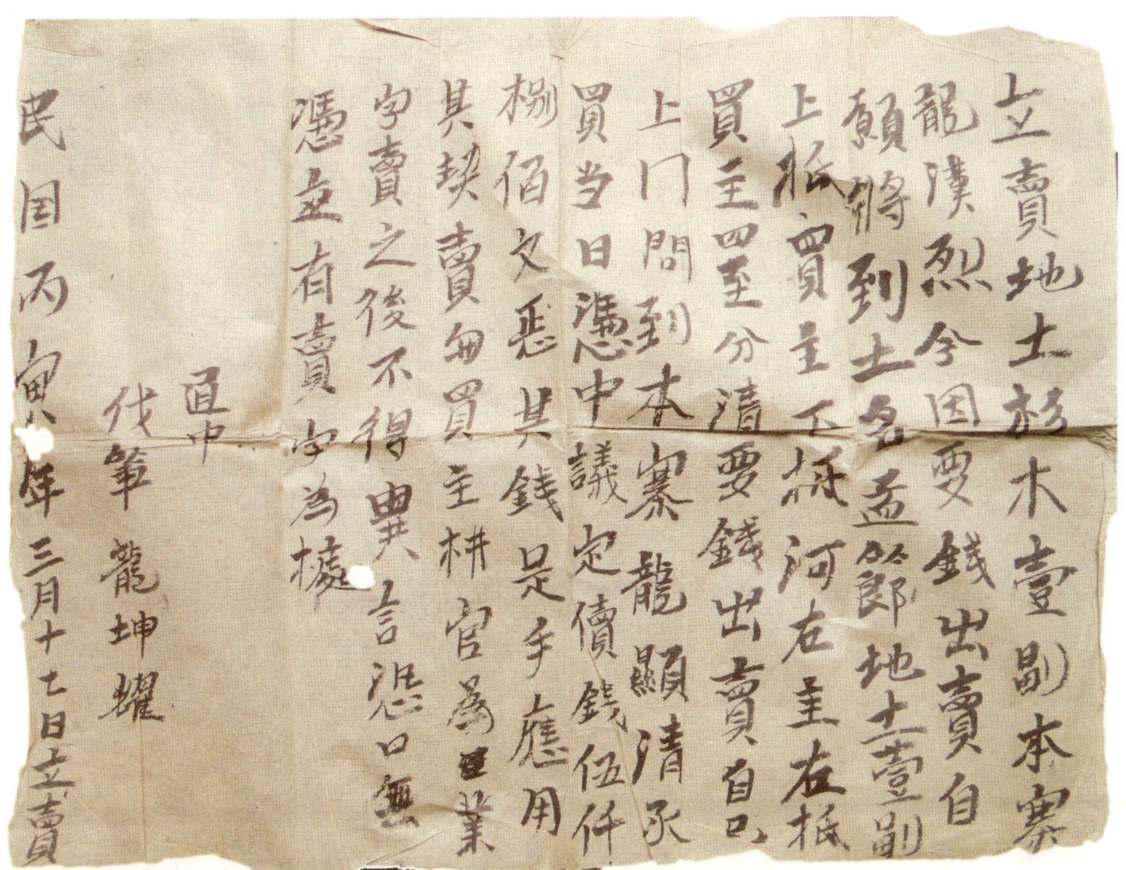

立卖地土杉木壹副，本寨龙汉烈，今因要钱出卖，自愿将到土名孟节地土壹副，上抵买主，下抵河，右［抵］圭，左抵买主，四至分清，要钱出卖。自己上门问到本寨龙显清承买，当日凭中议定价钱伍仟捌佰文整。其钱足（入）手应用，其契卖与买主耕官（管）为业。字（自）卖之后，不得异言。恐口无凭，立有卖字有据。

通中

代笔：龙坤耀

民国丙寅年三月十七日立卖

45. 龙坤来卖田契（民国十五年四月十八日）

立卖田契字人柳寨龙坤来，今因缺少钱用，无从得出，自愿将到土名美凉田壹丘出卖，上抵路，下抵仁见园，左抵化书田，右抵路，四处抵清，要钱出卖。请中登门问到本寨龙显清父子承买，当日议定价钱壹佰壹拾壹仟捌佰文正。其钱亲手领足需（应）用，其田付与买主耕管为业。是（自）卖之后，不得异言。恐有异言，卖主上前理落，不干买主之事。恐口无凭，立有卖字为据。

内添一字

凭中：龙显地

讨笔：龙昆淮

民国丙寅年四月十八日立卖

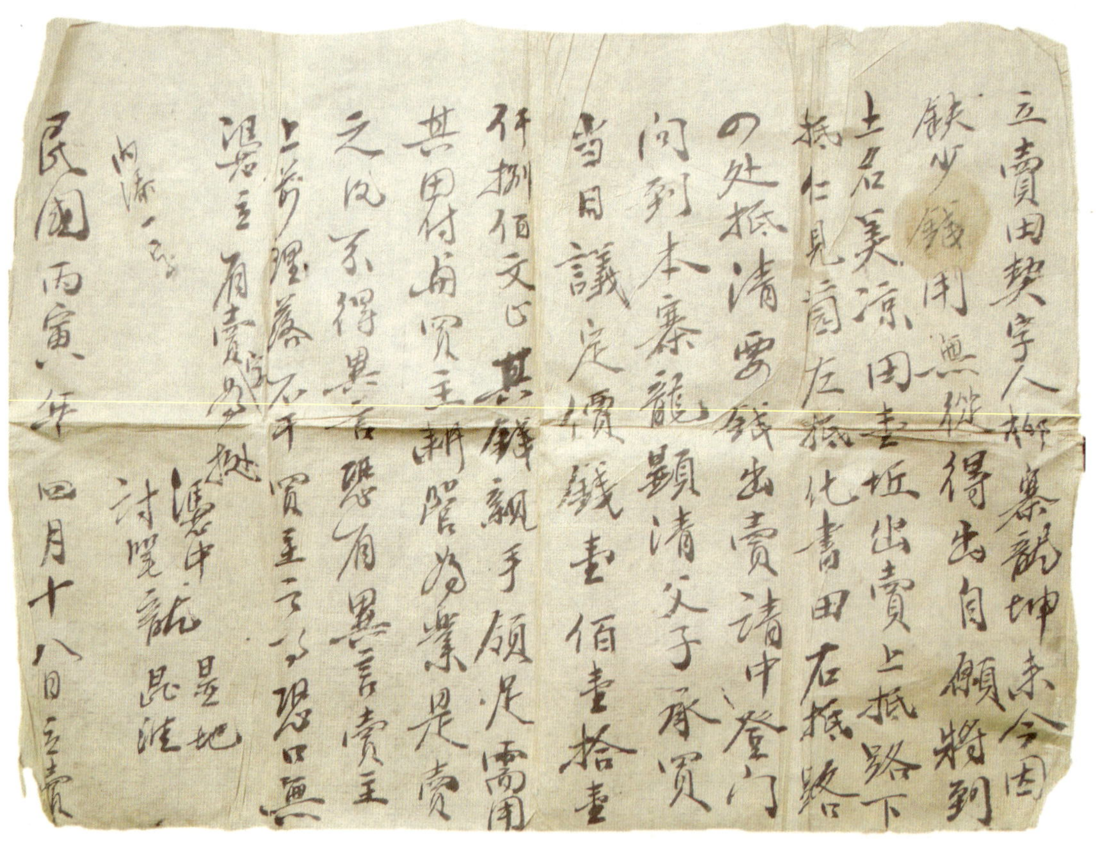

46. 龙吉庆卖田契（民国十五年五月初三日）

立卖田字人龙吉庆，情因家下要钱需用，无从得处，自愿将到地名归赖田乙丘，上抵龙景亮、龙景坤田，下抵龙泰来，左抵冲边荒坪，右抵龙现朗田，四界分清，要钱出卖。先问房族无钱可承［买］，自己请中上门问到本寨龙显清父子承买，当日议妥价钱九拾壹仟贰佰零捌拾。其钱亲手领足应用，其田付与买主耕管为业。自卖之后，不得异言。恐口无凭，立有卖字为据。

凭中：龙洪顺、龙吉汉、龙吉邦

代笔：龙吉铣

民国拾伍年五月初三日立

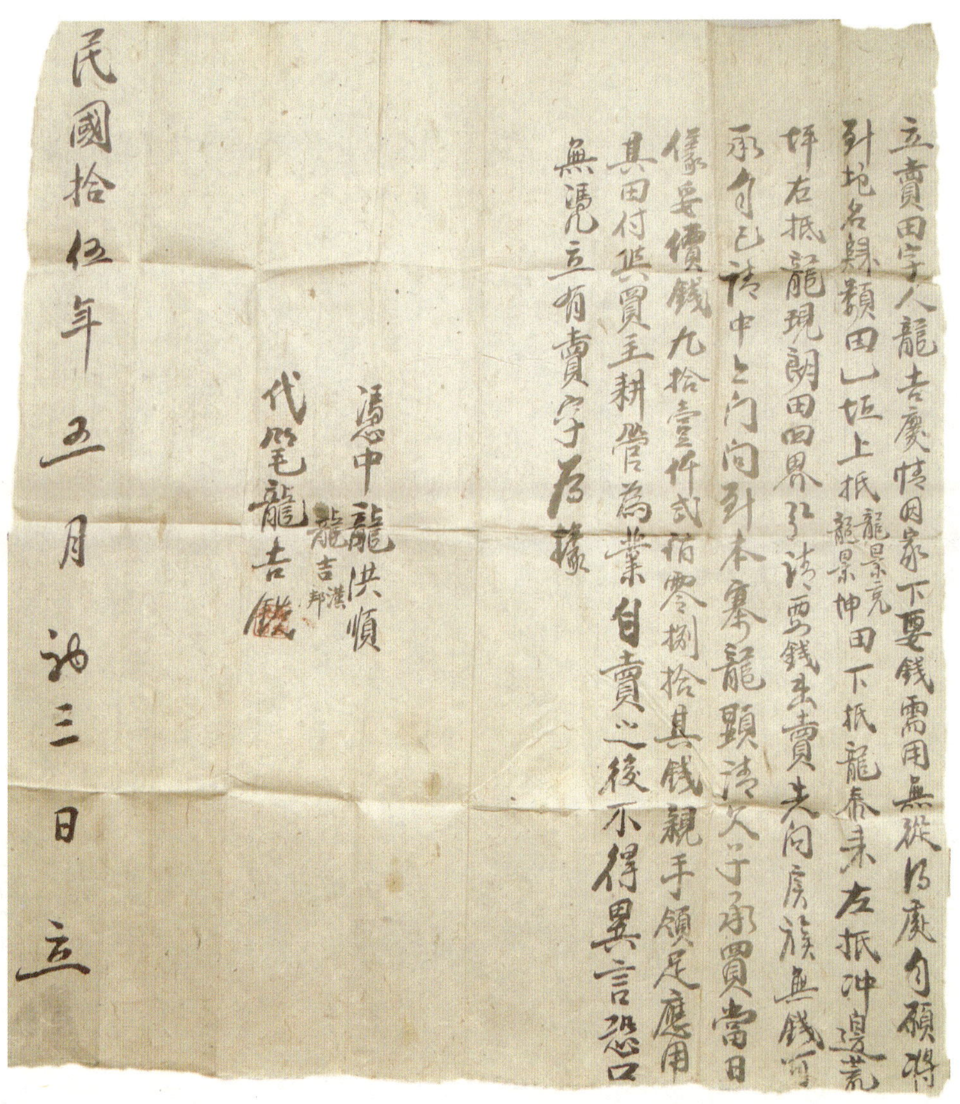

立賣田字人龍吉慶情因家下要錢需用無從得處自願將
到地名歸賴田乙坵上抵龍景亮 龍景坤田下抵龍泰來左抵冲邊荒
坪右抵龍現朗田四界分清要錢出賣先問房族無錢可
承自己請中上門問到本寨龍顯清父子承買當日
議妥價錢九拾壹仟貳佰零捌拾其錢親手領足應用
其田付與買主耕管為業自賣之後不得異言恐口
無憑立有賣字為據

憑中 龍洪順 龍吉漢 吉邦

代筆 龍吉銑

民國拾伍年五月初三日立

47. 龙通来卖地土杉木字（民国十五年五月二十一日）

立卖地土杉木字人本房龙通来，今因家下要钱使用，无所出处，自愿将到土名豪涧地土杉木一团，上抵本主，下抵田，左抵本主，右抵本主，四界分明，要钱出卖。自己上门问到本族龙显清承买，当日议定［价］钱伍仟捌百捌十文整。其钱亲领入手［应］用，其地土杉木买主永远耕管为业。自卖之后，日后不得言语。若有言语，卖主理落，不干买主之事。恐口无凭，立卖字是实。

笔：龙才彰

民国丙寅［年］伍［月］廿一日立字

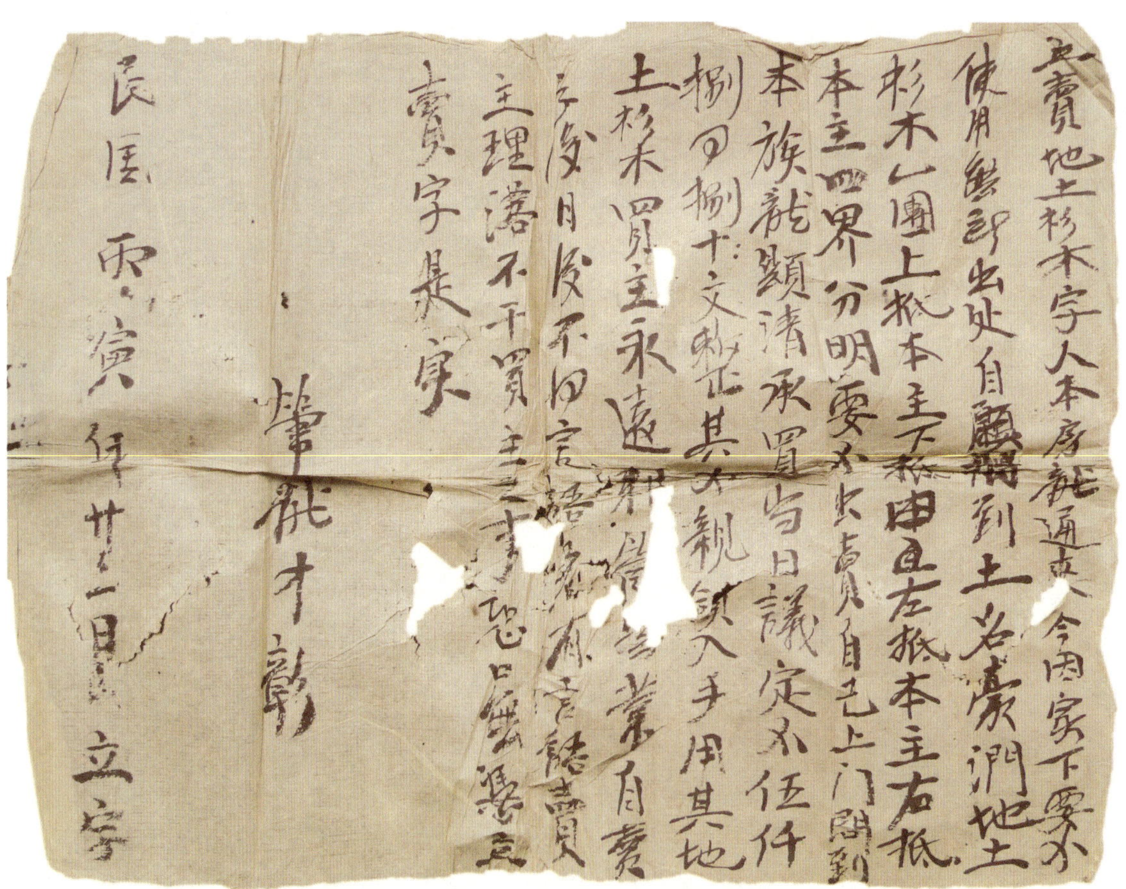

48. 龙通来卖地土杉木字（民国十五年六月十九日）

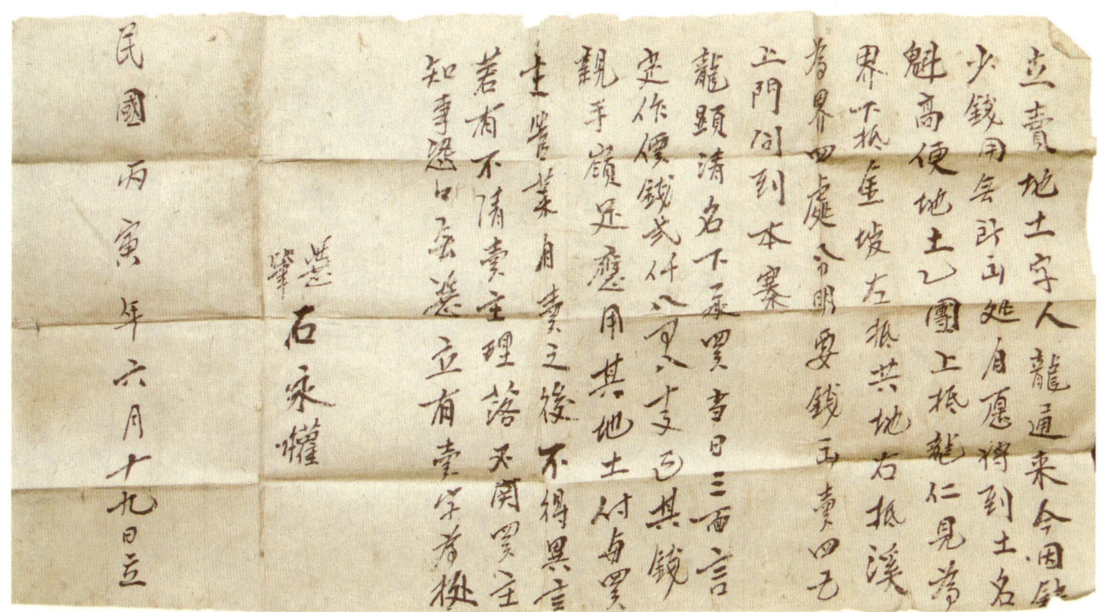

立卖地土字人龙通来，今因缺少钱用，无所出处，自愿将到土名魁高便地土乙团，上抵龙仁见为界，下抵金坡，左抵共地，右抵溪为界，四处分明，要钱出卖。自己上门问到本寨龙显清名下承买，当日三面言定作价钱贰仟八百八十文正。其钱亲手领足应用，其地土付与买主管业。自卖之后，不得异言。若有不清，卖主理落，不关买主知（之）事。恐口无凭，立有卖字为据。

凭、笔：石永权

民国丙寅年六月十九日立

49. 龙坤炳卖地土杉木字（民国十五年六月二十二日）

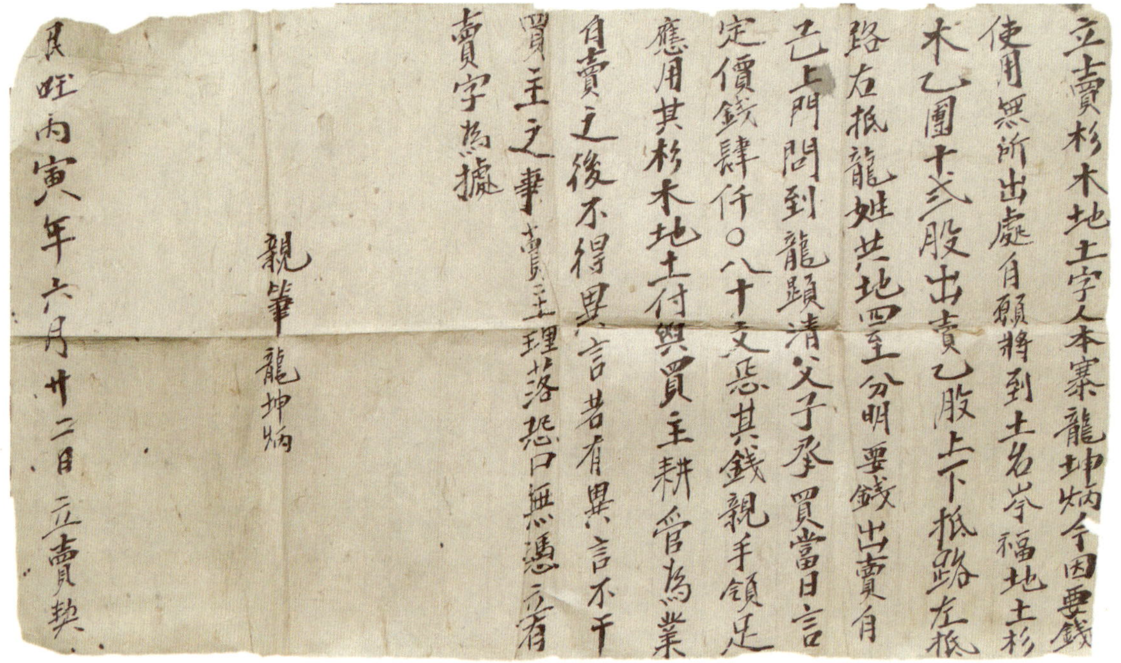

立卖杉木地土字人本寨龙坤炳，今因要钱使用，无所出处，自愿将到土名岑福地土杉木乙团，十贰股出卖乙股，上下抵路，左抵路，右抵龙姓共地，四至分明，要钱出卖。自己上门问到龙显清父子承买，当日言定价钱肆仟〇八十文整。其钱亲手领足应用，其杉木地土付与买主耕管为业。自卖之后，不得异言。若有异言，不干买主之事，卖主理落。恐口无凭，立有卖字为据。

亲笔：龙坤炳

民国丙寅年六月廿二日立卖契

50. 龙显恩卖地土字（民国十五年七月十四日）

立卖地土字人龙显恩，今因家下要钱使用，无所出处，自愿将到土名故福地乙团，上抵田，下抵田，左抵买主，右抵田，四至分清，要钱出卖。请中上门问到本房龙显清承买，当日言定价钱伍仟文整。其钱亲手领足应用，其地土付与买主管业。不［得］异言。恐口无凭，立有卖［字］为据。

凭中、代笔：龙现田

民国丙寅年七月十四日立卖

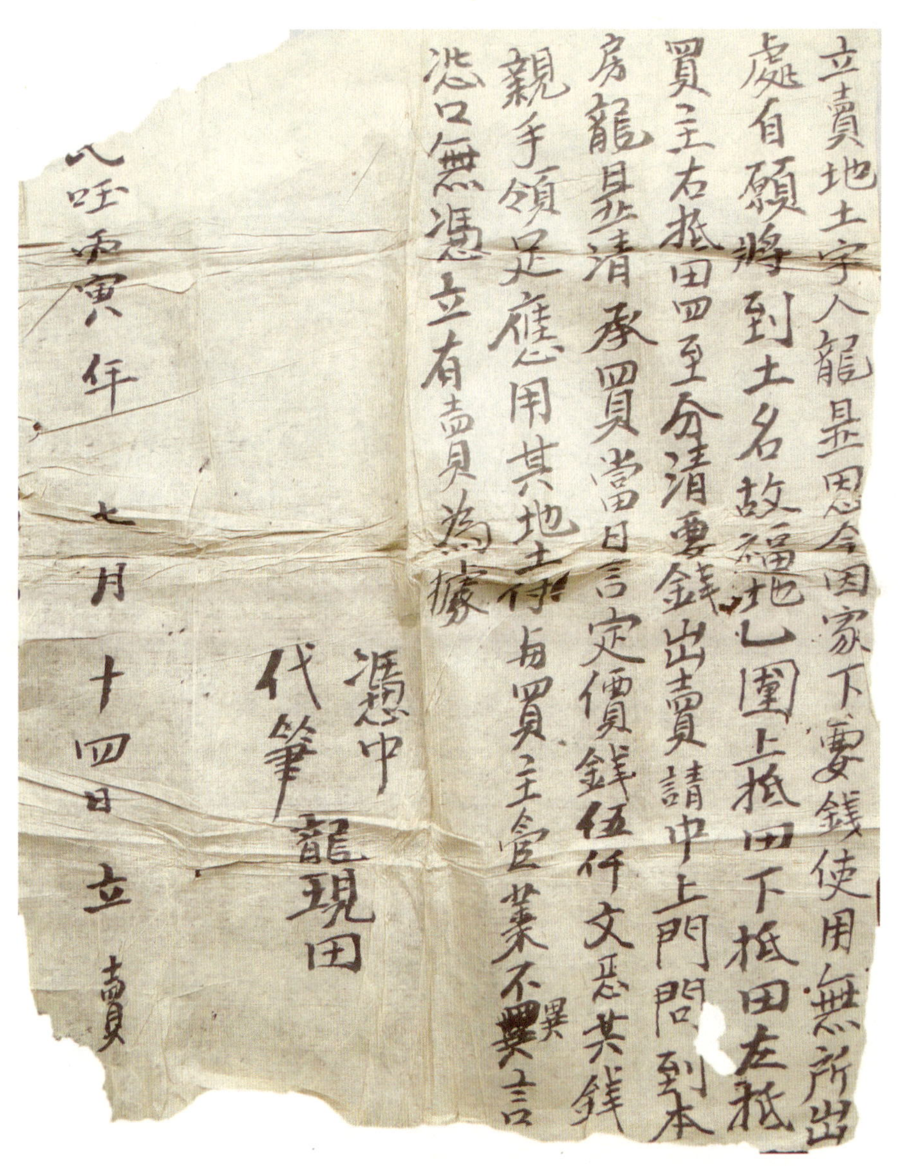

立賣地土字人龍昱恩今因家下要錢使用無所出
處自願將到土名故福地乙團上抵田下抵田左抵
買主右抵田四至分清要錢出賣請中上門問到本
房龍昱清承買當日言定價錢伍仟文整其錢
親手領足應用其地土付与買主管業不異言
恐口無憑立有賣為據

憑中
代筆 龍現田

民国丙寅年七月十四日立賣

51. 龙通来卖地土杉木字（民国十六年三月初八日）

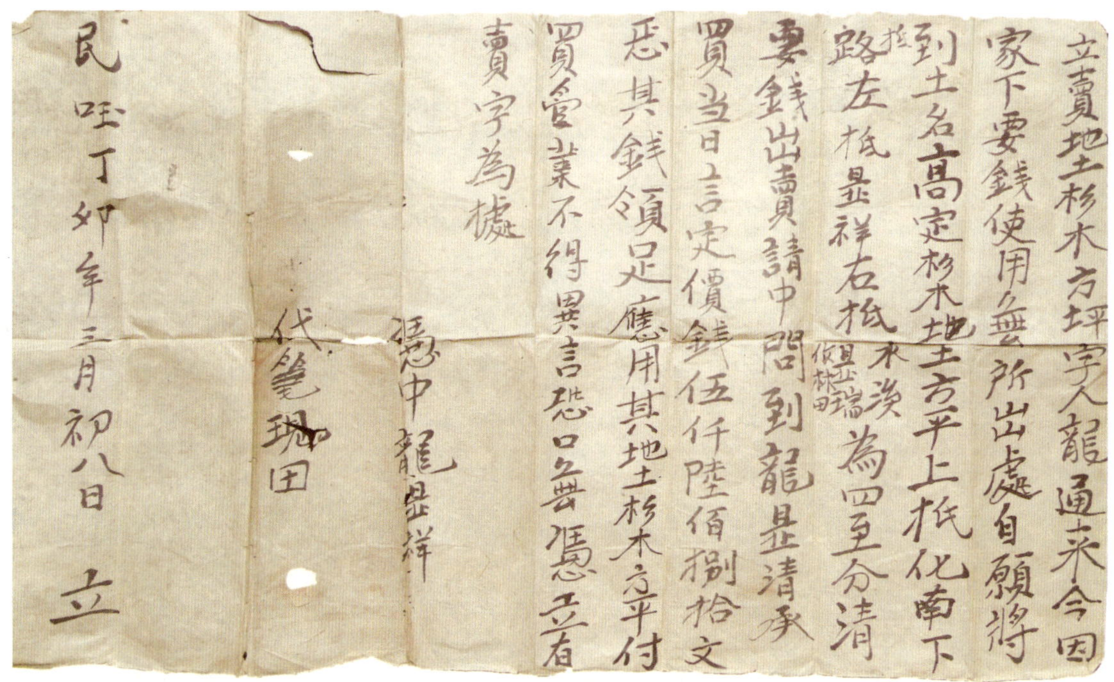

立卖地土杉木方坪字人龙通来，今因家下要钱使用，无所出处，自愿将到土名高定杉木地土方平，上抵化南，下抵路，左抵显祥，右抵永溪、显瑞、作林田为［界］，四至分清，要钱出卖。请中问到龙显清承买，当日言定价钱伍仟陆佰捌拾文整。其钱领足应用，其地土杉木方平（荒坪）付买［主］管业。不得异言。恐口无凭，立有卖字为据。

凭中：龙显祥

代笔：现田

民国丁卯年三月初八日立

52. 龙通玉、龙通成典田字（民国十六年十二月初十日）

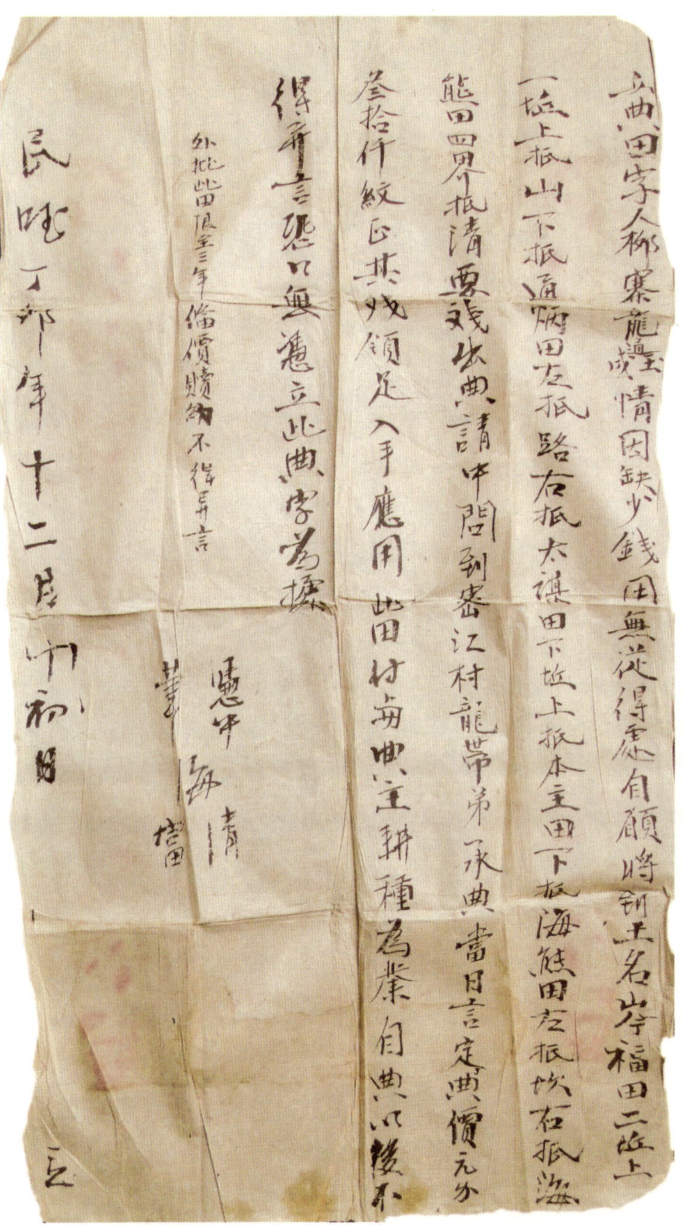

立典田字人柳寨龙通玉、通成，情因缺少钱用，无从得处，自愿将到土名岑福田二丘，上一丘上抵山，下抵通炳田，左抵路，右抵太谋田；下丘上抵本主田，下抵海熊田，左抵坎，右抵海熊田，四界抵清，要钱出典。请中问到密江村龙带弟承典，当日言定典价元钱叁拾仟纹（文）正。其钱领足入手应用，此田付与典主耕种为业。自典以后不得异言。恐口无凭，立此典字为据。

外批：此田限至三年备价赎约，不得异言。

凭中：海清

笔：海富

民国丁卯年十二月初十日立

53. 龙埅成加典田字（民国十七年六月初三日）

立加典田字人柳寨龙坤成，情要钱取用，无所出处，自愿将到土名归赖田乙丘，先典，后加作抵之钱，上抵太恒，下抵抵借之主，左抵田山，右抵溪，四界分情（清），要钱加典抵借。先问堂兄、堂弟并及亲房、亲族无钱承借加典之钱，自己上门问到同寨龙吉坤承借，加典之钱壹拾四千四百文整。其钱亲手（领）入手应用，其禾花任从昆成。另将别处之田称谷，限至每年十月称谷乙百四十斤。不得有误，其本钱限至六月退还。若有误者，照契上门称谷，不得言高语低。恐口无凭，立有加典借抵为据。

凭中：龙太木

亲笔

民国戊辰年六月初三日立

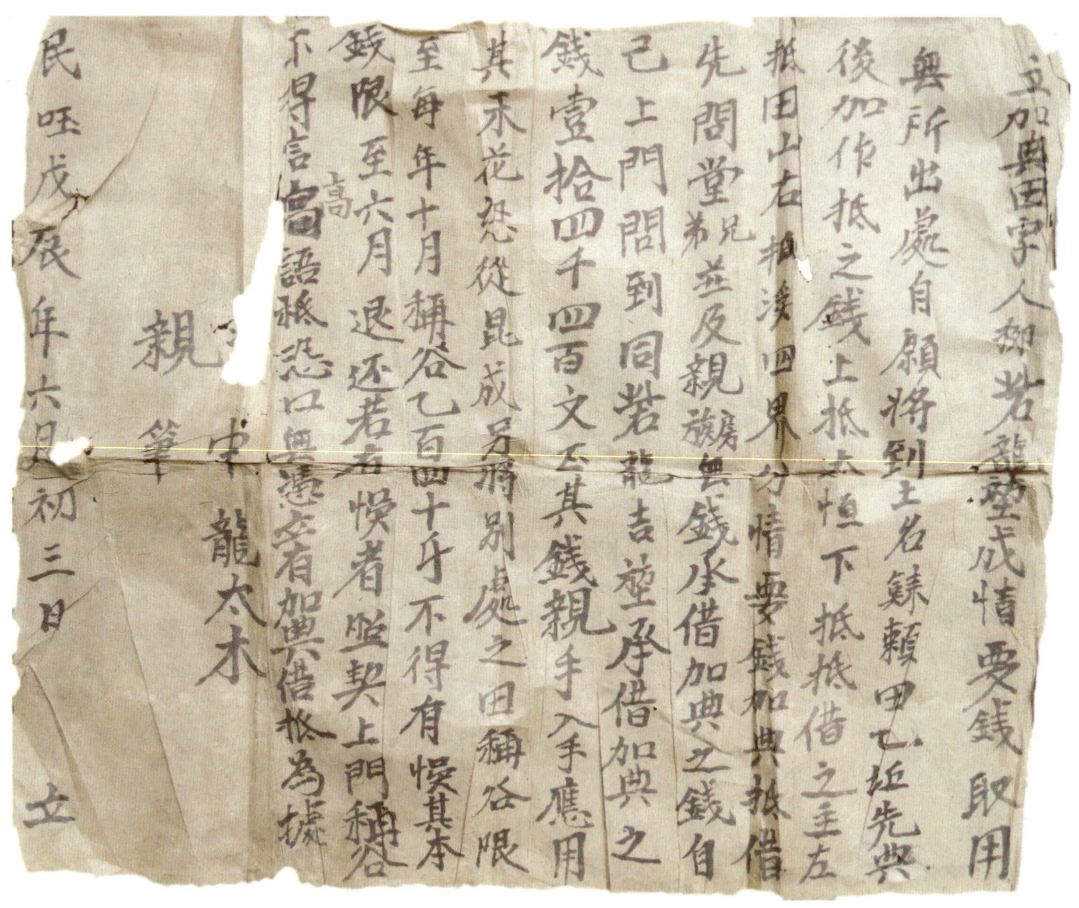

54. 龙昆成、龙昆俊卖田契（民国十七年十二月二十六日）

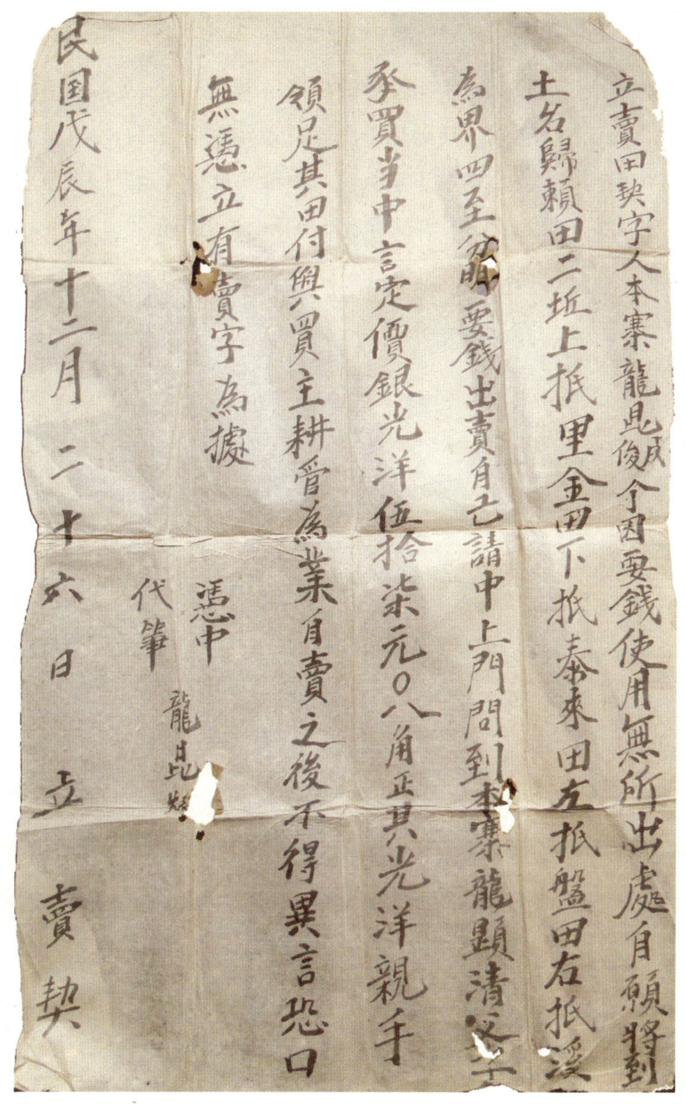

立卖田契字人本寨龙昆成、昆俊，今因要钱使用，无所出处，自愿将到土名归赖田二丘，上抵里金田，下抵泰来田，左抵盘田，右抵溪为界，四至分明，要钱出卖。自己请中上门问到本寨龙显清父子承买，当中言定价银光洋伍拾柒元〇八角整。其光洋亲手领足，其田付与买主耕管为业。自卖之后，不得异言。恐口无凭，立有卖字为据。

凭中、代笔：龙昆炳

民国戊辰年十二月二十六日立卖契

55. 龙通玉、龙通成兄弟卖田字（民国十八年二月初五日）

立卖田字人龙通玉、通成兄弟二人，情因家中缺少钱用度，无从得处，自愿将到土名高岑梧田大小一连两丘，收花四拾稨，上至山为界，下至通炳、海熊田为界，左至古路，右至太谋、海熊田为界，四至分清，要钱作卖。请中问到本寨龙显清名下承买，当面议妥价圆（元）钱壹佰壹拾壹仟捌佰文整。钱亲领入手应用，其田付与买主耕管为业。自卖以后，不得异言。恐口无凭，立此卖契为据。

代笔：海富

凭中：海清、现乾

民国十八年己巳岁二月初五日立

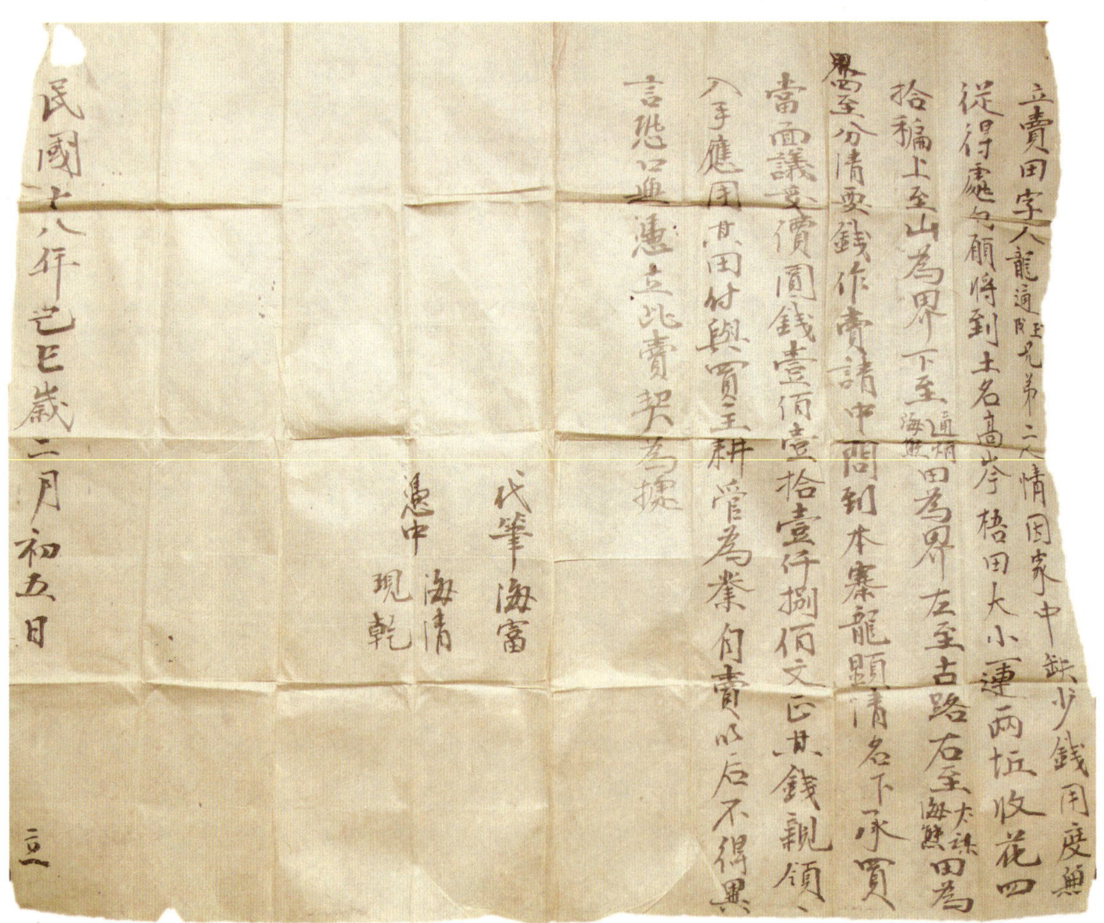

立賣田字人龍通玉兄弟二人情因家中缺少錢用度無
從得處自願將到土名高岑梧田大小連兩坵收花四
拾稨上至山為界下至通炳海熊田為界左至古路右至太謀海熊田為
界四至分清要錢作賣請中問到本寨龍顯清名下承買
當面議妥價圓錢壹佰壹拾壹仟捌佰文正其錢親領
入手應用其田付與買主耕管為業自賣以後不得異
言恐口無憑立此賣契為據

代筆 海富

憑中 海清 現乾

民國十八年己巳歲二月初五日 立

56. 龙昆来父子卖田契（民国十九年二月初五日）

立卖田契人本寨龙昆来父子，今因要钱使用，无从得处，自愿将到土名高华田壹丘，禾花叁拾稨，东抵山，西抵龙显达田，南抵坎，北抵龙荣才田，四至抵清，要钱出卖。请中上门问到本寨龙显清名下承买，当中言定价钱柒拾壹仟捌佰纹（文）整。其钱即日领足应用，其田付与买主耕管为业。自卖之后，不得异言。若有异言，卖主挺身理落，不干买主之事。今欲有凭，立此卖契一纸，付与买主存照是实。

内添乙字

通中：龙昆全

凭中：龙昆旺、金富

讨笔：龙青汉

中华民国庚午十九年二月初五日立

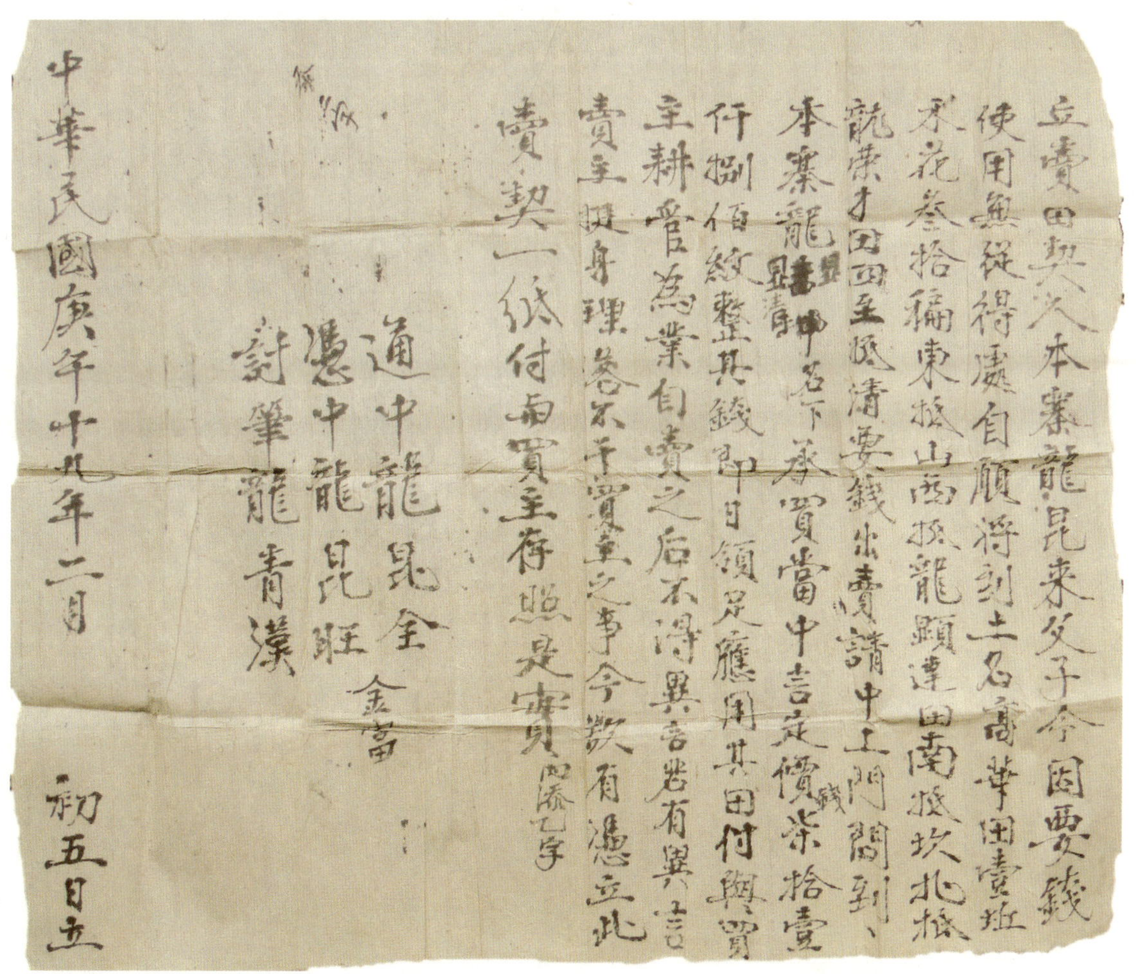

立賣田契人本寨龍昆来父子今因要錢
使用無從得處自願將到土名高華田壹坵
禾花叁拾稨東抵山西抵龍顯達田南抵坎北抵
龍荣才田四至抵清要錢出賣請中上門問到
本寨龍顯清名下承買當中言定價錢柒拾壹
仟捌佰紋整其錢即日領足應用其田付與買
主耕管為業自賣之后不得異言若有異言
賣主挺身理落不干買主之事今欲有憑立此
賣契一紙付與買主存照是實　内添乙字
通中龍昆全
憑中龍昆旺　金富
討筆龍青漢
中華民國庚午十九年二月　初五日立

57. 龙坤全卖田契（民国十九年二月初七日）

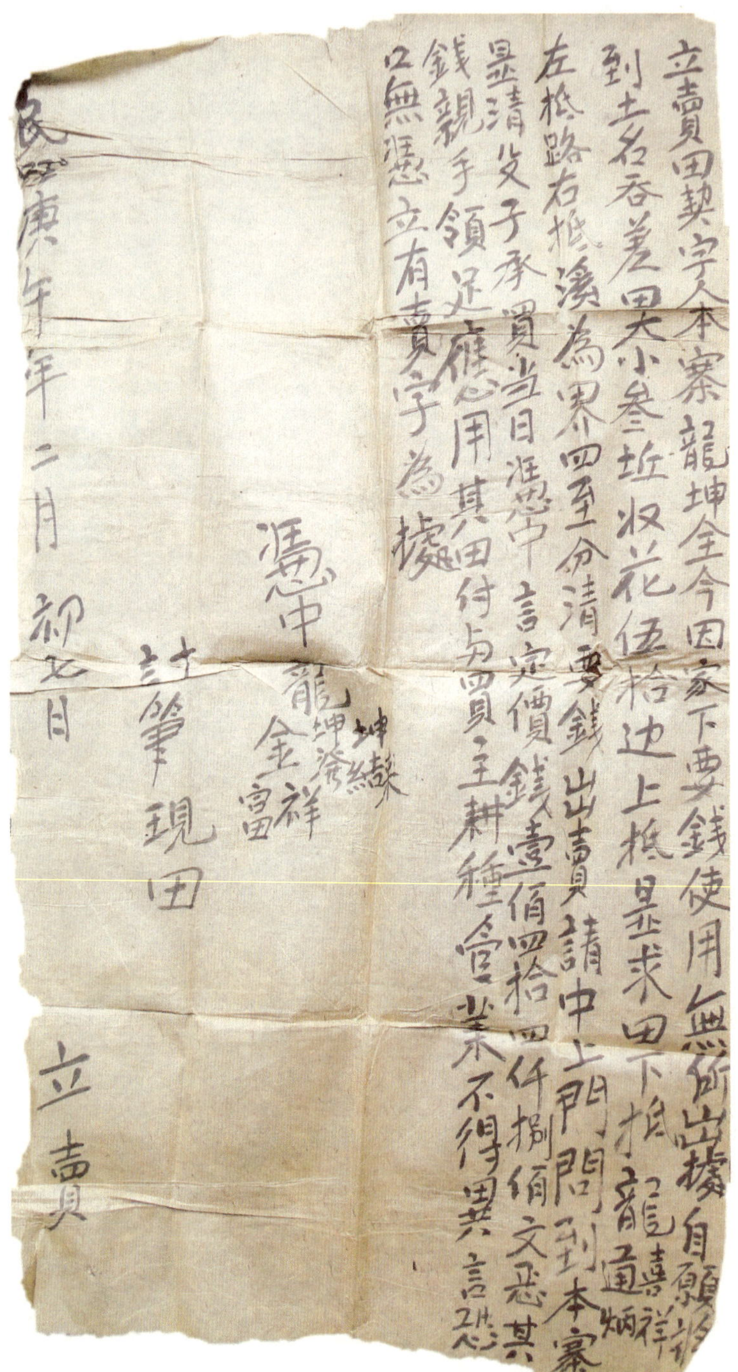

立卖田契字人本寨龙坤全，今因家下要钱使用，无所出处，自愿将到土名吞差田大小叁丘，收花伍拾边（稨），上抵显求田，下抵龙喜祥、通炳，左抵路，右抵溪为界，四至分清，要钱出卖。请中上门问到本寨显清父子承买，当日凭中言定价钱壹佰四拾四仟捌佰文整。其钱亲手领足应用，其田付与买主耕种管业。不得异言。恐口无凭，立有卖字为据。

凭中：龙坤来、坤结、坤发、金祥、金富

讨笔：现田

民国庚午年二月初七日　立卖

58. 龙作祯兄弟卖地土杉木字（民国二十二年前五月二十日）

［立卖］地土杉木字龙作祯兄弟三人，要钱用度，无所得处，自愿将到土名□岑冲朗地土壹团，上抵路，下抵显瑞地土，左抵显耀地土，右抵显瑞，［四］界分明；又土名冲朗田坎上壹团，上抵龙通炳，下抵龙现朗地土，左抵通炳、荣炳，右抵龙作林地土，四至分清，要钱出卖。请中问到本族龙显清承买，当日三面言妥价元钱伍仟伍佰捌拾文整。其钱亲手领足用度，其地土两处付与买主耕管为业。自卖以后，不得异言。恐口无凭，立此卖字为据。

内添二字

凭中、代笔：龙日章

民国癸酉年前五月二十日　　立

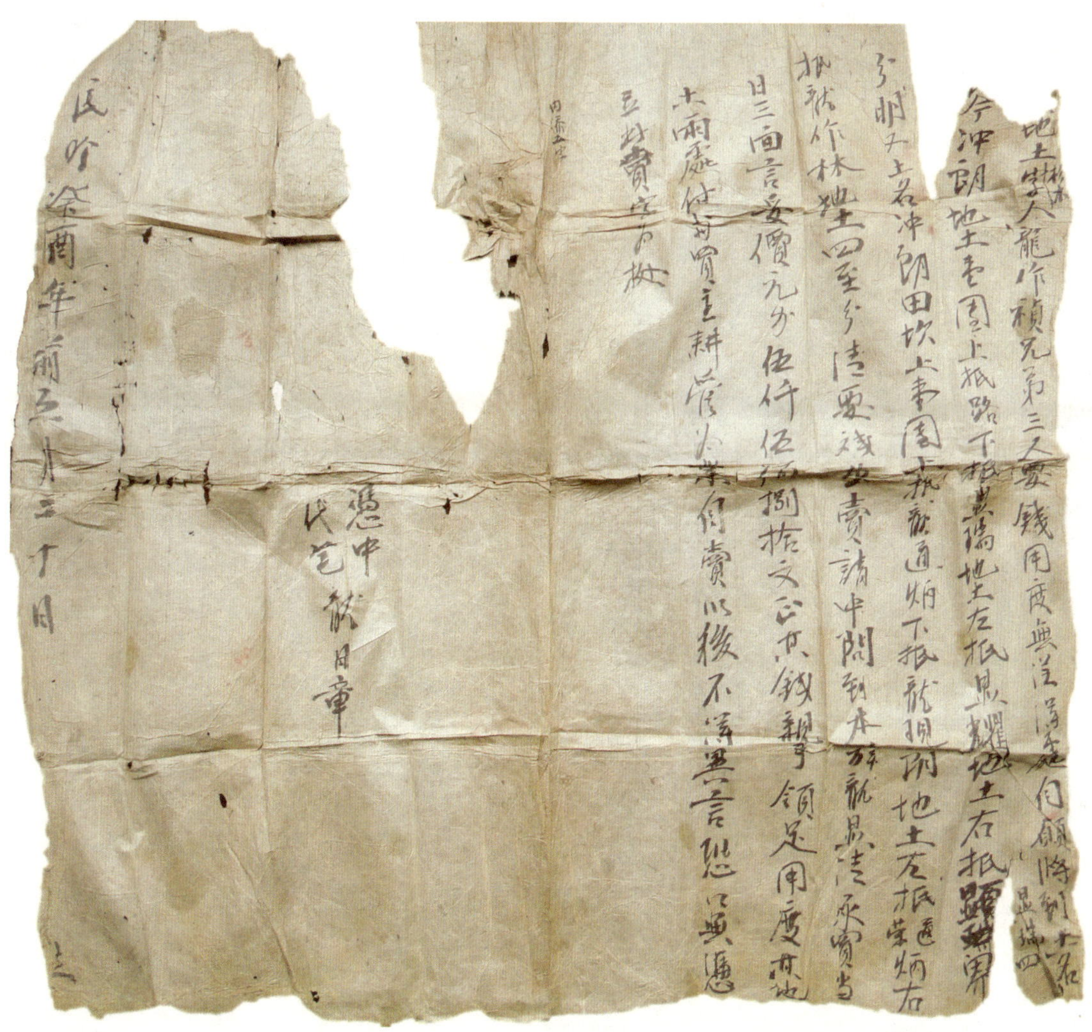

59. 龙伯鑑、王敬斋立清白字（民国二十二年七月十八日）

立清白无事字人摆洞龙伯鑑、王敬斋二人，情因本年得议买高引蒲光泰青山壹团，后因伯鑑届期来兑，而蒲姓又卖与龙三星等砍卖，因此纠葛，及今尚未清楚。叨蒙乡老张又新、刘开仕等不忍坐视傍（旁）观，入中解排，劝蒲姓补伯鑑等大洋捌元，而木放与蒲姓卖与三星等，放卖何人伯鑑等不德（得）异言。两造自己心甘情愿，了息无事。恐口无凭，立有清白付与蒲姓及三星手执为据。

乡老：张又新、刘开仕

讨笔：刘克元

民国二十二年七月十八日立

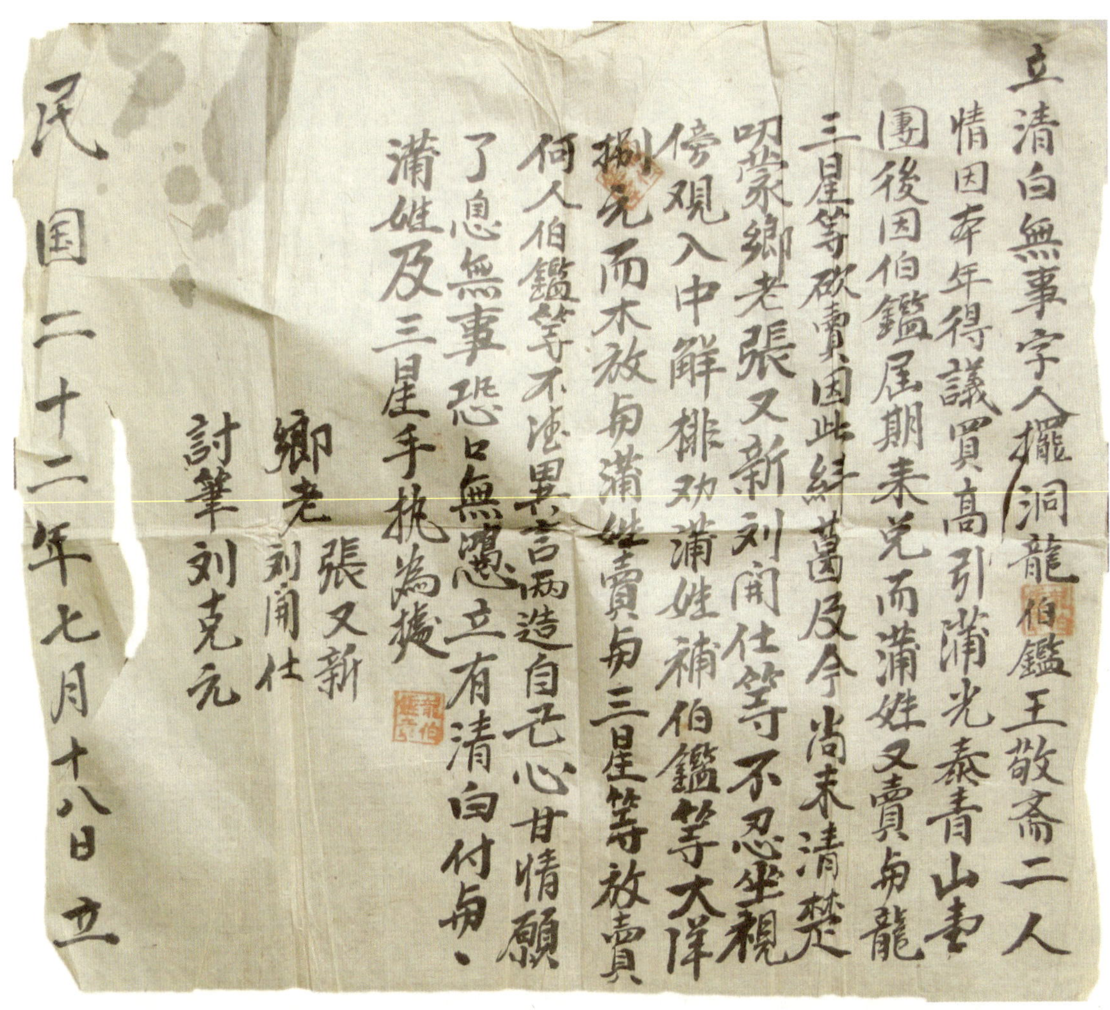

立清白無事字人擺洞龍伯鑑王敬斋二人
情因本年得議買高引蒲光泰青山壹
團後因伯鑑屆期來兑而蒲姓又賣与龍
三星等砍賣因此糾葛及今尚未清楚
叨蒙鄉老張又新刘開仕等不忍坐視
傍观入中解排劝蒲姓補伯鑑等大洋
捌元而木放与蒲姓賣与三星等放賣
何人伯鑑等不德異言兩造自己心甘情願
了息無事恐口無憑立有清白付与
蒲姓及三星手執為據
鄉老 張又新 刘開仕
討筆 刘克元
民国二十二年七月十八日立

60. 龙恩炳卖地土字（民国二十二年八月二十一日）

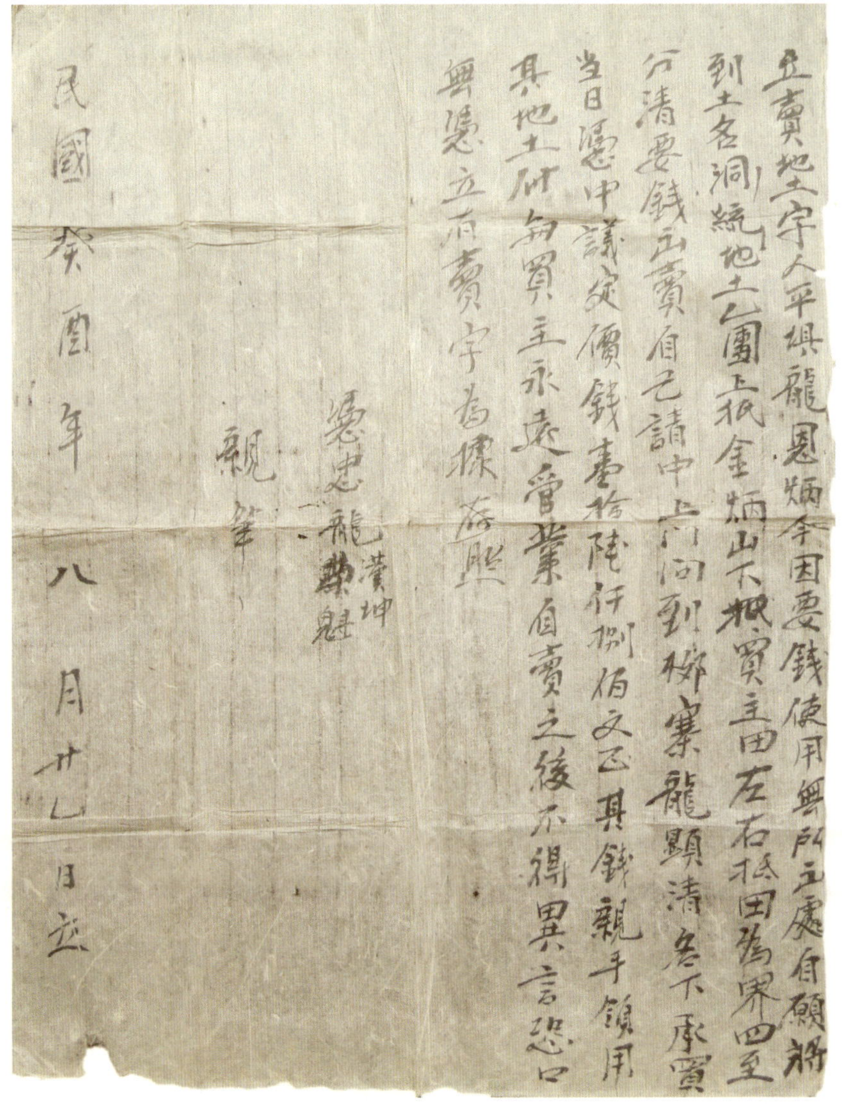

立卖地土字人平坝龙恩炳，今因要钱使用，无所出处，自愿将到土名统洞地土乙团，上抵金炳山，下抵买主田，左右抵田为界，四至分清，要钱出卖。自己请中上门问到柳寨龙显清名下承买，当日凭中议定价钱壹拾陆仟捌佰文正。其钱亲手领用，其地土付与买主永远管业。自卖之后，不得异言。恐口无凭，立有卖字为据存照。

凭忠（中）：龙汉坤、荣魁

亲笔

民国癸酉年八月二十一日立

61. 龙通仁卖地土杉木字（民国二十三年正月二十七日）

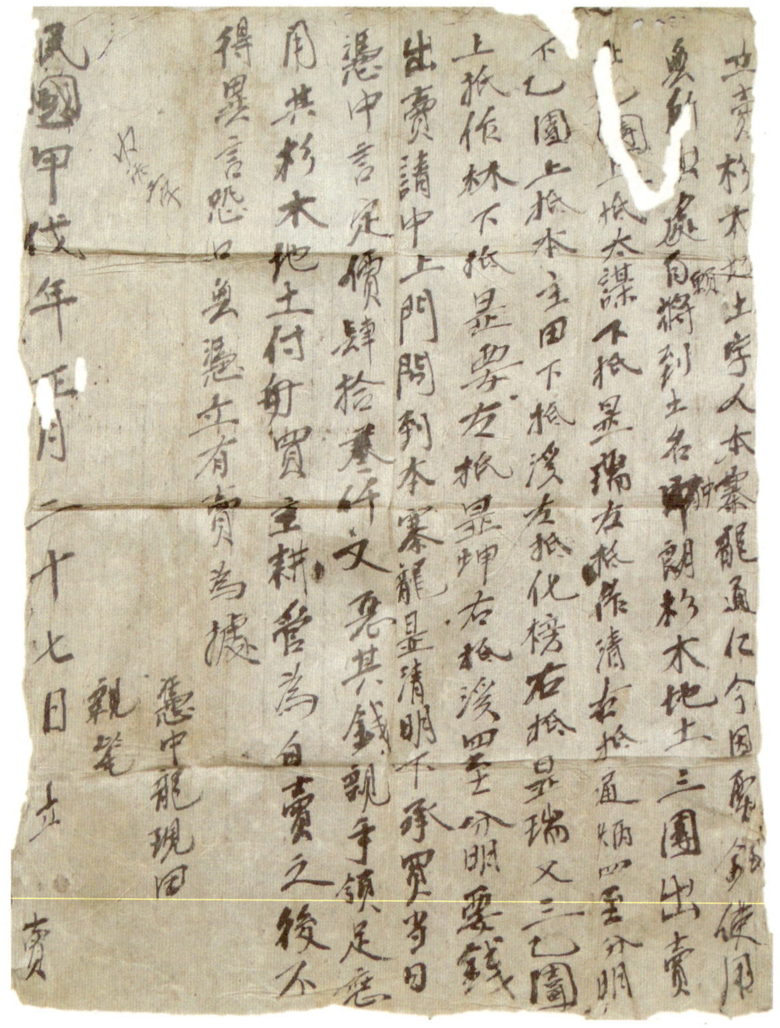

立卖杉木地土字人本寨龙通仁，今因要钱使用，无所出处，自愿将到土名仲朗杉木地土三团出卖，□□团上抵太谋，下抵显瑞，左抵作清，右抵通炳，四至分明；下乙团上抵本主田，下抵溪，左抵化榜，右抵显瑞；又三乙团上抵作林，下抵显要，左抵显坤，右抵溪，四至分明，要钱出卖。请中上门问到本寨龙显清明（名）下承买，当日凭中言定价［钱］肆拾叁仟文整。其钱亲手领手足应用，其杉木地土付与买主耕管为［业］。自卖之后，不得异言。恐口无凭，立有卖［字］为据。

内添二字

凭中：龙现田

亲笔

民国甲戊（戌）年正月二十七日立卖

62. 龙显恩卖田契（民国二十四年五月初九日）

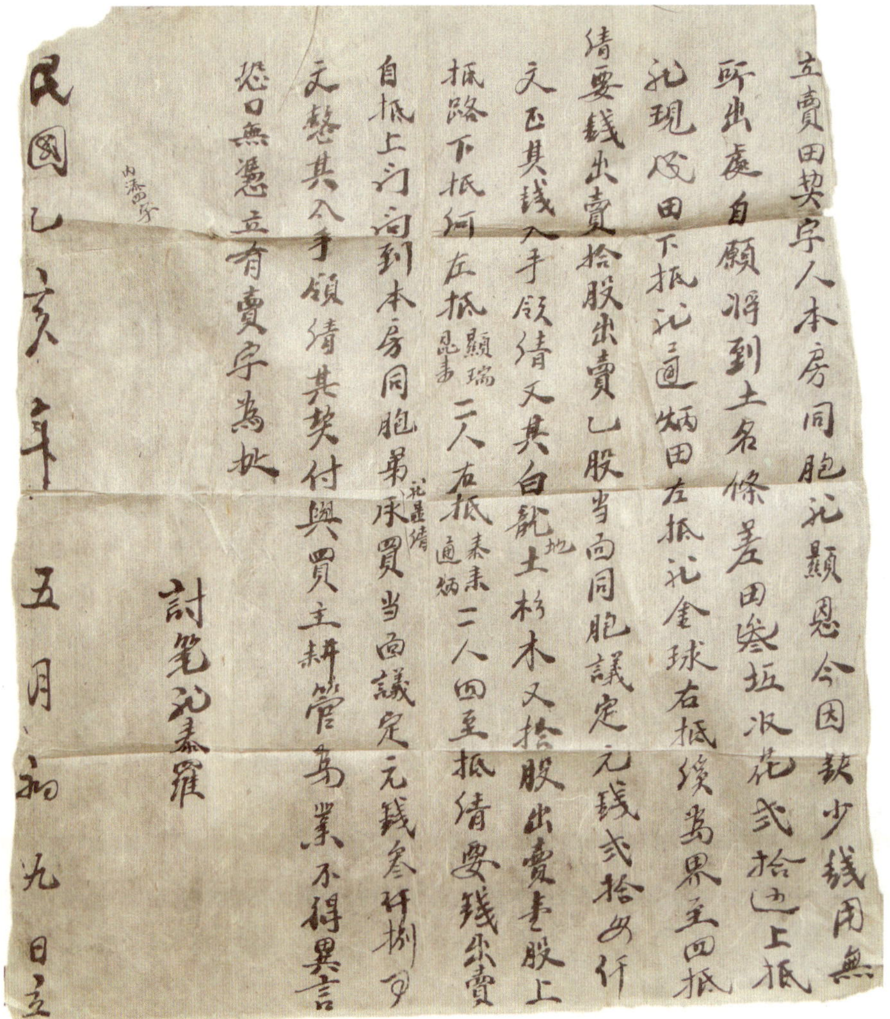

立卖田契字人本房同胞龙显恩，今因缺少钱用，无所出处，自愿将到土名条差田叁丘，收花贰拾边（鳊），上抵龙现成田，下抵龙通炳田，左抵龙金球，右抵溪为界，至四（四至）抵清，要钱出卖，拾股出卖乙股。当面同胞议定元钱贰拾四仟文正。其钱入手领清。又其白龙地土杉木，又拾股出卖壹股，上抵路，下抵河，左抵显瑞、昆来二人，右抵泰来、通炳二人，四至抵清，要钱出卖。自抵（己）上门问到本房同胞弟龙显清承买，当面议定元钱叁仟捌佰文整。其［钱］入手领清，其契付与买主耕管为业。不得异言。恐口无凭，立有卖字为据。

内添四字

讨笔：龙泰罗

民国乙亥年五月初九日立

63. 龙显坤卖地土字（民国二十五年三月十二日）

立卖地土字人龙显坤，今因家下要钱使用，无所出处，自愿将到土名圭岑岭地土乙团，上抵沟，下抵溪，左抵洞，右抵显金、显求为界，四至分明，要钱出卖。请中上门问到柳寨龙显清名下承买为业，当日凭中议定价钱二十四千文整。其钱亲手领足应用，其［地］买手耕管为业。自卖之后，不得异言。若有异言，恐口无凭，立有卖字为据。

内添一字

凭中：龙现田

亲笔

民国二十五年三月十二日立

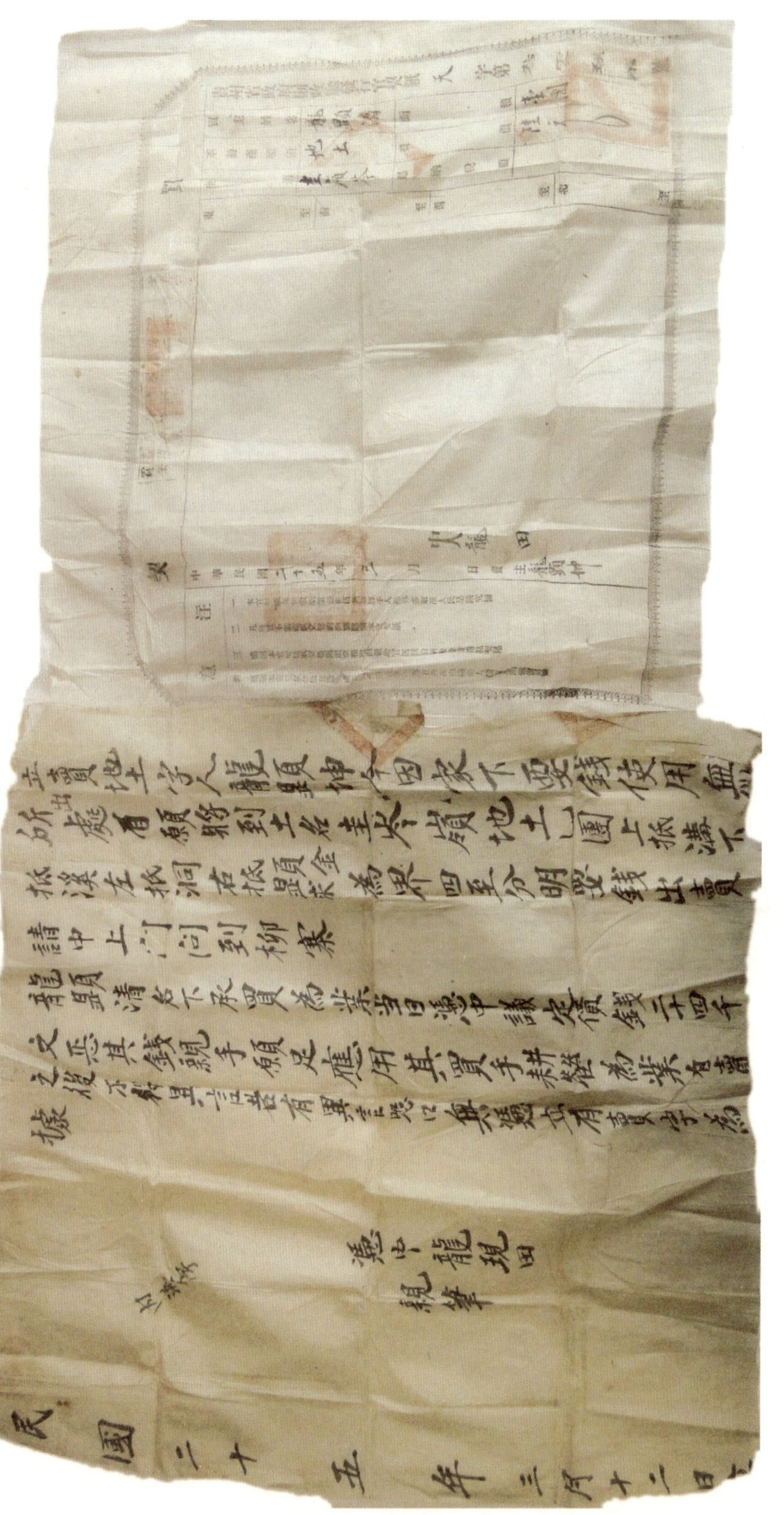

64. 陈仕祥、陈昌保父子卖田契（民国二十五年十月二十二日）

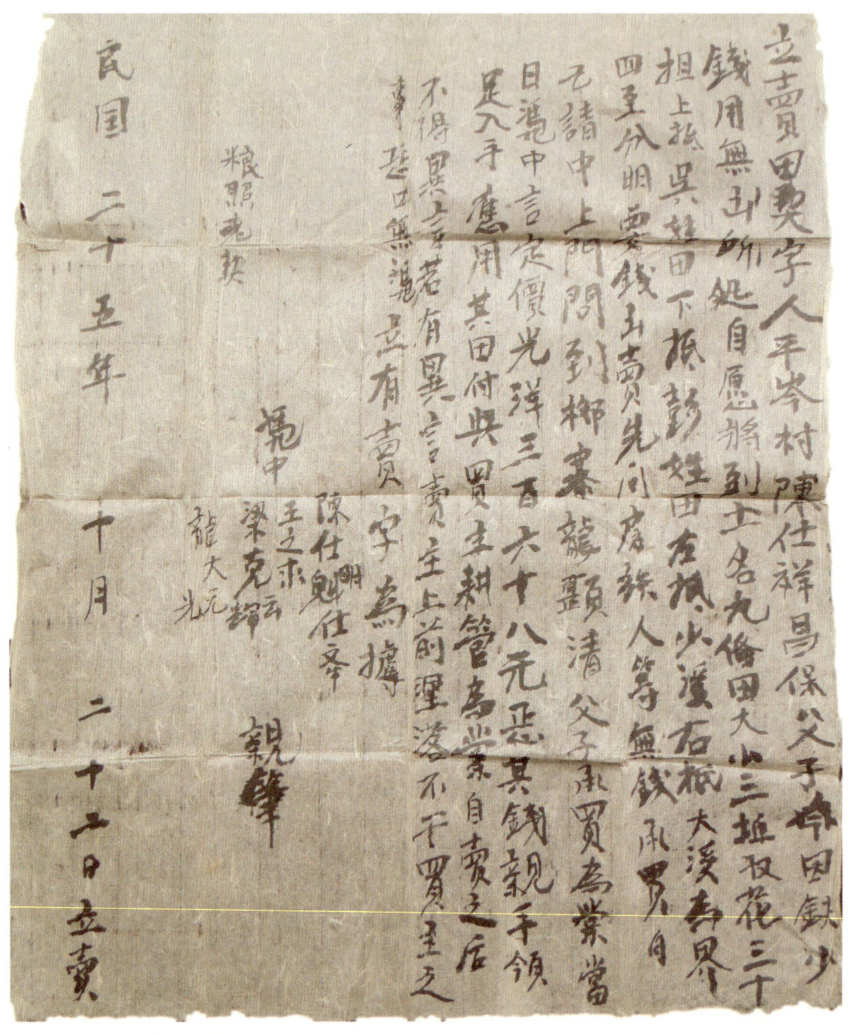

立卖田契字人平岑村陈仕祥、昌保父子，今因缺少钱用，无所出处，自愿将到土名九备田大小三丘，收花三十担，上抵吴姓田，下抵彭姓田，左抵小溪，右抵大溪为界，四至分明，要钱出卖。先问房族人等无钱承买，自己请中上门问到柳寨龙显清父子承买为业，当日凭中言定价光洋三百六十八元整。其钱亲手领足入手应用，其田付与买主耕管为业。自卖之后，不得异言。若有异言，卖主上前理落，不干买主之事。恐口无凭，立有卖字为据。

粮照老契

凭中：陈仕明、陈仕魁、陈仕学、王之求、梁克云、梁克辉、龙大元、龙大光

亲笔

民国二十五年十月二十二日立卖

65. 卖木清单（民国二十六年五月初一）

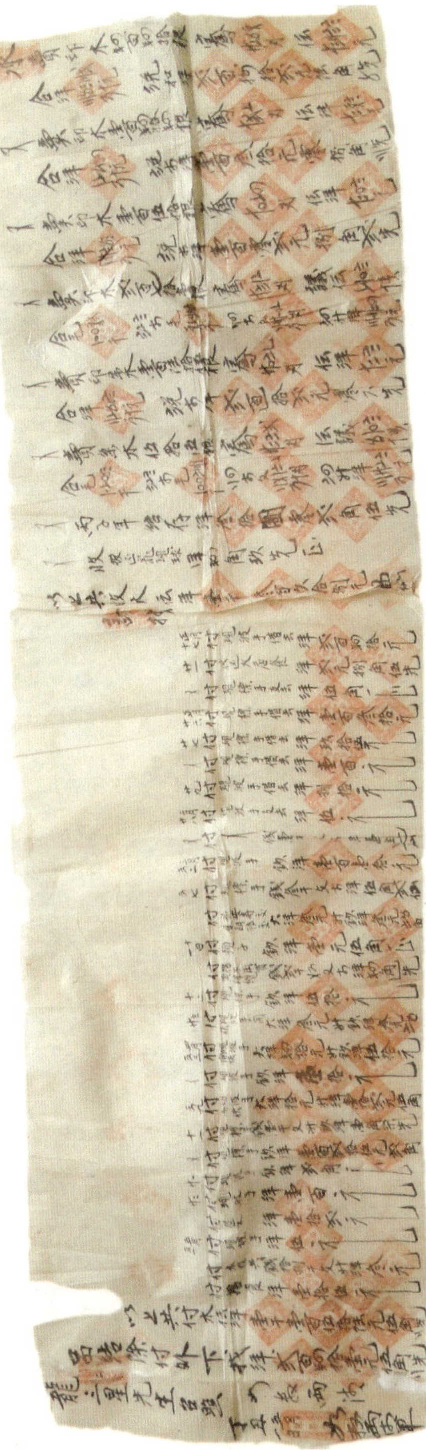

卖木清单局部一

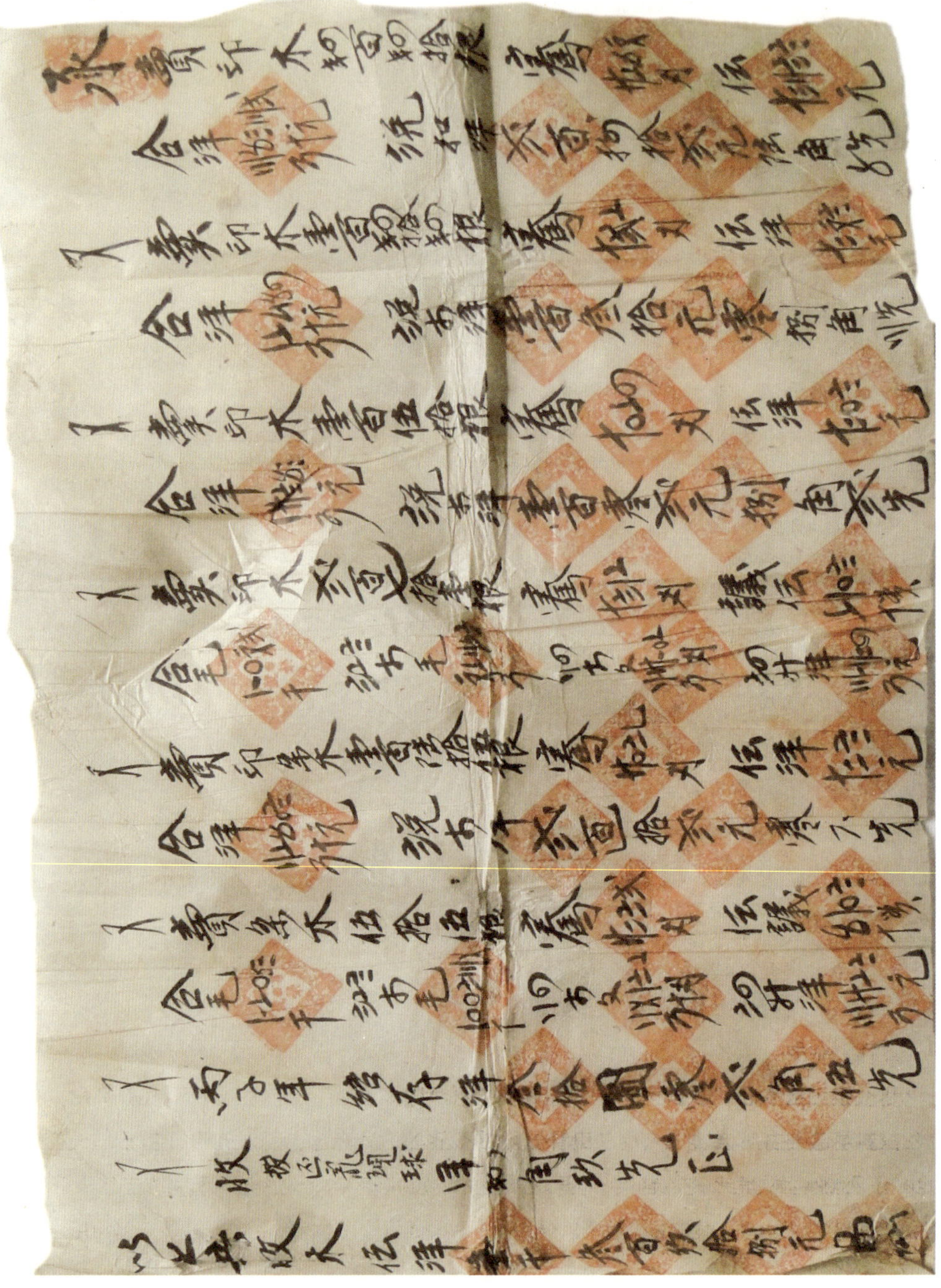

承卖脚木肆百肆拾根，码廿两六钱〇九厘，价十三元二角八分八厘

合洋三百五十三元三角贰分，八兑扣洋贰百捌拾贰元陆角五先（仙）

又卖脚木壹百肆拾根，码十二两六钱，价洋十二元九角八分

合洋一百六十三元五角四分，八兑扣洋壹百叁拾元零捌角三先（仙）

又卖脚木壹百伍拾根，码十两六钱四分，价洋十二元〇八分

合洋一百廿八元五角三分，八兑扣洋壹百零贰元捌角贰先（仙）

又卖脚木贰百七拾壹根，码十八两一钱六分，议价六十一串〇八文

合毛一千一百〇九串二文，八六八扣毛九百六十二串八文，二四扣文二百卅一两〇六分，七四升洋三百一十二元二角四分

又卖脚条木壹百陆拾伍根，码二十两七钱一分，价洋十二元八角

合洋二百六十五元〇八分，八兑扣洋贰百一拾贰元零六先（仙）

又卖条木伍拾伍根，码二十二两七钱贰分，价议五十一串〇八文

合毛一千一百六十点五三串文，八六八扣毛一千〇七点三四串文，二四扣文二百四十一两七钱六分，七四升洋三百二十六元七角

又丙子年结存洋叁拾圆零贰角伍先（仙）

又收拨还龙现球洋肆角玖先（仙）正

以上共收木价洋壹千叁百玖拾捌元〇四仙

卖木清单局部二

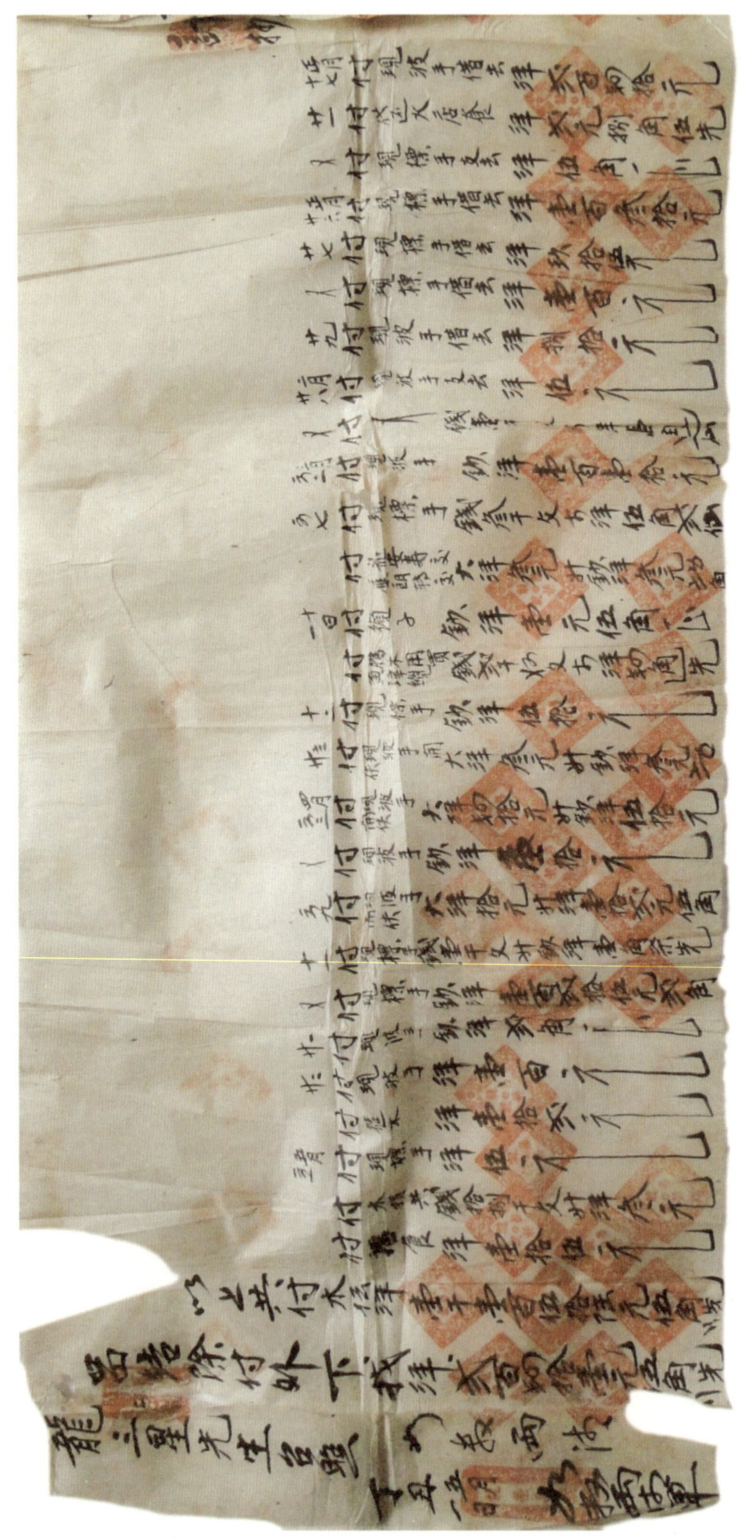

计抄

正月十七付现波手借去洋贰百肆拾元

廿一付代还火店食洋贰元捌角伍先（仙）

又付现标手支去洋伍角正

正月廿六付现标手借去洋壹百叁拾元

廿七付现标手借去洋玖拾伍元

又付现标手借去洋壹百元

廿九付现波手借去洋捌拾元

二月廿八付现波手支去洋伍元

又付现波钱壹千文升洋壹角七仙

三月初二付现波手钞洋壹百壹拾元

初七付现标手钱叁千文扣洋五角贰仙

付龙安寿交应朗转交大洋叁元升钞洋叁元七角五分

十一日付缆子钞洋壹元伍角正

付□木用买黄□缆钱贰千四百文，扣洋肆角一先（仙）

十二付现标手钞洋伍拾元

二十八付现波手开伕大洋叁元，升钞洋叁元七角五分

四月初三付现波手开伕大洋肆拾元，升钞洋伍拾元

又付现波手钞洋壹拾元

初九付现波手开伕大洋拾元，升洋壹拾贰元伍角

十一付现标手钱壹千文，升钞洋壹角柒先（仙）

又付现标手钞洋壹百贰拾伍元贰角

廿一付现波手钞洋贰角正

廿二付现波手洋壹百元

付□木洋壹拾贰元

五月初一付现标手洋伍元

付木捐共钱拾捌千文升洋叁元

付□食洋壹拾伍元

以上共付木价洋壹千壹百伍拾陆元伍角二先（仙）

留结余付外下找洋贰百肆拾壹元伍角二先（仙）

如数两清

龙三星先生台照，丁丑五月一日，如数两清单

66. 王瑞根卖杉木界牌字（民国二十九年十月二十八日）

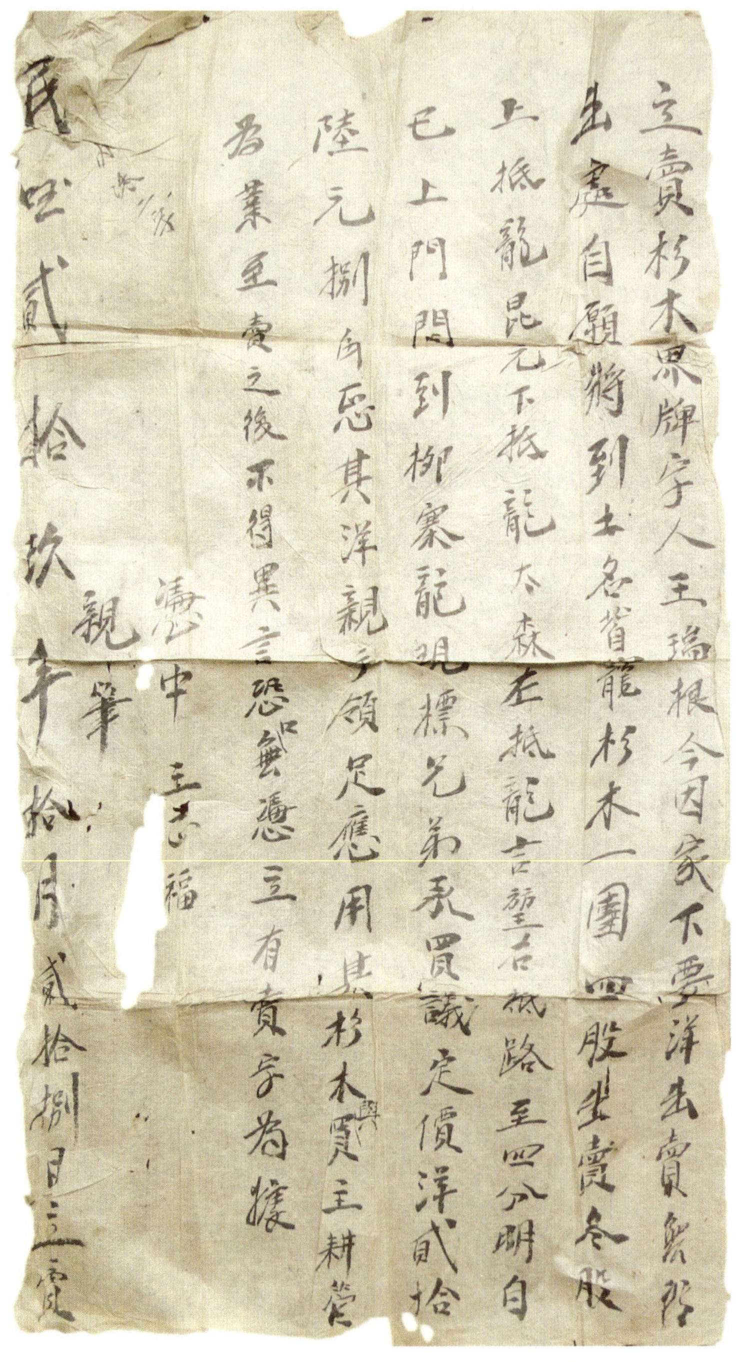

立賣杉木界牌字人王瑞根今因家下要洋出賣自[illegible]
土處自願將到土名省龍杉木一團四股出賣乙股
上抵龍昆元下抵龍太森左抵龍言望右抵路至四分明自
己上門問到柳寨龍現標兄弟承買議定價洋貳拾
陸元捌角㕕其洋親手領足應用其杉木與買主耕管
為業至賣之後不得異言恐口無憑立有賣字為據
憑中　王太福
親筆
民國貳拾玖年十月貳拾捌日　立賣

立卖杉木界牌字人王瑞根，今因家下要洋出卖，无所出处，自愿将到土名皆龙杉木一团，四股出卖叁股，上抵龙昆元，下抵龙太森，左抵龙言堃，右抵路，至四（四至）分明。自己上门问到柳寨龙现标兄弟承买，议定价洋贰拾陆元捌角整。其洋亲手领足应用，其杉木［付］与买主耕管为业。至（自）卖之后，不得异言。恐口无凭，立有卖字为据。

内添二字

凭中：王囗福

亲笔

民国二十九年十月二十八日立卖

67. 龙现挥、龙现益、龙通鍹父子分关合同（民国三十一年八月二十五日）

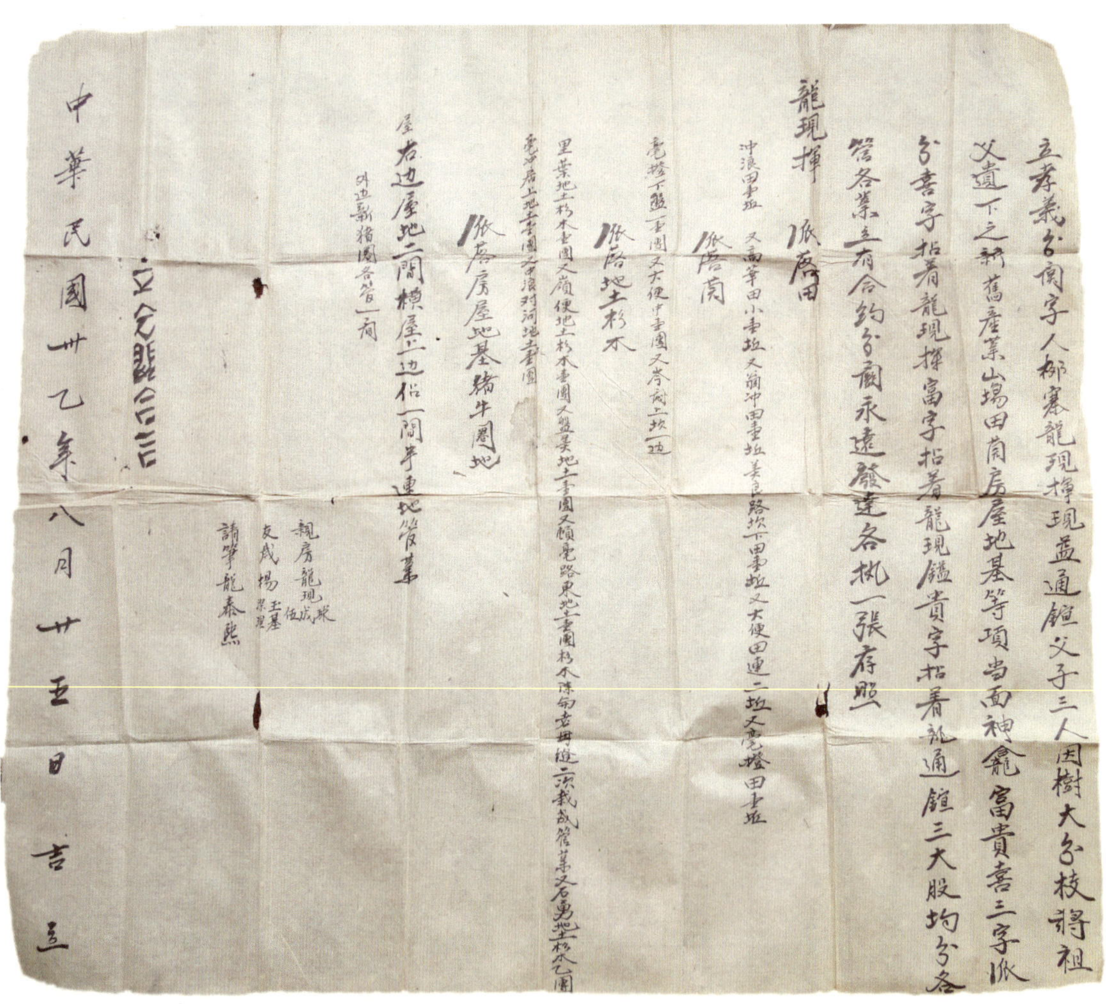

立孝義分関字人柳寨龍現揮、現益、通鍹父子三人，因樹大分枝，將祖父遺下之新舊產業山塲田肉房屋地基等項，當面神龜富貴喜三字派分。喜字拈着龍現揮，富字拈着龍現鎰，貴字拈着龍通鍹，三大股均分，各管各業。立有合約分関，永遠發達，各執一張存照。

龍現揮 依房田

冲浪田壹坵，又高筆田小壹坵，又嶺冲田壹坵，姜良路坎下田壹坵，又大便田連二坵，又党墱田壹坵。

依房園

党墱下盤壹園，又大便中壹園，又岑岗上坎一边。

依房地土杉木

里葉地土杉木壹園，又嶺便地土杉木壹園，又盤吳地土壹園，又領党路東地土壹園，杉木陳□老栽二頭栽成管業，又石勇地土杉木乙園。

党中居上地土壹園，又中浪对河地土壹園。

依房房屋地基猪牛圈地

屋右边屋地二間，横屋上边佔一間半，連地管業。

外边新猪圈各管一间

立分関合同

親房 龍現成 筆

友戚 楊玉基 筆

請筆 龍泰熙

中華民國卅乙年八月廿五日 吉立

立孝义分关字人柳寨龙现挥、现益、通镇父子三人，因树大分枝，将祖父遗下之新旧产业山场田园房屋地基等项当面神龛富贵喜三字派分，喜字拈着龙现挥，富字拈着龙现镒，贵字拈着龙通镇，三大股均分，各管各业，立有合约分关，永远发达，各执一张存照。

龙现挥

派落田：冲浪田壹丘，又高华田小壹丘，又翁冲田壹丘，美良路坎下田壹丘，又大便田连二丘，又毫登田壹丘。

派落园：毫登下盘壹团，又大便中壹团，又岑闷上坎一边。

派落地土杉木：里叶地土杉木壹团，又岭便地土杉木壹团，又盘美地土壹团，又顿毫路东地土壹团，杉木除与老母缝［衣］，二次栽成管业，又石勇地土杉木乙团，毫冲居上地土壹团，又中浪对河地土壹团。

派落房屋地基猪牛圈地：屋右边屋地二间，横屋上边占一间半，连地管业，外边新猪圈各管一间。

亲房：龙现球、现成、现伍

友戚：杨玉基、深现

请笔：龙泰熙

【立分关合同】

中华民国卅乙年八月廿五日吉立

68. 龙现挥、龙现益、龙通鍹父子三人分关合同（民国三十一年八月二十五日）

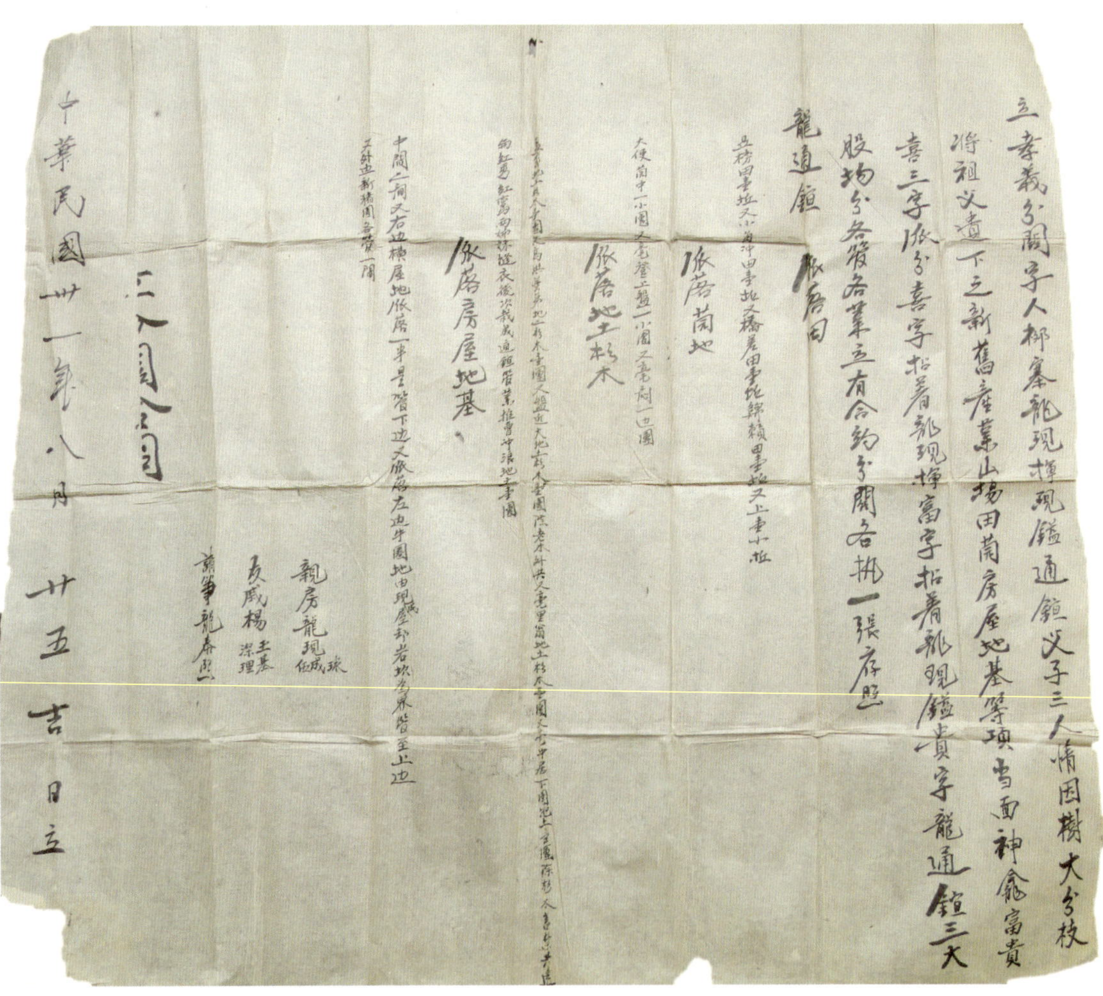

立孝義分關字人柳寨龍現揮現鎰通鍹父子三人情因樹大分枝

將祖父遺下之新舊產業山場田阐房屋地基等項憑面神龕富貴

喜三字作分喜字拈着龍現揮富字拈着龍現鎰貴字龍通鍹三大

股均分各管各業立有合約分關各執一張存照

龍通鍹　作落田　五榜田壹坵又小冲田壹坵又橋差田壹坵錦積田壹坵又上壹小坵

作落阐地　大使阐中一小園又[illegible]上盤一小園又[illegible]一边園

作落地土杉木　[illegible]

作落房屋地基　[illegible]

中間二间又右边横屋地作落一半是皆下边又作落左边牛園地由現[illegible]岩坎為界皆至上边

又外边新猪圈各管一間

三人同立合同

親房龍現球

友戚楊主基　深理

請筆龍[illegible]

中華民國卅一年八月廿五吉日立

立孝义分关字人柳寨龙现挥、现镒、通锃父子三人，情因树大分枝，将祖父遗下之新旧产业山场田园房屋地基等项当面神龛富贵喜三字派分，喜字拈着龙现挥，富字拈着龙现镒，贵字拈着龙通锃，三大股均分，各管各业，立有合约分关，各执一张存照。

龙通锃

派落田：立榜田壹丘，小角冲田壹丘，又桥差田壹丘，归赖田壹丘，又上壹小丘。

派落园地：大便园中一小团，又毫登上盘一小团，又毫闷一边团。

派落地土杉木：孟节地土杉木壹团，又高洪美弟地土杉木壹团，又盘丘大地土杉木壹团，除老木外共，又毫里翁地土杉木壹团，又毫冲居下团地土壹团，除杉木蓄禁共，送与红秀、红鸾两姊妹缝衣，后次栽成，通锃管业，推曹冲浪地土壹团。

派落房屋地基：中间二间，又右边横屋地派落一半，是管下边，又派落左边牛圈地，由现成屋脚岩坎为界，管至上边，又外边新猪圈各管一间。

亲房：龙现球、现成、现伍

友戚：杨玉基、深理

请笔：龙泰熙

【立分关合同】

中华民国卅一年八月廿五日吉立

69. 龙现挥、龙现镒、龙通镱父子三人存地土杉未分字（民国三十一年八月二十五日）

立存地土杉木分字人龙现挥、龙现镒、龙通镱父子三人，今将遗产剖开，所剩下之地土杉木有高锦峃地土壹团、杉木壹半，又凸细禄地土壹团，又顾久一番连三团，又美弟田坎脚一团，又故牙地土壹团，又高近地土壹团，又凸居老岩洞上壹团，又兰岑赖地土杉木壹团，又登桃细地土杉木壹团，又毫闷冷躲地土壹团，又墓顾禄壹团，又圭怜岑地土壹团，又通炳田坎下壹团，又中浪田坎上地土壹团。所剩下之地土杉木，日后仍然三股均分，不得强争，若有不平，有亲房龙现成、现球、现伍，友戚凭中杨深理、王基共同认实，不得异［言］，立有存契为据。

请笔：龙泰熙

外批：高华自田坎上地土壹团，又吉标田坎上地土壹团，又中浪地土壹团

民［国］卅乙年八月廿五日立

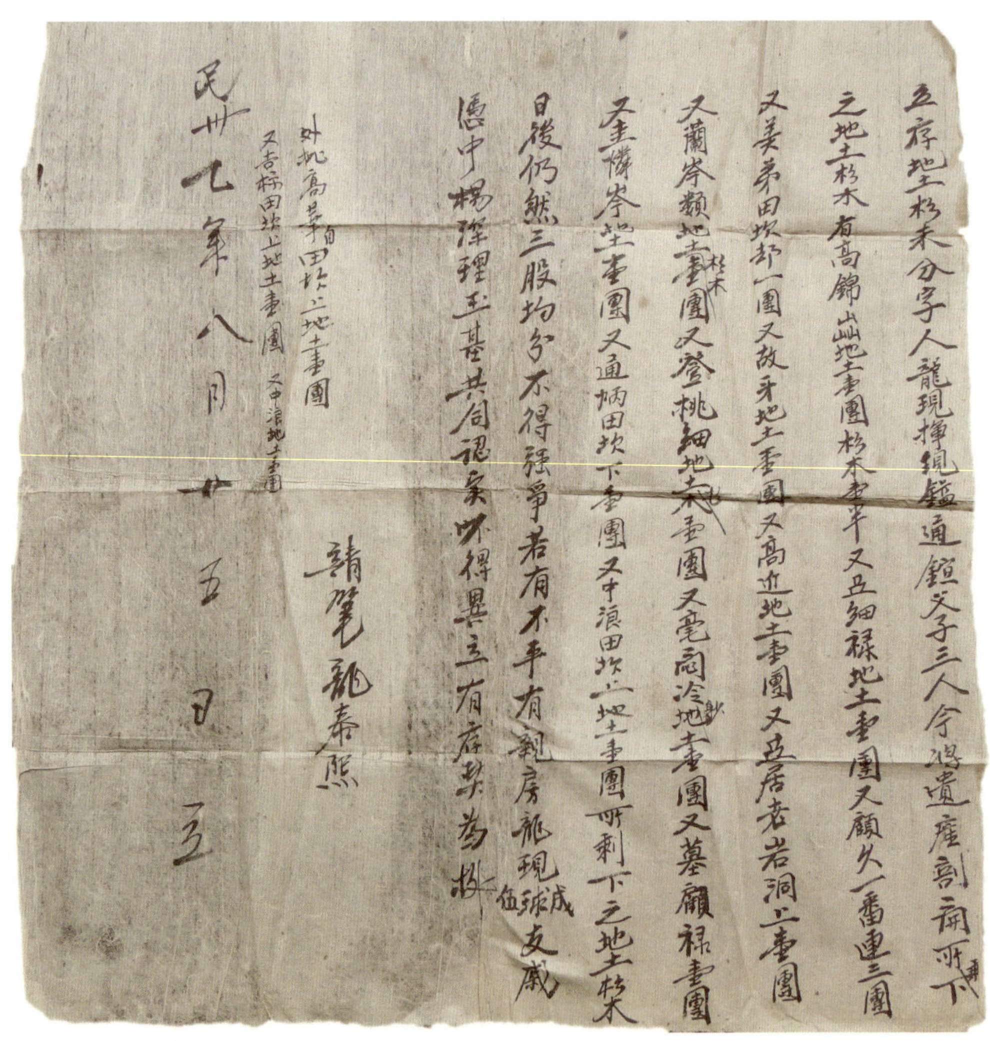

70. 龙现镒卖田地字（民国三十一年十二月二十五日）

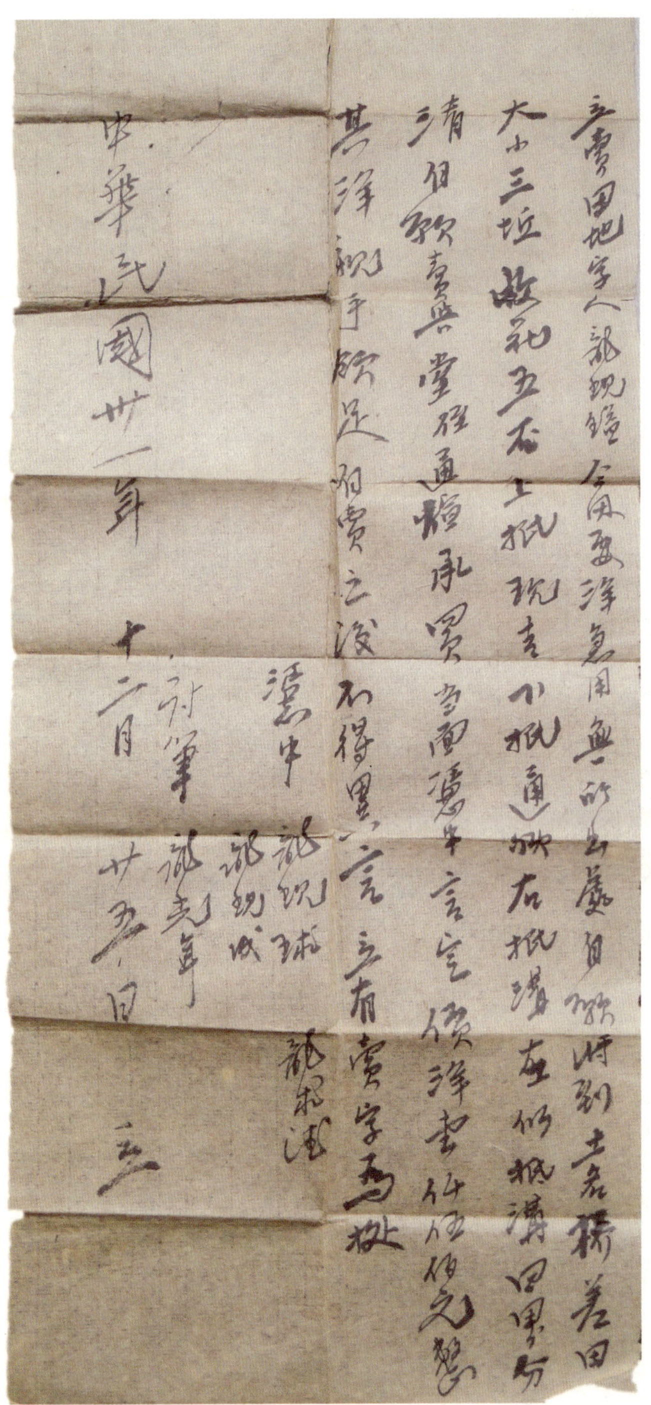

立卖田地字人龙现镒，今因要洋急用，无所出处，自愿将到土名桥差田大小三丘，收花五石，上抵现吉，下抵通炳，右抵沟，左仍抵沟，四界分清，自愿卖与堂侄通煊承买，当面凭中言定价洋壹仟伍佰元整。其洋亲手领足。自卖之后，不得异言，立有卖字为据。

凭中：龙现球、龙现成、龙求德

代笔：龙光年

中华民国卅一年十二月廿五日立

71. 杨绍熙立拨换了息事字据（民国三十五年十二月十三日）

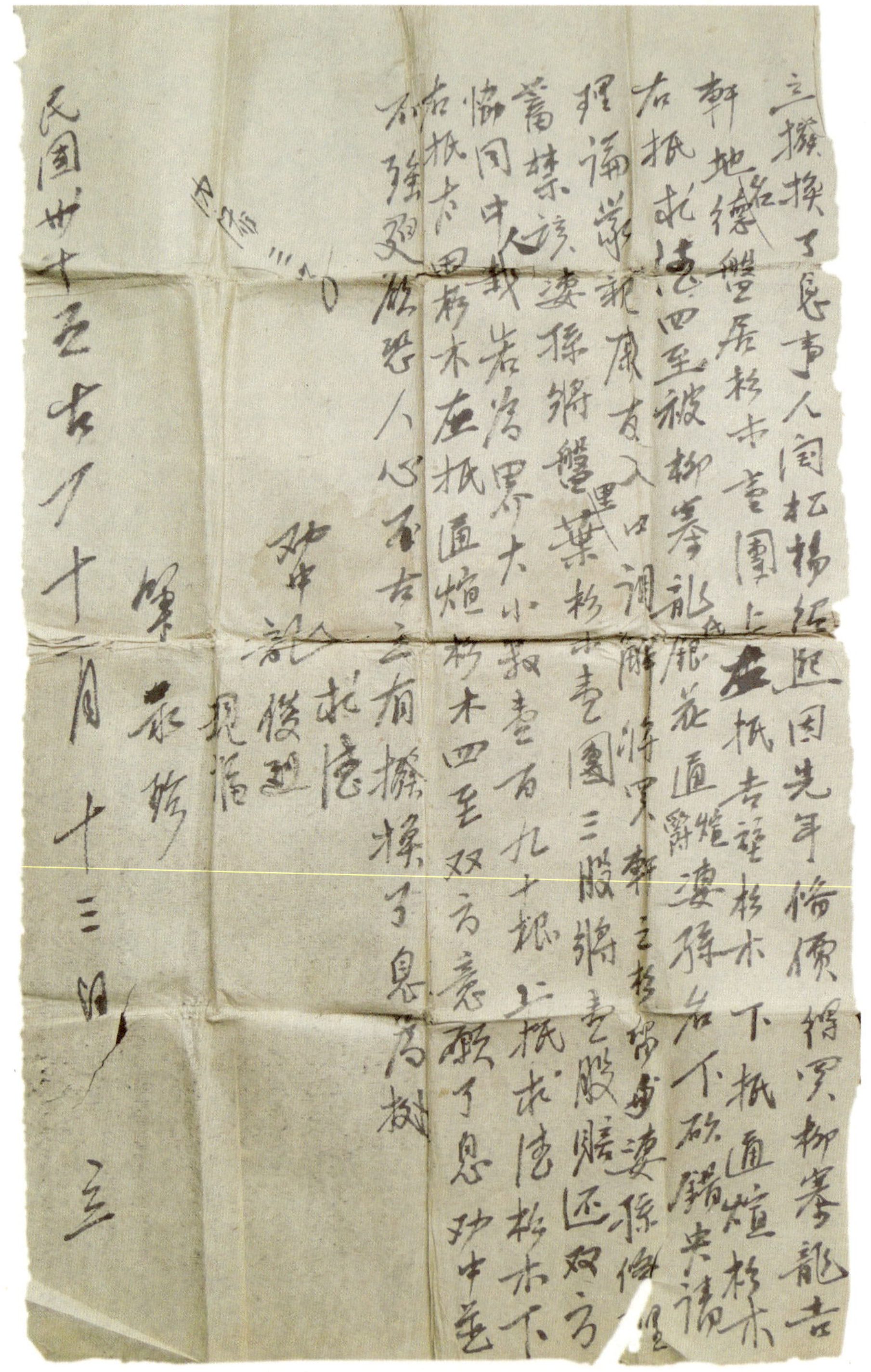

立拨换了息事人闰松杨绍熙，因先年备价得买柳寨龙吉轩地名德盘居杉木壹团，上左抵吉堃杉木，下抵通煊杉木，右抵求德，四至［分明］，被柳寨龙氏银花、通煊、通爵婆孙名下砍错，央请理论，蒙亲戚友入口调解，将买［吉］轩之杉留与婆孙修理蓄禁，该婆孙将盘里叶杉木壹团三股，将壹股赔还，双方协同中人栽岩为界，大小数壹百九十根，上抵求德杉木，下右抵太田杉木，左抵通煊杉木，四至［分明］。双方意愿了息，劝中并不强迫。欲恐人心不古，立有拨换了息为据。

内添三字

劝中：龙求德、俊烈、现福

笔：求珍

民国卅五［年］古历十二月十三日立

72. 杨昌隆致燕球、燕郎书信（时间不详）

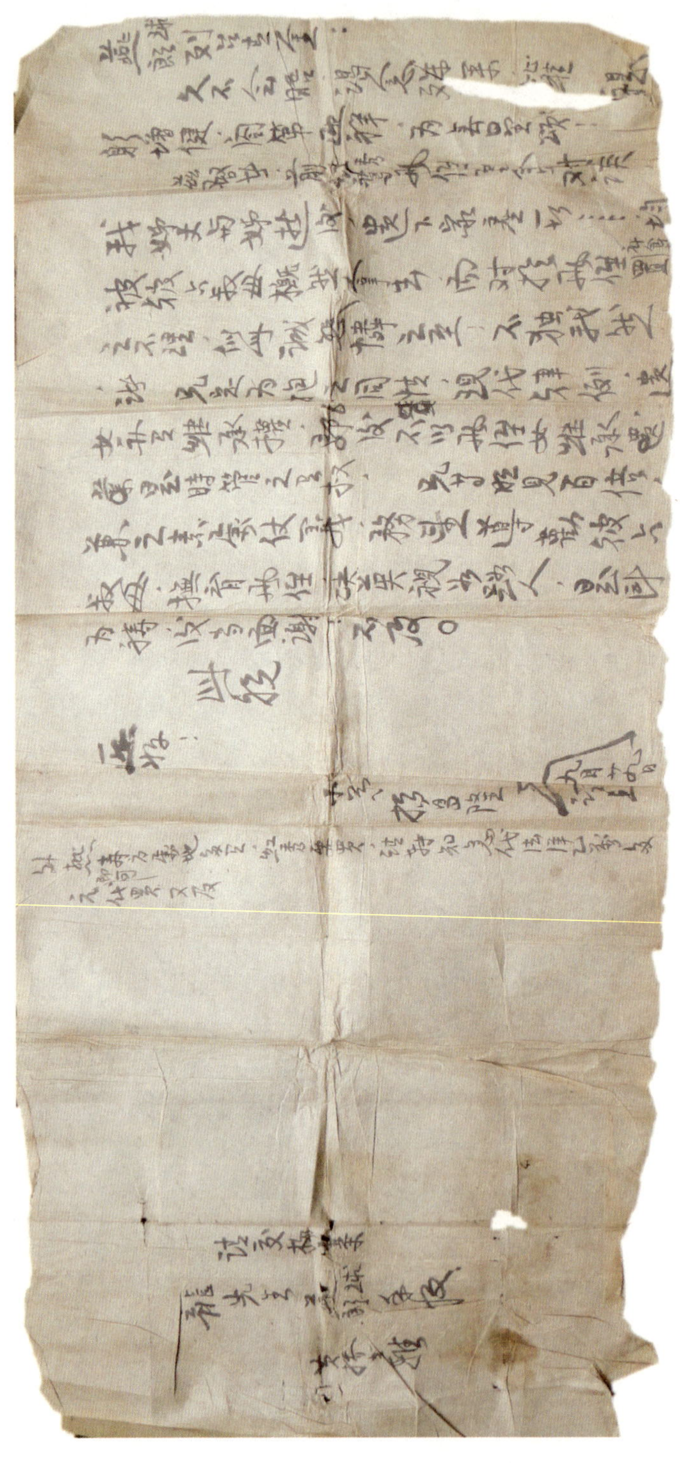

燕球、燕郎列台青鉴：

久不会晤，渴念殊深，此雅禔躬增健，合第迎祥，为无呈颂！

兹启者，前缘红秀、红鸾两侄至舍对谈，我姊丈与姊逝后，遗下家产一切……均被彼六叔母概然拿去。而对于两侄衣食，置之不理。似些诚怨怜之至，不独我然，汝兄定为抱之同情。现代律例，遗女亦有继承权。即后不以两侄女继承遗业，是时管之有叔，兄等明见，百倍兼之，素属仗义，务望导劝彼六叔母，抚育两侄，决莫视如路人。是所为祷，后当面谢，不及。

此祝

近好！

小弟杨昌隆九月二十九日谨呈

外批：寿方属地多有，红秀要买，请特知急代法洋乙万多元即可代买，又及。

请交柳寨龙先生燕球、燕郎手收。

黄挢专雅

73. 龙显恩、龙显清兄弟分配土地包单（时间不详）

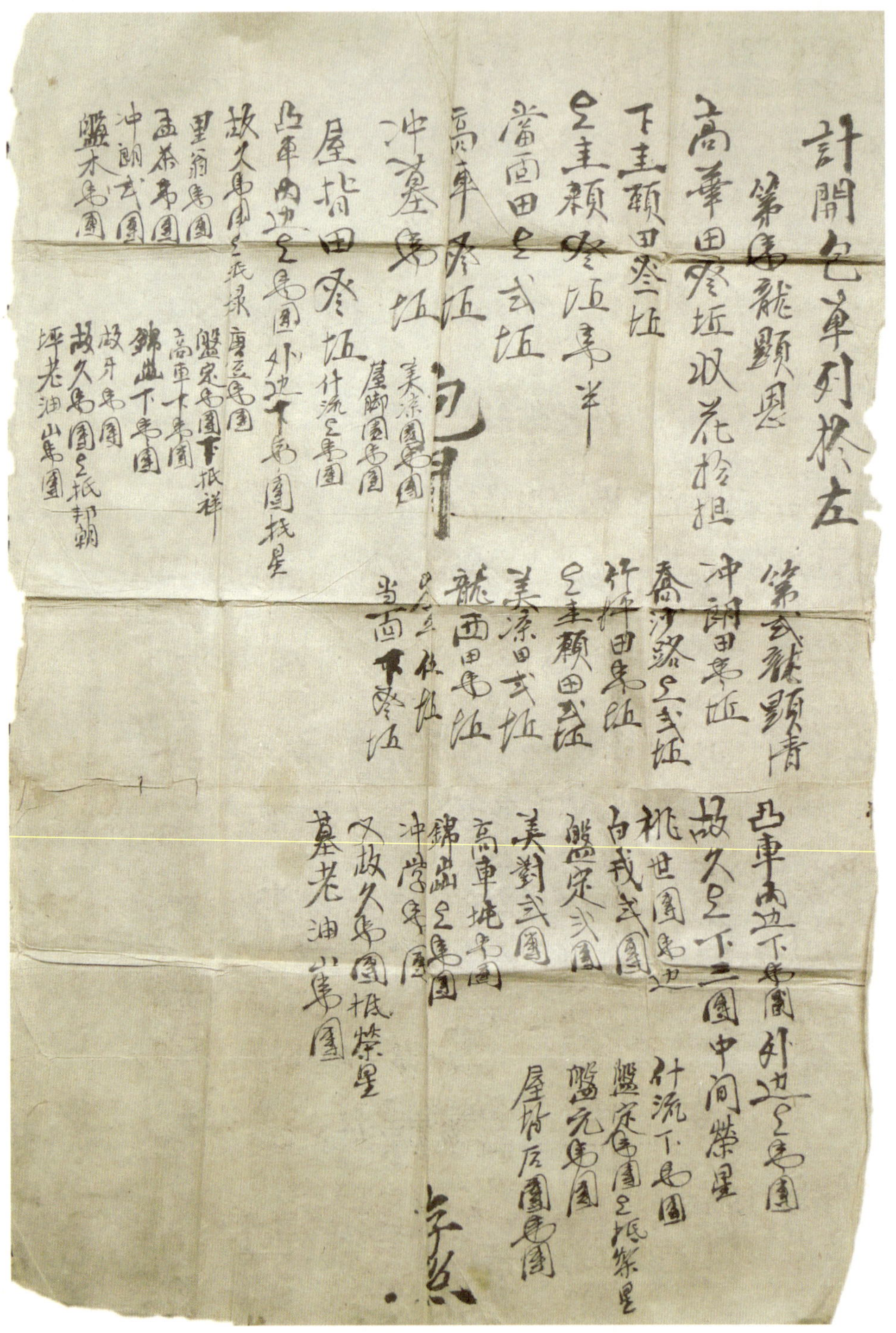

計開包单列於左

第乙龍顯恩

高華田叁坵収花拾担

下圭頼田叁坵

乙圭頼叁坵乙半

當面田乙弍坵

高車叁坵

冲墓乙坵

屋背田叁坵

巴車内边乙乙园外边下乙园抵星

故久乙园乙抵禄

里翁乙园

孟茶乙园

冲朗弍园

盤木乙园

美凉园乙园

屋脚园乙园

什流乙乙园

唐豆乙园

盤定乙园下抵祥

高車下乙园

錦凼下乙园

故丹乙园

故久乙园乙抵邦朝

坪老油山乙园

包单

第弍龍顯清

冲朗田乙坵

喬沙路乙弍坵

竹坪田乙坵

乙圭頼田弍坵

美凉田弍坵

龍面田乙坵

乙乙大壮坵

当面下叁坵

巴車内边下乙园外边乙乙园

故久乙下二园中间榮星

桃世园乙边

白我弍园

盤定弍园

美對弍园

高車坻乙园

錦凼乙乙园

冲学乙园

又故久乙园抵榮星

墓老油山乙园

什流下乙园

盤定乙园乙抵榮星

盤元乙园

屋背后园乙园

字照

计开包单列于左

第壹龙显恩

高华田叁丘，收花拾担

下圭赖田叁丘

上圭赖叁丘壹半

当面田上贰丘

高车叁丘

冲墓壹丘，美凉园壹团，屋脚园壹团

屋背田叁丘，什流上壹团

凸车内边上壹团，外边下壹团，抵星

故久壹团，上抵禄，唐豆壹团

里翁壹团，盘定壹团，下抵祥

孟茶壹团，高车下壹团

冲朗贰团，锦崗下壹团，故牙壹团

盘木壹团，故久壹团，上抵邦朝，坪老油山壹团

第贰龙显清

冲朗田壹丘，凸车内边下壹团，外边上壹团，故久上下三团，中间荣星

乔沙路上贰丘，桃世园壹边，什流下壹团

竹坪田壹丘，白戎贰团，盘定壹团，上抵荣星

上圭赖田贰丘，盘定贰团，盘元壹团

美凉田贰丘，美对贰团，屋背后园壹团

龙西田壹丘，高车坉壹团

岑口伍丘，锦崗上壹团，冲学壹团

当面下叁丘，又故久壹团，抵荣星，墓老油山壹团

74. 龙吉轩卖杉木字（时间不详）

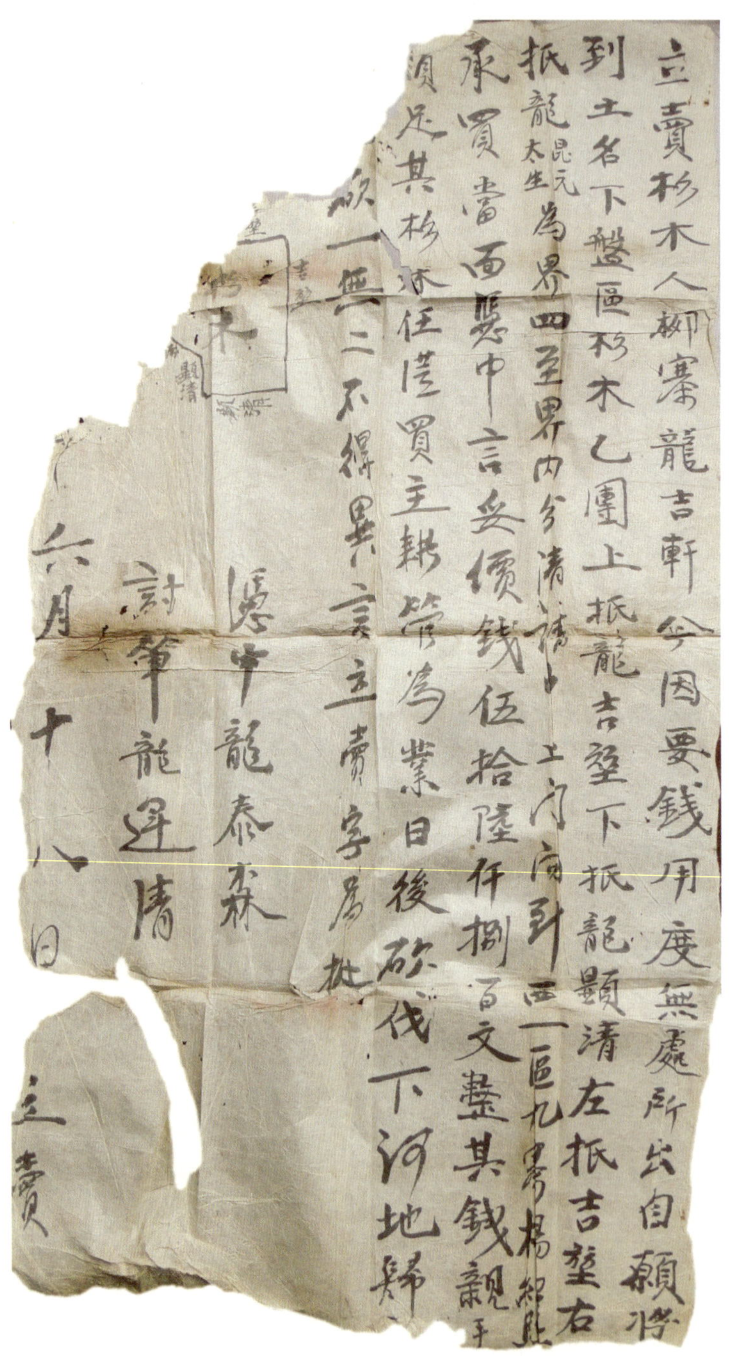

立卖杉木人柳寨龙吉轩，今因要钱用度，无处所出，自愿将到土名下盘区杉木乙团，上抵龙吉堃，下抵龙显清，左抵吉堃，右抵龙昆元、太生为界，四至界内分清，请中上门问到西一区九寨杨绍熙承买，当面凭中言妥价钱伍拾陆仟捌百文整。其钱亲手领足，其杉木任从买主耕管为业。日后砍伐下河，地归［原主］，砍一无二。不得异言，立卖字为据。

凭中：龙泰森

讨笔：龙运清

……六月十八日立卖

75. 龙洪举卖地土杉木字（时间不详）

立卖地土杉木字人龙洪举，今因要钱使用，无从得处，自愿将到坐落土名理翁地土壹团、杉木乙半，左抵龙青耀地土杉木，右抵买主地土杉木，上抵买主地土，下抵龙老四地土杉木，四至分清，并无别人。自愿将到本寨龙贤举承买，当日议定价钱五百文正。其钱就日付与卖主领清，其地土杉木买主永远耕管为业。自卖之后，不得异言。若有论言，卖主向前理落，不干买主之事。恐口无凭，立有卖字存照为据。

内添三字

凭中

代笔：龙明金

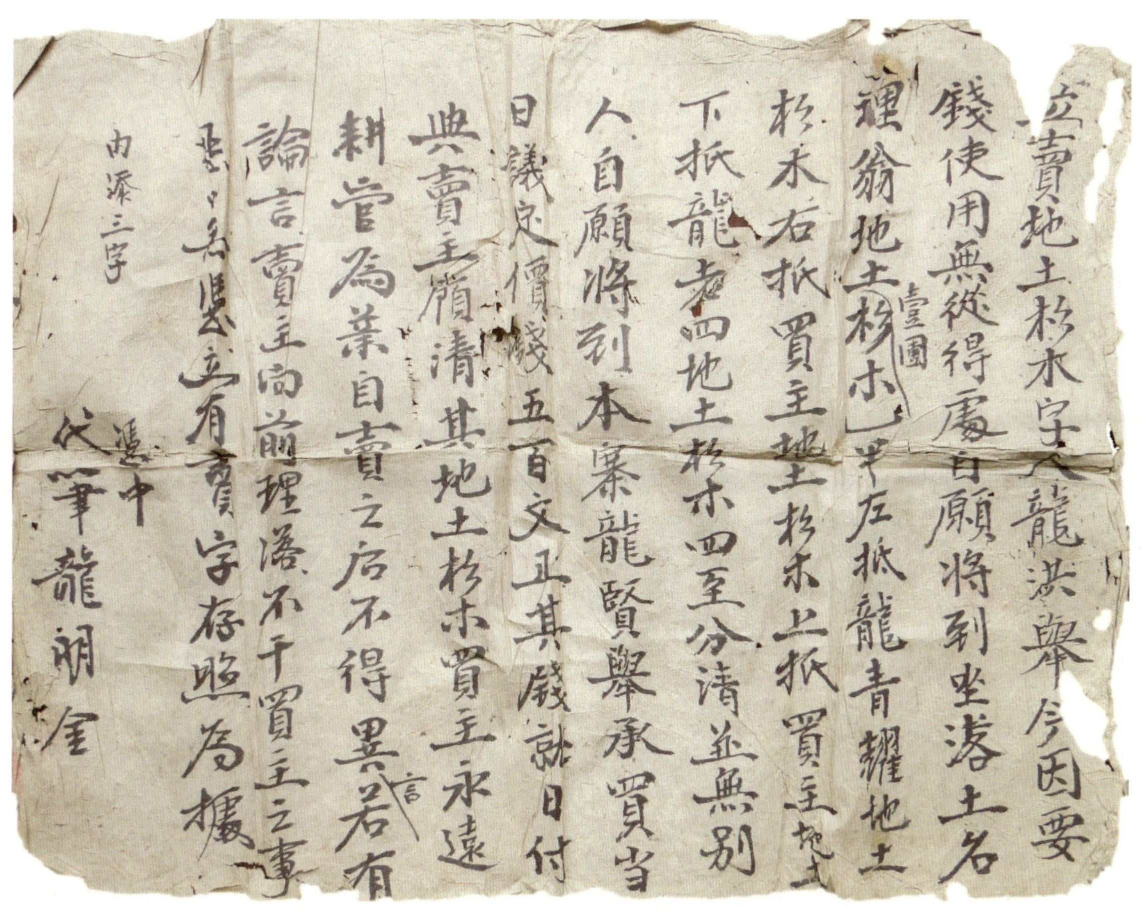

76. 龙仁元卖地土契（时间不详）

立卖地土人龙仁元，今因缺少银用，无从得处，自愿将到土名垮闷坡地土乙团，上抵路，［下］抵太生，左抵［沟］，［右抵］坎为界，四至分明，要银出卖。自己请中问到本寨龙显星承买，当面凭中言定价银二两零八分整。其银亲领足入手应用，其地土卖与买主永远耕管为业。自卖之后，不得异言。恐后无凭，立有卖契存照是实。

内添乙字

凭中：龙宏盛

笔：龙甫隆

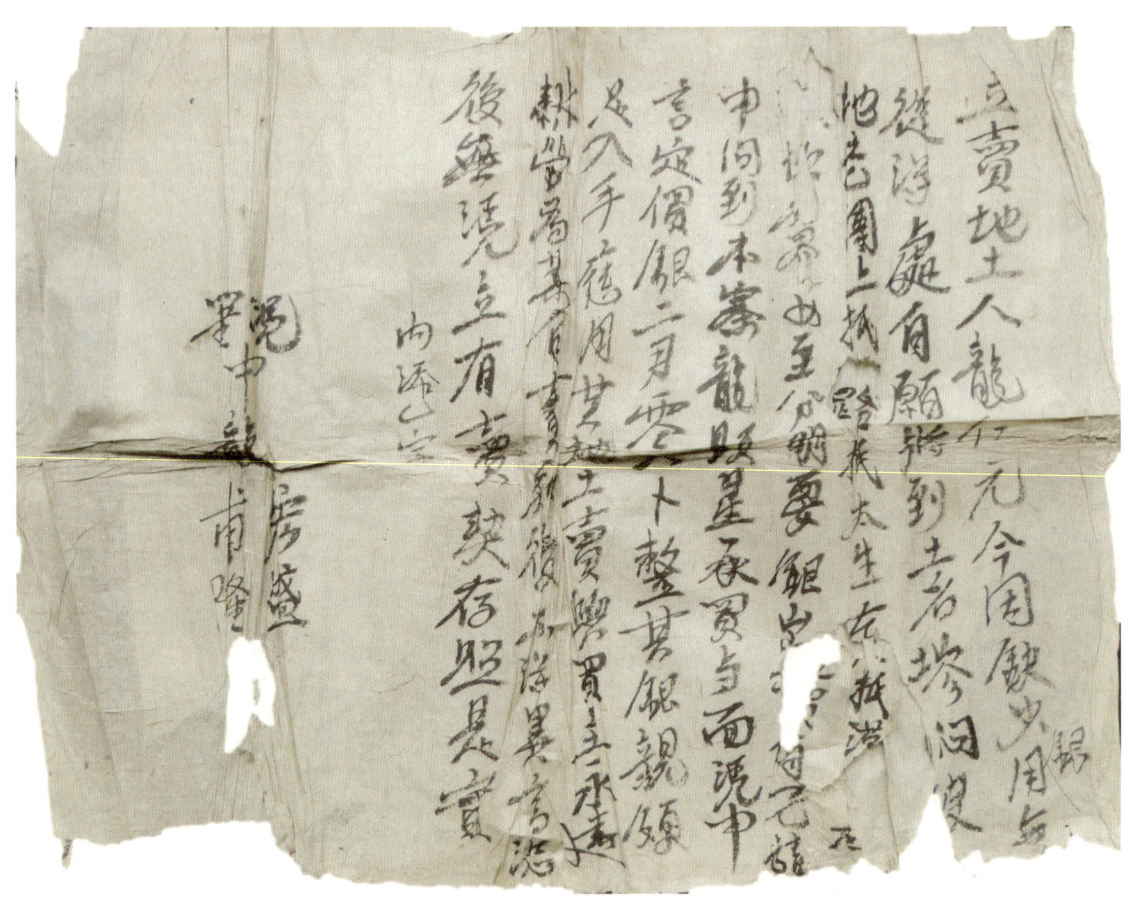

77. 龙启贵母子二人卖地土契（时间不详）

立卖地土人本寨龙启贵母子二人，今缺少钱用，无从得处，自愿将到土名孟节坡脚地土乙坎，下抵河，上抵坎，右抵金学第山，左岩洞沟为界，四至分清，要钱出卖。自己上门问到龙贤口父子承买，当面言定价钱四百二十文整。其钱亲领足入手应用，其地土卖与买主永远耕管为业。自卖之后，不得易言。恐有异论，卖主理落，不干买主知（之）事。恐口无凭，立有卖契存照为据是实。

凭：龙宏盛

笔：龙甫隆

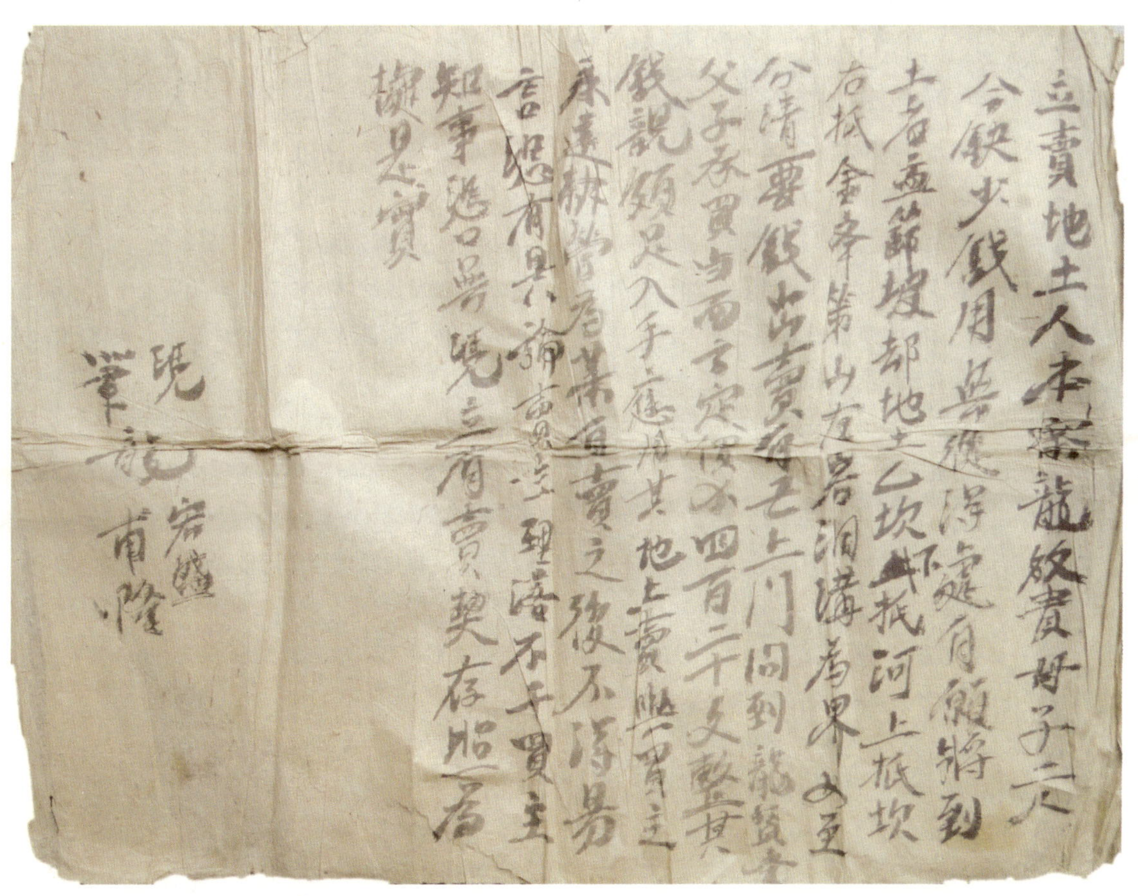

（二）税费单据类

1. 龙显兴屠宰税执照（民国十二年十二月十九日）

屠宰税执照

逾期作废

贵州财政厅为

发给执照事，今据龙显兴报称于十二年十二月十九日宰猪壹只，在［天］柱县七区征税所遵章完纳屠宰税大洋陆角并地方捐

每执照壹张只准宰猪壹只，逾屠宰日期应再纳税另制执照，并须先领执照，方准宰杀。如有隐匿，一经查出，或告发，每猪壹头，照税额加伍倍处罚银叁元。如告发漏纳屠宰税者，查实后准于所收罚款内提伍成作奖。如经收人有违章浮收搕索舞弊情事，准纳税人持照向县官或本厅呈请核办，实则照章惩处，虚则反坐。合行填给执照为据。

附注：

凡宰猪不分牝、牡、大、中、小，均由宰户查照前列税额完纳，不得轻议（易）减免，但有后开各情形者不在此限

（甲）凡年猪及冠婚祭祀所宰之猪，各县向未抽收地方捐者，每只只准收屠宰税陆角，不准加抽。

（乙）凡因丧事所宰之猪，一律免税。

（丙）病死之猪，概免抽收，但对于以屠宰之猪冒充病死或丧事及年节冠婚祭祀所宰之猪，除完正税外，每头仍照税额加伍倍处罚。

收猪壹支（只），该交壹千三百廿文。

中华民国十二年十二月十九日县征税官给

屠宰稅執照

貴州財政廳　爲

發給執照事今據[illegible]報稱於十二年十二月十九日

宰猪壹隻在榕縣七[illegible]徵稅所遵章完納屠宰稅大洋陸角並地方捐

每執照壹張只准宰猪壹隻逾屠宰日期應再納稅另製

執照並須先領執照方准宰殺如有隱匿一經查出或告發每猪壹頭照稅

額加伍倍處罰銀叁元如告發漏納屠宰稅者查實後准於所收罰款內提

伍成作獎如經收人有違章浮收擡索舞弊情事准納稅人持照向縣官或

本廳呈請核辦實則照章懲罰虛則反坐合行填給執照爲據

逾期作廢　附注

凡宰猪不分牝牡大中小均由宰戶查照前列稅額完納不得輕議減免但有後開各情形者不在此限

（甲）凡年猪及冠婚祭祀所宰之猪各縣向未抽收地方捐者每隻只准收屠宰稅陸角不准加抽

（乙）凡因喪事所宰之猪一律免稅

（丙）病死之猪擬免抽收但查於以屠宰之猪冒充病死或喪事及年節冠婚祭祀所宰之猪者除完正稅外每頭仍照稅額加伍倍處罰

[illegible]

中華民國十二年十二月十九日

縣徵稅官　給

2. 龙显清罚金收据（民国十六年十月）

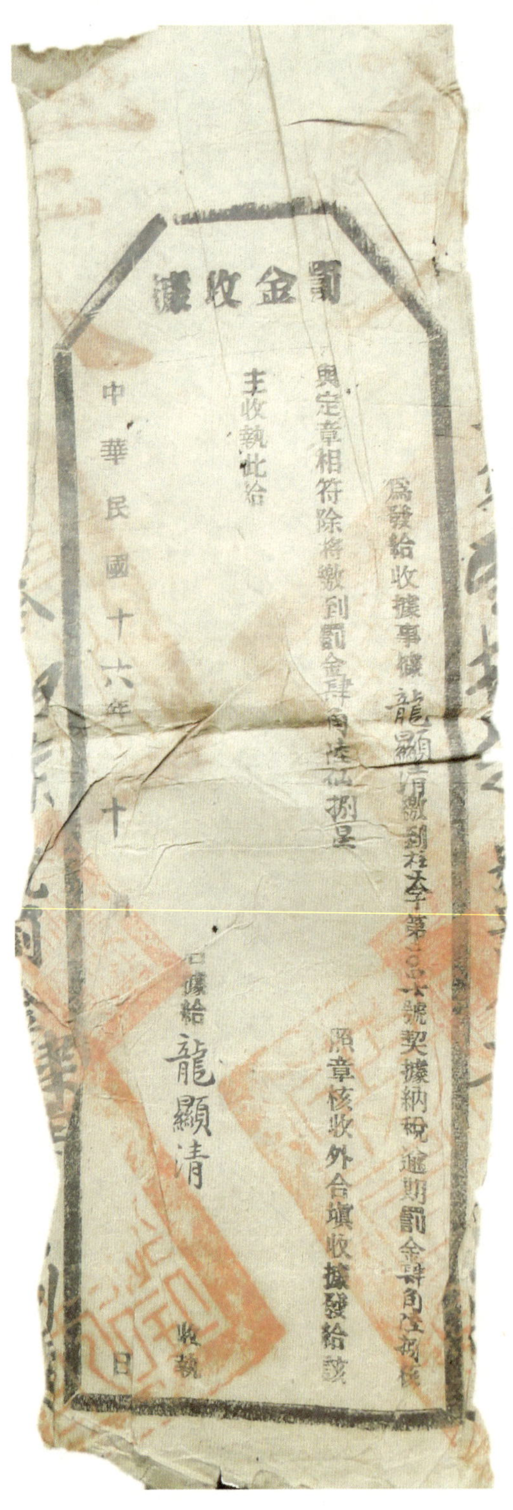

罰金收據

爲發給收據事據 龍顯清繳到柱天字第二〇四七號契據納稅逾期罰金肆角陸捌核與定章相符除將繳到罰金肆角陸仙捌星 照章核收外合填收據發給該主收執此給

右據給 龍顯清 收執

中華民國十六年十月 日

罚金收据

为发给收据事，据龙显清缴到柱天字第二〇四七号契据纳税逾期罚金肆角陆捌核与定章相符，除将缴到罚金肆角陆仙捌星　　　照章核收外，合填收据发给该主收执，此给

右据给龙显清收执

中华民国十六年十月□日

3. 龙显清罚金通知单（民国二十六年九月九日）

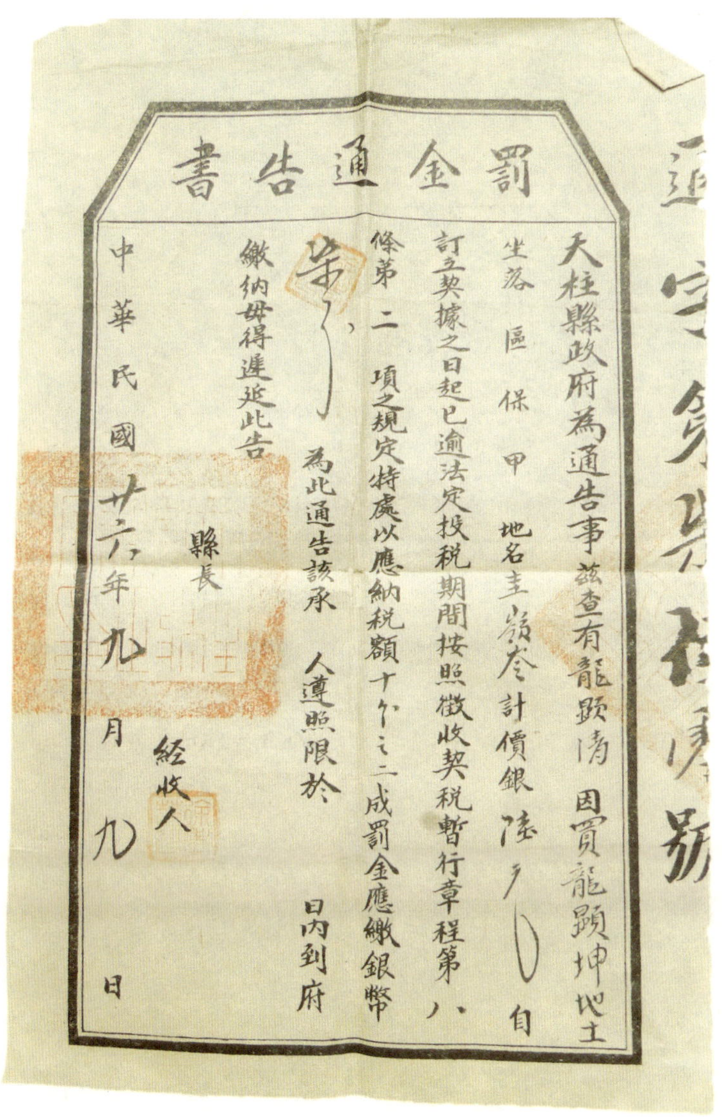

罰金通告書

天柱縣政府為通告事茲查有龍顯清 因買龍顯坤地土
坐落 區 保 甲 地名圭嶺岺 計價銀陸元 自
訂立契據之日起已逾法定投稅期間按照徵收契稅暫行章程第八
條第二項之規定特處以應納稅額十分之二成罰金應繳銀幣
柒分
為此通告該承 人遵照限於 日內到府
繳納毋得遲延此告

縣長

經收人

中華民國廿六年九月九日

罚金通告书

天柱县政府为通告事，兹查有龙显清，因买龙显坤地土，坐落 区 保 甲 地名圭岭岑，计价银陆元，自订立契据之日起，已逾法定投税期间，按照征收契税暂行章程第八条第二项之规定，特处以应纳税额十分之二成罚金，应缴银币柒分。为此通告该承 人遵照限于 日内到府缴纳，毋得迟延，此告

县长

经收人

中华民国二十六年九月九日

4. **龙显坤罚锾临时收据**（民国二十六年九月九日）

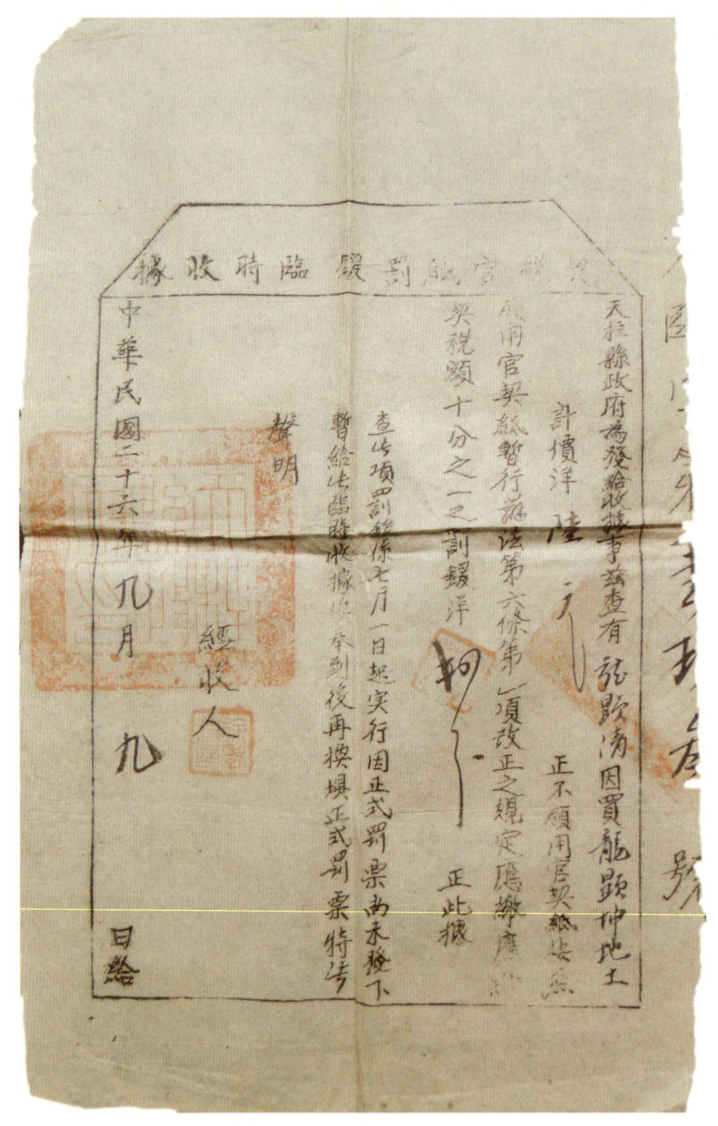

契税官纸罚锾临时收据

天柱县政府为发给收据事，兹查有龙显清，因买龙显坤地土，计价洋陆元正，不领用官契纸，按照领用官契纸暂行办法第六条第乙项改正之规定，应缴应纳契税额十分之一之罚锾洋四分正，此据。

查此项罚锾系七月一日起实行，因正式罚票尚未发下，暂给此临时收据，俟奉到后再换填正式罚票，特此声明。

经收人

中华民国二十六年九月九日给

5. 龙显清买契纳税凭证（民国二十六年九月九日）

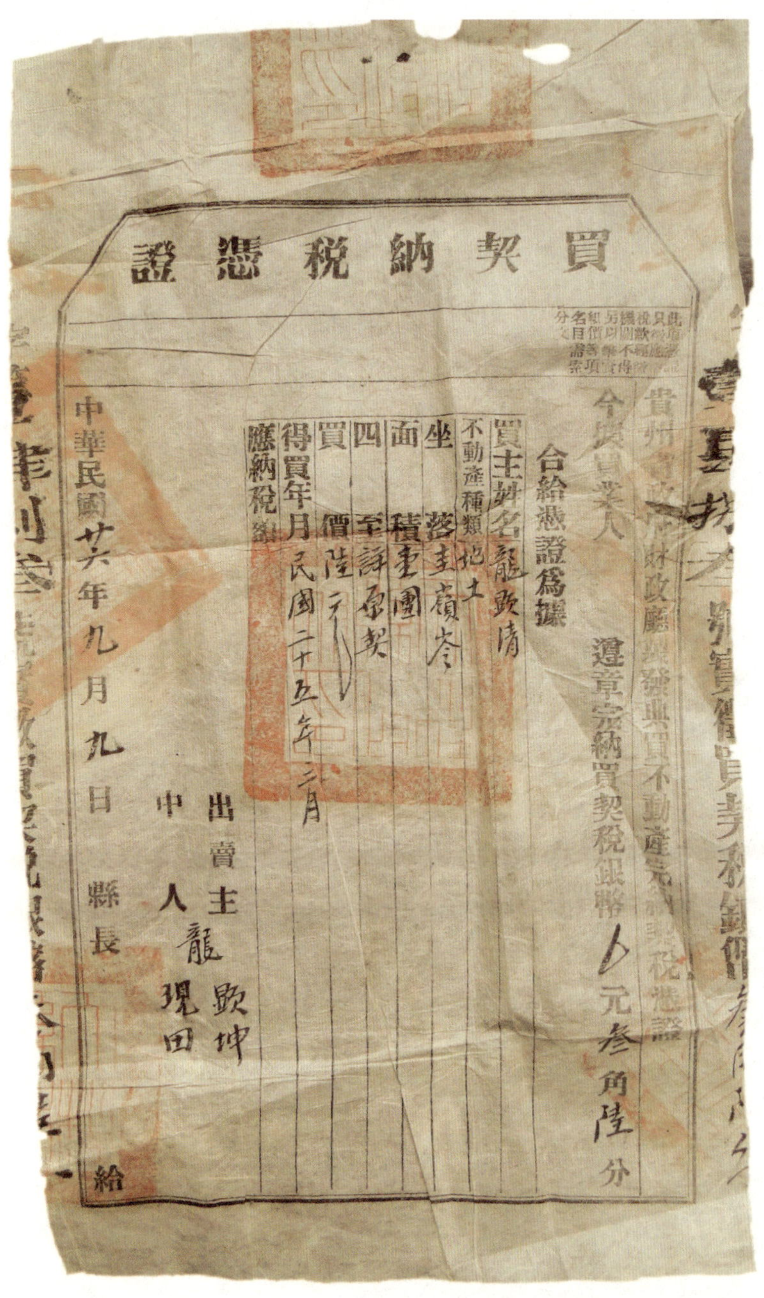

買契納稅憑證

貴州省政府財政廳為發給買不動產完納買契稅憑證
今據買業人　遵章完納買契稅銀幣　元叁角陸分
合給憑證為據

買主姓名　龍顯清
不動產種類　地土
坐落　圭嶺岑
面積　壹團
四至　詳原契
買價　陸元
得買年月　民國二十五年三月
應納稅額

出賣主　龍顯坤
中人　龍現田

中華民國廿六年九月九日　縣長　給

内容提要：民国二十五年三月，龙显清购买龙显坤坐落圭岭岑地土壹团，买价陆元，遵章完纳买契税银币叁角陆分。

6. 龙现标1991丘号土地管理执照（民国三十年九月）

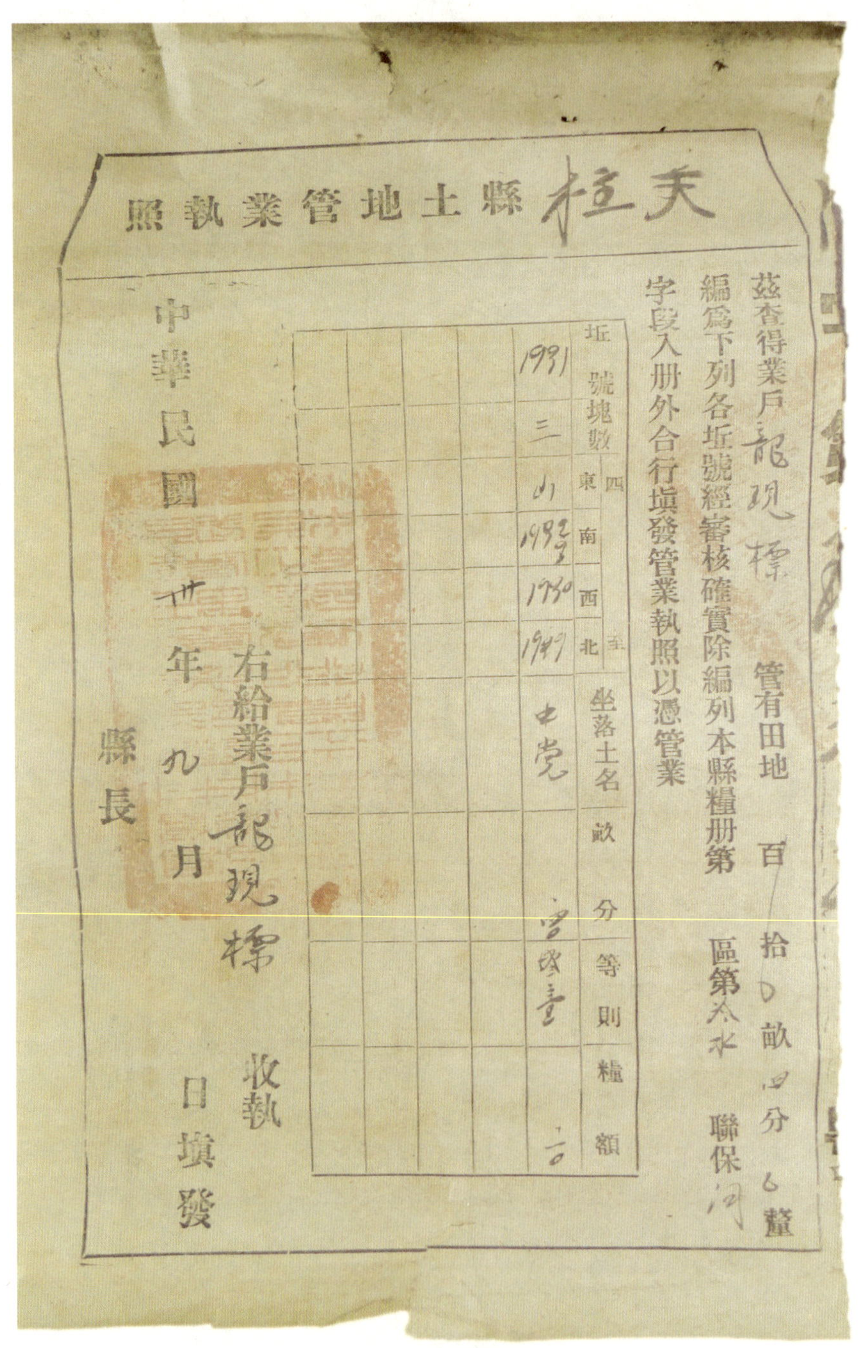

天柱縣土地管業執照

兹查得業戶龍現標管有田地 百 拾 畝四分乙釐

編爲下列各坵號經審核確實除編列本縣糧册第 區第冷水聯保问

字段入册外合行塡發管業執照以憑管業

坵號	塊數	四至 東	四至 南	四至 西	四至 北	坐落土名	畝分	等則	糧額
1991	三	山	1992	1930	1949	中党	四分	叁等壹	一角

右給業戶龍現標收執

中華民國卅年九月 日塡發

縣長

内容提要：业户龙现标管有田地四分乙厘，除编列本县粮册冷水联保问字段入册外，合行填发管业执照，以凭管业。丘号1991，块数三块，坐落土名中党，亩分四分，叁等壹则，粮额一角。

7. **龙现标1951丘号土地管理执照**（民国三十年九月）

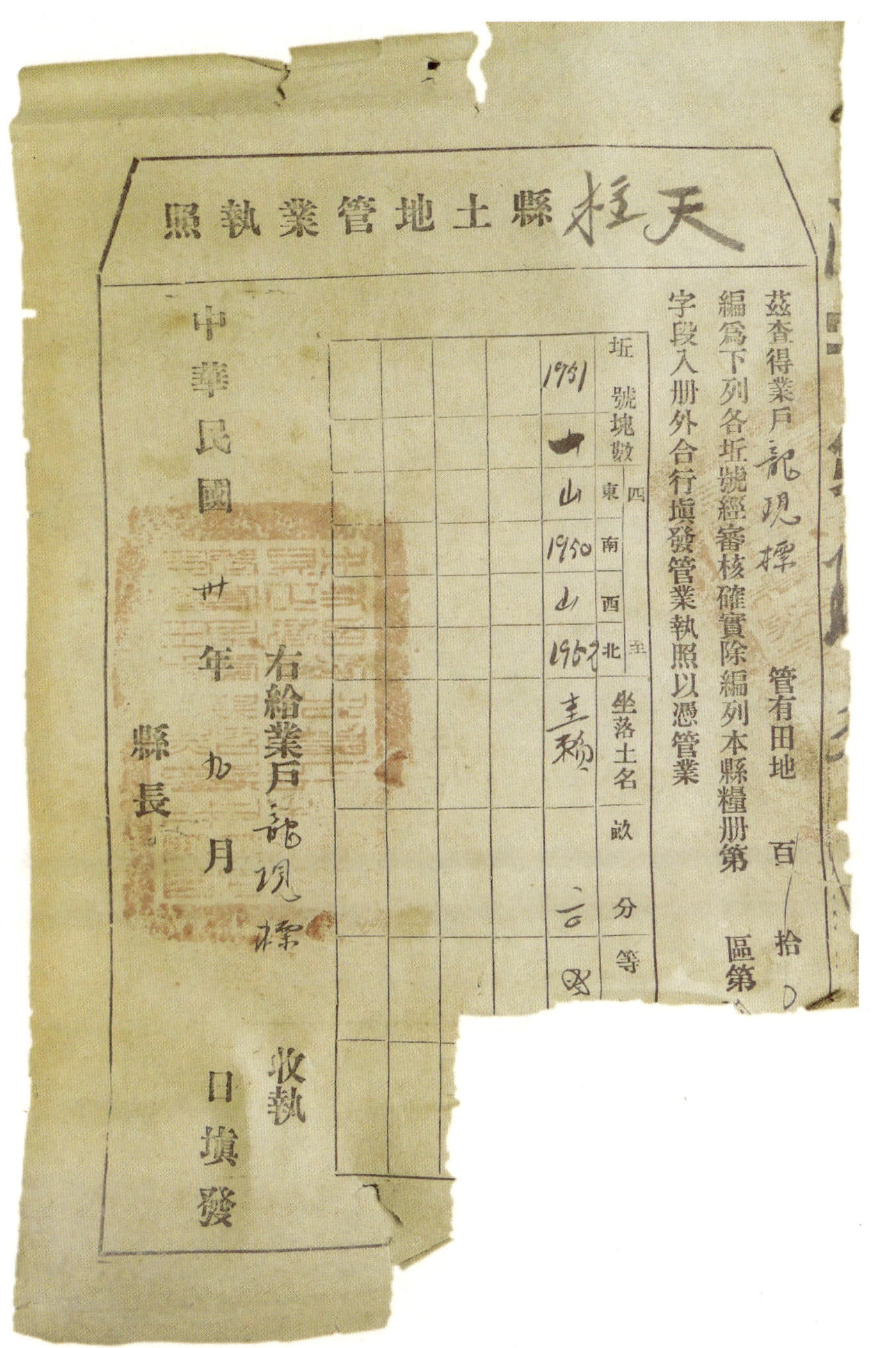

内容提要：业户龙现标管有田地一分，除编列本县粮册……字段入册外，合行填发管业执照，以凭管业。丘号1951，块数一块，坐落土名圭赖，亩分一分，叁等……

8. 龙现标1953丘号土地管理执照（民国三十年九月）

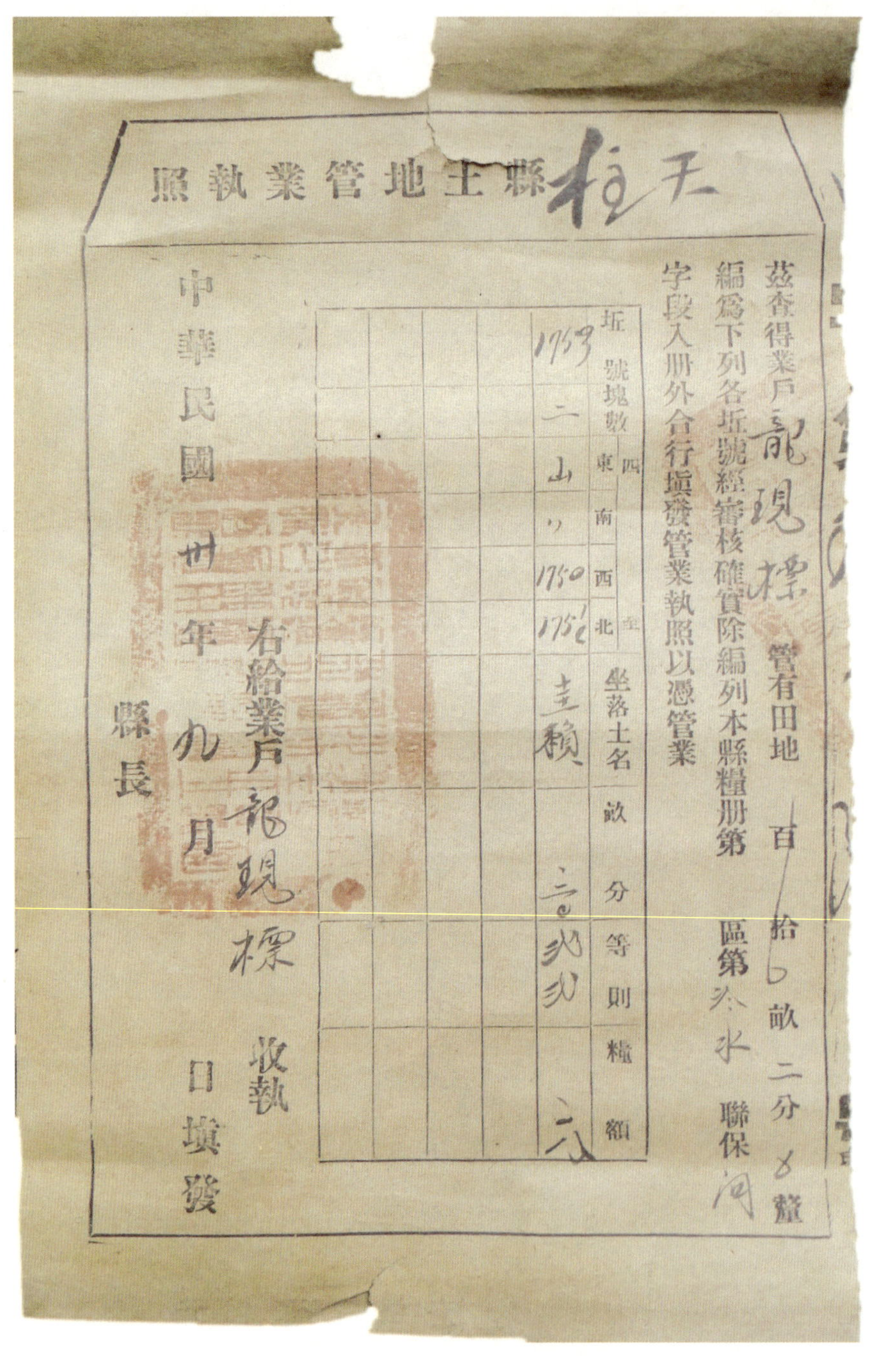
天柱县土地管业执照

兹查得业户龍現標管有田地　百　拾　畝二分　釐编為下列各坵號經覆核確實除編列本縣糧册第　區第冷水聯保　問字段入册外合行填發管業執照以憑管業

坵號	塊數	四至 東	南	西	北	坐落土名	畝分	等則	糧額
1953	二	山	〃	1750	1752	圭賴	二分	弍弍	八

右給業戶龍現標收執

縣長

中華民國卅年九月　日填發

内容提要：业户龙现标管有田地二分，除编列本县粮册冷水联保问字段入册外，合行填发管业执照，以凭管业。丘号1953，块数二块，坐落土名圭赖，亩分二分，贰等贰则，粮额八分。

9. 龙现标1973丘号土地管理执照（民国三十年九月）

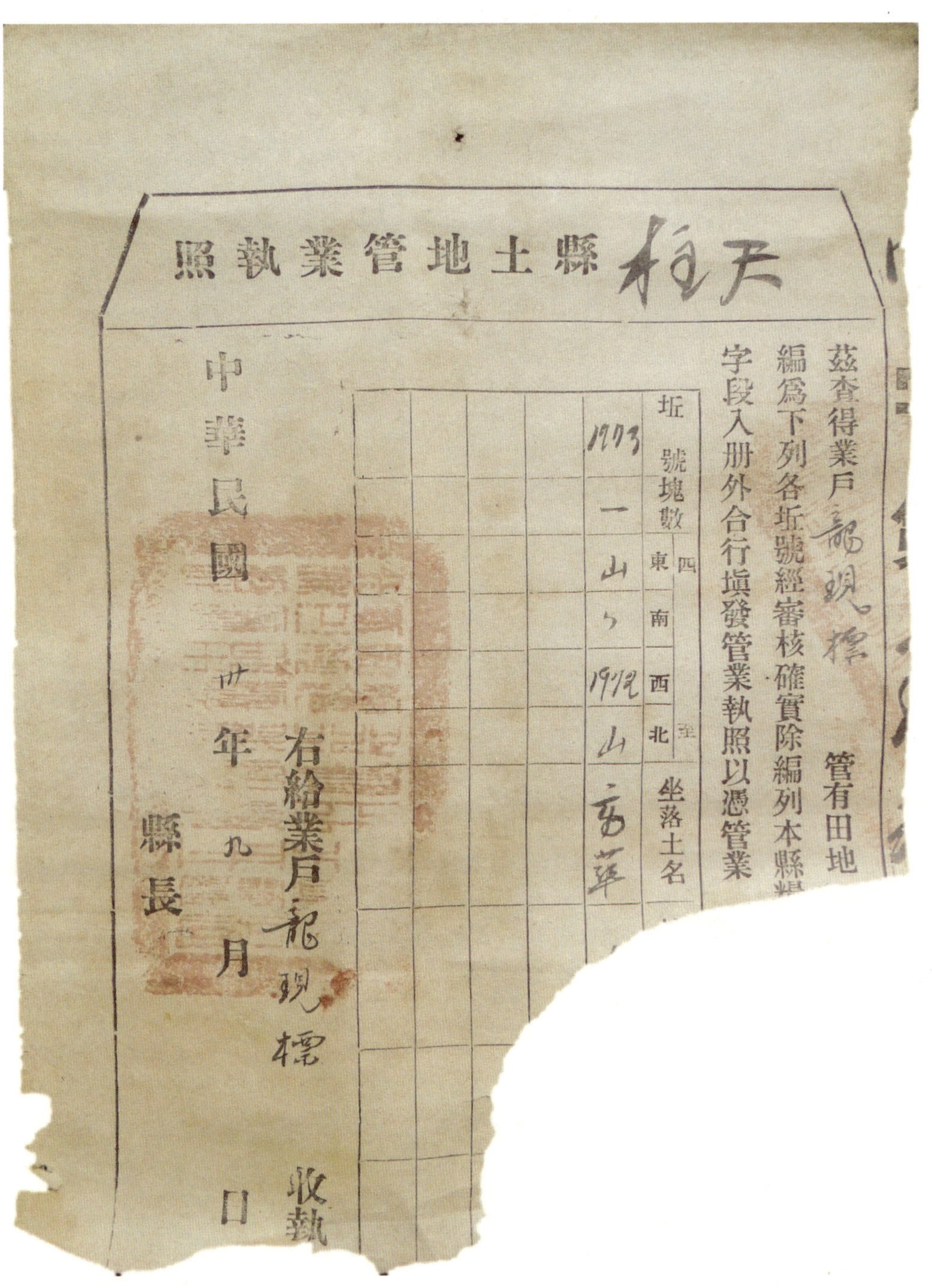

天柱縣土地管業執照

茲查得業戶龍現標　管有田地
編爲下列各坵號經審核確實除編列本縣糧
字段入册外合行填發管業執照以憑管業

坵號	塊數	四至 東	南	西	北	坐落土名
1973	一	山	㇠	1972	山	高華

右給業戶龍現標　收執

中華民國卅年九月　日

縣長

内容提要：业户龙现标管有田地……除编列本县粮……字段入册外，合行填发管业执照，以凭管业。丘号 1973，块数一块，坐落土名高华，亩分……

10. 龙现标1654丘号土地管理执照（民国三十年九月）

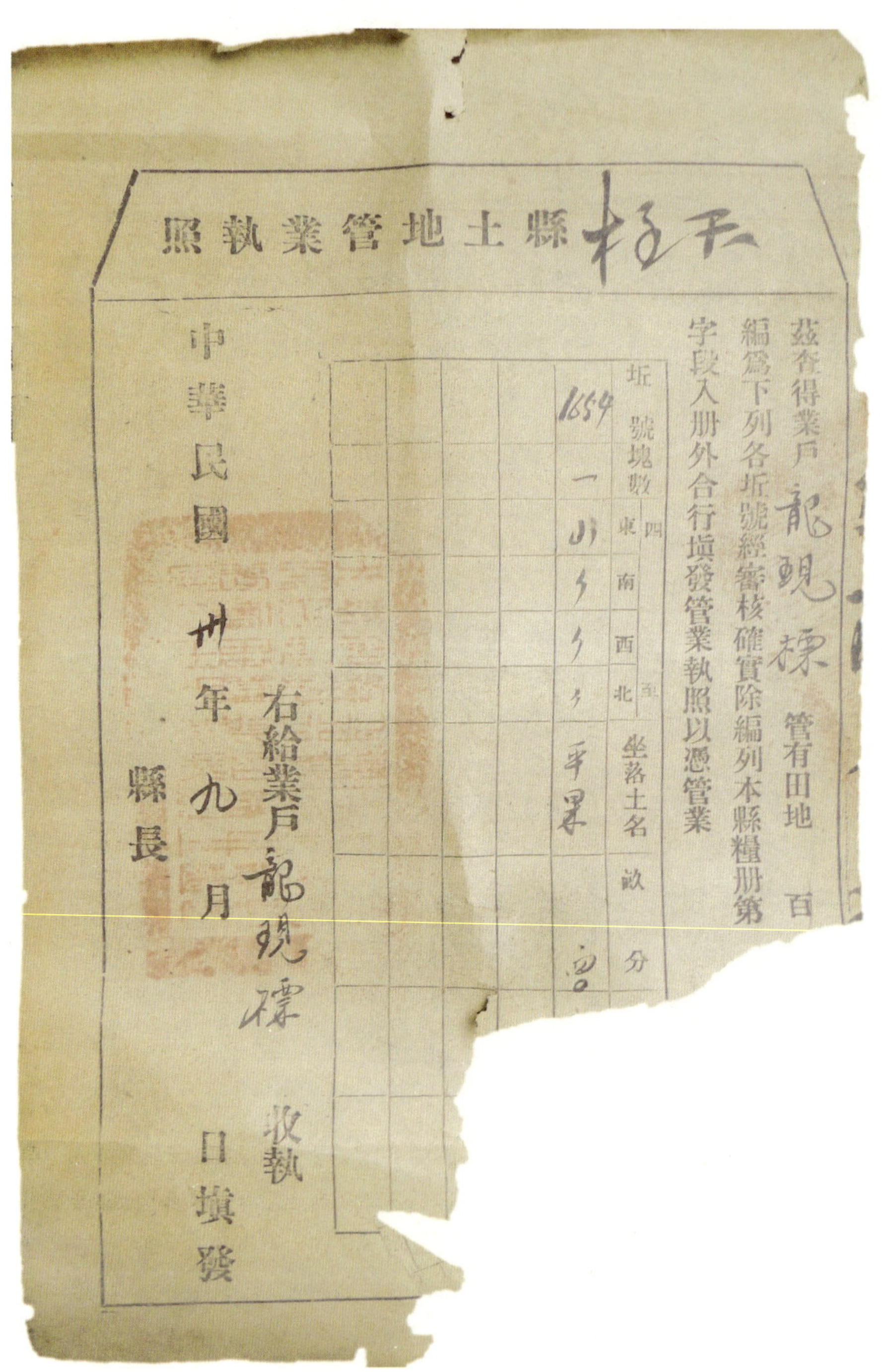

天柱縣土地管業執照

茲查得業戶龍現標管有田地 百
編爲下列各坵號經審核確實除編列本縣糧册第
字段入册外合行填發管業執照以憑管業

坵號	塊數	四至 東	南	西	北	坐落土名	畝分
1654	一	山	〃	〃	〃	平果	四

右給業戶龍現標收執

中華民國卅年九月 日填發

縣長

内容提要：业户龙现标管有田地……，除编列本县粮册第……字段入册外，合行填发管业执照，以凭管业。丘号1654，块数一块，坐落土名平果，亩分四分……

11. 龙现标1851丘号土地管理执照（民国三十年九月）

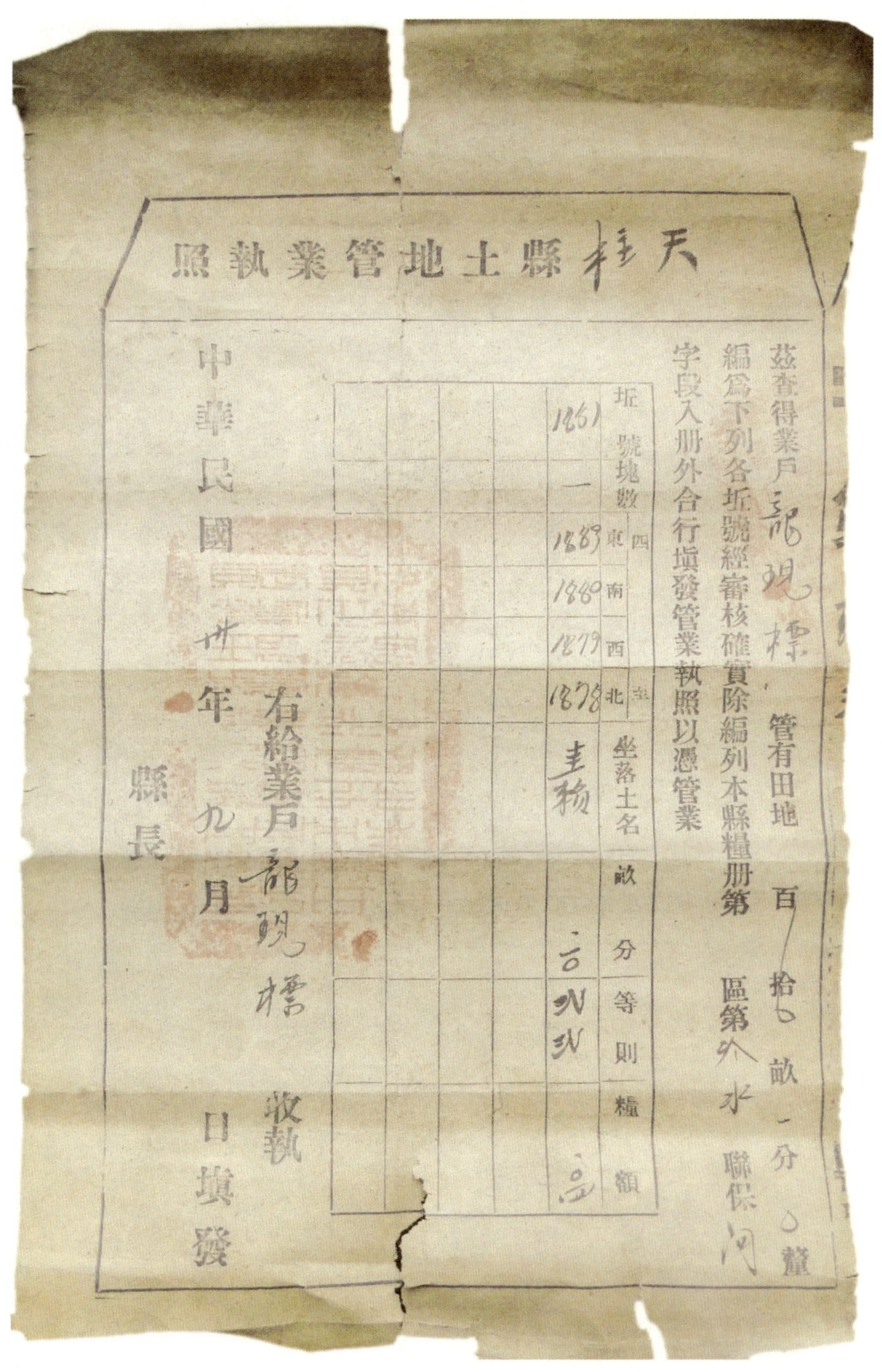

天柱縣土地管業執照

茲查得業戶龍現標　管有田地　百　拾　畝一分〇釐
編爲下列各坵號經審核確實除編列本縣糧冊第　區第冷水聯保冋
字段入冊外合行填發管業執照以憑管業

坵號	塊數	四至 東	南	西	北	坐落土名	畝分	等則	糧額
1851	一	1889	1880	1879	1878	圭賴	一分	二等二則	四分

右給業戶龍現標　收執

中華民國卅年九月　日填發

縣長

内容提要：业户龙现标管有田地一分，除编列本县粮册冷水联保问字段入册外，合行填发管业执照，以凭管业。丘号 1851，块数一块，坐落土名圭赖，亩分一分，贰等贰则，粮额四分。

12. 龙现标1811丘号土地管理执照（民国三十年九月）

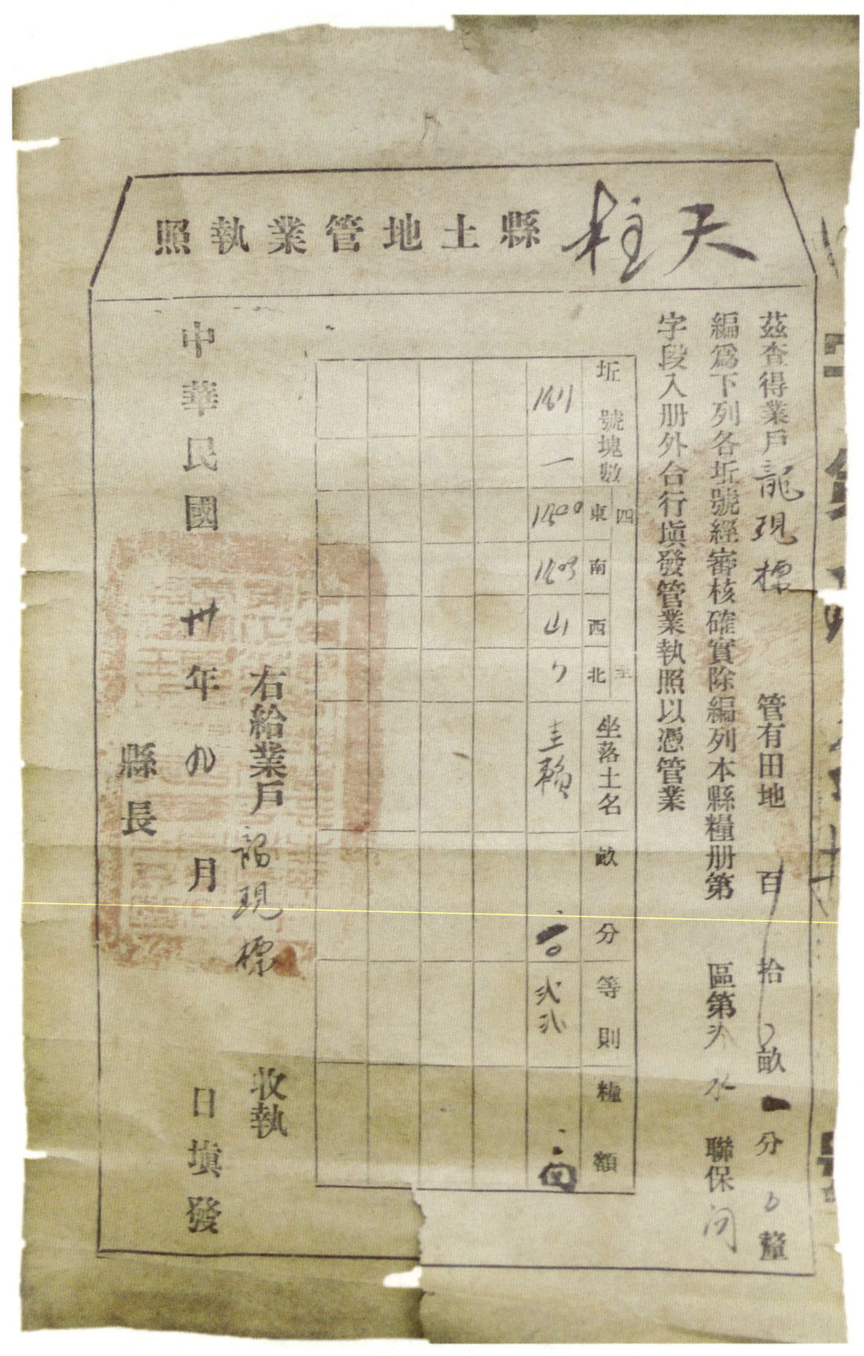
天柱縣土地管業執照

茲查得業戶龍現標管有田地　百　拾　畝一分　釐
編爲下列各坵號經審核確實除編列本縣糧册第　區第冷水聯保問
字段入册外合行填發管業執照以憑管業

坵號	1811
塊數	一
四至 東	1809
四至 南	1803
四至 西	山
四至 北	山
坐落土名	圭賴
畝分	一分
等則	弍弍
糧額	四

右給業戶龍現標收執

縣長

中華民國卅年九月　日填發

内容提要：业户龙现标管有田地一分，除编列本县粮册冷水联保问字段入册外，合行填发管业执照，以凭管业。丘号1811，块数一块，坐落土名圭赖，亩分一分，贰等贰则，粮额四分。

13. 龙现标1774丘号土地管理执照（民国三十年九月）

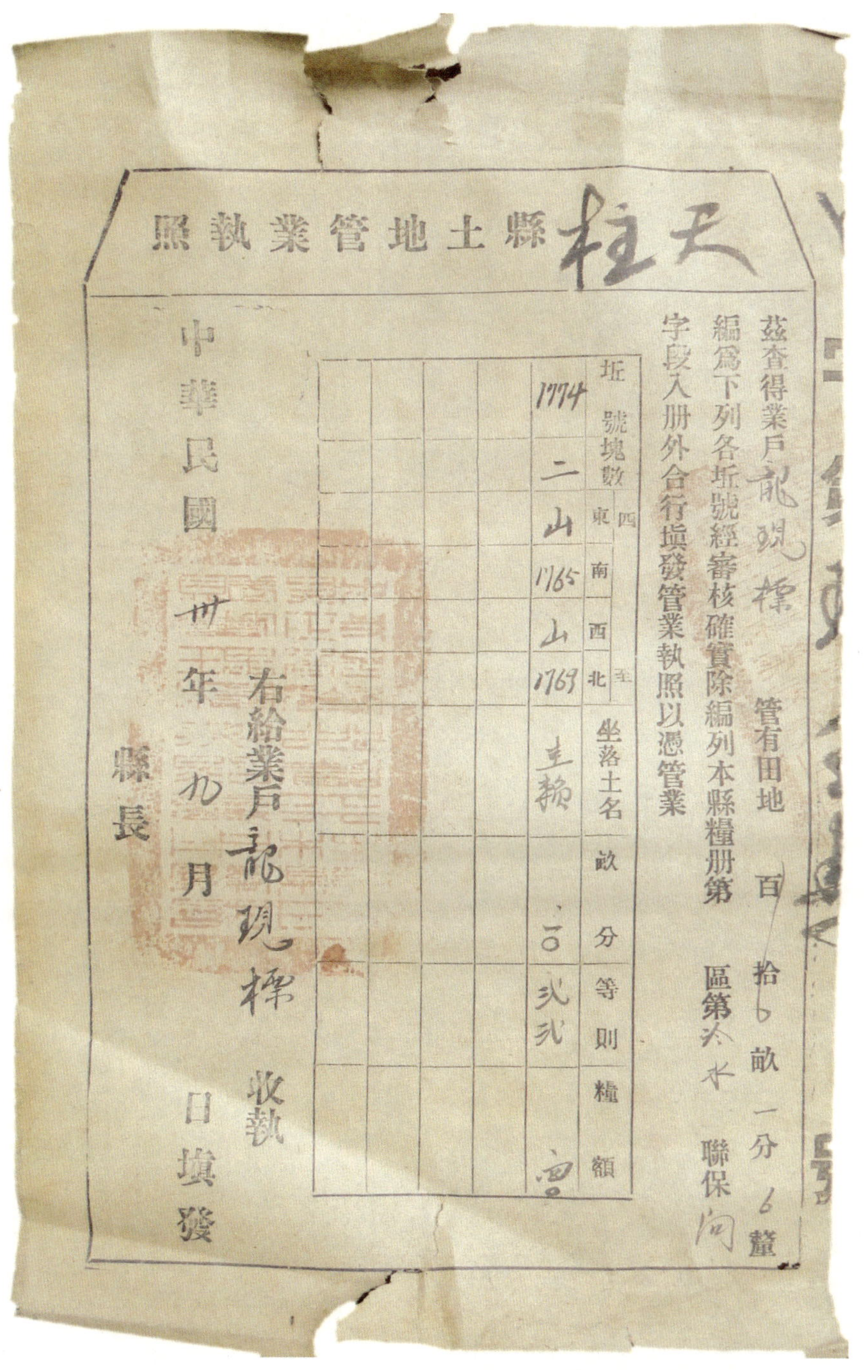

天柱縣土地管業執照

茲查得業戶龍現標管有田地　百拾　畝一分　釐
編爲下列各坵號經審核確實除編列本縣糧册第　區第冷水　聯保向
字段入册外合行塡發管業執照以憑管業

坵號	塊數	四至				坐落土名	畝分	等則	糧額
		東	南	西	北				
1774	二	山	1765	山	1769	圭賴	一	貳貳	四

右給業戶龍現標收執

中華民國卅年九月　日塡發

縣長

内容提要：业户龙现标管有田地一分，除编列本县粮册冷水联保问字段入册外，合行填发管业执照，以凭管业。丘号 1774，块数二块，坐落土名圭赖，亩分一分，贰等贰则，粮额四分。

14. 龙现标1841丘号土地管理执照（民国三十年九月）

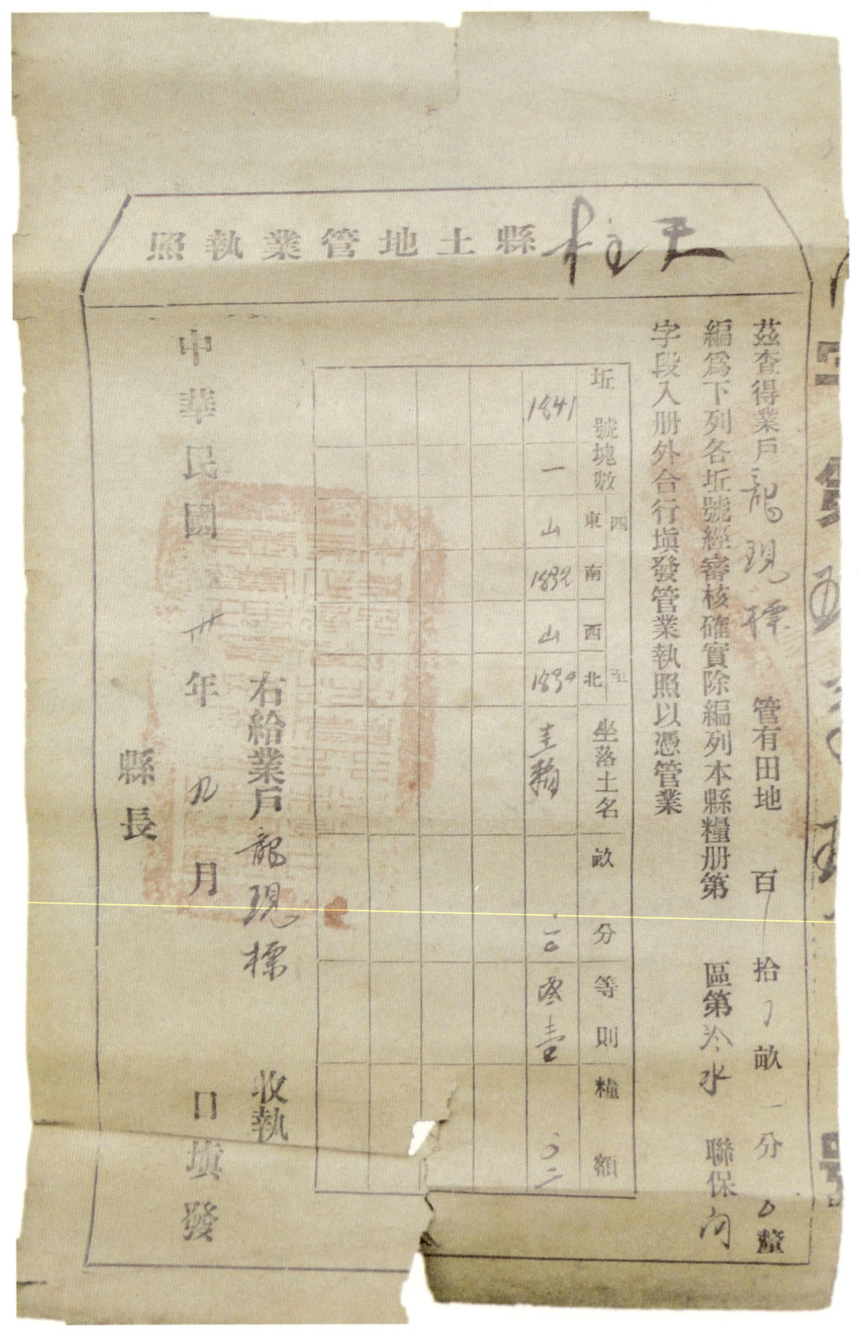

内容提要：业户龙现标管有田地一分，除编列本县粮册冷水联保问字段入册外，合行填发管业执照，以凭管业。丘号1841，块数一块，坐落土名圭赖，亩分一分，叁等壹则，粮额二分。

15. **龙现标1857丘号土地管理执照**（民国三十年九月）

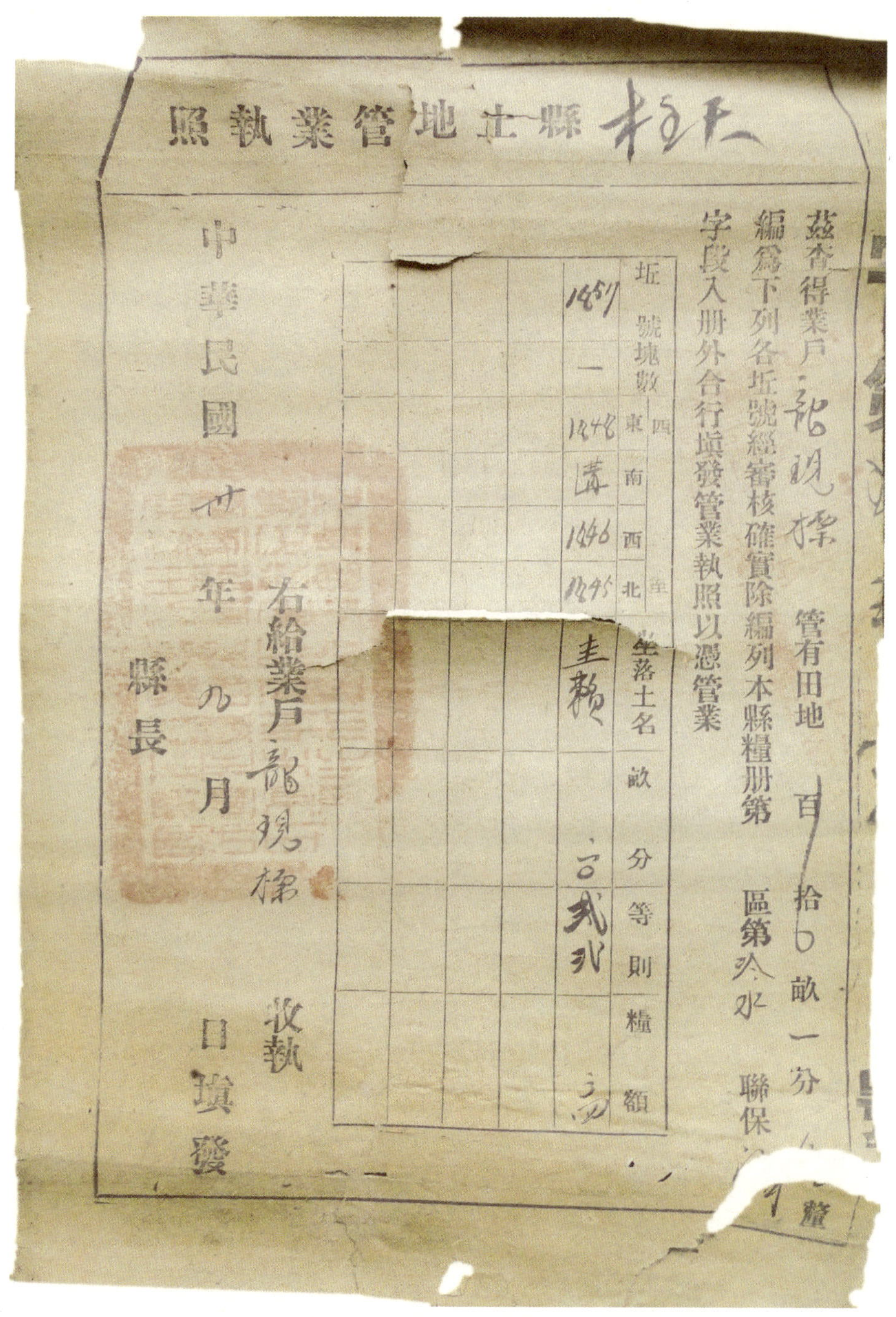

天柱縣土地管業執照

茲查得業戶龍現標管有田地　百　拾　畝一分　釐

編爲下列各坵號經審核確實除編列本縣糧册第　區第冷水聯保

字段入册外合行填發管業執照以憑管業

坵號	塊數	四至 東	南	西	北	坐落土名	畝分	等則	糧額
1857	一	1848	溝	1846	1845	圭賴	一分	貳貳	四

右給業戶龍現標收執

中華民國卅年九月　日填發

縣長

内容提要：业户龙现标管有田地一分，除编列本县粮册冷水联保问字段入册外，合行填发管业执照，以凭管业。丘号 1857，块数一块，坐落土名圭赖，亩分一分，贰等贰则，粮额四分。

16. 龙现标1651丘号土地管理执照（民国三十年九月）

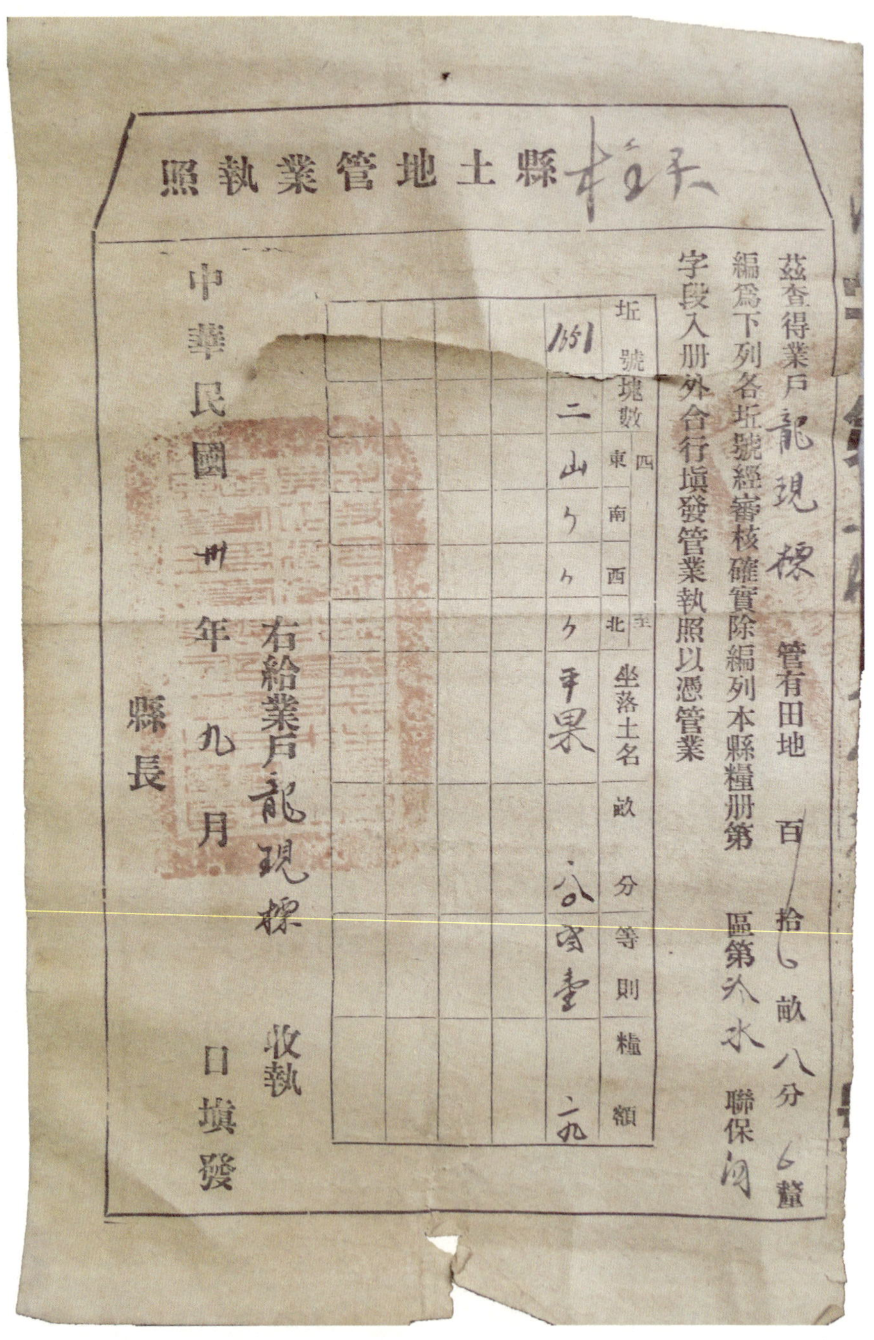
天柱县土地管业执照

兹查得业户龍現標管有田地　百　拾　畝八分　釐

編爲下列各坵號經審核確實除編列本縣糧册第　區第冷水聯保间

字段入册外合行填發管業執照以憑管業

坵號	塊數	四至 東	南	西	北	坐落土名	畝	分	等則	糧額
1651	二	山	〃	〃	〃	平果		八	叁壹	一角九

右給業戶龍現標收執

縣長

中華民國卅年九月　日填發

内容提要：业户龙现标管有田地八分，除编列本县粮册冷水联保问字段入册外，合行填发管业执照，以凭管业。丘号1651，块数二块，坐落土名平果，亩分八分，叁等壹则，粮额一角九分。

17. 龙现标1235丘号土地管理执照（民国三十年九月）

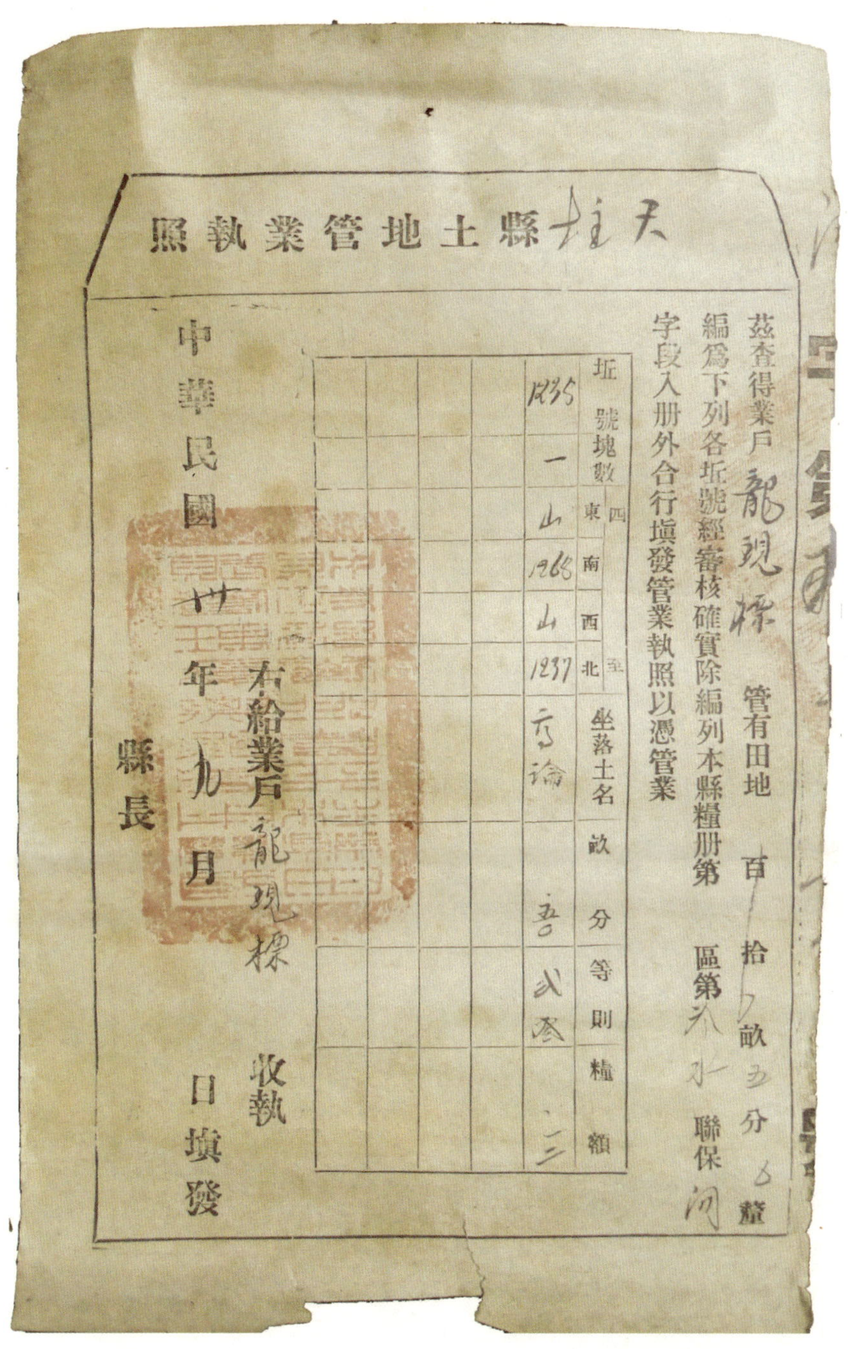

天柱縣土地管業執照

茲查得業戶龍現標管有田地　百　拾　畝五分　釐
編爲下列各坵號經審核確實除編列本縣糧冊第　區第冷水聯保問
字段入册外合行填發管業執照以憑管業

坵號	塊數	四至 東	南	西	北	坐落土名	畝分	等則	糧額
1235	一	山	1268	山	1237	高論	五	貳叁	.二.

右給業戶龍現標收執

中華民國卅年九月　日填發

縣長

内容提要：业户龙现标管有田地五分，除编列本县粮册冷水联保问字段入册外，合行填发管业执照，以凭管业。丘号1235，块数一块，坐落土名高论，亩分五分，贰等叁则，粮额一角二分。

18. 龙现标1973丘号土地管理执照（民国三十年九月）

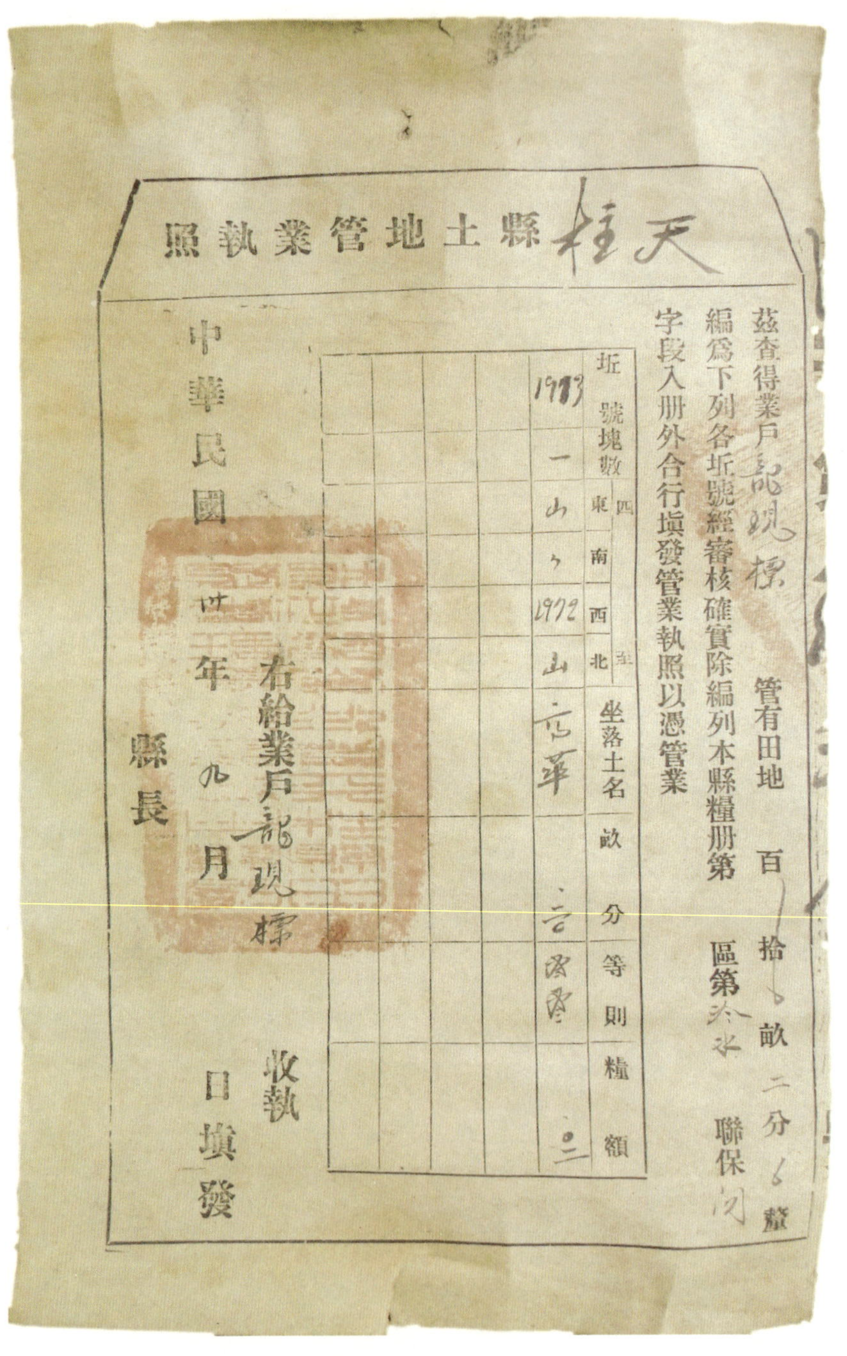

天柱縣土地管業執照

茲查得業戶龍現標管有田地 百 拾 畝二分 釐編爲下列各坵號經審核確實除編列本縣糧册第 區第冷水聯保問字段入册外合行填發管業執照以憑管業

坵號	塊數	四至 東 南 西 北	坐落土名	畝分	等則	糧額
1973	一	山 ヶ 1972 山	高華	二分	叁等叁	二

右給業戶龍現標收執

中華民國卅年九月 日填發

縣長

内容提要：业户龙现标管有田地二分，除编列本县粮册冷水联保问字段入册外，合行填发管业执照，以凭管业。丘号 1973，块数一块，坐落土名高华，亩分二分，叁等叁则，粮额二分。

19. 龙现标1985丘号土地管理执照（民国三十年九月）

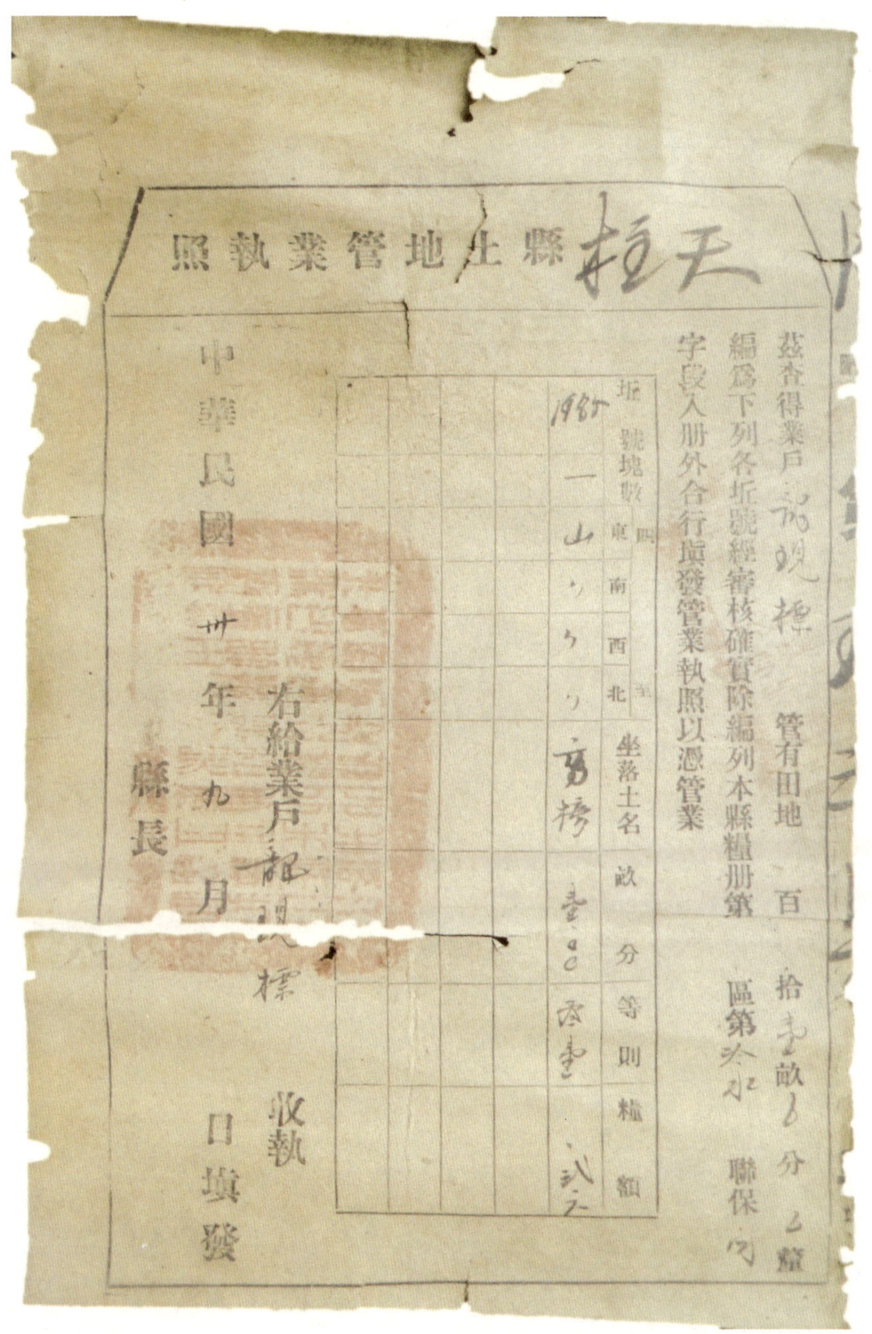

内容提要：业户龙现标管有田地壹亩，除编列本县粮册冷水联保问字段入册外，合行填发管业执照，以凭管业。丘号 1985，块数一块，坐落土名高榜，亩分一亩，叁等壹则，粮额贰角六分。

20. 龙现标1749丘号土地管理执照（民国三十年九月）

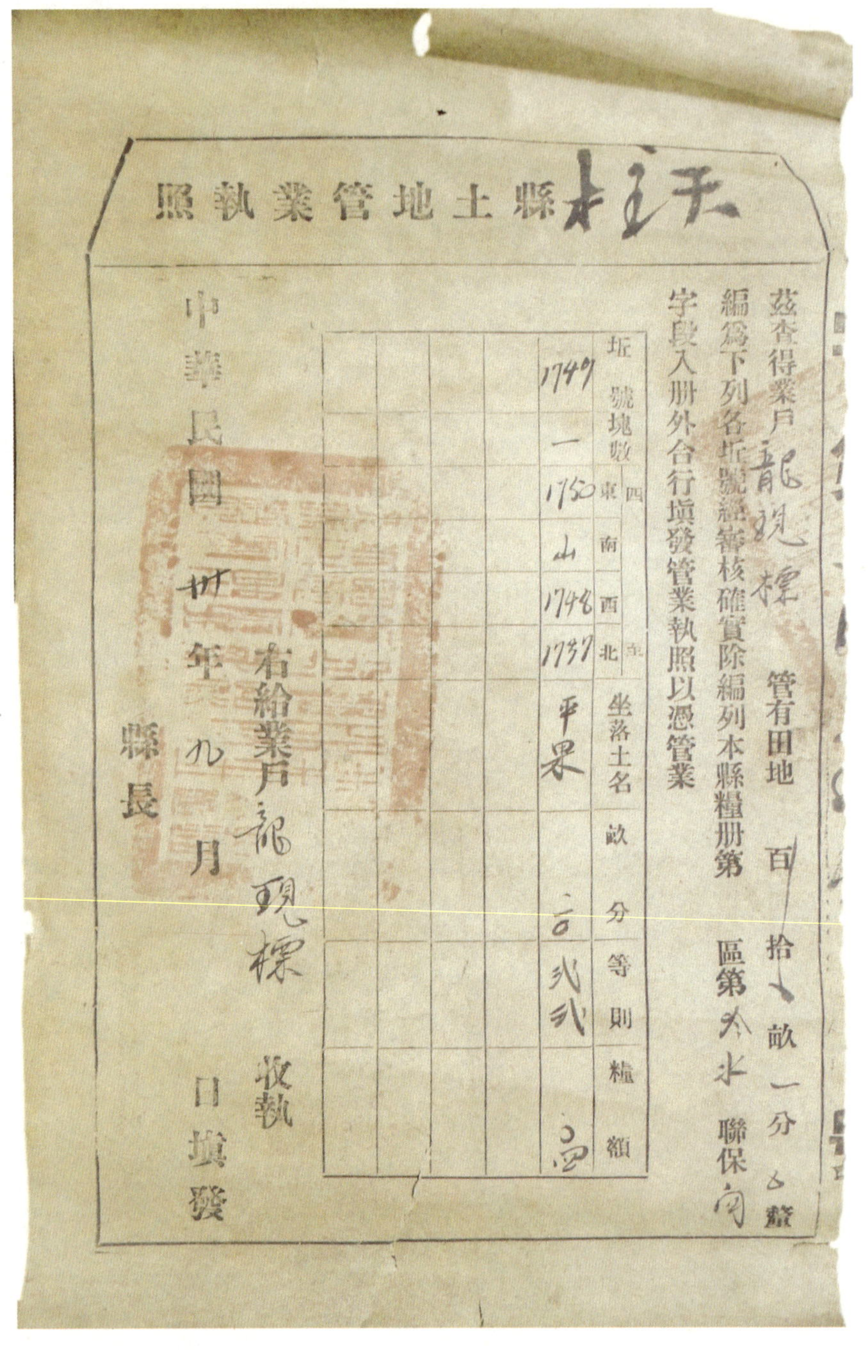

内容提要：业户龙现标管有田地一分，除编列本县粮册冷水联保问字段入册外，合行填发管业执照，以凭管业。丘号1749，块数一块，坐落土名平果，亩分一分，贰等贰则，粮额四分。

21. 龙现标□□丘号土地管理执照（民国三十年九月）

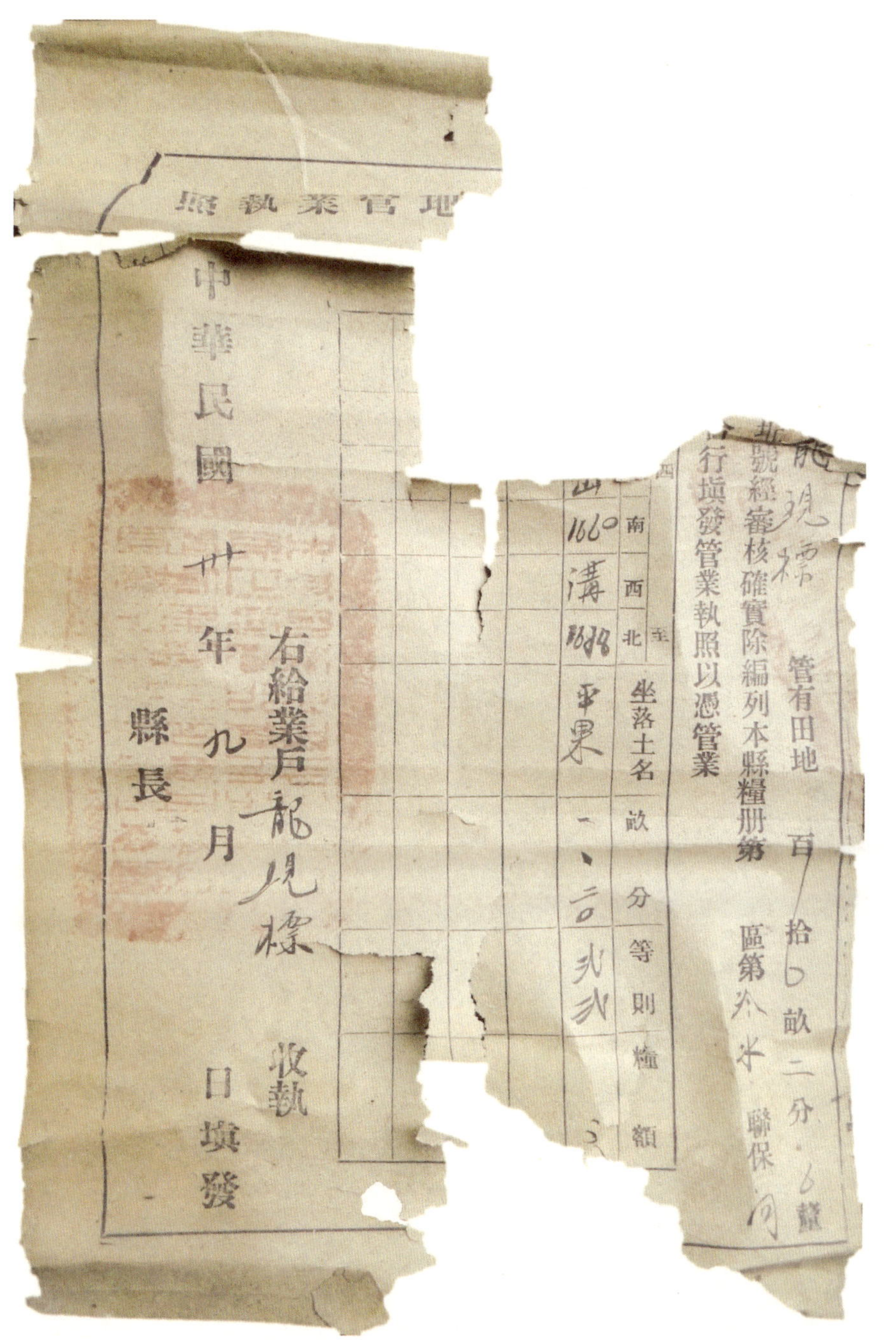

地管業執照

龍現標　管有田地　百　拾　畝二分　釐
號經審核確實除編列本縣糧冊第　區第冷水聯保問
行填發管業執照以憑管業

四至	坐落土名	畝分	等則	糧額
南 1660 溝 西 北 1688	平果	二	貳貳	

右給業戶龍現標　收執

中華民國卅年九月　日填發

縣長

内容提要：业户龙现标管有田地二分，除编列本县粮册冷水联保问……合行填发管业执照，以凭管业。丘号……坐落土名平果，亩分二分，贰等贰则，粮额八分。

卷七　龙武铣户藏

1. 龙昌朴卖地土字（咸丰九年四月十二日）

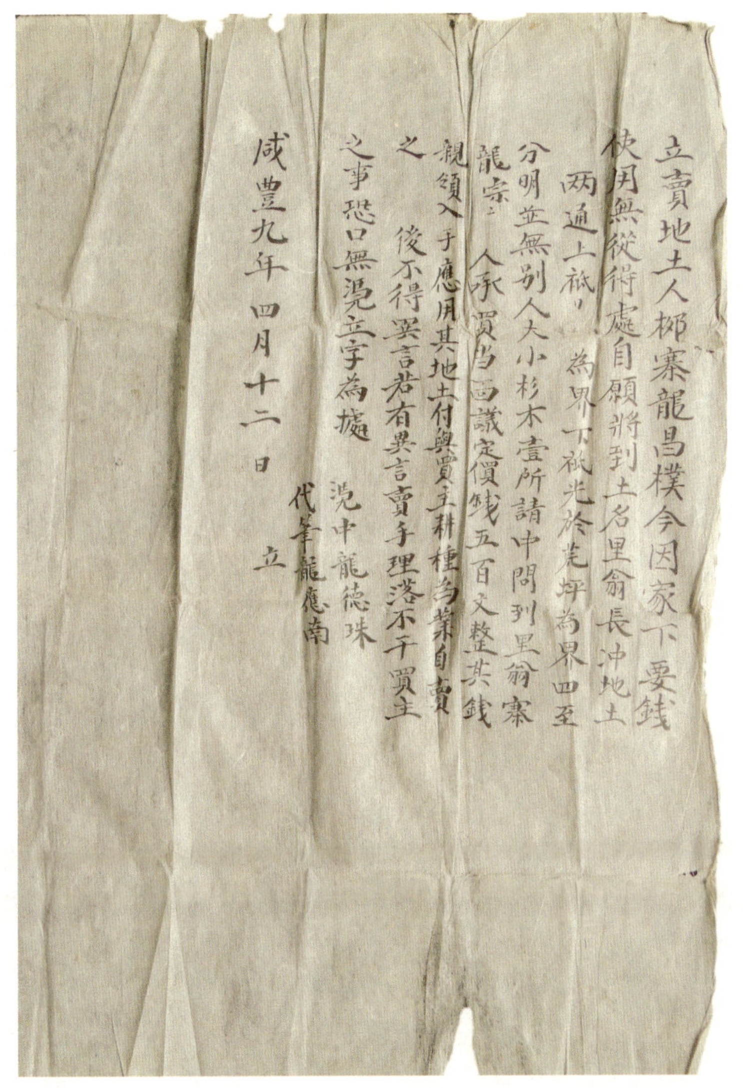

立賣地土人柳寨龍昌樸今因家下要錢
使用無從得處自願將到土名里翁長冲地土
兩通上抵□為界下抵光於荒坪為界四至
分明並無別人大小杉木壹所請中問到里翁寨
龍宗□人承買當面議定價錢五百文整其錢
親領入手應用其地土付與買主耕種為業自賣
之後不得異言若有異言賣手理落不干買主
之事恐口無凴立字為據
凴中龍德珠
代筆龍應南
咸豐九年四月十二日　立

立卖地土人柳寨龙昌朴，今因家下要钱使用，无从得处。自愿将到土名里翁长冲地土两通，上抵□为界，下抵光于荒坪为界，四至分明，并无别人，大小杉木壹所。请中问到里翁寨龙宗□人承买，当面议定价钱五百文整。其钱亲领入手应用，其地土付与买主耕种为业。自卖之后，不得异言。若有异言，卖手理落，不干买主之事。恐口无凭，立字为据。

凭中：龙德珠

代笔：龙应南

咸丰九年四月十二日立

2. 龙开举、龙四保父子卖田契（同治二年三月三十日）

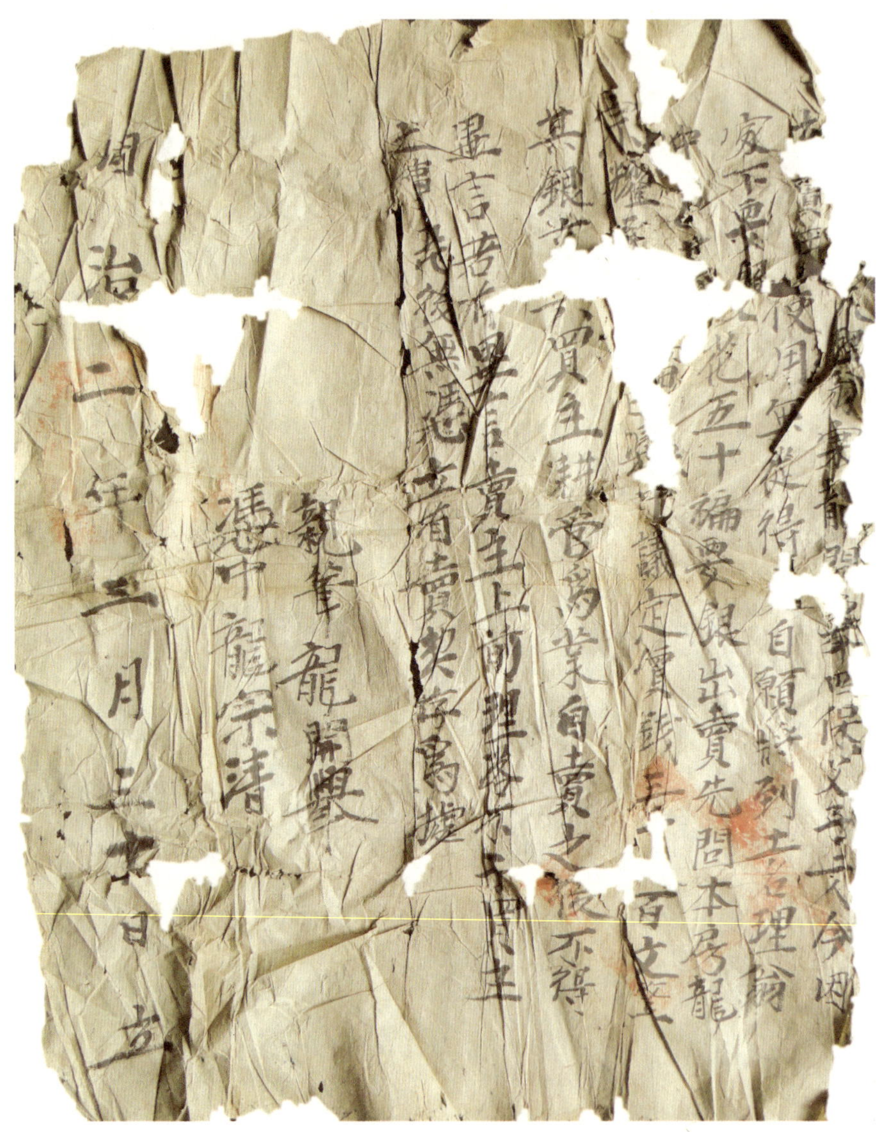

立卖田契人理翁寨龙开举、四保父子二人，今因家下要银使用，无从得处。自愿将到土名理翁冲田一丘，收花五十稨，要银出卖。先问本房龙宗耀承买，当日凭中议定价钱三千八百文整。其银交与［卖主］，［其田］买主耕管为业。自卖之后，不得异言。若有异言，卖主上前理落，不干买主之事。恐后无凭，立有卖契字为据。

亲笔：龙开举

凭中：龙宗清

同治二年三月三十日立

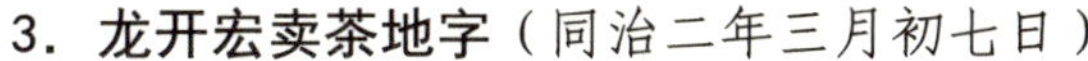

3. **龙开宏卖茶地字**（同治二年三月初七日）

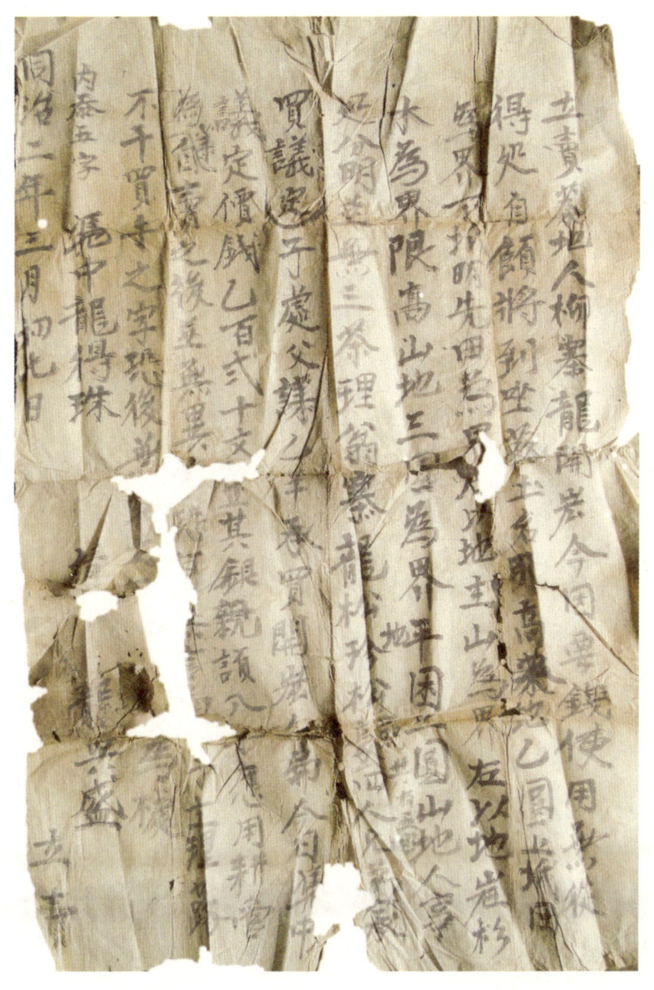

立卖茶地人柳寨龙开宏，今因要钱使用，无从得处，自愿将到坐落土名引高茶地乙圆（团），上抵田为界，下抵明先田为界，[左]以地主山为界，右以地岩杉木为界，限高山地三圆（团）为界，平困二圆（团）山地，共有五团，事（四）处分明，并无三茶（参杂）。理翁寨龙松地、松珍、松品、松豪四人兄弟承买，议定子处父业乙伴（半），承买开宏乙扁（半）。今日凭中议定价钱乙百贰十文正。其银亲领入手应用，[其地付与买主]耕管为业。自卖之后，并无异言。若有异言，卖主理落，不干买手（主）之字（事）。恐后无凭，立有卖字为据。

内添五字

凭中：龙得珠

请笔：龙兴盛

同治二年三月初七日立卖

4. 龙承宗、龙开元兄弟卖屋契（同治二年六月十八日）

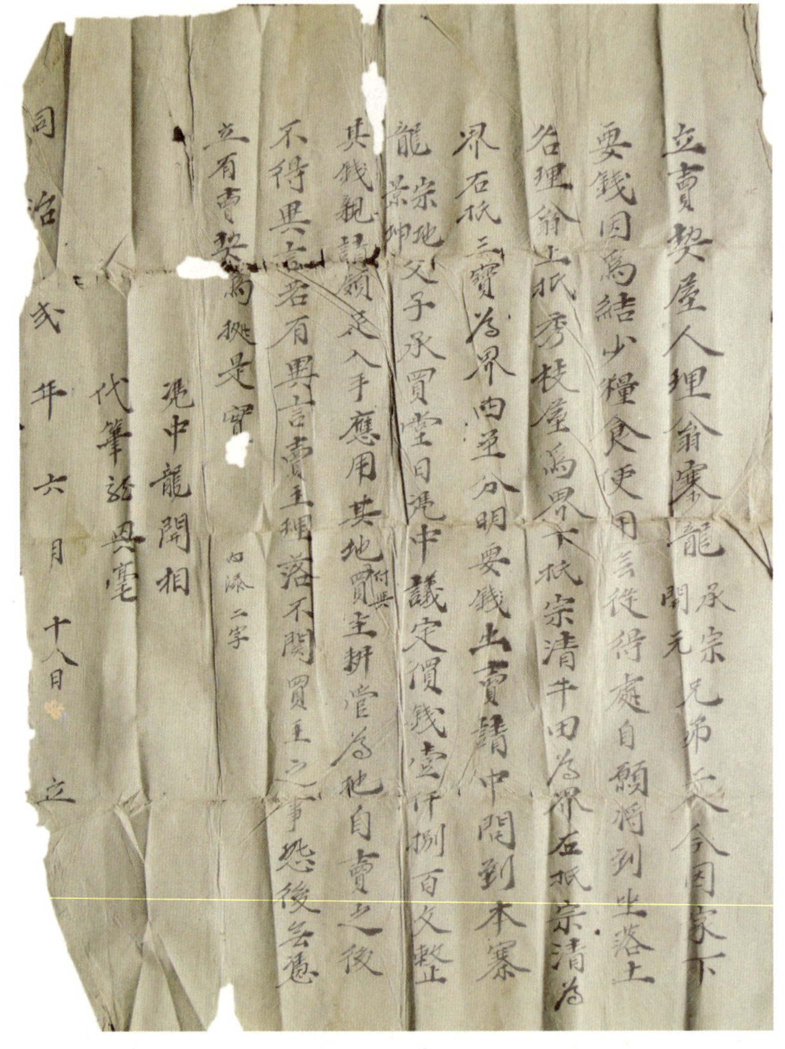

立卖契屋人理翁寨龙承宗、开元兄弟二人，今因家下要钱，因为结（缺）少粮食使用，无从得处，自愿将到坐落土名理翁，上抵秀枝屋为界，下抵宗清牛田为界，左抵宗清为界，右抵三宝为界，四至分明，要钱出卖。请中问到本寨龙宗地、景坤父子承买，堂（当）日凭中议定价钱壹仟捌百文整。其钱亲请（手）领足入手应用，其地付与买主耕管为业。自卖之后，不得异言。若有异言，卖主理落，不关买主之事。恐后无凭，立有卖契为据是实。

内添二字

凭中：龙开相

代笔：龙兴毫

同治贰年六月十八日立

5. 龙秀宗、龙秀枝卖田契（同治二年□月初一日）

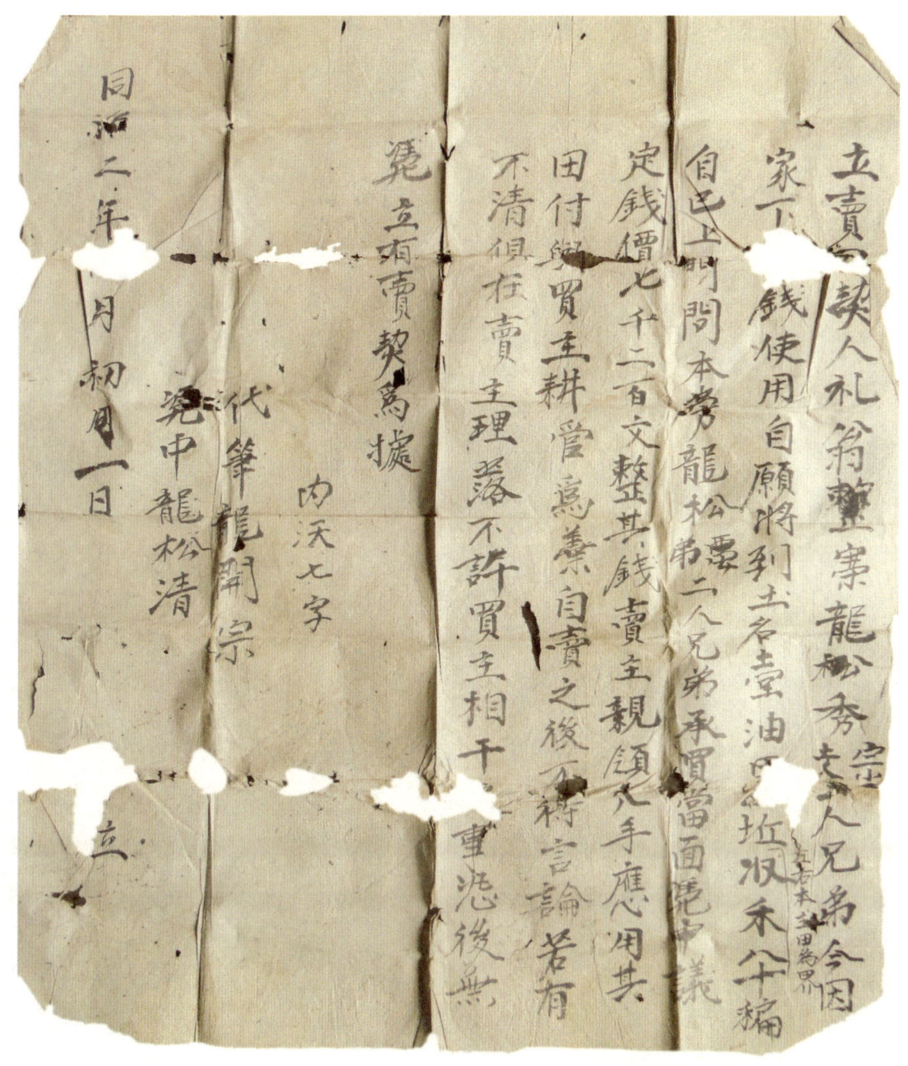

立卖田契人礼翁寨龙秀宗、秀枝二人兄弟（兄弟二人），今因家下□钱使用，自愿将到土名壹油田乙丘，左右本主田为界，收禾八十稨。自己上门问本芳（房）龙松安、松弟二人兄弟（兄弟二人）承买，当面凭中议定钱价七千二百文整。其钱卖主亲领入手应用，其田付与买主耕管为业。自卖之后，不得言论。若有不清，俱在卖主理落，不许买主相干之事。恐后无凭，立有卖契为据。

内添七字

代笔：龙开宗

凭中：龙松清

同治二年□月初一日立

6. 龙宗弟、龙宗耀兄弟卖田契（同治三年三月初三日）

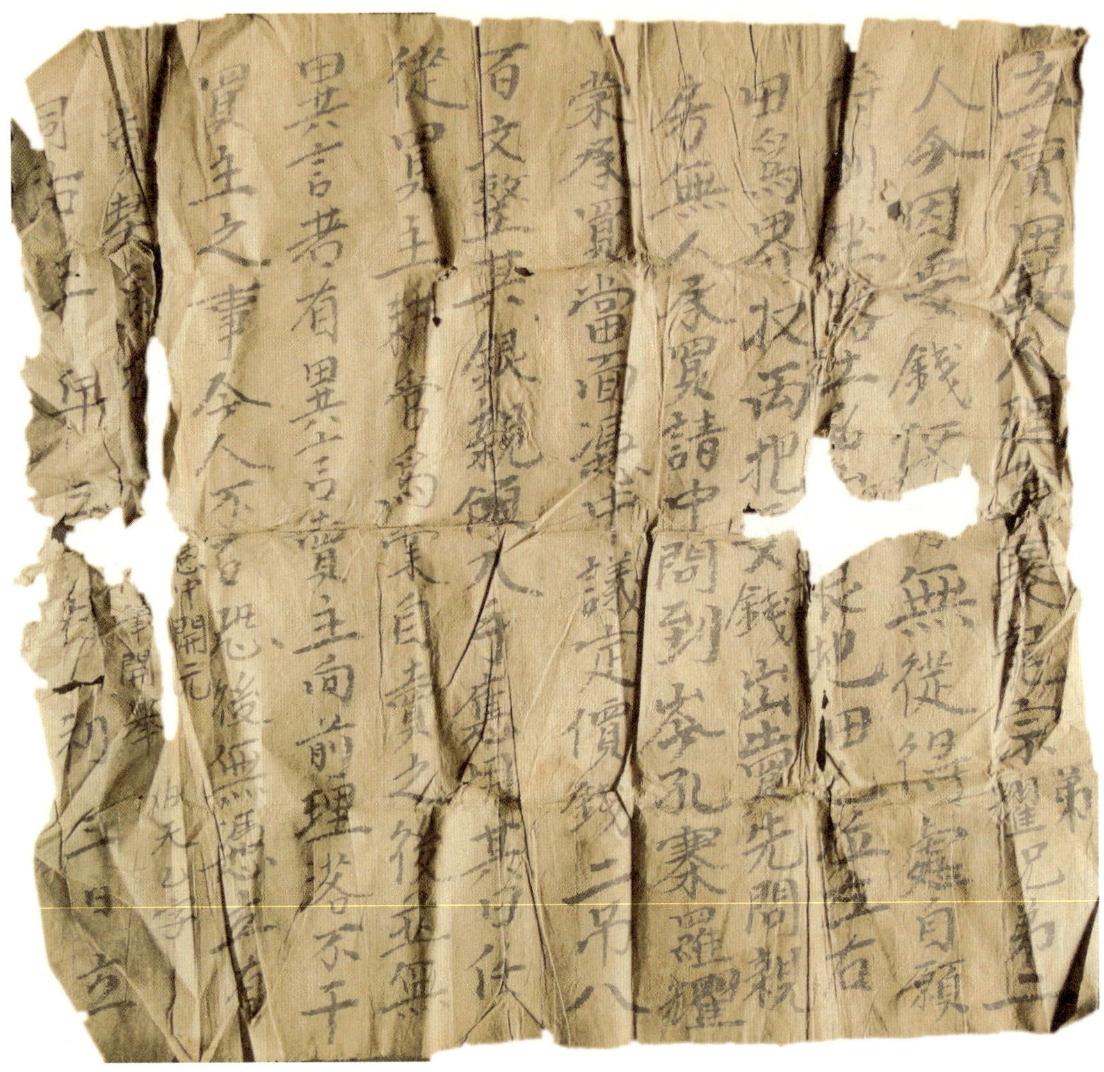

立卖田契人理翁寨龙宗弟、宗耀兄弟二人，今因要钱使口，无从得处，自愿将到坐落土名口跟地田乙丘，左右田为界，收花两把，要钱出卖。先问亲房无人承买，请中问到岑孔寨罗耀荣承买，当面凭中议定价钱二吊八百文整。其银亲领入手应用，其田任从买主耕管为业。自卖之后，并无异言。若有异言，卖主向前理落，不干买主之事。今人不古，恐后无凭，立有卖契为据。

凭中：开元

代笔：开举

内天（添）乙字

同治三年三月初三日立

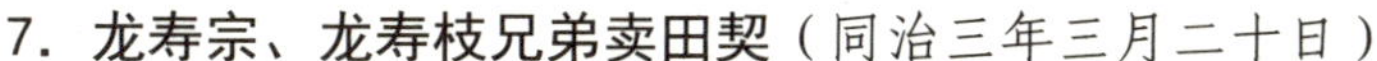

7. 龙寿宗、龙寿枝兄弟卖田契（同治三年三月二十日）

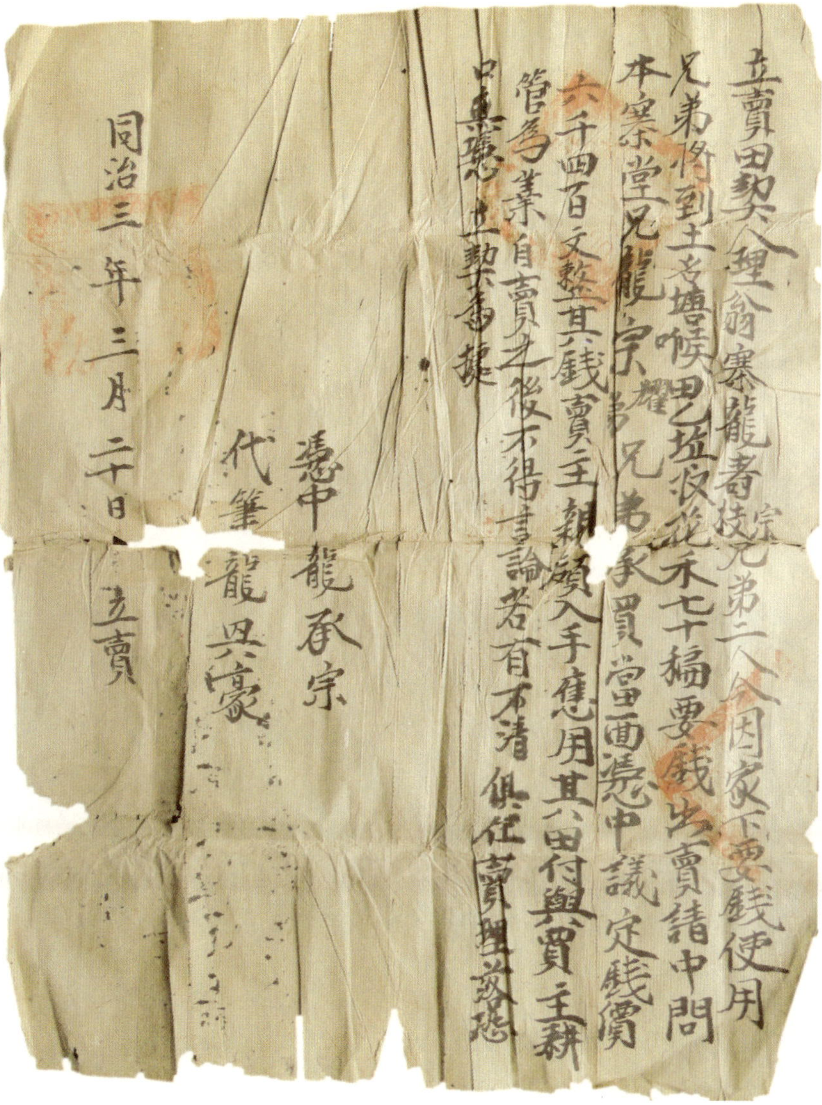

立卖田契人理翁寨龙寿宗、寿枝兄弟二人，今因家下要钱无钱使用，兄弟将到土名塘喉田乙丘，收花禾七十稨，要钱出卖。请中问本寨堂兄龙宗耀、宗弟兄弟承买，当面凭中议定钱价六千四百文整。其钱卖主亲领入手应用，其田付与买主耕管为业。自卖之后，不得言论。若有不清，俱在卖［主］理落。恐口无凭，立契为据。

凭中：龙承宗

代笔：龙兴豪

同治三年三月二十日立卖

8．龙什开卖地土字（同治三年五月初四日）

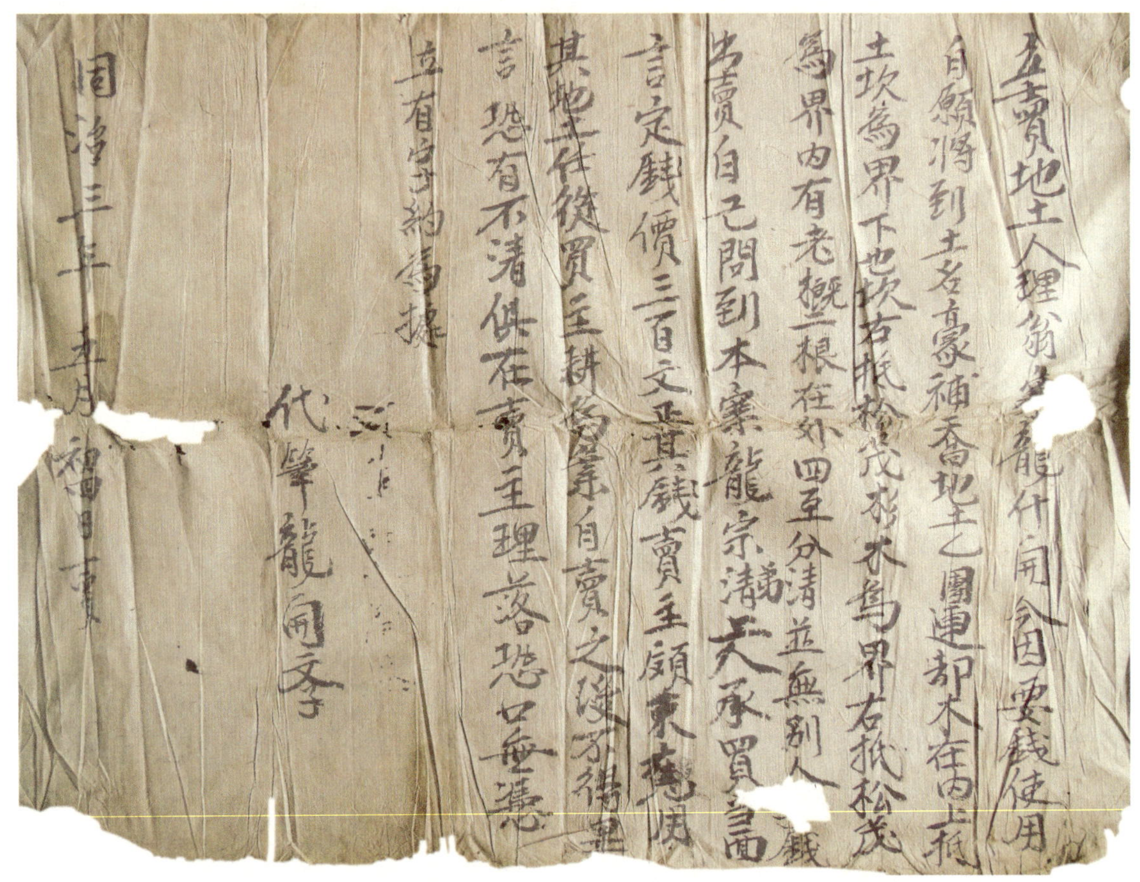

立卖地土人理翁寨龙什开，今因要钱使用，自愿将到土名豪补乔地土乙团，连脚木在内，上抵土坎为界，下也（抵）坎，右抵松茂杉木为界，右抵松茂为界，内有老概（树）二根，四至分清，并无别人，口钱出卖。自己问到本寨龙宗弟、宗清二人承买，当面言定钱价三百文正。其钱卖主领束（足）应用，其地土任从买主耕管为业。自卖之后，不得异言。恐有不清，俱在卖主理落。恐口无凭，立有字约为据。

代笔：龙开学

同治三年五月初四日卖

9. 龙什开卖地土字（同治三年五月初四日）

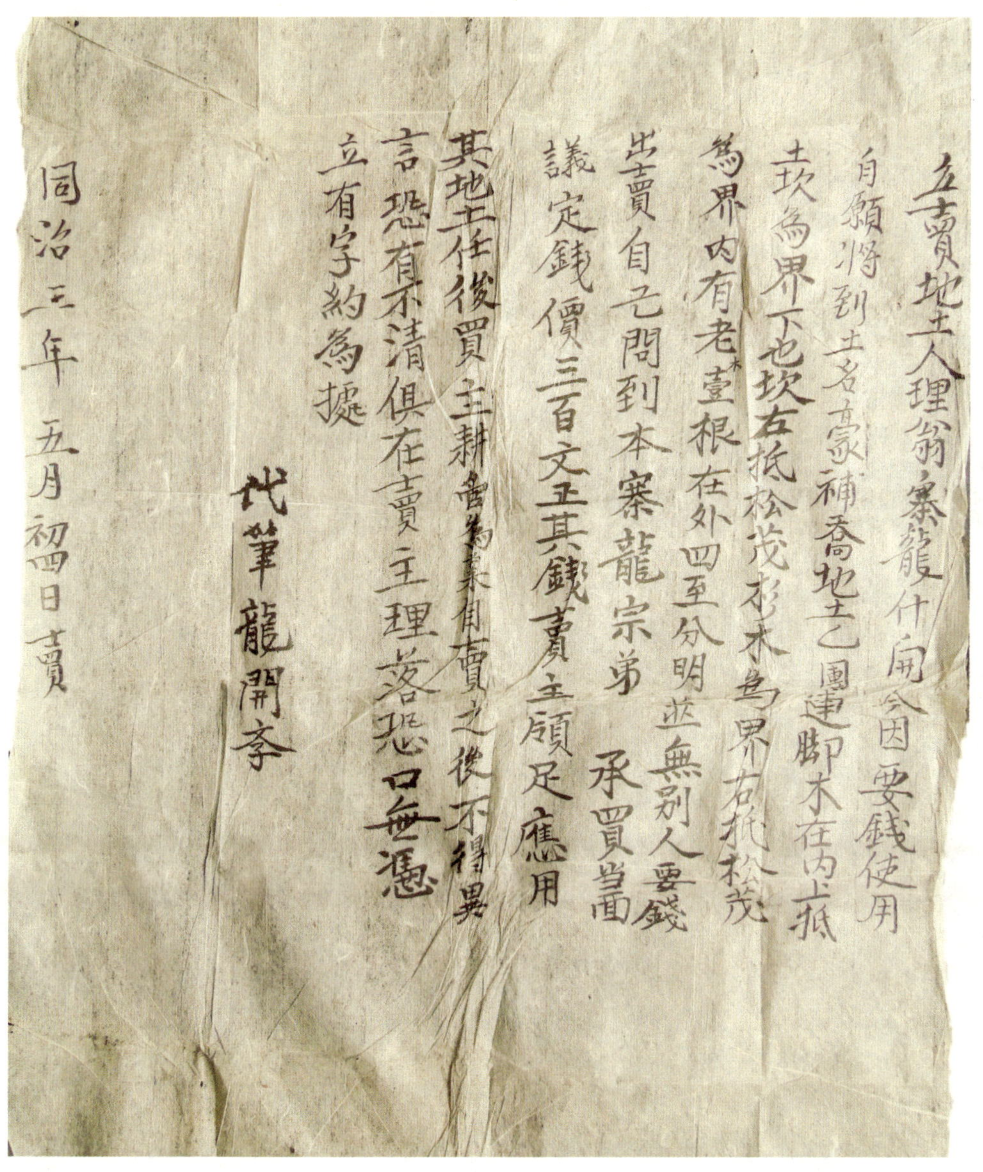

立卖地土人理翁寨龙什开，今因要钱使用，自愿将到土名豪补乔地土乙团，连脚木在内，上抵土坎为界，下也（抵）坎，左抵松茂杉木为界，右抵松茂为界，内有老木壹根，在外，四至分明，并无别人，要钱出卖。自己问到本寨龙宗弟承买，当面议定钱价三百文正。其钱卖主领足应用，其地土任后（从）买主耕管为业。自卖之后，不得异言。恐有不清，俱在卖主理落。恐口无凭，立有字约为据。

代笔：龙开学

同治三年五月初四日卖

10. 龙寿宗卖井塘田契（同治四年十月初二日）

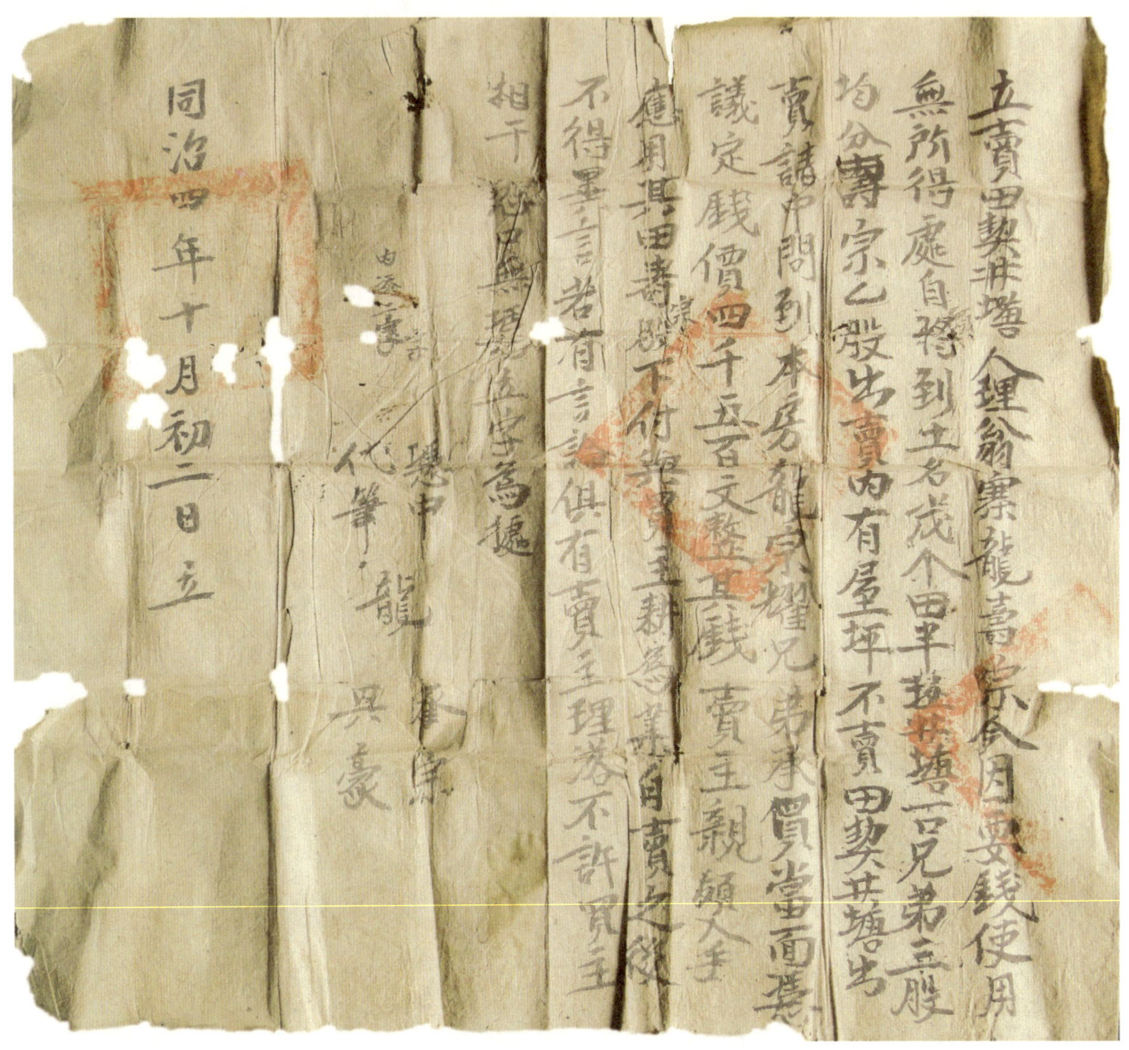

立卖田契井塘人理翁寨龙寿宗，今因要钱使用，无所得处。自愿将到土名茂个田半丘，井塘一口，兄弟三股均分。寿宗乙股出卖，内有屋坪不卖，田契井塘出卖。请中问到本房龙宗耀兄弟承买，当面凭［中］议定钱价四千五百文整。其钱卖主亲领入手应用，其田寿宗股下付与买主耕［管］为业。自卖之后，不得异言。若有言论，俱有卖主理落，不许（与）买主相干。恐口无凭，立字为据。

内添二字

凭中：龙承宗

代笔：龙兴豪

同治四年十月初二日立

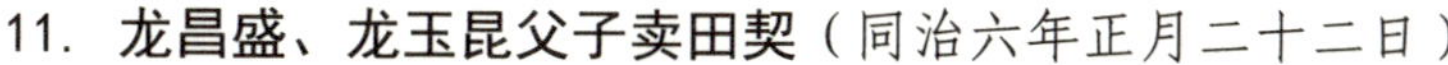

11. 龙昌盛、龙玉昆父子卖田契（同治六年正月二十二日）

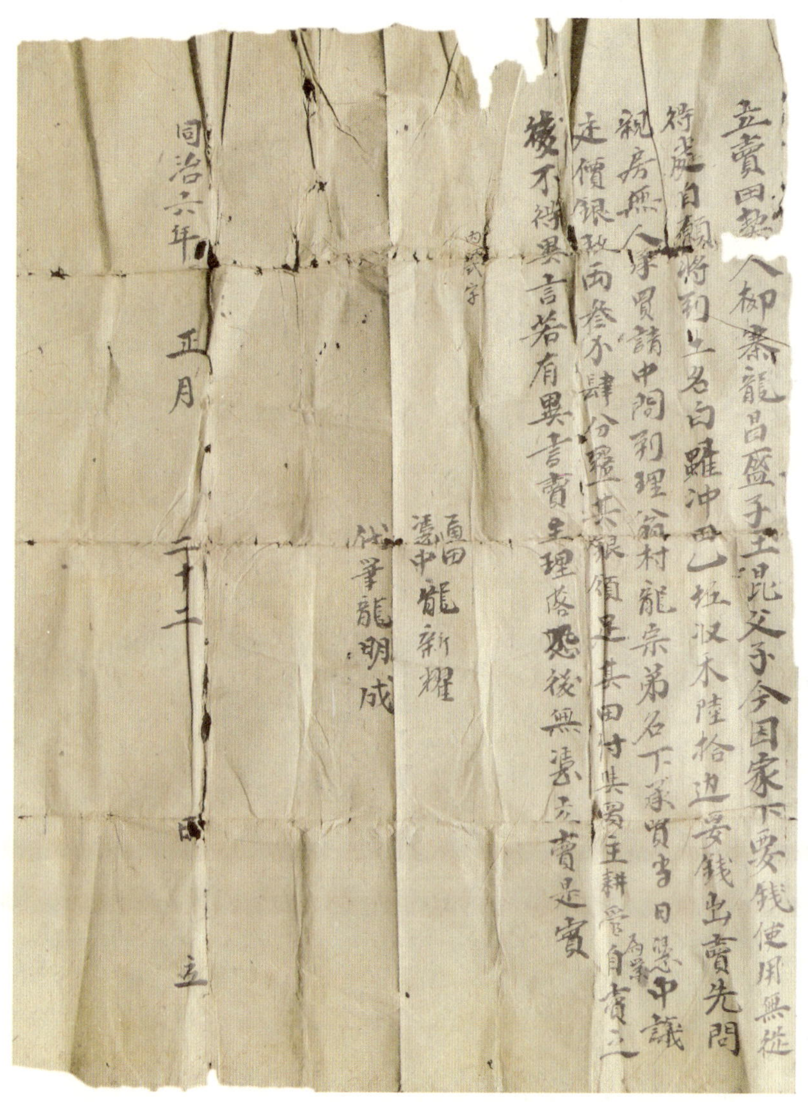

立卖田契人柳寨龙昌盛、子玉昆父子，今因家下要钱使用，无从得处，自愿将到土名白虽冲田乙丘，收禾陆拾边（稨），要钱出卖。先问亲房无人承买，请中问到理翁村龙宗弟名下承买，当日凭中议定价银玖两叁钱肆分整。其银领足，其田付与买主耕管为业。自卖之后，不得异言。若有异言，卖主理落。恐后无凭，立卖是实。

内添贰字

通田、凭中：龙新耀

代笔：龙明成

同治六年正月二十二日立

12. 龙昌盛父子卖田契（同治六年七月初五日）

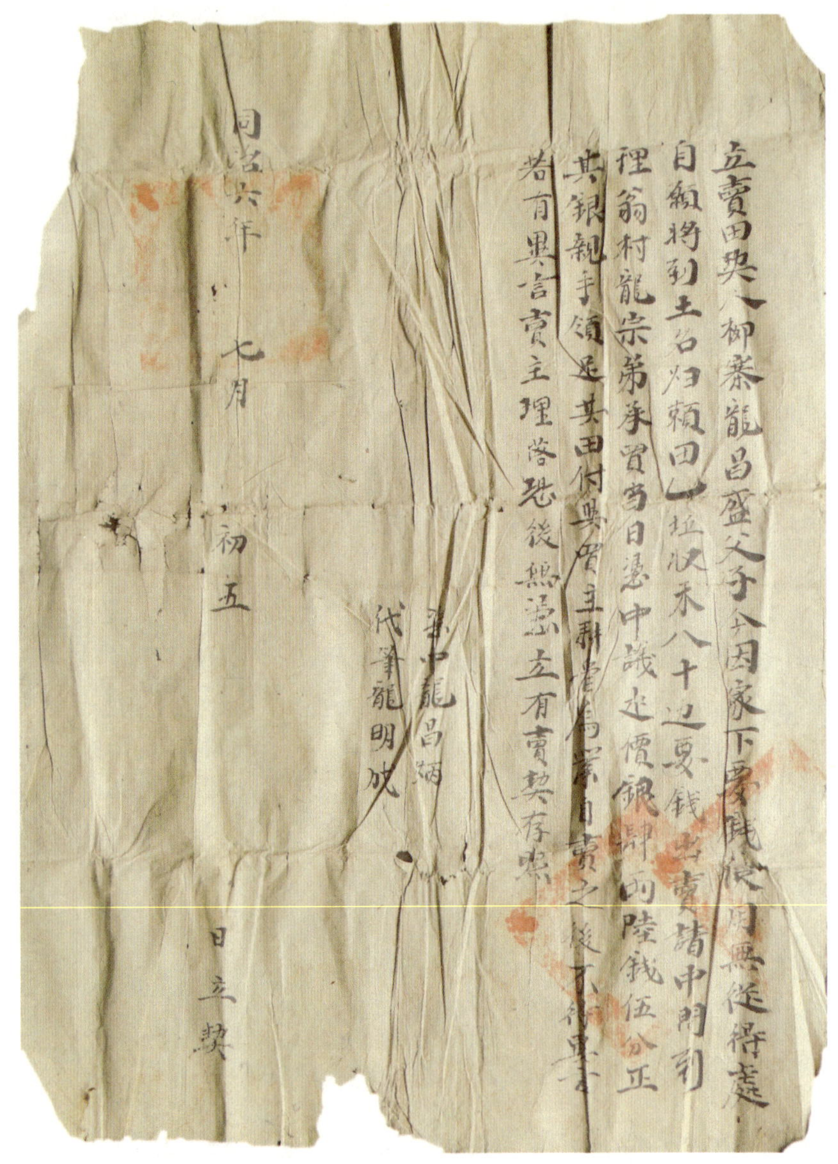

立卖田契人柳寨龙昌盛父子，今因家下要钱使用，无从得处。自愿将到土名归赖田乙丘，收禾八十边（稨），要钱出卖。请中问到理翁村龙宗弟承买，当日凭中议定价银肆两陆钱伍分正。其银亲手领足，其田付与买主耕管为业。自卖之后，不得异言。若有异言，卖主理落。恐后无凭，立有卖契存照。

凭中：龙昌炳

代笔：龙明成

同治六年七月初五日立契

13. 龙开元卖田连地契（同治八年八月初一日）

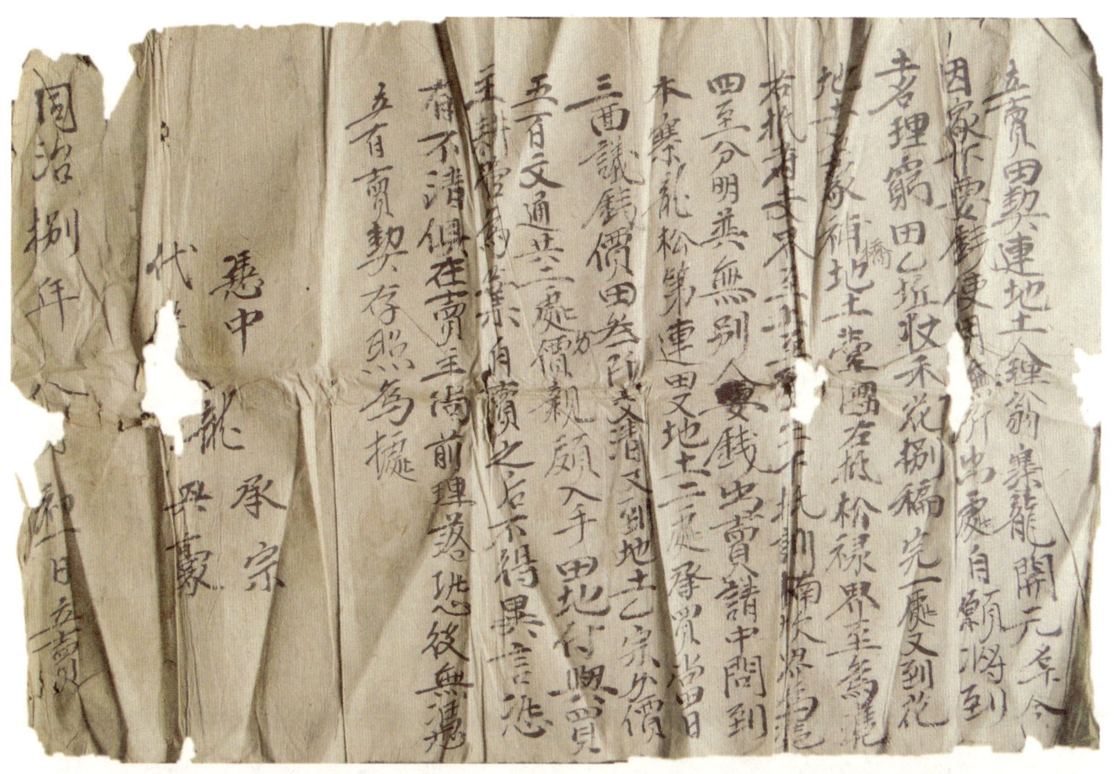

立卖田契连地土人理翁寨龙开元名下，今因家下要钱使用，无所出处，自愿将到土名理穷田乙丘，收禾花捌稨，完一处；又到花地土名家补桥地土壹团，左抵松禄界至为凭，右抵寿枝界至，上至□主，下抵训楠坎界为凭，四至分明，并无别人，要钱出卖。请中问到本寨龙松第连田又地土二处承买，当日三面议钱价田叁千文清，又到地土乙宗，钱价五百文。通共二处钱价亲领入手。田地付与买主耕管为业。自卖之后，不得异言。恐有不清，俱在卖主尚（上）前理落，恐后无凭，立有卖契存照为据。

凭中：龙承宗

代笔：龙兴豪

同治八年八月初一日立卖

14. 龙开举卖田契（同治九年二月二十日）

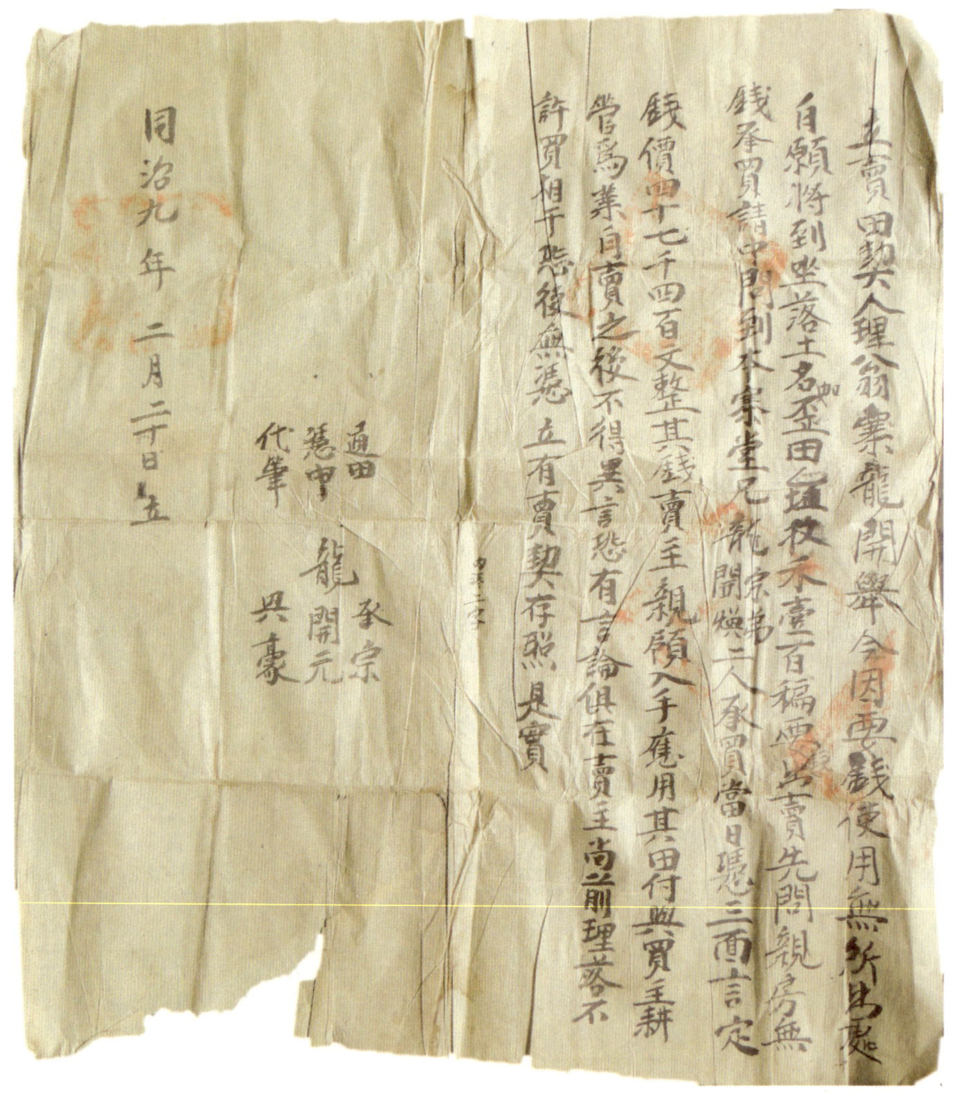

立卖田契人理翁寨龙开举，今因要钱使用，无所出处。自愿将到坐落土名加歪田乙丘，收禾壹百稨，要钱出卖。先问亲房无钱承买，请中问到本寨堂兄龙宗弟、开焕二人承买，当日凭［中］三面言定钱价四十七千四百文整。其钱卖主亲领入手应用，其田付与买主耕管为业。自卖之后，不得异言。恐有言论，俱在卖主尚（上）前理落，不许（与）买［主］相干。恐后无凭，立有卖契存照是实。

通田：龙承宗

凭中：龙开元

代笔：龙兴豪

同治九年二月二十日立

15. 龙丹凤、龙寿枝卖田连屋契（同治八年八月初一日）

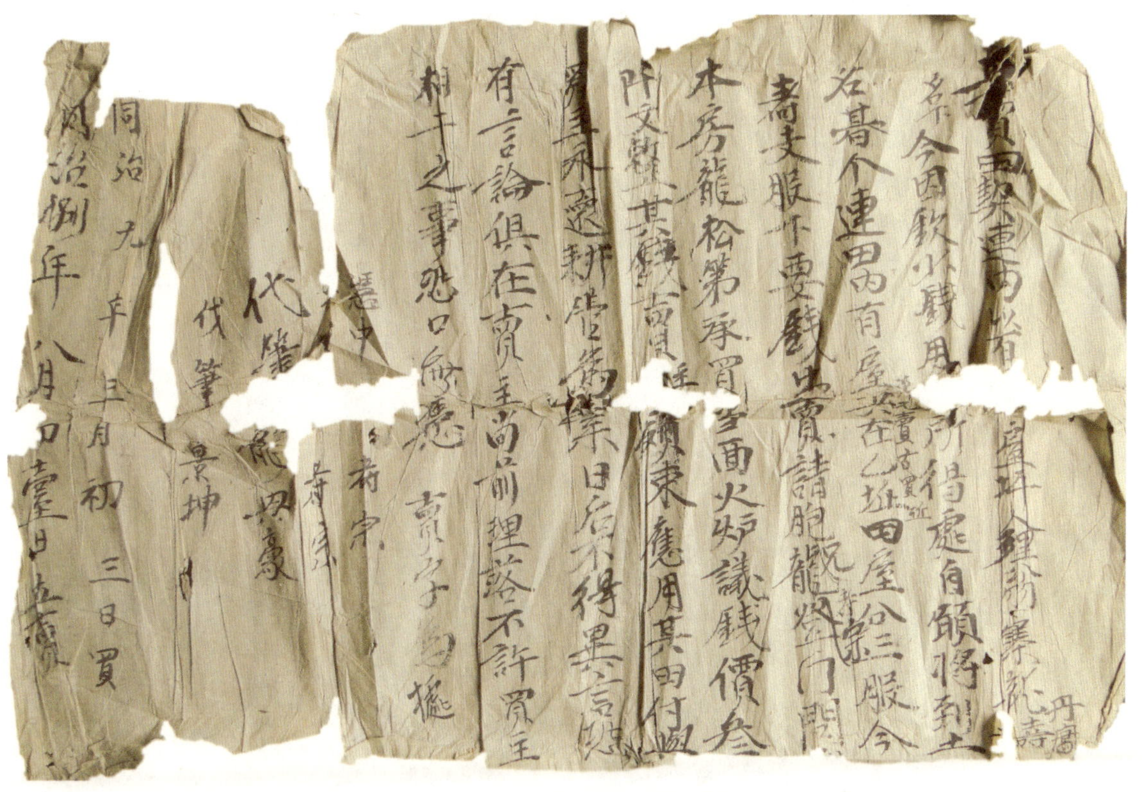

立卖田契连内以有□屋坪人理翁寨龙丹凤、寿枝名下，今因缺少钱用，□所得处，自愿将到土名暮个，连田内有屋凭卖古买近共在乙丘。田屋分三股，今寿枝股下要钱出卖，请胞兄龙寿宗登门问□本房龙松第承买，当面火炉议钱价叁阡（千）文整。其钱卖主领束（来）应用，其田付与买主永远耕管为业。日后不得异言。恐有言论，俱在卖主尚（上）前理落，不许（与）买主相干之事。恐口无凭，卖字为据。

凭中：龙寿宗

通田：龙寿宗

代笔：龙兴豪

代笔：景坤

同治九年三月初三日买

同治捌年八月初壹日立卖

16. 龙承宗卖土契（同治十三年十二月二十八日）

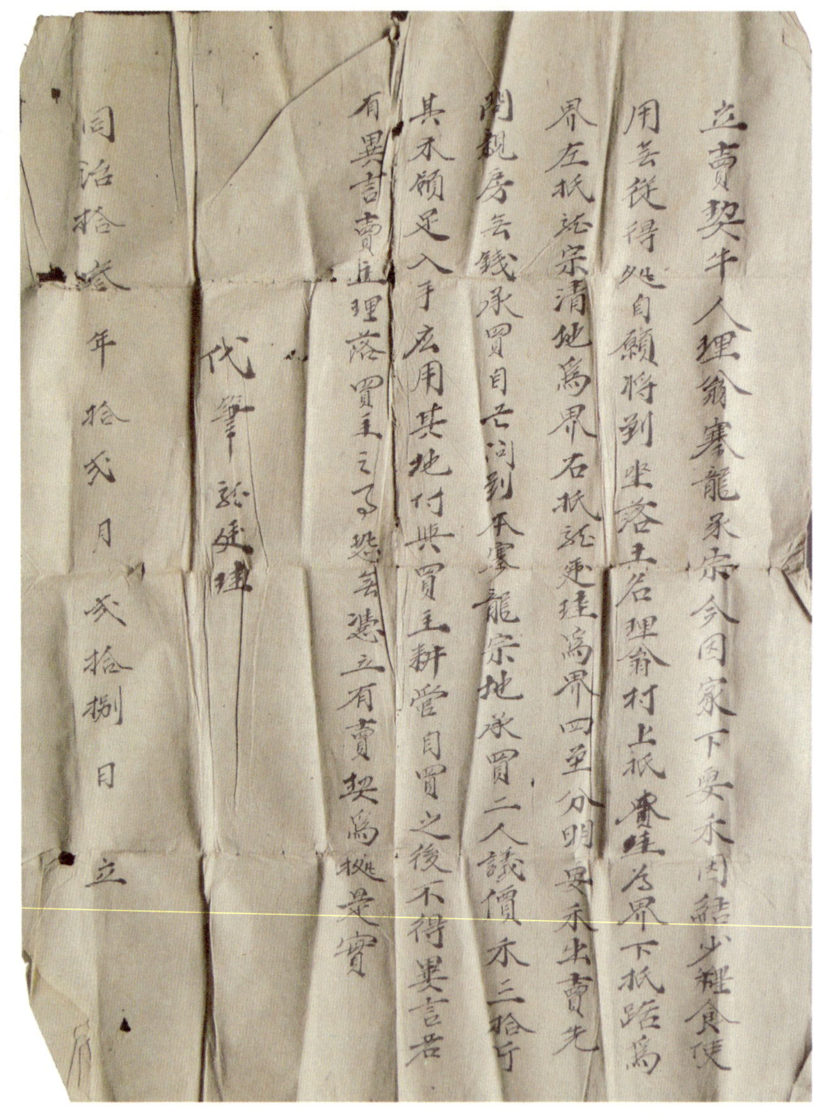

立卖契牛（土）人理翁寨龙承宗，今因家下要禾，因结（缺）少粮食使用，无从得处，自愿将到坐落土名理翁村，上抵买主为界，下抵路为界，左抵龙宗清地为界，右抵龙廷珪为界，四至分明，要禾出卖。先问亲房无钱承买，自己问到本寨龙宗地承买，二人议价禾三拾斤。其禾领足入手应用，其地付与买主耕管。自卖之后，不得异言。若有异言，卖主理落，［不干］买主之事。恐无凭，立有卖契为据是实。

代笔：龙廷珪

同治拾叁年拾贰月贰拾捌日立

17. 龙金学卖荒坪契（光绪二年十月二十六日）

立卖芳平（荒坪）人龙金学，今因要钱使用，无从得处，自愿将到土名唐侯芳平（荒坪）乙团，左抵□，右抵洞，上抵秀宗山为界，下抵买主田为界，四至分清，要钱出卖。先问亲房无人承买，请中上门问［到］理翁龙宗弟承买，当日凭中议定价钱四百八十文整。其钱亲领入手应用，其芳平（荒坪）任从买［主］永远耕管为业。自卖之后，不得易（异）言。若有言论，居（俱）在卖主□□理落，不干买主之字（事）。今人不古，立有卖契存照是实。

凭中：龙金仁

请笔：兴魁

光绪二年十月二十六日立

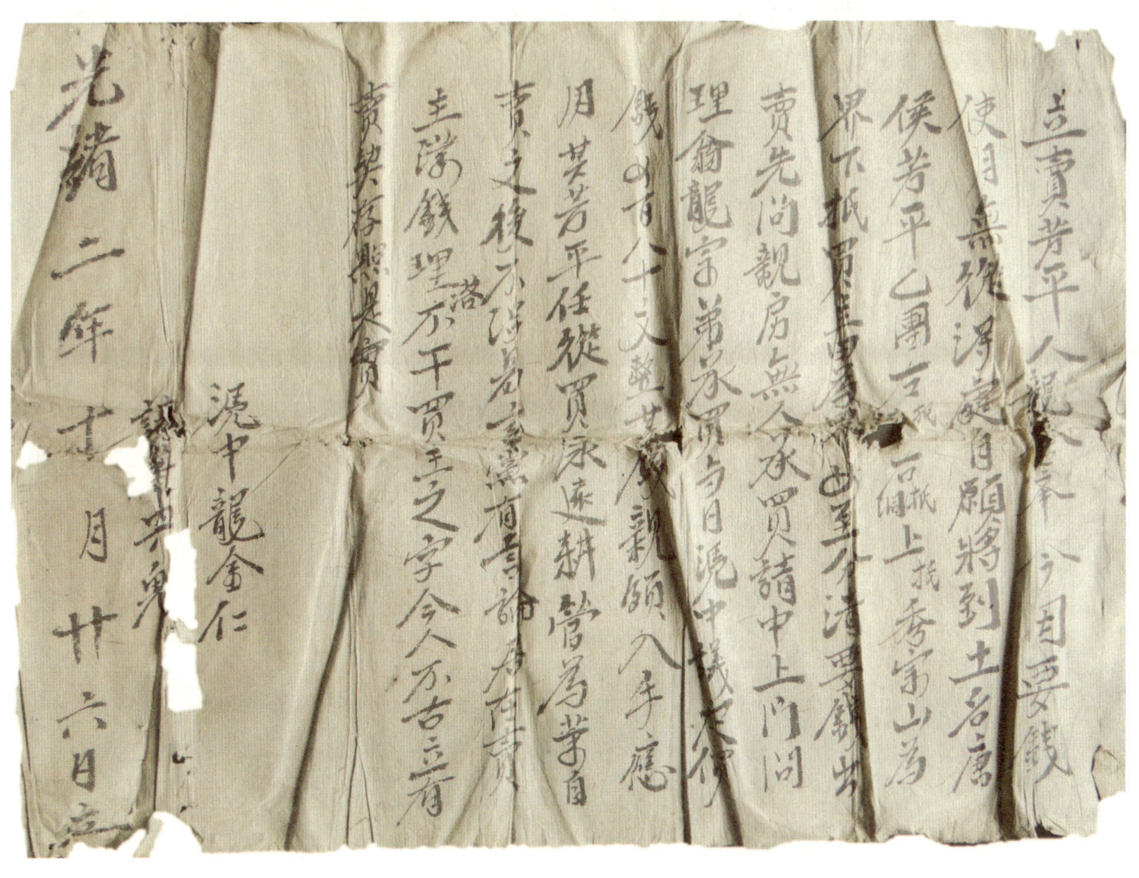

18. 龙景恒、龙太忠父子卖杉木地土字（光绪二年十月二十六日）

立卖杉木地土人龙景恒、太忠父子二人，今因要钱出卖，自愿将土名布桥中杉木地土乙团，上左抵本寨龙秀宗山为界，下抵买主杉木为界，右抵三保山为界，四至分名（明），要钱出卖。自己上门问到本□龙宗弟承买，当面议定价钱二千文整。其钱亲领入手应用，其杉木卖与买主永远耕管为业。自卖之后，不得易（异）言。今人不古，立有卖字是实。

请笔：龙兴魁

光绪二年十月二十六日立

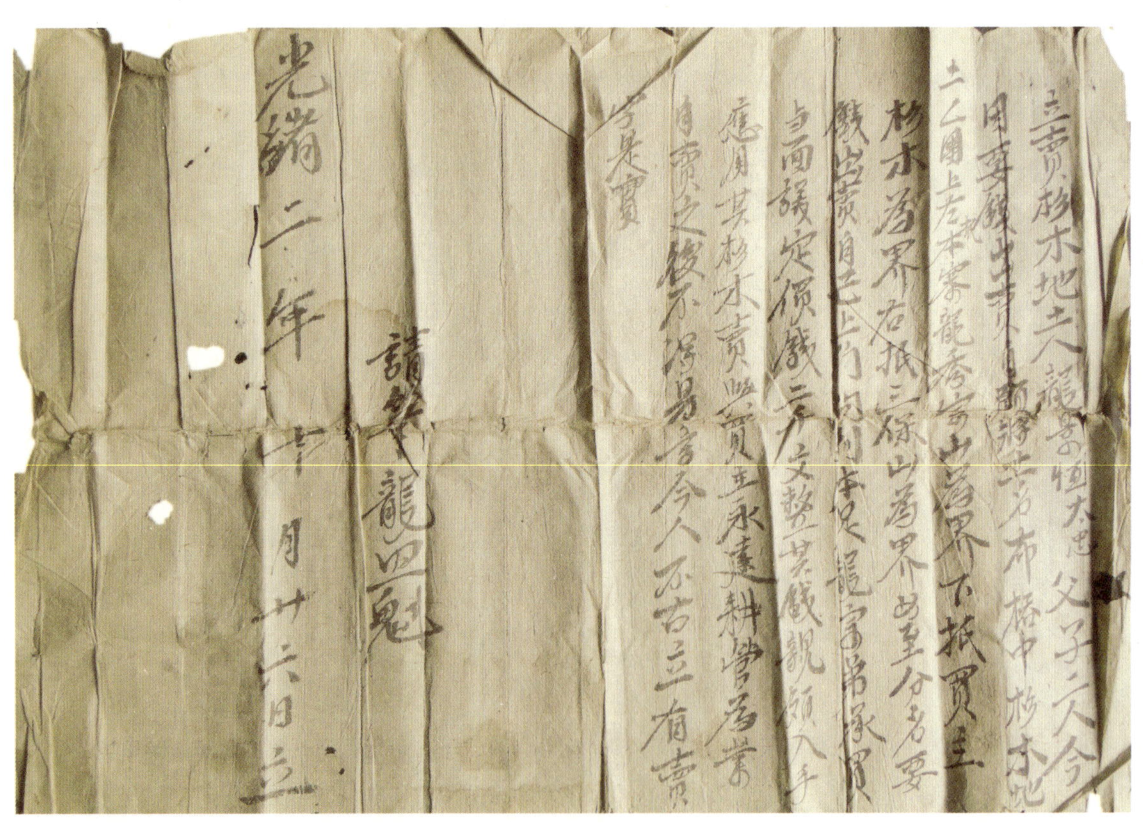

19. 龙秀芝卖田契（光绪八年正月初七日）

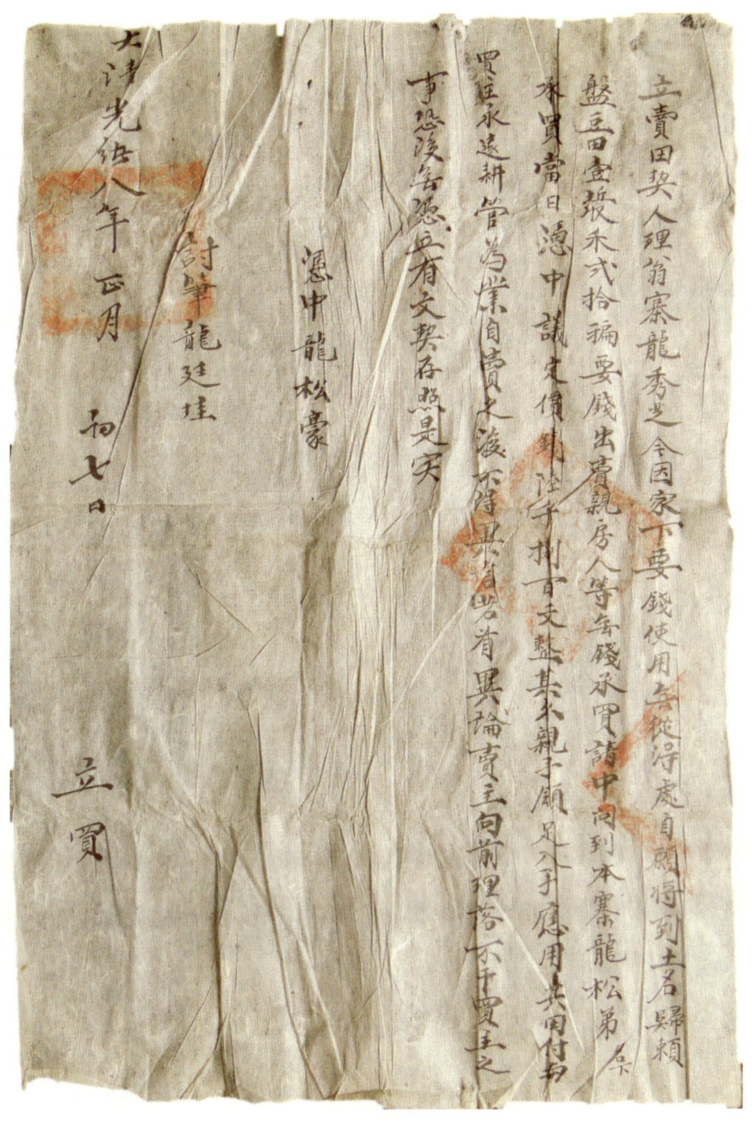

立卖田契人理翁寨龙秀芝，今因家下要钱使用，无从得处，自愿将到土名归赖盘豆田壹丘，收禾贰拾稨，要钱出卖。亲房人等无钱承买，请中问到本寨龙松弟名下承买，当日凭中议定价钱陆千捌百文整。其钱亲手领足入手应用，其田付与买主永远耕管为业。自卖之后，不得异言。若有异论，卖主向前理落，不干买主之事。恐后无凭，立有文契存照是实。

凭中：龙松豪

讨笔：龙廷珪

大清光绪八年正月初七日立买（卖）

20. 龙景恩、龙景云兄弟卖田契（光绪八年八月初一日）

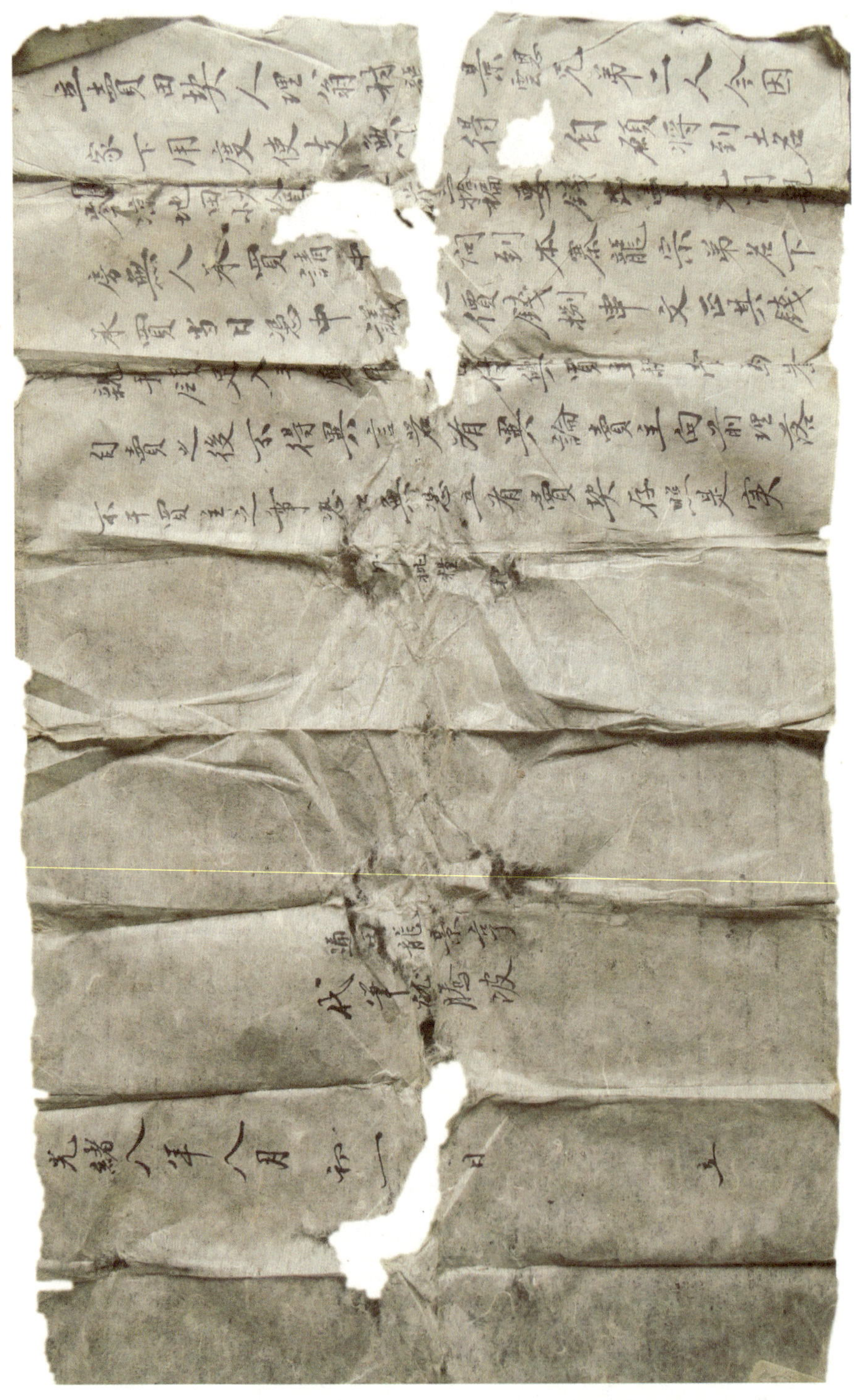

立卖田契人理翁村龙景恩、景云兄弟二人，今因家下用度使支，无从得处，自愿将到土名岑凉地田大小拾壹口，收花二拾稨，要钱出卖。先问亲房无人承买，请中□□问到本寨龙宗弟名下承买，当日凭中议□价钱捌串文正。其钱亲手领足入手应用，其田付与买主耕管为业。自卖之后，不得异言。若有异论，卖主向前理落，不干买主之事。恐口无凭，立有卖契存照是实。

外批：粮□把

通田：龙景亨

代笔：龙腾波

光绪八年八月初一日立

21. 龙景恩、龙景云兄弟卖嫩杉木契（光绪八年八月初一日）

立卖嫩杉木［人］理翁村龙景恩、景云兄弟二人，今因家下要钱用度，无从得处，自愿将到土名凸稿坡杉木乙块，与太忠所共，二股均分，兄弟二人一股出卖，上抵路，下抵明隆地，左抵买主，右抵买主，四至分明；又下昧坡乙块，上抵路，下抵坎，左抵昌炳杉木，右抵珠玉杉木，四界分明，要钱出卖。先问亲房无钱承买，上门问到本寨龙宗弟名下承买，当面议定价钱贰千肆百文。其钱亲手领足入手应用，其木付与买主耕管薅修为业。自买（卖）之后，不得异言。若有异论，卖主向前理落，不干买主之事。恐口无凭，立有卖契存照是实。

内添一字

凭中：龙景亨

代笔：龙腾波

光绪八年八月初一日立

22. 龙成宗卖栽主杉木契（光绪八年十月十五日）

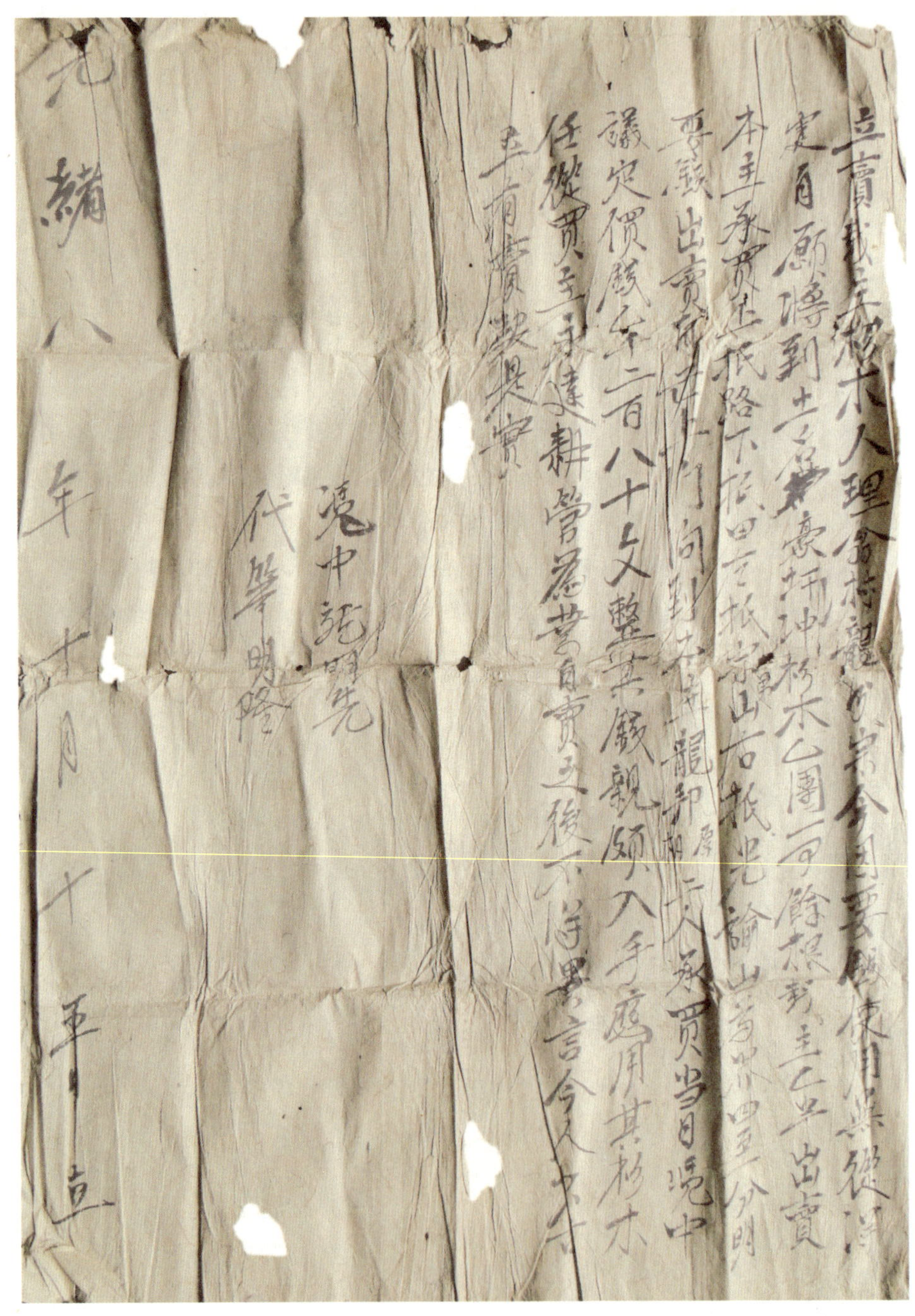

立卖栽主杉木人理翁村龙成宗，今因要钱使用，无从得处，自愿将到土名豪冲圩杉木乙团一百余根，栽主乙半出卖。本主承买，上抵路，下抵田，左抵宗弟山，右抵光谕山为界，四至分明，要钱出卖。自己上门问到本主龙邦厚、邦相二人承买，当日凭中议定价钱乙千二百八十文整。其钱亲领入手应用，其杉木任从买主永远耕管为业。自卖之后，不得异言。今人不古，立有卖契是实。

凭中：龙明先

代笔：明隆

光绪八年十月十五日立

23. 龙喜弟、龙喜科、龙喜旺兄弟三人卖地土杉木契（光绪十三年二月十一日）

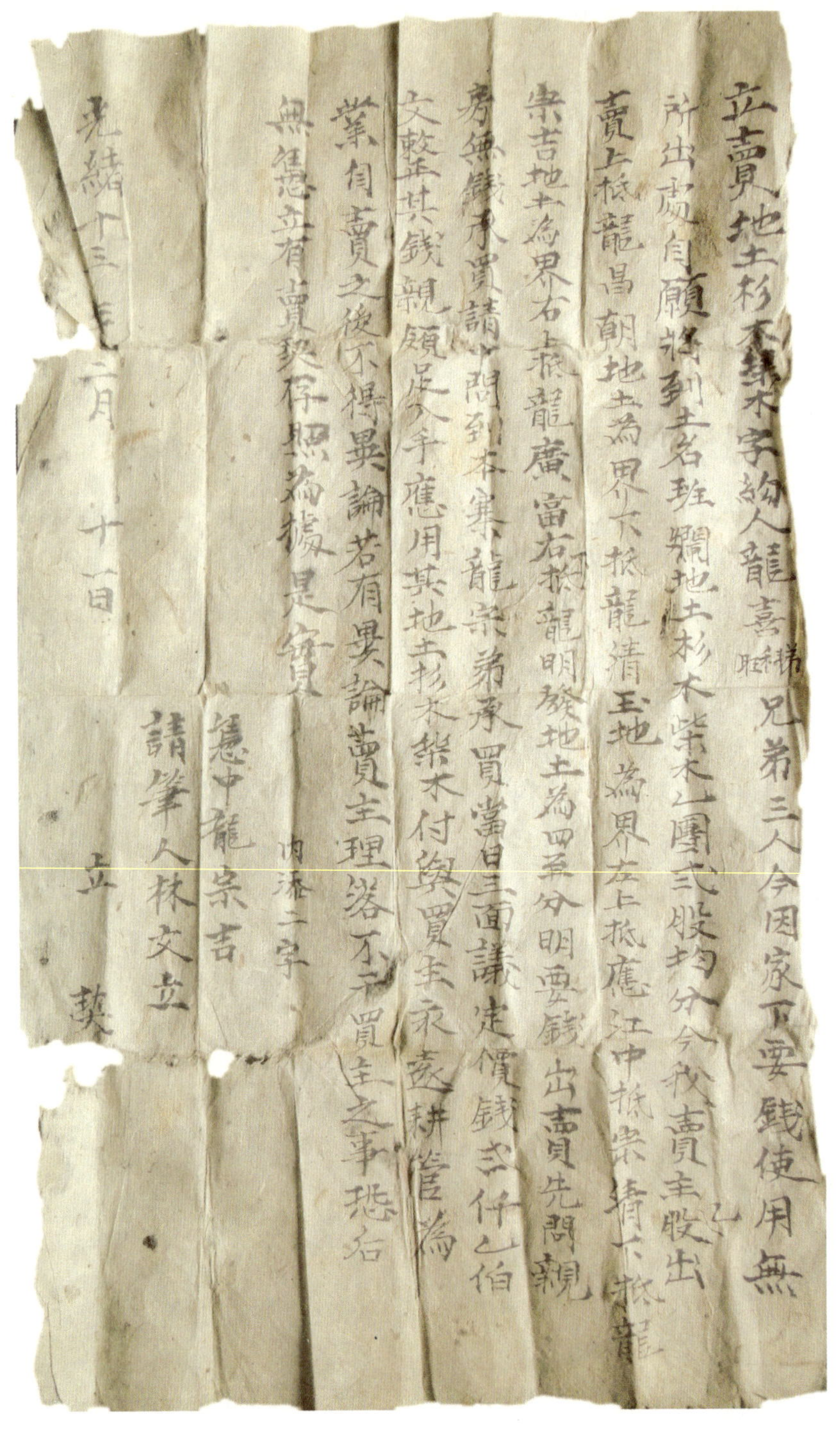

立賣地土杉木柴木字約人龍喜弟科旺兄弟三人今因家下要錢使用無
所出處自願將到土名班䦨地土杉木柴木山團弍股均分今我賣主股出
賣上抵龍昌朝地土為界下抵龍清玉地為界左上抵應江中抵崇清下抵龍
崇吉地土為界右上抵龍廣富右抵龍明發地土為四至分明要錢出賣先問親
房無錢承買請中問到本寨龍宗弟承買當日三面議定價錢弍仟乙伯
文整其錢親領足入手應用其地土杉木柴木付與買主永遠耕管為
業自賣之後不得異論若有異論賣主理落不干買主之事恐后
無憑立有賣契存照為據是實

内添二字

憑中龍宗吉

請筆人林文立

光緒十三年二月十一日　立契

立卖地土杉木柴木字约人龙喜弟、喜科、喜旺兄弟三人，今因家下要钱使用，无所出处，自愿将到土名班烂地土杉木柴木乙团，二股均分，今我卖主乙股出卖，上抵龙昌朝地土为界，下抵龙清玉地为界，左上抵应江，中抵宗清，下抵龙宗吉地土为界，右上抵龙广富，右下抵龙明发地土为［界］，四至分明，要钱出卖。先问亲房无钱承买，请中问到本寨龙宗弟承买，当日三面议定价钱贰仟乙伯（佰）文整。其钱亲领足入手应用，其地土杉木柴木付与买主永远耕管为业。自卖之后，不得异论。若有异论，卖主理落，不干买主之事。恐后无凭，立有卖契存照为据是实。

内添二字

凭中：龙宗吉

请笔人：林文立

光绪十三年二月十一日立契

24. 龙锦云卖杉木地土字（光绪十四年正月二十五日）

立卖杉木地土人龙锦云，今因要钱使用，无从得处，自愿将到土名廷红美杉木壹团，地土壹块，上抵秀芝为界，下抵宗豪杉木坎为界，左抵秀芝为界，右抵宗吉为界；又坡膏地土壹块，上抵秀芝为界，下抵宗禄为界，左抵清求为界，右抵买主为界，贰块四至分明，要钱出卖。请中上门问到本寨龙宗弟承买，当日凭中议定价钱两团壹共叁千贰佰文整。其钱亲领足入手应用，其杉木付与买主耕管为业。自卖之后，不得异言。若有异言，卖手理落，不干买主之事。恐口无凭，立有卖字为据。

代笔：龙锦亨

凭中：龙锦恩

光绪十四年正月二十五日立

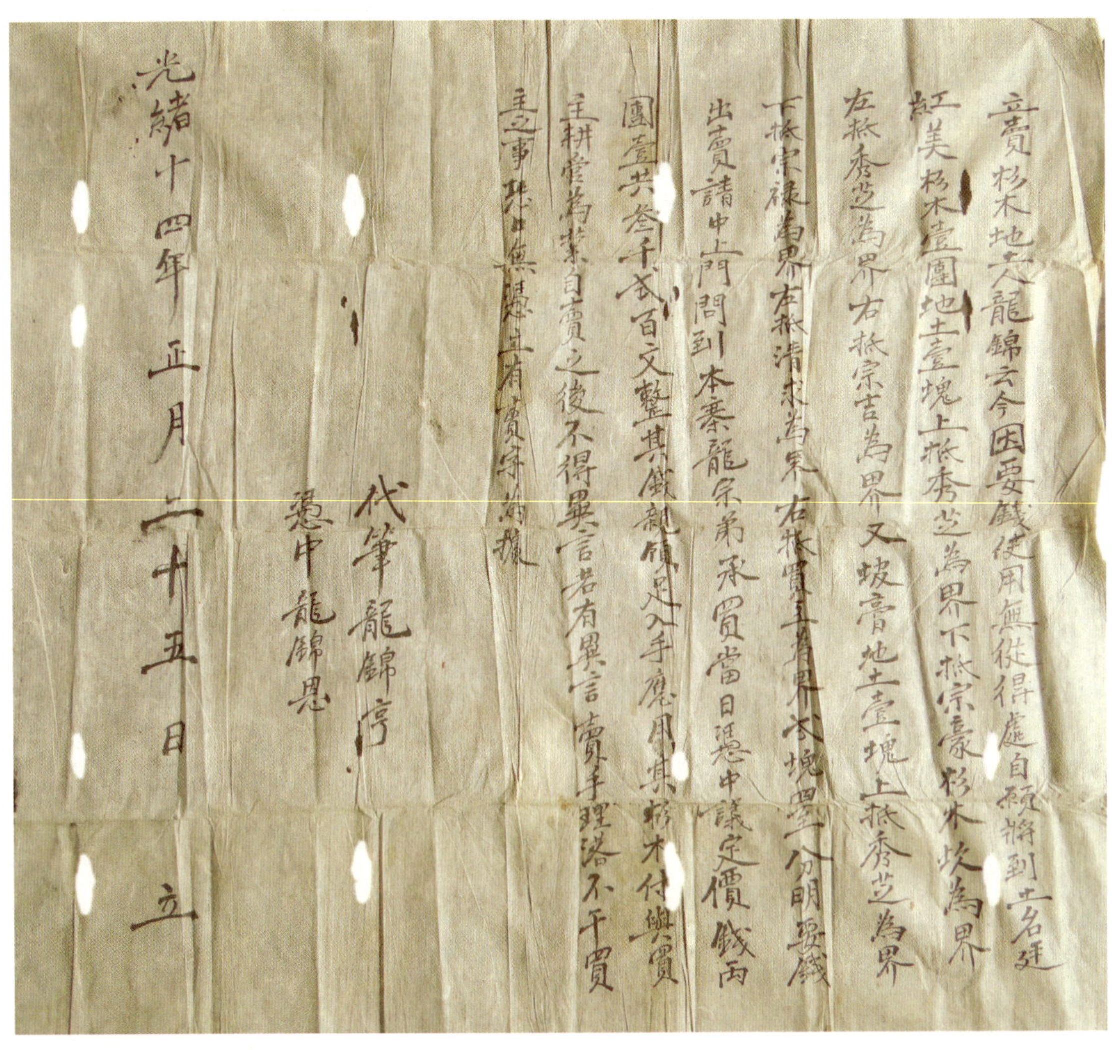

立賣杉木地土人龍錦云今因要錢使用無從得處自願將到土名廷
紅美杉木壹團地土壹塊上抵秀芝為界下抵宗豪杉木坎為界
左抵秀芝為界右抵宗吉為界又坡膏地土壹塊上抵秀芝為界
下抵宗祿為界左抵清求為界右抵買主為界貳塊四至分明要錢
出賣請中上門問到本寨龍宗弟承買當日憑中議定價錢兩
團壹共叁千貳百文整其錢親領足入手應用其杉木付與買
主耕管為業自賣之後不得異言若有異言賣手理落不干買
主之事恐口無憑立有賣字為據

代筆龍錦亭

憑中龍錦恩

光緒十四年正月二十五日 立

25. 龙宗茂卖杉木地土字（光绪十四年正月二十五日）

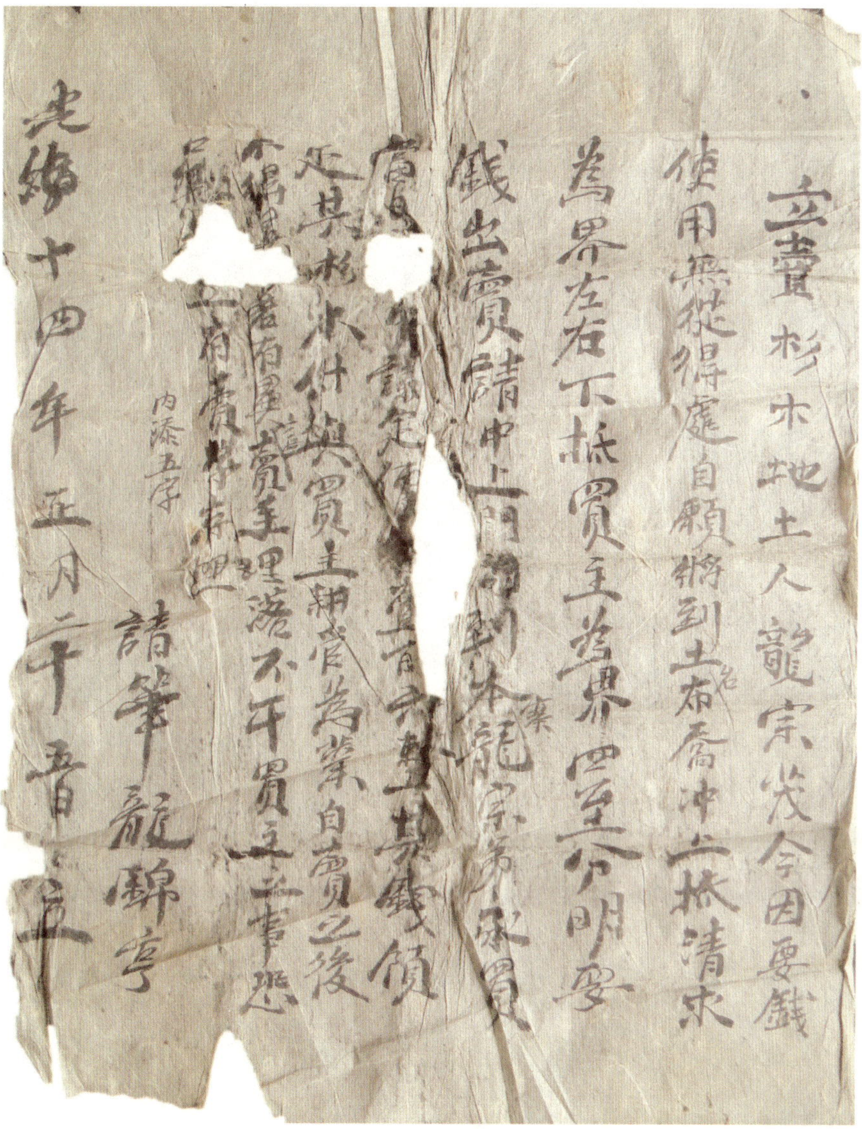

立卖杉木地土人龙宗茂，今因要钱使用，无从得处。自愿将到土名布乔冲，上抵清求为界，左右下抵买主为界，四至分明，要钱出卖。请中上门问到本寨龙宗弟承买，当日□□议定价钱壹百六整。其钱领足，其杉木付与买主耕管为业。自卖之后，不得异言。若有异言，卖主理落，不干买主之事。恐口□□，立有卖字存照。

内添五字

请笔：龙锦亨

光绪十四年正月二十五日立

26. 龙有忠、龙泰忠卖杉木地土契（光绪十五年八月初三日）

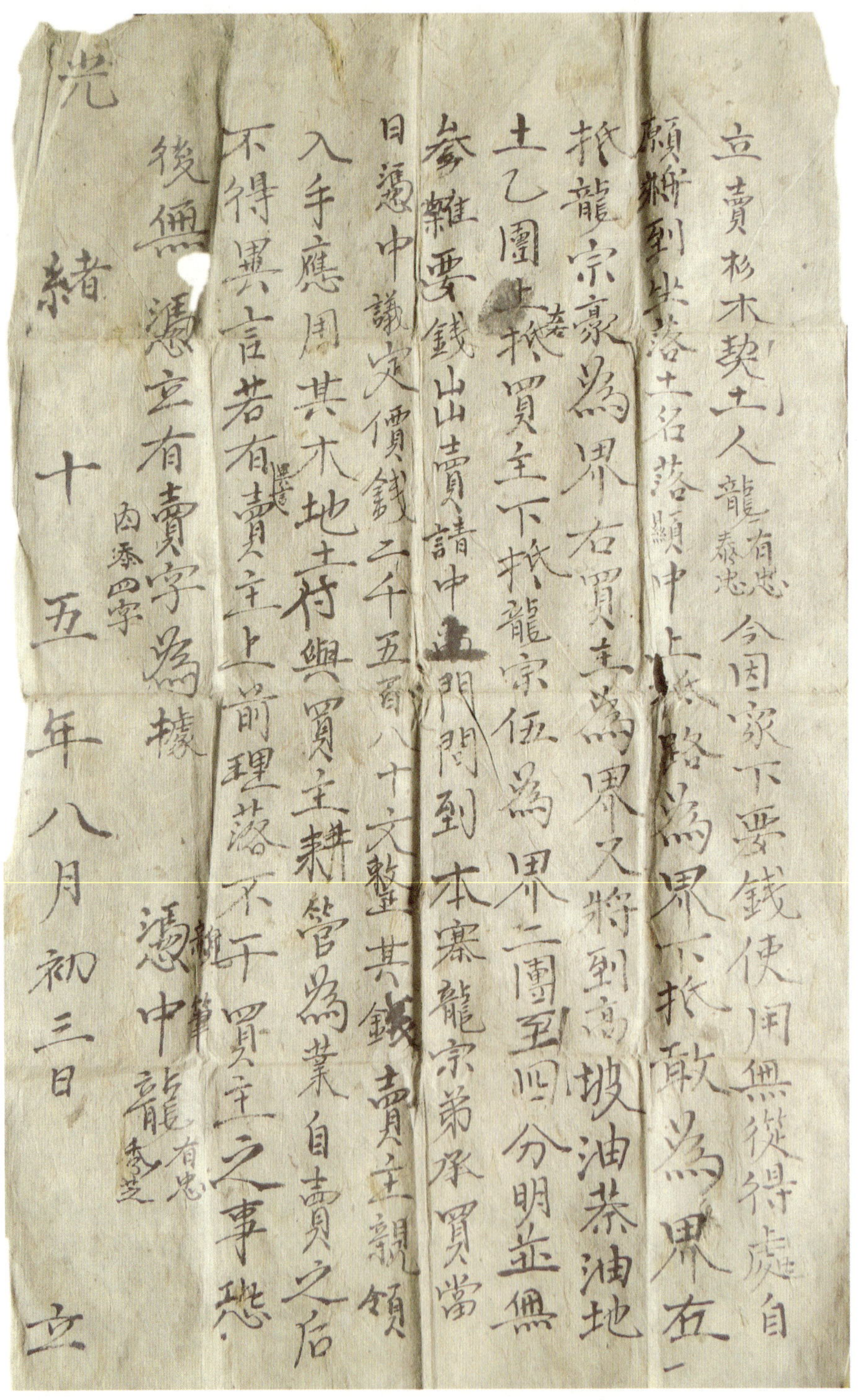

立賣杉木契土人龍有忠、泰忠，今因家下要錢使用，無從得處，自願將到土名落顯中上抵路為界，下抵敢為界，左一抵龍宗豪為界，右買主為界。又將到高坡油茶油地土乙團，上抵買主，下抵龍宗伍為界，二團至四分明，並無參雜。要錢出山賣，請中上門問到本寨龍宗第承買。當日憑中議定價錢二千五百八十文整，其錢賣主親領入手應用，其木地土付與買主耕管為業。自賣之后，不得異言，若有賣主上前理落，不干買主之事。恐後無憑，立有賣字為據。

內添四字

憑中 龍有忠 泰芝 親筆

光緒十五年八月初三日 立

立卖杉木土契人龙有忠、泰忠，今因家下要钱使用，无从得处，自愿将到坐落土名落显中，上抵路为界，下抵敢（坎）为界，左抵龙宗豪为界，右买主为界；又将到高坡油茶油地土乙团，上、左、右抵买主，下抵龙宗伍为界，二团四至分明，并无参杂，要钱出卖。请中上门问到本寨龙宗弟承买，当日凭中议定价钱二千五百八十文整。其钱卖主亲领入手应用，其木地土付与买主耕管为业。自卖之后，不得异言。若有异言，卖主上前理落，不干买主之事。恐后无凭，立有卖字为据。

内添四字

亲笔：龙有忠

凭中：龙秀芝

光绪十五年八月初三日立

27. **龙开相卖地土字**（光绪十六年正月二十九日）

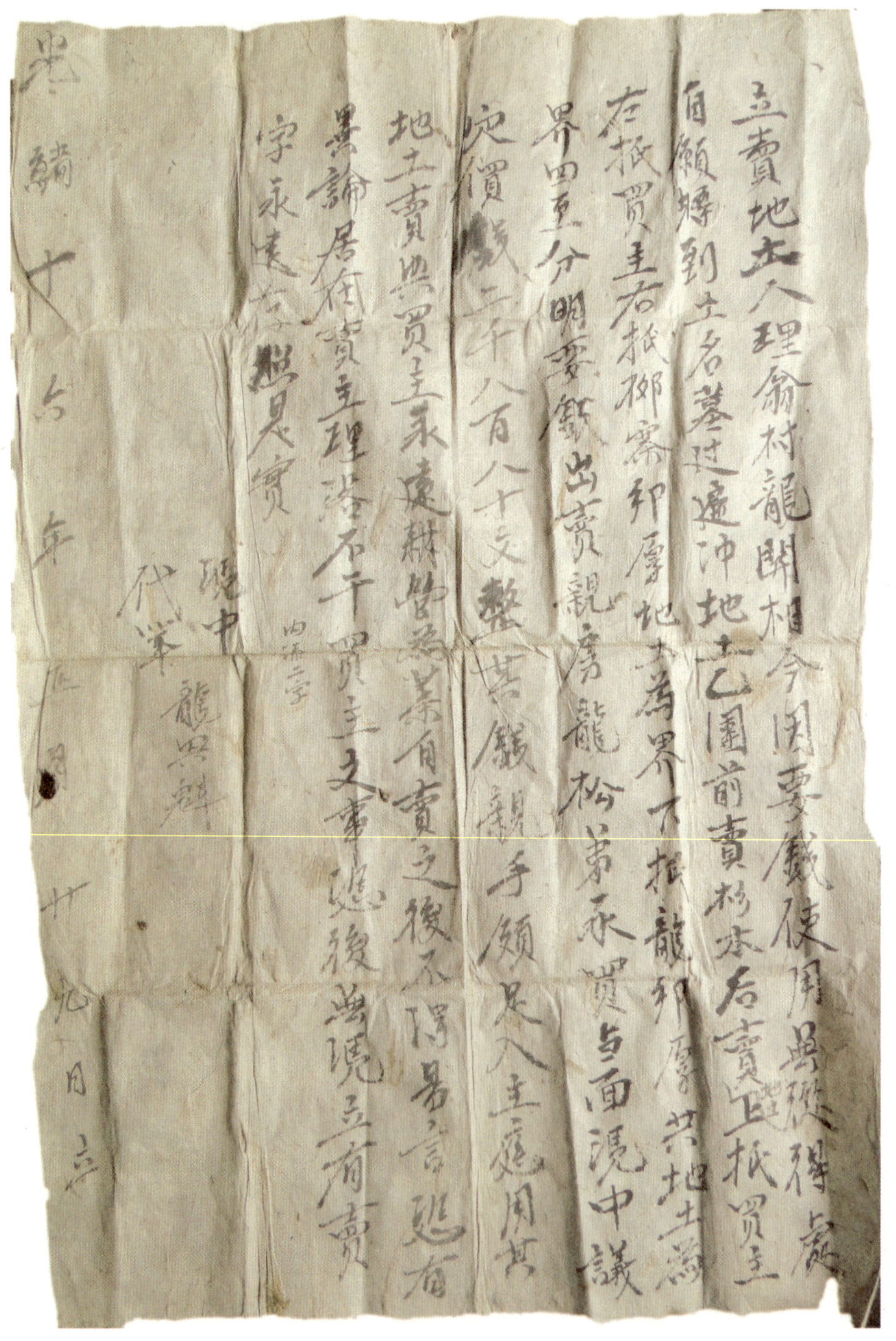

立卖地土人理翁村龙开相，今因要钱使用，无从得处，自愿将到土名墓过遍冲地土乙团，前卖杉木后卖地土。上抵买主，左抵买主，右抵柳寨邦厚地土为界，下抵龙邦厚共地土为界，四至分明，要钱出卖。亲房龙松弟承买，当面凭中议定价钱二千八百八十文整。其钱亲手领足入主（手）应用，其地土卖与买主永远耕管为业。自卖之后，不得易（异）言。恐有异论，居（俱）在卖主理落，不干买主之事。恐后无凭，立有卖字永远存照是实。

内添二字

凭中、代笔：龙兴魁

光绪十六年正月二十九日立

28. 龙邦吉、龙邦彦、龙金仁父子卖荒坪地土字（光绪十六年四月二十八日）

立卖荒坪地土人龙邦吉、邦彦、金仁父子，今因要钱使用，无从得处，自愿将到土名塘候荒地大小四坪，桐油杉木壹概（树）在内。今荒坪贰大股均分，出卖壹股，上抵龙宗吉为界，下抵龙腾波田为界，左抵龙泰忠柴山为界，右抵买主沟为界，四至分明，要钱出卖。请中问到理翁寨龙宗第父子承买，当日凭中议定价钱陆仟贰佰文正。其钱亲领入手应用，其地土荒坪付与买主耕管为业。自卖之后，不得异言。若有异论，卖主里（理）落，不干买主之事。恐口无凭，立有卖字为据是实。

凭中：龙金举

亲笔：龙永焕

光绪拾陆年四月二十八日立字

立賣荒坪地土人龍邦彥吉金仁父子今因要錢使用無從得處自願將到土名塘褉荒地大小四坪桐油杉木壹概在内今荒坪弍大股均分出賣壹股上抵龍宗吉為界下抵龍騰波田為界左抵龍恭忠茶山為界右抵買主構為界四至分明要錢出賣請中問到理翁寨龍宗第父子承買當日憑中議定價錢陸仟弍佰文正其錢親領入手應用其地土荒坪付與買主耕管為業自賣之後不得異言若有異論賣主里落不干買主之事恐口無憑立有賣字為據是實

憑中龍燊金舉

親筆龍永熓

光緒拾陸年四月廿八日立字

29. 龙应江、龙应凤父子卖地土杉木契（光绪十六年四月二十八日）

立卖地土杉木人龙应江、应凤父子，今因要钱使用，无从得处，自愿将到土名布乔冲地土壹团，四股均分，出卖四股。上抵买主为界，下抵路为界，左抵龙清玉为界，右抵龙宗清为界，四至分明，要钱出卖。请中问到理翁寨龙宗第父子承买，当日凭中议定价钱肆千四佰文正。其钱亲领入手应用，其地土杉木付与买主耕管为业。自卖之后，不得异言。恐口无凭，立卖是实。

内添三字

凭中：龙应举

通地：龙兴魁

笔：龙永焕

光绪十六年四月二十八日立字

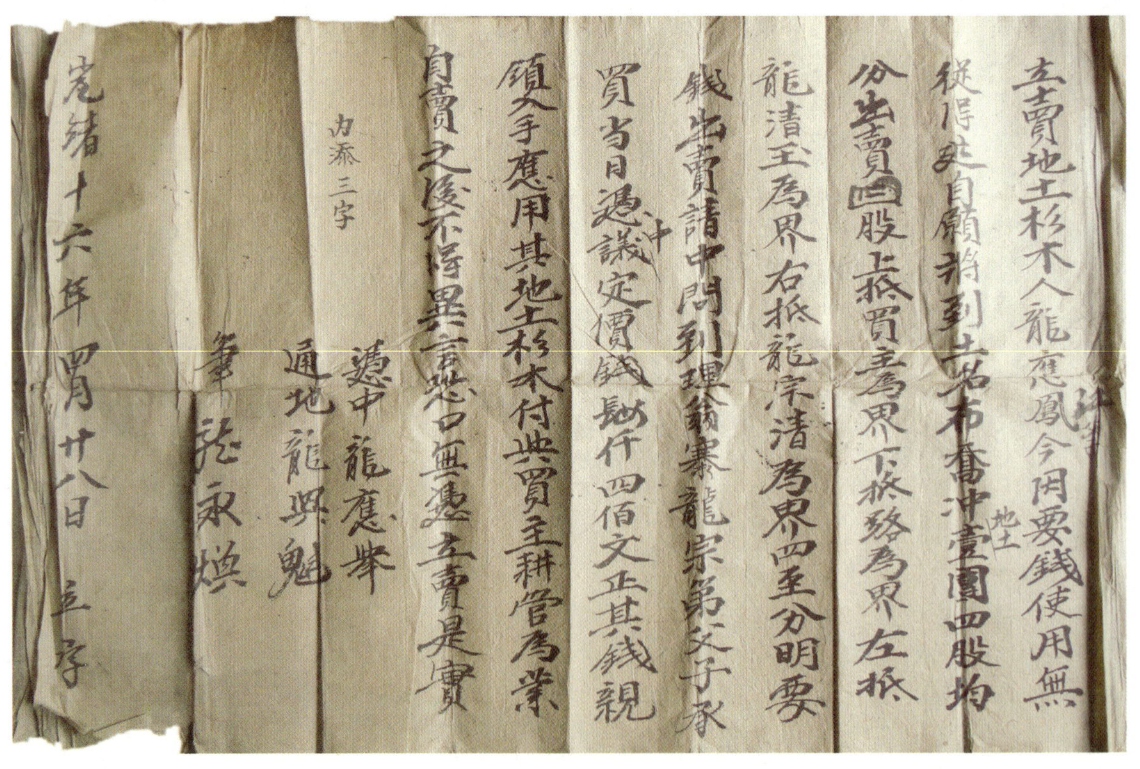

30. 吴林科卖田契（光绪十七年七月初八日）

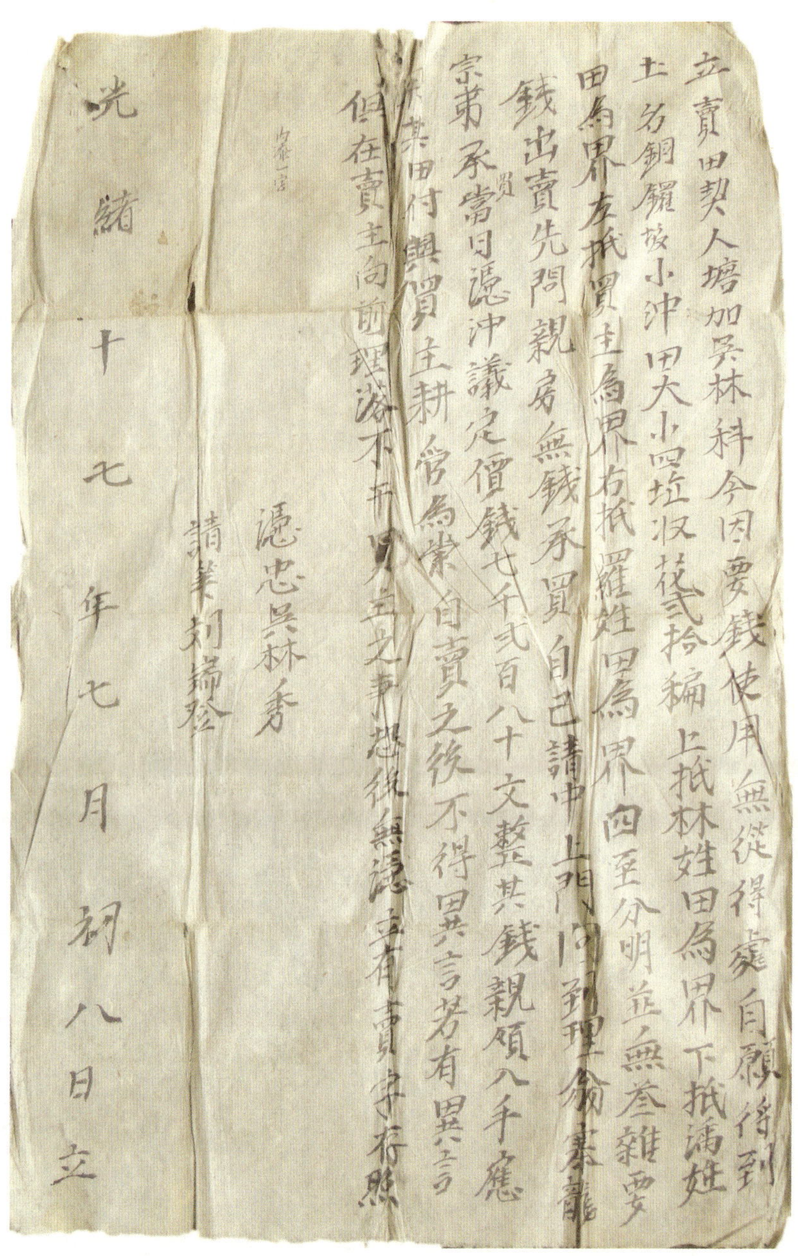

立卖田契人塘加吴林科，今因要钱使用，无从得处，自愿将到土名钢锣坡小冲田大小四丘，收花贰拾稨，上抵林姓田为界，下抵潘姓田为界，左抵买主为界，右抵罗姓田为界，四至分明，并无参杂，要钱出卖。先问亲房无钱承买，自己请中上门问到理翁寨龙宗弟承买，当日凭中议定价钱七千贰百八十文整。其钱亲领入手应用，其田付与买主耕管为业。自卖之后，不得异言。若有异言，俱在卖主向前理落，不干买主之事。恐后无凭，立有卖字存照。

内添乙字

凭中：吴林秀

请笔：刘瑞登

光绪十七年七月初八日立

31. 龙应凤卖杉木字（光绪二十年三月十六日）

立卖杉木字人柳寨龙应凤，今因要钱使用，无从得处，自愿将到坐落土名琴红美杉木乙团，上抵买主为界，下抵青求为界，左抵祖魂为界，四至分清，要钱出卖。请中上门问到理翁龙青柳、青翠二女承买，当日凭中议定价钱伍千五百文整。其钱亲手领足入手应用，杉木付与买主为业。字（自）卖之后，不得易（异）言。若有易（异）言，卖主理落，不堪（干）买主之事，恐后无凭，立有卖字为据。

凭中：景思

代笔：恩广

光绪二十年三月十六日立

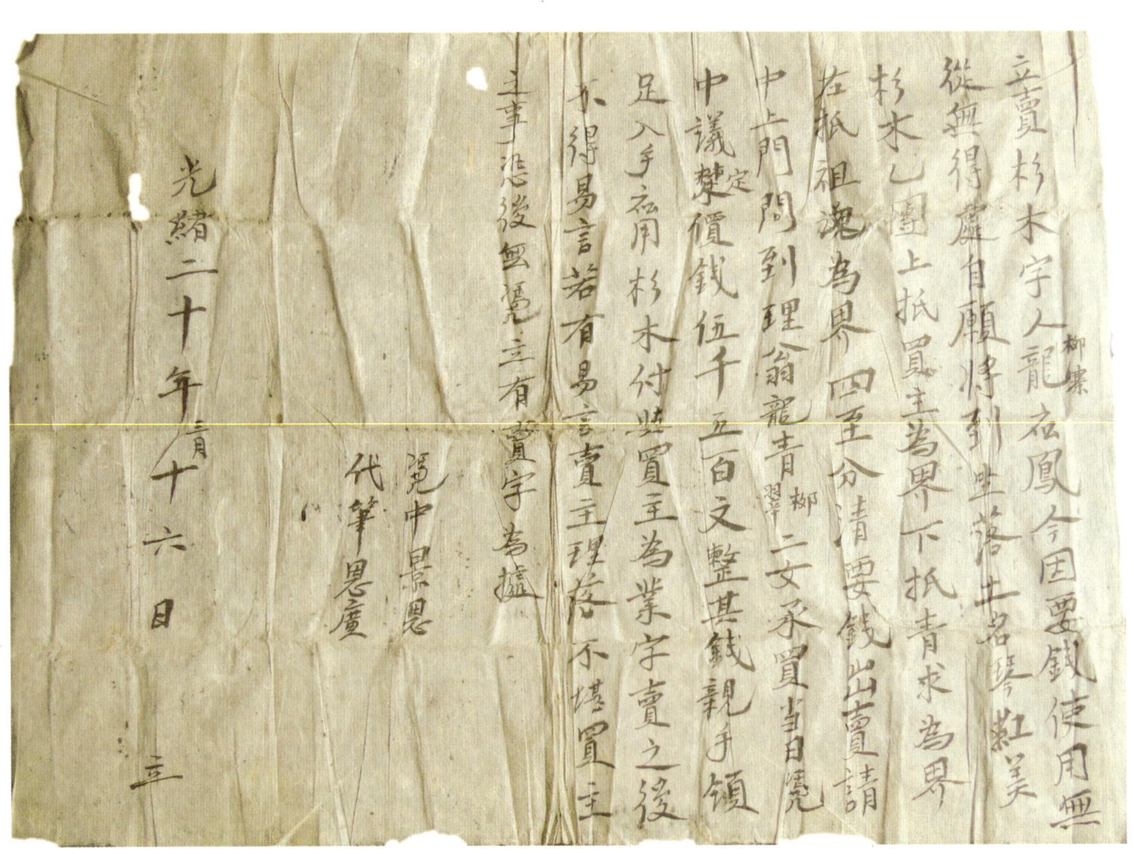

立賣杉木字人柳寨龍應鳳今因要錢使用無
從無得處自願將到坐落土名琴紅美
杉木乙團上抵買主為界下抵青求為界
左抵祖魂為界四至分清要錢出賣請
中上門問到理翁龍青柳翠二女承買當日憑
中議定價錢伍千五百文整其錢親手領
足入手應用杉木付與買主為業字賣之後
不得易言若有易言賣主理落不堪買主
之事恐後無憑立有賣字為據
憑中景思
代筆恩廣
光緒二十年三月十六日 立

32. 龙显坤卖地土字（光绪二十年十一月初五日）

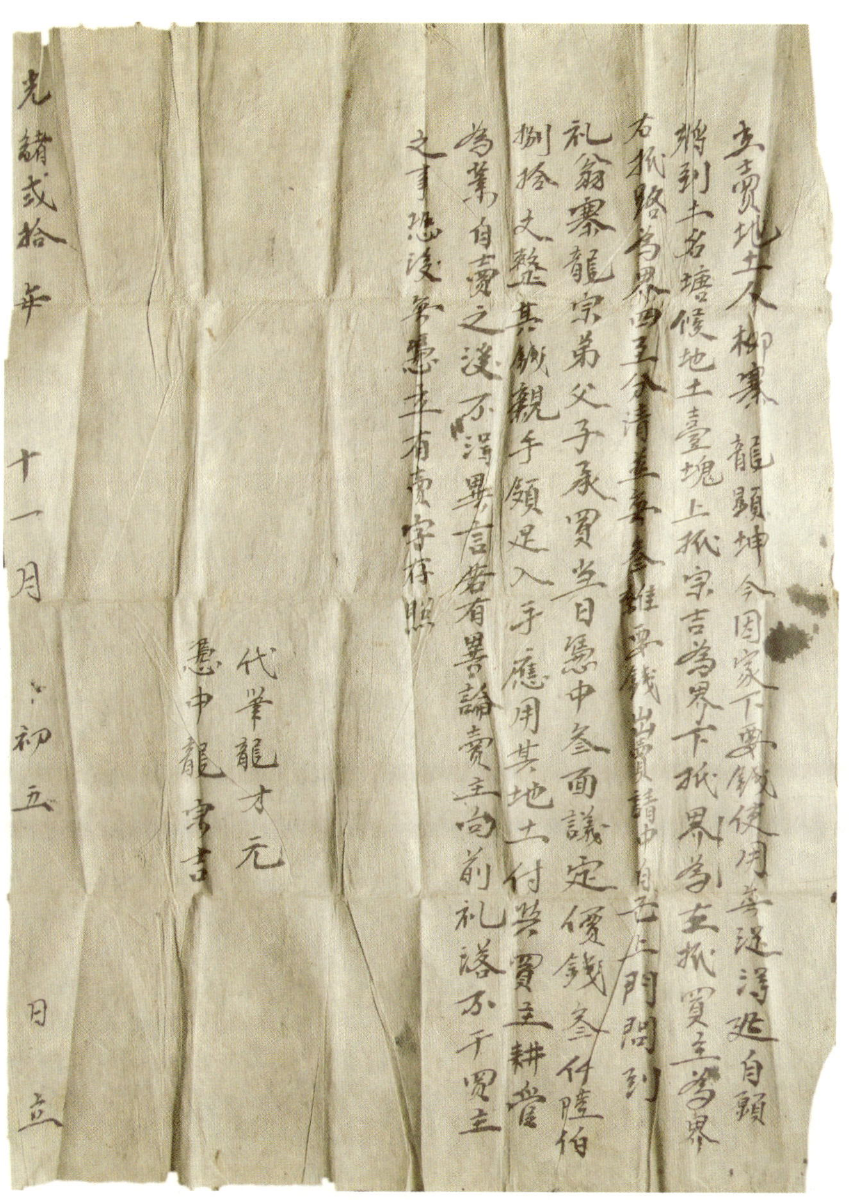

立卖地土人柳寨龙显坤，今因家下要钱使用，无从得处，自愿将到土名塘候地土壹块，上抵宗吉为界，下抵为界，左抵买主为界，右抵路为界，四至分清，并无参杂，要钱出卖。请中自己上门问到礼翁寨龙宗弟父子承买，当日凭中叁面议定价钱叁仟陆伯（佰）捌拾文整。其钱亲手领足入手应用，其地土付与买主耕管为业。自卖之后，不得异言。若有异论，卖主向前礼（理）落，不干买主之事。恐后无凭，立有卖字存照。

代笔：龙才元

凭中：龙宗吉

光绪贰拾年十一月初五日立

33. 龙显坤卖田契（光绪二十年十一月二十四日）

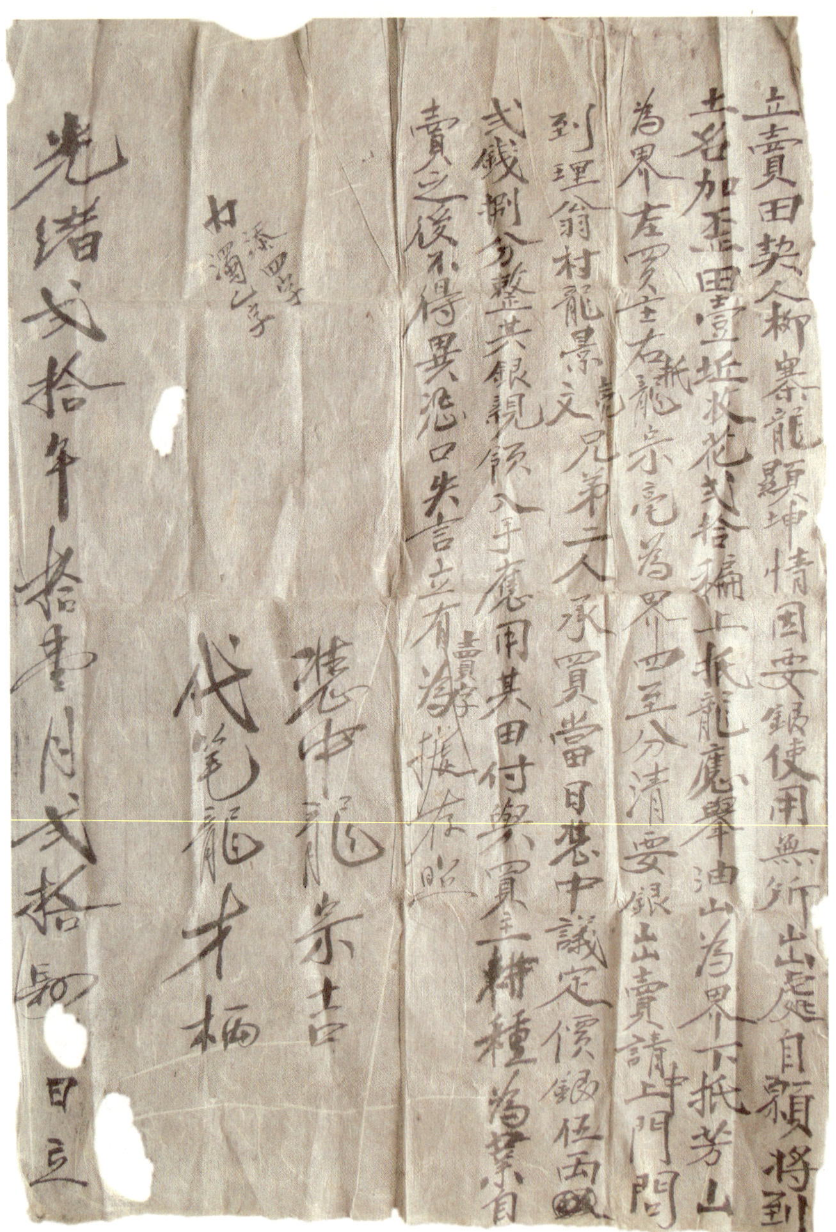

立卖田契人柳寨龙显坤，情因要银使用，无所出处，自愿将到土名加歪田壹丘，收花贰拾稨，上抵龙应举油山为界，下抵芳山为界，左［抵］买主，右抵龙宗亳为界，四至分清，要银出卖。请中上门问到理翁村龙景亮、景文兄弟二人承买，当日凭中议定价银伍两贰钱捌分整。其银亲领入手应用，其田付与买主耕种为业。自卖之后，不得异［言］。恐口失言，立有卖字为据存照。

内添四字，内浊（涂）乙字

凭中：龙宗吉

代笔：龙才柄

光绪贰拾年拾壹月贰拾肆日立

34. 吴林秀卖田契（光绪二十二年十月十九日）

立卖田契约人塘家村吴林秀，今因家下要钱用度，无从得处。自愿将到土名登坝田大小六丘，收禾花三把半，要钱出卖。先问亲芳（房）无钱承买，请中上门问到礼翁寨龙宗弟承买为业，当日凭中三面议定价银十乙［两］二钱整。其银亲领入手应用，其田付与买主耕种为业。自卖之后，不得异言。若有异言，买主不清，卖主理落，不关买主之事。恐后无凭，立有卖契为据。

通田：吴林科

凭中：林福财

请笔：王正廷

光绪二十二年十月十九日立

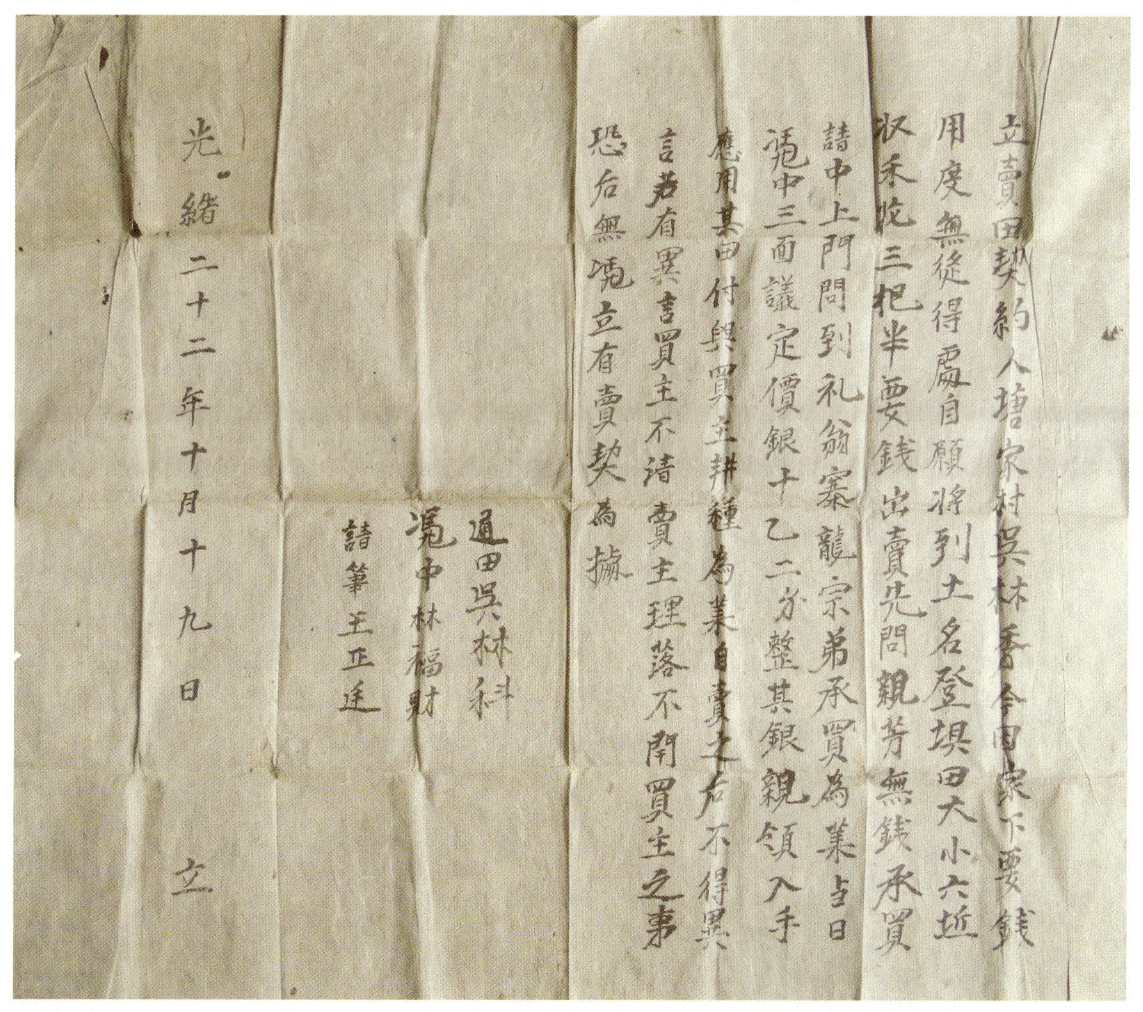

35. 吴林科卖田契（光绪二十二年十月十九日）

立卖田契约人塘家村吴林科，今因家下用度无得处，自愿将到土名同落田乙丘，收禾花二把，要银出卖。先问亲芳（房）无银承买，自己请中上门问到礼翁寨龙宗弟承买为业，当日凭中三面议定价银十两二钱整。其银亲领入手应用，其田付与买主耕种为业。自卖之后，不得异言。若有异［言］，买主不清，卖主理落，不干买主之事。恐后无凭，立有卖契为据。

凭中：林福财

通田：吴林秀

请笔：王正廷

光绪二十二年十月十九日立

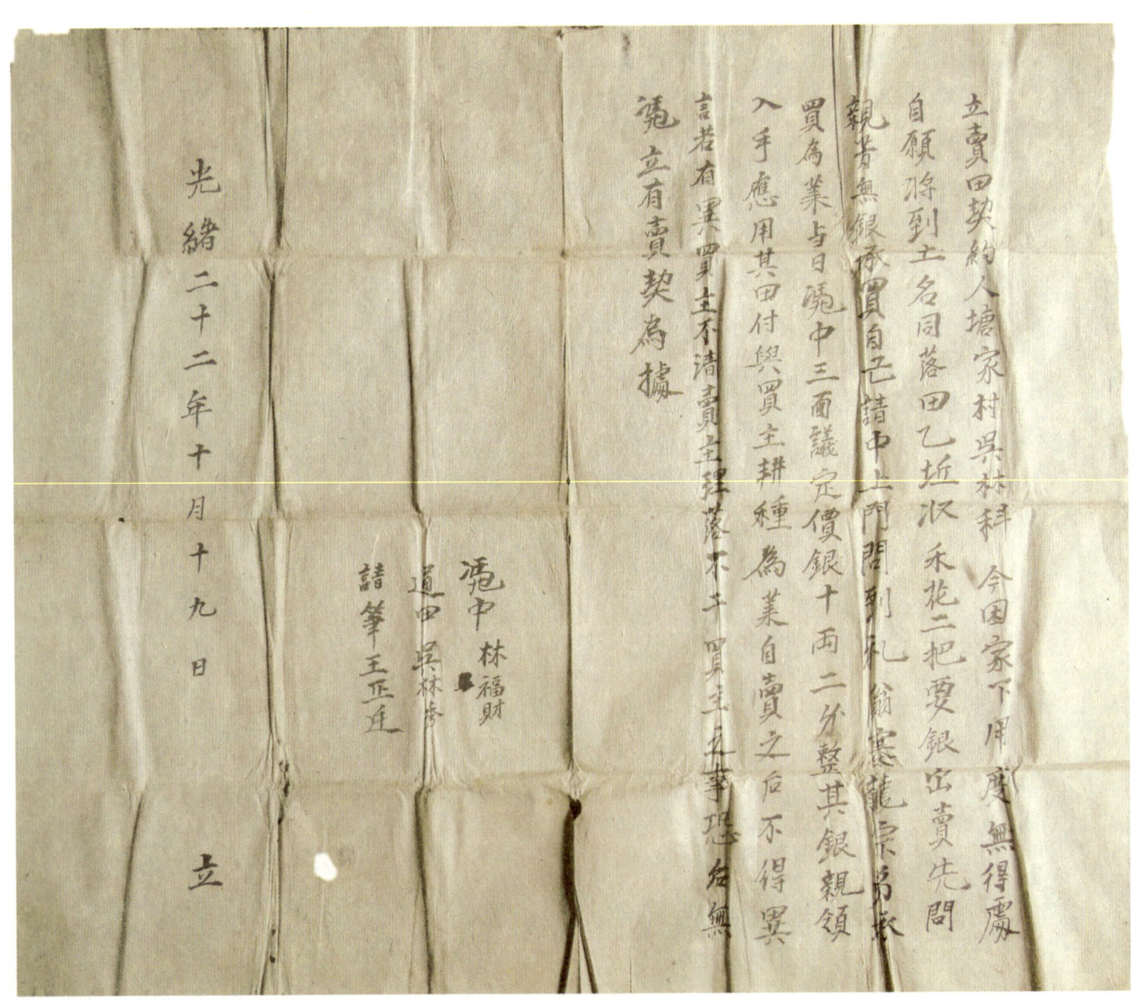

立賣田契約人塘家村吳林科今因家下用度無得處
自願將到土名同落田乙坵收禾花二把要銀出賣先問
親芳無銀承買自己請中上門問到礼翁寨龍宗弟承
買為業当日憑中三面議定價銀十两二錢整其銀親領
入手應用其田付與買主耕種為業自賣之后不得異
言若有異買主不清賣主理落不干買主之事恐后無
憑立有賣契為據

憑中 林福財
通田 吳林秀
請筆 王正廷

光緒二十二年十月十九日 立

36. 龙显珠卖地土杉木字（光绪二十三年二月初八日）

立卖地土杉木人龙显珠，今因要钱使用，无从得处，自愿将到坐落土名高豪冲阶地土乙团，上［抵］应江地土为界，下抵显林地土为界，左抵岩石为界，右抵买主为界，四至分明，要钱出卖。请中上门问到礼翁寨龙宗弟、宗豪、宗景、宗新、宗坤、宗求承买，当日凭中议定价钱一千八百文整。其钱卖主领足应用，地土付与买主耕管为业。自卖后，不得异言。若有异言，立有卖字为据是实。

亲笔

凭中：龙松古

光绪二十三年二月初八日立字

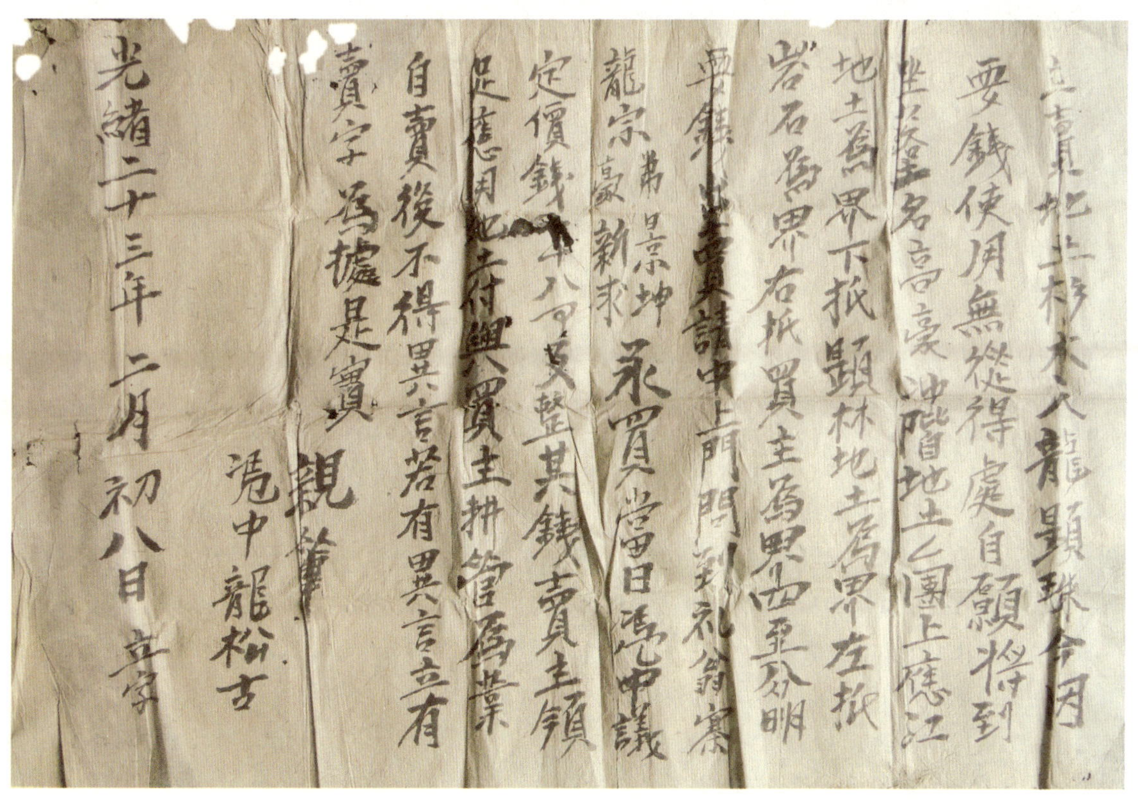

37. 龙景恩卖田契（光绪二十四年九月初八日）

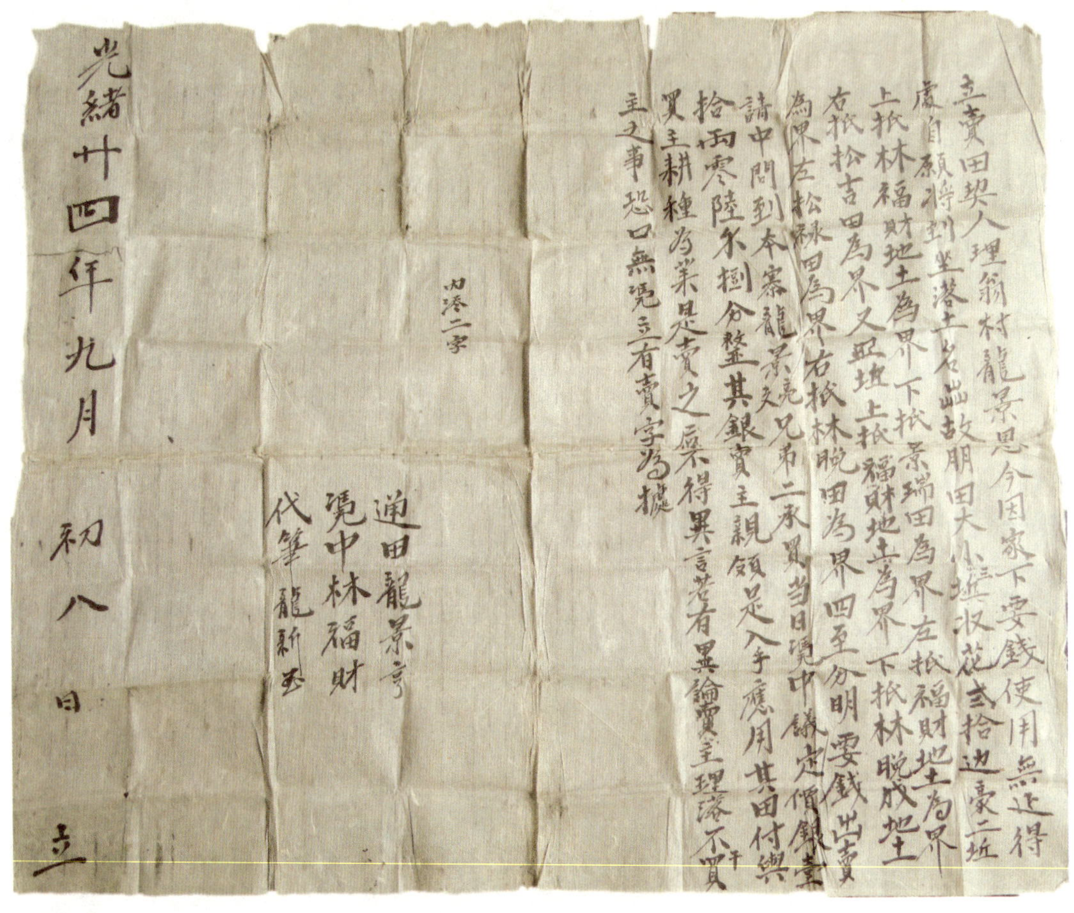

立卖田契人理翁村龙景恩，今因家下要钱使用，无从得处，自愿将到坐落土名詘故朋田大小三丘，收花二十边（稨），豪二丘，上抵林福财地为界，下抵景瑞田为界，左抵福财地土为界，右抵松吉田为界；又口丘，上抵福财地土为界，下抵林脱成地土为界，左松禄田为界，右抵林脱田为界，四至分明，要钱出卖。请中问到本寨龙景亮、龙景文兄弟二［人］承买，当日凭中议定价银壹拾两零陆钱捌分整。其银卖主亲领足入手应用，其田付与买主耕种为业。是（自）卖之后，不得异言。若有异论，卖主理落，不干买主之事。恐口无凭，立有卖字为据。

内添二字

通田：龙景亨

凭中：林福财

代笔：龙新玉

光绪二十四年九月初八日立

38. 林垷成卖田地字（光绪二十五年二月初十日）

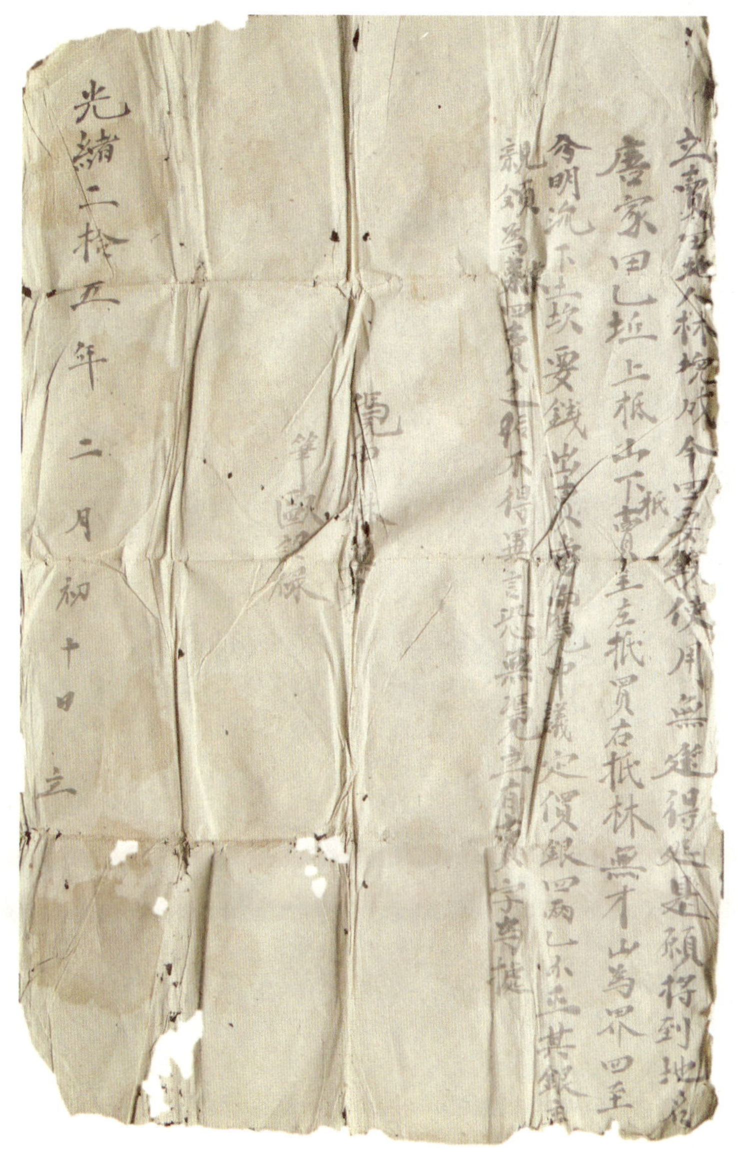

立卖田地人林垷成，今因要钱使用，无从得处。是（自）愿将到地名唐家田乙丘，上抵山，下抵卖主，左抵买［主］，右抵林无才山为界，四至分明，流（留）下土坎，要钱出卖。当面凭中议定价银四两乙钱正。其银［卖］主亲领为□。四（自）卖之后，不得异言。恐无凭，立有卖字为据。

凭中：林□才

［代］笔：欧诏禄

光绪二十五年二月初十日立

39. 龙景恩父子卖田塘杉木地土字（光绪二十五年三月初十日）

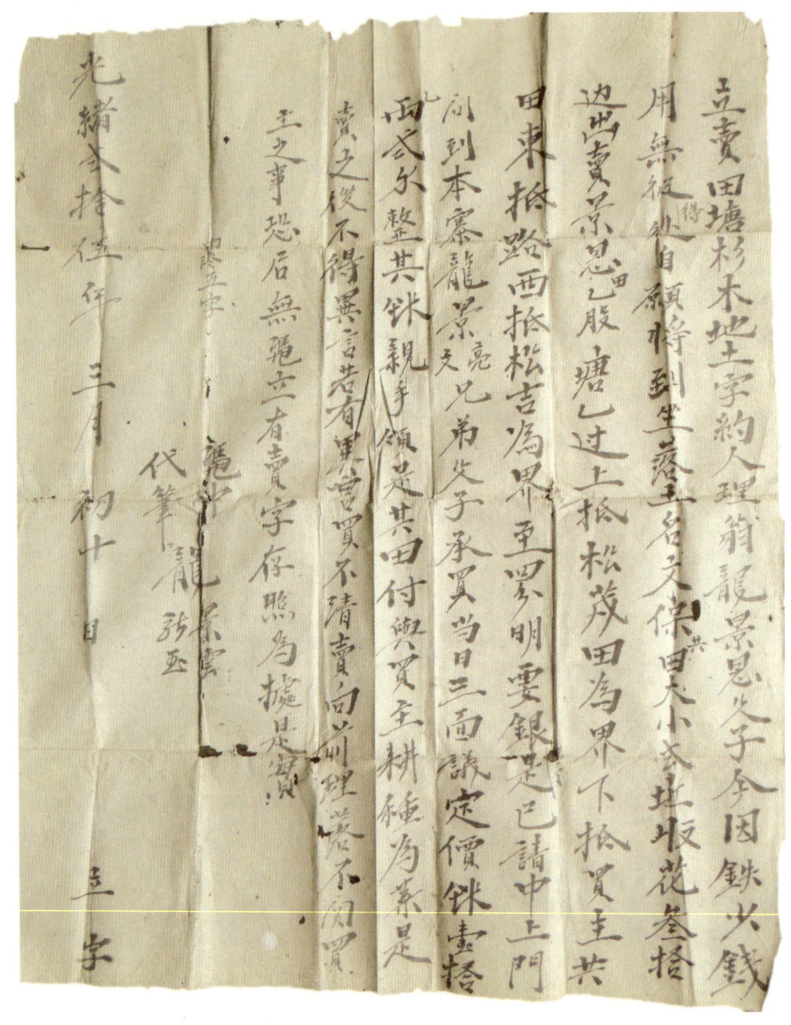

立卖田塘杉木地土字约人理翁龙景恩父子，今因缺少钱用，无从得处，自愿将到坐落土名文保共田大小贰丘，收花叁拾边（稨）出卖。景恩田乙股，塘乙过（个），上抵松茂田为界，下抵买主共田，东抵路，西抵松吉为界，至四（四至）分明，要银［出卖］。是（自）己请中上门问到本寨龙景亮、景文兄弟父子承买，当日三面议定价银壹拾乙两贰钱整。其银亲手领足，其田付与买主耕种为业。是（自）卖之后，不得异言。若有异言，买［主］不清，卖［主］向前理落，不关买主之事。恐后无凭，立有卖字存照为据是实。

凭中：龙景云

代笔：龙新玉

光绪二十五年三月初十日立字

40. 林福财、林海深父子卖田契（光绪二十六年正月二十八日）

立卖田契字人落泊村林福财、海深父子二人，今因家下要银使用，无从得处，自愿将到土名落泊村田乙丘，收花五把，上抵山为界，下抵龙锦瑞田为界，左抵路为界，右抵山为界，四至分明，要银出卖。请中上门问到理翁村龙宗弟承买，当日凭中议定价银贰拾叁两捌钱整。其银亲领入手应用，其田付与买［主］耕种为业。自卖之后，不得异言。若有异言，卖主上前理落，不干买主之事。恐后无凭，立有卖字存照为据。

内添乙字

通中：林来祥

凭中：龙锦亨

代笔：林再魁

光绪二拾六年正月二十八日立

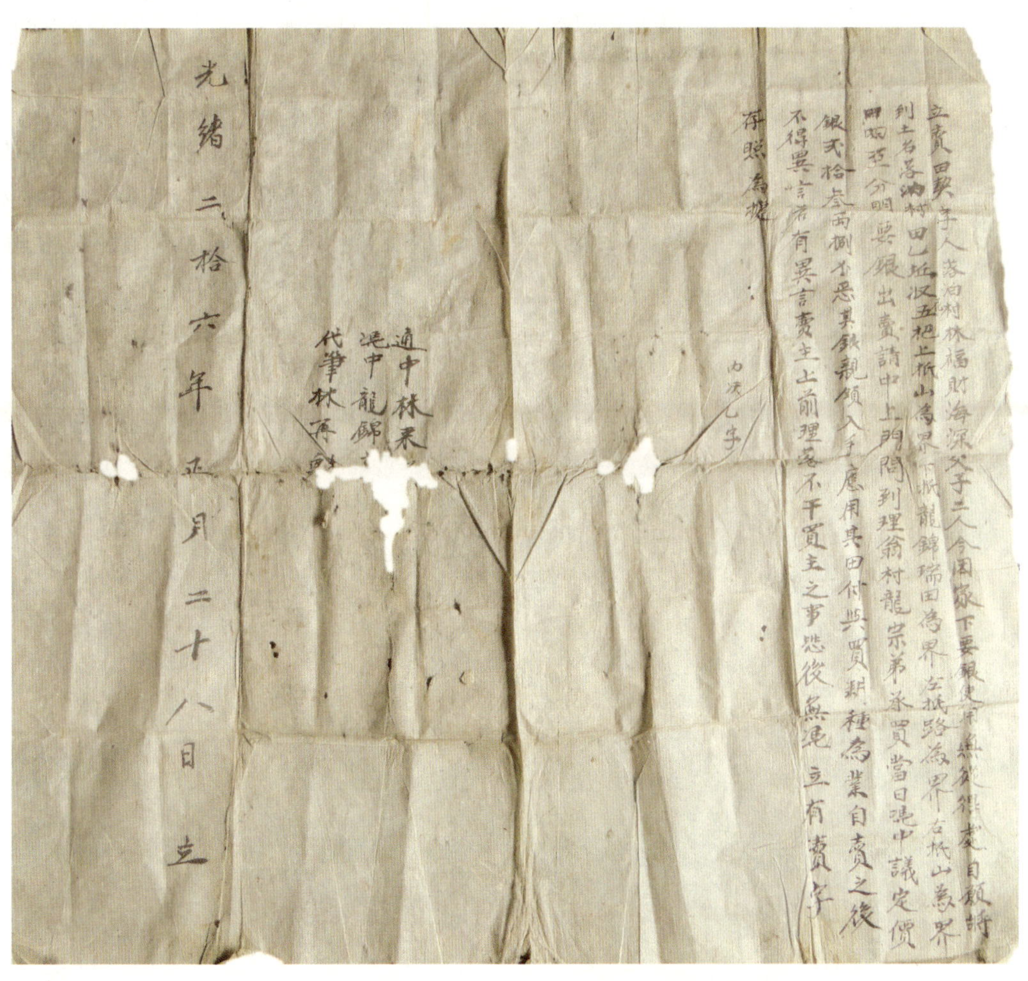

41. 林福财、林海深父子典田字（光绪二十六年正月二十八日）

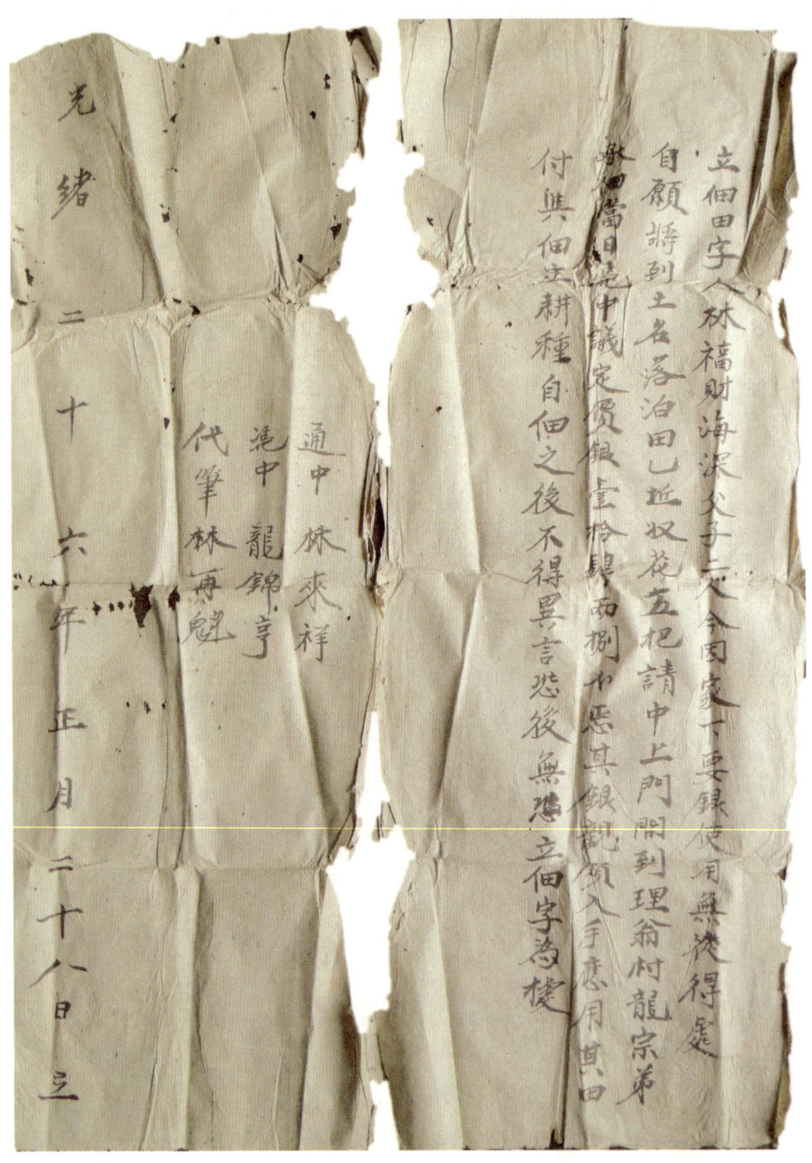

立佃田字人林福財海深父子二人今因家下要銀使用無從得處
自願將到土名落泊田乙丘收花五把請中上門問到理翁村龍宗弟
承佃當日憑中議定價銀壹拾肆兩捌錢整其銀親領入手應用其田
付與佃主耕種自佃之後不得異言恐後無憑立佃字為據

通中 林來祥
憑中 龍錦亨
代筆 林再魁

光緒二十六年正月二十八日立

立佃田字人林福财、海深父子二人，今因家下要银使用，无从得处，自愿将到土名落泊田乙丘，收花五把，请中上门问到理翁村龙宗弟承佃。当日凭中议定价银壹拾肆两捌钱整。其银亲领入手应用，其田付与佃主耕种。自佃之后，不得异言。恐后无凭，立佃字为据。

通中：林来祥

凭中：龙锦亨

代笔：林再魁

光绪二十六年正月二十八日立

42. 吴照学、吴照祥二人卖田契（光绪二十六年十一月十八日）

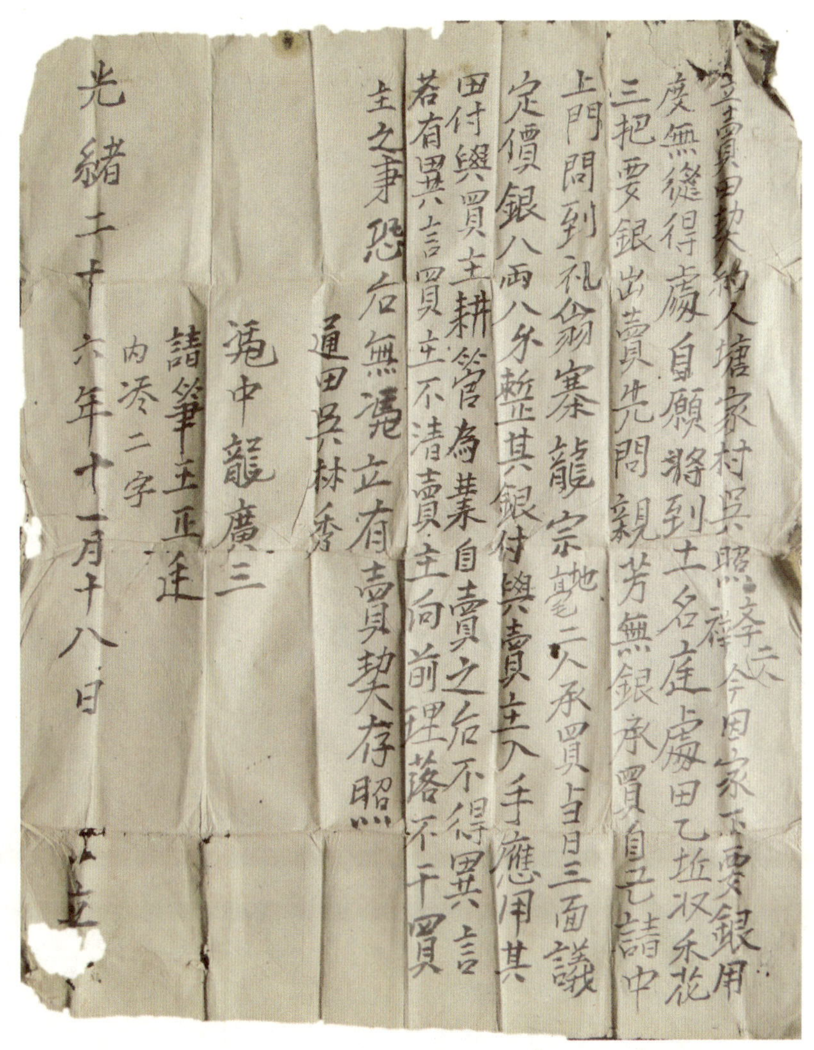

立卖田契约人塘家村吴照学、吴照祥二人，今因家下要银用度，无从得处，自愿将到土名庭处田乙丘，收禾花三把，要银出卖。先问亲芳（房）无银承买，自己请中上门问到礼翁寨龙宗地、宗毫二人承买，当日三面议定价银八两八钱整。其银付与卖主入手应用，其田付与买主耕管为业。自卖之后，不得异言。若有异言，买主不清，卖主向前理落，不干买主之事。恐后无凭，立有卖契存照。

通田：吴林秀

凭中：龙广三

请笔：王正廷

内添二字

光绪二十六年十一月十八日立

43. 吴照学、吴照祥二人卖田契（光绪二十六年十一月十八日）

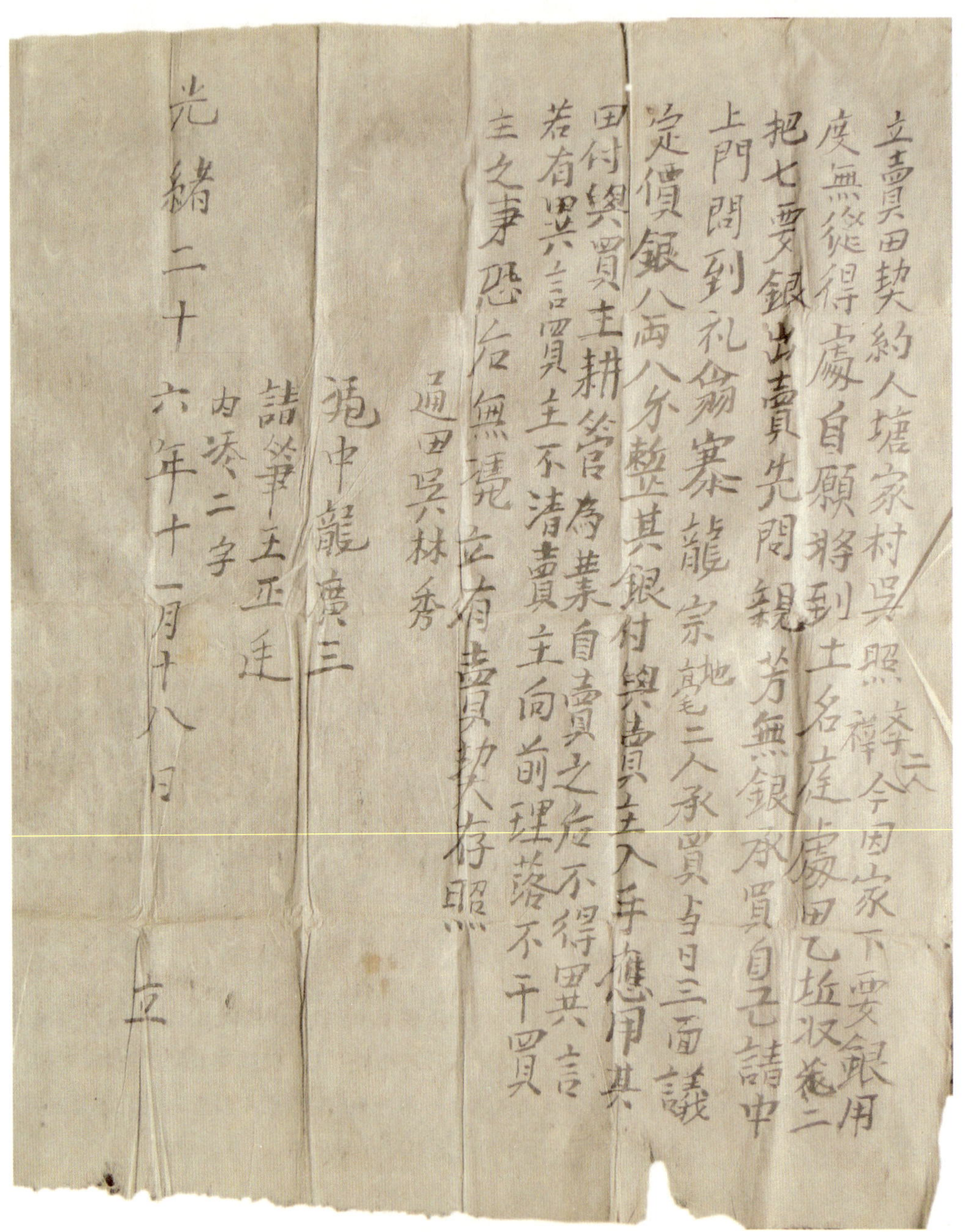

立賣田契約人塘家村吴照学、祥二人，今因家下要銀用度，無從得處，自願將到土名庄上處田乙坵，収禾二把七，要銀出賣。先問親房，無銀承買，自己請中上門問到礼翁寨龍宗地、毫二人承買。当日三面議定價銀八両八分整，其銀付與賣主入手應用，其田付與買主耕管為業。自賣之后，不得異言。若有異言，買主不清，賣主向前理落，不干買主之事。恐后無憑，立有賣契存照。

通田吴林秀

憑中龍廣三

請筆王正廷

内添二字

光緒二十六年十一月十八日　立

立卖田契约人塘家村吴照学、照祥二人，今因家下要银用度，无从得处。自愿将到土名庭处田乙丘，收花二把七，要银出卖。先问亲芳（房）无银承买，自己请中上门问到礼翁寨龙宗地、龙宗豪二人承买，当日三面议定价银八两八钱整。其银付与卖主入手应用，其田付与买主耕管为业。自卖之后，不得异言。若有异言，买主不清，卖主向前理落，不干买主之事。恐后无凭，立有卖契存照。

通田：吴林秀

凭中：龙广三

请笔：王正廷

内添二字

光绪二十六年十一月十八日立

44. 伍全厚卖田契（光绪三十年八月初七日）

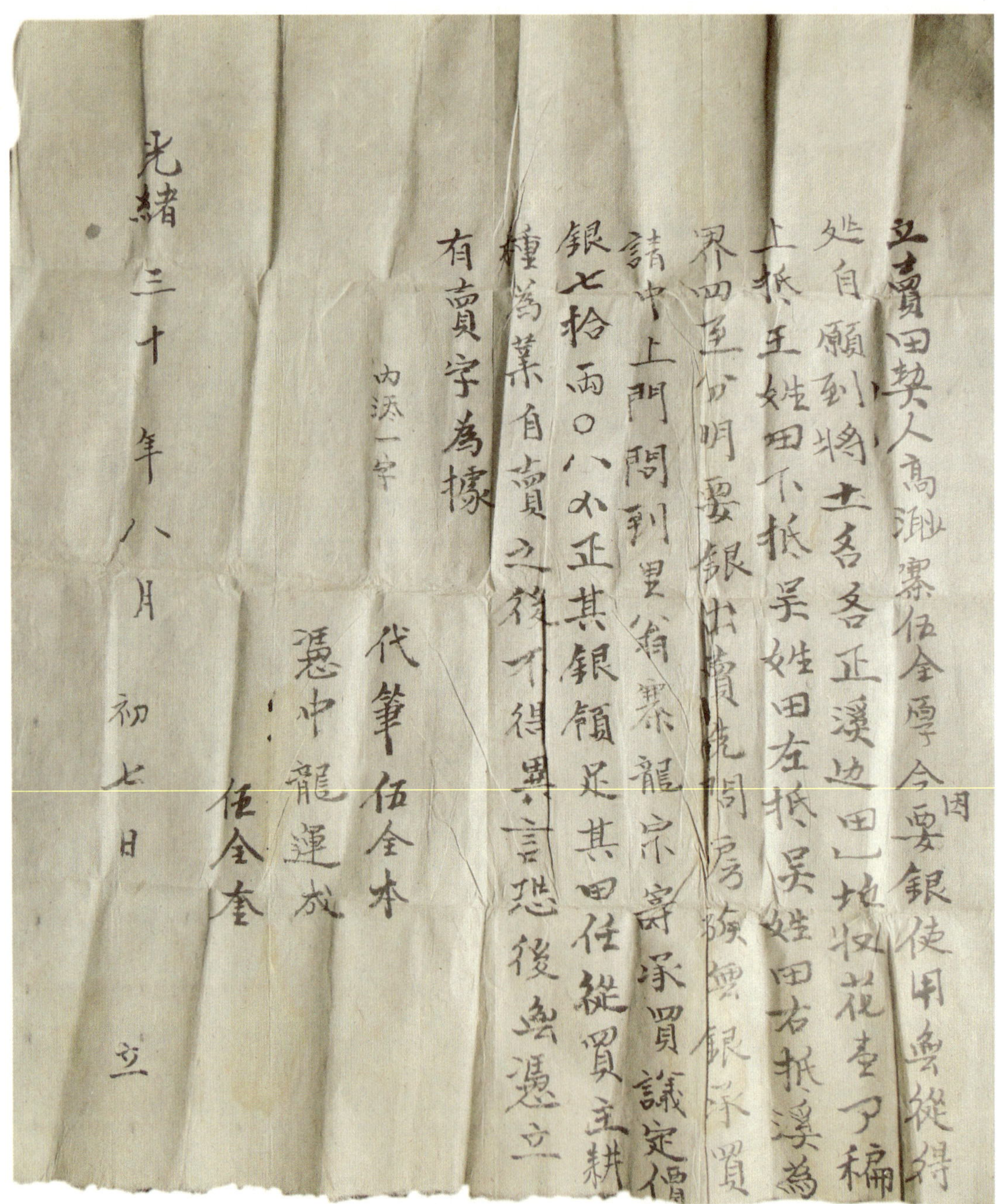

立賣田契人高硐寨伍全厚今因要銀使用無從得處自願到將土名各正溪边田一坵收花壹了稨上抵王姓田下抵吴姓田左抵吴姓田右抵溪為界四至分明要銀出賣先問房族無銀承買請中上門問到里翁寨龍宗寄承買議定價銀七拾兩〇八分正其銀領足其田任從買主耕種為業自賣之後不得異言恐後無憑立有賣字為據

内添一字

代筆 伍全本

憑中 龍運成

伍全奎

光緒三十年八月初七日 立

立卖田契人高渺寨伍全厚，今因要银使用，无从得处，自愿将到土名各正溪边田乙丘，收花壹百稨，上抵王姓田，下抵吴姓田，左抵吴姓田，右抵溪为界，四至分明，要银出卖。先问房族无银承买，请中上门问到里翁寨龙宗寿承买，议定价银七拾两〇八钱正。其银领足，其田任从买主耕种为业。自卖之后，不得异言。恐后无凭，立有卖字为据。

内添一字

代笔：伍全本

凭中：龙运成、伍全奎

光绪三十年八月初七日立

45. 龙景恩卖地土契（光绪三十年十月二十六日）

立卖地土人龙景恩，今因要钱用处（度），无所出度（处），自愿将到土名暮个地土乙团，上抵买主，下抵宗吉坎为界，左祗（抵）路，右祗（抵）景恩，四至分明，要钱出卖。自己问到理翁寨龙景克、景文兄第（弟）二人承买，当面议定价银乙两八钱文正。其钱亲主（手）领足入手应用，其地付与买主耕管为业。事（自）卖之后，不得异言。若有异言，恐口无凭。立有卖地存照是实。

内添二字

代笔：龙有忠

光绪三十年十月二十六日立

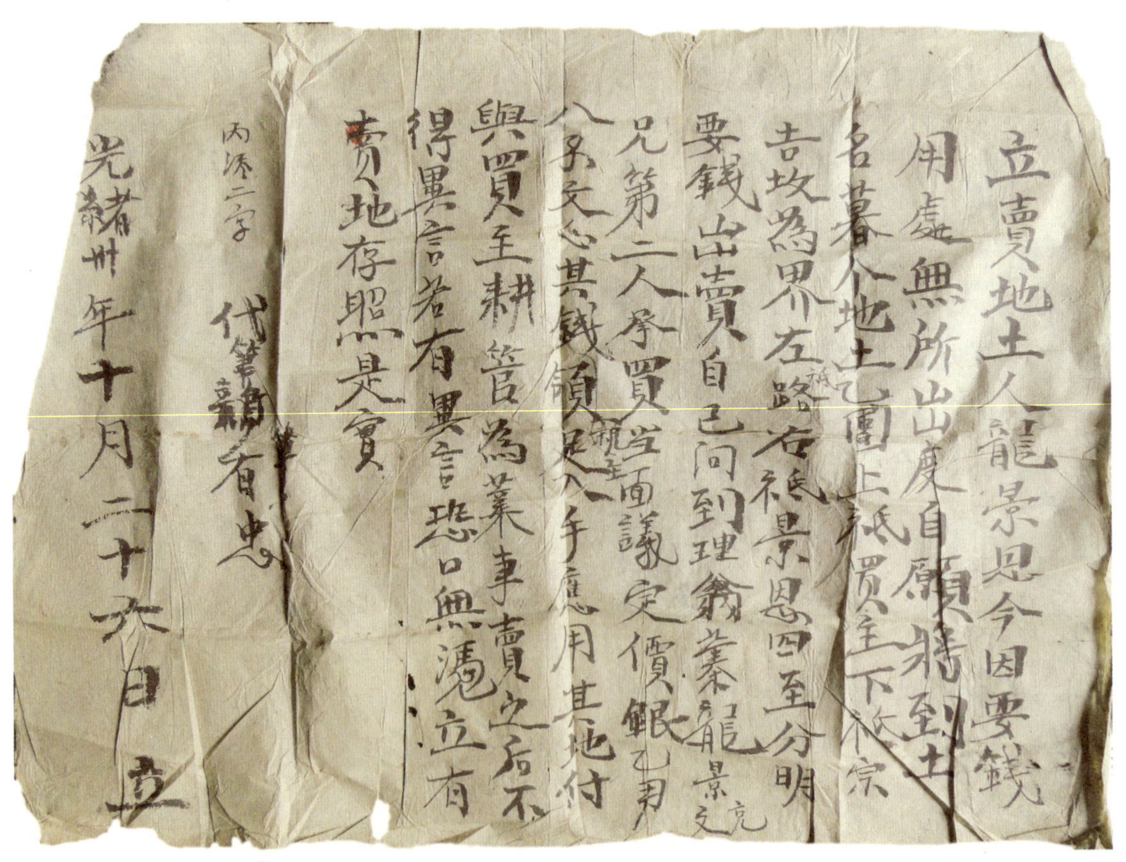

46. 杨玉清典田契（光绪三十年十二月十五日）

立典田契字什农村杨玉清，今因家下要银出典，请忠（中）自愿将到什浓高田三丘，上抵坡，下抵龙大刚；中丘上抵吴清禄，下抵龙秀腾；下丘上抵吴有宗，下抵秀腾，四抵分明，上门问到刚老龙广庆、景亮二人承典，当中言定典价银四两整。其银领足，其田付与典主耕种收花为利。限至三年将赎。恐口无凭，立有典字为据。

中人：袁开厚

讨笔：王胜学

光绪三十年十二月十五日立契

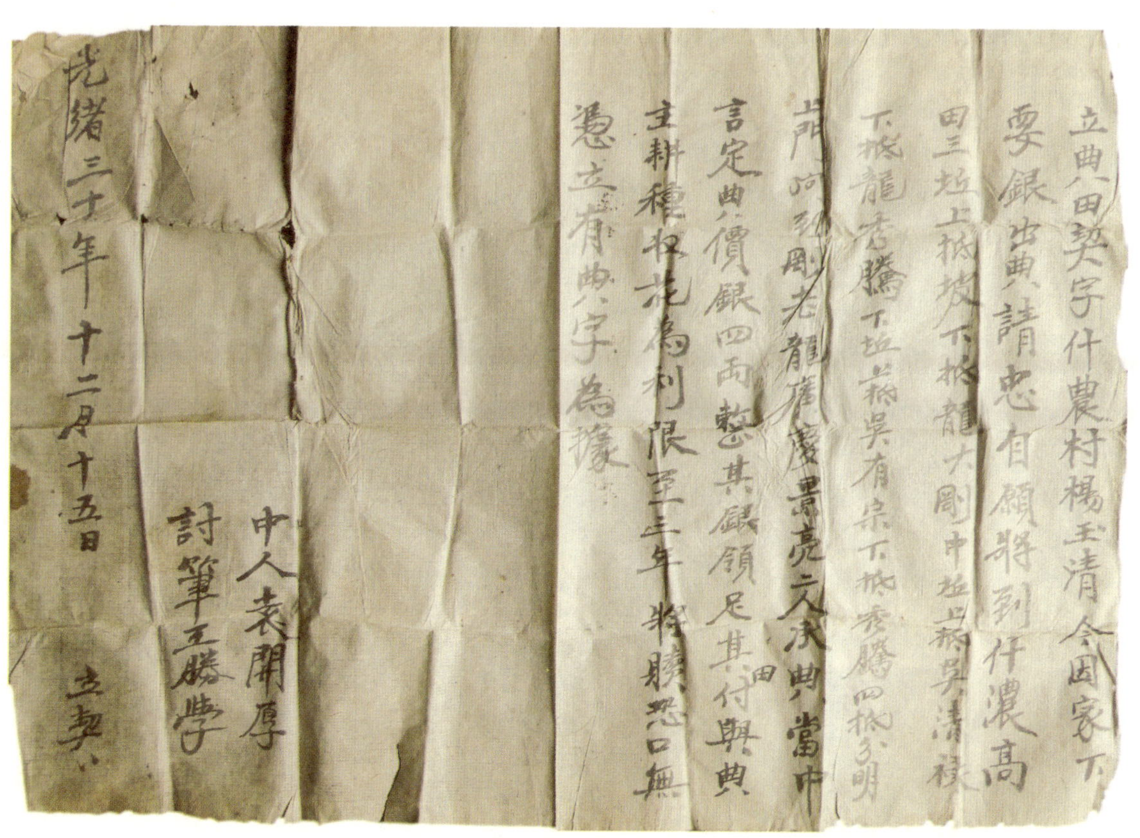

立典田契字什農村楊玉清今因家下
要銀出典請忠自願將到什濃高
田三坵上抵坡下抵龍大剛中坵上抵吳清祿
下抵龍秀騰下坵上抵吳有宗下抵秀騰四抵分明
上門問到剛老龍廣慶景亮二人承典當中
言定典價銀四兩整其銀領足其田付與典
主耕種收花為利限至三年將贖恐口無
憑立有典字為據
中人袁開厚
討筆王勝學
光緒三十年十二月十五日 立契

47. 文泰父子卖嫩杉木字（光绪三十一年四月初六日）

立卖嫩杉木人大步村文泰父子，今因要银使用，无所出处，自愿将到□名楠木凹田角嫩杉乙团，上抵□□杉木为界，下抵卖主坎为界，左秀□山□界，右抵秀散杉木为界，四至分明，要□出卖。自己上门问到礼翁村龙□弟父子承买，当面议定……整。其银卖主亲领足，其杉木付与买主耕管蓄禁修薅为业。日后大小一概出山，地归原主。自卖之后，不得异言。若有异言，卖主理落，不干买主知（之）事。恐口无凭，立有卖字为据。

亲笔

光绪三十一年四月初六日立

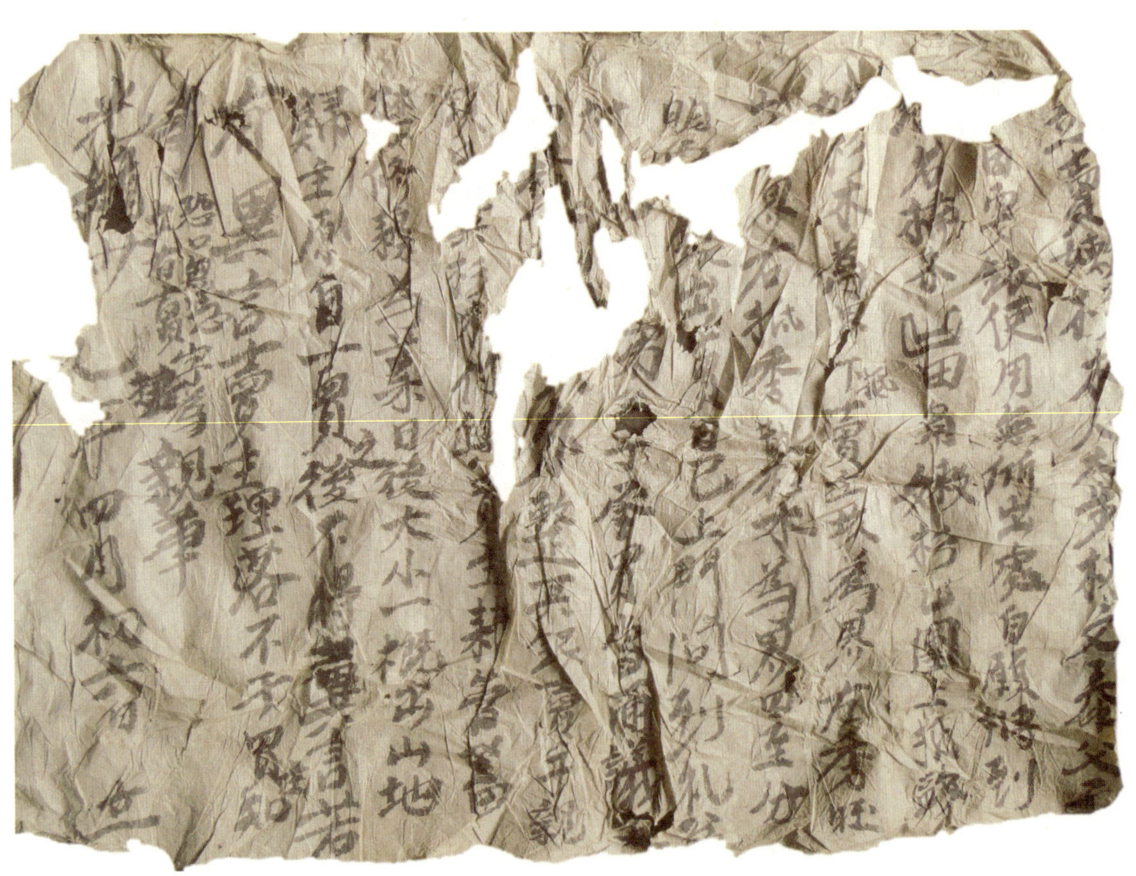

48. 龙宗伍、龙景运父子卖杉木契（光绪三十三年四月初九日）

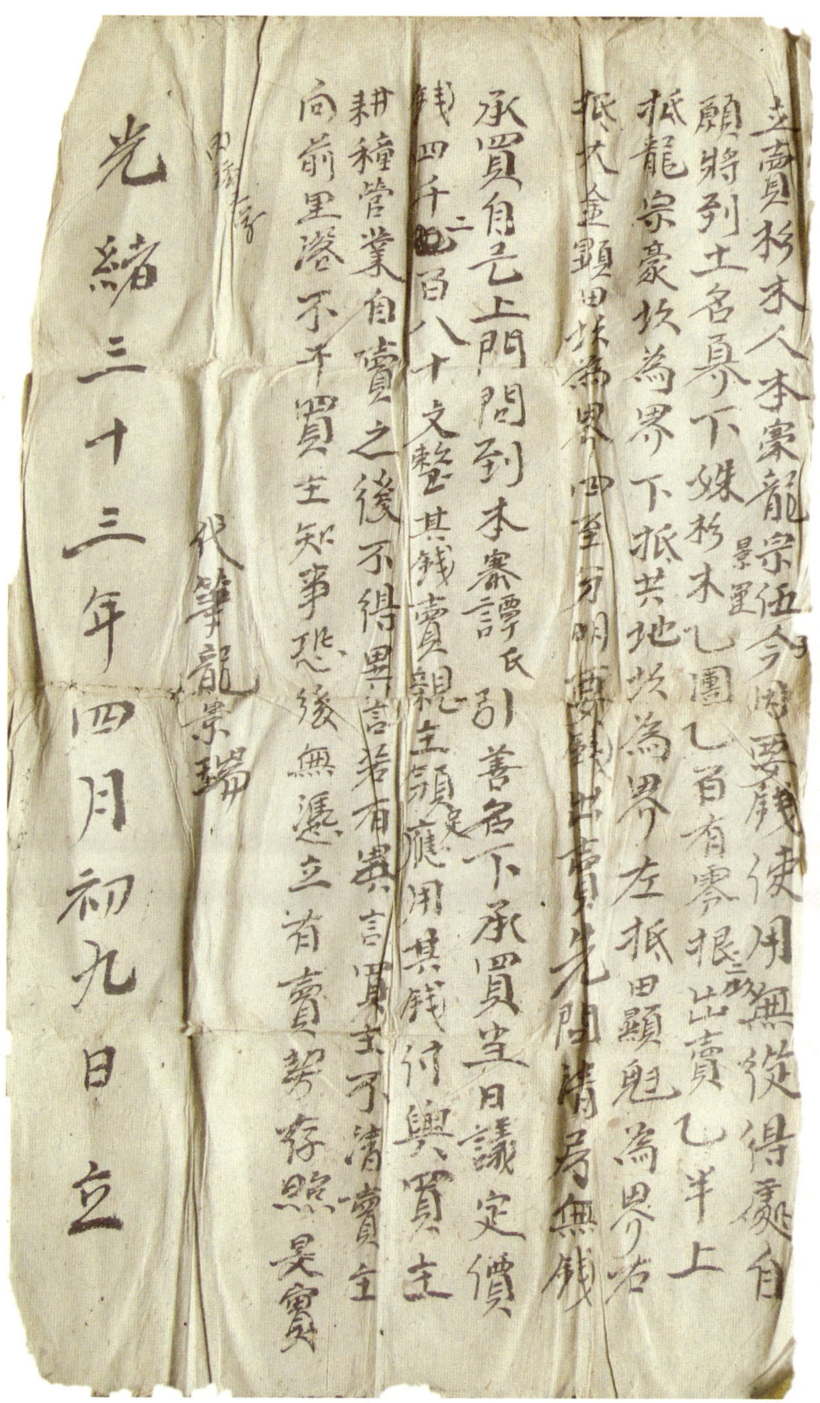

立卖杉木人本寨龙宗伍、景运父子，今因要钱使用，无从得处，自愿将到土名□下姝杉木乙团乙百有零根，二□出卖一半。上抵龙宗豪坎为界，下抵共地坎为界，左抵田显魁为界，右抵大金显田坎为界，四至分明，要钱出卖。先问清（亲）房无钱承买，自己上门问到本寨谭氏引善名下承买，当日议定价钱四千二百八十文整。其钱卖［主］亲主（手）领足应用，其钱（田）付与买主耕种管业。自卖之后，不得异言。若有异言，买主不清，卖主向前里（理）落，不干买主知（之）事。恐后无凭，立有卖契存照是实。

内添二字

代笔：龙景瑞

光绪三十三年四月初九日立

49. 龙景恩、龙太甲父子卖屋基地土字（光绪三十四年十月二十六日）

立卖屋基地土人龙景恩、太甲父子二人，今因要银出卖，自愿将土名礼翁边□屋地土乙间，上抵沟为界，左抵路为界，下抵买主地土为界，右抵共地为界，四至分名（明），要银出卖。自己上门问到本足（族）龙景亮承买，当面议定价银四两八钱整。其银亲领入手应用，其屋地卖与买主永远耕管为业。自卖之后，不得异言。今人不古，立有卖字是实。

请笔：龙兴魁

光绪三十四年十月二十六日立

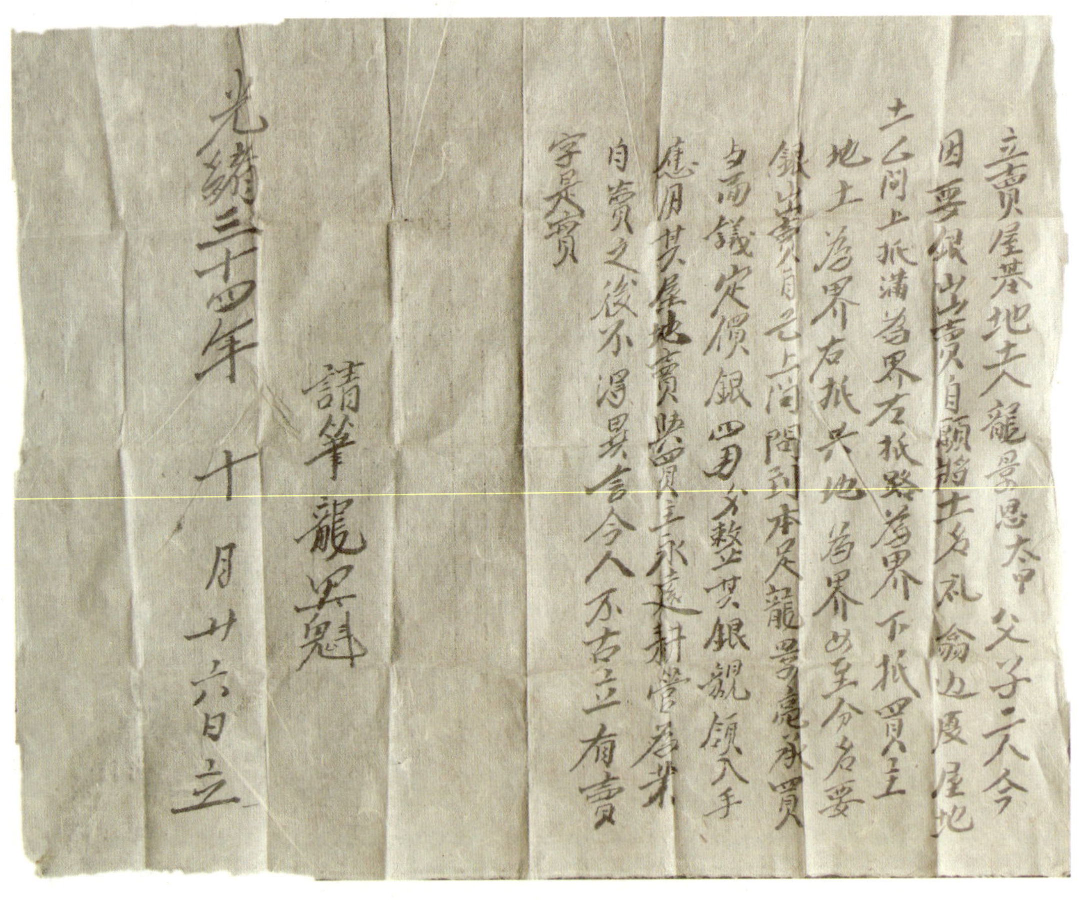

50. 龙泰忠、龙有忠卖地土字（时间不详）

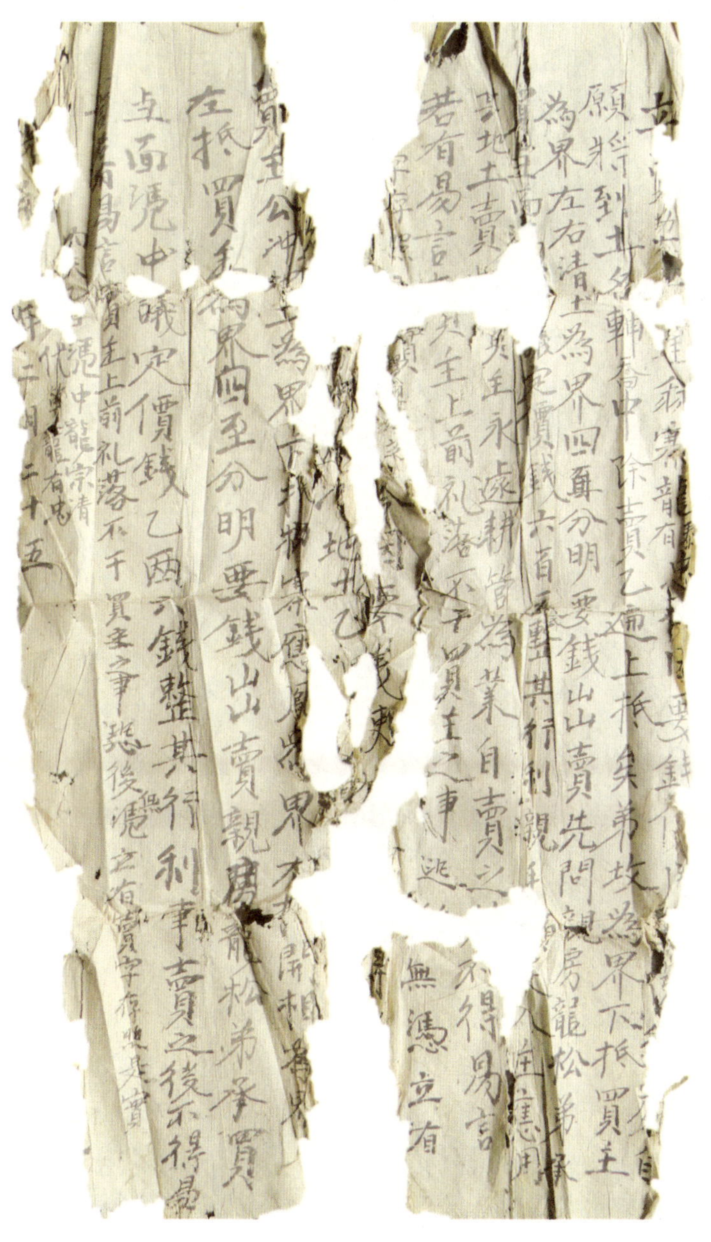

立卖地土人理翁寨龙泰忠、有忠，今因要钱使用，□□□处，自愿将到土名辅乔中除卖乙遍，上抵矣弟坎为界，下抵买主为界，左右清土为界，四至分明，要钱出卖。先问亲房龙松弟承买，当面□□议定价钱六百文整。其行利亲手领足入主（手）应用，其地土卖［与］买主永远耕管为业。自卖之□，不得易（异）言。若有易（异）言，卖主上前礼（理）落，不干买主之事。恐□无凭，立有［卖］字存照［是］实。

……今因要钱使……地土乙……卖主公冲地土为界，下抵柳寨应凤为界，右抵开相为界，左抵买主为界，四至分明，要钱出卖。亲房龙松弟承买，当面凭中议定价钱乙两六钱整。其行利事（自）卖之后，不得易（异）言。若有易（异）言，卖主上前礼（理）落，不干买主之事。恐后无凭，立有卖字存照是实。

内天（添）乙字

凭中：龙宗清

代笔：龙有忠

光绪□□年二月二十五日立

51. 龙钟文卖田字（宣统二年十一月初七日）

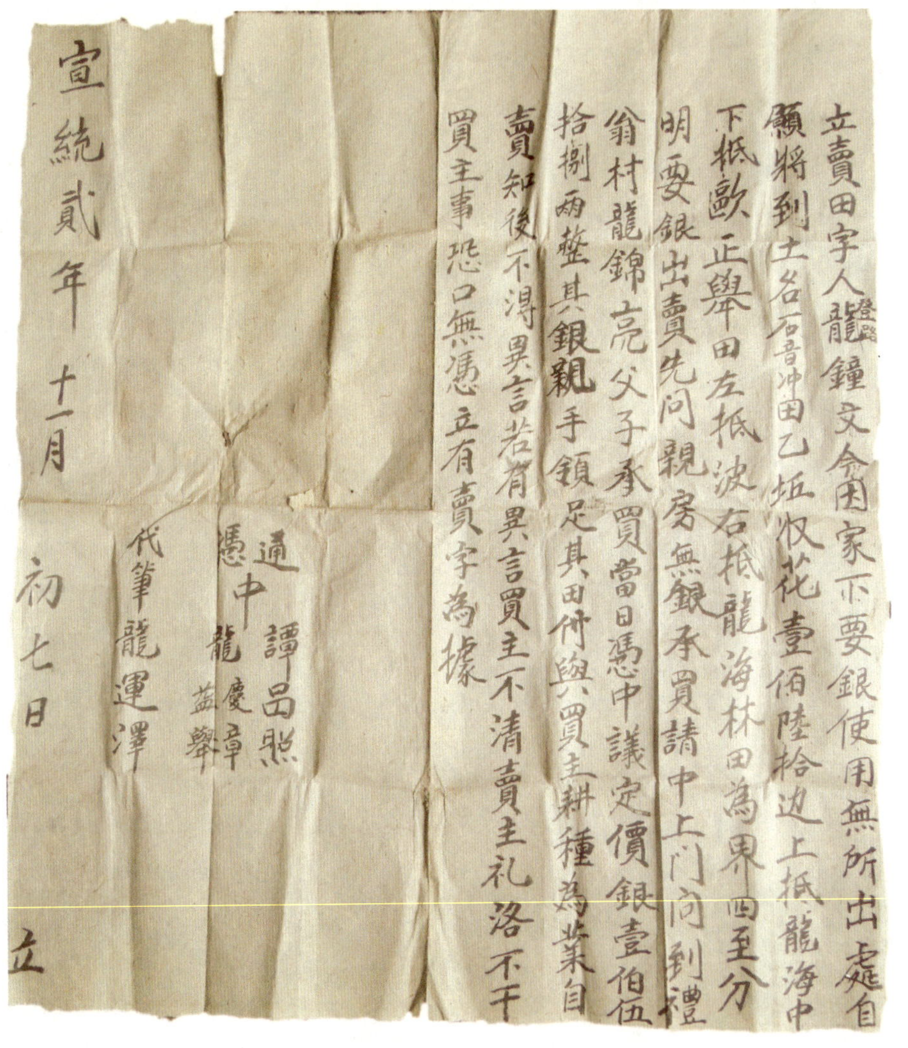

立卖田字人登路龙钟文，今因家下要银使用，无所出处，自愿将到土名石音冲田乙丘，收花壹佰陆拾边（稨），上抵龙海中，下抵欧正举田，左抵波（坡），右抵龙海林田为界，四至分明，要银出卖。先问亲房无银承买，请中上门问到礼翁村龙锦亮父子承买，当日凭中议定价银壹伯（佰）伍拾捌两整。其银亲手领足，其田付与买主耕种为业。自卖知（之）后，不得异言。若有异言，买主不清，卖主礼（理）洛（落），不干买主事。恐口无凭，立有卖字为据。

通中：谭品照

凭中：龙庆章、龙益举

代笔：龙运泽

宣统二年十一月初七日立

52. **龙钟文卖田字**（宣统二年十一月初七日）

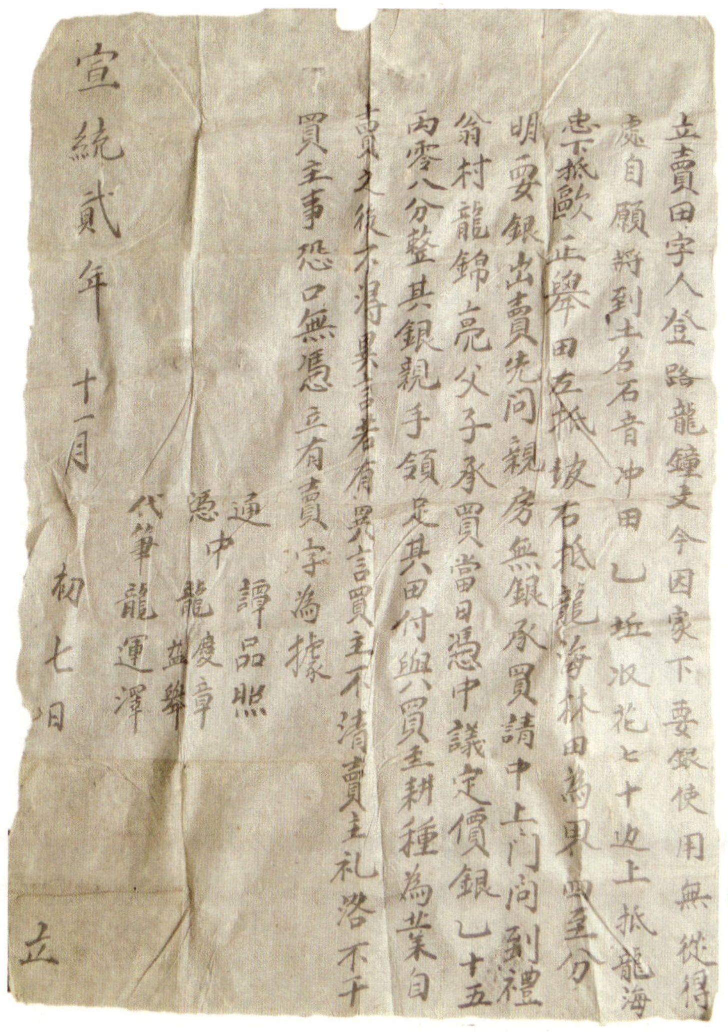

立賣田字人登路龍鍾文今因家下要銀使用無從得
處自願將到土名石音冲田乙坵收花七十边上抵龍海
忠下抵歐正舉田左抵坡右抵龍海林田為界四至分
明要銀出賣先問親房無銀承買請中上门問到禮
翁村龍錦亮父子承買當日憑中議定價銀乙十五
兩零八分整其銀親手領足其田付與買主耕種為業自
賣之後不得異言若有異言買主不清賣主礼洛不干
買主事恐口無憑立有賣字為據
通中 譚品照
憑中 龍慶章 龍益舉
代筆 龍運澤
宣統貳年十一月初七日 立

立卖田字人登路龙钟文，今因家下要银使用，无从得处，自愿将到土名石音冲田乙丘，收花七十边（褊），上抵龙海忠，下抵欧正举田，左抵坡，右抵龙海林田为界，四至分明，要银出卖。先问亲房无银承买，请中上门问到礼翁村龙锦亮父子承买，当日凭中议定价银乙十五两零八分整。其银亲手领足，其田付与买主耕种为业。自卖之后，不得异言。若有异言，买主不清，卖主礼（理）洛（落），不干买主事。恐口无凭，立有卖字为据。

通中：谭品照

凭中：龙庆章、龙益举

代笔：龙运泽

宣统二年十一月初七日立

53. 龙宗弟断卖契（民国二年十月十九日）

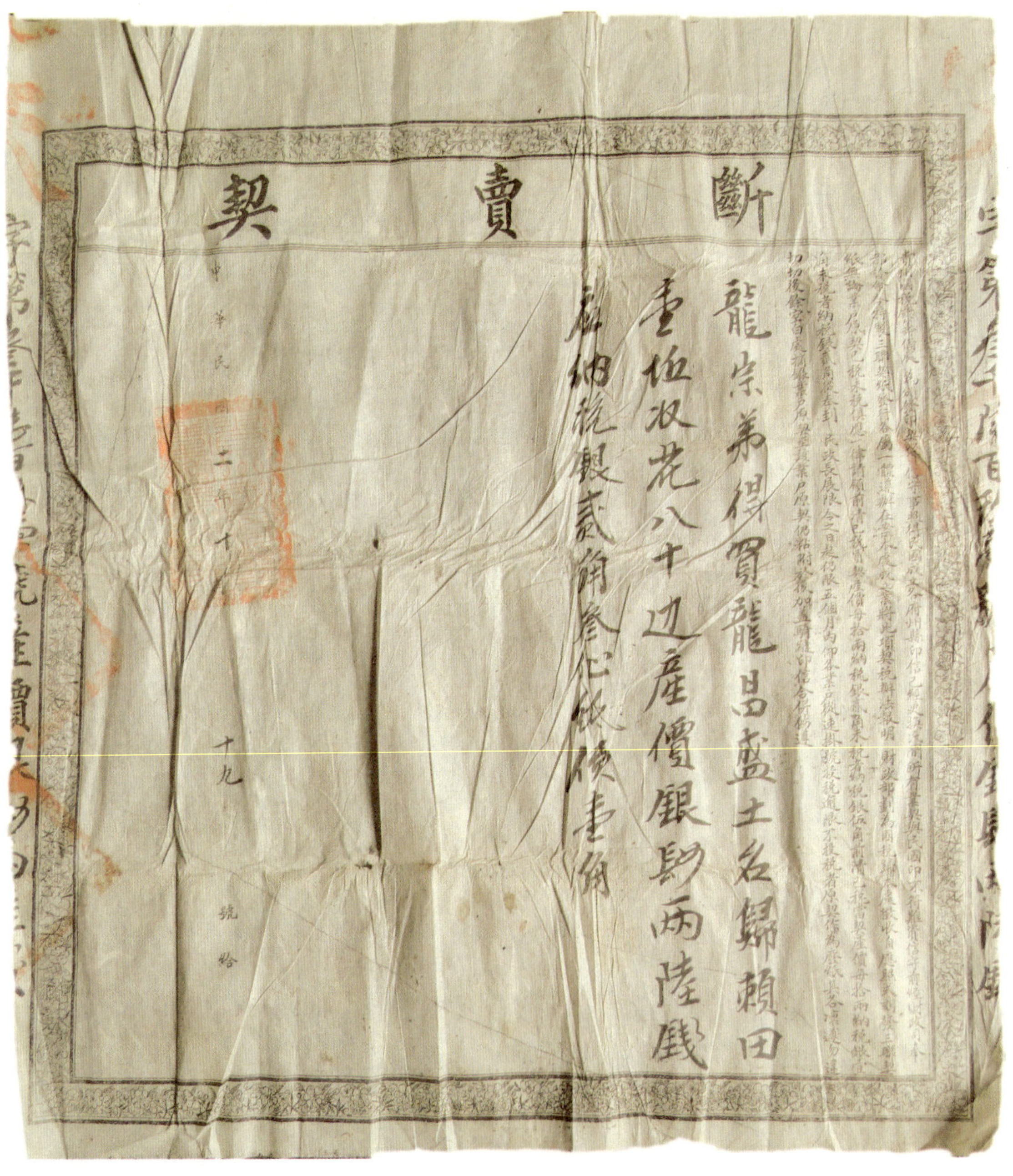

断卖契

贵州国税厅筹备处，为颁发印契以资信守事。照得民国成立，各府州县印信已经更换，民间所有业契与民国印不符，难资信守。前经财政司奉都督命令，特制三联契纸发行，各属一体遵办在案。本处成立，业将此项契税办法报明，财政部划为国税，归本处征收，自应照式刻发三联契纸。无论业户原契已税未税，俱应一律请领。前清已税买契，产价每拾两纳税银贰角。未税者，纳银伍角。前清已税当契，产价每拾两纳税银壹角，未税者，纳税银贰角。从奉到民政长展限令之日起，仍限五个月内仰各业户从速挂号投税。逾限不投税者，原契作为废纸。其各凛遵勿违，切切。后余空白处，摘录业户原契。至该业户原契，仍粘附于后，加盖骑缝印信，合并饬遵。

龙宗弟得买龙昌盛土名归赖田壹丘，收禾花八十边（稨），产价银肆两陆钱，应纳税银贰角叁仙，纸价壹角。

中华民国二年十月十九日号给

54. 龙宗耀断卖契（民国二年十月十九日）

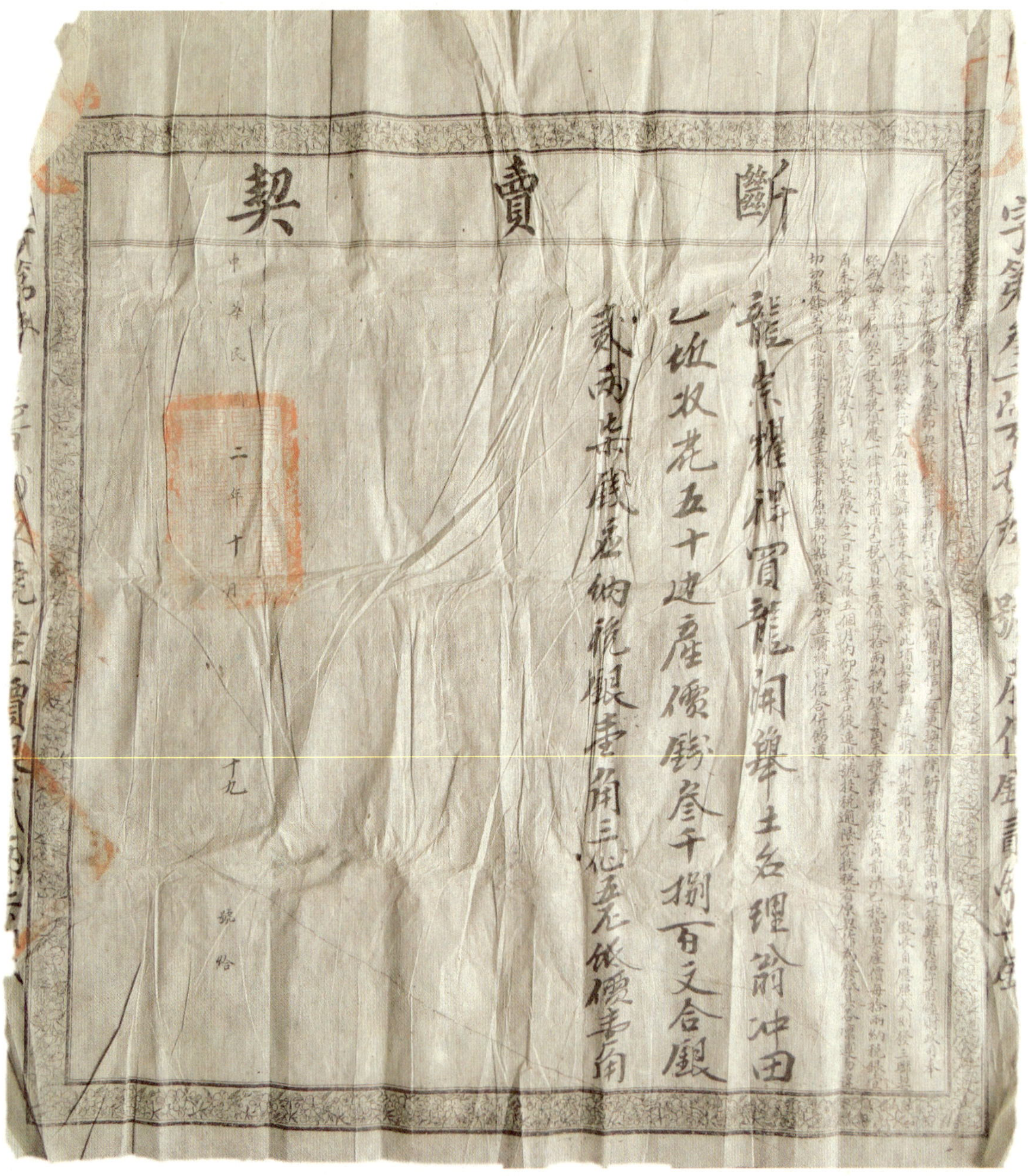

断卖契

贵州国税厅筹备处，为颁发印契以资信守事。照得民国成立，各府州县印信已经更换，民间所有业契与民国印不符，难资信守。前经财政司奉都督命令，特制三联契纸发行，各属一体遵办在案。本处成立，业将此项契税办法报明，财政部划为国税，归本处征收，自应照式刻发三联契纸。无论业户原契已税未税，俱应一律请领。前清已税买契，产价每拾两纳税银贰角。未税者，纳银伍角。前清已税当契，产价每拾两纳税银壹角，未税者，纳税银贰角。从奉到民政长展限令之日起，仍限五个月内仰各业户从速挂号投税。逾限不投税者，原契作为废纸。其各凛遵勿违，切切。后余空白处，摘录业户原契。至该业户原契，仍粘附于后，加盖骑缝印信，合并饬遵。

龙宗耀得买龙开举土名理翁冲田乙丘，收花五十边（稨），产价银叁千捌百文，合银贰两柒钱，应纳税银壹角三仙五厘，纸价壹角。

中华民国二年十月十九日号给

55. 龙宗耀断卖契（民国二年十月十九日）

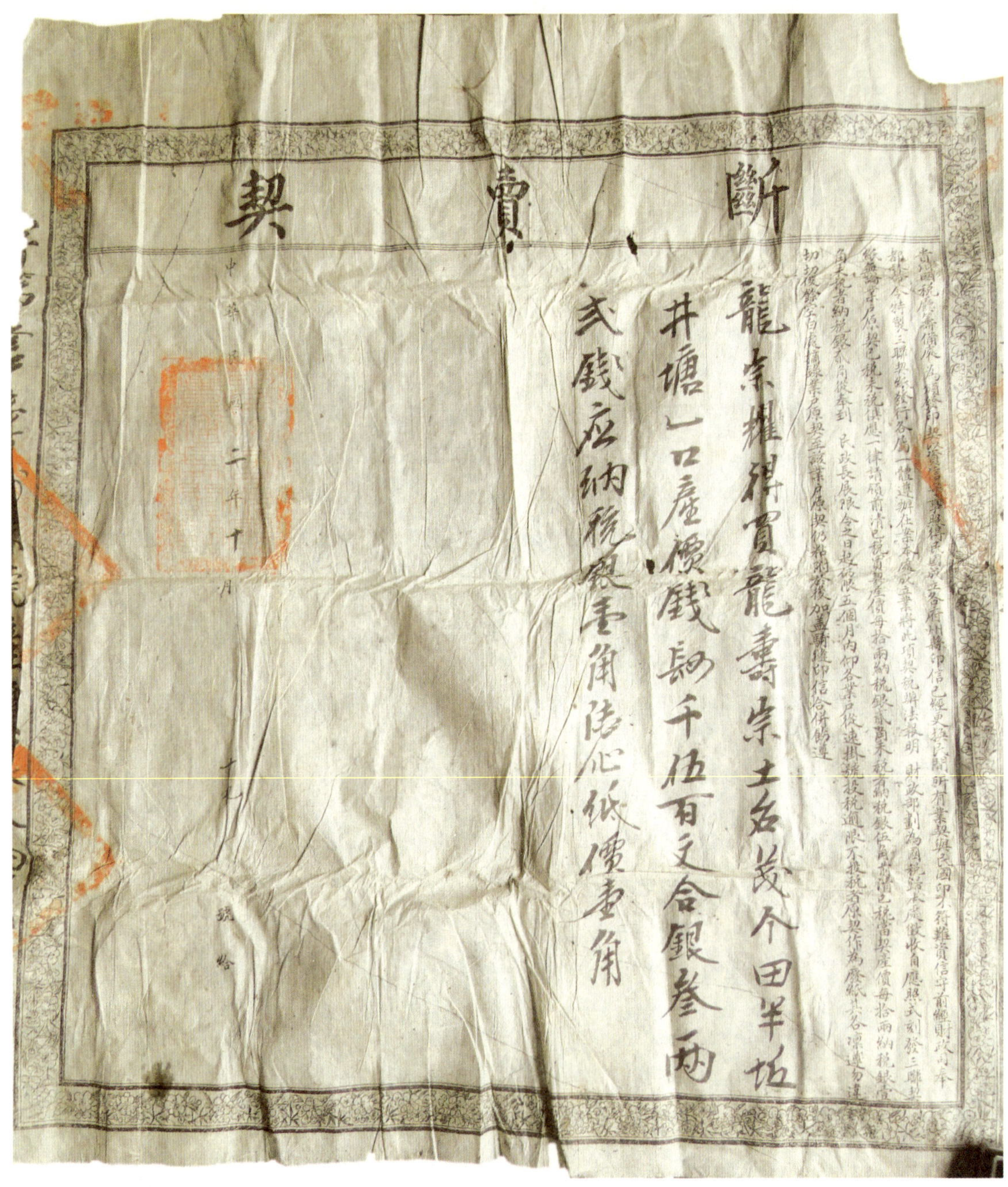

断卖契

贵州国税厅筹备处，为颁发印契以资信守事。照得民国成立，各府州县印信已经更换，民间所有业契与民国印不符，难资信守。前经财政司奉都督命令，特制三联契纸发行，各属一体遵办在案。本处成立，业将此项契税办法报明，财政部划为国税，归本处征收，自应照式刻发三联契纸。无论业户原契已税未税，俱应一律请领。前清已税买契，产价每拾两纳税银贰角。未税者，纳银伍角。前清已税当契，产价每拾两纳税银壹角，未税者，纳税银贰角。从奉到民政长展限令之日起，仍限五个月内仰各业户从速挂号投税。逾限不投税者，原契作为废纸。其各凛遵勿违，切切。后余空白处，摘录业户原契。至该业户原契，仍粘附于后，加盖骑缝印信，合并饬遵。

龙宗耀得买龙寿宗土名茂个田半丘，井塘乙口，产价钱肆千伍百文，合银叁两二钱，应纳税银壹角陆仙，纸价壹角。

中华民国二年十月十九号给

56. 龙宗弟、龙开焕断卖契（民国二年十月十九日）

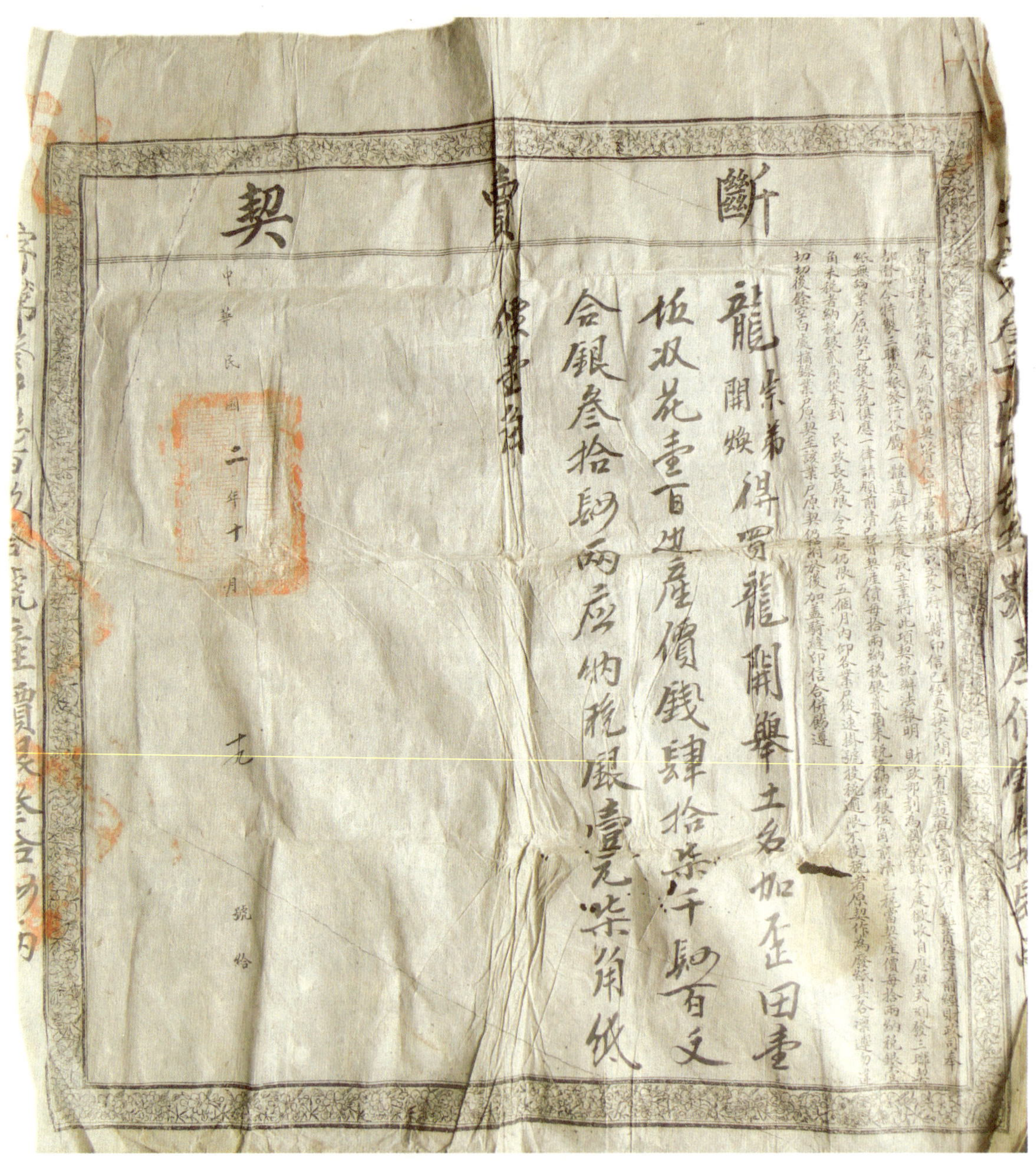

断卖契

贵州国税厅筹备处，为颁发印契以资信守事。照得民国成立，各府州县印信已经更换，民间所有业契与民国印不符，难资信守。前经财政司奉都督命令，特制三联契纸发行，各属一体遵办在案。本处成立，业将此项契税办法报明，财政部划为国税，归本处征收，自应照式刻发三联契纸。无论业户原契已税未税，俱应一律请领。前清已税买契，产价每拾两纳税银贰角。未税者，纳银伍角。前清已税当契，产价每拾两纳税银壹角，未税者，纳税银贰角。从奉到民政长展限令之日起，仍限五个月内仰各业户从速挂号投税。逾限不投税者，原契作为废纸。其各凛遵勿违，切切。后余空白处，摘录业户原契。至该业户原契，仍粘附于后，加盖骑缝印信，合并饬遵。

龙宗弟、开焕得买龙开举土名加歪田壹丘，收花壹百边（稨），产价钱肆拾柒千肆百文，合银叁拾肆两，应纳税银壹元柒角，纸价壹角。

中华民国二年十月十九号给

57. 龙宗耀、龙宗弟断卖契（民国二年十月十九日）

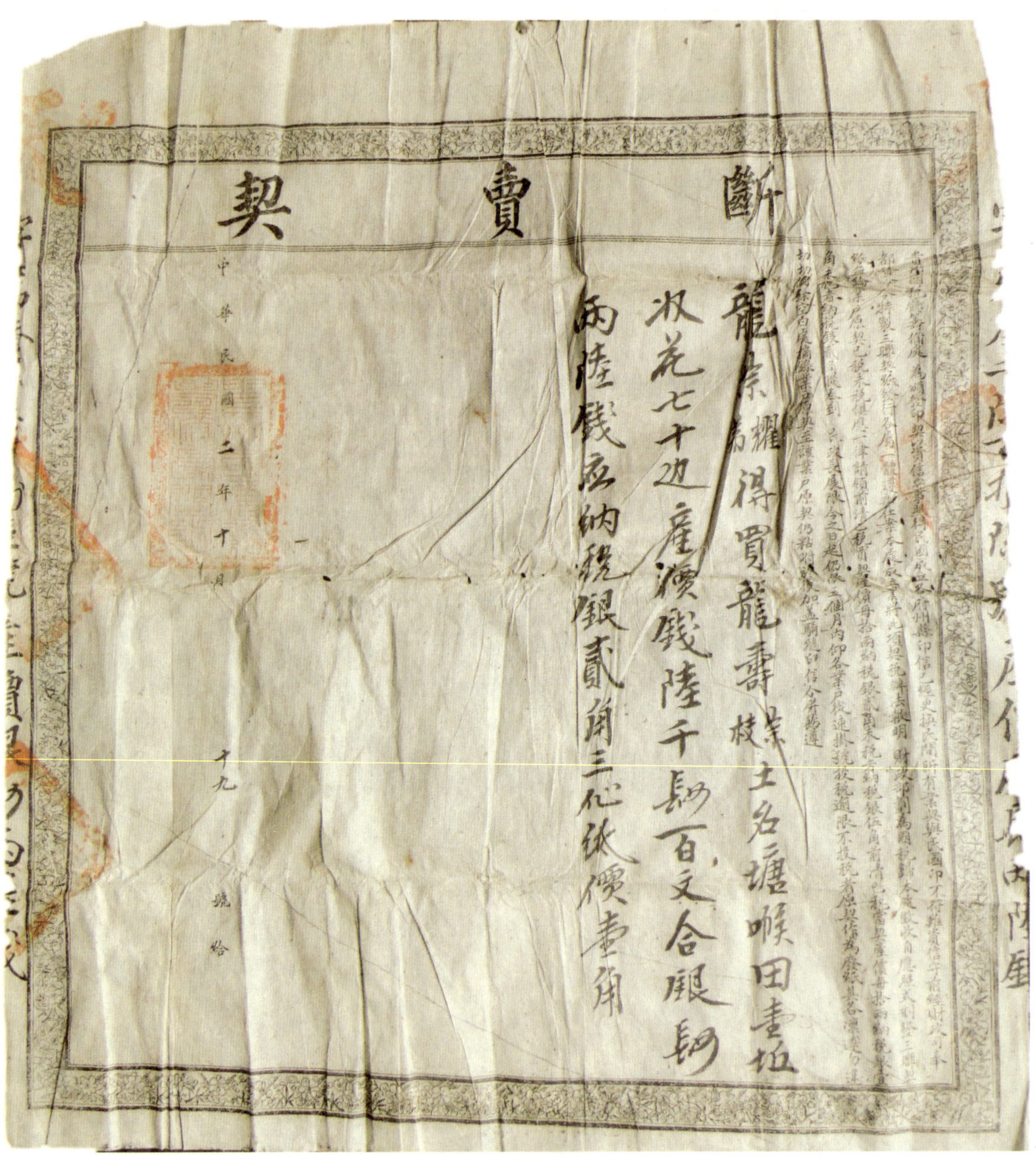

断卖契

贵州国税厅筹备处，为颁发印契以资信守事。照得民国成立，各府州县印信已经更换，民间所有业契与民国印不符，难资信守。前经财政司奉都督命令，特制三联契纸发行，各属一体遵办在案。本处成立，业将此项契税办法报明，财政部划为国税，归本处征收，自应照式刻发三联契纸。无论业户原契已税未税，俱应一律请领。前清已税买契，产价每拾两纳税银贰角。未税者，纳银伍角。前清已税当契，产价每拾两纳税银壹角，未税者，纳税银贰角。从奉到民政长展限令之日起，仍限五个月内仰各业户从速挂号投税。逾限不投税者，原契作为废纸。其各凛遵勿违，切切。后余空白处，摘录业户原契。至该业户原契，仍粘附于后，加盖骑缝印信，合并饬遵。

龙宗耀、宗弟得买龙寿宗、寿枝土名塘喉田壹丘，收花七十边（稨），产价钱陆千肆百文，合银肆两陆钱，应纳税银贰角三仙，纸价壹角。

中华民国二年十月十九号给

58. 龙松弟断卖契（民国二年十月十九日）

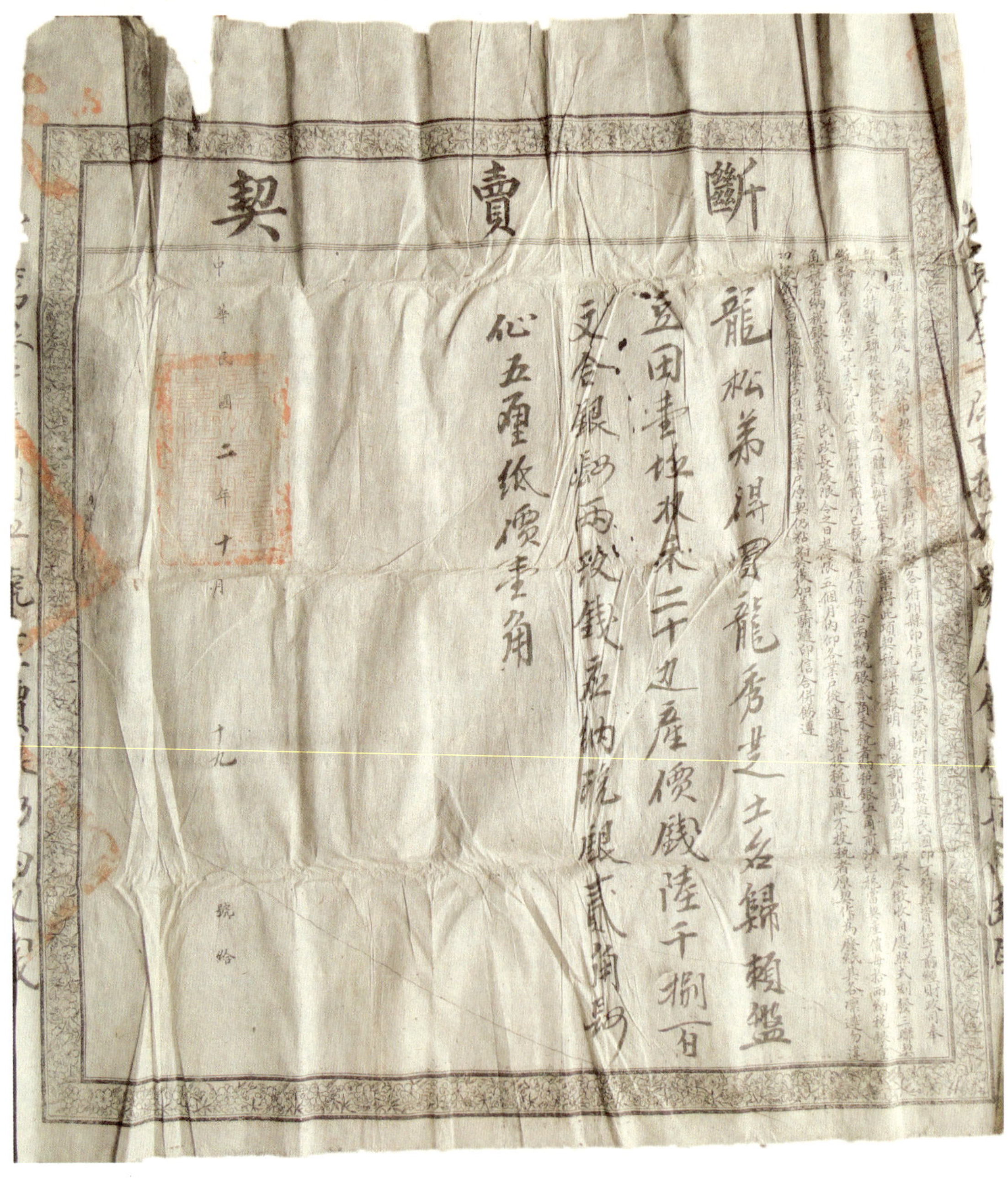

断卖契

贵州国税厅筹备处，为颁发印契以资信守事。照得民国成立，各府州县印信已经更换，民间所有业契与民国印不符，难资信守。前经财政司奉都督命令，特制三联契纸发行，各属一体遵办在案。本处成立，业将此项契税办法报明，财政部划为国税，归本处征收，自应照式刻发三联契纸。无论业户原契已税未税，俱应一律请领。前清已税买契，产价每拾两纳税银贰角。未税者，纳银伍角。前清已税当契，产价每拾两纳税银壹角，未税者，纳税银贰角。从奉到民政长展限令之日起，仍限五个月内仰各业户从速挂号投税。逾限不投税者，原契作为废纸。其各凛遵勿违，切切。后余空白处，摘录业户原契。至该业户原契，仍粘附于后，加盖骑缝印信，合并饬遵。

龙松弟得买龙秀芝土名归赖盘豆田壹丘，收禾二十边（稨），产价钱陆千捌百文，合银肆两玖钱，应纳税银贰角肆仙五厘，纸价壹角。

中华民国二年十月十九号给

59. 龙绪广卖田契（民国三年七月二十四日）

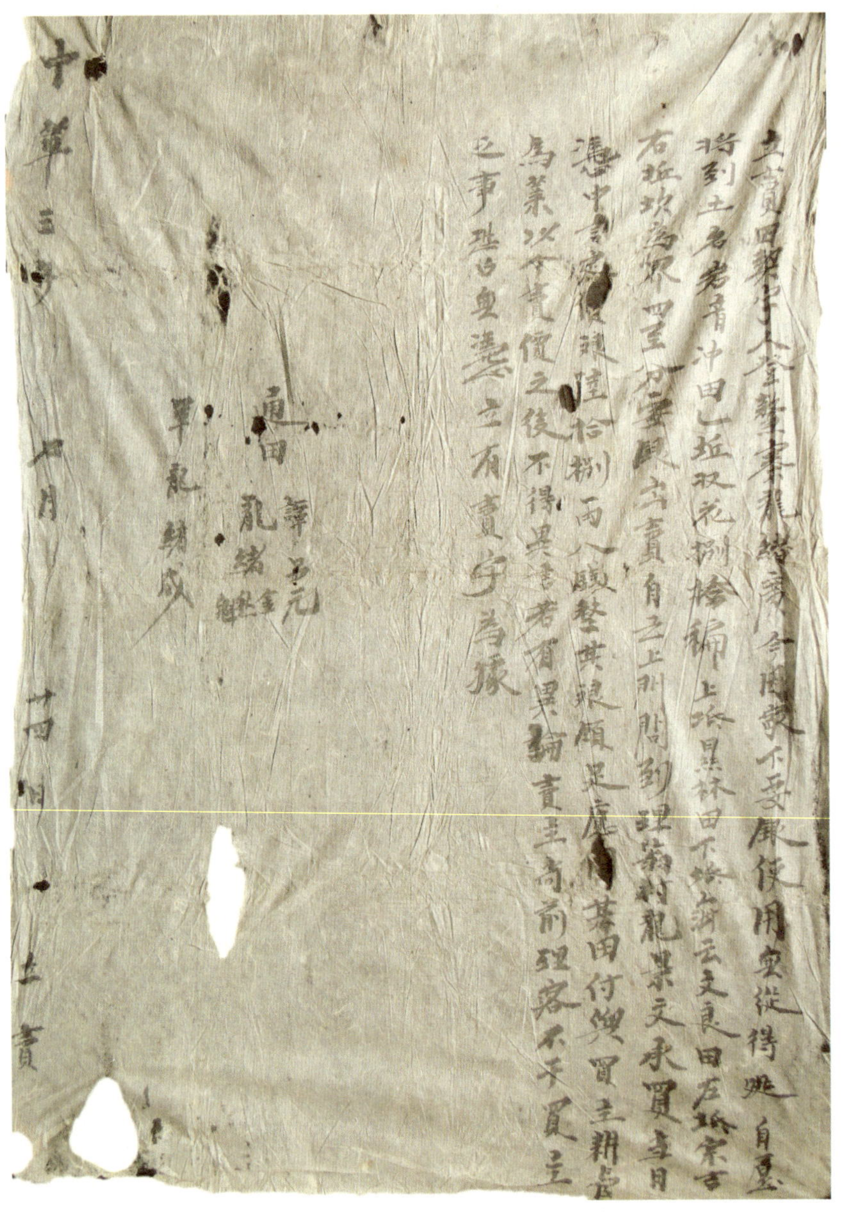

立卖田契字人登鳌寨龙绪广，今因家下要银使用，无从得处，自愿将到土名岩音冲田乙丘，收花捌拾稨，上抵显林田，下抵海云文良田，左抵宗吉右丘坎为界，四至分［清］，要银出卖。自己上门问到理翁村龙景文承买，当日凭中言定价银陆拾捌两八钱整。其银领足应用，其田付与买主耕管为业。以今卖价之后，不得异言。若有异论，卖主尚（上）前理落，不干买主之事。恐口无凭，立有卖字为据。

通田：谭另元、龙绪金、龙绪然、龙绪魁

笔：龙绪成

中华［民国］三年七月廿四日立卖

60. 龙景运卖地土契（民国五年二月初一日）

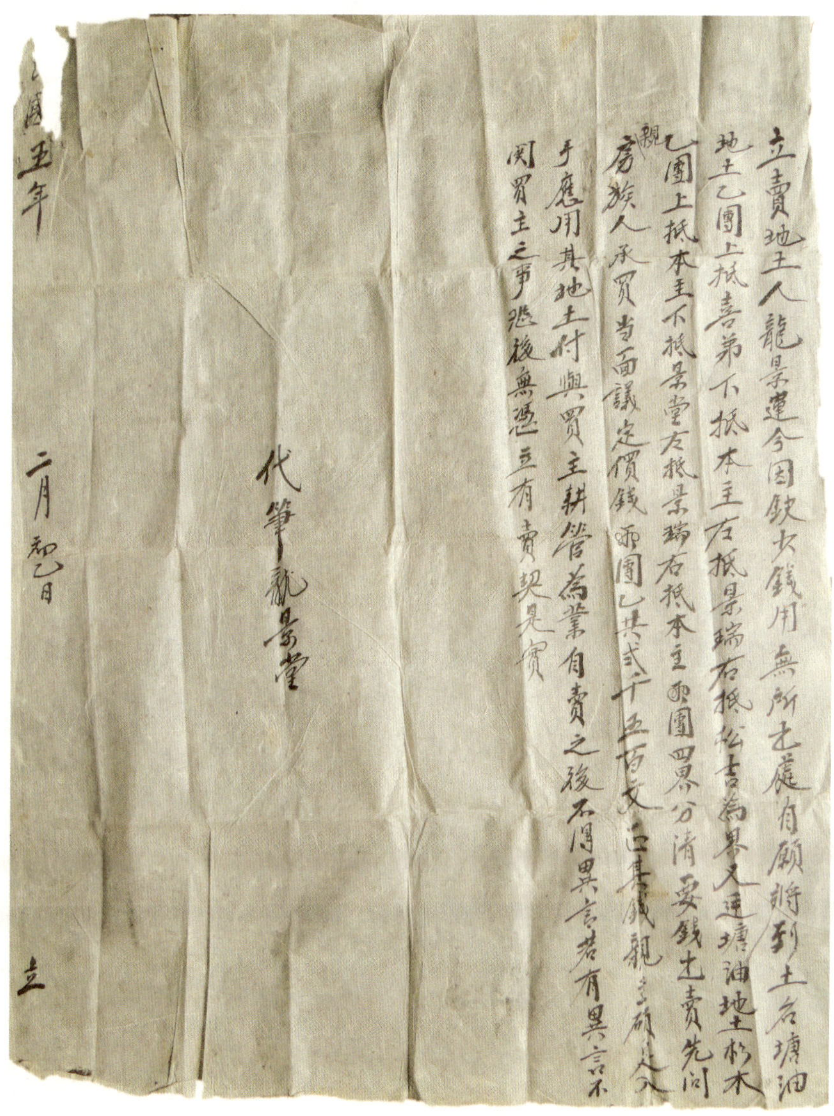

立卖地土人龙景运，今因缺少钱用，无所出处，自愿将到土名塘油地土乙团，上抵喜弟，下抵本主，左抵景瑞，右抵松吉为界；又廷塘油地土杉木乙团，上抵本主，下抵景堂，左抵景瑞，右抵本主，两团四界分清，要钱出卖。先问亲房族人承买，当面议定价钱两团乙共贰千五百文正。其钱亲手领足入手应用，其地土付与买主耕管为业。自卖之后，不得异言。若有异言，不关买主之事。恐后无凭，立有卖契是实。

代笔：龙景堂

民国五年二月初乙日立

61. 龙广乾卖地土杉木契（民国六年二月初一日）

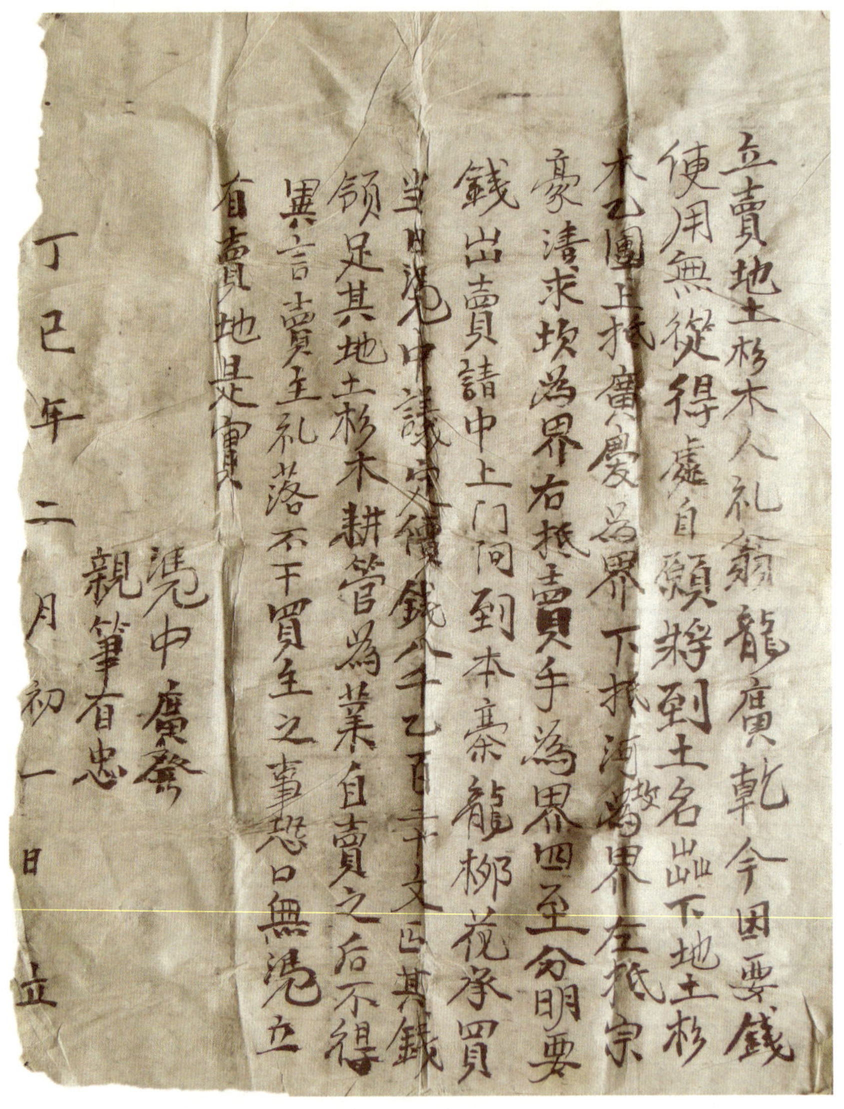
立賣地土杉木人礼翁龍廣乾今因要錢使用無從得處自願將到土名岀下地土杉木乙團上抵廣慶爲界下抵河坎爲界左抵宗豪清求坎爲界右抵賣手爲界四至分明要錢出賣請中上门問到本寨龍柳花承買當日凴中議定價錢八千乙百二十文正其錢領足其地土杉木耕管爲業自賣之后不得異言賣主礼落不干買主之事恐口無凴立有賣地是實

凴中廣發

親筆有忠

丁巳年二月初一日立

立卖地土杉木人礼翁龙广乾，今因要钱使用，无从得处，自愿将到土名岀下地土杉木乙团，上抵广庆为界，下抵河坎为界，左抵宗豪、清求坎为界，右抵卖手为界，四至分明，要钱出卖。请中上门问到本寨龙柳花承买，当日凭中议定价钱八千乙百二十文正。其钱领足，其地杉木耕管为业。自卖之后，不得异言。卖主礼（理）落，不干买主之事。恐口无凭，立有卖地是实。

凭中：广发

亲笔：有忠

丁已年二月初一日立

62. 龙广庆卖地土字（民国六年十月十五日）

立卖地土人礼翁龙广庆，今因要钱用度，无所出处，自愿将到土名岀南拆地土乙幅，上抵路，下抵广生、广华坎为界，左抵坎，右抵新求小坎，四界分清，要钱［出］卖。先门（问）亲房无钱承买，请中上门［问］到本寨龙景文名下承买，当日凭中议定价钱肆千乙百八十文整。其钱卖主亲手领足，其地土付与买主为业。自卖之后，不得异言。若有异言，卖主理落，不干买主之事。恐后无凭，立有卖字为据。

凭中：龙□□

讨笔：龙廷泽

民国六年十月十五日立

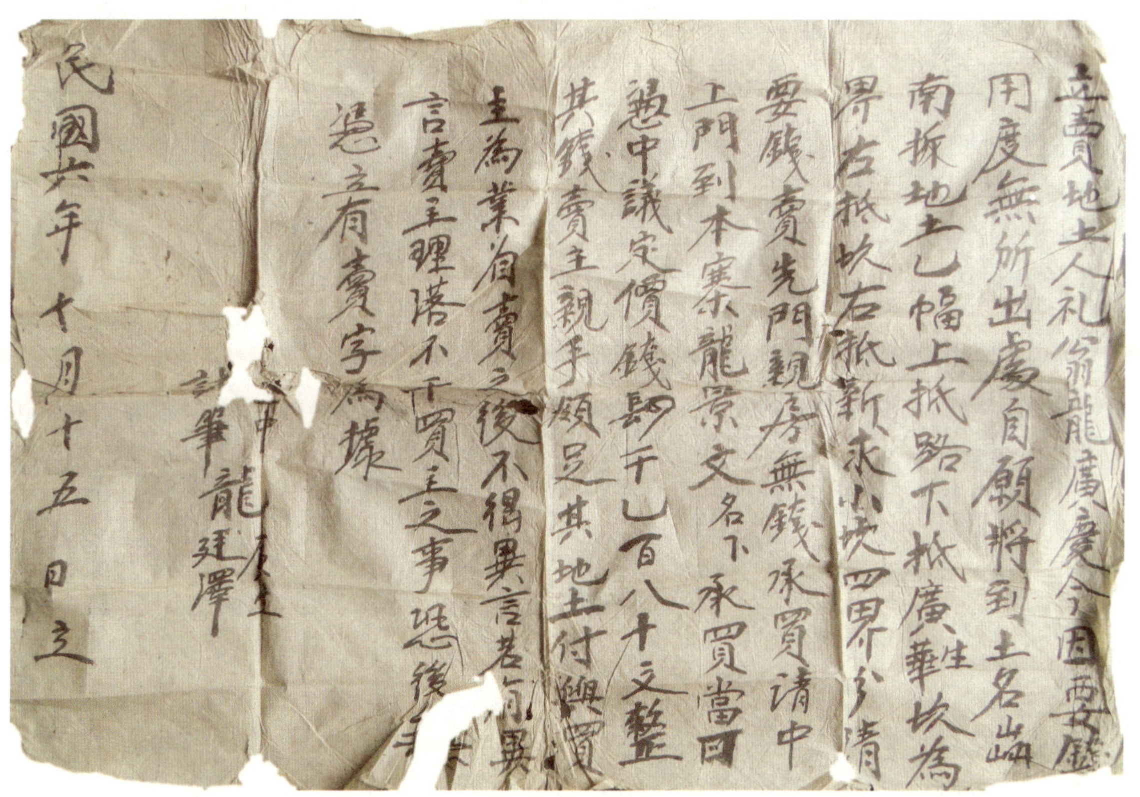

63. 龙朝生、龙朝科、龙朝相卖田地字（民国七年二月初一日）

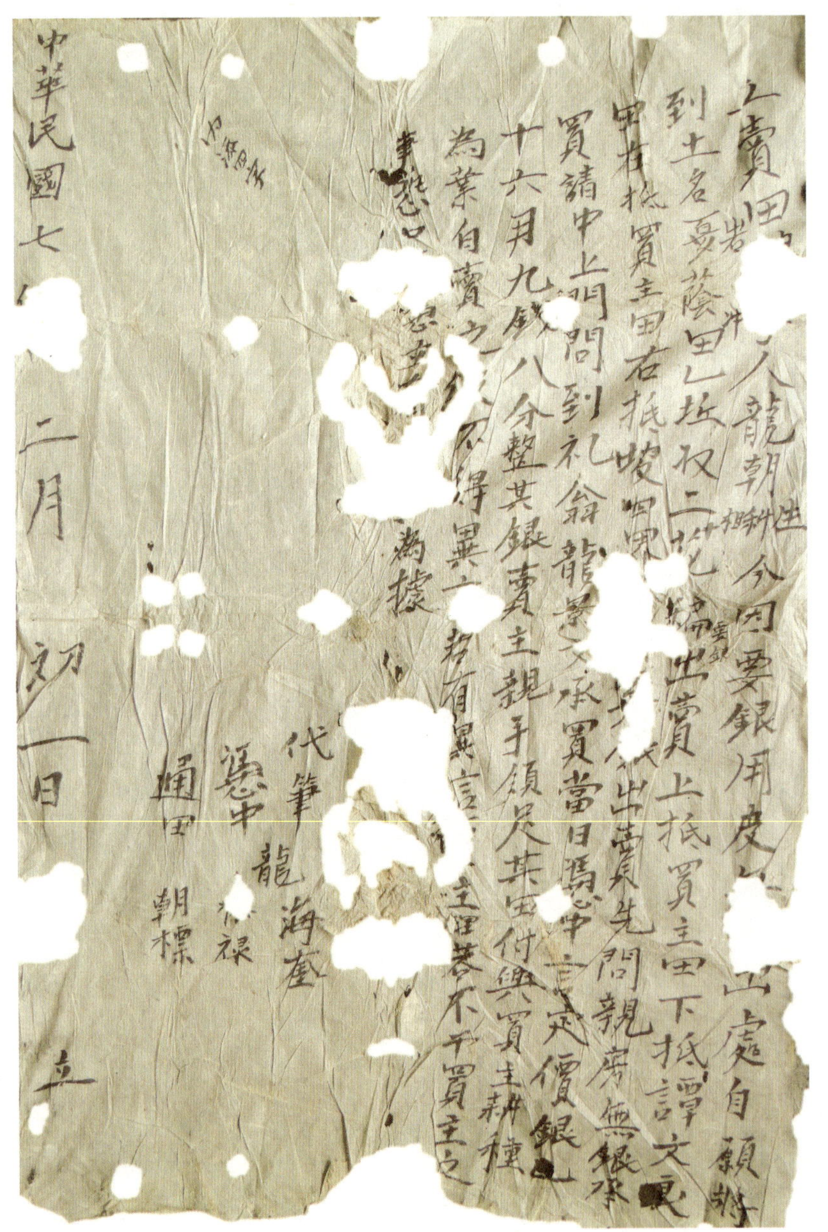

立卖田□□人龙朝生、朝科、朝相，今因要银用度，无□出处，自愿将到土名夏岩阴冲田乙丘，收花二稨，要银出卖。上抵买主田，下抵谭文良田，左抵买主田，右抵坡，四界□□，要银出卖。先问亲房无银承买，请中上门问到礼翁龙景文承买，当日凭中言定价银十六两九钱八分整。其银卖主亲手领足，其田付与买主耕种为业。自卖之后，不得异言。若有异言，卖主理落，不干买主之事。恐口无凭，立有□□为据。

内添四字

代笔：龙海奎

凭中：龙□禄

通田：龙朝标

中华民国七年二月初一日立

64. 龙广乾卖地土杉木字（民国七年二月初三日）

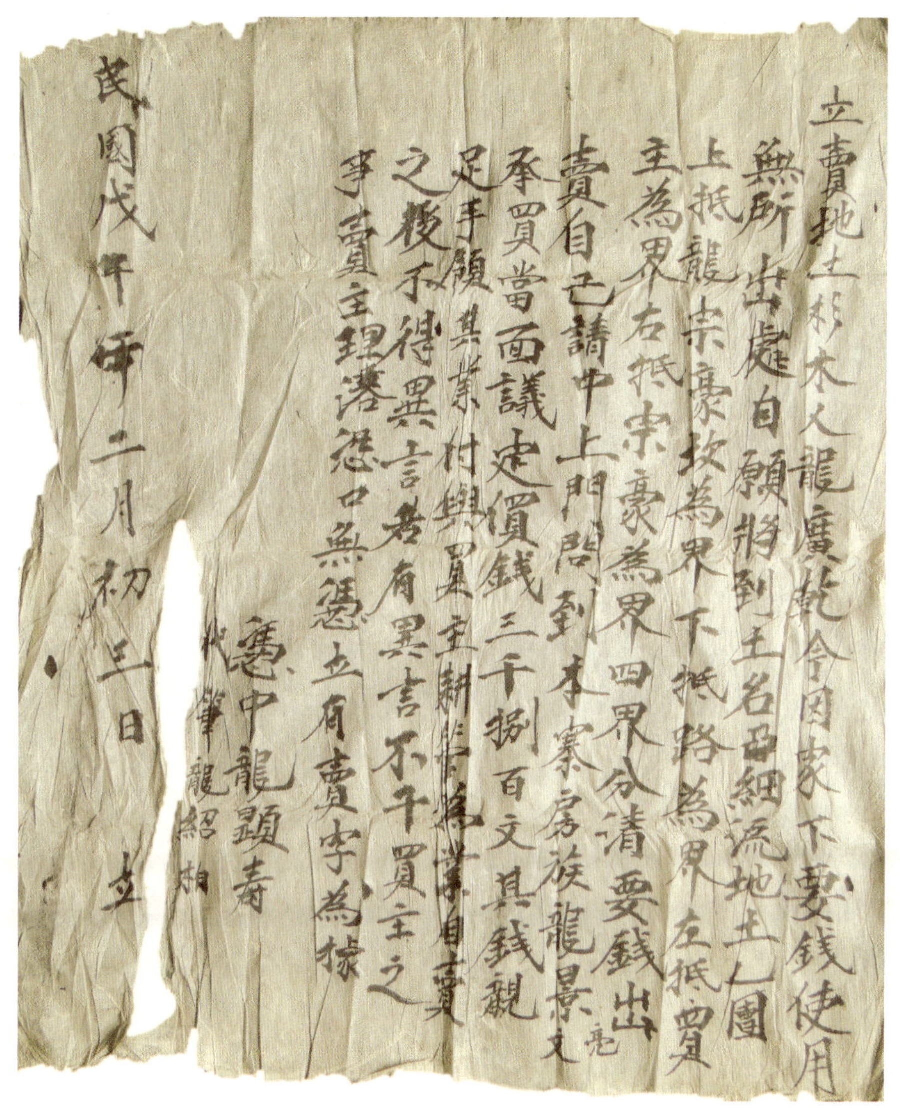

立卖地土杉木人龙广乾，今因家下要钱使用，无所出处，自愿将到土名凸细流地土乙团，上抵龙宗豪坎为界，下抵路为界，左抵买主为界，右抵宗豪为界，四界分清，要钱出卖。自己请中上门问到本寨房族龙景亮、景文承买，当面议定价钱三千捌百文［整］。其钱亲足手领（亲手领足），其业付与买主耕管为业。自卖之后，不得异言。若有异言，不干买主之事，卖主理落。恐口无凭，立有卖字为据。

凭中：龙显寿

代笔：龙绍柏

民国戊午年二月初三日立

65. 谭品照、谭品富付杉木约（民国七年三月十五日）

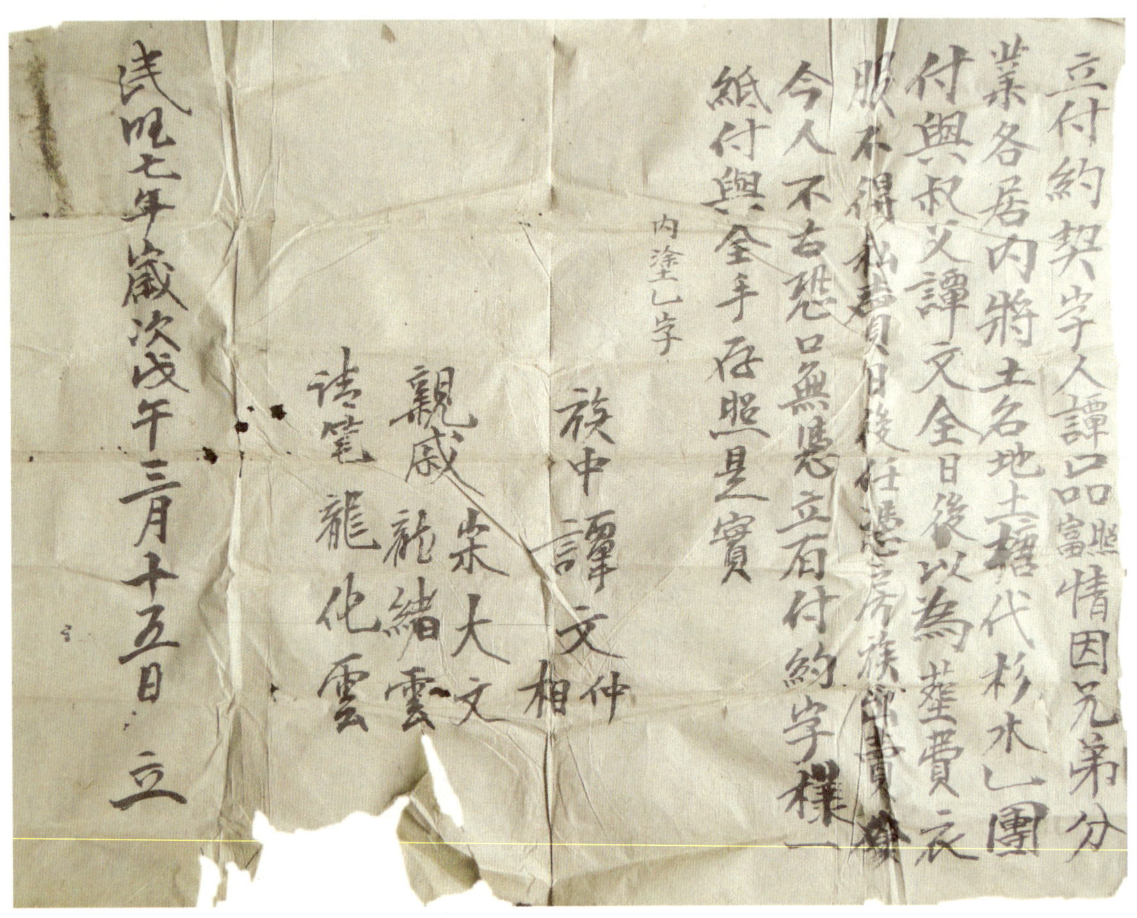

立付约契字人谭品照、品富，情因兄弟分业各居，内将土名地土塘代杉木乙团，付与叔父谭文全，日后以为葬费衣服，不得私卖。日后任凭房族出卖。今人不古，恐口无凭，立有付约字样一纸付与全手存照是实。

内涂乙字

族中：谭文仲、文相

亲戚：宋大文、龙绪云

请笔：龙化云

民国七年岁次戊午三月十五日立

66. 龙广生、龙广发、龙广庆兄弟卖园坪地基契（民国八年九月十八日）

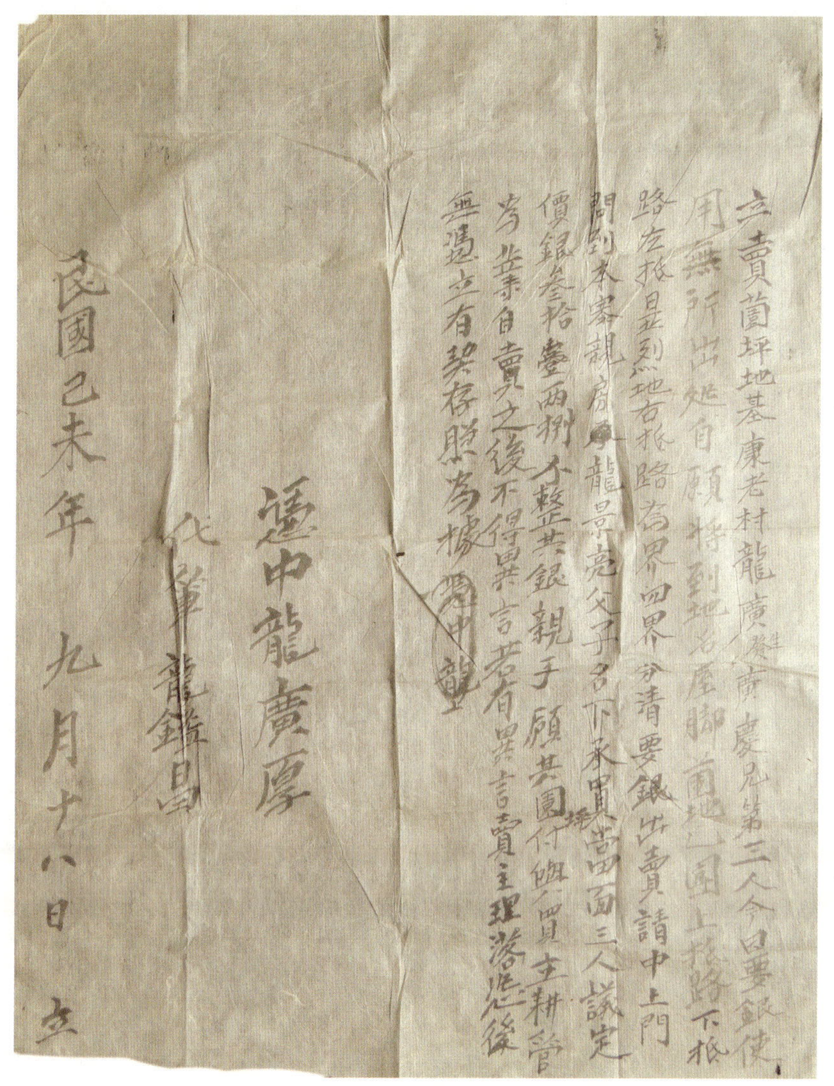

立卖园坪地基康老村龙广生、广发、广庆兄第（弟）三人，今因要银使用，无所出处，自愿将到地名屋脚园地乙团，上抵路，下抵路，左抵显烈地，右抵路为界，四界分清，要银出卖。请中上门问到本寨亲房龙景亮父子名下承买，当面三人议定价银叁拾壹两捌钱整。其银亲手领［足］，其园坪付与买主耕管为业。自卖之后，不得异言。若有异言，卖主理落。恐后无凭，立有契存照为据。

凭中：龙广厚

代笔：龙镒昌

民国己未年九月十八日立

67. 龙昆旺卖田契（民国九年十月二十二日）

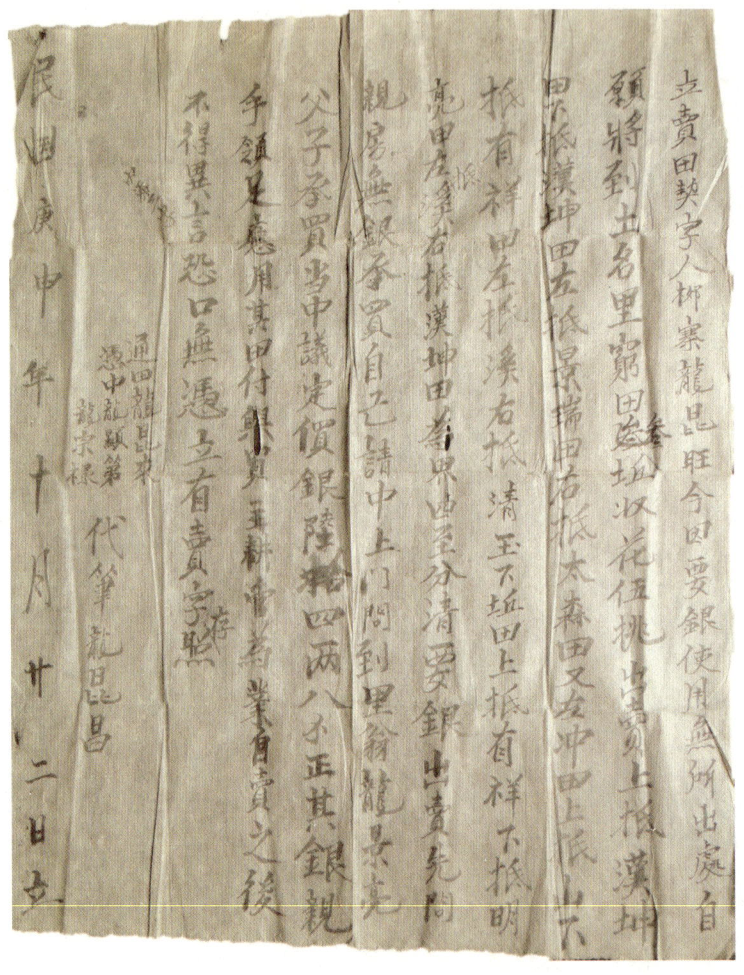

立卖田契字人柳寨龙昆旺，今因家下要银使用，无所出处，自愿将到土名里穷田叁丘，收花伍挑出卖，上抵汉坤田，下抵汉坤田，左抵景瑞田，右抵太森田；又左冲田，上抵山，下抵有祥田，左抵溪，右抵清玉；下丘田，上抵有祥，下抵明亮田，左抵溪，右抵汉坤田为界，四至分清，要银出卖。先问亲房无银承买，自己请中上门问到里翁龙景亮父子承买，当中议定价银陆拾四两八钱正。其银亲手领足应用，其田付与买主耕管为业。自卖之后，不得异言。恐口无凭，立有卖字存照。

内添三字

通田：龙昆来

凭中：龙显第、龙宗禄

代笔：龙昆昌

民国庚申年十月廿二日立

68. 龙明亮卖田契（民国十年二月初四日）

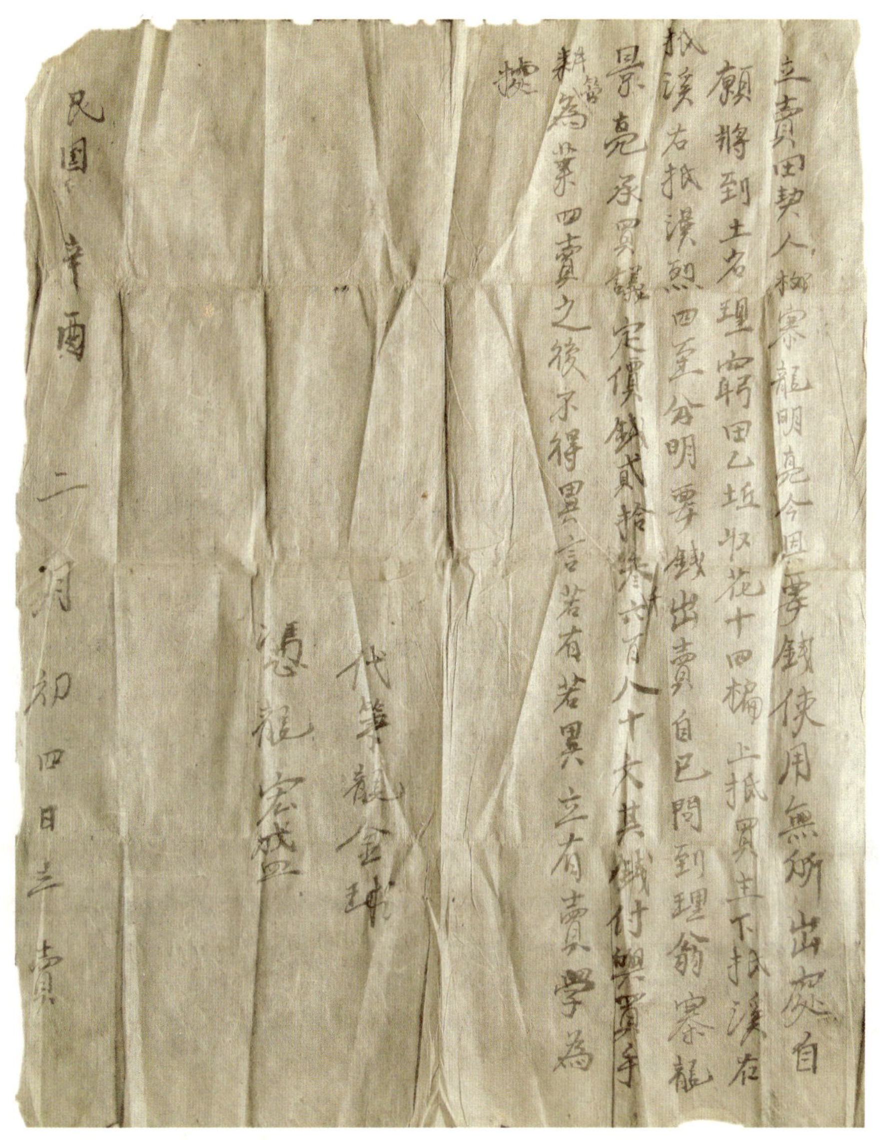

立卖田契人柳寨龙明亮，今因要钱使用，无所出处，自愿将到土名理穷田乙丘，收花十四稨，上抵买主，下抵溪，左抵溪，右抵汉烈，四至分明，要钱出卖。自己问到理翁寨龙景亮承买，议定价钱贰拾叁千六百八十文。其钱付与买手。［其田买主］耕管为业。四（自）卖之后，不得异言。若有若异（异言），立有卖学（字）为据。

代笔：龙金球

凭：龙宏盛

民国辛酉［年］二月初四日立卖

69. 龙绍伯卖屋地基字（民国十一年二月二十二日）

立卖屋地基字人龙绍伯，今因要钱使用，无从得处，自愿将到坐落土名里翁寨屋地基壹团，八股出卖壹股。上抵龙坎为界，下抵买主为界，左抵宗豪、景瑞为界，右抵新玉为界，四至分明，要钱出卖。自己请中上门问到本寨龙景亮、景文二人承买，当日凭中议定价钱叁拾千零捌十整。其钱亲主（手）领足应用，其地付与买主耕管为业。自卖之后，不得异言。若有异言，卖主里（理）落。恐口无凭，立有卖契存照为据。

内添乙字、涂一字。

凭中：龙广乾、龙绍全

代笔：龙景瑞

民国壬戌年二月二十二日

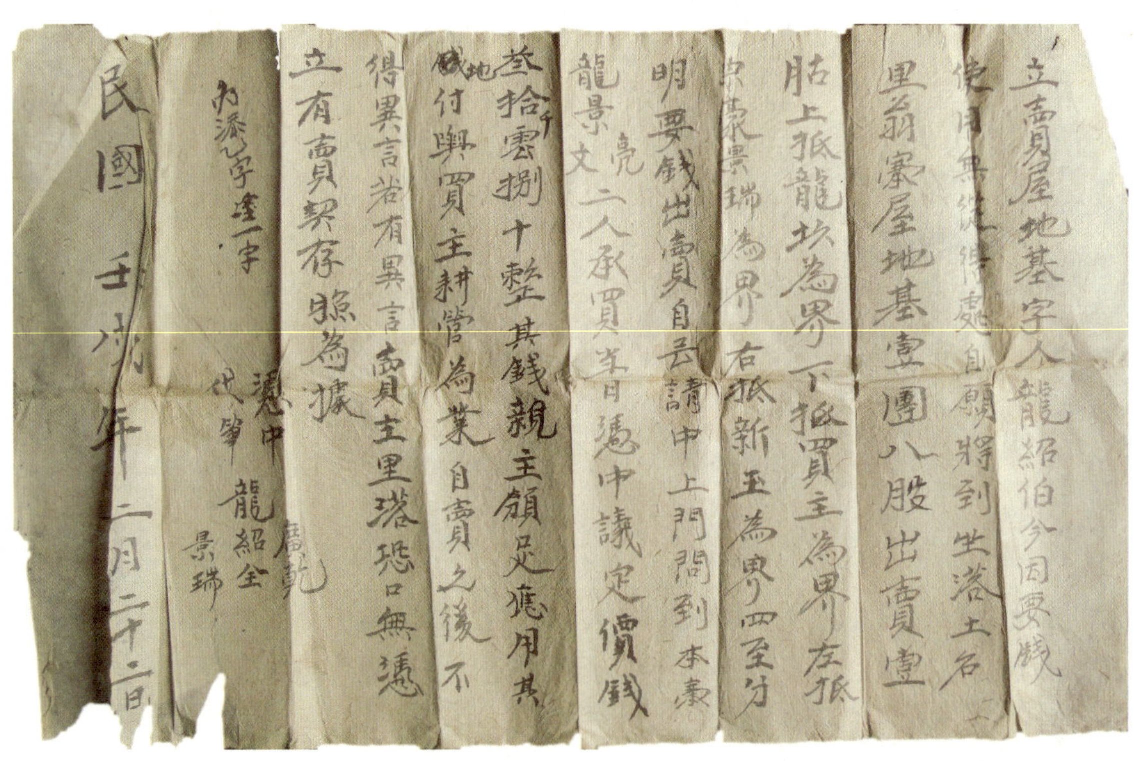
立賣屋地基字人龍紹伯今因要錢使用無從得處自願將到坐落土名里翁寨屋地基壹團八股出賣壹股上抵龍坎為界下抵買主為界左抵宗豪景瑞為界右抵新玉為界四至分明要錢出賣自己請中上門問到本寨龍景亮文二人承買當日憑中議定價錢叁拾千零捌十整其錢親主領足應用其地付與買主耕管為業自賣之後不得異言若有異言賣主里落恐口無憑立有賣契存照為據

內添乙字塗一字

憑中 龍廣乾 紹全

代筆 景瑞

民國壬戌年二月二十二日

70. 龙景运卖田契（民国十一年五月初六日）

立卖田契人本寨龙景运，今因要银使用，无从得处，自愿将到坐落土名塘家田叁丘，收花陆拾稨，上抵景瑞田为界，下抵山为界，左抵山为［界］，右抵山为界；又上丘，上抵山为界，下抵山为界，左抵山为界，右抵景瑞田为界，四界分明，要银出卖。自己上门问到亲房龙景亮名下承买，当面议定价银二十二两八钱整。其银亲手领足应用，其田付与买主耕管为业。是（自）卖之后，不得异言。恐口无凭，立有卖契存照为据。

代笔：龙景瑞

民国壬戌年五月初六日立

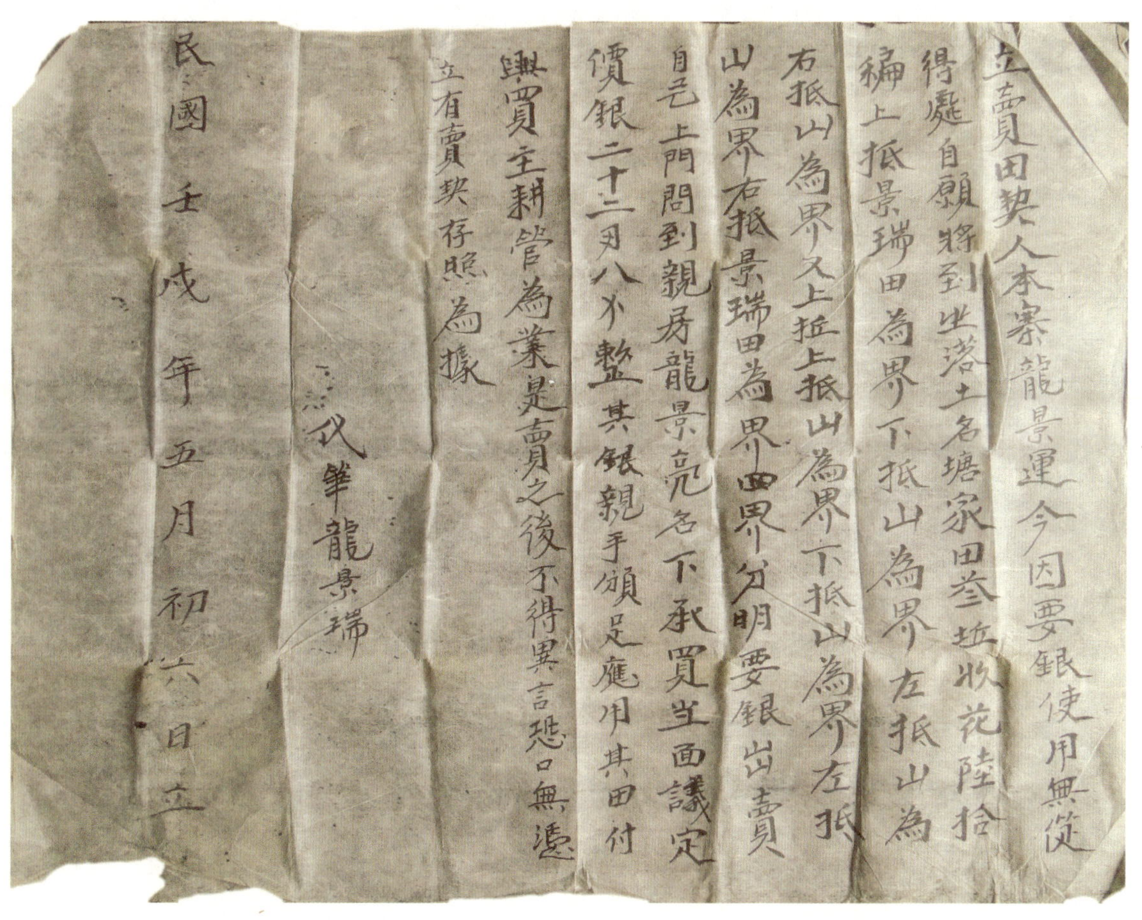
立賣田契人本寨龍景運今因要銀使用無從得處自願將到坐落土名塘家田叁坵收花陸拾稨上抵景瑞田為界下抵山為界左抵山為右抵山為界又上坵上抵山為界下抵山為界左抵山為界右抵景瑞田為界四界分明要銀出賣自己上門問到親房龍景亮名下承買當面議定價銀二十二两八钱整其銀親手領足應用其田付與買主耕管為業是賣之後不得異言恐口無憑立有賣契存照為據

代筆龍景瑞

民國壬戌年五月初六日立

71. 龙绍铨卖地基字（民国十一年五月二十二日）

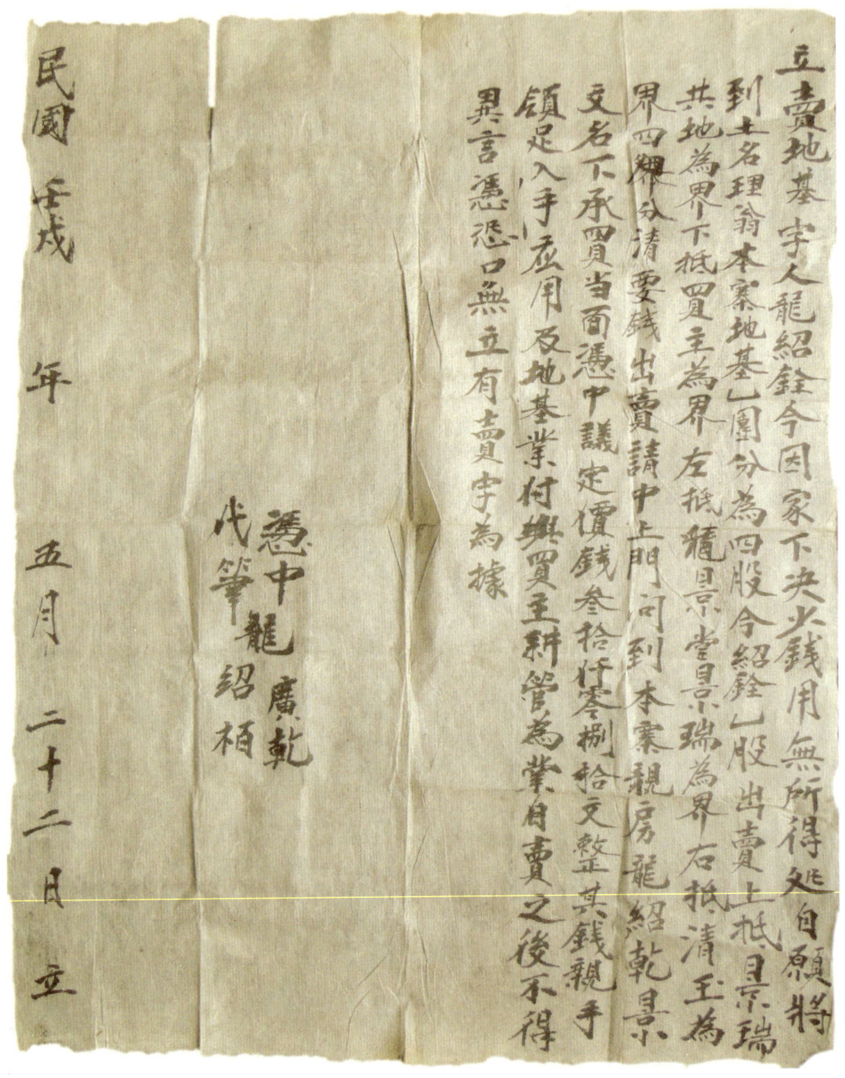

立卖地基字人龙绍铨，今因家下决（缺）少钱用，无所得处，自愿将到土名理翁本寨地基乙团，分为四股，今绍铨乙股出卖，上抵景瑞共地为界，下抵买主为界，左抵龙景堂、景瑞为界，右抵清玉为界，四界分清，要钱出卖。请中上门问到本寨亲房龙绍乾、景文名下承买，当面凭中议定价钱叁拾仟零捌拾文整。其钱亲手领足入手应用，及（其）地基业付与买主耕管为业。自卖之后，不得异言。恐口无凭，立有卖字为据。

凭中：龙广乾

代笔：龙绍栢

民国壬戌年五月二十二日立

72. 龙绍栢卖田地字（民国十二年正月初五日）

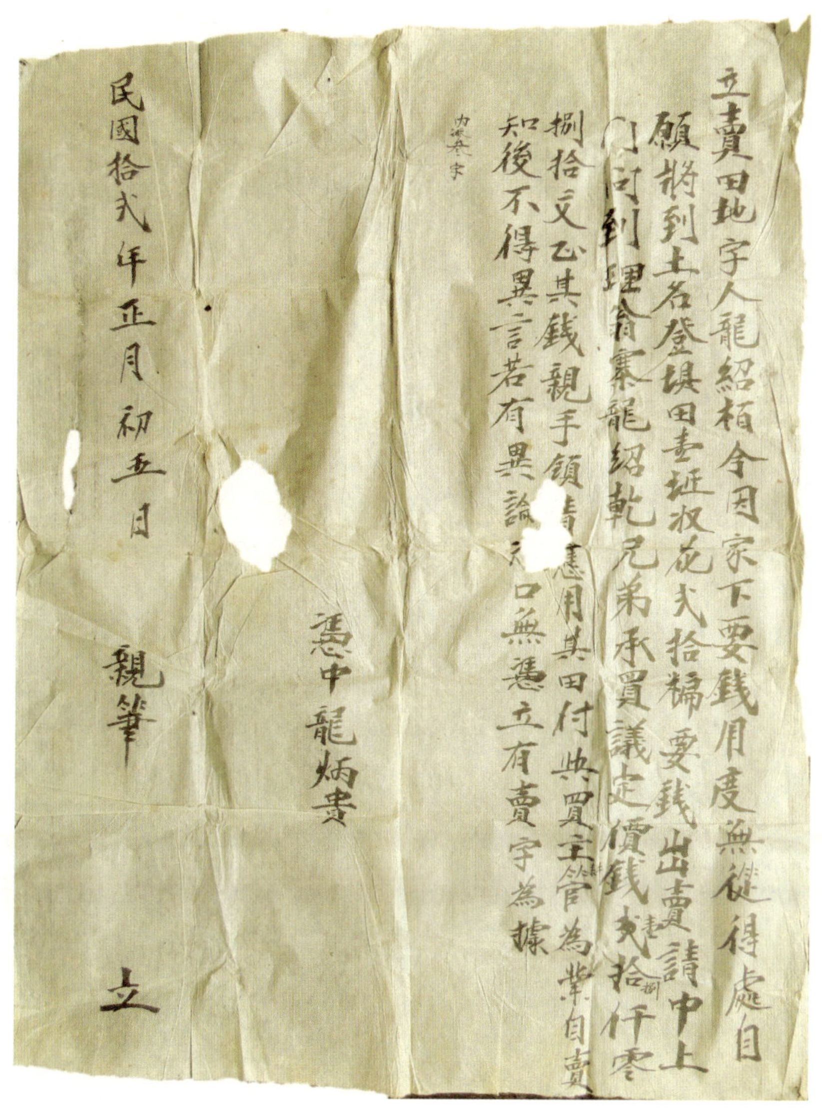

立卖田地字人龙绍栢，今因家下要钱用度，无从得处。自愿将到土名登坝田壹丘，收花贰拾稨，要钱出卖。请中上门问到理翁寨龙绍乾兄弟承买，议定价钱壹拾捌仟零捌拾文正。其钱亲手领清应用，其田付与买主耕管为业。自卖知（之）后，不得异言。若有异论，恐口无凭，立有卖字为据。

内添三字

凭中：龙炳贵

亲笔

民国十二年正月初五日立

73. 龙绍栢卖田契（民国十二年四月十三日）

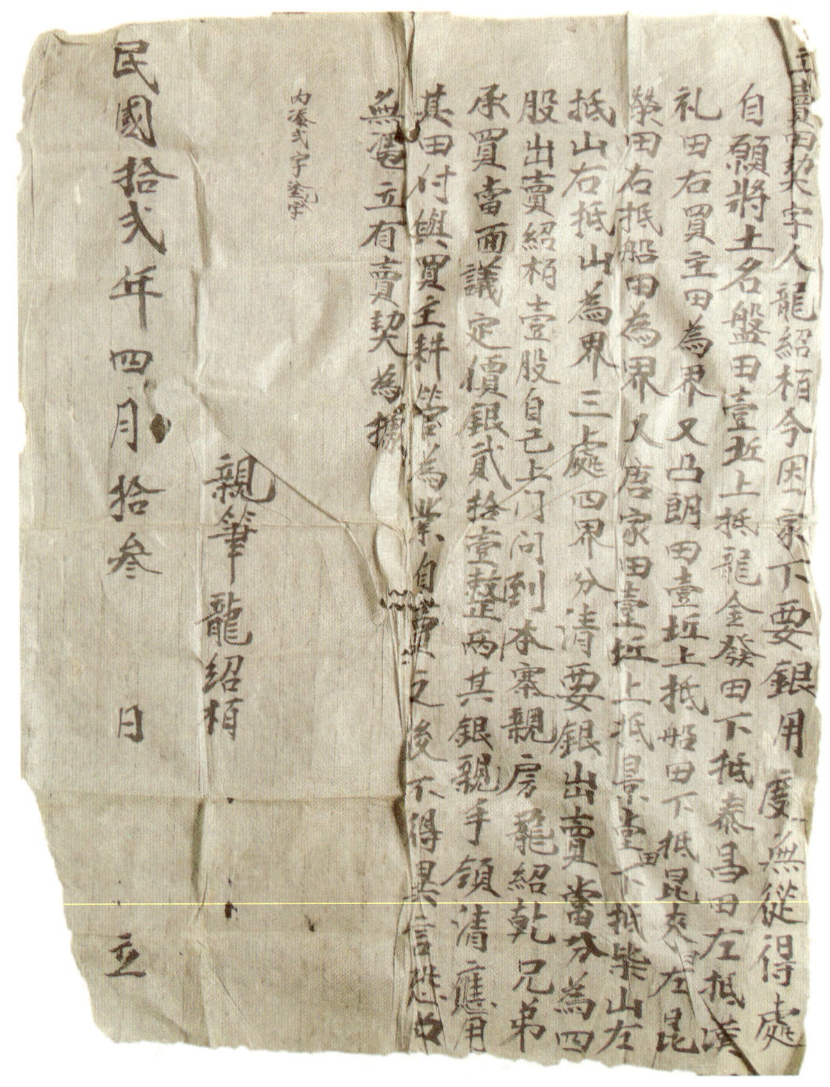

立卖田契字人龙绍栢，今因家下要银用度，无从得处，自愿将土名盘田壹丘，上抵龙金发田，下抵泰昌田，左抵汉礼田，右［抵］买主田为界；又凸朗田壹丘，上抵船田，下抵昆来田，左［抵］昆荣田，右抵船田为界；又唐家田壹丘，上抵景堂田，下抵柴山，左抵山，右抵山为界，三处四界分清，要银出卖。当分为四股出卖，绍栢壹股自己上门问到本寨亲房龙绍乾兄弟承买，当面议定价银贰拾壹两整。其银亲手领清应用，其田付与买主耕管为业。自卖之后，不得异言。恐口无凭，立有卖契为据。

内添贰字、涂乙字

亲笔：龙绍栢

民国拾贰年四月拾叁日立

74. 龙绍柏卖田契（民国十二年四月十三日）

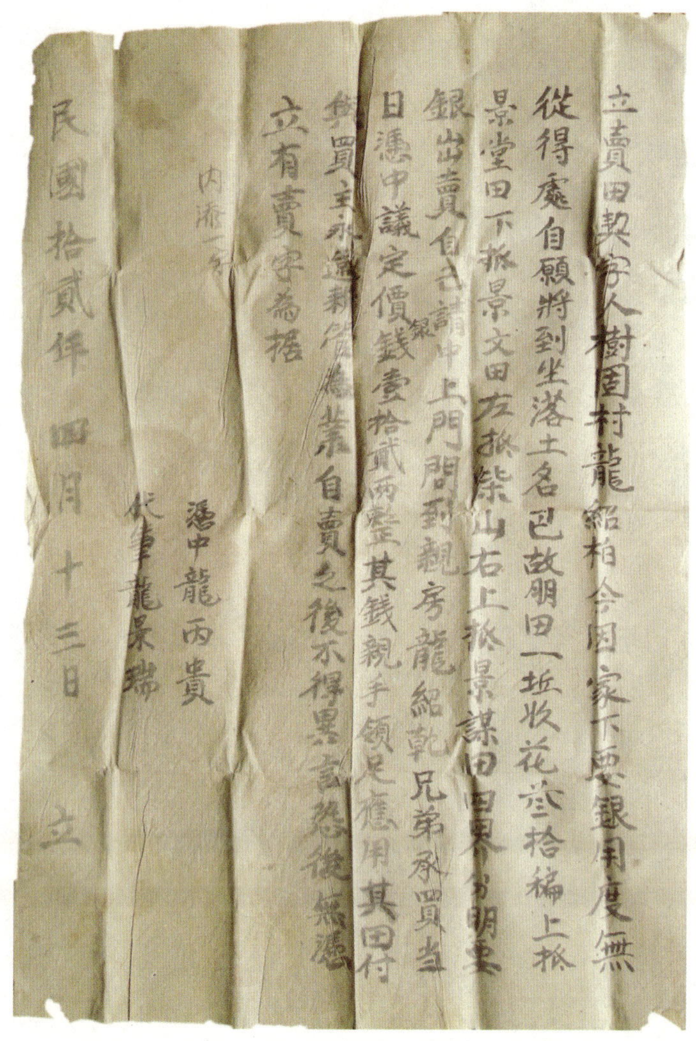

立卖田契字人树固村龙绍柏，今因家下要银用度，无从得处。自愿将到坐落土名巴故朋田一丘，收花叁拾稨。上抵景堂田，下抵景文田，左抵柴山，右上抵景谋田，四界分明，要银出卖。自己请中上门问到亲房龙绍乾兄弟承买，当日凭中议定价银钱壹拾贰两整。其钱亲手领足应用，其田付与买主永远耕管为业。自卖之后，不得异言。恐后无凭，立有卖字为据。

内添一字

凭中：龙丙贵

代笔：龙景瑞

民国拾贰年四月十三日立

75. 龙绍柏卖田契（民国十二年四月十三日）

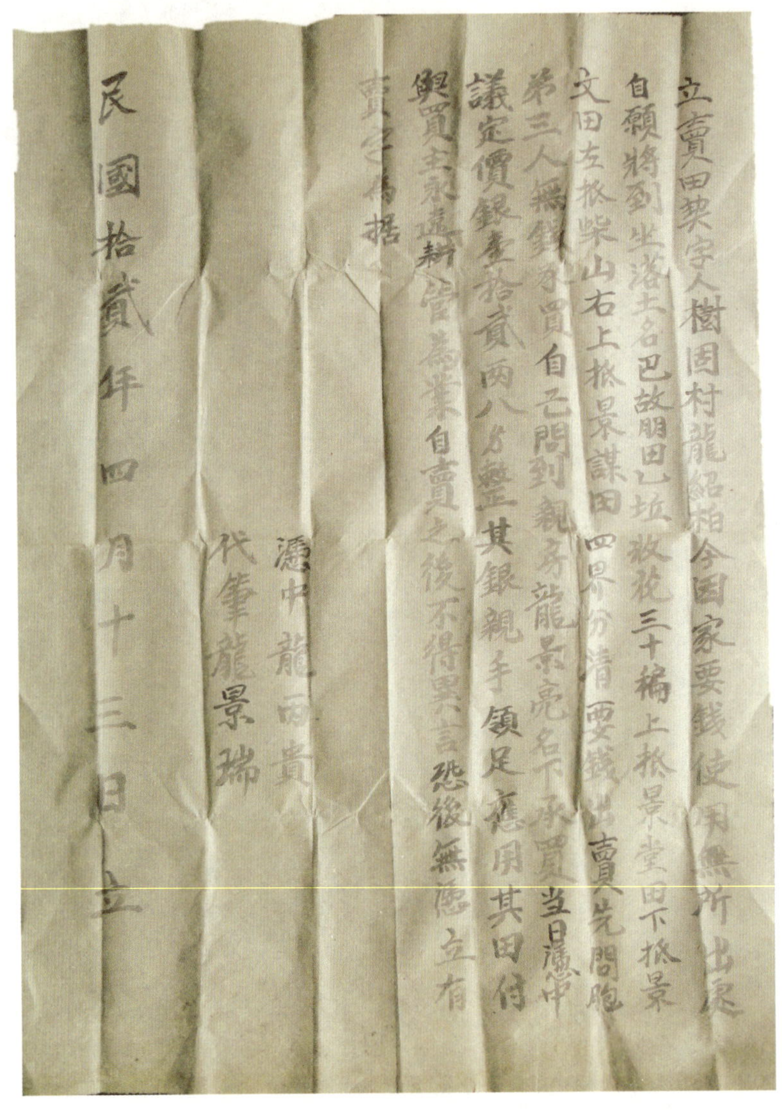

立卖田契字人树固村龙绍柏，今因家要钱使用，无所出处，自愿将到坐落土名巴故朋田乙丘，收花三十稨。上抵景堂田，下抵景文田，左抵柴山，右上抵景谋田，四界分清。要钱出卖，先问胞弟三人无钱承买，自己问到亲房龙景亮名下承买，当日凭中议定价银壹拾贰两八钱整。其银亲手领足应用，其田付与买主永远耕管为业。自卖之后，不得异言。恐后无凭，立有卖字为据。

凭中：龙丙贵

代笔：龙景瑞

民国拾贰年四月十三日立

76. 龙绍罢、丙癸、丙戊卖田契（民国十四年五月二十八日）

立卖田契人树固龙绍罢、丙癸、丙戊，今因家下要钱使用，无所出处，自愿将到土名凸朗盘豆塘家大小田三丘，收花壹百壹十稨，四处上下左右分清，四股出卖乙股，要钱出卖。请中上门问到亲房龙绍乾名下承买，当日凭中议定价钱四十七千文整。其钱亲手领足应用入手，其田付与买主耕管为业。是（自）［卖］之后，不得异言。恐口无凭，立有卖字为据。

内添两句

凭中：龙道宾

代笔：龙丙癸

民国乙丑年五月廿八日立

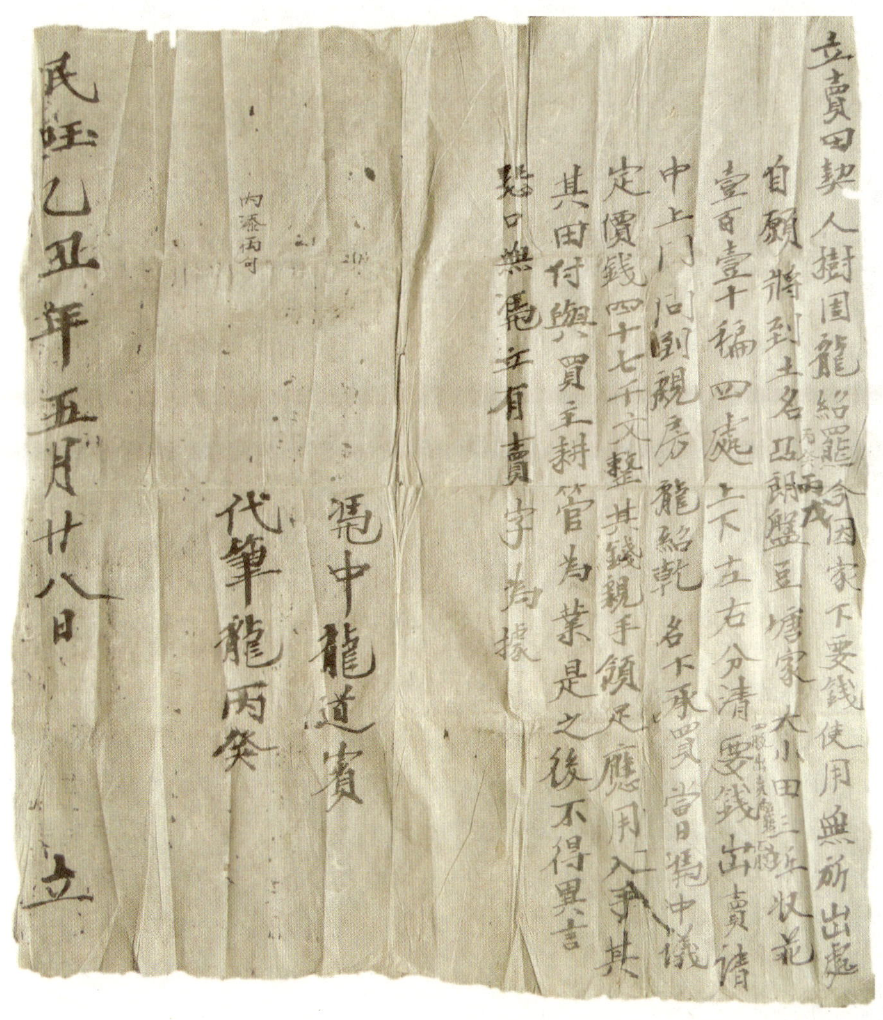

77. 龙绍铨卖地基字（民国十四年五月十一日）

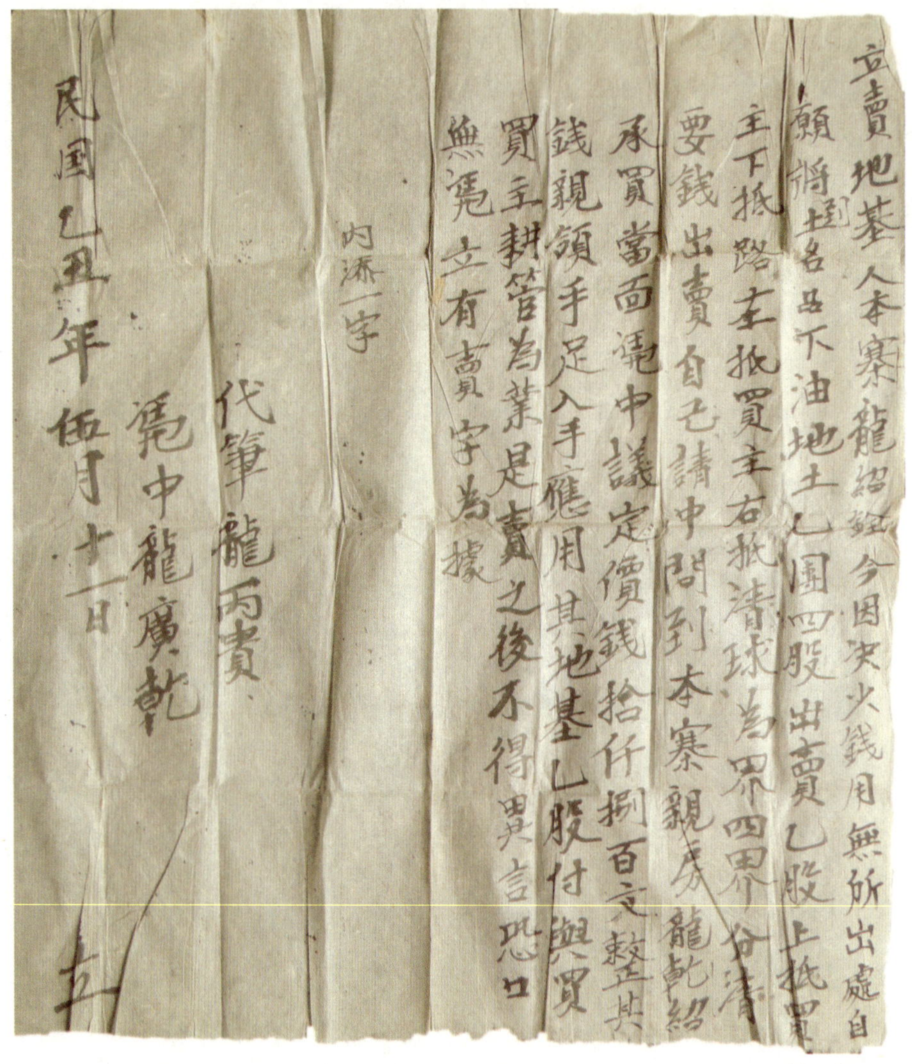

立卖地基人本寨龙绍铨，今因决（缺）少钱用，无所出处，自愿将到土名品下油地土乙团，四股出卖乙股。上抵买主，下抵路，左抵买主，右抵清球为界，四界分清，要钱出卖。自己请中问到本寨亲房龙绍乾承买，当面凭中议定价钱拾仟捌百文整。其钱亲手领足入手应用，其地基乙股付与买主耕管为业。是（自）卖之后，不得异言。恐口无凭，立有卖字为据。

内添一字

代笔：龙丙贵

凭中：龙广乾

民国乙丑年伍月十一日立

78. 龙喜旺卖地土字（民国十五年四月二十七日）

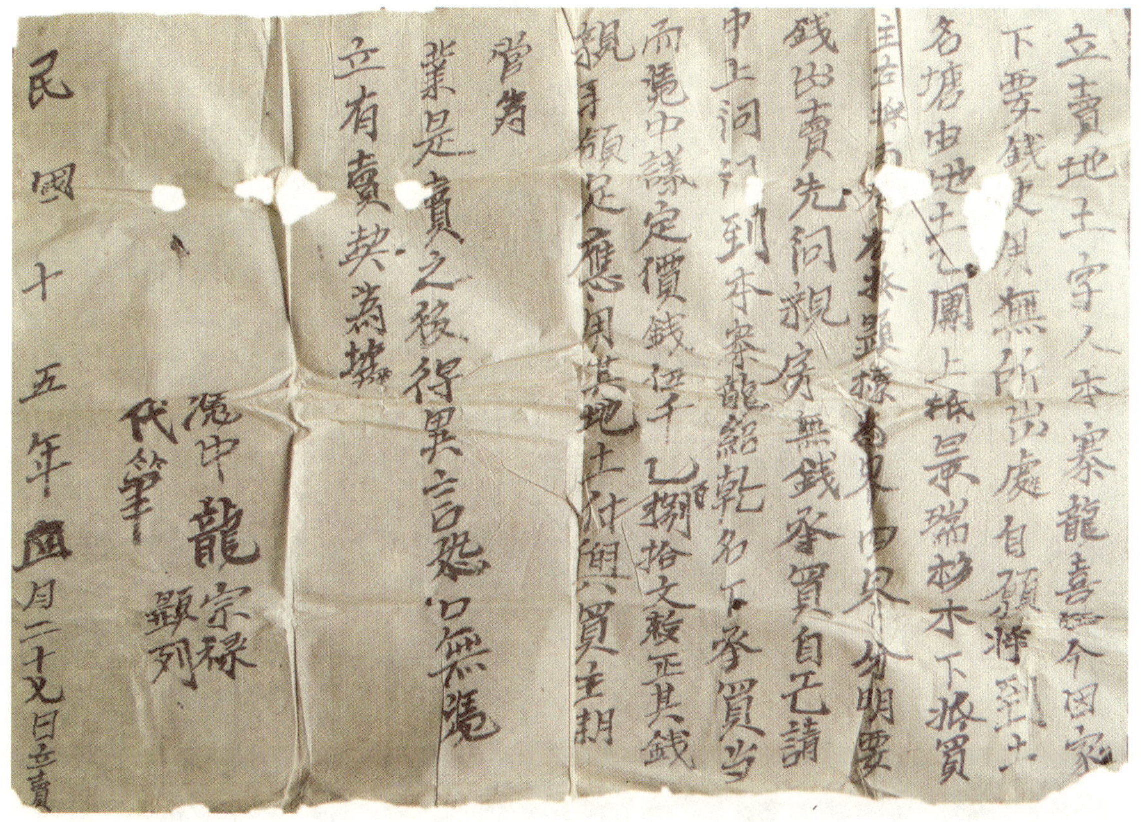

立卖地土字人本寨龙喜旺，今因家下要钱使用，无所出处，自愿将到土名塘由地土乙团，上抵景瑞杉木，下抵买主，左抵丙癸，右抵显标为界，四界分明，要钱出卖。先问亲房无钱承买，自己请中上问门（门问）到本寨龙绍乾名下承买，当面凭中议定价钱伍千乙百捌拾文整。其钱亲手领足应用，其地土付与买主耕管为业。是（自）卖之后，[不] 得异言。恐口无凭，立有卖契为据。

凭中：龙宗禄

代笔：龙显列

民国十五年四月二十七日立卖

79. 龙绍柏、龙绍全、龙丙癸卖地土杉木字（民国十五年五月初七日）

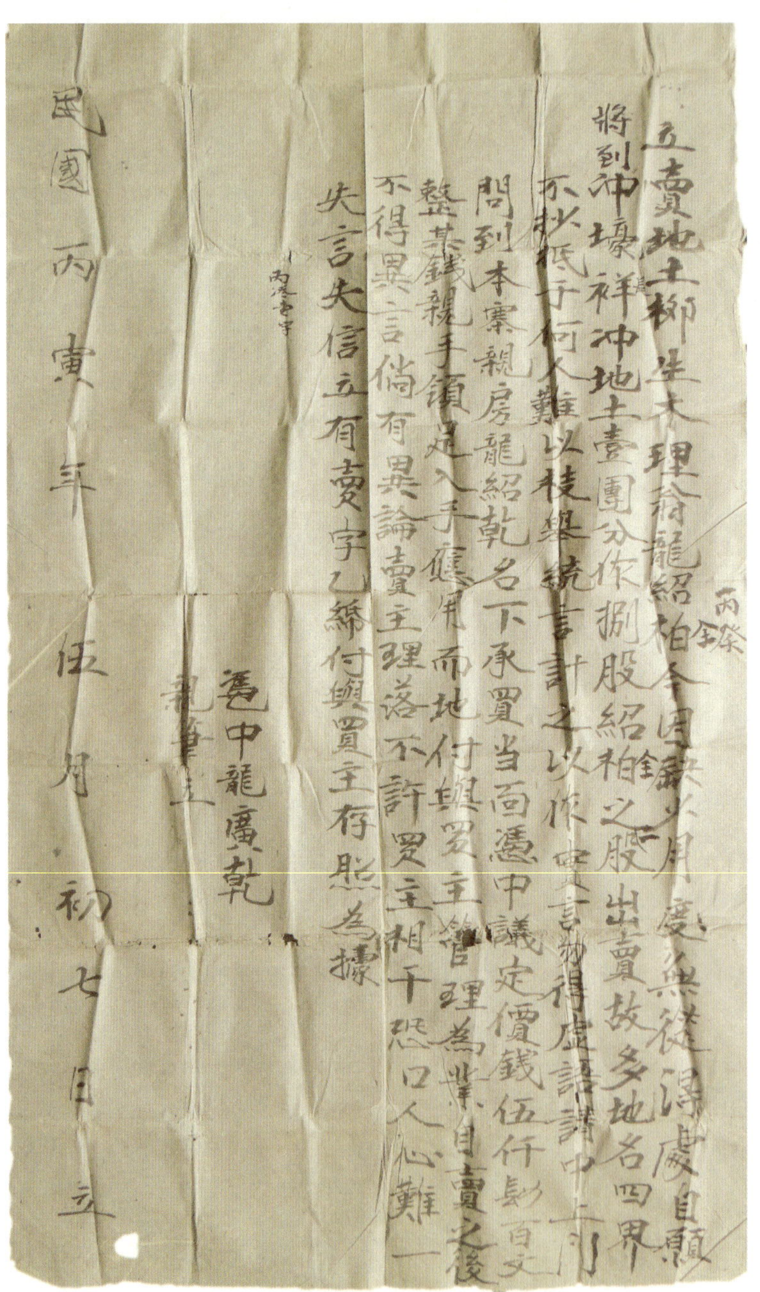

立卖地土柳（嫩）生（杉）木理翁龙绍柏、绍全、丙癸，今因缺少用度，无从得处，自愿将到冲壕祥冲地土壹团，分作捌股，绍柏、绍全之二股出卖。故多地名四界不抄抵于何人，难以枚举，统言计之，以作实言，勿得虚语。请中上门问到本寨亲房龙绍乾名下承买，当面凭中议定价钱伍仟肆百文整。其钱亲手领足入手应用，而地付与买主管理为业。自卖之后，不得异言。倘有异论，卖主理落，不许买主相干。恐口［无凭］，人心难一，失言失信，立有卖字乙纸付与买主存照为据。

凭中：龙广乾

亲笔立

民国丙寅年五月初七日立

80. 龙广乾卖地土杉木字（民国十五年六月二十二日）

立卖地土杉木乙团字人龙广乾，今因要钱用度，无从得处，自愿将到土名塘油地土嫩杉木乙团，上抵坎，下抵河坎，左抵路，右抵吉梁为界，四至分清，要钱出卖。请中上门问到本寨龙大妹、二妹、叁妹三人名下承买，当日凭中议定价钱捌仟肆百捌拾文整。其钱领足入手应用，其地土嫩杉付与买主耕管为业。自卖之后，不得异言。恐口无凭，立有卖字为据。

凭中、代笔：龙绍柏

民国丙寅年六月二十二日立

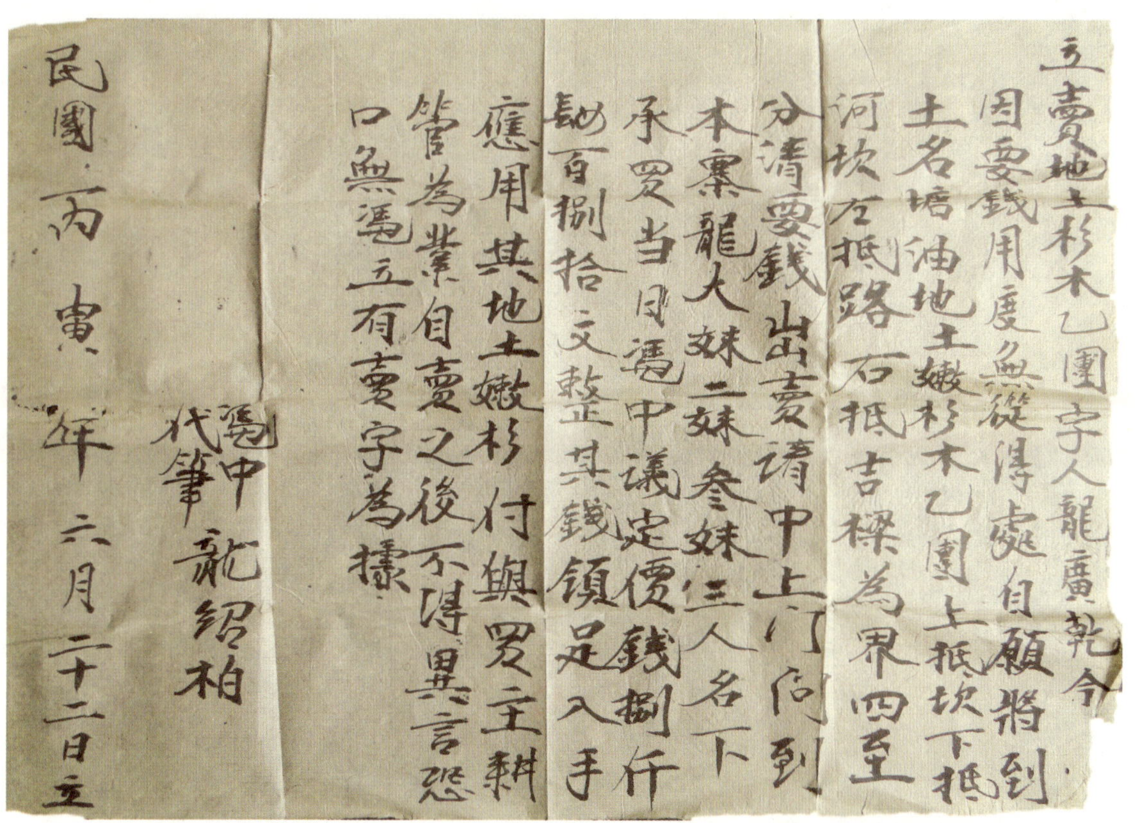

立賣地土杉木乙團字人龍廣乾今因要錢用度無從得處自願將到土名塘油地土嫩杉木乙團上抵坎下抵河坎左抵路右抵吉樑為界四至分清要錢出賣請中上门問到本寨龍大妹二妹叁妹三人名下承買当日憑中議定價錢捌仟肆百捌拾文整其錢領足入手應用其地土嫩杉付與買主耕管為業自賣之後不得異言恐口無憑立有賣字為據

憑中代筆 龍紹柏

民國丙寅年六月二十二日立

81. 龙绍柏卖地土嫩杉木字（民国十五年七月初四日）

立卖地土嫩杉木字人龙绍柏，今因要钱用度，无从得处，自愿将到土名高壕桃绪地土乙团，上抵路，下抵买主坎，左抵龙昆全，右抵卖主为界，四至分清，要钱出卖。请中上门问到本寨兄弟龙绍乾名下承买，当日凭中议定价钱壹拾伍仟零捌拾文整。其钱亲手领足入手应用，其地土杉木付与买主耕管为业。自卖之后，不得异言。恐口无凭，立有卖字为据。

凭中：龙显来

亲笔

民国拾伍年七月初四日立

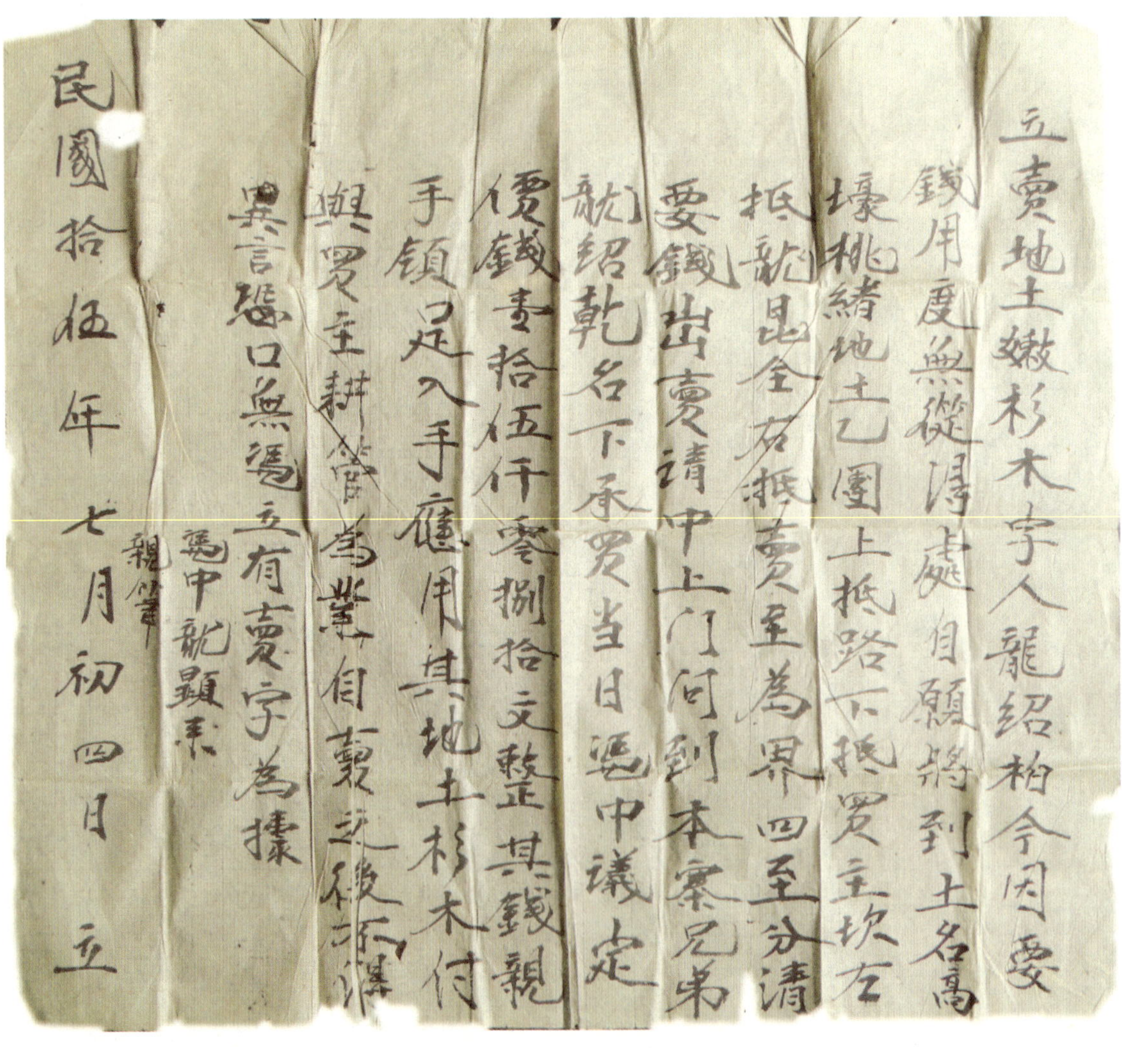

立賣地土嫩杉木字人龍紹柏今因要
錢用度無從得處自願將到土名高
壕桃緒地土乙團上抵路下抵買主坎左
抵龍昆全右抵賣主為界四至分清
要錢出賣請中上門問到本寨兄弟
龍紹乾名下承買当日憑中議定
價錢壹拾伍仟零捌拾文整其錢親
手領足入手應用其地土杉木付
與買主耕管為業自賣之後不得
異言恐口無憑立有賣字為據
憑中龍顯來
親筆
民國拾伍年七月初四日 立

82. 龙泰连、龙泰林兄弟卖园坪字（民国十五年十月十九日）

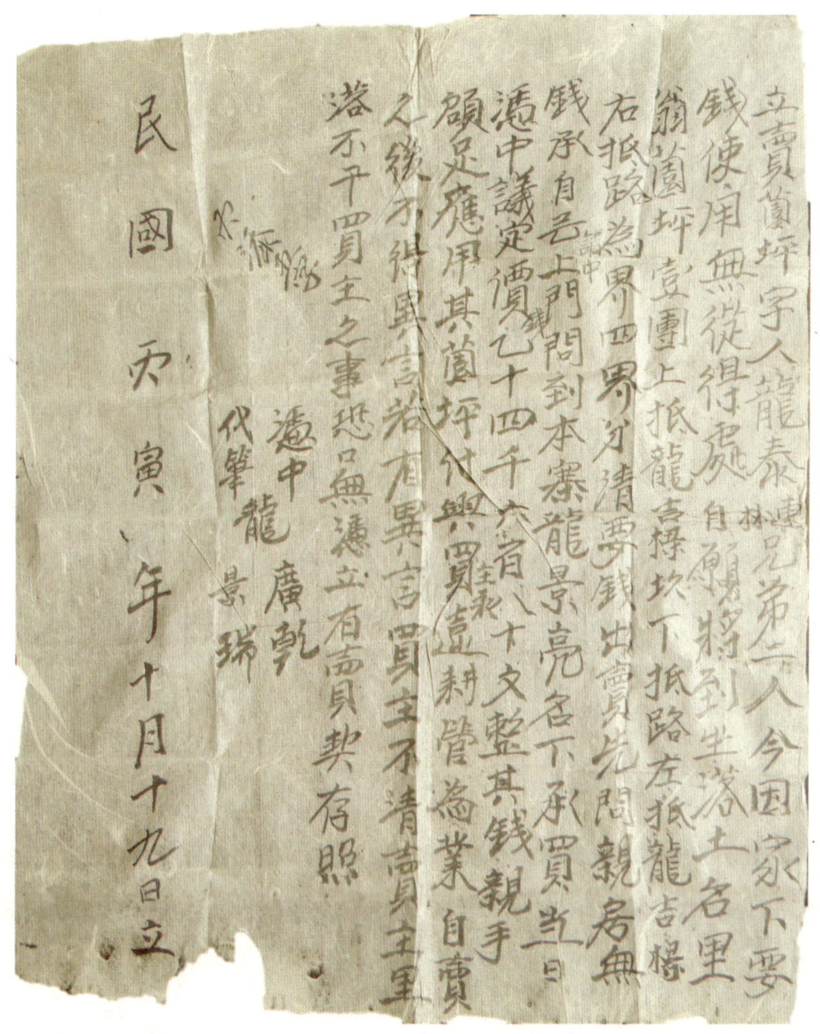

立卖园坪字人龙泰连、泰林兄弟二人，今因家下要钱使用，无从得处，自愿将到坐落土名里翁园坪壹团，上抵龙吉梁坎，下抵路，左抵龙吉梁，右抵路为界，四界分清，要钱出卖。先问亲房无钱承[买]，自己请中上门问到本寨龙景亮名下承买，当日凭中议定价钱乙十四千六百八十文整。其钱亲手领足应用，其园坪付与买主永远耕管为业。自卖之后，不得异言。若有异言，买主不清，卖主里（理）落，不干买主之事。恐口无凭，立有卖契存照。

内添五字

凭中：龙广乾

代笔：龙景瑞

民国丙寅年十月十九日立

83. 龙堃云卖杉木字（民国十六年十二初九日）

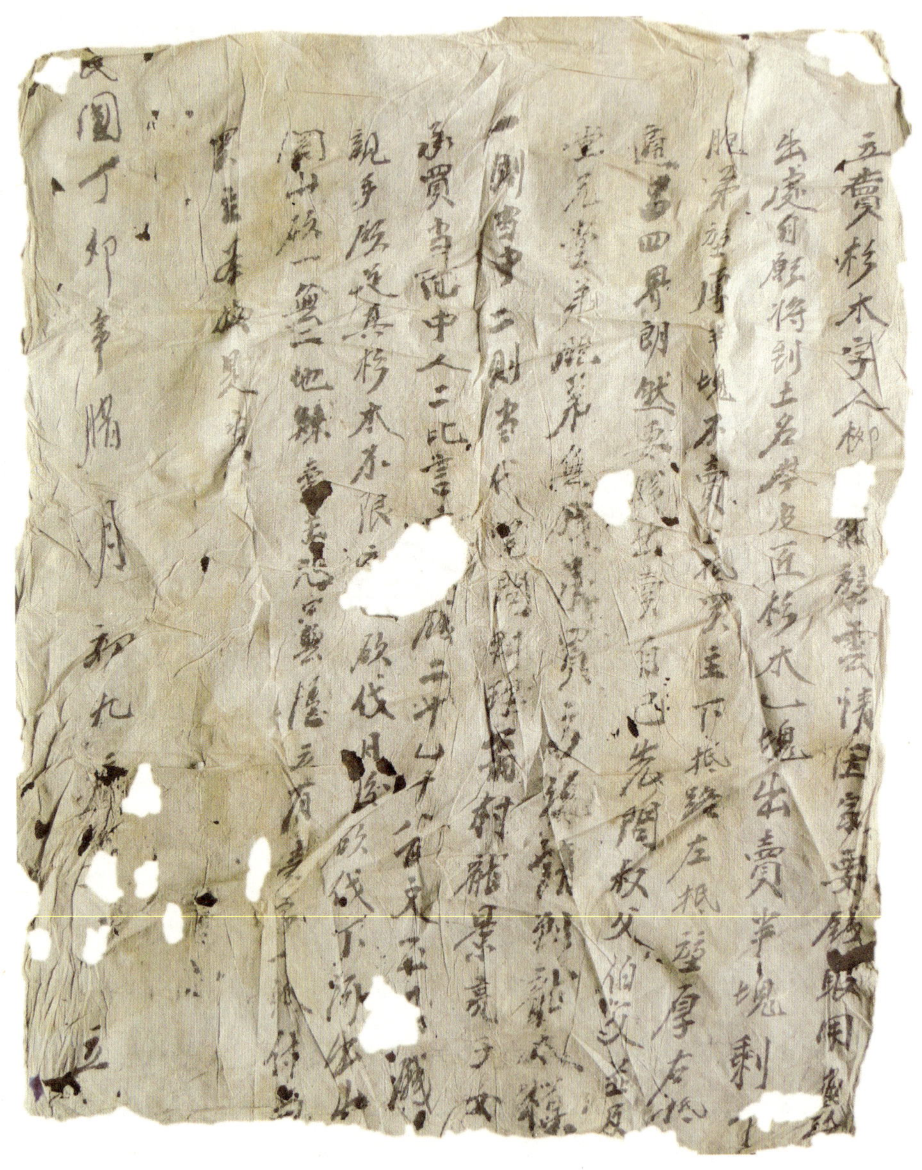

立卖杉木字人柳寨龙堃云，情因家要钱使用，无所出处，自愿将到土名岑皮匠杉木乙块出卖半块，剩下胞弟堃厚半块不卖，上抵买主，下抵路，左抵堃厚，右抵边，四界朗然，要钱出卖。自己先问叔父、伯父并及堂兄、堂弟、胞弟无钱承买，□□请到龙太模一则当中［人］，二则当代笔，问到理翁村龙景亮子女承买，当面中人二比言定［价］钱二十乙千八百文整。其钱亲手领足，其杉木不限［远近］砍伐，日后砍伐下河出山，园山砍一无二，地归原主。恐口无凭，立有卖字一纸付与买主为据是实。

民国丁卯年腊月初九日立

84. 龙镒章、镒思兄弟卖地基字（民国十七年五月十八日）

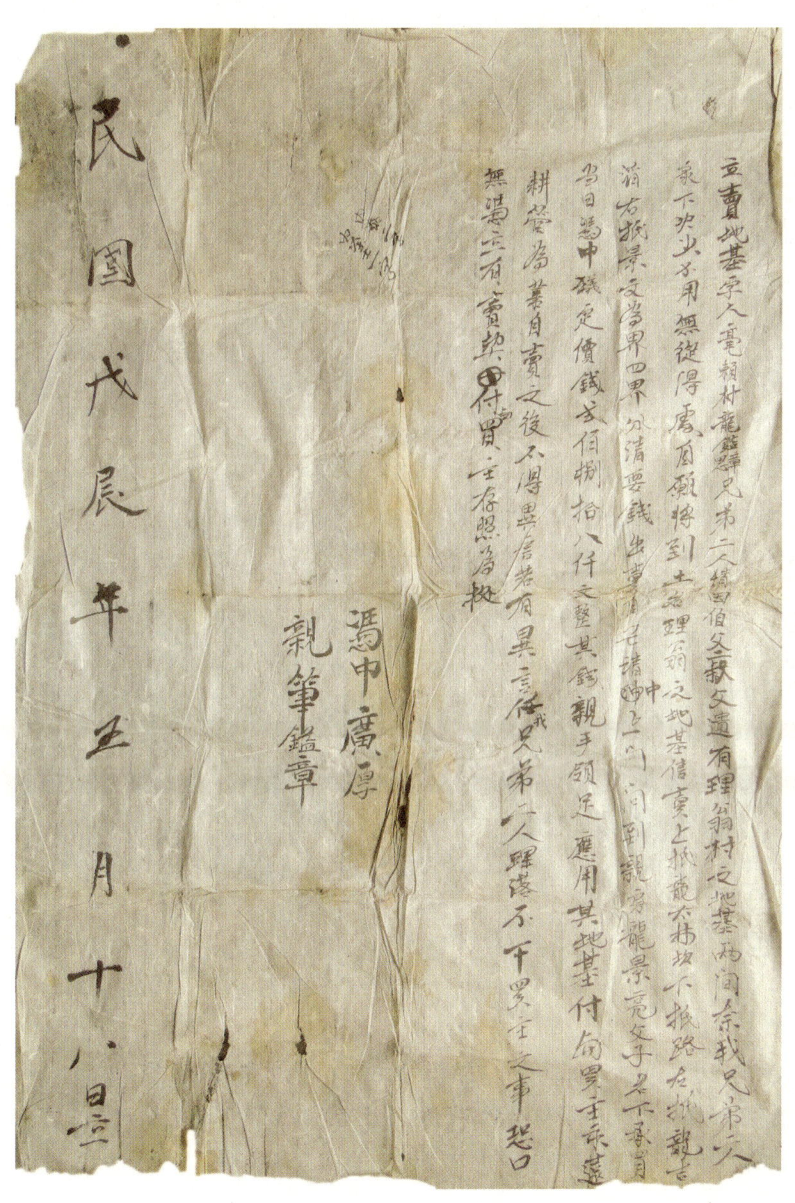

立卖地基字人亳赖村龙镒章、镒思兄弟二人，情因伯父、二叔父遗有理翁村之地基两间，奈我兄弟二人家下决（缺）少钱用，无从得处，自愿将到土名理翁之地基售卖。上抵龙太林坎，下抵路，左抵龙吉滔，右抵景文为界，四界分清，要钱出卖。自己请中上门问到亲房龙景亮父子名下承买，当日凭中议定价钱贰佰捌拾八仟文整。其钱亲手领足应用，其地基付与买主永远耕管为业。自卖之后，不得异言。若有异言，任我兄弟二人理落，不干买主之事。恐口无凭，立有卖契付与买主存照为据。

内添二字，内涂一字

凭中：广厚

亲笔：镒章

民国戊辰年五月十八日立

85. 龙有祥卖园地字（民国十七年七月二十日）

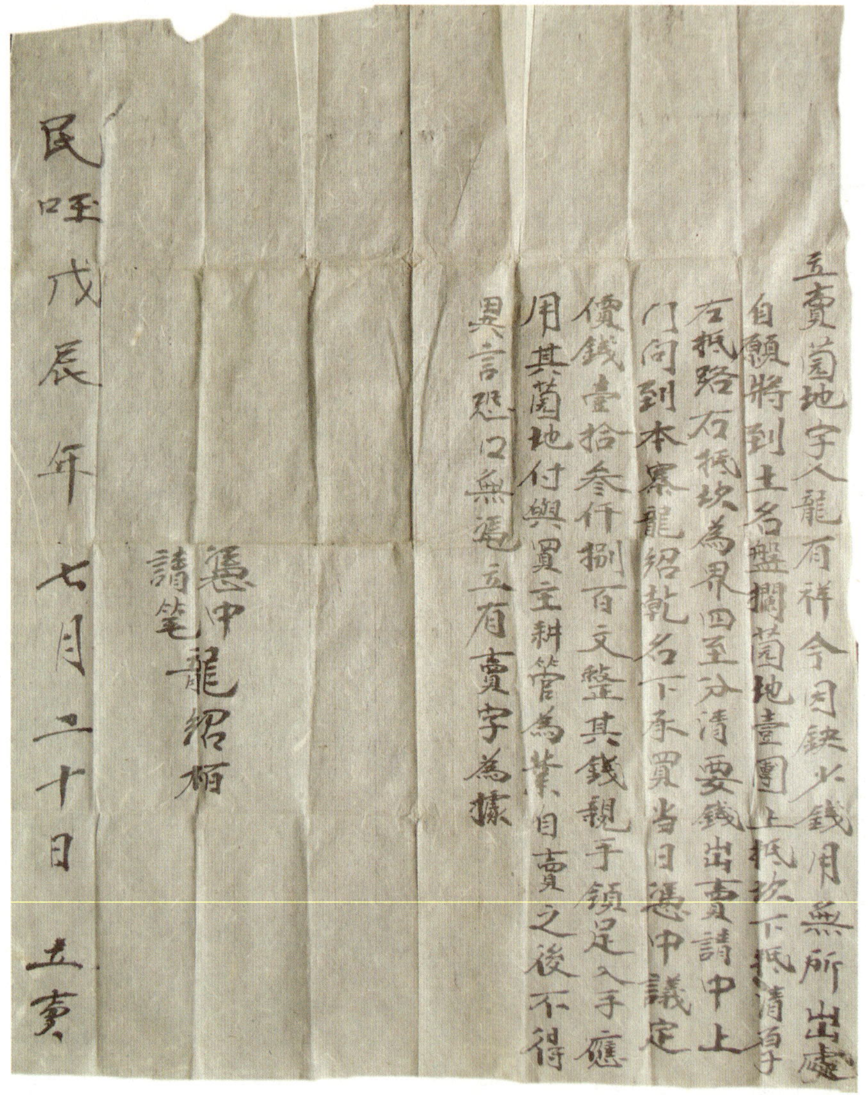

立卖园地字人龙有祥，今因缺少钱用，无所出处，自愿将到土名盘拦园地壹团，上抵坎，下抵清厚，左抵路，右抵坎为界，四至分清，要钱出卖。请中上门问到本寨龙绍乾名下承买，当日凭中议定价钱壹拾叁仟捌百文整。其钱亲手领足入手应用，其园地付与买主耕管为业。自卖之后，不得异言。恐口无凭，立有卖字为据。

凭中、请笔：龙绍栢

民国戊辰年七月二十日立卖

86. **龙绍柏卖地土杉木字**（民国十八年七月十五日）

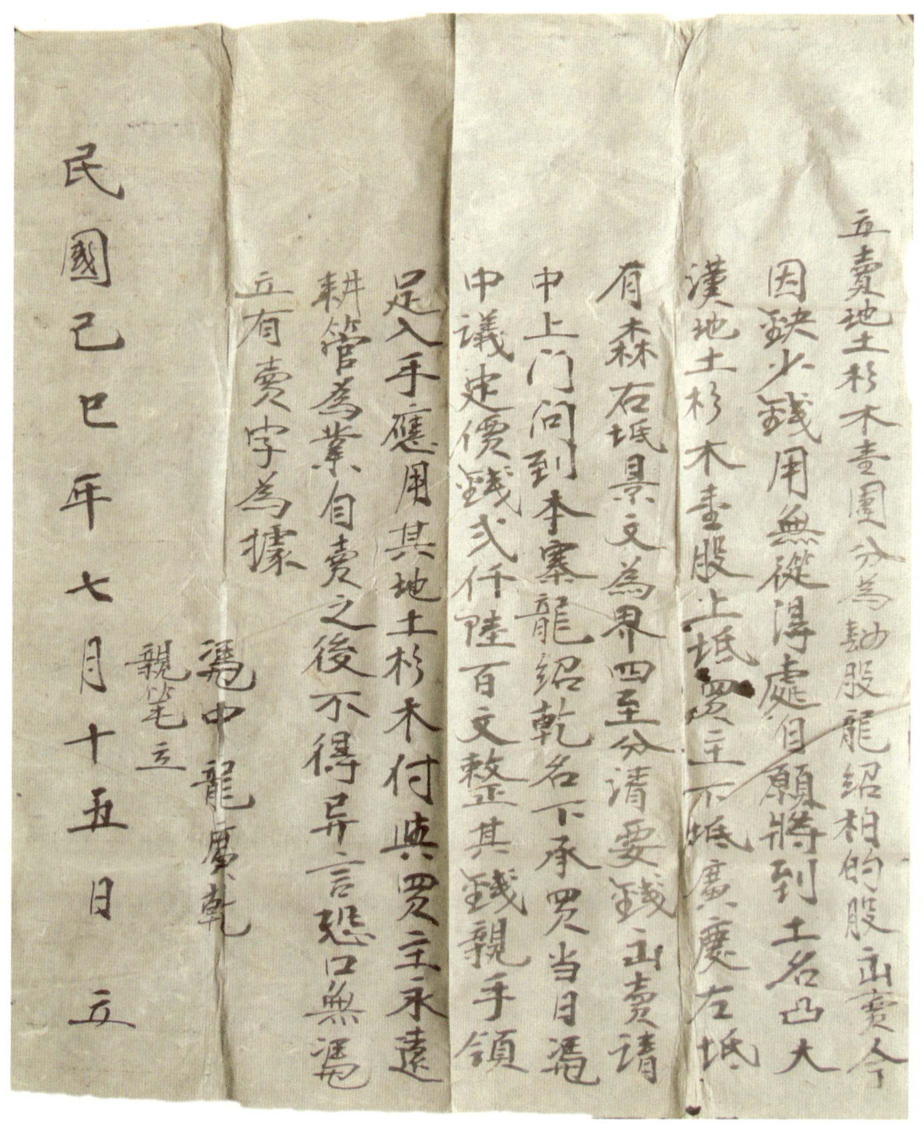

立賣地土杉木壹團分為肆股龍紹柏的股出賣今因缺少錢用無從得處自願將到土名凸大漢地土杉木壹股上抵買主下抵廣慶左抵有森右抵景文為界四至分清要錢出賣請中上门問到本寨龍紹乾名下承買当日憑中議定價錢貳仟陸百文整其錢親手領足入手應用其地土杉木付與買主永遠耕管為業自賣之後不得异言恐口無憑立有賣字為據

憑中 龍廣乾

親筆立

民國己巳年七月十五日立

立卖地土杉木壹团分为四股，龙绍柏的股出卖，今因缺少钱用，无从得处，自愿将到土名凸大汉地土杉木壹股，上抵买主，下抵广庆，左抵有森，右抵景文为界，四至分清，要钱出卖。请中上门问到本寨龙绍乾名下承买，当日凭中议定价钱贰仟陆百文整。其钱亲手领足入手应用，其地土杉木付与买主永远耕管为业。自卖之后，不得异言。恐口无凭，立有卖字为据。

凭中：龙广乾

亲笔立

民国己巳年七月十五日立

87. 龙绍荣卖田契（民国十八年八月二十一日）

立卖田契字人理翁村龙绍荣，今因要洋用度，无所出处，自愿将到土名理穷田乙丘，上抵龙有森田，下抵龙显烈田，左抵景瑞田，右抵买主田为界，四至分清，要洋出卖。先问亲房不买，请中上门问到柳寨龙泰森名下承买，当日凭中议定价洋叁佰零捌角整。其洋领足应用，其田契付与买主管业。自卖之后，不得异言。恐口无凭，立有卖字为据。

凭中：龙泰罗、龙吉才

代笔：龙绍栢

民国辛巳年八月二十乙日立

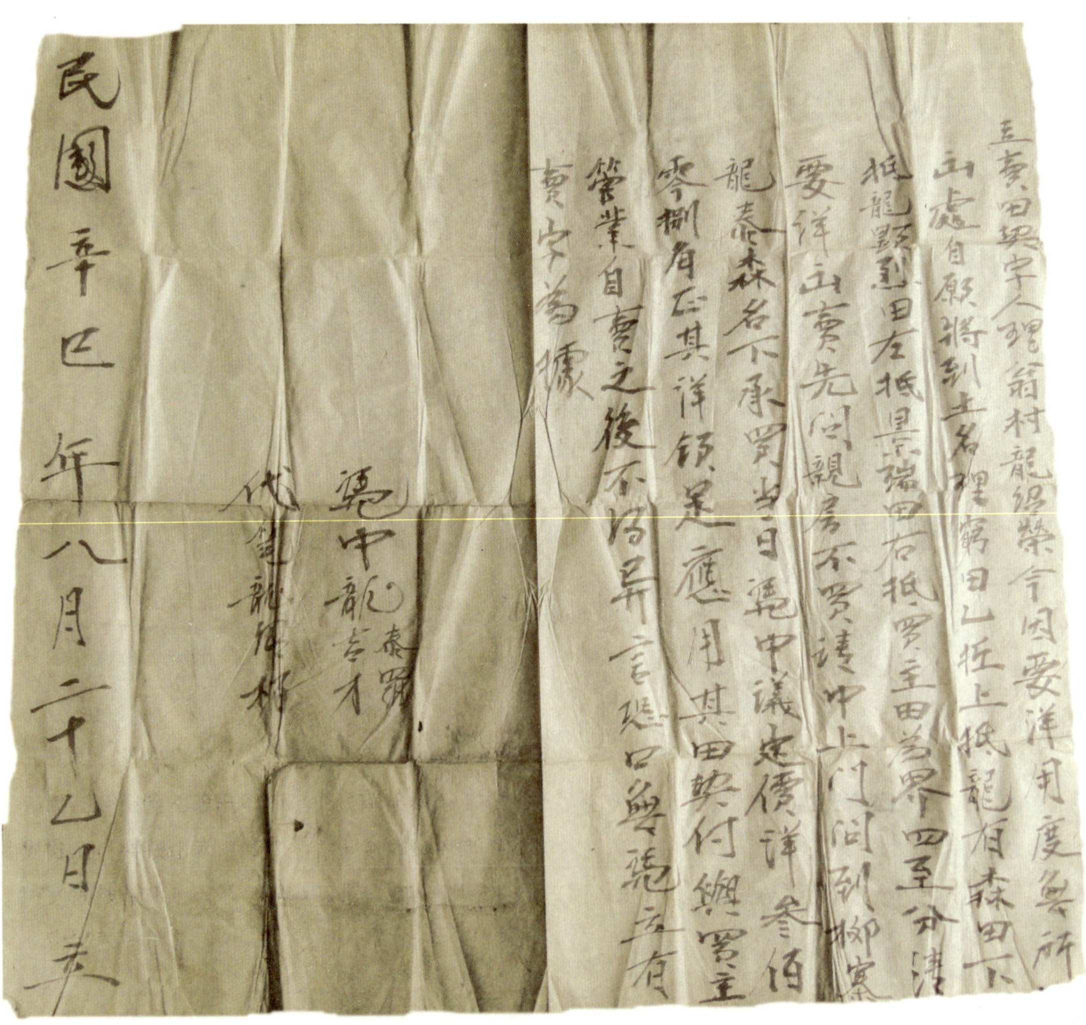

88. 罗开求、罗开合、罗开贵兄弟三人卖田契（民国十八年九月初七日）

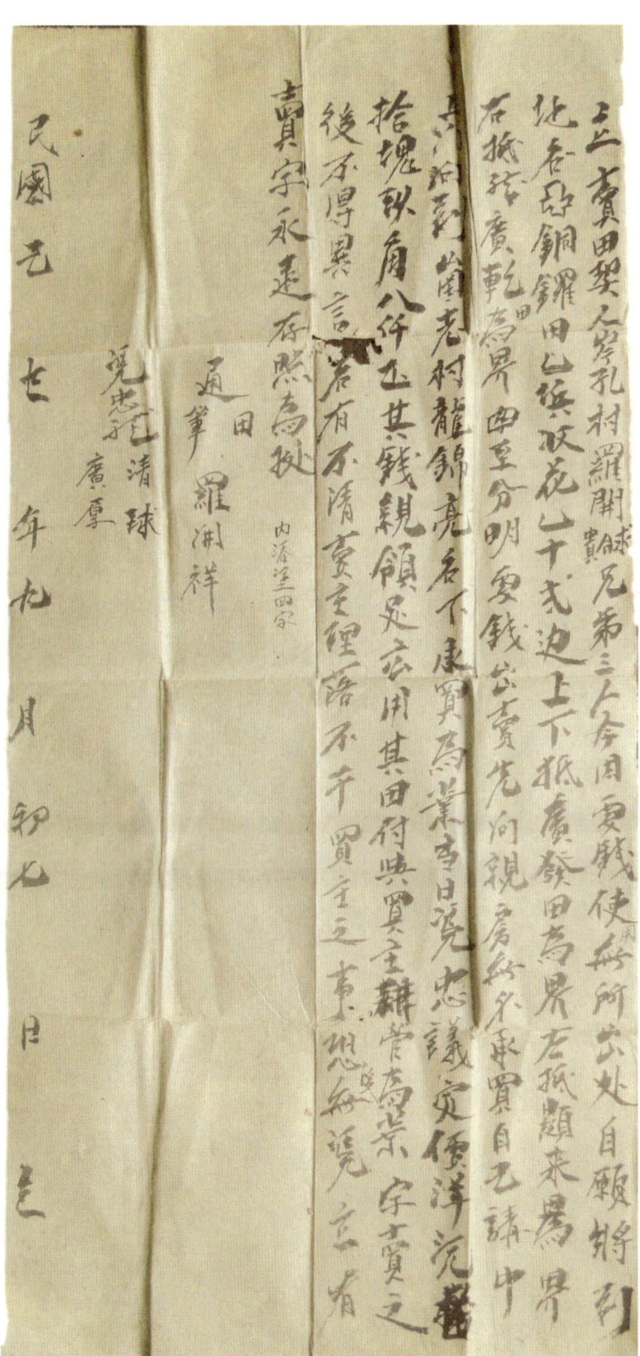

立卖田契人岑孔村罗开求、开合、开贵兄弟三人，今因要钱使用，无所出处，自愿将到地名凸铜锣田乙丘，收花乙十贰边（稨），上下抵广发田为界，左抵显来为界，右抵龙广乾田为界，四至分明，要钱出卖。先问亲房无钱承买，自己请中上门问到岗老村龙锦亮名下承买为业，当日凭忠（中）议定价洋沅（元）拾块玖角八仟（仙）整。其钱亲［手］领足应用，其田付与买主耕管为业。字（自）卖之后，不得异言。若有不清，卖主理落，不干买主之事。恐后无凭，立有卖字永远存照为据。

内添、涂四字

通田、通笔：罗开祥

凭忠（中）：龙清球、龙广厚

民国己巳年九月初七日立

89. 龙镒思卖田契（民国十九年正月二十一日）

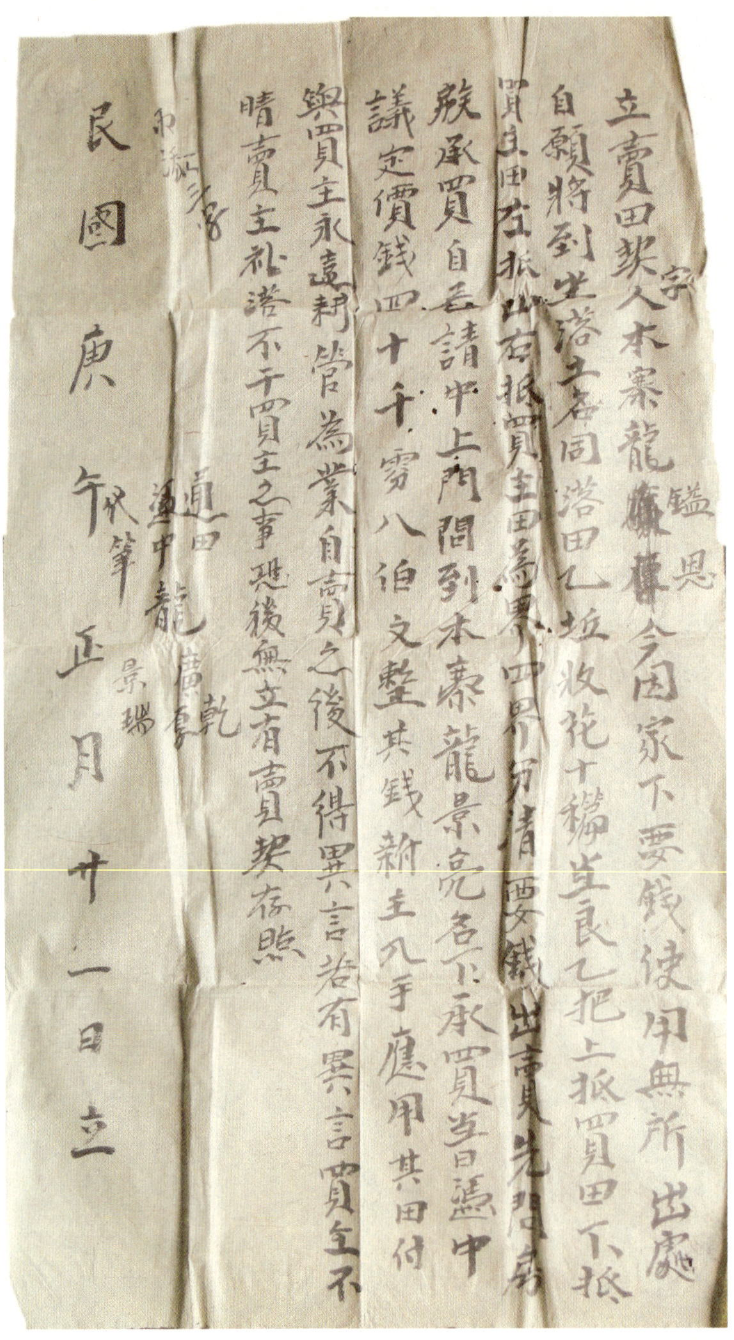

立卖田契字人本寨龙镒思，今因家下要钱使用，无所出处，自愿将到坐落土名同落田乙丘，收花十稨，当良（粮）乙把，上抵买［主］田，下抵买主田，左抵山，右抵买主田为界，四界分清，要钱出卖。先问房族承买，自己请中上门问到本寨龙景亮名下承买，当日凭中议定价钱四十千零八佰文整。其钱亲付［卖］主入手应用，其田付与买主永远耕管为业。自卖之后，不得异言。若有异言，买主不晴（清），卖主礼（理）落，不干买主之事。恐后无［凭］，立有卖契存照。

内添三字

通田：龙广乾

凭中：龙广厚

代笔：龙景瑞

民国庚午年正月廿一日立

90. 龙广厚卖田契（民国十九年五月二十五日）

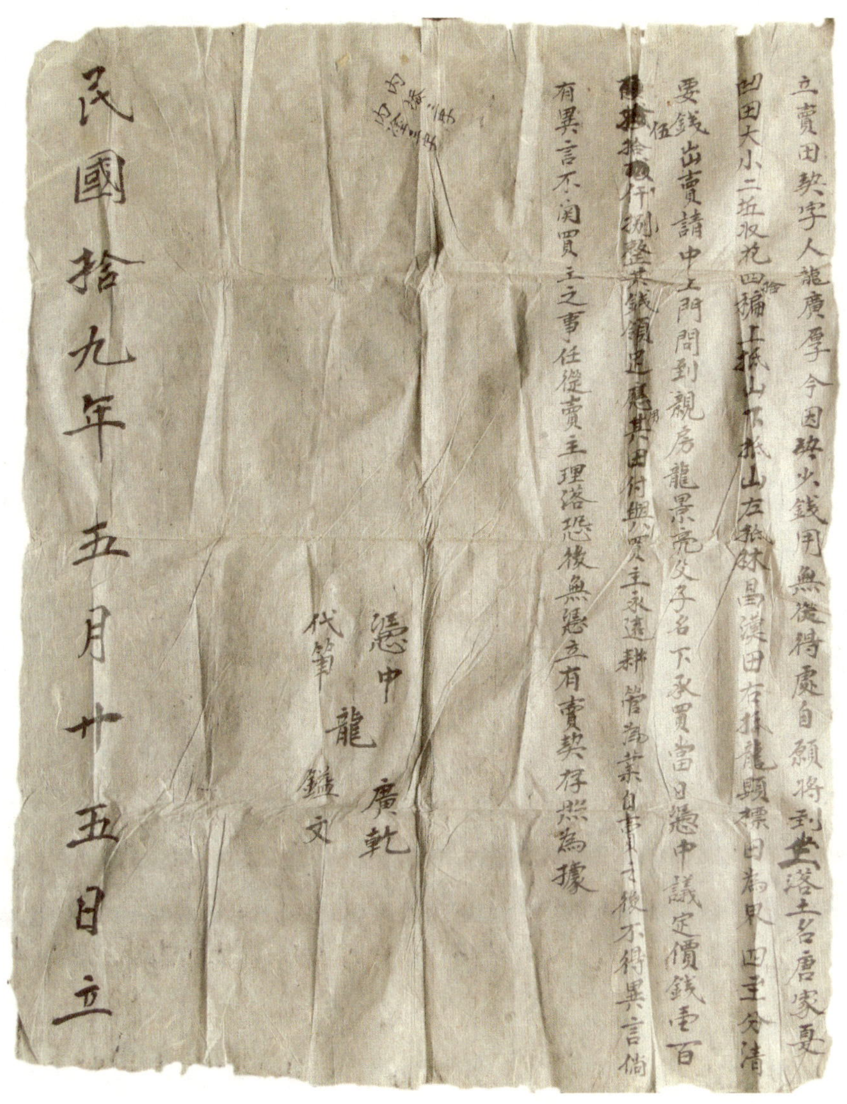

立卖田契字人龙广厚，今因缺少钱用，无从得处，自愿将到坐落土名唐家夏凹田大小二丘，收花四拾稨，上抵山，下抵山，左抵林昌汉田，右抵龙显标田为界，四至分清，要钱出卖。请中上门问到亲房龙景亮父子名下承买，当日凭中议定价钱壹百伍拾捌仟整。其钱领足应用，其田付与买主永远耕管为业。自卖之后，不得异言。倘有异言，不关买主之事，任从卖主理落。恐后无凭，立有卖契存照为据。

内添三字，内涂三字

凭中：龙广乾

代笔：龙镒文

民国拾九年五月廿五日立

91. 龙绍栢卖田契（民国十九年）

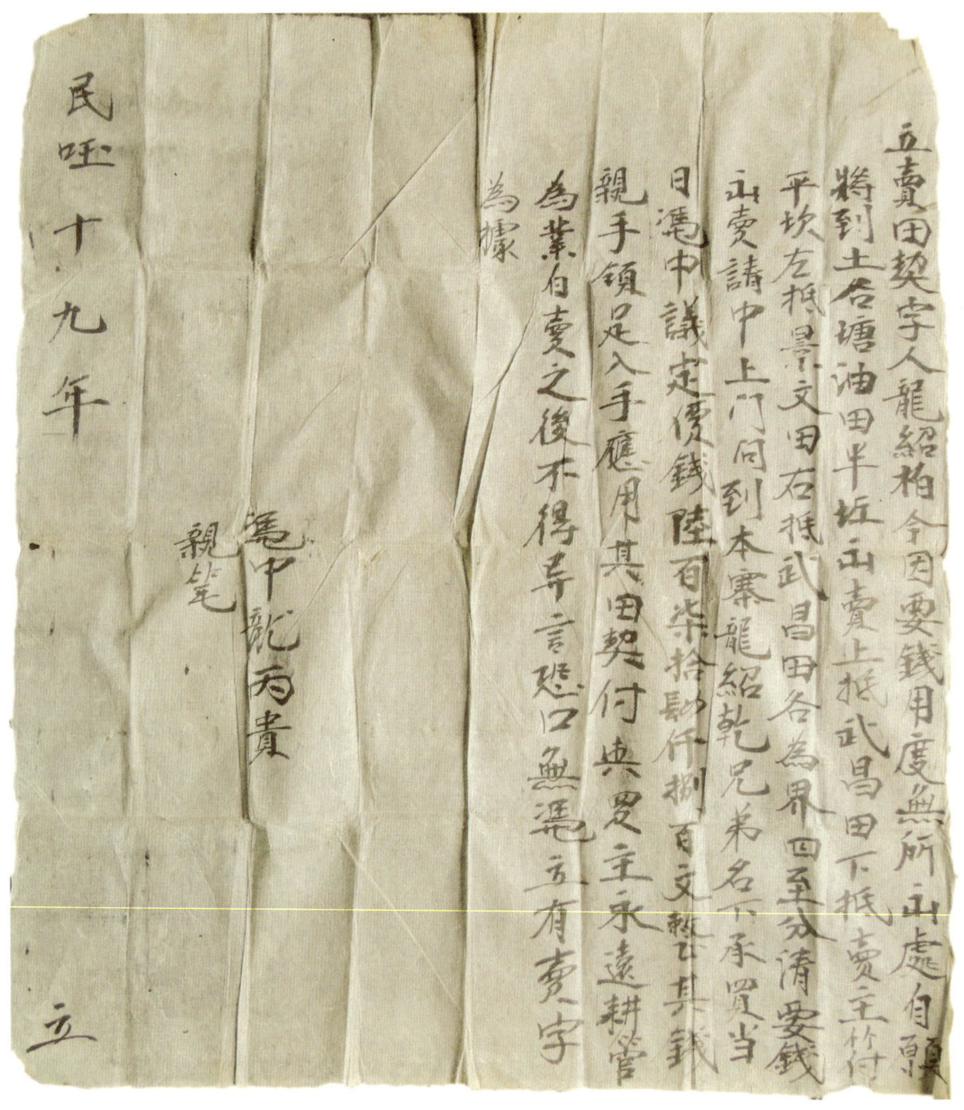

立卖田契字人龙绍栢，今因要钱用度，无所出处，自愿将到土名塘油田半丘出卖。上抵武昌田，下抵卖主符平坎，左抵景文田，右抵武昌田各（角）为界，四至分清，要钱出卖。请中上门问到本寨龙绍乾兄弟名下承买，当日凭中议定价钱陆百柒拾肆仟捌百文整。其钱亲手领足入手应用，其田契付与买主永远耕管为业。自卖之后，不得异言。恐口无凭，立有卖字为据。

凭中：龙丙贵

亲笔

民国拾九年立

92. 龙丙干卖地土嫩杉木字（民国十九年六月二十八日）

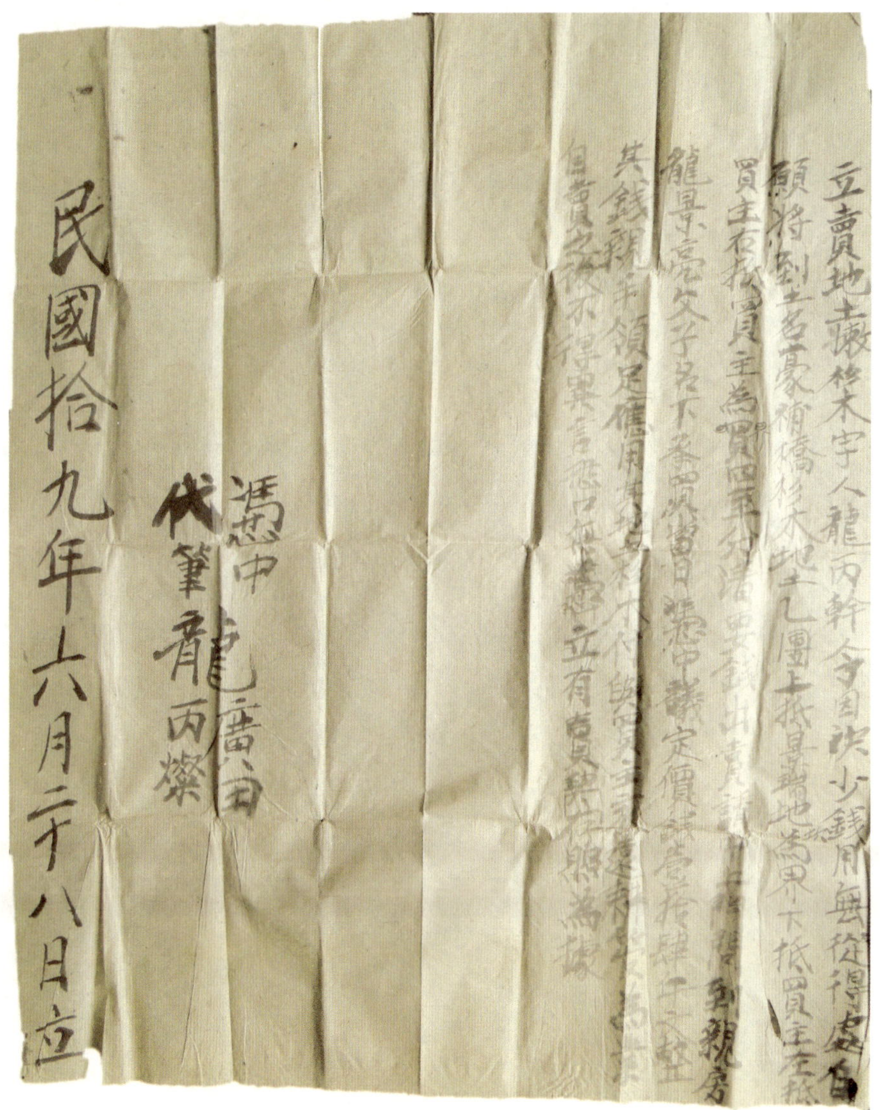

立卖地土嫩杉木字人龙丙干，今因缺少钱用，无从得处，自愿将到土名豪补桥杉木地土乙团，上抵景瑞地坎为界，下抵买主，左抵买主，右抵买主为界，四至分清，要钱出卖。请中上门问到亲房龙景亮父子名下承买，当日凭中议定价钱壹拾肆仟文整。其钱亲手领足应用，其地土杉木付与买主永远耕管为业。自卖之后，不得异言。恐口无凭，立有卖契存照为据。

凭中：龙广田

代笔：龙丙灿

民国十九年六月二十八日立

93. 龙镒斌卖房屋地基字（民国二十三年二月二十五日）

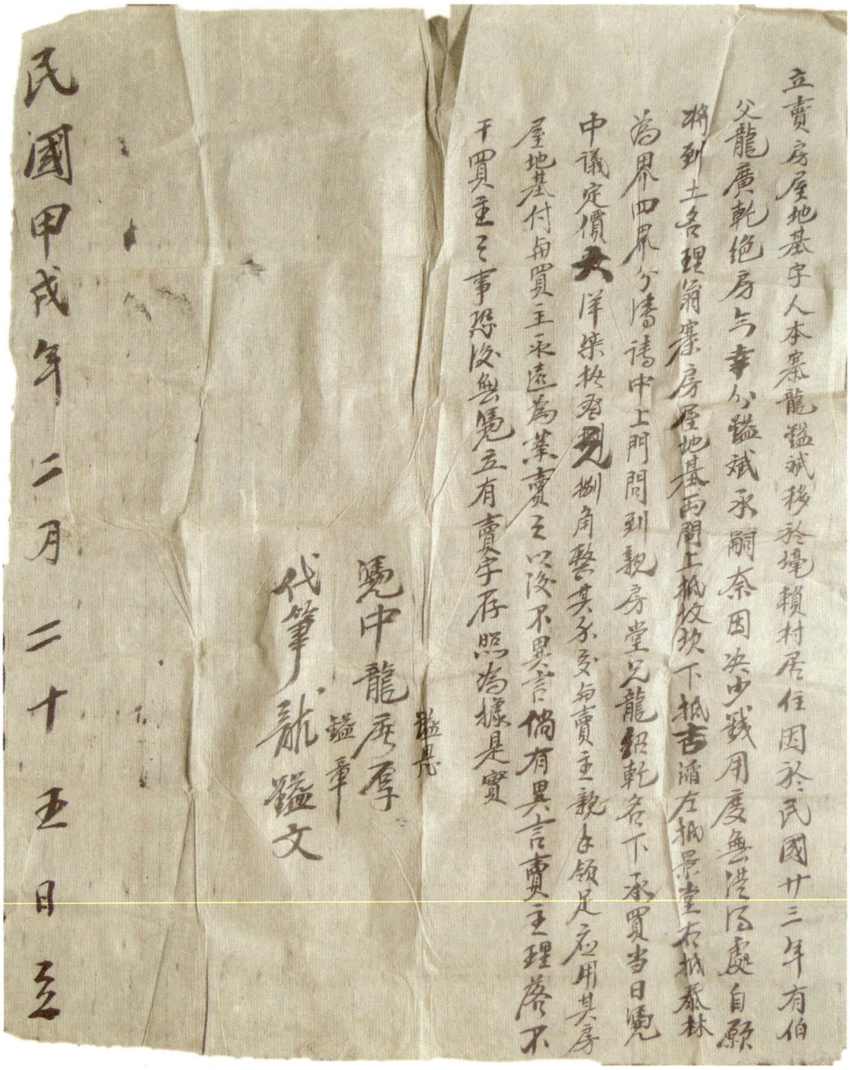

立卖房屋地基字人本寨龙镒斌，移于壕赖村居住，因于民国廿三年有伯父龙广乾绝房，今幸分镒斌承嗣，奈因决（缺）少钱用度，无从得处，自愿将到土名理翁寨房屋地基两间，上抵坟坎，下抵吉滔，左抵景堂，右抵泰林为界，四界分清，请中上门问到亲房堂兄龙绍乾名下承买，当日凭中议定价大洋柒拾叁元捌角整。其钱交与卖主亲手领足应用，其房屋地基付与买主永远为业。卖之以后不异言。倘有异言，卖主理落，不干买主之事。恐后无凭，立有卖字存照为据是实。

凭中：龙镒思、龙广厚、龙镒章

代笔：龙镒文

中华民国甲戌年二月二十五日立

94. 龙益思卖地土字（民国二十三年十一月十七日）

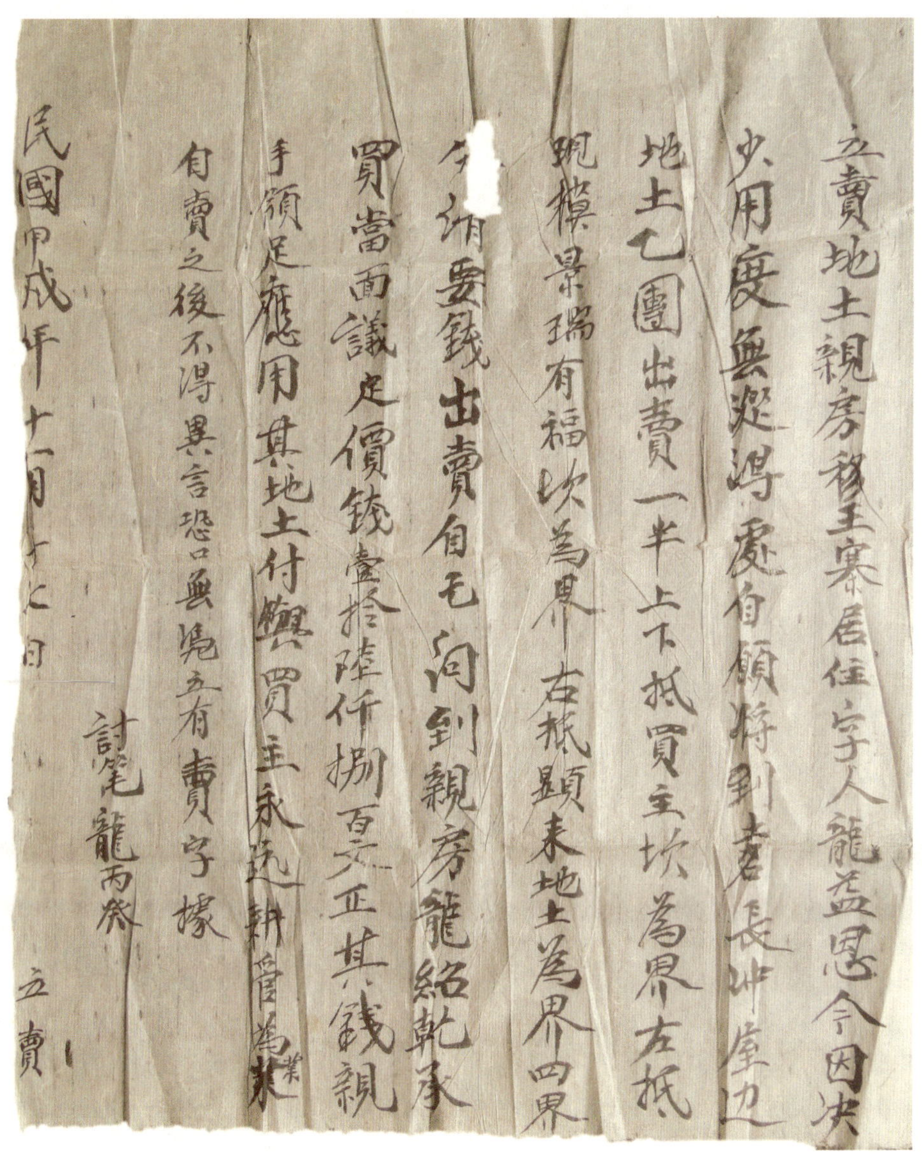

立卖地土亲房移王寨居住字人龙益思，今因决（缺）少用度，无从得处，自愿将到土名长冲屋边地土乙团出卖一半，上下抵买主坎为界，左抵现模、景瑞有福坎为界，右抵显来地土为界，四界分清，要钱出卖。自己问到亲房龙绍乾承买，当面议定价钱壹拾陆仟捌百文正。其钱亲手领足应用，其地土付与买主永远耕管为业。自卖之后，不得异言。恐口无凭，立有卖字［为］据。

讨笔：龙丙癸

民国甲戌年十一月十七日立卖

95. 张翠清退婚清白字（民国二十四年六月初十日）

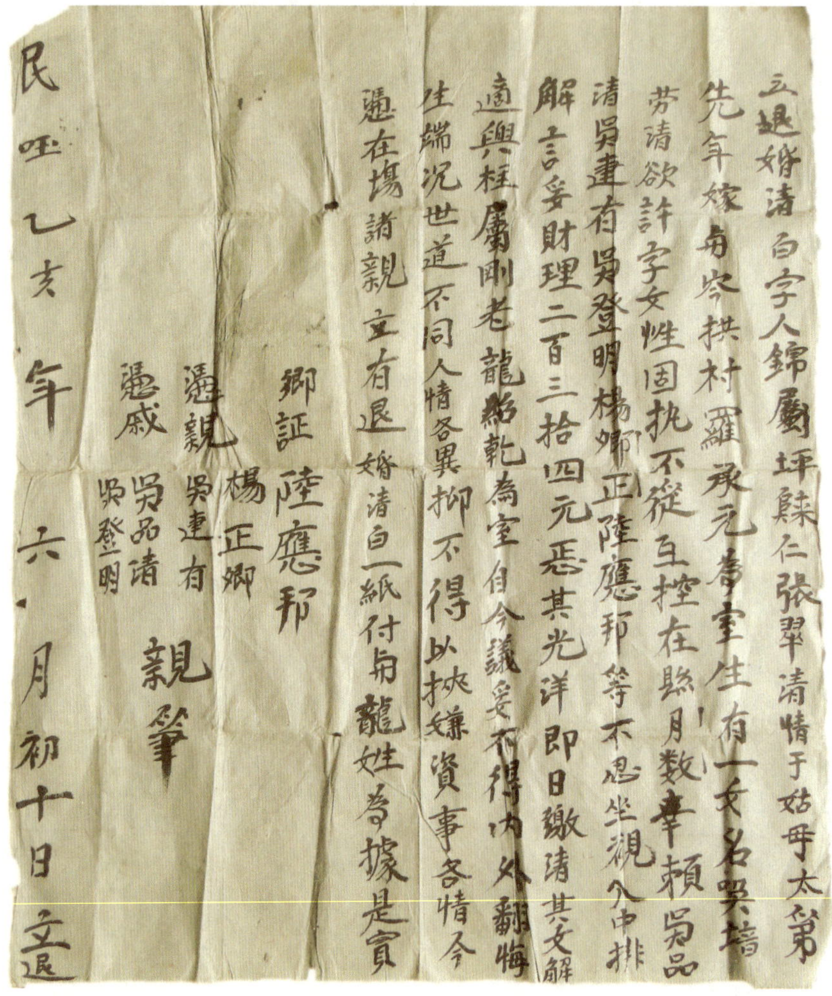

立退婚清白字人锦属坪归仁（人）张翠清，情于姑母太第先年嫁与（于）岑拱村罗承元为室，生有一女名唤培劳，清欲许字，女性固执不从，互控在县数月。幸赖吴品清、吴连有、吴登明、杨正卿、陆应邦等不忍坐视，入中排解，言妥财理（彩礼）二百三拾四元整，其光洋即日缴清，其女解适与柱属刚老龙绍乾为室。自今议妥，不得内外翻（反）悔生端。况世道不同，人情各异，抑不得以挟嫌资（滋）事各情。今凭在场诸亲立有退婚清白一纸付与龙姓为据是实。

乡证：陆应邦

凭亲：杨正卿、吴连有

凭戚：吴品清、吴登明

亲笔

民国乙亥年六月初十日立退

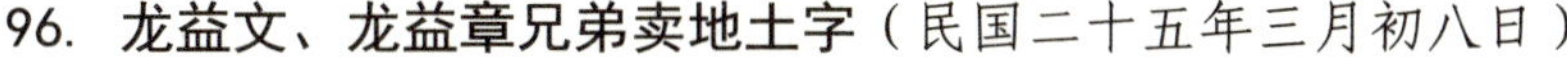

96. 龙益文、龙益章兄弟卖地土字（民国二十五年三月初八日）

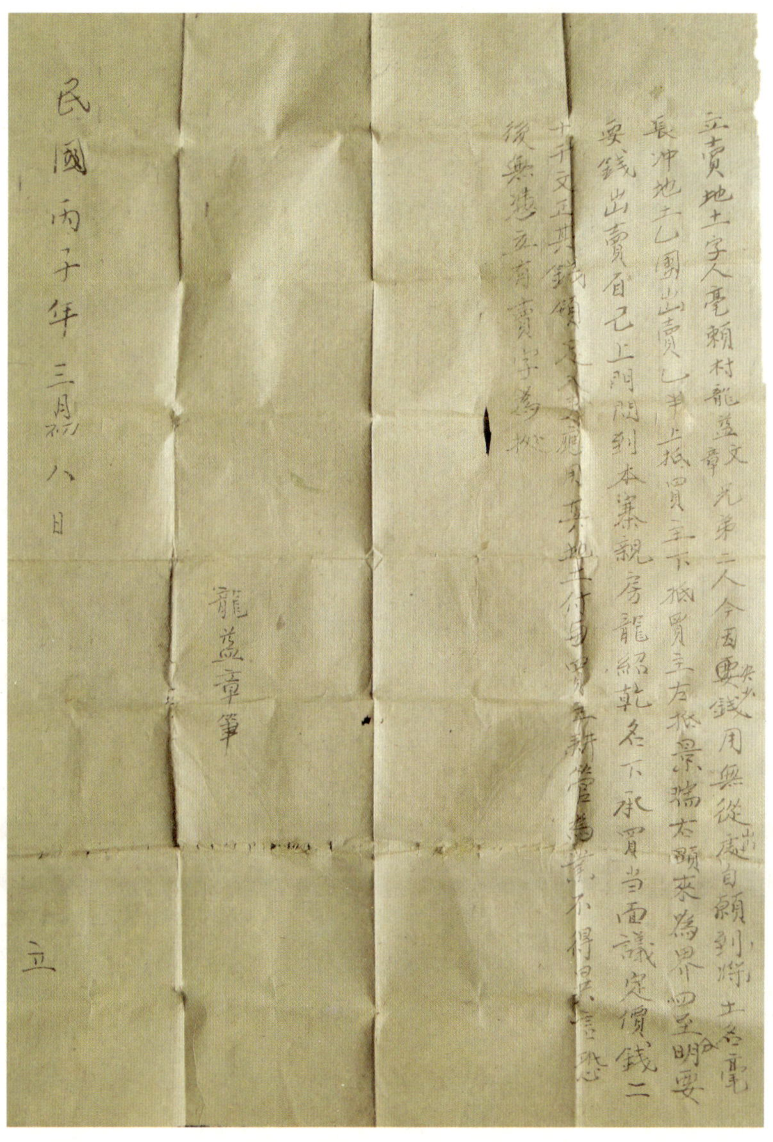

立卖地土字人毫赖村龙益文、益章兄弟二人，今因决（缺）少钱用，无从出处，自愿将到土名毫长冲地土乙团出卖乙半。上抵买主，下抵买主，左抵景瑞，右［抵］显来为界，四至分明，要钱出卖。自己上门问到本寨亲房龙绍乾名下承买，当面议定价钱二十千文正。其钱领足入手应用，其地土付与买主耕管为业。不得异言。恐后无凭，立有卖字为据。

龙益章笔

民国丙子年三月初八日立

97. 龙化江、龙化南等兄弟十人卖地土杉木字（民国二十八年四月十四日）

立卖地土杉木字人塘岱龙化江、化南、化光、化杰、化勋、化品、化川、化远、化云、化壁兄第（弟）十人，今因家内要银使用，无所出处，自愿将到土名皮匠地土贰团，外团上抵龙显文，下抵喜森，左抵本主，右抵清求；上团上抵宗吉坎，下抵清求坎，左抵龙金堂，右抵太田地土坎为界，两团界世（至）分明，要银出卖。当面凭中言定价银伍两捌钱八分正。其银入手应用，其地土付与买主为业。字（自）卖之后，不得异言。恐口无凭，立有卖字为据。

内添四字

凭：龙景桓

笔：化壁

民国已卯年四月十四日立卖

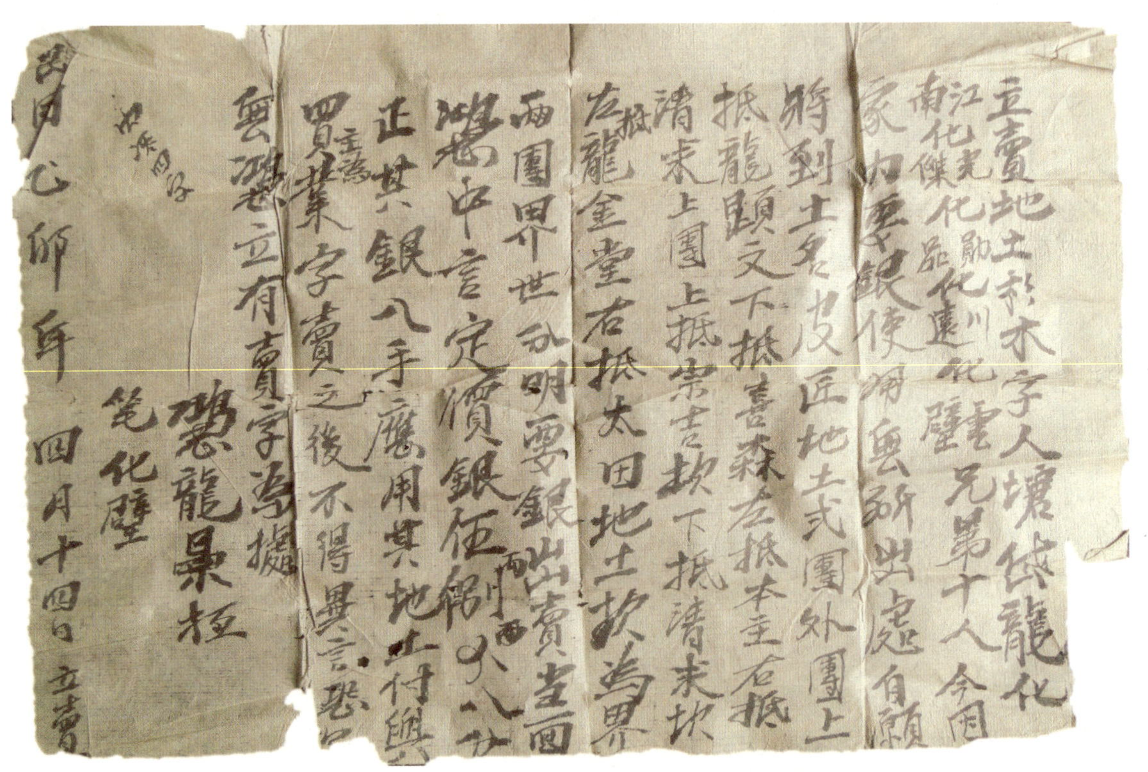

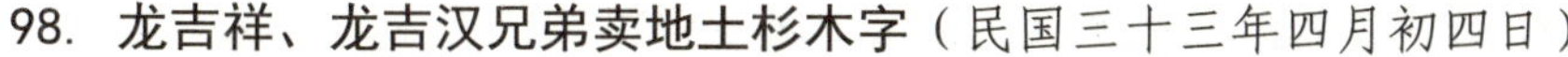

98. 龙吉祥、龙吉汉兄弟卖地土杉木字（民国三十三年四月初四日）

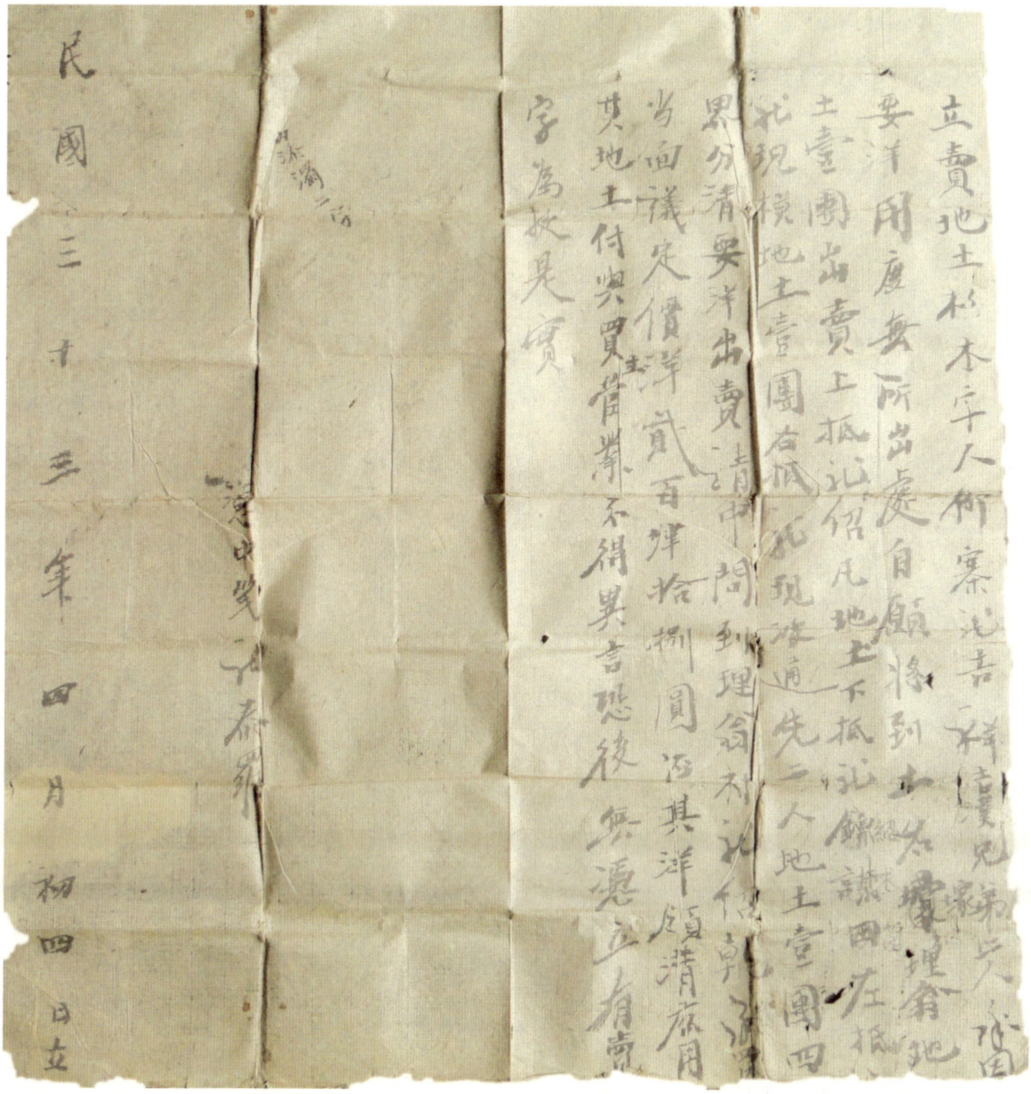
立賣地土杉木字人柳寨龍吉祥吉漢兄弟二人承因
要洋用度無所出處自願將到土名壉理翁地
土壹團出賣上抵龍紹凡地土下抵龍紹求園左抵
龍現模地土壹團右抵龍現波通先二人地土壹團四
界分清要洋出賣請中問到理翁村龍紹乾承
買當面議定價洋貳百肆拾捌圓整其洋領清應用
其地土付與買主管業不得異言恐後無憑立有賣
字為據是實
內添濁二字
憑中筆　龍泰羅
民國三十三年四月初四日立

立卖地土杉木字人柳寨龙吉祥、吉汉兄弟二人，承（情）因要洋用度，无所出处，自愿将到土名壉理翁地土壹团出卖，上抵龙绍凡地土，下抵龙绍求园，左抵龙现模地土壹团，右抵龙现波、通先二人地土壹团，四界分清，要洋出卖。请中问到理翁村龙绍乾承买，当面议定价洋贰百肆拾捌圆整。其洋领清应用，其地土付与买主管业。不得异言。恐后无凭，立有卖字为据是实。

内添、浊（涂）二字

凭中、笔：龙泰罗

民国三十三年四月初四日立

99. 龙运清、龙光、龙通炳等卖地土杉木字（民国三十三年闰四月二十九日）

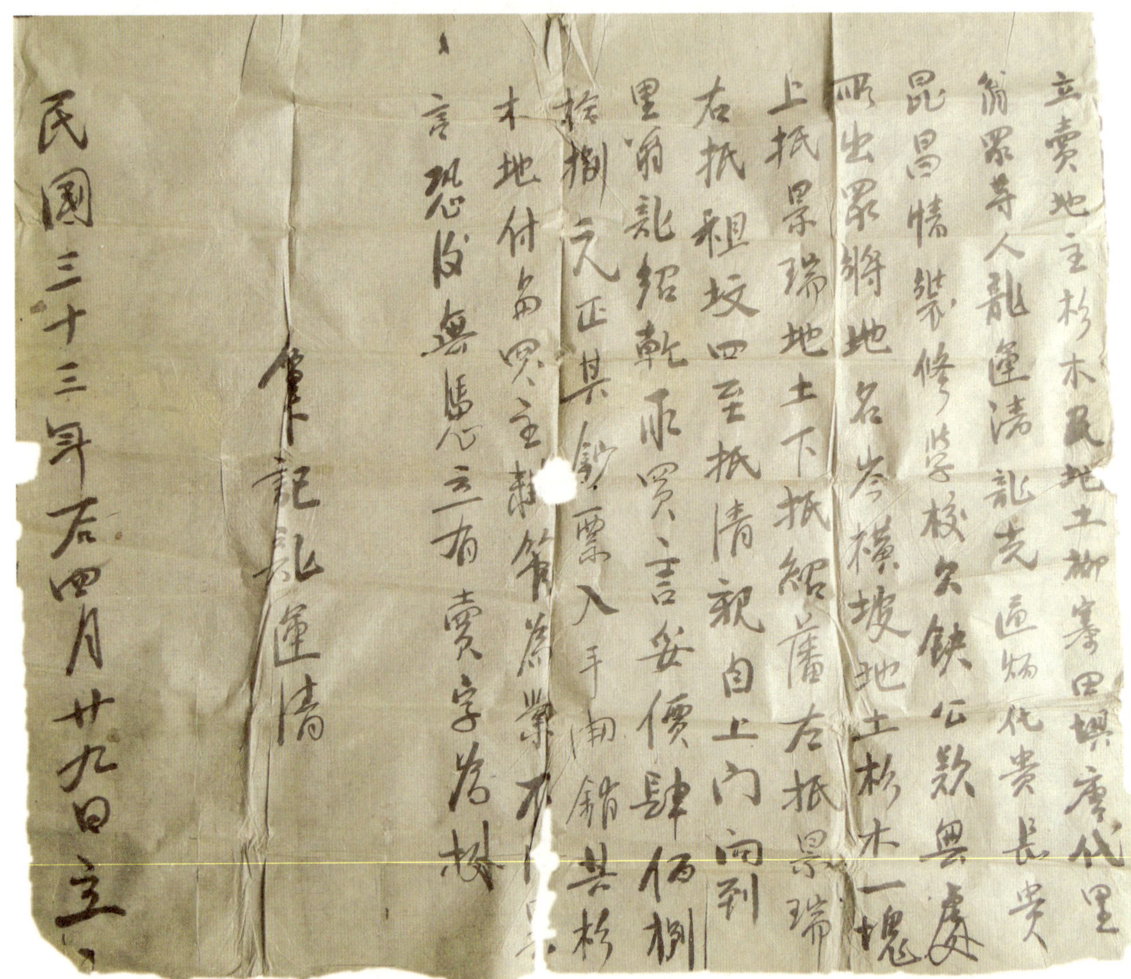

立卖地主杉木地土柳寨田坝、唐代、里翁众等人龙运清、龙光、通炳、化贵、长贵、昆昌，情［因］装修学校，欠缺公款，无处所出，众将地名岑横坡地土杉木一块，上抵景瑞地土，下抵绍藩，左抵景瑞，右抵祖坟，四至抵清，亲自上门问到里翁龙绍乾承买，言妥价肆佰捌拾捌元正。其钞票入手开销，其杉木地付与买主耕管为业。不得异言。恐后无凭，立有卖字为据。

笔记：龙运清

民国三十三年后四月廿九日立

100. **罗开权典契字**（民国三十七年十二月二十六日）

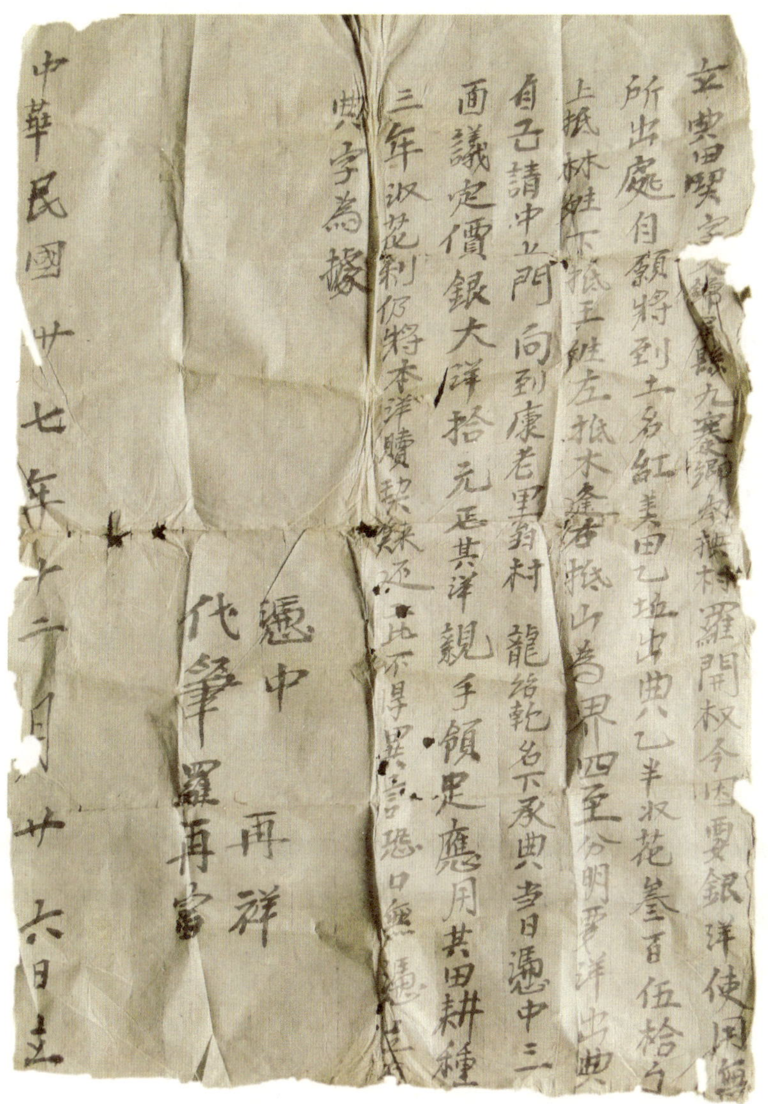

立典田契字人锦屏县九寨乡岑拱村罗开权，今因要银洋使用，无所出处，自愿将到土名红美田乙丘出典乙半，收花叁百伍拾斤。上抵林姓，下抵王姓，左抵木逢（棚），右抵山为界，四至分明，要洋出典。自己请中上门向（问）到康老里翁村龙绍乾名下承典，当日凭中三面议定价银大洋拾元整。其洋亲手领足应用，其田耕种三年收花利，仍将本洋赎契归还。二比不得异言。恐口无凭，立有典字为据。

凭中：再祥

代笔：罗再富

中华民国卅七年十二月廿六日立

101. 龙现锡典田契（一九五〇四月初七日）

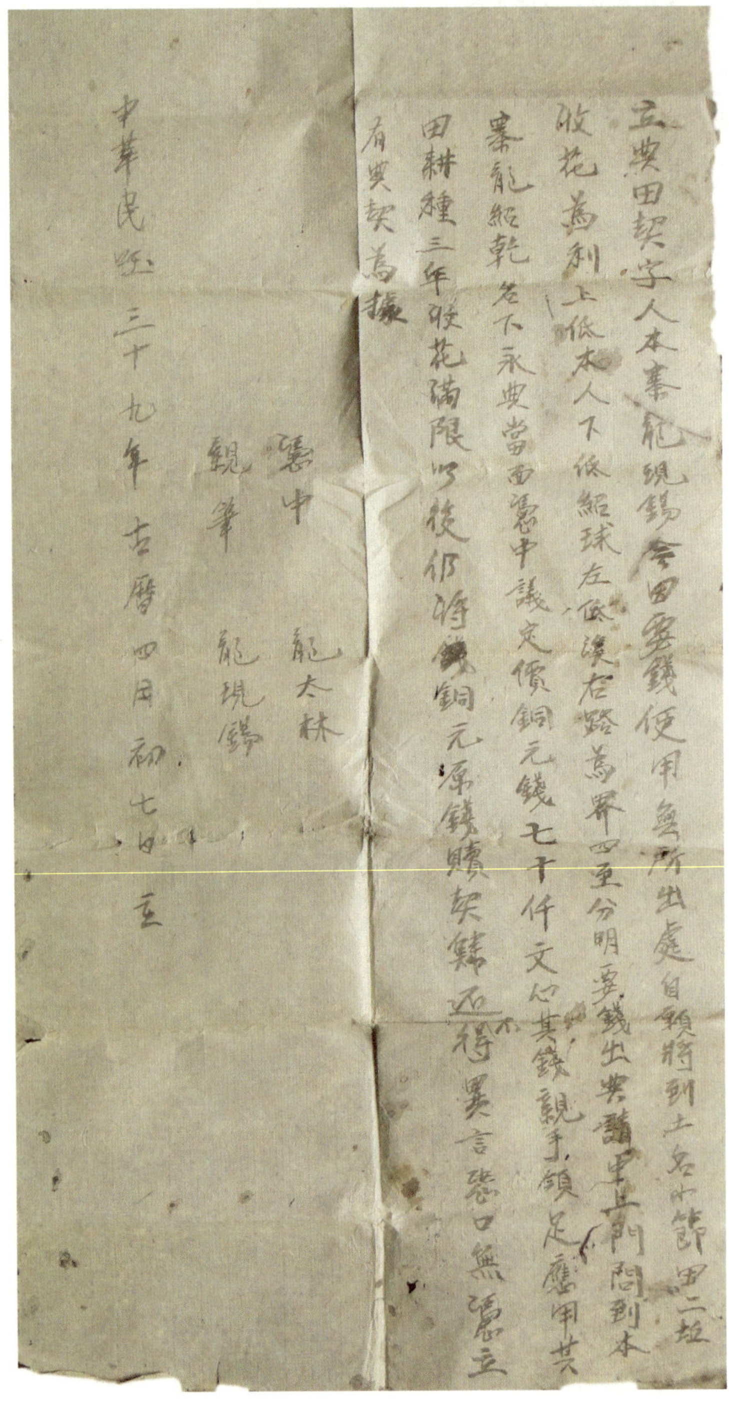

立典田契字人本寨龙现锡，今因要钱使用，无所出处，自愿将到土名小节田二丘，收花为利。上低（抵）本人，下低（抵）绍球，左低（抵）溪，右［抵］路为界，四至分明，要钱出典。请中上门问到本寨龙绍乾名下承典，当面凭中议定价铜元钱七十千文整。其钱亲手领足应用，其田耕种三年收花。满限以后，仍将铜元原钱赎契归还。不得异言。恐口无凭，立有典契为据。

凭中：龙太林

亲笔：龙现锡

中华民国三十九年古历四月初七日立

卷八　龙登基户藏

1. 龙昌耀卖田契（道光十一年三月十二日）

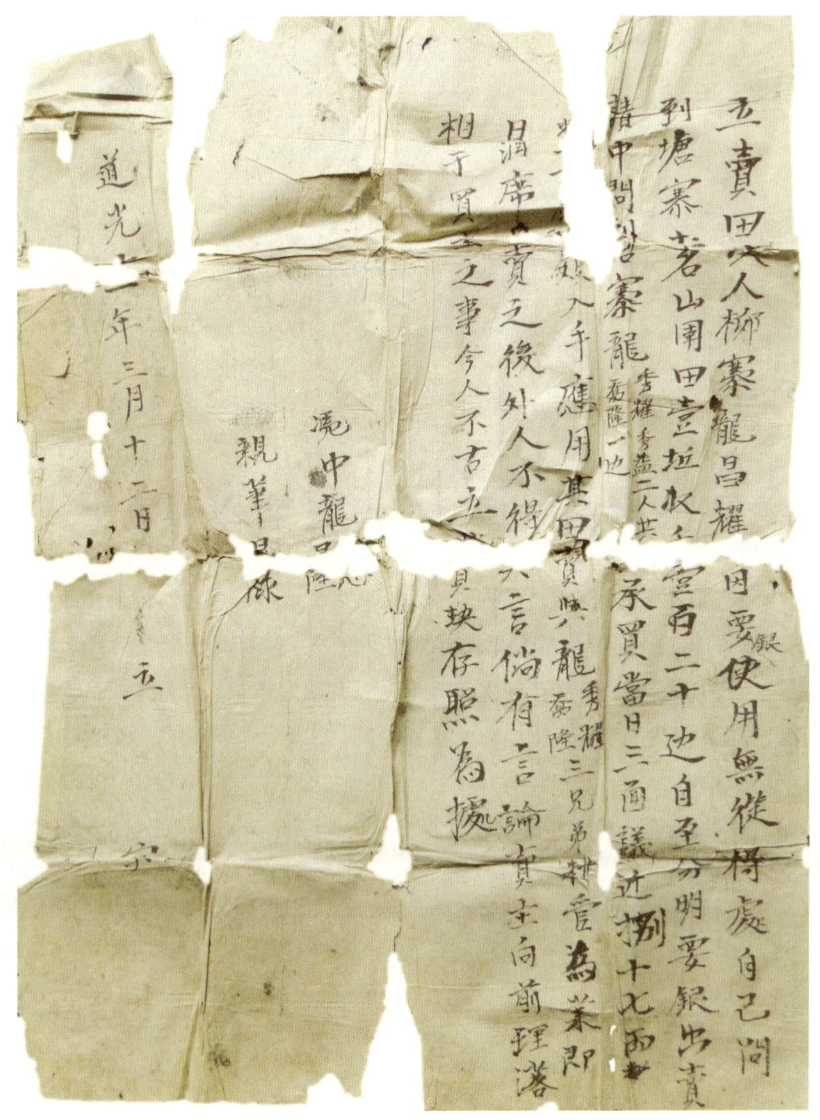

立卖田契人柳寨龙昌耀，□因要银使用，无从得处，自己问到塘寨土名山团田壹丘，收禾壹百二十边（稨），自（四）至分明，要银出卖，请中问到后寨龙秀耀、秀益二人共□，乔隆一边承买，当日三面议近（定）捌十七两。□□亲领入手应用，其田卖与龙秀耀、龙乔隆三兄弟耕管为业。即日酒席。自卖之后，外人不得异言。倘有言论，卖主向前理落，[不] 相干买主之事，今人不古，立卖契存照为据。

凭中：龙□□、昌隆

亲笔：昌禄

道光十一年三月十二日立

2. **龙明山、龙明成卖田契**（同治元年十一月二十一日）

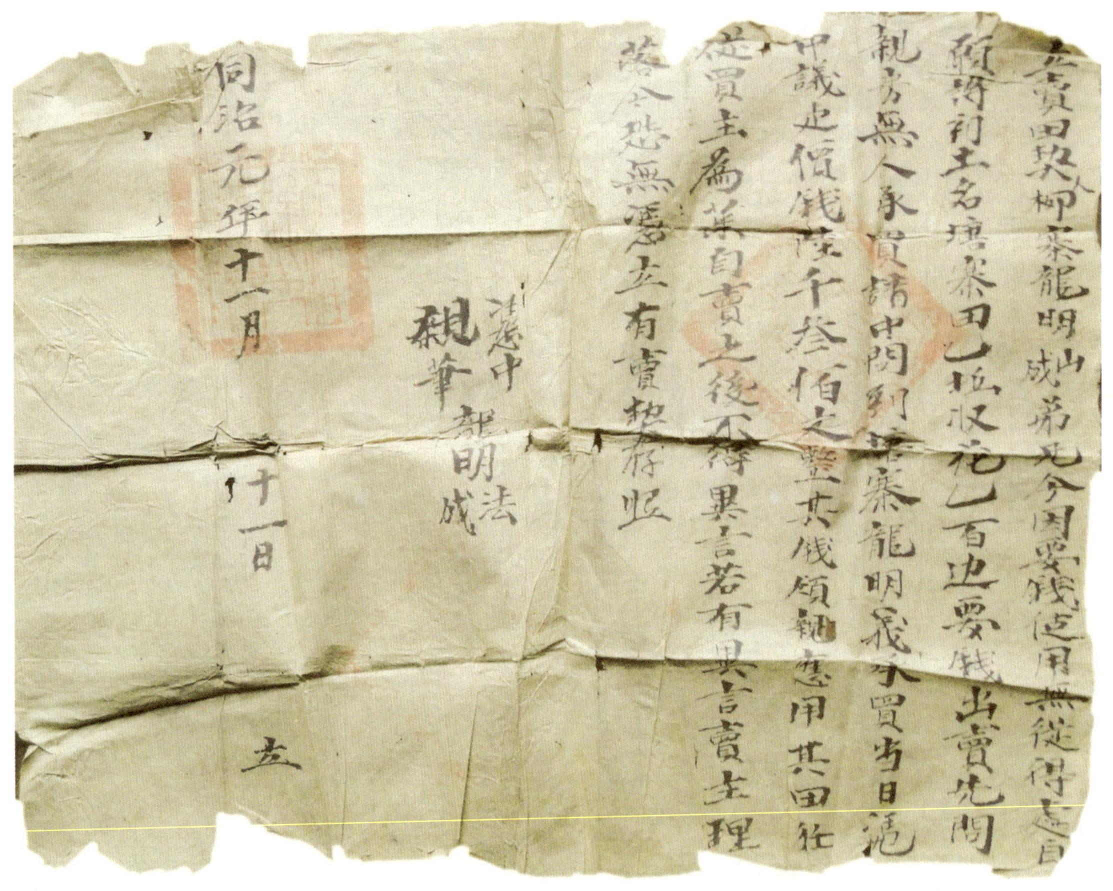

立卖田契人柳寨龙明山、明成弟兄，今因要钱使用，无从得处，自愿将到土名塘寨田乙丘，收花乙百边（编），要钱出卖。先问亲房无人承买，请中问到塘寨龙明义承买，当日凭中议定价钱陆千叁佰文整。其钱领亲（亲领）应用，其田任从买主为业。自卖之后，不得异言。若有异言，卖主理落。今恐无凭，立有卖契存照。

凭中：龙明法

亲笔：龙明成

同治元年十一月二十一日立

3. **龙昌厚卖田契**（同治二年十月十一日）

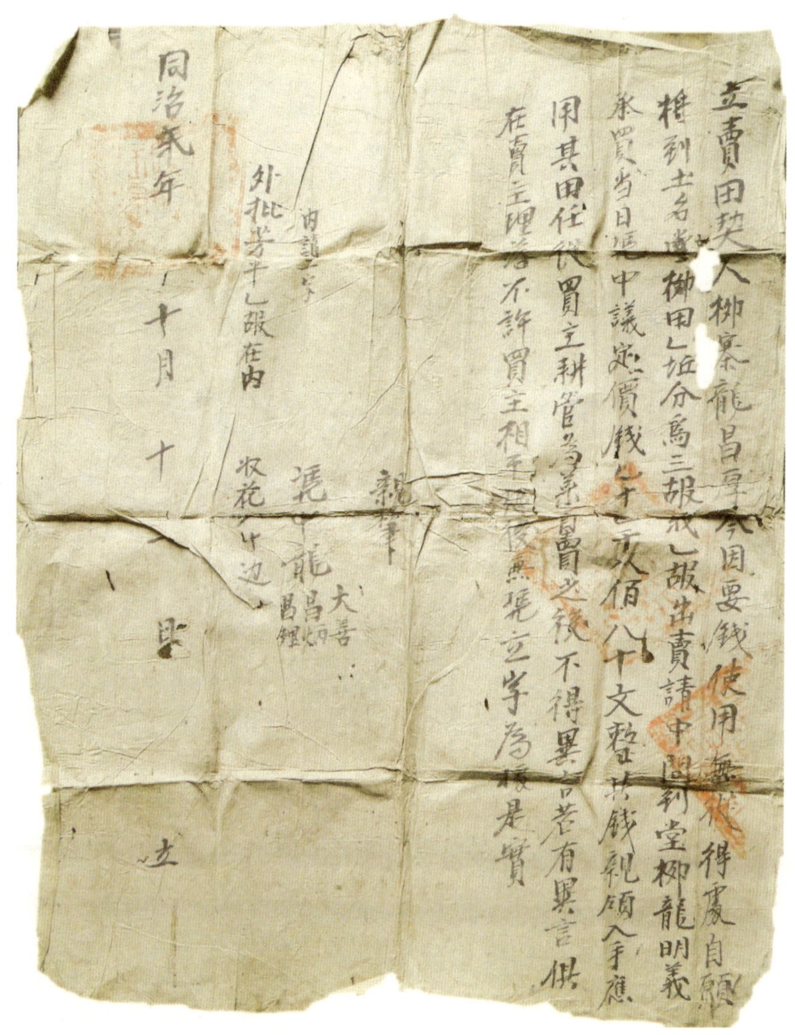

立卖田契人柳寨龙昌厚，今因要钱使用，无从得处，自愿将到土名堂柳田乙丘，分为三股，我乙股出卖。请中问到堂柳龙明义承买，当日凭中议定价钱乙十乙千八佰八十文整。其钱亲领入手应用，其田任从买主耕管为业。自卖之后，不得异言。若有异言，俱在卖主理落，不许买主相干。恐后无凭，立字为据是实。

亲笔

凭中：龙大善、昌炳、昌理

内读（涂）三字

外批：芳平（荒坪）乙股在内，收花十边（编）

同治二年十月十一日立

4. **龙昌焕、龙昌理、龙昌厚卖田契**（同治三年二月初四日）

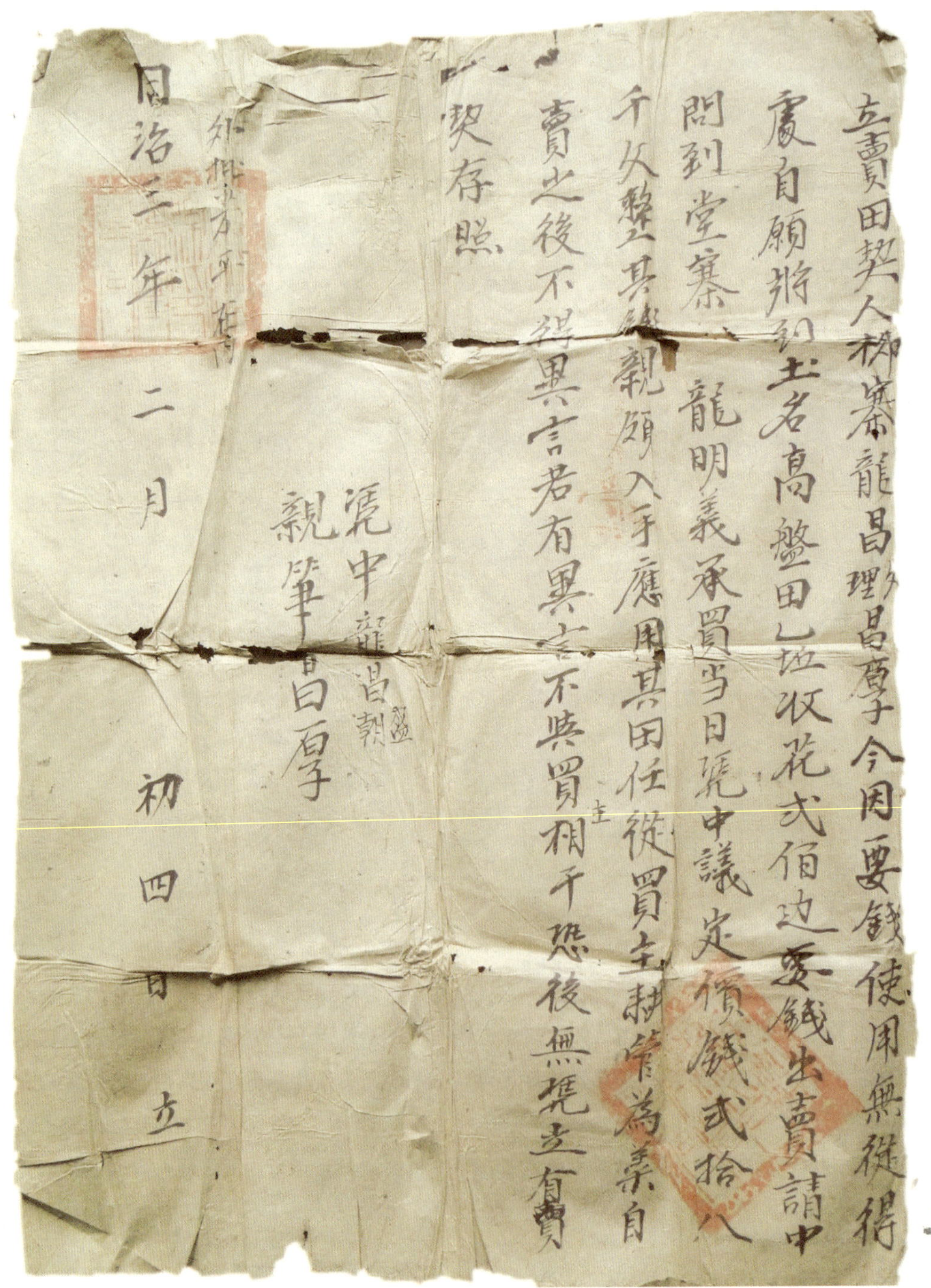
立賣田契人柳寨龍昌理昌厚今因要錢使用無從得處自願將到土名高盤田乙坵收花弍佰边要錢出賣請中問到堂寨龍明義承買當日憑中議定價錢弍拾八千文整其錢親領入手應用其田任從買主耕管為業自賣之後不得異言若有異言不與買主相干恐後無憑立有賣契存照

憑中龍昌朝

親筆昌厚

同治三年二月初四日立

立卖田契人柳寨龙昌焕、昌理、昌厚，今因要钱使用，无从得处，自愿将到土名高盘田乙丘，收花贰佰边（稨），要钱出卖。请中问到堂寨龙明义承买，当日凭中议定价钱贰拾八千文整。其钱亲领入手应用，其田任从买主耕管为业。自卖之后，不得异言。若有异言，不与买主相干。恐后无凭，立有卖契存照。

凭中：龙昌盛、昌朝

亲笔：昌厚

外批：芳平（荒坪）在内

同治三年二月初四日立

5. **龙全瑞土地执照**（光绪二年五月）

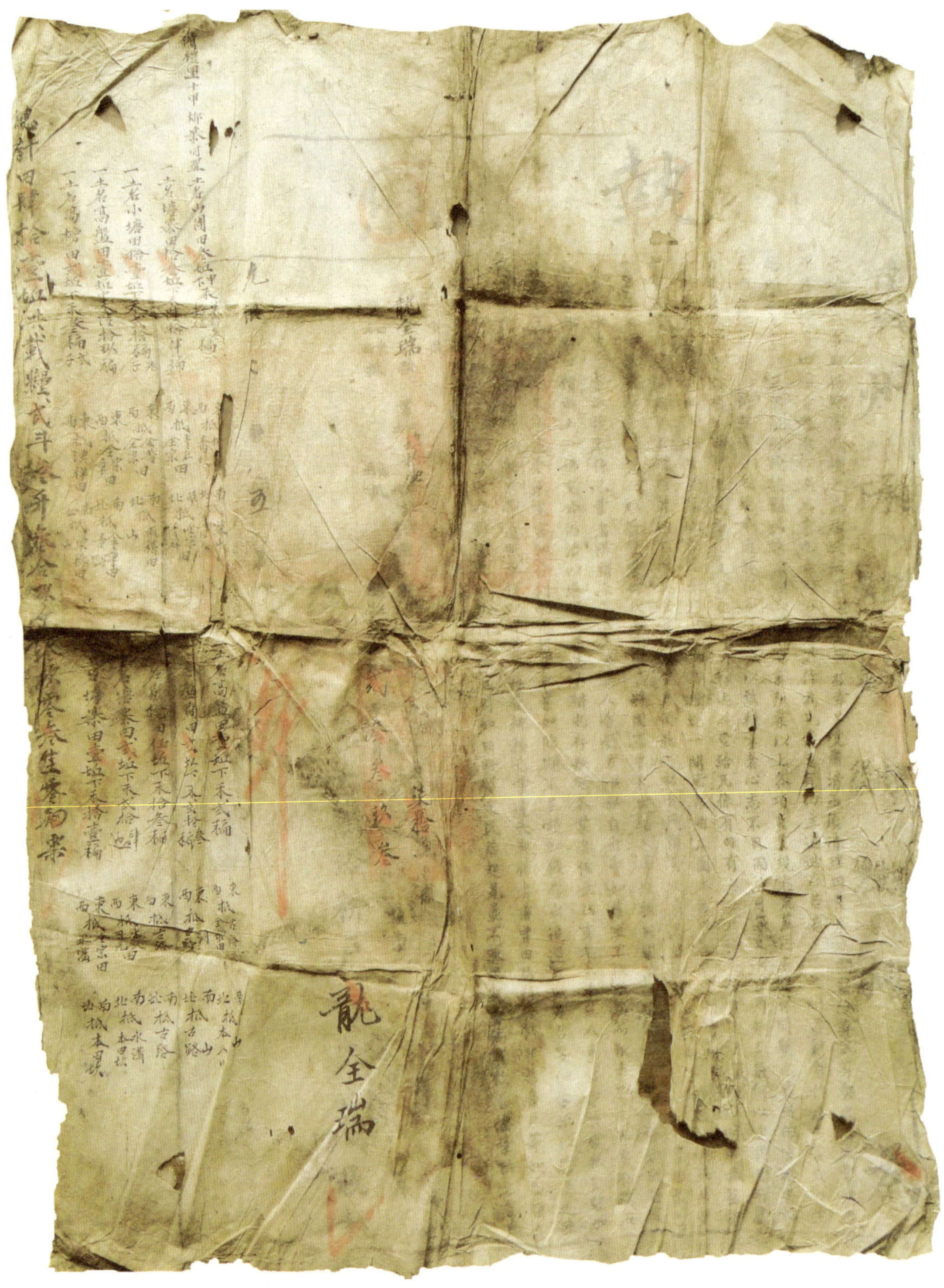

右给耕户龙全瑞收执

光绪二年五月

循礼里十甲柳寨旧置

土名山团田叁丘，中禾柒拾叁稨，下禾拾伍稨，东抵□□，西抵本田坎，南抵柴山，北抵□□□；

一土名塘寨田拾叁丘，下禾陆拾肆稨，东抵青秋田，西抵全宗田，南抵全宗田，北抵全宗田；

一土名小塘田拾壹丘，下禾贰拾稨叁籽，东抵全青田，西抵全宗田，南抵明禧田，北抵山；

一土名高盘田壹丘，中禾陆拾玖稨，东抵全宗田，西抵全章田，南抵全章田，北抵古路；

一土名高榜田贰丘，下禾叁稨贰籽，东、西抵汉祥田，南抵宗桃田，北抵山；

一土名高盘田壹丘，下禾贰稨，东抵古路，西抵全宗田，南抵山，北抵本人田；

一土名盘间田贰丘，下禾贰拾叁稨，东抵洞，西抵古路，南抵山，北抵古路；

一土名歇欖田伍丘，下禾拾叁稨，东、西抵古路，南、北抵古路；

一土名塘寨田贰丘，下禾贰拾肆边（稨），东抵本人田，西抵□元田，南抵水沟，北抵本田坎；

一土名塘寨田壹丘，下禾拾壹稨，东抵全宗田，西抵水沟，南、北抵本田坎。

总计田肆拾壹丘，共载粮贰斗叁升叁合玖勺叁抄零叁圭零肆粟

注：印刷部分与龙俊柄户藏第8份等类似文书相同，此处文字漫漶不清，略，此处只录文整理右边耕户龙全瑞管业土地清单。

6. 龙明义断卖契（民国二年十一月十六日）

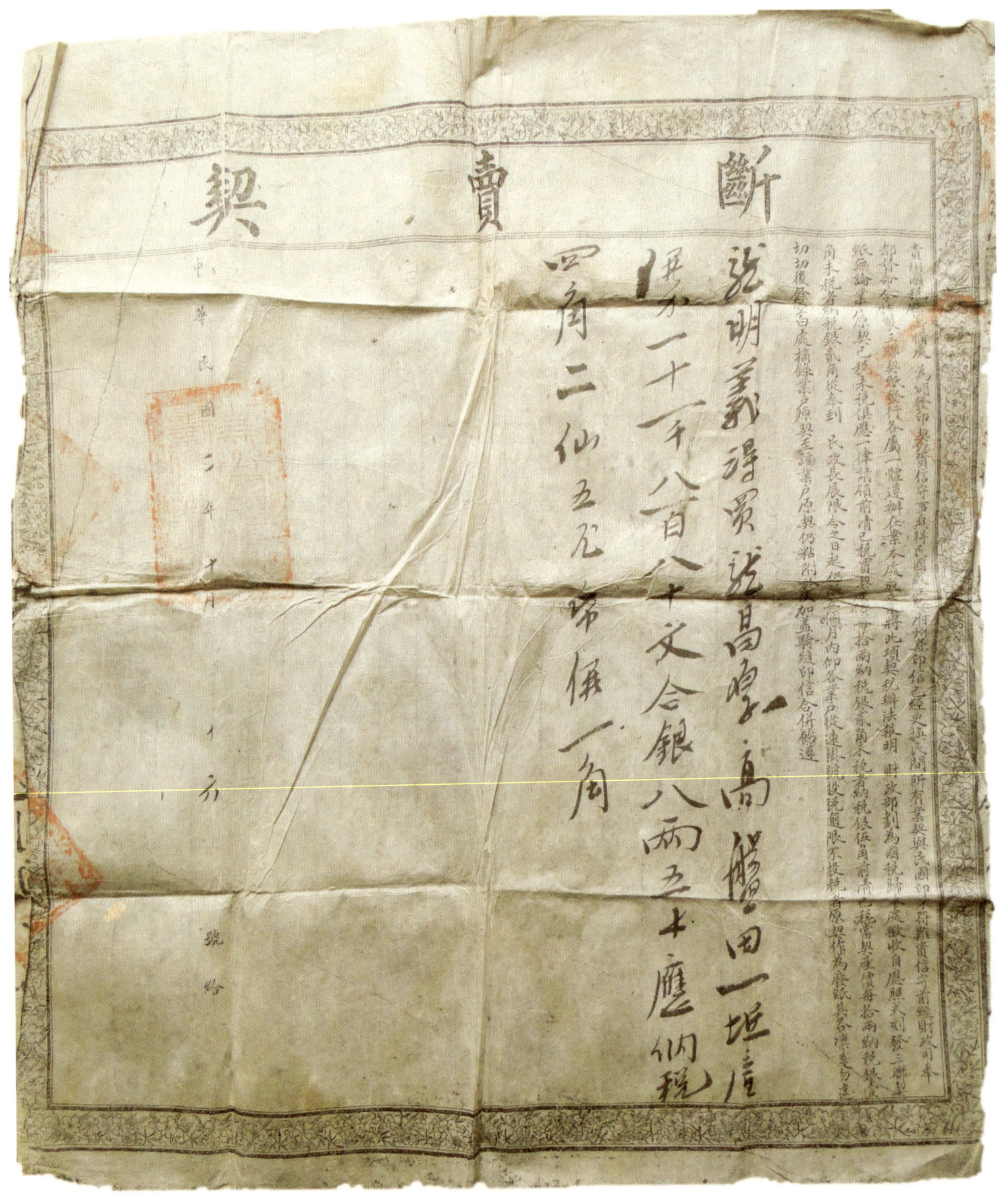

断卖契

贵州国税厅筹备处，为颁发印契以资信守事。照得民国成立，各府州县印信已经更换，民间所有业契与民国印不符，难资信守。前经财政司奉都督命令，特制三联契纸发行，各属一体遵办在案。本处成立，业将此项契税办法报明，财政部划为国税，归本处征收，自应照式刻发三联契纸。无论业户原契已税未税，俱应一律请领。前清已税买契，产价每拾两纳税银贰角。未税者，纳银伍角。前清已税当契，产价每拾两纳税银壹角，未税者，纳税银贰角。从奉到民政长展限令之日起，仍限五个月内仰各业户从速挂号投税。逾限不投税者，原契作为废纸。其各凛遵勿违，切切。后余空白处，摘录业户原契。至该业户原契，仍粘附于后，加盖骑缝印信，合并饬遵。

龙明义得买龙昌厚高盘田一丘，产价钱一十一千八百八十文，合银八两五钱，应纳税四角二仙五厘，纸价一角。

中华民国二年十一月十六号给

7. 龙步淮卖田契（民国十四年十月二十五日）

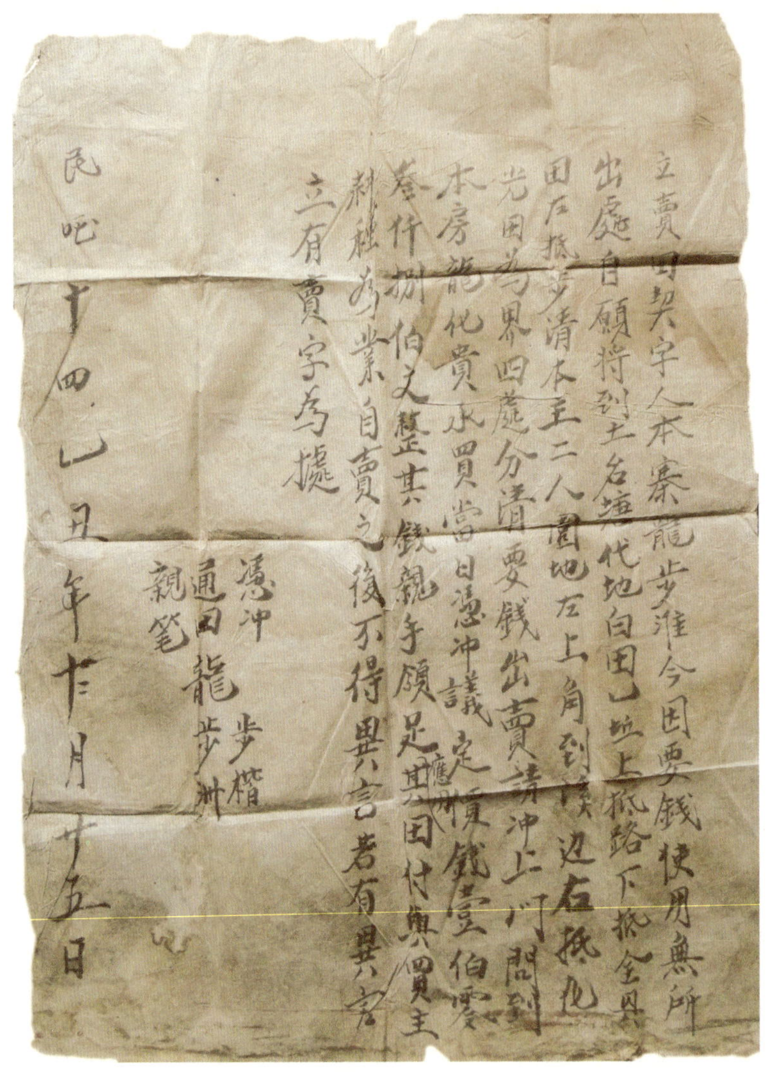

立卖田契字人本寨龙步淮，今因要钱使用，无所出处，自愿将到土名塘代地白田乙丘，上抵路，下抵全兴田，左抵步清本主二人园地，左上角到溪边，右抵化光田为界，四处分清，要钱出卖。请冲（中）上门问到本房龙化贵承买，当日凭冲（中）议定价钱壹伯（百）零叁仟捌佰文整。其钱亲手领足应用，其田付与买主耕种为业。自卖之后，不得异言，若有异言，立有卖字为据。

凭冲（中）：龙步楷

通田：龙步洲

亲笔

民国十四乙丑年十二月廿五日

8. 龙步清卖田契（民国十五年三月二十五日）

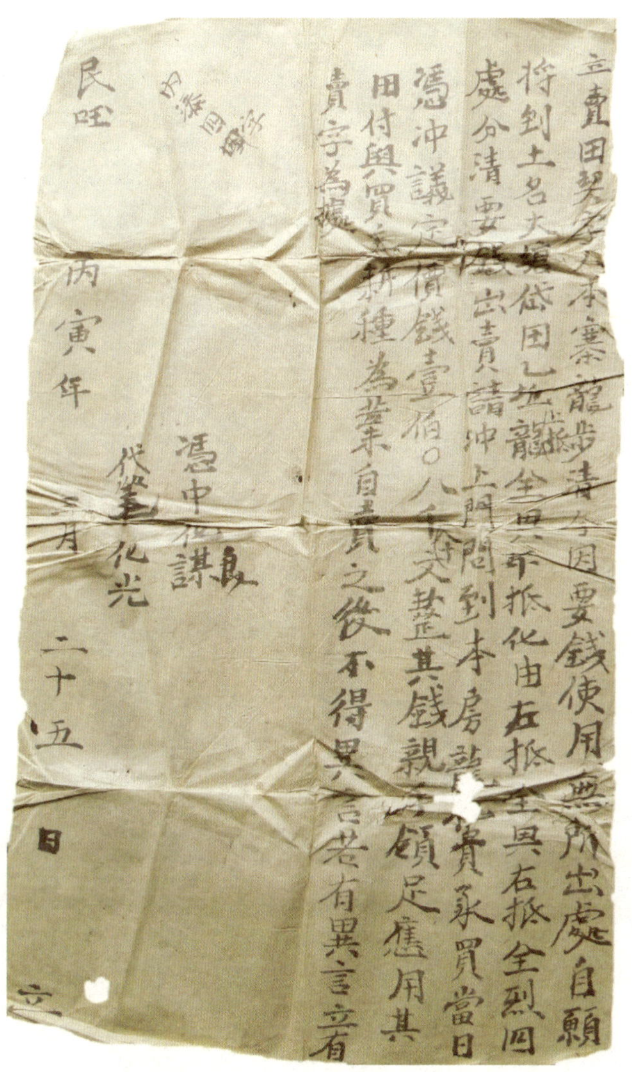

立卖田契字人本寨龙步清，今因要钱使用，无所出处，自愿将到土名大塘岱田乙丘，上抵龙全兴，下抵化由，左抵全兴，右抵全烈，四处分清，要钱出卖。请冲（中）上门问到本房龙化贵承买，当日凭冲（中）议定价钱壹伯（百）〇八千八十文整。其钱亲手领足应用，其田付与买主耕种为业。自卖之后，不得异言。若有异言，立有卖字为据。

内添四字

凭中：化良、化谋

代笔：化光

民国丙寅年三月二十五日立

9. 龙步淮典田契（民国十八年正月二十日）

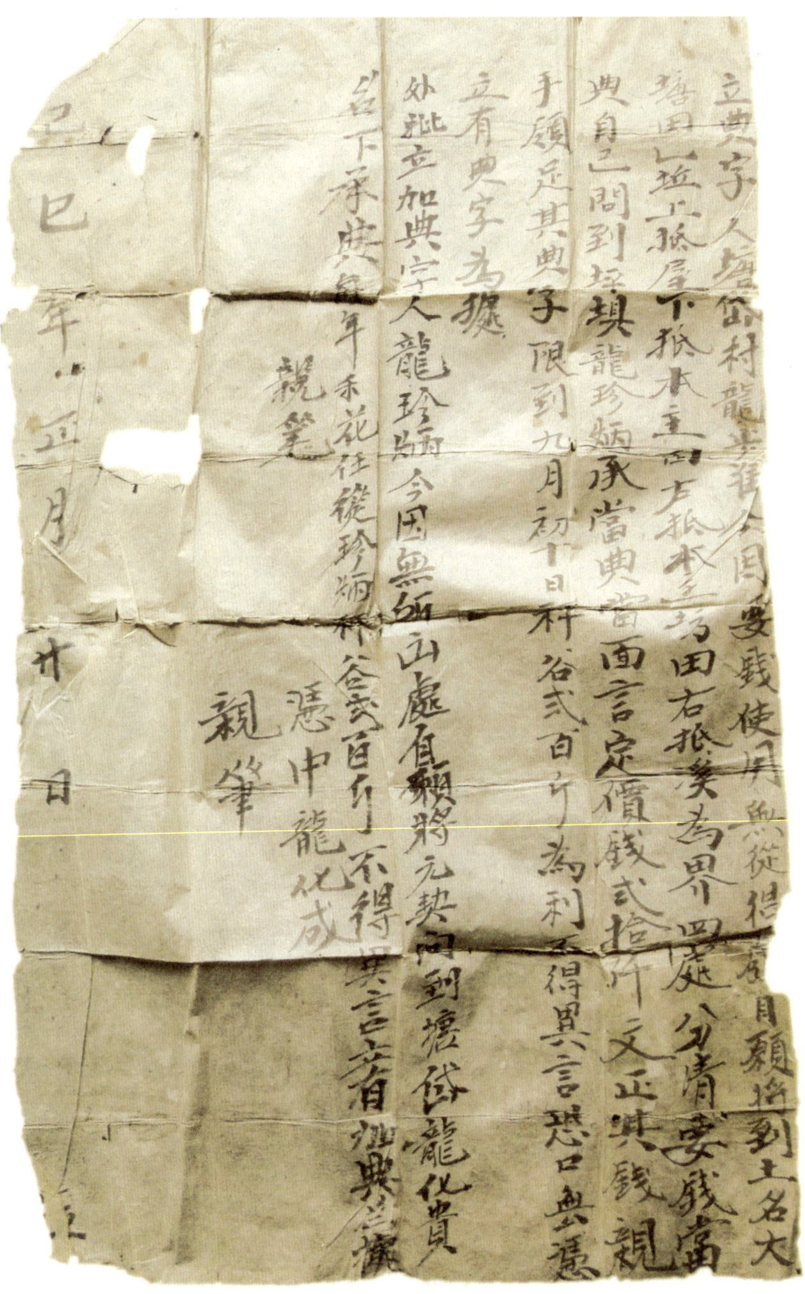

立典字人塘岱村龙步淮，今因要钱使用，无从得处，自愿将到土名大塘田乙丘，上抵屋，下抵本主田，左抵本主坊田，右抵溪为界，四处分清，要钱当典。自己问到坪坝龙珍炳承当典，当面言定价钱贰拾仟文正。其钱亲手领足，其典字限到九月初十日秤（称）谷贰百斤为利。不得异言。恐口无凭，立有典字为据。

外批：立加典字人龙珍炳，今因无所出处，自愿将元契问到塘岱龙化贵名下承典，每年禾花任从珍炳秤（称）谷贰百斤。不得异言，立有加典为据。

凭中：龙化成

亲笔

［民国］己巳年正月廿日立

10. **龙步淮卖地契**（民国十九年闰六月十九日）

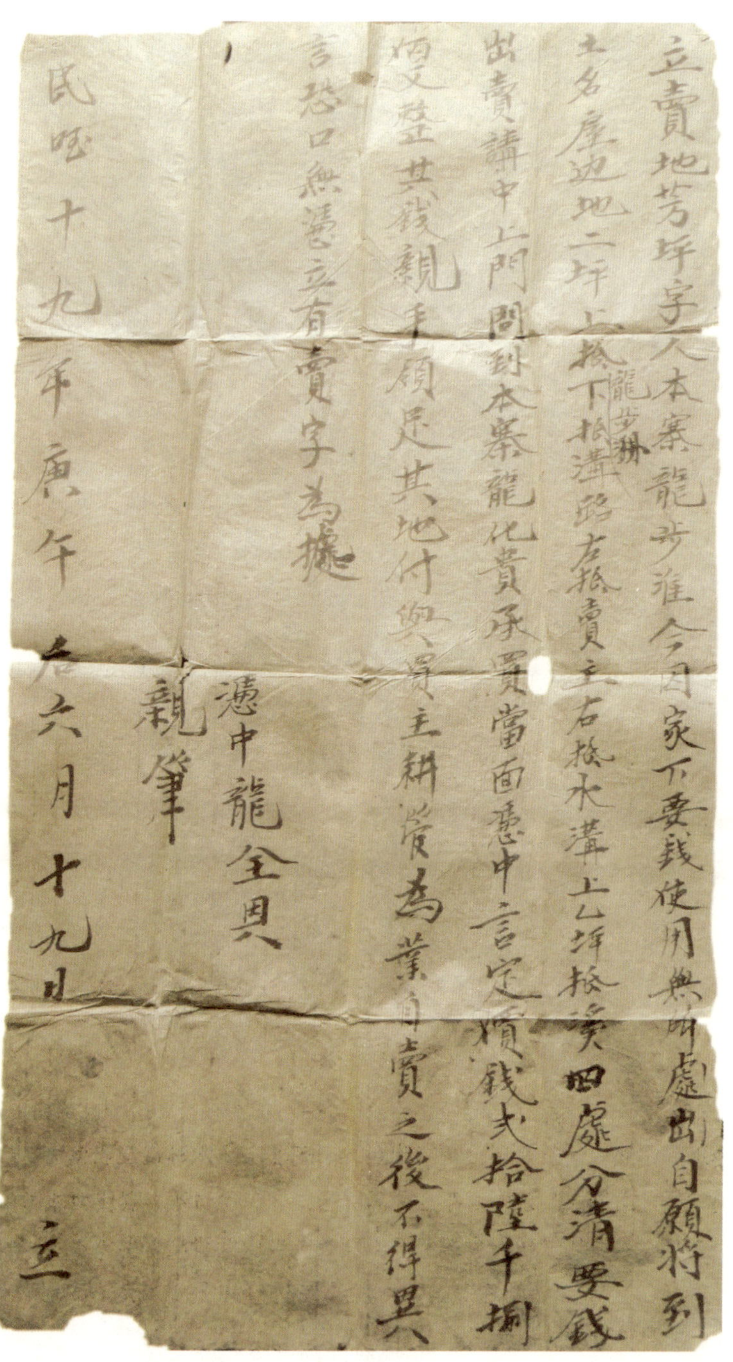

立賣地芳坪字人本寨龍步淮今因家下要錢使用無所處出自願將到
土名屋边地二坪上抵龍步□下抵溝路左抵賣主右抵水溝上乙坪抵溪四處分清要錢
出賣請中上門問到本寨龍化貴承買當面憑中言定價錢弍拾陸千捌
佰文整其錢親手領足其地付與買主耕管為業自賣之後不得異
言恐口無憑立有賣字為據
憑中龍全興
親筆
民國十九年庚午后六月十九日 立

立卖地芳坪字人本寨龙步淮，今因家下要钱使用，无所出处，自愿将到土名屋边地二坪，上抵龙步口，下抵沟路，左抵卖主，右抵水沟，上乙坪抵溪，四处分清，要钱出卖。请中上门问到本寨龙化贵承买，当面凭中言定价钱贰拾陆千捌佰文整。其钱亲手领足，其地付与买主耕管为业。自卖之后，不得异言，恐口无凭，立有卖字为据。

凭中：龙全兴

亲笔

民国十九年庚午后六月十九日立

11. 龙步楷卖田契（民国二十二年三月初十日）

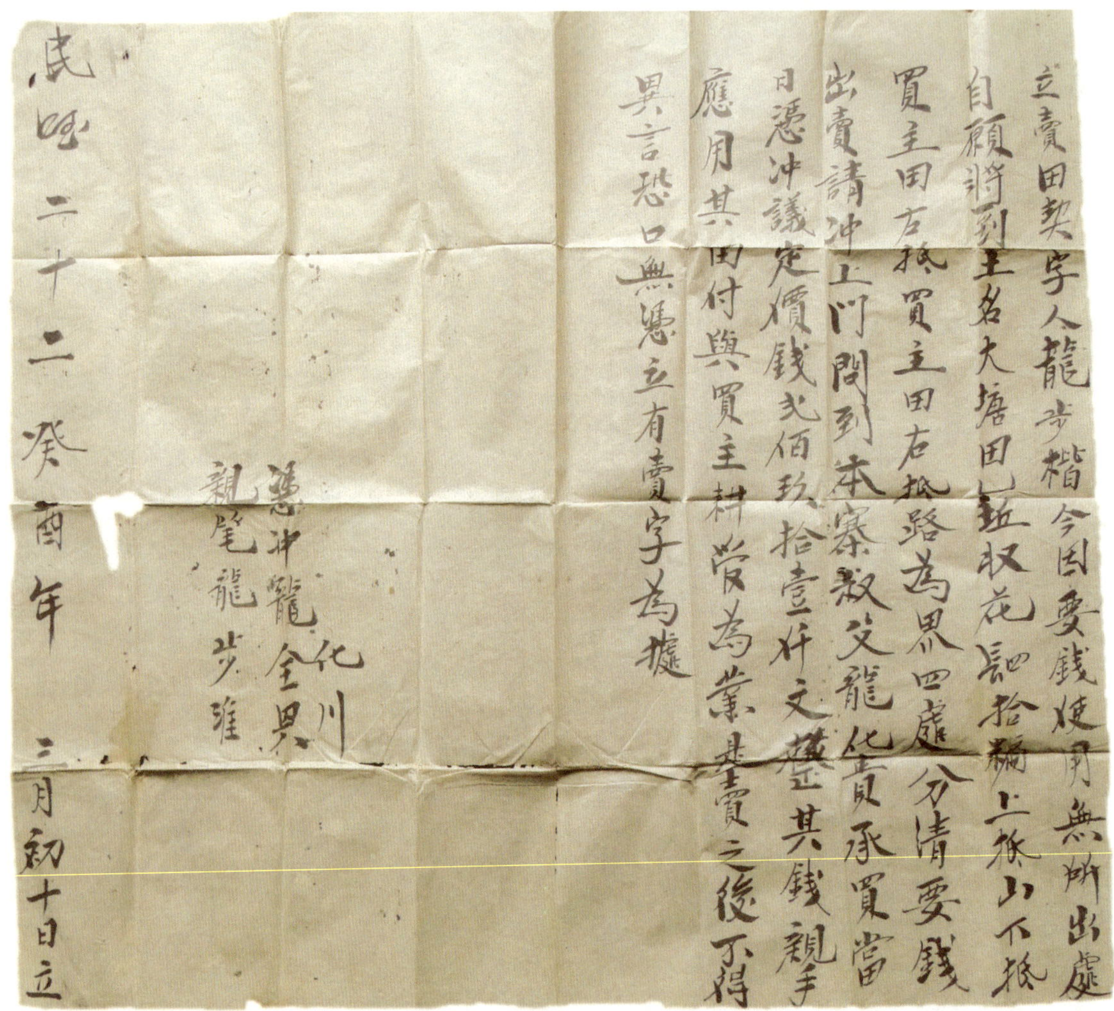

立卖田契字人龙步楷，今因要钱使用，无所出处，自愿将到土名大塘田乙丘，收花肆拾稨，上抵山，下抵买主田，左抵买主田，右抵路为界，四处分清，要钱出卖。请冲（中）上门问到本寨叔父龙化贵承买，当日凭冲（中）议定价钱贰佰玖拾壹仟文整。其钱亲手［领足］应用，其田付与买主耕管为业。是（自）卖之后，不得异言。恐口无凭，立有卖字为据。

凭冲（中）：龙化川、全兴

亲笔：龙步淮

民国二十二年癸酉年三月初十日立

12. 龙全球父子卖田契（民国二十二年十二月十七日）

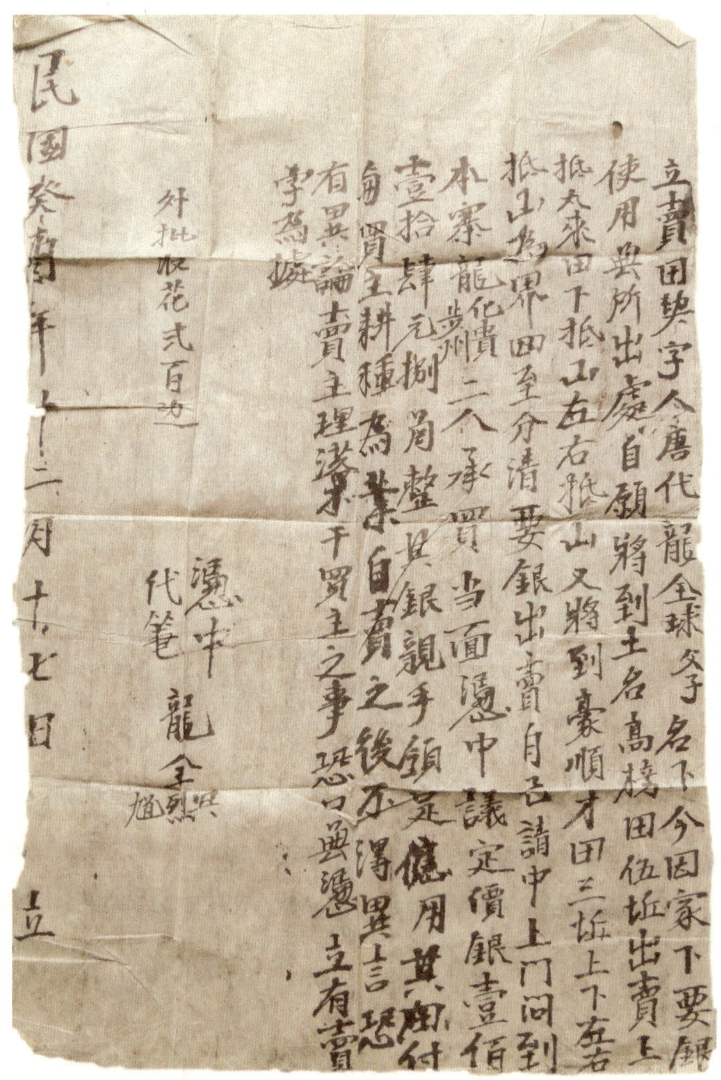

立卖田契字人唐代龙全球父子名下，今因家下要银使用，无所出处，自愿将到土名高榜田伍丘出卖，上抵太来田，下抵山，左右抵山；又将到豪顺才田三丘，上下左右抵山为界，四至分清，要银出卖。自己请中上门问到本寨龙化贵、步州二人承买，当面凭中议定价银壹佰壹拾肆元捌角整。其银亲手领足应用，其田付与买主耕种为业。自卖之后，不得异言。恐有异论，卖主理落，不干买主之事。恐口无凭，立有卖字为据。

外批：收花贰百边（稨）

凭中、代笔：龙全兴、全烈、全馗

民国癸酉年十二月十七日立

13. 龙永良典田字（民国二十三年二月二十七日）

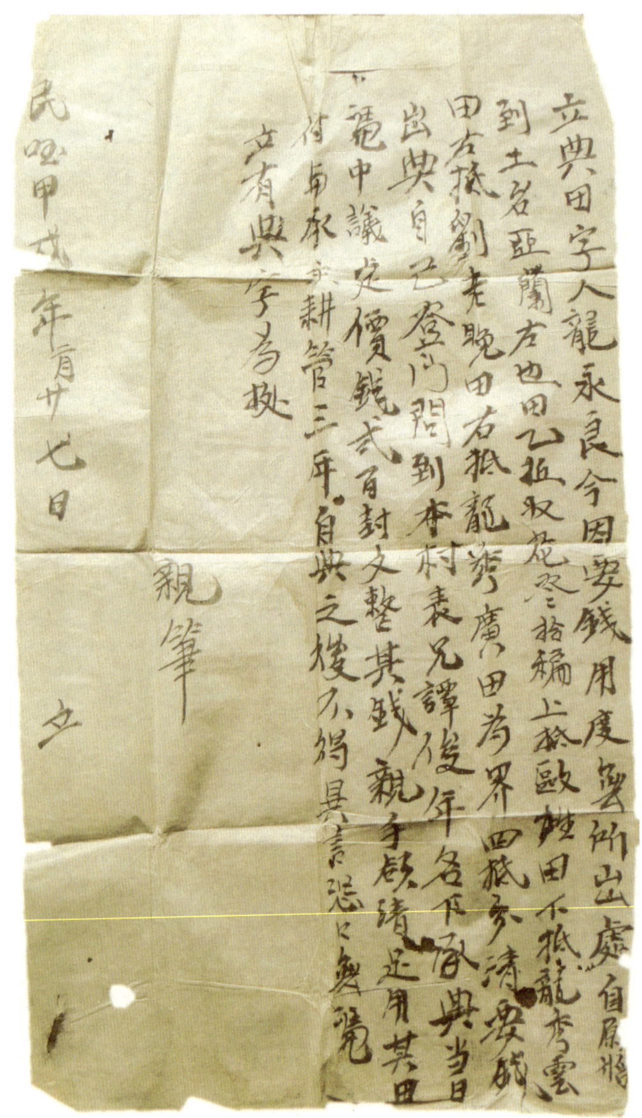

立典田字人龙永良，今因要钱用度，无所出处，自愿将到土名亚兰左边田乙丘，收花叁拾稨，上抵欧姓田，下抵龙秀云田，左抵刘老晚田，右抵龙秀广田为界，四抵分清，要钱出典。自己登门问到本村表兄谭俊年名下承典，当日凭中议定价钱贰百封文整。其钱亲手领清足用，其田付与承主耕管三年。自典之后，不得异言，恐口无凭，立有典字为据。

亲笔

民国甲戌年二月廿七日立

14. 龙永良典田契（民国二十四年二月初一日）

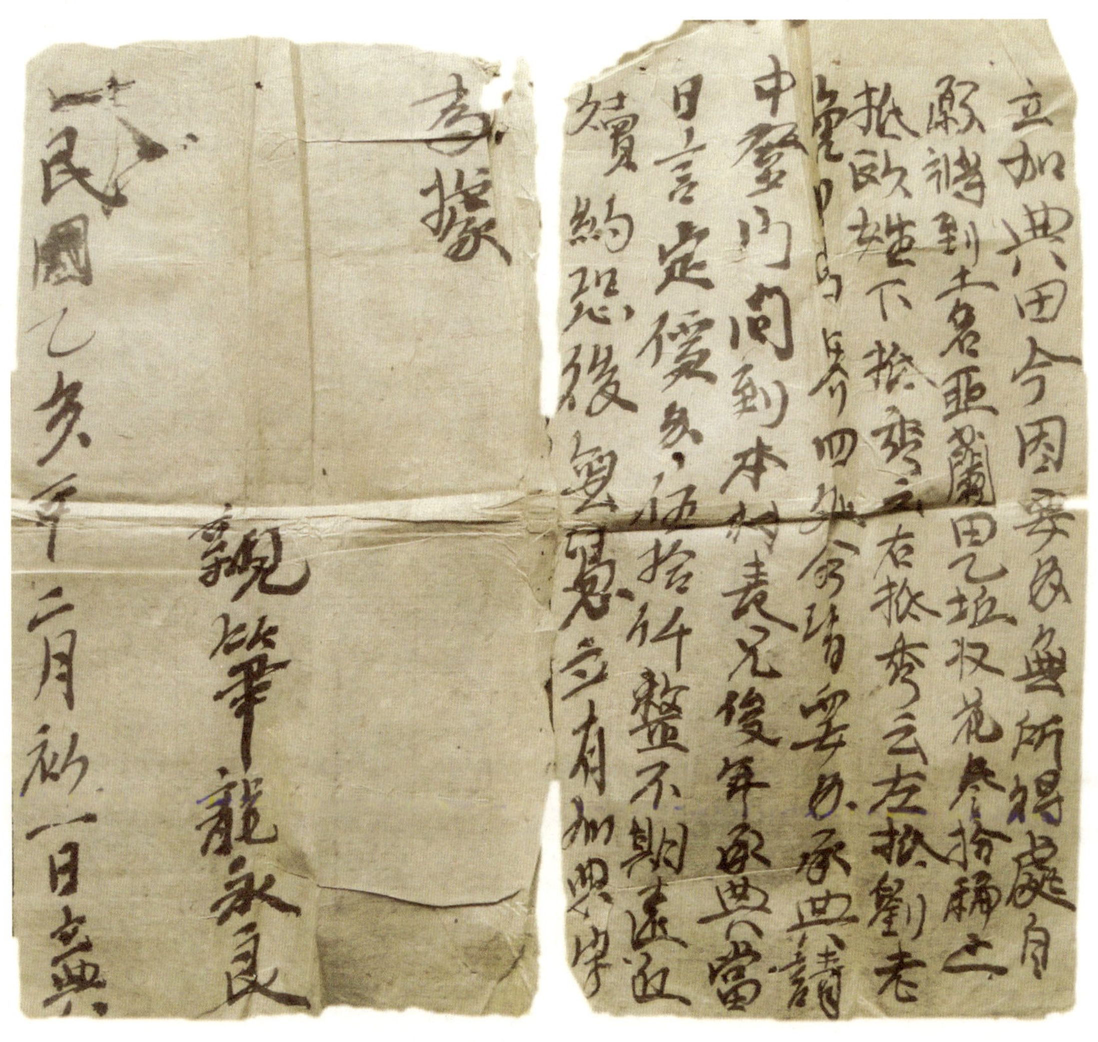

立加典田，今因要钱，无所得处，自愿将到土名亚兰田乙丘，收花叁拾稨，上抵欧姓，下抵秀云，右抵秀云，左抵刘老晚田为界，四处分清，要钱承典。请中登门问到本村表兄俊年承典，当日言定价钱伍拾仟整。不期远近续约。恐后无凭，立有加典字为据。

亲笔：龙永良

民国乙亥年二月初一日立典

15. 龙永良借当契（民国二十四年四月十七日）

立借钱字人龙永良，今因要钱使用，无所出处，自愿将到土名璧□冲田乙丘，收花伍遍（稨），上抵路，下抵阳金堂田，左右抵山为界，四至分明，要钱作抵。自己上门问到本寨龙朝仕、朝广、朝求叁人承借本钱乙拾贰仟七百八十文正。其钱亲手［领足］，照月行利加四，不限远近归还。恐口无凭，立有借字为据。

亲笔

民国乙亥年四月十七日立借

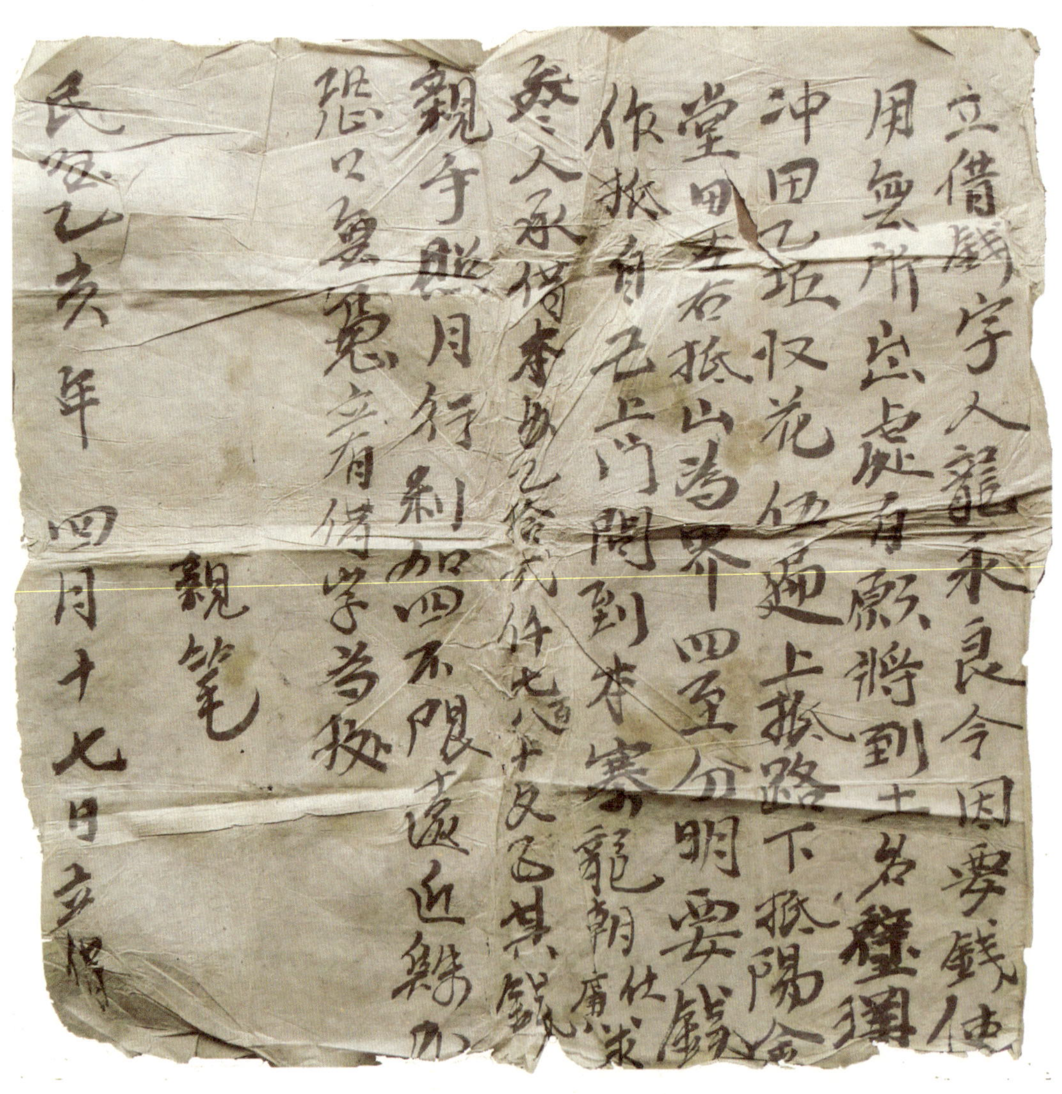

16. 龙步淮卖园地字（民国二十六年六月十五日）

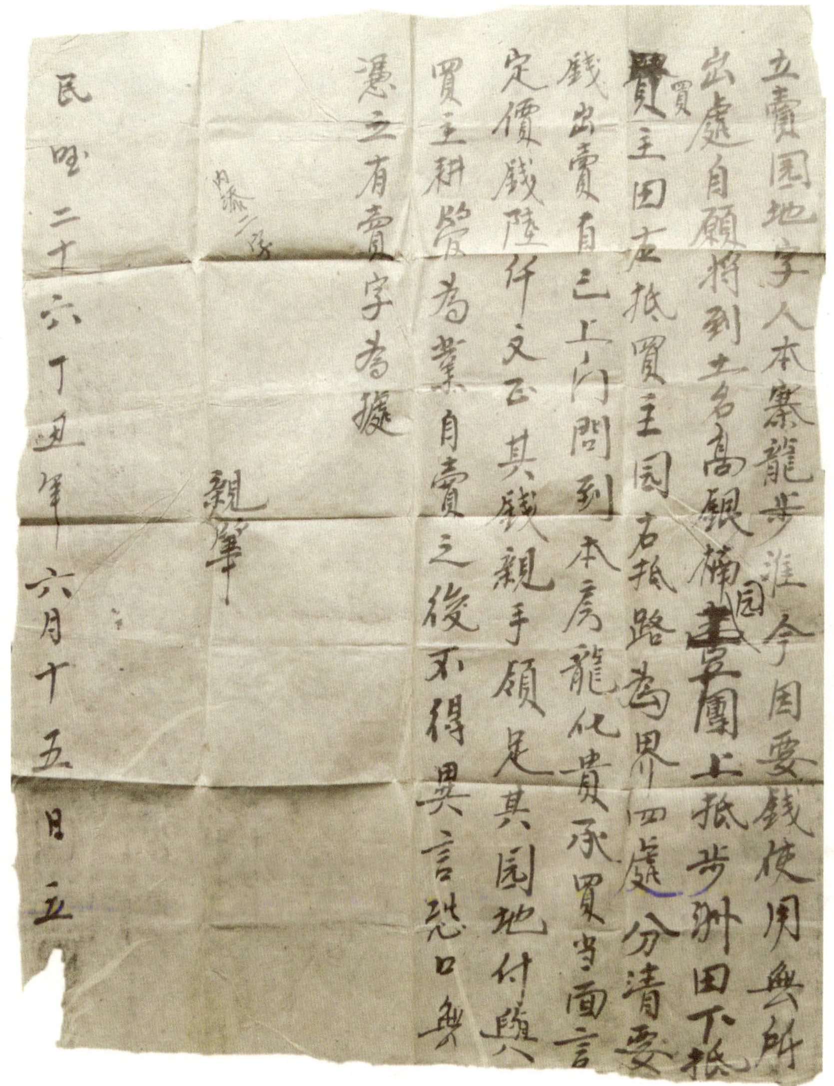

立卖园地字人本寨龙步淮，今因要钱使用，无所出处，自愿将到土名高银楠园壹团，上抵步洲田，下抵买主田，左抵买主园，右抵路为界，四处分清，要钱出卖。自己上门问到本房龙化贵承买，当面言定价钱陆仟文正。其钱亲手领足，其园地付与买主耕管为业。自卖之后，不得异言。恐口无凭，立有卖字为据。

内添二字

亲笔

民国二十六丁丑年六月十五日立

17. 龙化启卖房屋地基字（民国三十二年正月二十四日）

立卖房屋地基字人龙化启，今因要洋使用，无所出处，自愿将到本屋地基出卖乙干（间）出卖乙半。上抵阳沟，下抵屋言（檐）水，左抵买主，右抵卖主，四至抵清，要洋出卖。请中上门问到本寨龙化贵承买，当中议定价洋五百五十八元正。其洋领足应用，其房屋地基付与买主耕管为业。自卖之后，不得异言，立有卖字为据。

凭中：步锡

亲笔

民国三十二年正月廿四日

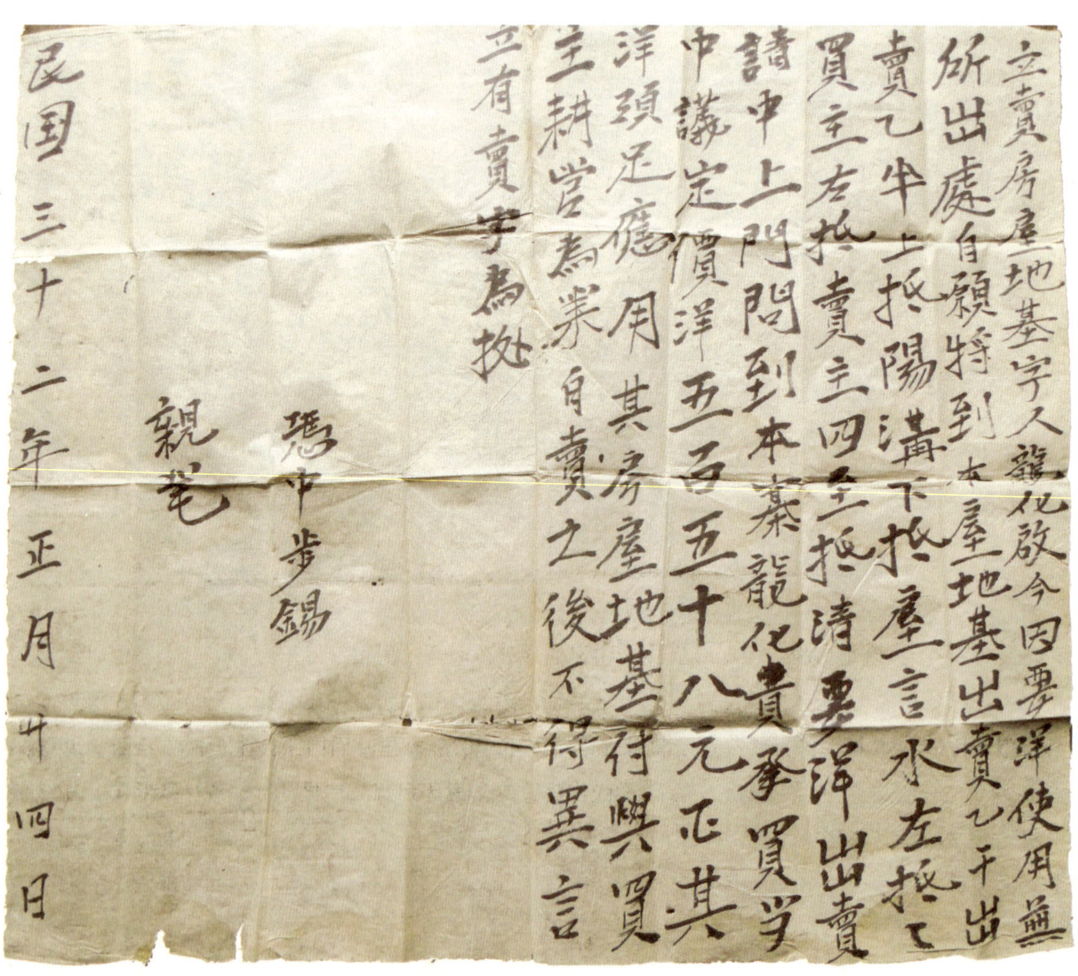

立賣房屋地基字人龍化啟今因要洋使用無所出處自願將到本屋地基出賣乙千出賣乙半上抵陽溝下抵屋言水左抵買主右抵賣主四至抵清要洋出賣請中上門問到本寨龍化貴承買当中議定價洋五百五十八元正其洋領足應用其房屋地基付與買主耕管為業自賣之後不得異言立有賣字為據

憑中步錫

親筆

民国三十二年正月卄四日

18. 龙化川卖地土字（一九六一年六月二十三日）

立卖地土字人龙化川，今因要钱使用，无所出处，自愿将到地名毫定地土一团，上抵步权为界，下抵步院为界，左抵步咸为界，右抵登□为界，四处抵分明、抵清，出卖与本村龙步辉承买，当面议定价钱壹拾贰元另（零）捌。及（其）币亲手领足，地土与买主耕管为业。若有事故，卖主理落。不得异言，恐口无凭，立有卖字为据。

代笔：龙步权

凭中：龙通光

一九六一年古历六月二十三日立字

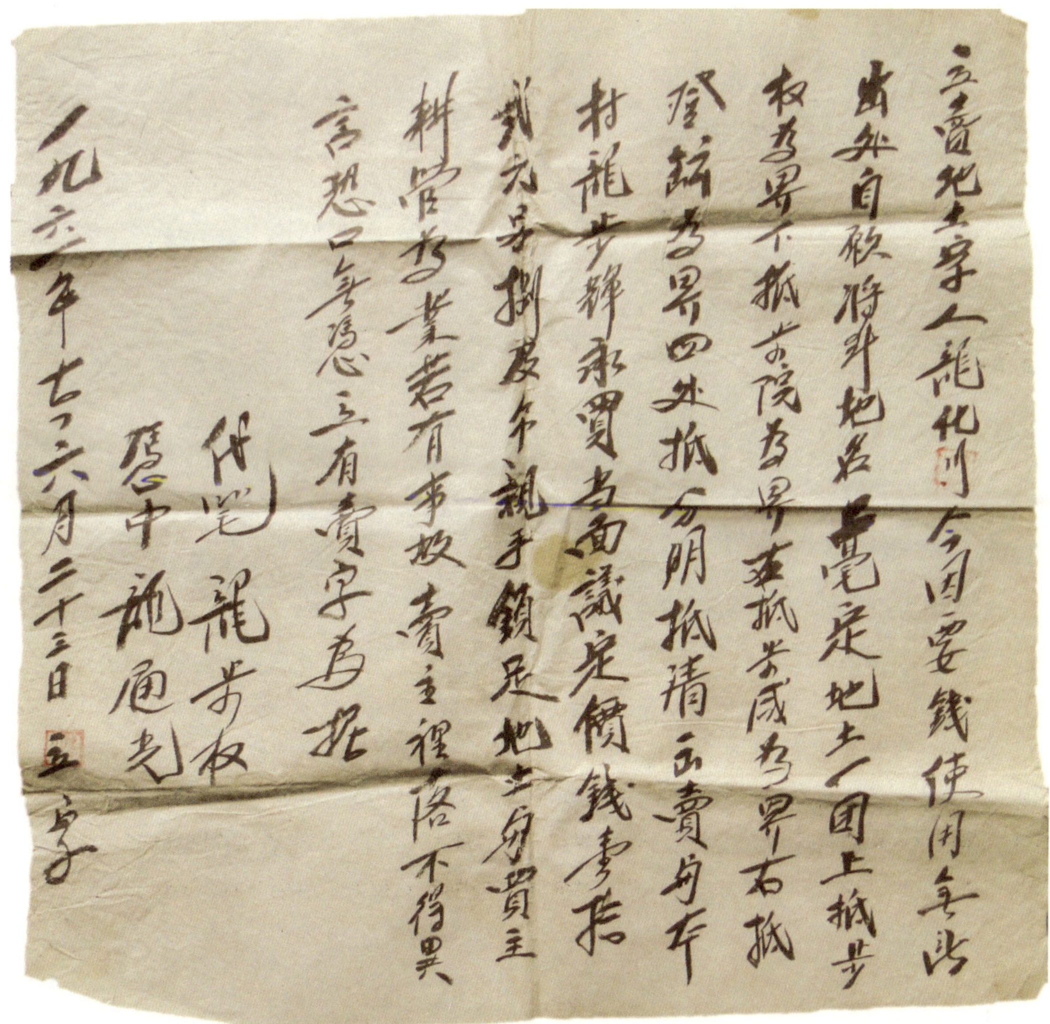

19. 龙步淮借当契（时间不详）

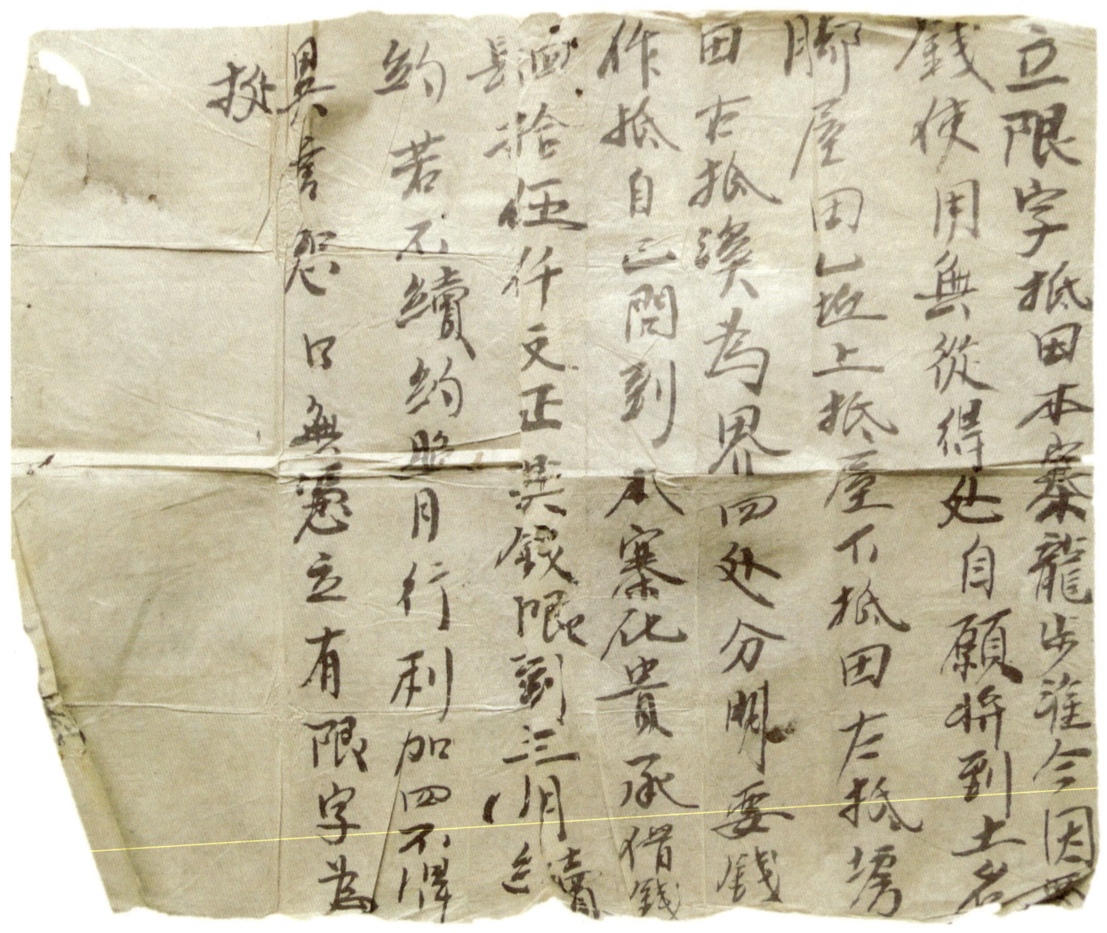

立限字抵田本寨龍步淮今因要
錢使用無從得處自願將到土名
脚屋田乙丘上抵屋下抵田左抵坊
田右抵溪為界四處分明要錢
作抵自己問到本寨化貴承借錢
肆拾伍仟文正其錢限到三月續
約若不續約照月行利加四不得
異言恐口無憑立有限字為
據

立限字抵田本寨龙步淮，今因要钱使用，无从得处，自愿将到土名脚屋田乙丘，上抵屋，下抵田，左抵坊田，右抵溪为界，四处分明，要钱作抵。自己问到本寨化贵承借钱肆拾伍仟文正。其钱限到三月续约。若不续约，照月行利加四，不得异言。恐口无凭，立有限字为据。